NGO학

NGO학
자율·참여·연대의 동학

개정판

박상필 지음

아르케

NGO학 — 자율·참여·연대의 동학

1판 1쇄 발행 2005년 4월 20일
   2쇄 발행 2007년 5월 4일
2판 1쇄 발행 2011년 2월 10일

지은이 박상필
펴낸이 이형진
펴낸곳 도서출판 아르케 | 강원도 홍천군 내촌면 와야리 300-4
전화 (02)336-4784~6 전송 (02)6442-5295
E-mail arche21@gmail.com | Homepage www.arche.co.kr
출판등록 1999.2.25 제2-2759호

값 29,000원

ⓒ 박상필 2011
Printed in KOREA

ISBN 978-89-5803-105-5 93300

이 책은 유한킴벌리 '우리강산 푸르게 푸르게' 환경보전기금의 재정지원에 의해 집필되었다.

개정판 서문

지금도 이 책의 초판을 쓰던 2002~2005년 사이 3년 간의 시간들이 아련히 떠오른다. 세상에 NGO학이란 책을 처음으로 내겠다는 열망으로 밤늦도록 연구에 몰두했었다. 그 과정이 한없이 길고 고독한 시간이었지만 NGO학을 정립해야겠다는 사명감에 불탔던 것 같다. 초판에서 부록, 참고문헌, 찾아보기 등 본문 외의 내용만 180쪽에 달하긴 했지만, 그래도 책의 부피가 대형판으로 900쪽을 넘었다. 책의 끝 부분에 붙은 참고문헌 목록만 해도 65쪽에 달하였다. 아마 그 당시 이 책을 집필하기 위해 1천 권 정도의 책과 논문을 읽었던 것으로 기억하고 있다. 그리고 그 모든 내용을 책 속에 응축시키려고 욕심을 내다보니 책의 부피가 너무 커지고 말았다. 특히 연구한 내용이 아까워 버리지 못하고 각주에 붙이다 보니 각주가 과도하게 많은, 교과서적 냄새가 짙은 책이 되어버렸다.

책이 너무 두껍고 내용도 어려운 부분이 있어서 이 책의 초판이 나온 다음해에 신국판으로 500여 쪽에 달하는 축소판을 별도로 쓰기도 하였다. 그러나 언젠가 시간을 내어 책의 부피를 줄일 뿐만 아니라 내용을 세련시키는 개정판을 써야겠다고 마음먹었다. 그런 기회가 책이 나온 지 5년이 지나서야 찾아왔다. 개정판은 우선 불필요한 내용을 과감하게 잘라내고 과도하게 많은 각주를 삭제하여 책의 부피를 줄였다. 그리고 참고문헌도 본문에 직접 인용하지 않은 것은 목록에서 제외하였다. 또한 교정이 필요한 통계수치나 정책변화 내용을 업그레이드하였다. 물론 문제가 되는 부분을 수정하거나 새로운 내용을 첨가하는 작업도 병행하였다. 이런 과정을 거치면서 개정작업에 6개월이란 시간을 투입하게 되었다.

이 책의 초판인 〈NGO학〉은 주로 대학원의 NGO학 강의용으로, 그리고 축소판인 〈NGO학

강의〉는 학부 고학년의 NGO학 강의용으로 기획한 것이었다. 그러나 이번 개정판은 〈NGO학〉뿐만 아니라 그 책의 축소판인 〈NGO학 강의〉를 개정한 것이기도 하다. 따라서 대학원뿐만 아니라 학부 고학년의 강의 교과서로도 사용할 수 있도록 내용을 될 수 있는 한 쉽게 표현하려고 노력하였다. 더구나 통합학문의 성격이 강한 NGO학이 많은 개념을 포함하고 있어서 쉽게 쓰는 것은 집필작업에서 간과해서는 안 될 것이기도 하다. 개정판에서는 초판의 4개 부(部)와 12개 장(章)으로 이루어진 편제와 각 장의 제목은 그대로 두되, 장 이하의 절과 항의 제목은 일부 삭제하거나 수정하였다.

워낙 두꺼운 부피를 가진 책이라 개정작업의 노동도 만만치 않았지만, 작업을 마치고 나서 마음이 한결 홀가분해졌다. 개정판이 새로운 모습으로 세상에 나오도록 노력을 기울여준 아르케 출판사의 편집자 최창신 씨를 비롯하여 여러 관계자의 노고에 감사드린다. 이 책이 학부 및 대학원의 NGO학 강의와 한국 및 아시아의 NGO학 연구에 조금이라도 기여할 수 있기를 기대한다.

2011년 1월
박상필(npongo@naver.com)

서문

NGO학이란 것이 과연 가능한가? 사람들은 이렇게 물을 것이다. 그러면 필자는 NGO학을 정립하는 것이 민주주의를 심화시키고 인간의 삶을 윤택하게 하기 위해 꼭 필요하다고 역설할 것이다. 그렇다면 NGO학이란 도대체 무엇인가? 또 이렇게 물을 것이다. 그러면 필자는 NGO학이란 시민사회에서 공익활동을 하는 자발적 결사체가 인간생활의 향상을 위해 벌이는 자율·참여·연대의 동학이라고 대답할 것이다. NGO학은 NGO에서 일어나는 인간행위의 정치·경제·사회/문화적 상호작용을 포착하는 통합적이고 다분과학문적 성격을 띤 사회과학이다. 따라서 NGO학은 민주주의의 질적 발전과 공간적 확산, 자본주의의 순화를 위한 다양한 실험, 자원활동의 민간에너지 개발, 사회변혁을 위한 시민운동의 전개, 사회적 약자의 권리와 집합행동, 생태환경을 보호하는 균형적 삶, 국제연대를 통한 전지구적 문제해결, 인간의 자율과 연대에 기초한 대안문명 등 다양한 주제를 다룬다.

개미연구로 유명하고 사회생물학이라는 새로운 학문을 창시했던 미국의 생물학자, 윌슨(Edward Wilson)은 생명현상에서 유전자가 커다란 역할을 한다고 강조하면서, 많은 사회과학과 인문학이 사회생물학의 한 분야에 불과하다고 선언하여 커다란 논쟁을 불러일으킨 적이 있다. NGO학이 모든 사회과학을 포괄한다고 감히 말할 수는 없지만, NGO가 시민사회에서 다양한 집합행동을 발생시키고 국가와 시장영역과 밀접하게 상호작용한다는 측면에서 NGO학은 국가학, 정치학, 경제학, 사회학, 문화학, 환경학 등과 긴밀하게 연결되어 있고, 다양한 사회과학을 포용한다고 할 수 있다. 사실 NGO학을 하나의 학문으로 정립하려는 움직임은 20세기 말부터 시작되었지만, NGO 그 자체는 정부와 기업보다 앞서 오랜 옛날부터 인간사회에 존재해온 최고(最古) 조직 중의 하나이다.

20세기 후반부터 전세계에 걸친 혁명노도와 같은 NGO의 폭발적 분출은 결코 일시적인 유행으로 끝날 것이 아니다. 근대성의 한계와 이를 재구성하려는 시도는 인간 삶의 안전과 풍요를 위해 NGO가 얼마나 중요한가를 역설적으로 말해준다. 마르크스, 베버, 뒤르켕과 같은 사회과학의 대학자들은 자원배분을 둘러싼 갈등을 조정하고 인간의 완전한 자유를 보장할 수 있는 사회를 고안하려고 노력하였다. 오늘날 이러한 사회는 일찍이 플라톤과 헤겔이 고심했던 국가라는 도덕공동체를 통해 실현될 수 있는 것이 아니다. 기든스, 하버마스, 투렌과 같은 현존 사회과학자들은 인간이 무기력에서 벗어나 총체적 인격을 완성하기 위해서는 사회적 행위자의 의지와 자발적 집합행동이 필요함을 강조하고 있다. 거시적 체제뿐만 아니라 감성·의미·호혜·윤리·신뢰·공동체, 나아가 죽음과 같은 미시적 동학을 포착하여 자아를 실현하려는 현대인의 욕구는 NGO학에 의해 뒷받침될 수 있다.

NGO학은 21세기 세계문명의 중심이 될 동북아지역의 국가들이 전략적으로 육성해야 할 학문이기도 하다. 동북아지역은 곧 세계경제의 중심으로 떠오르게 되겠지만, 그에 걸맞은 보편적인 정치제도나 문화를 생산하기 위해서는 시민사회가 일정한 역할을 해야 한다. 더구나 동북아지역 자체의 평화와 연대체제를 구축하는 긴급한 과제를 해결하기 위해서는 반드시 국경을 넘는 시민사회적 교류와 연대가 필요하다. 이것을 실행할 수 있는 주체가 바로 NGO이다. 특히 한국은 짧은 기간에 아시아에서 가장 역동적인 시민사회의 성장을 이룩하였고, 앞으로 동북아지역뿐만 아니라 아시아에서 NGO학 연구의 허브(hub) 역할을 수행해야 할 커다란 책임과 비전을 동시에 지니고 있다. 세계의 온갖 이론·사상·종교가 뒤섞여 있는 한국은 정신과 물질, 자아와 타자, 인간과 자연, 동양과 서양, 지구와 우주 간의 접합과 융합을 통해 새로운 문명을 창조하는 데 기여할 수 있는 NGO학을 주체적으로 발전시킬 수 있는 위치에 있다.

하나의 학문을 세운다는 것은 거대한 산을 옮기는 것과 같다고 했다. NGO학을 세우는 작업을 감히 시작하게 된 것은 이상사회에 대한 오랜 소망 때문이었다. NGO에서 인간의 지적 해방과 공동체적 삶이 실현될 수 있는 유토피아의 가능성을 포착했다고 하면 필자의 오만이나 무지일까. 인간이 전통사회로 되돌아갈 수도 없고, 근대사회에 만족할 수도 없는 상황이라면 NGO가 가진 자율, 참여, 연대, 신뢰, 평등, 상호호혜, 공동체, 생태주의 등과 같은 가치는 자아를 실현하고자 하는 인간에게 매우 중요하다. 그것은 인간의 상상력과 사회적 행위가 이기(利己)와 정체(政體)의 벽을 넘어 무진장의 영역으로 나아갈 수 있도록 하는 돌파선과 같은 것이다. 21세기 인간에게 필요한 지식, 리더십, 균형적 감각, 사회적 책임도 NGO에 대한 이해 없이

는 획득하기 어렵다. 3년에 가까운 긴 시간을 고독과 싸우며 모든 것을 쏟아 부어 1백만 자에 달하는 작업을 진행할 수 있었던 것은 바로 NGO가 가진 이러한 전망 때문이었다. 새로운 발견과 이론의 세련화는 후학들의 몫이다. 하나의 학문은 결코 한두 사람에 의해 만들어지는 것이 아니기 때문이다.

작업에 앞서 몇 가지 집필원칙을 세웠다. 백과사전식이 아니라 문제중심으로 내용을 전개한다, 다른 사회과학이나 인문학 나아가 자연과학과도 학제적 시각을 갖는다, 개념·주제·이론·대안에서 한국적 적실성을 추구한다, 외국의 환경과 비교론적 관점을 견지한다, 그리고 쉬운 글로 쓴다 등이었다. 그러나 작업이 진행되면서 한 사람이 가진 능력의 한계로 이러한 원칙들이 제대로 지켜졌는지 두렵기만 하다. 그래도 이 프로젝트에 집중하여 끝까지 작업을 진행할 수 있었던 것은 성공회대학교 NGO대학원이 가진 자유-네트워크형 연구공동체와 무관하지 않다. 조희연, 김동춘, 조효제, 박은홍, 차명제, 손혁재, 조경란 등 이론과 실천을 아우르는 뛰어난 학자들과의 소통과 담론이 좋은 연구환경을 제공해주었다. 조효제 교수는 이 연구의 계획부터 조언자의 역할을 해주었고, 필요할 때마다 토론자가 되어주었다. 참여연대의 홍일표 팀장(서울대 사회학과 박사과정)은 이론과 실천 양쪽의 경험과 지식을 가지고 원고를 처음부터 끝까지 읽어주었다. 그의 지적은 때로는 필자와 의견이 맞지 않아서, 때로는 상당한 부분을 교정할 시간을 요구하여 모두 받아들여지지 않았지만, 유용한 정보를 주었다. 물론, 이 책이 가진 미비함은 전적으로 필자의 책임이다.

이 책은 2002년 집필을 시작할 당시보다 2년 앞서 2000년에 기획되었다. NGO학을 정립하는 것은 NGO박사의 1세대로서 필자의 첫 번째 목표였다. 그러나 방대한 작업을 할 수 있는 여건이 마련되지 않아 계속 미루어졌다. 무엇보다도 임시직장을 가진 필자에게 연구에 필요한 많은 자료를 구입할 수 있는 경제적 여건이 갖추어지지 않았다. 유한킴벌리의 문국현 사장은 필자의 제의에 학자의 의견을 제한할지도 모르는 어떠한 조건도 달지 않고 자유롭게 연구할 수 있도록 재정지원을 허락해주었다. 이은욱 전무도 유한킴벌리가 가진 사회적 브랜드만큼이나 NGO활동과 NGO학 연구에 남다른 애정을 가지고 지원해주었고, 실행을 맡아준 손승우 팀장의 도움도 많은 힘이 되었다. 유한킴벌리의 관심과 지원으로 충분한 자료를 구입하여 풍족한 환경에서 연구를 할 수 있어서 특별히 감사드린다. 마지막으로 이 책이 NGO학을 연구하는 후학들에게 필요한 자료가 되고, 특히 시민운동 현장에서 실천하고 고민하는 한국, 나아가 아시아의 NGO활동가들에게 지식과 비전과 영감을 주는 길잡이가 되었으면 하는 바람이다.

저기 다른 세계가 있어
무엇인가 자세히 살펴보니
바로 우리들의 일상이었네!

2005년 2월
박상필(npongo@dreamwiz.com)

개정판 서문 _5
서문 _7

제I부 NGO시대의 등장

제1장 새로운 유토피아
제1절 유토피아의 등장과 소멸 _17
제2절 유토피아의 부활 _23
제3절 NGO의 위상 _30

제2장 NGO학은 어떤 학문인가
제1절 사회과학의 재편 _49
제2절 NGO학의 등장과 성립 _59
제3절 NGO학의 연구영역 _72
제4절 NGO학의 연구방법 _76
제5절 NGO학의 교과과정 _81

제II부 NGO의 이론과 토대

제3장 시민사회론
제1절 제3섹터 모델 _87
제2절 시민사회의 의미 _93
제3절 국가·시장·시민사회의 관계 _116
제4절 시민사회와 NGO _124

제4장 NGO의 개념틀

제1절 NGO 개념의 발생 _127

제2절 NGO의 개념정의 _132

제3절 유사개념과의 비교 _144

제5장 NGO의 발생과 역할

제1절 NGO의 분류 _159

제2절 NGO의 발생과 발달 _164

제3절 NGO의 기능과 역할 _175

제4절 NGO와 사회자본 _185

제6장 NGO의 자원형성

제1절 NGO의 자원 _193

제2절 NGO의 재정 _195

제3절 NGO와 자원봉사 _203

제4절 NGO와 정부지지 _220

제5절 NGO와 미디어 _223

제6절 NGO와 지역사회 _226

제7절 NGO와 정보 _228

제7장 NGO의 조직관리

제1절 NGO의 조직적 특성 _231

제2절 NGO의 리더십 _237

제3절 회원과 자원봉사자 관리 _244

제4절 NGO의 모금과 홍보 _253

제5절 NGO의 성과관리 _262

제Ⅲ부 NGO의 활동과 대안체제

제8장 시민참여와 시민운동
제1절 NGO와 시민참여 _271
제2절 NGO와 시민운동 _280
제3절 시민불복종운동 _294
제4절 사이버 시민운동 _306

제9장 NGO와 정부·기업
제1절 거버넌스의 등장 _311
제2절 NGO와 정부 _320
제3절 NGO와 기업 _337

제10장 글로벌 거버넌스와 NGO
제1절 세계적 변화 _351
제2절 글로벌 거버넌스의 확대 _359
제3절 지구시민사회의 형성 _369
제4절 NGO와 국제기구 _376

제11장 대안사회와 NGO
제1절 근대성 비판 _388
제2절 대안사회의 모색 _398
제3절 NGO의 역할 _413

제IV부 NGO와 21세기 한국사회

제12장 한국NGO의 현재와 미래
    제1절 한국NGO의 현황 _423
    제2절 한국NGO의 발전방안 _434
    제3절 한국NGO의 비전 _444

부록 1 한국의 주요NGO 40 _457
부록 2 주요 국제NGO 20 _477
참고문헌 _487
찾아보기 _509

제I부

NGO시대의 등장

제1장 새로운 유토피아
제2장 NGO학은 어떤 학문인가

제**1**장
새로운 유토피아

제1절 유토피아의 등장과 소멸

1. 유토피아의 기원

인간은 오랫동안 유토피아의 시대를 살아왔다.[1] 동서양을 막론하고 오랜 옛날부터 인간은 풍요롭고 평화로운 낙원이나 이상향에 대한 동경을 지녀왔고, 이에 대한 이야기가 아름다운 신화나 설화 형식으로 전해내려 오고 있다. 희랍신화의 아카디아 유토피아(arcadian utopia)는 물질적 풍요, 인간 상호 간의 융화, 인간과 자연과의 조화, 편안한 죽음 등으로 묘사되는 극치의 낙원이었다(Davis, 1981: 19-26). 또한 기독교에서 말하는 인류사회의 시원인 에덴동산과 미래의 천년왕국은 풍요와 평화가 있고 고통과 원망이 없는 파라다이스였다. 물론 여기서 말하는 이상사회는 인간의 의지와는 관계없이 기적처럼 도래하고 인간이 주체가 아니라는 점에서 신화적 유토피아의 성격을 지닌다(박호강, 2002: 22-23).

그러나 이러한 유토피아의 전설은 그 자체로서 끝나지 않고 실현 가능한 목표와 달성방법

---

[1] 유토피아라는 개념은 모어(Thomas More)나 마르크스(Karl Marx)의 정의에서 볼 수 있는 바와 같이, 전통적으로 현실초월적인 실현불가능한 미래상을 의미한다. 그러나 유토피아에는 현존질서를 타파하고 새로운 사회를 건설하려는 인간의 의지가 담겨 있다. 여기서 유토피아는 현실의 모순을 뛰어넘어 이상적인 사회질서의 실현을 함축하는 미래사회 또는 그러한 사회를 지향하는 인간적 상상력으로 규정한다.

을 가진 더욱 구체적인 유토피아에 원초적 상상력을 제공하였다. 일찍이 기원전 4세기경 서구 문명의 발아기에 고대 그리스의 플라톤(Plato)은 철학자가 다스리는 이상적인 정치공동체인 도시국가(polis)를 제시하였다(Palto, 1994). 플라톤의 이상국가는 실현가능성이 희박하다는 점에서 초현실적이기는 하지만, 초월적 질서가 아닌 인간사회를 묘사하고 있다는 점에서 신화적 단계를 넘어서고 있다. 16세기 초 르네상스시기에는 영국의 모어(Thomas More)가 이상적인 도시, 아모로툼(Amaurotum)을 통해 화폐·전쟁·불평등이 없는 유토피아를 그렸다(More, 2002). 모어의 〈유토피아〉는 개인의 자유를 등한시하는 점이 있지만, 그 당시 영국사회의 부조리와 반휴머니즘에 대한 통렬한 비판에 근거하고 있다는 점에서 현실성이 과거의 다른 작품보다 뛰어나다.

모어가 유토피아라는 용어를 사용한 이래 많은 철학자와 사상가들이 인간의 삶을 완전하게 성취할 수 있는 유토피아를 전망하였다. 17세기에 유행했던 앙드레(Johann Andreae)의 〈크리스치아노폴리스〉(The Christianopolis), 베이컨(Francis Bacon)의 〈뉴아틀란티스〉(The New Atlantis), 캄파넬라(Tommaso Campanella)의 〈태양의 도시〉(The City of the Sun), 윈스턴리(Gerrand Winstanley)의 〈진리의 등장〉(Truth Lifting Up Its Head Above Scandals) 등을 예로 들 수 있다. 18세기에 와서는 공간적 차원을 넘어 시간적 차원에서 일정한 단계를 거쳐 미래로 발전해간다는 "역사유토피아"(history utopia)(Baczko, 1989: 145-46)도 등장하였다. 콩도르세(Marquis de Condorcet)의 유토피아론이 대표적이다. 그는 인류역사를 10단계로 구분하고 다가올 미래의 10단계에서 과학의 진보와 도덕의 향상을 통해 행복한 삶이 가능하다고 보았다. 최후의 발달단계는 부의 평등, 교육의 평등, 미신의 파괴, 전쟁 없는 평화가 보장되는 아름다운 사회로 특징지어진다(Condorcet, 2002).

유토피아사상은 동양에서도 이상사회를 향한 열망으로 나타났다. 기원전 5-6세기에 살았던 공자의 유가(儒家)사상은 인간성에 대한 신뢰와 사회적 관계의 조화에 근거하여 인간본성의 완전한 실현을 궁극적인 목표로 하였다. 유교적 유토피아는 규범체계로서의 삼강오륜(三綱五倫)과 인간심성으로서의 오상(五常)에 나타나 있는 바와 같이 덕성, 자기수양, 인간결합에 의한 이상적 사회를 지향한다.[2] 가정은 그대로 국가로 확장되고, 인간적 덕성과 사회적 덕목이 질

---

2) 삼강오륜에서 삼강은 군위신강(君爲臣綱), 부위자강(父爲子綱), 부위부강(夫爲婦綱)을 말하고, 오륜은 부자유친(父子有親), 군신유의(君臣有義), 부부유별(夫婦有別), 장유유서(長幼有序), 붕우유신(朋友有信)을 말한다. 오상은 인(仁), 의(義), 예(禮), 지(智), 신(信)을 말한다.

서 있게 상호 결합한다. 군자(君子)가 사심을 극복하고 덕치를 행함에 따라 정치적인 평형과 안정이 온다. 유교적 유토피아는 내세가 아니라 현세에서 국리민복(國利民福)을 얻는 것을 가정한다. 유가사상이 제도개혁을 통해 현실에서 이상사회를 추구한 반면, 도가(道家)사상은 현실의 계급대립과 전제정치를 회피하여 무위(無爲)·무욕(無慾)·무사(無私)를 지향하였다.[3] 이들이 바라본 이상사회는 노자(老子)의 소국과민(小國寡民)과 장자(長子)의 지덕지세(至德之世)에 나타난 바와 같이, 원시사회와 같은 소규모의 분산된 자치조직에서 도와 덕으로 다스리는 것을 강조하였다. 유가와 도가 사상에서 중국의 유토피아인 대동사회(大同社會)를 엿볼 수 있다.

2. 마르크스주의 유토피아

근대 이후 유토피아가 특정한 사고형태로서 구체적인 내용과 가치를 가지게 되고, 인간이 유토피아를 생활 속에 적극적으로 사고하게 된 것은 역시 마르크스(Karl Marx)의 노력이라고 할 수 있다. 그는 결코 도달할 수 없는 무한한 세계에 대한 인간의 욕망과 꿈을 역사의 보편적 법칙을 통해 제시하려고 하였다. 따라서 마르크스에 의해 대표되는 "근대유토피아"(Hansot, 1982: 1-3)는 시간적 방향과 동태적 변화를 함축한다. 마르크스와 엥겔스(Friedrich Engels)는 〈공산당선언〉에서 공상적 사회주의를 비판하고 실현 가능한 과학적 사회주의를 제시하였다. 이들은 생시몽(Comte de Saint-Simon), 푸리에(Charles Fourier), 오웬(Robert Owen) 등이 제창한 공상적 사회주의가 급진적이고 계몽적인 요소를 내포하고 있기는 하지만, 산업발전의 조건이 미약한 관계로 계급투쟁이 나타나지 않고, 프롤레타리아계급이 역사적 창의성이나 독자적 정치운동을 갖지 못한다고 비판하였다. 결국은 그들의 제자들이 보여준 것처럼 계급투쟁을 통한 역사진보에 반동적인 성격을 띠게 되고, 변동의 내재적 요인이나 실현 가능한 수단이 없는 공상으로 끝나고 만다는 것이다(Marx and Engels, 1989: 143-49).

마르크스가 제시한 과학적 사회주의는 과학이 급속도로 발전하던 19세기에 산업혁명에 의해 노정된 불안정과 갈등을 해소하기 위한 방책이었다. 그는 헤겔(Georg Wilhelm Friedrich

---

3) 유가와 도가의 차이는 세력의 차이에서 나타난다. 유가는 당시 기득권 세력의 사상이었지만, 도가는 기득권을 상실한 세력이 가졌던 사상이다. 또한 두 사상의 차이는 발생근거지와도 관련이 있는데, 유가가 자연환경이 척박한 황하유역을 중심으로 발전한 반면, 도가는 양쯔강유역의 풍요로운 자연환경의 혜택 속에서 발전하였다.

Hegel)과 포이어바흐(Ludwig Feuerbach)의 변증법과 유물론을 결합한 변증법적 유물론에 근거하여 인류역사가 일정한 객관적 법칙에 따라 고차원적 사회로 발전한다고 주장하였다. 역사발전의 5단계설이 바로 그것이다. 그에 의하면, 산업발전과 부르주아혁명에 의해 탄생한 자본주의적 생산양식은 본질적으로 내적 모순을 갖고 있다. 자본가가 잉여가치를 추구하기 때문에 노동자를 착취하게 되고, 노동자는 빈곤과 소외가 늘어남에 따라 계급의식을 가지고 단결하게 된다. 단결된 힘을 가진 노동자는 프롤레타리아의 주체성을 가지고 혁명을 통해 자본주의를 전복하고 사유재산을 사회화하는 사회주의를 건설하게 된다. 사회주의는 프롤레타리아의 독재를 통해 다른 계급이 소멸하고 국가의 경계가 사라지면 사유재산·착취·소외가 더 이상 존재하지 않는, 더 이상 변증법적으로 발전할 내부 모순이 없는 공산주의 유토피아로 전환되어 역사의 최종단계에 이르게 된다. 그는 공산주의사회에서 자유롭고 의식적인 활동을 통해 인간의 잠재력과 개성을 전면적으로 발휘할 수 있다고 보았다.

마르크스주의 유토피아는 사회경제적 조건에 대한 과학적 분석을 통해 역사의 변화법칙을 제시했지만, 오히려 합리성이 부족하다는 비판을 받았다. 가장 대표적인 것이 근대사회의 복합성을 자본주의의 경제과정으로 환원시킨 경제환원론과 역사발전의 고정된 법칙을 가정하는 역사주의에 대한 비판이라고 할 수 있다. 마르크스는 경제가 인간사회를 규정짓는다고 보고 역사가 경제적 조건에 따라 일정한 순서대로 발전해간다고 보았다. 이에 대해 포퍼(Karl Popper)는 마르크스주의 유토피아에 사회 전체를 한 번에 바꾸려는 급진주의와 완전무결한 아름다운 세계를 꿈꾸는 유미주의가 깃들어 있고, 폭력이 수반하는 높은 비용으로 인해 현실성이 부족하다고 보았다(Popper, 1999a: 218-30).[4] 기든스(Anthony Giddens)도 마르크스의 계급투쟁 역사관을 비판하고 근대성이 자본주의, 산업주의, 감시체계, 군사적 체계 등 제도적으로 다차원적 성격을 지니고 있다고 주장한다. 그는 역사가 목적론적으로 어떤 필연적인 방향으로 나아가거나, 역사진보에서 가치실현을 담당하는 특권적인 대행자가 존재하거나, 피지배계급의 이익이 총체적이라는 것을 부인하였다. 그는 사회변동에서 제도적으로 내재하는 요인이 중요하다는 마르크스의 원칙에는 동의하지만, 일상의 위험은 도덕적 신념만으로 대처할 수 없기

---

4) 포퍼는 이에 대한 대안으로서 점진적 사회공학(piecemeal engineering)을 제시하였다. 그가 말하는 점진적 사회공학이란 유토피아적 사회공학에 상대되는 개념으로서 완벽한 미래사회에 대한 청사진을 정해놓고 사회 전체를 한 번에 완벽하게 변화시키는 것이 아니라, 단지 더 나은 사회를 향해 사회악을 하나하나 제거하여 점진적으로 현재의 사회를 변화시키는 것을 말한다. 따라서 전체론적 접근법보다는 방법론적 개인주의에 의존한다.

때문에 전략적 행위가 필요하다고 보았다(Giddens, 1991: 160-63; Tucker, Jr., 1999: 22).[5]

마르크스주의에 대한 비판과는 별도로 공산주의는 현실적용에 있어서 스탈린(Joseph Stalin)의 공포정치, 강제수용소의 비극, 동유럽국가에 대한 무력탄압 등에서 볼 수 있는 바와 같이, 인류에게 커다란 재앙을 초래하였다. 그리고 소련을 포함한 동유럽의 현실사회주의가 1989년 이후 멸망함에 따라 역사의 최종점으로서 공산주의에 대한 지지가 급격하게 쇠퇴하였다. 이로써 자유와 평등이 보장되고 인간의 잠재력을 최고로 발현할 수 있다는 희망을 보여주었던 마르크스주의 유토피아는 일단락되고 말았다.

3. 기술 유토피아

마르크스주의와는 별도로, 과학기술이 획기적으로 발달함으로써 자연에 대한 기술적 계획을 통해 황금시대(the Golden Age)를 재현하고자 하는 기술 유토피아가 일어났다.[6] 기술 유토피아는 인간의 노력을 통해 자연을 지배하고 사회를 변화시키려는 근대 자연과학사상에서 비롯되었다. 근대사회 이래로 자연과학이 발달함에 따라 과학적 지식을 이용하여 인간사회를 변혁하고자 하는 사고가 보편화되었던 것이다. 르네상스 이후 16~17세기의 과학기술 발달에 의해 사회진보의 토양이 다져지고, 이것이 18세기의 산업혁명과 19세기의 과학시대로 연결됨에 따라 과학기술을 통한 완전한 사회 건설에 대해 확신을 하게 되었다. 콩트(Auguste Comte)의 실증주의 유토피아도 이러한 배경에서 나온 것이다. 그는 인간정신이나 인류사회가 필연적으로 신학적 단계와 형이상학적 단계를 거쳐 실증적 단계로 연속적으로 진행한다고 보았다. 실증적 단계에서 자연과학의 관찰·실험·비교에 의해 사회현상의 원인과 법칙을 발견하고 이를 통해 더욱 진보된 사회를 건설할 수 있다고 보았다.

20세기에 들어오면 미국의 역사적인 발달에서 보는 바와 같이, 인간은 기술혁신을 통해 미

---

5) 기든스는 하나의 전략으로서 유토피아적 이상과 현실주의 사이에 균형을 이루는 유토피아적 현실주의(utopian realism)를 제안한다. 이것은 유토피아적인 특성을 가지면서 사회변동에 대한 현실적 특성을 반영하고 있다. 그는 근대성이 일상생활을 위협하는 문제를 비판하지만, 이에 대한 대응을 근대성이나 현실의 부정이 아니라 근대성에 대한 새로운 해석과 성찰을 통해 해결하려고 하였다.
6) 그리스신화에서는 인류의 시대를 황금의 시대, 은의 시대, 동의 시대, 철의 시대 등 네 개의 시대로 나눈다. 황금시대는 이 중에서 가장 오래된 시대로 인간이 평화롭고 순결한 생활을 하던 시대를 말한다.

래를 구체적으로 전망하고 자유의 확대와 복지의 증대가 가능하다고 보았다.[7] 벨라미(Edward Bellamy)의 작품은 20세기 전반기의 미국 산업사회의 유토피아를 잘 반영한다. 〈되돌아보며〉(Looking Backward 2000-1887)라는 그의 소설은 산업기술의 발달과 국가의 매개를 통해 자유·평등·우애가 실현되고 이기주의·폭력·사기가 없는 완전한 사회를 잘 묘사하고 있다(Bellamy, 1951).[8] 제2차 세계대전이 참혹한 결과를 가져오기는 했지만, 서구사회는 곧바로 경제부흥에 나서 1950년대와 1960년대에 거대한 경제발전을 성취하였다. 그래서 노동자도 주택, 자동차, 텔레비전, 영화관람 등과 같은 높은 문화생활을 즐길 수 있게 되었다. 이런 상황에서 사람들은 과학기술의 발달에 의해 물질적 풍요와 불평등 해소를 동시에 해결할 수 있다는 희망을 품었고, 미래는 지금보다 더 안락하고 평화로울 것으로 믿었다.

그러나 과학기술의 발달이 초래할 위험을 인식하게 되면서 헉슬리(Aldous Huxley)의 〈멋진 신세계〉(Brave New World), 카슨(Rachel Carson)의 〈침묵의 봄〉(The Silent Spring), 오웰(George Orwell)의 〈1984년〉(Nineteen Eighty-four), 로마클럽(The Club of Rome)의 〈인류의 위기〉(The Limits to Growth) 등과 같은 디스토피아(dystopia) 작품이 나타났다. 기술의 발달이 가져오는 감시와 통제, 자발성과 창의성의 억압, 환경파괴, 도덕과 예술의 기술화, 부의 축적에 따른 계급 간 갈등, 무기발달과 전쟁 등으로 오히려 결함 있는 사회로 귀결된다는 것이다. 오늘날에도 여전히 기술과 자본의 결합에 의해 거의 완벽한 자족도시가 탄생하고 휴대폰과 컴퓨터와 같은 통신수단이 온갖 생활편리를 제공하고 있지만, 사람들은 과학기술이 발달한 사회가 유토피아가 될 수 있다고 믿지 않는다. 그래서 역설적이게도 고도 기술사회에서 기술 유토피아는 오히려 그 유용성을 잃고 말았다.

---

7) 미국에서는 19세기부터 기술에 대해 희망을 거는 작품이 나타났는데, 대표적으로 비젤로우(Jacob Bigelow)의 〈기술의 요소〉(Elements of Technology), 워커(Timothy Walker)의 〈기계론의 방어〉(Defense of Mechanical Philosophy), 에츨러(John Etzler)의 〈만인의 파라다이스〉(Paradise within the Reach of All Men) 등을 들 수 있다(Segal, 1985: 78-82).
8) 벨라미의 〈되돌아보며〉라는 작품은 주인공 웨스트(Julian West)가 최면술 실험에 걸려 1887년부터 2000년까지 잠들었다가 깨어나, 지난 100여 년간 엄청난 기술의 변화로 달라진 보스톤시를 비교하는 소설이다.

제2절 유토피아의 부활

1. 자유주의의 문제

현실사회주의의 실패 이후 자유주의가 세계의 보편적인 이데올로기가 되었다. 그러나 인간사회는 무수한 갈등과 불평등, 온갖 불안과 우울로 점철된 생활로 가득 차있다. 벨(Daniel Bell)이 '이데올로기의 종말'을 선언했던 1960년대에 이미 마르크스주의의 신념체계가 설득력을 잃은 것은 사실이다. 벨이 간파한 것처럼, 그 당시 서구사회는 후산업사회(post-industrial society)에 접어들었기 때문에 사회주의와 자본주의 간의 이데올로기적 대립으로 설명할 수 없는 다양한 현상이 나타났던 것이다.[9] 의료보장, 지방자치, 시민권리, 페미니즘, 생태환경 등과 같은 다양한 이슈를 예로 들 수 있다(Bell, 1984). 그렇다고 30여 년이 지나 후쿠야마(Francis Fukuyama)가 선언한 것처럼, 냉전에서 승리한 자유주의에서 '역사의 종말'이 왔다고 볼 수도 없다. 그의 말처럼 자유주의가 타인보다 우월해지고 싶은 인간의 우월욕망을 충족시켜 줄 수 있을지는 모른다(Fukuyama, 1992). 그러나 인간은 결코 우월욕망의 충족만으로 만족하는 존재가 아니다.

소련과 동유럽의 공산주의체제 붕괴 이후 세계는 자유주의가 대세를 이루고 있다. 자유주의 이념하에서 세계는 단일한 자본주의체제로 통합되어 교류가 늘어나고 경제가 성장하였다. 그러나 개인 간·국가 간 빈부격차는 더욱 심해졌고, 민족·인종·종족·종교 등을 사이에 두고 세계는 피비린내나는 갈등과 전쟁을 경험하고 있다. 이데올로기 진화에 종지부를 찍고 최후의 역사가 된 자유주의가 과연 인간을 행복하게 하는가. 자유주의하에서 인간의 자율과 존엄이 지켜지고 있는가. 형제애와 이타주의가 실현되고 있는가. 감성적이고 창의적인 삶이 이루어지고 있는가. 후쿠야마의 역사종말론은 미국을 비롯한 강대국을 중심에 두고 물질문명에 기초하고 있다는 점에서 폐쇄적일 뿐만 아니라, 그 자체로서 단순하기 그지없다.

---

[9] 산업사회 이후의 사회를 한국에서는 탈산업사회, 후기산업사회, 후산업사회 등 다양하게 부른다. 탈산업사회라고 하면 산업사회를 완전히 벗어난 사회라는 의미가 강하다. 그러나 지금의 사회는 산업사회와는 다른 별개의 사회가 아니라 양자가 혼재해 있다. 그리고 후기산업사회란 산업사회의 후기(late)에 속한다는 의미가 강한데, 이것은 산업사회 이후의 사회가 아니라 산업사회의 최종단계를 의미하므로 영어 접두어 "post"의 의미를 함축하지 못하고 있다. 따라서 이 책에서는 산업사회 이후의 사회이면서 산업사회의 성격을 여전히 내포하고 있는 후산업사회라는 용어를 사용한다.

자유주의는 인간의 이성와 합리성에 기초하여 자유를 촉진할 뿐만 아니라 끊임없이 새로운 사회를 지향하는 지적 전통을 가지고 있었다. 그러나 자유주의는 오래전에 이러한 급진성을 상실하였고, 오늘날에는 상업성과 물신성에 도취해 있다. 오늘날 자유주의에서 현실을 회의하고 불가능한 것을 탐구하는 상상력을 찾아보기 어렵게 되었다. 오히려 자유주의는 지배계급이 자신의 권력과 소유를 보존하기 위해 위험한 계급을 통제하는 보수적 정치이데올로기로 변질되었다. 역사상 성차별주의나 인종차별주의가 자유주의자에 의해 이루어졌다는 것은 결코 우연이 아니다. 변혁의 에너지를 상실한 자유주의는 월러스틴(Immanuel Wallerstein)의 지적처럼 쇠퇴의 길을 걷고 있다. 그는 후쿠야마의 주장과는 상반되게, 1789년 프랑스혁명과 함께 등장하여 1848년 세계혁명을 통해 지배이데올로기로서의 위상을 가지게 된 자유주의가 1968년 5월운동 이후, 그리고 본격적으로는 1989년 현실사회주의의 멸망과 함께 쇠퇴하기 시작했다고 보았다(Wallerstein, 1994; 1996).[10]

군이 월러스틴의 주장을 빌어 자유주의의 쇠퇴나 몰락을 예견하지 않는다 해도, 우리는 지금 불안과 불행에 휩싸여 있다. 1960년대까지 성장을 거듭하였던 세계경제는 1970년대에 들어와서 심각한 쇠퇴를 경험하였고, 국가와 자본과 노동 간의 화해적 정치구조로 간주되었던 복지국가는 위기에 봉착하였다. 이후 신자유주의가 새로운 정치경제 패러다임이 되었다. 그러나 신자유주의의 주류화 이후 빈부격차는 더 심해져서 인구의 20%만이 좋은 일자리와 문화생활을 즐기고 나머지 80%는 실업, 임시직, 저임금, 무주택 등으로 불안하고 빈곤한 생활을 하는 '20대 80의 사회'로 나아가고 있다. 심각해진 환경문제는 오존층의 파괴, 이상기온 현상, 생물종의 멸종, 환경호르몬, 공해병 등과 같은 문제를 야기하고 있다. 동서 간의 이데올로기를 둘러싼 냉전은 끝났지만, 국지전과 국가 내의 분쟁은 오히려 격화되었다.

냉전에서 자유주의가 승리한 것이 결코 행복한 삶을 보장하지 않는다. 오늘날 자유주의 하에서 삶은 획일화되었고 갈등이 만연하며 불투명한 미래가 우리를 기다리고 있다. 자유주의가 개인의 자유를 확대하고 물질적 풍요를 가져오긴 했지만, 억압·불평등·착취와 같은 근대적 모순을 극복하지 못했을 뿐만 아니라, 생태파괴, 부정부패, 관료적 경직성, 인종·종족 간 갈등, 테

---

10) 월러스틴은 역사적 체제로서의 자유주의의 위기가 주기적 순환(cycle)이 아니라 장기적 추세(trend)로서 내적 변형과 자체의 소멸을 낳는 구조적 긴장에 직면해있다고 보았다. 그는 위기를 한 역사적 체제의 내부모순들이 축적된 결과 그 체제가 현행 제도적 패턴 내의 조정을 통해서는 자체의 딜레마를 해결할 수 없는 시점에 이른 정황이라고 정의한다. 위기는 100년에서 150년 정도 걸리는 중기지속(medium-long)의 시간대에 걸쳐 일어나는 대규모 체제의 이행(transition)이다(Wallerstein, 1994: 35; 이수훈, 1996: 213).

러와 폭력 등과 같은 문제를 이론적으로 설명하거나 실천적으로 해결하지 못하고 있다. 더욱 중요한 것은 자유주의가 자기완성을 실현하고자 하는 인간의 정신적 욕구를 실현하는 데 제대로 자기기능을 하지 못한다는 사실이다. 다중적 정체성을 가진 인간은 물질·이기·감각·안정을 넘어 정신·이타·의미·창의와 관련된 욕구를 가지고 있다. 그러나 자유주의는 이러한 욕구를 실현할 수 있는 지적·실천적 토대를 거의 가지고 있지 않다.

2. 과학기술의 문제

국가 간 차이가 있기는 하지만, 이제 세계의 주요 이데올로기는 과학과 기술이다. 오늘날 과학기술은 신흥종교가 되어 빈곤해결, 범죄수사, 행정관리, 고용창출 등을 포함하여 거의 모든 것을 해결하는 만능으로 통하고 있다. 과학기술은 이미 녹색혁명을 통해 맬더스(Thomas Malthus)의 '인구론'을 무색하게 할 정도로 빈곤문제를 상당부분 해결하였다. 오늘날 대부분의 문명화된 국가의 정권은 출범과 함께 정당성 확보를 위한 방편으로 과학기술 발달을 주요한 국정과제로 제시하기도 한다. 앞으로 과학기술은 '수소혁명'(Rifkin, 2003)과 같은 대체자원개발을 통해 자원부족을 근원적으로 해결하고, 유전공학의 발달을 통해 중국의 진시황제 시대부터 전설적으로 전해오던 불로초(不老草)도 만들 수 있을 것으로 보인다.[11] 그야말로 과학기술은 이제 교주와 교회가 없이도 수많은 지지자를 거느리는 강력한 신흥종교가 되었다.

그러나 과학기술은 분명 부정과 긍정의 양날을 가지고 있다. 과학기술은 기본적으로 가치중립적이다. 과학자는 과학발달의 방향에 대해서 커다란 관심과 책임을 갖지 않으며, 인간의 존엄과 인류의 복리를 위해 복무하고 있다고 보기도 어렵다. 우리가 잘 알고 있듯이, 과학기술은 살상무기를 개발하는 데 기여하였고, 심지어 나치즘처럼 유대인과 같은 한 민족을 송두리째 제거하겠다는 기획에 공헌하였다. 21세기에 들어서서는 아프가니스탄이나 이라크에서의 미국의 전쟁수행에서 볼 수 있는 바와 같이, 과학기술의 발달은 지하 저 밑에 숨어있는 사람까지 살상하면서 대량학살에 기여하고 있다. 과학기술에 대한 맹신은 소비지향적 생활, 경제적 이기주의, 환경파괴 등으로 이어지고 공연이 끝난 뒤에 느끼는 일종의 공허감을 남긴다. 과학기술의 발달

---

11) 과학자들은 21세기 중반이면 인간이 150년 이상 사는 것이 현실적으로 가능하다고 예견한다.

로 감미로운 음악이 울려 퍼지는 최첨단 집에서 깨어나 노동의 무게로부터 어느 정도 해방될 수는 있겠지만, 그것은 소수 부자에게나 해당되는 것이다. 더구나 그 소수 부자가 느끼는 해방감과 만족감도 실상은 모조품에 지나지 않는다. 과학기술이 발달된다고 인간의 자유가 확대되고 인간다운 삶이 가능해지는 것은 아니다. 미래에 대한 희망을 과학기술 발달에 의존하는 것은 위험하거나 최소한 씁쓸한 결과를 가져온다.

물론 과학기술이 우리 생활을 편리하게 하는 것은 사실이다. 교통과 통신의 발달, 컴퓨터와 인터넷의 도입, 의료기술과 유전공학의 발달 등으로 현대인은 수백 년 전에 왕이 누렸던 편리에 버금가는 생활수준과 지식소유를 자랑하고 있다. 그러나 효율을 중시하는 과학기술은 비판의식을 상쇄시키고 획일적이고 순응적인 사회를 낳는다. 그야말로 사회변동이 봉쇄된 "일차원적 사회"(one-dimensional society)(Marcuse, 1986)나 기술에 의해 인간이 통제되는 "기술전체주의"(Arendt, 1996)로 귀결될 수 있다. 그리고 하버마스(Jurgen Habermas)의 지적처럼, 사회문제를 기술문제로 치환하거나 기술에 과도하게 의존하는 것은 공공영역(public sphere)을 침식시키고 개인을 탈정치화시키게 된다(Habermas, 2001). 인간사회의 복잡한 정치·사회적 문제는 결코 과학기술로 해결할 수 있는 것이 아니다. 특히 인간이 가진 초월적·정신적 욕구는 기술적 편리로 해결할 수 없다. 현대인이 인간적인 삶에 필요하다고 느끼는 영성, 공동체정신, 이타주의, 생태적 생활 등은 과학기술의 발달과는 거의 관계가 없는 것이다. 생명의 총체성이나 근원성에 대한 이해 없이 과학기술이 가져오는 성과에만 집착하는 것은 독가스와 핵무기의 교훈이 가르쳐주듯이 불행으로 귀결된다.

3. 유토피아의 기능

현 체제에 안주하여 유토피아를 비웃는 사람들은 눈앞의 현실생활을 중시한다. 그들은 효율성을 극대화하기 위해 관료적 행동에 젖어있고 안전을 위한 폭력을 정당화하기도 한다. 제2차 세계대전 당시 유대인을 폴란드 아우슈비츠 강제수용소로 보내고 대량학살을 주도했던 아이히만(Karl Adolf Eichmann)도 특별한 사람이 아니라, 자신의 일을 묵묵히 수행한 한 사람의 충실한 관료였다.[12] 유토피아에 대한 상상력이 부족한 사람은 순응과 무관심으로 일관하기도 한다.

---

12) 아이히만은 독일 패망 후, 가족과 함께 아르헨티나로 도망가서 리카르도 클레멘트라는 가짜이름을 가지고 부에

이들은 미래를 꿈꾸고 반란을 꾀하기보다는 현재의 삶에 안주하거나 자신의 소유를 늘리고 소비하는 것에 집착한다. 지적 혁명을 꾀하기보다는 현 체제에 순응하여 그 체제 속에 스스로 함몰되어버린다. 이러한 삶은 인간이 가진 상상력을 폐쇄시키고 잠재력의 계발을 방해하게 된다. 그러므로 언제나 자신의 존재가치를 묻고 자유롭고 창의적인 삶을 갈망하는 인간에게는 반드시 유토피아적 상상력과 실천이 필요하다.

인간사회의 현실은 언제나 악으로 가득 차있고 무수한 모순이 존재한다. 그래서 인간은 끊임없이 현실사회에 대한 비판을 통해 인간다운 삶을 실현하는 완전한 미래사회를 꿈꾼다. 인간은 동물과 같이 물질적 풍요만으로 살아갈 수 있는 존재가 아니다. 따라서 물질적으로 빈곤할 때나, 풍족할 때나, 자신의 실존에 대한 물음과 함께 자기능력의 완전한 성취를 위해 노력한다. 니체(Friedrich Nietzsche)는 이상적인 삶을 구하여 끊임없이 노력하는 행위를 "힘에의 의지"(the will to power)로 표현하였다(Nietzsche, 1988). 모든 정체된 상태를 돌파하여 향상하려는 근원적인 내적 생명력이 인간에게 있다고 보았던 것이다(Nietzsche, 1993).[13] 블로흐(Ernst Bloch)는 현실을 초월하여 아직 이루어지지 않은 것에 대한 희망이 인간의식의 핵심이라고 주장하면서, 이것이 모든 철학과 예술의 기본테마가 되어야 한다고 강조하였다(Bloch, 2004: 246-97). 인간은 분명 현실적 한계를 벗어나 자신과 자신이 속한 사회의 향상에 대한 간절한 희망과 실천의지를 가지고 있다. 현실에 뿌리를 박고 살면서도 불가능한 꿈을 품자고 했던 체 게바라(Che Guevara)의 삶의 모토(Motto)는 모든 사람이 원하는 것이다.

유토피아는 현실적 고통을 뛰어넘어 미래를 지향하는 인간의 욕구와 희망을 구체화시키는 힘을 가지고 있다. 그래서 많은 학자들은 유토피아가 가진 기능과 역할을 중시하였다. 밀즈(C. Wright Mills)는 유토피아를 꿈꾸는 것이 미래를 향한 우리의 꿈을 결집시키는 원동력이라고 하면서, 제도나 정책을 고려하기 이전에 먼저 유토피아를 꿈꿔야 한다고 주장하였다(Jacoby, 2000: 18). 알렝 투렌(Alain Touraine)은 유토피아사상을 사회문화적 변화과정에서 하나의 필수적인 단계로 보았다(Touraine, 1981: 19). 라이트(Erik Wright)는 현실에서 벗어나기 위한 모티브를 제공하기 위해서는 유토피아적 이상에 대한 강한 믿음이 필요하다고 하였다(Wright,

---

노스아이레스의 근교에서 자동차공장 기계공으로 은신하고 있다가, 1960년 이스라엘의 비밀정보원인 모사드에 의해 붙잡혀 이스라엘로 압송되었고, 1961년 이스라엘 법정에서 사형선고를 받은 후 1962년 교수형에 처해졌다. 그는 법정에서 자신은 단지 자신에게 주어진 임무를 충실하게 수행했을 뿐이라고 항변하였다.

13) 물론 니체는 소수의 초인만이 이런 능력을 가졌다고 보았다.

1995: ix). 라클라우(Ernesto Laclau)와 무프(Chantal Mouffe)는 유토피아에 기반을 둔 급진적 상상력이 모든 좌파사상의 구성에 절대적으로 필요하다고 강조하였다(Laclau and Mouffe, 1990: 230). 프랑켈(Boris Frankel)은 유토피아 전통이 일상적 삶의 불합리성과 황폐화에 대한 진부하고 체념적인 수용을 거부하고 활기찬 영감의 원천으로 작용한다고 보았다(Frankel, 1997: 42).

    미래에 대한 상상 없이는 현재의 문제를 해결할 의지와 수단을 발견하는 것이 쉽지 않다는 점에서 유토피아는 현재생활에서 충일한 삶을 지향하도록 만든다. 유토피아는 바로 현실에 대한 비판을 근거로 새로운 사회상을 선취하고 이를 실현하기 위한 사회변혁을 추동하는 역할을 한다. 유토피아는 현실사회의 억압·불평등·착취·소외 등 각종 사회적 불만과 위기를 반영하고 있다. 이러한 현실에 대한 비판을 근거로 현실사회를 개혁하고 좋은 삶(good life)을 성취하고자 하는 열망을 담고 있는 것이다. 물론 유토피아는 단지 인간해방적 관점에만 제한되어 있지 않다. 유토피아는 완전한 인간과 사회에 대한 비전과 상상력을 일깨워 모든 가능성을 열어놓고 자아실현을 위한 새로운 발명을 하도록 자극한다. 그야말로 유토피아는 현실비판, 사회변혁, 대안사회, 자기완성 등과 같은 가치를 내포하고 있다. 현재적 삶이 의미있는 삶에 근접할 수 있는 가능성은 바로 미래에 대한 유토피아가 있을 때 더욱 높아진다. 많은 사람들이 현실사회의 고통 속에서 유토피아를 꿈꾼 것도 바로 유토피아가 가진 이러한 기능과 역할 때문일 것이다.

4. 유토피아의 재발견

인간은 근원적으로 자기완성을 지향하는 존재이다. 따라서 진부하고 황폐한 일상을 넘어 자신의 능력을 완전하게 성취하고자 하는 유토피아적 열망을 가지고 있다. 기존의 인식틀을 뛰어넘어 새로운 삶을 창출하고자 하는 유토피아에 대한 전망 없이는 삶이 나태해지고 결국에는 의미를 상실하기 때문이다. 인류역사에는 모든 상상력을 동원하여 현실을 비판·분석하고 미래를 전망·계획하는 다양한 형태의 유토피아 관념이 끊임없이 등장하였다. 마르크스주의 유토피아의 전망이 불투명하고 자유주의와 과학기술의 폐해가 노정되는 가운데 서구사회에서는 한때 새로운 사회운영원리로서 신좌파(new left)가 등장하기도 하였다. 미국에서 신좌파는 1960년대에 현실사회주의의 독재·경직성·비인간성과 자본주의의 불평등·관료주의·권력집중·군사문화를 비판하면서 민주주의, 사회정의, 평등, 소외극복의 대안으로서 참여민주주의와 공동체운동을 지향하였다(김봉종, 2001). 유럽에서 신좌파는 1968년 5월운동에서 나타난 바와 같이, 관료제도의 위계적 권위주의와 기술관료의 의사결정 독점에 반대하고 새로운 삶의 양식과 자기정체성을 요구하였다(정수복, 1994: 229-58). 신좌파운동은 국가중심의 권위주의적 통제와 개인의 파편화, 관료제와 테크노크라시(technocracy)에 의한 정형화된 삶을 거부하고 자율과 자치가 보장되는 사회를 지향하였다.

　1960년대의 열기가 사그라지고 1989년 현실사회주의가 멸망한 이후, 유토피아는 먼 옛날의 일이나 비현실적인 환상처럼 보이기도 한다. 그래서 당면한 사회문제를 치유하는 정책과 프로그램은 있지만, 새로운 세계로 인간의 열망을 추동하는 유토피아는 없는 것처럼 보인다. 그러나 현실이 안정적일 때도, 고통스러울 때도, 인간사회는 미래사회에 대한 희망 없이는 살 수 없다. 따라서 인간의 삶에는 항상 유토피아가 생겨나기 마련이다. 현대사회는 온갖 부조리, 불안과 우울, 타성과 기만 등으로 가득 차있다.[14] 이러한 사회에서 미래에 대한 희망을 현실화하는 유토피아의 부활은 시민사회의 발달과 그것이 수행하는 역할과 밀접한 관련이 있다.

　근대국가의 성립 이후 국가는 발전을 기획하고 진보를 책임져왔다. 국가는 거시경제를 조절하고 복지서비스를 제공하며 소득재분배를 위한 매개역할을 수행하였다. 심지어 산업구조를 조정하고 지식경제기반을 구축하는 작업을 선도적으로 지도하였다. 그러나 국가는 관료주의 경직성과 대외변동에 대한 적응능력의 한계를 구조적으로 내포하고 있었다. 더구나 권력의 집중, 권위주의, 부정부패, 효율성의 추락 등으로 정당성마저 훼손되기 시작하였다. 따라서 인간의 욕구를 충족하거나 개혁을 완수하는 적임자가 되지 못하였다. 오히려 국가는 개인의 자유와 존엄성을 위협했기 때문에 끊임없이 감시와 견제를 받는 대상이었다. 이러한 이유로 1970년대 이후에는 정부실패(government failure)에 대응하여 시장원리를 강조하는 시대로 회귀하였다.[15] 시장은 국가에 비해서는 개인적 자발성과 창의를 존중한다. 그리고 자발적 교환에 기초하여 효율적으로 상품과 서비스를 생산한다. 또한 경쟁과 실적주의에 대한 강조를 통해 생산성을 증대할 수 있다. 그러나 시장은 구조적으로 공공재를 생산하는 데 한계가 있을 뿐만 아니라,

---

14) 이 책에서는 현대사회(contemporary society)를 17세기 이후 계몽주의에 기초하는 근대사회(modern society)와 구분하여 사용한다. 이것은 우리가 살고 있는 동시대가 300여 년간 이어온 근대사회와는 동일하지 않다는 신념에 기초한 것이다. 물론 여기서 현대사회는 어떤 질적 범주와 속성을 가진 개념이 아니라, 시간적 범주로서 우리가 살고 있는 21세기 지금의 사회를 말한다.
15) 정부실패는 시장실패에 상대적인 개념으로서 정부가 시장에 개입하여 후생경제학에서 말하는 복지사회를 이룩하려고 했으나, 오히려 더 나쁜 결과를 초래한 것을 말한다. 그러나 넓게 본다면 국민이 바라는 요구와 실제로 정부가 제공하는 서비스의 차이라고 할 수 있다.

효율을 절대시하고 불평등을 산출한다. 시장의 원리에서는 환경을 보존하거나 공동체적 시민규범을 정립하는 것이 어렵다. 따라서 시장도 실패할 수밖에 없다.[16]

국가와 시장은 자발적 참여, 권력의 분산과 공유, 신축적이고 수평적인 조직, 조밀하고 공개된 커뮤니케이션, 사회적 책임과 연대, 세계시민적 윤리, 영성의 발현 등과 같은 가치를 실현할 수 없다. 이러한 가치를 구체적으로 실현하기 위해서는 시민사회의 역할이 요구된다. 시민사회는 권력에 의해 작동되는 국가나 화폐에 의해 움직이는 시장과는 달리, 자율·참여·연대의 동학 속에서 움직인다. 따라서 의사소통이 활발하고 수평적 커뮤니케이션이 가능하다. 상호존중과 친밀감이 강하고 공동체적 문화가 중시된다. 상호 협력하고 연대하는 문화가 발달되어있다. 사회적 약자에 대한 책임과 자원적(volunteer) 활동이 활발하다. 물질적 욕망이 아니라 정신에 대한 탐사와 놀이가 이루어진다. 상호원조, 공동체정신, 인간적 교류, 환경보호, 영성 등과 같은 가치는 시민사회에서 중시되고 실현된다. 물론 시민사회는 태생적으로 국가에 대한 비판과 견제를 주요한 기능으로 하고 있다. 21세기 우리 시대의 유토피아의 부활은 시민사회의 성장과 여기서 활동하는 NGO(nongovernmental organization)의 분출, 그리고 NGO가 수행하는 각종 활동을 무시하고는 더 이상 이야기할 수 없게 되었다.

제3절 NGO의 위상

1. NGO의 분출

1) 두 번의 혁명

국가와 시장이 갖는 한계로 인해 새로운 유토피아에 대한 전망은 시민사회에서 이론으로 체계

---

[16] 후생경제학에서 시장실패(market failure)는 불완전경쟁이나 정보의 불충분성으로 인해 효율적인 자원배분이 불가능하게 된 것을 말한다. 그러나 여기서는 넓은 의미로 시장이 사회의 필수적인 공공서비스와 인간생활에 필요한 서비스를 생산하지 못하는 한계를 의미한다. 즉 시장은 공공재 생산의 한계, 부정적 외부효과(negative externality), 소득분배의 불공평성 초래, 이윤이 없는 분야의 투자회피 등의 문제를 야기한다고 본다.

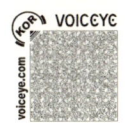

화되고 하나의 생활형태로서 실험되고 있다. 시민사회의 각종 결사체들은 국가와 시장의 한계를 극복하고 삶의 질을 높이기 위한 다양한 시도를 하고 있다. 그중에서도 NGO는 현대인의 간절한 소망을 이루어줄 실제적인 참여와 연대, 구체적인 발명과 체험의 장이다. 이러한 현실을 반영하듯 전세계적으로 다양한 영역에서 수많은 NGO가 분출하고 있다. 사람들은 각자 자신의 잠재력을 계발하고 개성을 발현할 NGO를 직접 결성하거나 다양한 NGO에 참여하여 국가와 시장에 의해 배제되었던 중요한 가치를 실현해가고 있다.

NGO는 인류역사와 함께 시작되었다고 볼 수 있다. 인류는 태초부터 각자 내적 동질성을 기초로 하여 결사체를 조직하고 이를 통해 공동의 문제를 해결했기 때문이다. 문헌적으로는 기원전(BC) 4세기경, 플라톤의 〈국가론〉에 대한 아리스토텔레스(Aristotle)의 반응에서 그 기원을 찾을 수 있다. 플라톤은 국가를 계획적이고 인공적인 창조물로 간주하고, 국가와 개인 사이의 중간조직을 제거하였다. 그는 개인주의적 관심을 추방하고 개인을 하나로 통합하는 것을 목표로 하여 사유재산과 가족을 용인하지 않았다(Plato, 1994). 그러나 플라톤의 제자였던 아리스토텔레스는 〈정치학〉에서 도시국가를 촌락이 하나의 커다란 자급자족적 공동사회로 결합된 것으로 보았다. 그는 모든 결사체가 고유한 선(善)을 달성하기 위한 목적에서 결성되는 것으로 보고, 이것을 인간사회의 본질적 원리로 간주하였다. 따라서 도시국가와 개인 사이에 중간조직을 인정하였고, 가장 대표적인 것이 바로 가족이었다(Aristotle, 2003). 개인의 집합적 결사는 중세 봉건사회에서도 있었다. 봉건체제하에서 교회·조합·길드 등이 다양하게 결성되었고, 개인들은 자신의 자유와 권리를 획득하고 확대시켜줄 결사체에 커다란 관심을 가졌다. 그리고 자신을 떠나 공동체 전체의 문제를 해결하기 위한 목적으로 조직을 결성하고 공동행동을 하였다. 따라서 다양한 형태의 조직이 생겨났고 그중에는 지금 우리가 NGO라고 부르는 조직도 있었을 것이다.

그러나 NGO는 시민사회 영역에 있고, 시민사회라는 개념이 근대국가에 상대적인 개념으로 사용되었기 때문에, NGO의 등장은 근대국가의 등장과 맥을 같이한다고 볼 수 있다. 물론 근대초기에는 NGO가 활성화되지 않았다. 근대의 계몽주의사상가들은 국가와 개인 사이의 중간조직에 대해 인식은 했지만, 이것을 크게 중시하지는 않았다. 마키아벨리(Niccolo di Machiavelli), 보댕(Jean Bodin), 홉스(Thomas Hobbes), 로크(John Locke), 몽테스키외(Baron de Montesquieu), 루소(Jean-Jacgues Rousseau) 등은 정도의 차이는 있을지라도, 자연상태(state of nature)에 대해 두려움을 가지고 있었다. 이러한 자연상태의 불안과 혼란을 극복하고 개인의 안전을 지키기 위해 국가라는 통제장치를 요구하였다. 마키아벨리와 보댕은 토호세력과 교회의 권위를 방어하고 극복하기 위해 강력한 군주제를 옹호하였다. 홉스와 몽테스키외도 법치를 가능케 하는 군주제를 이상적인 정부로 보았다. 심지어 루소는 개인은 협약을 통해 자신의 모든 권리를 국가에 양도하고, 국가는 일반의지(general will)의 절대적 권한을 가지고 개인의 생명과 재산을 보호해야 한다고 주장하였다. 그는 국가와 개인 사이의 중간조직이 양자에 개입하여 특수이익을 추구한다는 이유로 배척하였다(Rousseau, 1997).

근대 초기에 제대로 활성화되지 못하였던 NGO는 미국혁명과 프랑스혁명을 계기로 새로운 전기를 맞이하였다. 미국혁명은 한편으로는 영국 식민지정부의 독재와 착취에 대항하여 외국지배로부터 독립하려는 정치혁명을 의미하지만, 다른 한편으로는 기존의 권위·의무·종교·계급·재산으로부터 벗어나는 실질적인 사회변혁 과정이었다(Nisbet, 1990).[17] 국가와 개인 사이를 중개하면서 이러한 변화를 추동한 것은 바로 시민사회의 각종 결사체였다. 시민에 의해 자발적으로 결성된 결사체는 국가의 권력집중을 방지하면서 개인의 열정을 흡수하여 사회변화를 추진하는 매개체로 작용하였던 것이다. 미국이 독립 이후 헌법에서 국가의 권력확대를 경계하고 자발적 결사체의 역할을 중시한 것도 이러한 역사적 전통에 따른 것이다. 프랑스의 사상가였던 토크빌(Alexis de Tocqueville)은 1830년대에 미국을 방문하여, 시민사회의 다양한 결사체가 국가를 견제하면서 공동체의 각종 문제를 해결하는 능동적인 미국사회를 찬사한 바 있다(Tocqueville, 1997).

프랑스혁명은 미국혁명과는 달리 혁명의 주체들이 중간조직에 대한 증오심을 가지고 있었다. 혁명의 지도자였던 당통(Georges Jacques Danton)이나 로베스피에르(Maximillien de Robespierre)뿐만 아니라, 자코뱅당원들은 중간조직이 조직성원에게 폭군으로 군림한다고 보았다. 이것은 중세적인 길드와 수도원에 대한 반감에서 비롯된 것이다(Nisbet, 1990: 46, 250). 그러나 프랑스혁명을 통해 개인은 단지 신민으로서 국가의 통치대상이라는 한계에서 벗어나 사회인으로서 자신을 자각하게 되었다. 절대체제하에서 개인은 국가에 복종하는 대가(對價)로 국가로부터 안전을 보장받았었다. 그러나 프랑스혁명을 계기로 국가와 개인 사이에 '사회'라는 새로운 영역이 생기자, 개인들은 이 중간영역에서 개인의 자유를 외치며 국가권력에 저항하였고, 심지어 절대자로 간주되었던 국왕을 처형하기도 하였다. 프랑스혁명의 기본이념인 자유·평등·박애는 개인의 자각과 자율적 행동을 가능케 하는 토양이 되었다. 그리고 인권선언은 자연법

---

[17] 니스벳은 심지어 노예제도가 미국혁명 중에 폐지되지는 않았지만, 흑인의 지위와 노예제도에 대한 근본적인 변화가 있었다고 보았다(Nisbet, 1990: 244-46).

사상에 입각하여 언론·출판의 자유, 인간의 평등, 권력의 분립 등을 주장한 것으로 NGO의 발달에 중요한 사상적 토대를 제공하였다.

2) 20세기 후반의 동력

미국혁명과 프랑스혁명이 시민사회의 발달과 NGO의 성장에 중요한 사상적 토대를 제공한 것은 사실이지만, 20세기 초까지도 NGO라는 용어가 공식적으로 사용되지 않았고, NGO가 많이 발생하지도 않았다. 그러나 20세기 후반에 와서, 특히 1970년대 이후에는 유럽에서 아메리카까지, 아시아에서 아프리카에 이르기까지 수많은 NGO가 발생하였다. 오늘날 과연 NGO혁명(nongovernmental organization revolution)이라고 할 수 있을 정도로 다양한 영역에서 다양한 이슈를 다루는 NGO가 생겨나서, 국가와 시장에 영향력을 행사하고 각종 시민적 요구에 응답하고 있다. 미국과 같이 국가의 역할확대에 대한 반감이 강하고 다양한 인종·언어·문화로 이루어진 사회는 말할 것도 없고, 유럽처럼 전통적으로 국가가 중요한 역할을 수행하는 사회에서도 많은 NGO가 활동하고 있다. 심지어 독일 같은 복지국가에서도 인구 28만 명의 작은 도시에 NGO가 2,800개나 된다는 통계가 있다. 중국처럼 사회주의적 이념이 강한 국가에서도 지역경제개발을 촉진하고 국가의 행정력이 미치지 못하는 각종 인간적인 서비스를 제공하기 위해 NGO가 생겨나고 있다. 한국은 NGO의 분출에 있어서 세계에서 가장 역동적인 성장역사를 보여주고 있는데, 1987년 6월항쟁 이후 정치적 민주화가 진행되면서 지난 수십 년간 수만 개의 크고 작은 NGO가 결성되었다.

오늘날 전세계적으로 수천만 개에 달하는 NGO가 활동하고 있다. 미국의 수도 워싱턴의 백악관 앞에서 이라크침략전쟁을 반대하는 시위를 주도하고 있는 것은 바로 지구화에 반대하거나 세계평화를 추구하는 NGO이다. 유럽의 파리와 베를린에서는 환경NGO가 자연환경을 심하게 파괴하는 대기업 앞에서 그 회사제품의 구매를 반대하는 불매운동을 하고 있다. 아프리카의 에티오피아와 가나에서는 선진국의 자금을 지원받아 어린이의 건강과 교육을 돌보는 NGO가 진료활동과 학과수업을 진행하고 있다. 일본의 도쿄에서는 '정신대대책위원회'라는 아시아 공동의 NGO가 제2차 세계대전 당시 일본군의 위안부에 대해 일본정부의 책임을 묻는 시민재판을 하고 있다. 한국의 서울에서는 북한돕기를 목표로 하는 NGO가 정부정책과는 관계없이 북한동포를 돕기 위한 모금운동을 벌이고, 자금과 물자를 전달하기 위해 직접 북한을 방문하기도 한다.

전세계에 걸쳐 지난 수십 년간 NGO가 급속도로 분출하게 된 데에는 여러 가지 요인이 작용하였다. 1950년대 이후 전세계적인 경제성장, 1970년대 이후 복지국가의 위기와 교통·통신기술의 발달, 1980년대 이후 민주주의의 세계적 확산과 전지구적인 문제의 심화, 참여욕구의 폭발과 삶의 질에 대한 관심의 증대, 1990년대 이후 소련과 동유럽의 현실사회주의 멸망, 인터넷의 발달, 지구화의 확산과 이에 대한 저항, 2000년대 이후 테러·전쟁의 확대, 세계평화에 대한 염원, 자연환경의 위기, 생명과 영성에 대한 관심의 증대 등이 NGO의 발생을 촉진하였다. 특히 NGO의 분출은 개인적인 가치관과 욕구의 변화에 크게 기인하고 있다. 21세기에 중요한 개인 자율성의 강화, 민주주의의 질적 고양, 빈곤한 주민의 자족능력 증진, 세계적인 환경위기와 대응, 전쟁방지와 세계평화의 구축, 대안사회의 구축과 영성의 발현 등은 NGO의 참여와 역할을 요구한다. 오늘날 NGO가 없다면—선진국과 개발도상국을 막론하고—민주주의와 삶의 질은 심하게 훼손될 것이다. 이제 NGO는 인간이 평화롭고 창조적인 삶을 누리는 데 없어서는 안 될 중요한 사회제도의 일부가 되었다.

현대사회와 같이 복잡하고 다원화된 사회에서 다양한 사회문제가 발생하면 정부와 기업은 신속하게 대응하기 어렵다. 거대한 관료제구조에서 위계적인 명령에 따라 움직이는 정부는 새로운 문제를 예견하고 유연하게 대처하는 데 한계가 있다. 기업은 정부보다 탄력적이지만, 인류에게 위기를 초래하더라도 이윤이 남지 않는 문제에 대해서는 커다란 관심을 기울이지 않는다. 국가연합인 유엔이 전지구적인 문제에 대응하고 있지만, 강대국의 이해관계에 갇혀 실질적으로 해결하지 못하고, 지방수준의 미시적인 문제를 다루는 데도 한계가 있다. 따라서 인류 공통의 거시적인 문제부터 커뮤니티의 미시적인 문제에 이르기까지, 시민들은 자신의 안전과 행복을 위해 직접 행동에 나서고 있다. 새로운 사회문제가 발생하면, 법이 제정되어 정부가 조치를 취하기 이전에 시민들은 행동에 나선다. 시민들은 곧바로 모임을 갖고 토론을 거쳐 NGO를 결성하고 집합적인 힘을 통해 눈앞에 있는 문제와 대결한다. 전세계적인 NGO의 분출과 확대는 바로 기존의 사회구조에 대한 역사적 행위자의 긴급한 문제의식, 전문적 조직화, 자율적인 대응행위를 의미한다.

2. NGO의 역할

현대자본주의의 고도기술사회에서 새로운 유토피아의 사상적 원천이자 실천의 장으로서 NGO

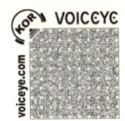

는 어떤 역할을 할 수 있는가. 우선 현대사회에서 인간이 바라는 이상사회는 근대 물질문명의 폐해와 모순을 지적하고 이를 극복하기 위한 대안을 가져야 한다. 이런 점에서 정신적 존재로서의 인간과 그 인간이 지향하는 욕구에 대한 올바른 이해가 필요하다. 물론 정신적 가치를 중진한다고 하더라도 인간이 함께 살아가는 공동체를 도외시할 수 없다. 그러므로 인간이 원하는 유토피아는 현실정치에서 민주주의를 재구성하는 것과도 밀접하게 관련되어 있다. 이렇게 본다면 NGO의 활동에 기초하는 유토피아는 현실을 떠난 공상이나 현체제를 전복하는 형태가 아니라, 현실사회 속에서 자유민주주의와 자본주의의 모순을 완화하고 극복하는 현실적 유토피아라고 할 수 있다. 여기서는 현실적 유토피아를 실현하기 위한 NGO의 역할로서 이상 두 가지 사항에 집중하여 살펴보기로 한다.

1) 정신적 욕구의 충족

현대 물질문명 속에서 모든 사람들은 물질적 욕구에 도취해 있다. 예를 들어, 사람들은 저마다 돈·권력·섹스에 대한 욕구를 충족시키기 위해 온갖 수단과 노력을 동원한다. 이러한 물질적 욕구는 인간이 가진 생득적 욕구로서 모든 시대, 모든 사람들의 주요 관심사였다고 할 수 있다. 그럼에도 불구하고 현대인은 다른 어떤 시대의 사람들보다 물질적 욕구에 더욱 집착하고 있다. 현대인들이 물질적 욕구에 집착하게 된 것은 단순히 개인 취향의 변화이기보다는 사회적 구조의 변화에 기인하는 측면이 강하다. 우선 자본주의가 발달함에 따라 돈이 가진 유용성이 더욱 확대되었다. 이제 모든 사람은 스스로 돈을 벌어서 자신이 필요한 상품과 서비스를 살 수 있게 되었다. 돈은 인간이 필요로 하는 상품을 살 수 있을 뿐만 아니라, 온갖 종류의 사람을 고용할 수 있다. 필요하면 장기(臟器)를 사서 갈아 끼울 수 있고, 심지어 배우자와 자식도 살 수 있다. 그리고 오늘날 민주주의가 발달함에 따라 신분에 관계없이 거의 모든 사람은 공공기관에서 일할 수 있게 됨으로써 권력을 추구할 수 있는 기회가 더욱 확대되었다. 물론 권력은 공공기관에서만 작동하는 것이 아니라 일상생활의 미시구조에서도 작동한다. 더구나 현대사회에서 정보가 빠르게 유통되고 지식을 쉽게 획득할 수 있기 때문에 사람들은 정보와 지식을 통해 권력을 행사하는 것이 가능해졌다. 또한 현대사회에서 성(性)에 대한 공개담론이 활성화되고 성에 대한 규제가 해체됨에 따라, 성이 다각도로 상품화되고 섹스를 즐길 수 있게 되었다. 성 클리닉의 발달, 성감대의 확장, 성의 다형화 등으로 섹스에 대한 욕구가 더욱 중대하였다.[18]

그러나 인간은 돈·권력·섹스 등과 같은 물질적 욕구의 충족에만 만족하지 않는다. 사실

사람들이 돈을 벌고 권력을 획득하는 것에 관심을 기울이는 것은 이것으로 만들 수 있는 명성·명예·권위 등과 같은 것을 얻을 수 있기 때문이다. 다른 사람으로부터 인기를 얻고 존경을 받고 싶은 것은 인간에게만 고유한 것이다. 인간의 계통조상인 침팬지나 보노보와 같은 동물조차 결코 동료들로부터 인정을 얻고 칭찬을 받으려고 행동하지 않기 때문이다. 일찍이 파스칼(Blaise Pascal)과 아담 스미스(Adam Smith)가 지적한 바와 같이, 사람들이 서로 다투거나 힘들게 노력하는 것은 부(富)와 권력을 추구하기 위해서라기보다 오히려 다른 사람의 주목을 끌고 존경을 받기 위한 것이라고 할 수 있다(Pascal, 1994; Smith, 2009). 그야말로 현대인은 호네트(Axel Honneth)의 지적처럼, 다른 사람으로부터 인정받기 위한 '인정투쟁'에 몰두해 있다(Honneth, 1996). 사람들이 숨쉬기도 힘든 해발고도 8,850m의 히말라야를 오르고, 모든 것이 꽁꽁 얼어붙은 남극을 탐험하며, 조각배에 의지한 채 태평양을 횡단하는 것도 다른 사람의 인정과 존경을 받으려고 하는 것과 무관하지 않다.

물욕이나 명예욕은 인간이 추구하는 중요한 욕구임에 틀림없지만, 인간은 이것으로 만족하지 않는다. 화려한 명품 옷을 걸치고 다녀도 시간이 지나면 지겨워지고, 아무리 센 권력도 10년을 넘기지 못하고 사라지며, 섹스할 능력은 나이가 듦에 따라 필연적으로 사그라진다. 명성이나 명예도 외부 사람의 인정에 의해 주어진다는 점에서 일시적이고 일종의 허영에 가깝다. 그래서 이러한 욕구에 집착하는 삶은 언제나 상처를 초래하고 허무감을 낳는다. 물질문명 속에서 바쁘게 살아가는 현대인들이 엄청난 부와 온갖 사치품 속에서도 허탈하고 우울해하며, 심지어 정신적 아노미(anomie)를 겪는 것도 이러한 욕구에 집착하여 자신을 제대로 바라보지 못하기 때문이다. 따라서 의미있는 삶을 갈구하는 사람들은 진리·영성·자비 등과 같은 정신적이고 초월적인 욕구를 충족하는 것에 커다란 관심을 가지고 있다.

우주에는 인간과 자연을 초월하여 불변하는 근원적인 실재가 있다. 바로 우주에 질서와 조화를 부여하고 자비의 원천인 신(神)이다. 인간은 물리적인 시공간에 갇혀 자신이 속한 역사와 문화 속에서 살아가지만, 본원적인 우주생명인 신에 연결되어 있다. 니체가 짜라투스트라(Zarathustra)의 입을 통해 외쳤듯이, 인간이 지향하는 기쁨은 근본적으로 절대적 영원성에 닿아 있다(Nietzsche, 1993). 진리가 갖는 무한성은 인간의 생명 속에 본유(本有)하는 영성으로 구체화된다. 영성은 시공간의 한계를 넘는 인간의 본원적 자유이자 일체를 변화시키는 신성한

---

18) 성감대는 성기에서 입, 항문, 귀, 유방 등으로 확대되었고, 성의 다형화는 혼전정사, 간통, 동성애, 포르노, 사이버섹스 등으로 나타나고 있다.

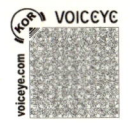

생명의 힘이다. 인간이라면 누구나 자신의 생명 속에 내재해 있는 영성을 발현하여 성스러움을 체험하고 자기를 완성하고자 하는 욕구를 가지고 있다. 물론 영성이 지축을 울리며 어둠을 뚫고 솟아오르는 태양과 같은 본성을 지니고 있다고 해도, 다른 생명의 충실에 기여하는 자비를 벗어나서는 의미를 상실한다. 자비는 우주 만물에 대한 연민으로서, 인간은 자비를 통해 진리에 도달하고 영적 완성을 성취할 수 있기 때문이다. 따라서 영성을 지닌 인간은 근원적으로 타자의 고통을 없애고 즐거움을 주는 행동을 지향한다. 이러한 정신적 욕구는 과학기술문명 속에서 외면당하고 무시되는 경향이 있지만, 죽음 앞에 선 인간이 진실하게 이러한 욕구를 추구한다는 점에서 모든 사람의 생명 속에 지니고 있는 본질적인 것이라고 할 수 있다.

인간이 일상 속에서 끊임없이 느끼고 체험하면서 갈망하는 정신적 욕구는 국가와 시장이라는 메커니즘에서는 충족될 수 없다. 국가는 체제를 유지하기 위해 법체제와 관료제를 통해 국민을 통제하는 것을 기본목적으로 한다. 더구나 현대정보사회에서 국가는 복잡한 행정장치를 통해 국민의 행동을 제한할 뿐만 아니라, 각종 정보망을 통해 국민의 사사로운 생활까지 감시한다. 오늘날 국가는 컴퓨터에 모든 국민의 신상정보를 저장해두고 있고, 사람들이 서로 나누는 메일과 통화를 뒤지며, 거리에는 곳곳에 폐쇄회로 TV를 설치해두고 있다. 그러므로 국가의 원리가 작동하는 곳에서는 개인이 자신의 주체를 자각하지 못하고 자신의 존재에 대해 물음을 던질 수 없다. 국가의 원리가 정신적 인간의 발기불능(impotence)을 초래하기 때문이다. 정신적이고 초월적인 존재로서의 자각은 통제·명령·감시가 통용되는 곳에서 가능한 것이 아니다. 진리를 자각하고 영성을 발현하며 자비를 행하는 것은 국가와 같은 거대한 권력에 대한 복종이 아니라, 자신의 존재에 대한 본원적 성찰과 실천적 수행에 의해서 가능한 것이다.

정신적 욕구를 충족할 수 없는 것은 시장도 마찬가지다. 시장은 기본적으로 자신의 이익을 극대화하려는, 합리적이고 이기적인 인간 간의 상호작용에 의해 움직인다. 따라서 시장 속의 인간은 자신의 재산을 최대한 축적하여 소비를 확대하는 것을 주요한 목적으로 삼는다. 자본주의가 고도화되고 화폐가 발달한 오늘날 인간 삶의 거의 모든 것이 상품화된 것도 이러한 시장의 성격 때문에 나타나는 현상이다. 오늘날 건강과 교육이 상품화된 것은 말할 것도 없고, 정보·여행·체육·결혼 등이 이미 상품화되었다. 예를 들어, 체육은 몸을 단련하는 것이 아니라 고액을 받는 스포츠스타가 벌이는 경기를 관전하는 것으로 바뀌었고, 결혼은 화려한 호텔에서 고객과 주례를 대여하여 벌이는 허식으로 변하였다. 심지어 전쟁·윤리·예술·죽음조차 거래의 대상이 되었다. 인간이 돈의 노예가 되고, 소비에 집착하며, 한낱 상품으로 전락하게 되면서 물신주의가 지배하고 있다. 물신주의는 모든 것을 돈으로 환산하고 돈에 의해 관계를 구성한다.

따라서 절대경지에 도달할 수 있는 인간 고유의 자유, 성스럽고 신성한 생명의 힘, 타자에 대한 연민과 배려는 시장원리에서 설 자리를 잃게 된다.

정신적 존재로서의 인간의 초월적인 욕구는 시민사회에서 비로소 충족될 수 있는 계기를 갖는다. 우선 시민사회는 경험과 합리를 강조하는 근대 과학기술문명 속에서 배제되었던 인간의 주관영역을 탐구하고 체험하는 기회를 제공한다. 과학기술은 주체와 객체를 분리하고, 객체를 분절화시켜 각 부분에 대한 경험적 연구를 통해 대상을 파악하려고 한다. 따라서 인간의 정신을 관심에서 배제시키거나, 관심을 가지고 연구할 때에도 인간정신을 물질세계로 단정하고 과학적으로 실험하려고 한다. 과학적 차원에서 볼 때, 인간은 우연의 산물로서 일생동안 먹고, 마시고, 잠자고, 배설하는 것을 반복하다가 죽음과 함께 모든 것이 종결되는 물질적 존재에 지나지 않는다. 오늘날 시민사회가 발달하고 시민사회적 가치가 확산됨에 따라 합리적 인간을 강조하는 유물론에 반기를 들고, 인간을 정신을 가진 존재로 보려는 움직임이 강화되고 있다. 그야말로 인간을 물질을 초월하여 우주적 정체성을 가진 심원한 존재로 자각하는 것이다. 시민사회의 각종 영적 결사체들은 생명 간의 교류와 담론, 탐구와 체험을 통해 인간의 존재에 물음을 던지고, 정신세계를 실질적으로 체험할 기회를 제공한다.

육체적 존재를 초월하여 정신적 존재로 나아가고, 자아를 초월하여 타자에게 진중한 책임을 행하며, 인간을 초월하여 우주 만물의 생명성에 융화해가려는 인간의 욕구를 충족하는 것은 시민사회에 있는 종교단체의 활동과 밀접한 관련이 있다. 오늘날 과학은 종교를 터무니없는 망상이라고 공격하고 있다.[19] 과학으로부터의 비판을 떠나 종교 자체가 가진 폐쇄성·배타성·상업성 등에 대한 반감도 강하다. 그러나 거룩하고 성스러운 것을 지향하고, 영성을 발견하고 궁극적 실재에 닿으려는 인간본성에서 볼 때 종교는 필요하다. 물론 이러한 욕구는 정형화된 제도적 종교에서만 충족되는 것은 아니다. 더구나 오늘날 제도화된 종교는 오히려 인간의 정신을 계발하기보다는 방해하는 측면이 없지 않다. 수만 명, 수십만 명의 신도를 거느린 대형교회나 사찰은 성직자를 판매요원으로 양성시켜 상업적 장사를 하거나, 정신을 고양시킨다는 명목

---

19) 종교에 대한 비판은 오랜 역사를 가지고 있지만, 근대 계몽주의의 등장과 함께 더욱 강화되었다. 일찍이 헤겔은 종교를 소외된 인간의 나약한 행동으로 간주하였고, 마르크스는 종교를 사회구조를 변화시키는 혁명을 방해하는 아편이라고 낙인찍었다. 20세기 들어와서도 러셀(Bertrand Russel)과 같은 철학자가 종교가 자유인과 어울리지 않기 때문에 인권의 개선이나 평화를 구축하는 데 오히려 방해가 된다고 일갈하였다(Russel, 1999). 현대사회에서도 도킨스(Richard Dawkins)와 같은 과학자가 종교가 배타적이고 호전적일 뿐만 아니라, 초자연적인 절대자를 믿는 것은 정신병자의 소행이라고 비판하였다(Dawkins, 2007).

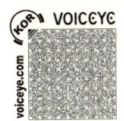

으로 인간을 폐쇄적 이데올로기에 유폐시키곤 한다. 그런가 하면, 청정한 종교적 수행을 한다는 명목으로 세상을 등지고 은둔하거나 마음의 고요에 매몰되어버리는 오류도 있다.

시민사회에는 인간의 영성이 지닌 거룩함과 신성함을 발현하는 다원주의적 관점의 종교가 많이 있다. 시민사회에는 영원하고 거룩한 것과의 합일, 인간생명에 내재된 신성한 영성의 발현, 타자에 대한 무조건적 자비의 체득 등을 위한 다양한 수행활동이 존재한다. 이런 수행활동을 하는 단체들은 연구소, 수련원, 비밀결사, 실험집단, 소공동체, 시민단체 등 다양한 명칭을 가지고 있으면서 기도·창제(唱題)·좌선·명상·요가·제의(祭儀) 등 다양한 수행방식을 사용한다. 이러한 수행활동을 하는 대부분의 단체가 바로 NGO라고 할 수 있다. 따라서 NGO에는 인간이 우주와 교감하고, 신성한 영성의 힘을 발휘하며, 타자에 대한 자비를 행하는 데 필요한, 오래전부터 내려오는 전통, 영적 체험을 하는 의식, 훈련을 지도하는 스승, 체험을 공유하는 동료가 있다. 그야말로 NGO는 정신적 인간의 정체성을 복원하고 각종 정신적 욕구를 충족시키는 집합적 통로라고 할 수 있다. 이러한 NGO는 시민운동을 통해 국가와 시장의 체계적 논리를 방어할 뿐만 아니라, 시민사회의 제도적 종교가 갖는 폐쇄성과 상업성을 비판하고 견제하는 역할도 한다.

2) 민주주의의 급진화

현실사회주의가 멸망한 지금 민주주의라고 하면 곧 자유민주주의를 연상한다. 자유민주주의는 자유주의와 민주주의가 결합하여 탄생하였지만, 오늘날 민주주의에서 자유주의적 이데올로기가 지나치게 강조되고 있다. 자유주의가 주로 자본주의 내에서 사적 소유권을 보장하기 위한 투쟁으로 성립한 계급적 이념인데 반해,[20] 민주주의는 근대사회 이후 정부의 결정과정에 참여할 수 있는 평등한 권리를 확보하기 위한 정치적 이념으로 발전하였다. 따라서 민주주의를 자유주의로 환원시키는 것은 민주주의가 원래 지향했던 평등의 문제를 은폐하려는 의도가 내재되어있다. 한편 자유민주주의와 사회주의를 구분하여 양자를 민주 대 독재의 이항관계로 설정하려는 의도 또한 민주주의의 기본이념인 '인민에 의한 지배'(rule by the people)를 무시하려는 발상이다. 실제로 자유민주주의와 사회주의는 모두 인민의 평등한 참여와 인민에 의한 지

---

[20] 물론 자유주의는 근대초기에 시민혁명을 이끌어온 주요한 이데올로기였기 때문에 정치적 성격도 가지고 있다.

배를 부정하고 엘리트민주주의로 귀결되었기 때문이다.

자유민주주의는 정치적인 것(the political)을 축소하여 정부영역 내의 민주적 원칙과 절차에 관심을 집중하였다. 정치의 본령은 사회구조에 내재된 권력관계, 모순과 갈등, 종속과 억압, 불평등, 나아가 인간의 행복과 관련된 다양한 탈물질적 가치에 대해 공개적인 토론과 자유로운 참여를 보장하는 것이다. 그러나 현실적으로 정치는 소수엘리트가 대중을 통치의 대상으로 소외시키고 정책결정을 독점하고 있다. 시민이 권력을 견제하고 자신의 영향력을 증대할 수 있는 장치가 매우 미비하다. 오늘날 자유민주주의는 국가권력을 통제하고 권력을 다원화하는 문제, 시민참여를 확대하여 정책과정에 평등한 참여기회를 보장하고 공론장을 활성화하는 문제, 개인의 잠재력을 계발하고 창조적 개성을 증진하는 문제에 대해 유효한 질문을 던지거나 적절한 해답을 제시하지 못하고 있다. 따라서 자유민주주의는 민주주의의 출발 당시에 의도했던 원시성이 쇠락하여 고대 아테네의 직접민주주의에서 강조했던 '치자와 피치자의 동일화'가 불가능해졌다.

자유민주주의의 한계는 오늘날 대부분의 국가에서 실시하고 있는 대의제에서 잘 나타난다. 대의민주주의는 현대사회의 복합성이 가지는 문제를 일정부분 해결하고, 대중통제 및 정치평등에 대한 요구와 시간적 긴급성 및 근대 영토국가의 조건을 화해시킬 수 있는 장치로서 효과성이 있는 것이 사실이다(Beetham, 1993; Melucci, 1991). 그러나 대의민주주의는 의도와는 달리 국가, 특히 중앙정부에 권력을 집중하여 정책과정에 시민참여를 제한하였고, 이질적인 사회에서 효율성을 높인다는 명목으로 공론장과 정보공개를 소홀히 하였다. 따라서 자신의 목적을 달성하거나 참여할 수 있는 수단을 갖지 못한 구성원은 소외될 수밖에 없었고, 일반대중은 정치에 무관심하거나 방관자가 되었다. 이러한 정치적 무관심층은 공공의 미덕을 잊어버리고 이기주의와 물질주의에 심취하였다. 대의제에서는 소수의 전문기술관료나 대표자가 폐쇄적인 구조에서 의사결정을 독점하고 명령과 제재와 같은 방식을 통해 시민의 복종을 강요한다. 이러한 구조에서는 무능력하거나 문제 있는 대표자를 견제하고 소환하는 데도 한계가 있다.

대의민주주의에서는 아테네의 페리클레스 이래로 민주주의의 중요한 가치로 전해오는 자율, 참여, 평등, 다원적 가치를 실현하는 데 분명 한계가 있다. 그래서 개인이 자기입법의 실천에 평등하게 참여하여 권력의 정당성과 자기결정원리를 확보한다는 이상은 단지 형해화된 화석으로 남아 있다. 따라서 대의민주주의에서는 민주주의의 급진성이 상실되고 말았다. 민주주의의 급진화란 민주주의의 원시적 정신을 되살려 그 기본이념에 충실하는 것을 말한다.[21] 민주주의의 원시적 정신은 민주주의란 용어가 어떻게 발생하고 무엇을 함축하고 있는지를 살펴

보면 잘 알 수 있다. 민주주의(democracy)는 16세기 프랑스어의 democratie에서 차용된 것이지만, 그 이전에 그리스어의 demokratia에서 파생된 용어로 인민(demos)과 지배(kratos)의 합성어이다. 따라서 민주주의란 군주제나 귀족제와는 달리, 인민이 지배하는 정부형태를 말한다(Held, 1989: 10). 물론 현실사회에서 민주주의의 원시적 정신을 실현하는 것은 쉽지 않다. 그러나 민주주의가 완성의 결과가 아니라 끊임없는 투쟁을 통해 미래에 완성해야 할 과제임을 상기할 때, 그 근본정신을 포기하지 않고 추구하는 것이 중요하다. 인간이 지향하는 창조적인 삶도 바로 원시적 민주주의를 향한 도전 속에서 피어난다고 할 수 있다.

민주주의의 기본이념은 다음 몇 가지 명제로 압축할 수 있다. 첫째, 권력의 정당성을 확보하는 것이다. 이것은 인민주권의 원리에 충실하여 모든 국가권력이 주권자인 인민으로부터 발생하고 인민의 동의에 근거해서 행사되어야 한다는 것을 말한다. 둘째, 자기결정원리를 강화하는 것이다. 이것은 치자와 피치자의 동일성에 근거하여 모든 사람이 정치적 주체자로서 평등하게 의사결정에 참여하고 유효한 영향력을 행사하는 것을 말한다. 셋째, 정치범위를 확대하는 것이다. 정치는 정부활동에 제한되거나 사적 이해관계를 조정하는 것이 아니라 일상생활에서 일어나는 모든 그룹 간 의사결정과 관계되고, 활발한 토론을 위한 열린 공론장이 갖추어져야 한다. 넷째, 시민성(civility)을 확립하는 것이다. 모든 시민은 공중으로서의 자질과 덕성을 가지고 공적생활에 참여하고 민감하게 반응하는 시민성을 가져야 한다. 따라서 시민이 자기권리를 인식함과 아울러 사회연대와 공익참여에 관한 시민교육을 받을 수 있는 기회가 보장되어야 한다. 이러한 민주주의의 기본이념이 보장될 때 개인은 자율적이며 자기성찰적인 존재가 되고, 국가권력은 견제받고 다원화된다. 또한 시민참여가 평등하고 유효하게 이루어지고, 시민정신이 최대한 계발되고 실천될 수 있다. 물론 이러한 민주주의의 급진화는 국민국가의 경계 내에서만 이루어지는 것이 아니라 전지구적 차원에서도 고려되어야 한다. 따라서 주권의 공동출자와 유엔의 민주화를 통한 '세계민주주의'(cosmopolitan democracy)(Held, et al., 2002)나 일국의 도덕적 수준을 넘는 세계시민으로서의 보편적 '윤리'(柄谷行人, 2001)도 적극적으로 논의되어야

---

21) 여기서 말하는 민주주의의 급진화 또는 급진적 민주주의는 민주주의 본래의 정신을 회복한다는 의미를 가진다. 이것은 자율·참여·연대·평등 등과 같은 가치를 중시한다는 측면에서 라클라우와 무프가 말하는 급진민주주의와 같은 맥락이긴 하지만, 구체성에 있어서는 다르다. 라클라우와 무프의 급진민주주의는 계급지향적 노동운동의 중심성에서 벗어나 다양한 사회운동의 민주적 등가(상호연대와 헤게모니적 접합)에 의한 평등민주주의의 구현을 목표로 한다. 이에 대해서는 Laclau & Mouffe(1990: 185-235) 참조.

한다.[22]

인류역사는 민주주의를 급진화하기 위해 부단한 노력을 시도한 과정이었다. 18세기 말 프랑스혁명 이후에 프랑스에서는 일단의 여성지도자들이 그 당시로서는 혁명적이었던 여성참정권을 주장하였다. 비록 메리쿠르(Theroigne de Mericourt)와 구쥬(Olympe de Gouges)와 같은 여성혁명가의 꿈은 깨지고 말았지만,[23] 그들의 노력은 나중에 전세계 여성에게 빛을 비추게 되었다. 20세기의 페미니스트운동은 바로 이들의 주장에 직접적으로 닿아 있는데, 오늘날 페미니즘(feminism)의 원리는 인간사회의 거스를 수 없는 대세가 되었다. 1830년대 영국에서 일어난 차아티스트(Chartist)운동은 노동자의 선거권리를 주장하는 사회운동이었다.[24] 이 운동은 1850년대에 실패로 끝났으나, 이후 영국의 선거법개정에 영향을 미쳐 20세기에 와서 완전한 보통선거권의 정착에 기여하였다.[25] 마르크스주의는 19세기 중반 이후 유럽 산업자본주의에 기인하는 부와 권력의 집중에 대한 반응으로 나타나서 계급적 특권을 적대시했다. 마르크스주의는 20세기에 들어와서 인간해방을 성취하지는 못했지만, 자본주의를 새롭게 단련시키고 일정한 수정을 가하는 데 기여하였다.

민주주의의 급진성을 회복하기 위한 노력은 현대사회에서도 계속되었다. 복지국가의 실현, 자유주의원리의 강화, 지방자치의 활성화, 민주주의교육의 강화 등도 그 중의 하나라고 할 수 있다. 그러나 이러한 시도는 대부분 부작용을 낳거나 제한적인 역할만 수행하였을 뿐, 민주주의 본래의 정신을 회복하지 못하였다. 서구 복지국가는 사회적 권리의 확대에 일조했지만 국가권력의 확대와 관료제의 경직성을 초래하여 민주제도를 형식화시키거나 시민참여를 형해화시켰고, 신자유주의는 국가개입에 반대한다는 명목으로 경쟁과 효율성과 같은 시장원리를 강조하여 오히려 정치적 자유를 방해하거나 축소시키고 있다. 지방자치의 활성화와 국가에 의한 민주시민교육은 민주주의정신을 강화할 수 있지만, 현실적으로 제한된 효과만 발휘하고 있다.

민주주의의 기본정신을 발휘하고 그 원시성을 회복하는 것은 좌파의 주장처럼 국가권력의

---

[22] 현대사회에서 소규모의 배타적이고 결속된 형태의 고대 아테네 민주주의 모델을 차용할 수는 없다. 그러나 직접민주주의를 실시했던 그리스인의 지혜를 배울 필요가 있는데, 앞으로 정보화의 이점을 활용하여 전자민주주의가 적극적으로 실시될 경우 참여의 확대나 공론장의 활성화가 가능할 수도 있을 것이다.
[23] 메리쿠르는 나중에 미쳐서 죽었고, 구쥬는 단두대의 이슬로 사라졌다.
[24] 차아티스트운동은 남자보통선거권, 무기명 투표, 선거권의 재산상 자격제 폐지, 하원의원 유급제, 인구비례 평등선거구제, 의회의 매년소집 등 6개 조항을 주로 요구하였다.
[25] 영국은 1832년에 제1차 선거법 개정이 이루어진 이후 1928년에 제5차 선거법 개정이 이루어져 성인남녀의 완전한 선거권이 실현되었다.

〈표 1-1〉 새로운 민주주의 기획

주요 항목	개념설명
능동사회	사회구성원이 개인적 자율성을 가지고 공동체의 일에 적극적으로 참여하고, 시민사회가 국가권력을 견제할 뿐만 아니라 각종 사회문제를 능동적으로 해결한다. 국가는 구성원의 요구와 대외변동에 유연하게 대응하고 적응한다(박상필, 2001).
열린사회	관용과 다양성에 기초해 다양한 행위자가 자유로운 비판과 토론에 참여하여 사회문제를 해결하고 책임을 공유한다. 자본주의, 물질주의, 이기주의가 순화되고 평화로운 사회를 지향한다(Popper, 1999a; 1999b; Soros, 2002).
사회적 경제	각종 자발적 결사체가 단독으로 혹은, 정부와 연계하여 자원봉사활동, 참여와 결속, 자유로운 조직과 민주적 의사결정에 따라 사회적 약자에게 서비스를 제공하고 실업자를 흡수한다. 형제애와 이타주의를 중시한다(Bruyn, 1977; Jeantet, 1986).
사회적 구상	공공문제를 해결하는 데 있어서 시민참여와 상호주관적인 관계를 통해 권력을 분화하고 책임을 공유한다. 개인과 조직이 외부환경에 개방적이고 아이디어를 서로 유통하며 조직학습이 활발하다(Jun, 1995).
제3자정부	연방정부, 주-지방정부, 비영리단체, 기업 등이 권위와 책임을 공유하여 각종 공공서비스를 제공하는 다원적 복지사회 시스템이다. 여기서 민간단체는 사회문제를 해결하는 중요한 행위자로 등장한다(Salamon, 1995).
생태주의	인간이 자연의 일부라는 유기체적, 전체적 사고에 근거하여 국가중심의 성장주의를 지양하고 지구상의 생명체와 미래세대의 권리를 고려한다. 분권화, 다양성, 연대, 참여 등과 같은 가치를 중시한다(Lipiet, 2002; Sterling, 1992).
결사체민주주의	권력의 분화, 자원주의의 강화, 참여의 활성화에 근거하여 시민사회의 다양한 자발적 결사체가 자치적으로 사회문제를 해결하고 시민성을 강화한다(Hirst, 1993; 임혁백, 1995).
참여민주주의	사회구성원이 자신에게 영향을 미치거나 공동체 전체의 이익과 관련된 의사결정과정에 참여하여 효과적인 영향력을 행사한다. 시민참여를 통해 인간발전을 장려하고 정치적 효용성을 높이게 된다(Pateman, 1986; 박상필, 2008).

강화나 우파의 주장인 시장원리의 확대를 통해서 가능한 것이 아니다. 그것은 시민사회에서 자발적 결사체가 흥륭하고 의사소통과 상호연대를 통해 다양한 가치를 추구하면서 적극적으로 공익활동에 참여할 때 이루어질 수 있다. 따라서 민주주의의 급진화는 결코 NGO를 우회할 수 없다. NGO는 자율성·자원성·다원성·공공성·연대성·국제성 등의 가치를 중시하기 때문에 시민의 자기권리 인식과 자기결정 원리의 증대에 크게 기여할 수 있다. 그리고 NGO는 시민사회에서 개방적이고 다층적인 공론장이 형성되어 생활세계의 다양한 문제를 논의하는 것을 지향한다. 또한 NGO에 참여하는 시민은 공중으로서의 자질을 가지고 민주시민의식 함양과 공익활동 증진에 적극적이다. 물론 NGO의 활동은 국가의 경계를 넘어 공동행동을 통해 세계 공통의 문제를 논의하고 해결하는 것으로 이어진다. 민주주의의 급진화에 대한 NGO의 위상은 〈표 1-1〉에 나타난, 새로운 민주주의의 기획에서 차지하는 NGO의 역할에서도 알 수 있다. 현대사

회에서는 대의민주주의가 가진 한계를 극복하고 민주주의의 세련화와 풍요화를 강화하기 위해 능동사회(active society), 열린사회(open society), 사회적 경제(social economy), 사회적 구상(social design), 제3자 정부(the third-party government), 생태주의(ecologism), 결사체민주주의(associational democracy), 참여민주주의(participatory democracy) 등이 논의되고 일정부분 실천되고 있다. 그런데 이러한 민주주의의 기획에서 NGO는 중요한 행위자로 자리매김하게 된다. 사실 NGO가 없이는 이러한 민주주의의 기획이 성과를 거두기 어렵다고 해도 과언이 아니다.

3. NGO의 활동사례

국가가 명령과 강제를 통해 발전을 추구하는 시대는 끝이 났다. 시장이 경쟁과 효율의 원리에 따라 끝없이 부를 축적하고 소비하는 시대도 끝나가고 있다. 현대사회는 자율적 시민참여와 행위자 간의 네트워크를 통해 사회문제를 해결하고 자아를 적극적으로 실현하는 시대이다. 자발적 참여와 연대를 통해 다원적 가치를 보존하고 삶의 질을 증진하는 것을 중시하는 시대가 오고 있는 것이다. 시민사회에 토대를 두고 있는 NGO는 지방적·국가적·지역적·지구적 차원에서 자율·참여·연대의 가치를 통해 사회정의를 실현하고 인간적 가치를 보장하는 데 앞장서고 있다. 아래에서는 몇 가지 예를 들어 현대사회에서 NGO가 지니고 있는 사회적 의미를 고찰해보도록 한다.

서울의 한 구청은 관할 내에 있는 공원을 관리하는 데 애를 먹었다. 복잡한 도시생활에서 공원은 곧 시민의 휴식공간이자 이웃 간의 교류의 장으로서 중요한 역할을 한다. 그러나 공중화장실은 제대로 청소를 하지 않아 더럽기 짝이 없고, 공원에 세워져 있는 조각품에는 온갖 낙서가 휘갈겨져 있다. 그리고 공원의 여기저기에는 휴지가 떨어져 있을 뿐만 아니라, 깨진 유리병 조각이 널려 있고 구석진 곳에는 개똥도 있다. 공원 한쪽에 있는 농구장은 농구대가 녹슬고 나무판이 갈라져 있으며 림의 실이 너절너절하게 떨어져 있다. 시민들이 아침에 조깅을 할 때 이 공원을 이용하기는 하지만, 어둠이 내리면 거의 이용하지 못한다. 야간에는 불량청소년의 회합장소나 싸움장소로 변질하였기 때문이다. 따라서 공원으로서의 산뜻한 이미지가 사라진 지 오래다.

구청에서 이 공원을 담당하는 공무원이 있기는 하지만 속수무책이다. 공무원 한 사람이 일

정한 시간을 두고 순찰을 돌기도 하지만, 24시간 내내 지키고 있을 수도 없는 노릇이기 때문이다. 구청은 이 공원을 시민의 안전한 휴식처로 복원하기 위해 이 지역의 NGO에게 약간의 자금을 지원하고 관리를 위탁하였다. 심지어 공원의 별칭을 그 NGO의 이름으로 하였다. 이후 이 NGO는 자신의 이름이 달린 공원을 깨끗하고 안전한 진짜 공원으로 만들기 위하여 여러 가지 노력을 하였다. 구청의 지원을 받아 농구대를 개조하고, 조각품과 화장실을 깨끗하게 닦았다. 그리고 공원의 전지역을 청소하였다. 또한 공원이 시민의 것이라는 현수막을 내걸고, 전단을 만들어 주민들에게 돌렸다. 뿐만 아니라, 주민과의 대화를 통해 주민들이 스스로 공원을 보존하기 위한 감시자의 역할을 하도록 계몽하였다. 물론 이 NGO의 회원들은 평소에 공원에서 산책을 하거나 공원 앞을 지나다니면서 자신의 공원을 관리하는 임무에 충실히 임하고 있다.

한국의 대표적인 주창 NGO 중의 하나인 '참여연대'는 2001년 '이동전화요금 인하운동'을 전개하였다. 일명 '핸드폰'이라고 부르는 이동전화사업은 몇 년 전만 해도 소위 황금알을 낳는 신규사업으로 불렸다. 그만큼 담당기업에게는 이익이 많이 남는 사업이었다. 기업에게 이익이 많이 남는다는 것은 그것을 이용하는 소비자가 많은 비용을 부담해야 한다는 것을 의미한다. 실제로 2001년까지 한국의 이동전화 요금은 소득대비 기준으로 비교할 때, 세계 최고라고 알려져 왔다. 가끔 신문에 한국의 이동전화 요금이 비싸다는 기사가 나오기는 했으나, 개별 소비자는 거대한 기업과 맞서 싸울 수 없었다. 그렇다고 정부가 자발적으로 소비자의 권리를 위해 이동전화 요금인하를 위한 조치를 취하는 것도 아니다.

참여연대는 주로 인터넷을 이용하여 이동전화 요금인하를 위한 100만 명 서명운동을 시작하였다. 2001년 3월에 시작하여 그 해 12월에 100만 명 서명목표를 달성하였다. 참여연대는 서명운동 외에 정부기관 앞 1인시위, 집단시위, 캠페인, 서한발송, 국회 정보통신위원회 회의방청 등 여러 가지 방법을 동원하여 2001년 12월에 이동전화 요금이 8.3% 인하되는 데 결정적인 역할을 하였다. 참여연대는 2002년에도 이 운동을 계속하였고, 정부는 2002년 말에 추가로 전화 요금이 6% 인하되도록 압력을 가하였다.

1999년 유고전쟁 당시 코소보에서 세르비아의 인종청소로 많은 난민이 발생하였다. 최고 80만 명으로 추정되는 인구가 코소보의 산악지역과 인근 알바니아의 쿠쿠스지역 등에 텐트를 치고 생활하게 되었다. 어떤 지역에 수만, 수십만 명의 사람들이 피난으로 모여들면 많은 문제가 발생하기 마련이다. 생존에 필요한 물이나 식량이 부족한 것은 말할 것도 없고, 다른 생활필수품도 턱없이 모자란다. 각종 질병에 시달리는 사람은 상비약이 없어서 고통받는다. 가장 긴급한 문제는 당장 수술을 받거나 적절한 약을 먹어야 하는 응급환자들에 대한 구호이다. 이 사람들을 어떻게 구제할 것인가. 자국민의 안전을 책임져야 할 국가는 이미 무력하거나 오히려 폭력을 휘두르고 있다. 물론 유엔이 사태를 파악하여 행동을 취할 것이다. 그러나 유엔이 자금을 확보하고 물자를 구입하여 현지에 공급하는 데는 일정한 시간이 걸린다. 더구나 유엔이 독자적으로 수십만 명의 생존문제를 해결할 수는 없다.

코소보에 대량난민이 발생했을 때, 한국에 있는 국제구호단체인 '글로벌케어'(Global Care)라는 NGO는 20명의 의사·간호사·행정원으로 구성된 선발대를 조직하여 최초 난민발생 20일만에 현지에 파견하였다. 위급한 환자에게는 이것도 늦은 시간이 아닐 수 없다. 한국의 글로벌케어가 현지에 도착했을 땐 이미 많은 국제NGO들이 구호활동을 하고 있었다. 유럽에 본부를 두고 있는 '국경없는의사회'(MSF: Mdicins Sans Frontires)의 회원이 현지에 도착하는 데는 이틀밖에 걸리지 않는다. 이 단체의 회원인 유럽의 의사들은 임시휴가를 얻거나 임시휴업을 한 후 청진기를 목에 걸고 코소보로 달려간다. 국경과 관계없이 위급한 환자를 구한 것은 바로 시민들이 스스로 만든 NGO였다.[26]

서울에서 대학을 다니는 김연희는 대학 3학년까지 삶의 목적에 대해 명확한 가치관이 형성되지 않았다. 다른 학생들처럼 개학을 하면 학교에 나와서 강의를 듣고 학점을 따기 위해 공부를 하곤 하였다. 보통학생이 그런 것처럼 대학을 졸업한 후 취업을 생각하기도 했지만, 정확하게 왜 대학을 다녀야 하며 자신의 삶이 어디로 가고 있는지 명확하지 않았다. 삶의 의미와 목적이 분명하지 않은 그녀는 심각한 고민에 빠졌다. 이것을 타개하기 위해 반대하는 부모를 설득하여 2000년 학교를 휴학하고 해외봉사를 중개하는 NGO인 세계청년봉사단(KOPION)에서 일정한 교육을 받고 남미의 에콰도르에서 1년간 봉사활동을 하였다.[27]

그녀는 에콰도르에서 봉사활동을 하는 동안 많은 것을 보고 배웠다. 개발도상국가 인민들의 열악한 생활상, 특히 여성들의 고통스러운 삶을 직접 목격하였다.[28] 그곳에서 봉사활동을 하는 동안, 그녀는 자기 자신이 누구이고, 무엇을 할 수 있으며, 무엇을 해야 하는가를 수없이 반문하고 사색하였다. 1년 후 다시 대학에 복학한 그녀의 생활은 크게 달라졌다. 그녀는 시민

---

26) '국경없는의사회'는 세계 난민구호 활동에 대한 공로로 1999년 세계에서 가장 권위 있는 노벨평화상을 받았다.
27) KOPION(Korean Pioneers in Overseas NGOs)은 한국에서 자원봉사자를 해외에 파견하여 이웃사랑과 봉사정신을 실천하게 함으로써 지구촌 시민사회를 건설하는 데 기여할 목적으로 1999년에 설립되었다.
28) 국가의 구성원을 국민이라고도 하고 인민이라고도 한다. 양자는 엄격하게 구분하기 어렵지만, 국민은 국가의 구성원이라는 수동성이 강한 반면, 인민은 국가를 구성하는 주체라는 능동성을 함축하고 있다. 따라서 여기서는 인민으로 통일하여 사용한다. 1948년 정부수립 당시 대한민국의 헌법제정 때에도 헌법 초안에는 국민이 아니라 인민으로 되어 있었다(유진오., 1980: 94).

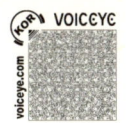

의 힘을 조직하여 국경을 떠나 고통에 빠진 사람, 특히 열악한 환경에 처해 있는 여성을 돕는 일을 하겠다는 목표를 정하였다. 한 사람의 개인으로서 자신의 장래에 대한 진로가 명확해지자 대학생활은 활력에 넘쳤다. 자신이 사회를 위해서 어떤 일을 할 수 있고, 자신의 노력에 의해 다른 사람이 고통에서 벗어날 수 있다는 생각이 그녀를 확신 있는 여성으로 만들었다. 그녀는 이후 계속해서 여성단체에서 봉사활동을 해오고 있으며, 2002년 여름방학 때는 중국 흑룡강을 방문하여 소학교에서 교육봉사활동도 하였다. 대학공부도 자신의 목적에 맞게 진행하고 있으며 과거에 비해 훨씬 보람있는 생활을 하고 있다.

이상 몇 가지 NGO활동을 예로 들었지만, 이 외에도 NGO활동은 끝이 없다. NGO는 각종 사회문제를 제기하고 공론의 장을 형성한다. 정부와 기업을 감시하거나 비판하고 정부를 대신하여 각종 공공서비스를 생산한다. 정책과정에 참여하여 사회적 약자나 소수자의 이익을 대변한다. 다양한 사회적 갈등을 자율적인 장치를 통해 조정한다. 민주시민을 양성하기 위한 프로그램을 진행하거나 현장교육을 실시한다. 국제사회에서 평화를 촉구하거나 봉사활동을 전개한다. 뿐만 아니라, 인간의 정신적 가치를 중시하고 영성을 발현하기 위한 체험을 실시한다. 이처럼 NGO는 현대인의 일상에서 일어나는 각종 생활문제를 정치화하고 이를 해결하는 시민운동의 주체이자, 인간정신의 계발을 통해 인류문명의 진보를 약속하는 사회장치라고 할 수 있다.

제 2 장
NGO학은 어떤 학문인가

제1절 사회과학의 재편

1. 사회과학의 발달과 분화

사회과학은 사회현상을 다루는 학문이다. 사회현상은 인간의 집단생활로 인한 사회적 행위로 발생한다. 예를 들어, 인간생활에는 선거, 범죄, 시험, 방송, 시위, 반란, 전쟁 등과 같은 크고 작은 사회현상이 있다. 인간은 사회를 구성하고 심리와 행위를 매개로 하여 서로 밀접하게 상호작용한다. 따라서 사회현상은 여러 가지 요인이 복합적으로 작용하여 복잡한 양상을 띠게 된다. 사회과학은 이러한 복잡한 사회적 행위에 대한 과학적 연구이다. 물론 여기서 과학은 객관적이고 논리적이며 체계적인 사고를 통해 어떤 사실에 대한 타당한 근거를 제시하는 것이지만, 인간의 직관과 상상력을 무시하는 것은 아니다. 인간의 상상력에 개방적인 태도를 취하는 것은 현실을 통찰력 있게 조망하고 총체적으로 바라보는 데 도움이 된다.

사회과학은 일종의 근대적 산물이다. 사회과학은 17세기 이후 근대국가와 계몽주의의 반영으로서, 인간의 사회적 행위를 경험적으로 입증할 수 있는 체계적인 지식을 발전시키려는 의도에서 시작되었기 때문이다. 자연과학의 성과를 이용하여 인간이 사회를 통제할 수 있다는 가정하에서 복잡한 사회현상을 단순화시키고 계량화하려고 하였던 것이다. 사회과학의 선구자라고 할 수 있는 콩트(Auguste Comte)는 이러한 사고를 최초로 체계화한 사람이다. 프랑스혁명 이후 사회혼란을 가까이서 경험한 그는 질서있는 사회를 건설하기 위해 자연과학에서 사용하는 과학적 방법을 도입하여 사회현상의 일반적인 법칙을 발견하려고 하였다.

근대 사회과학은 근대성을 추동한 자유주의와 자본주의의 발전과 함께 성장하였다. 사실 사회과학은 자유주의 이데올로기와 자본주의 세계체제를 상호 연결하고 세련화시키는 역할을 떠맡았다. 프랑스혁명 이후 보편적인 이데올로기로서 지배적인 위치를 차지하게 된 자유주의는 합법성과 개혁성을 강조하며 자본주의를 지탱해왔다. 자유주의는 자본주의의 진전을 통해 서구화를 완수하는 것을 문명의 진보로 보았다. 그리고 이성과 과학에 기초하여 기술의 근대성과 해방의 근대성이 동일하다고 보았다. 즉 기술의 발전이 인간의 해방을 보장한다는 것이었다(Wallerstein, 1996). 이러한 사고는 20세기 후반 기술의 진보가 인간의 생존과 행복을 위협하게 됨에 따라 수정을 강요받게 되었지만, 근대 사회과학은 자유주의의 발전과 함께 서구사회뿐만 아니라 비서구사회로 확산되었다.

근대 사회과학의 발달은 자연히 분화를 동반하였다. 물론 사회과학 분화의 역사는 순수사회과학에서 정치학·경제학·역사학·법률학 등이 분리된 그리스·로마시대까지 거슬러 올라갈 수 있다(부정남, 1998: 48-49). 그러나 사회과학은 19세기에 독일 대학을 중심으로 본격적으로 분화되기 시작하였다. 이러한 사회과학의 분화는 자유주의 이데올로기의 영향과 밀접한 관련이 있다. 사회과학은 사회현상의 과학적 탐구가 가능하다는 신념하에서 개별사회를 독립된 실체로 간주하고, 이를 부분으로 나누어 부분에 대한 설명과 이해를 통해 전체를 구성하려고 하였다. 대표적으로 한 국가의 사회현실을 정치, 경제, 사회-문화 영역으로 구분함에 따라 각각의 분야를 다루는 정치학·경제학·사회학이 발생하게 되었다. 나머지 사회과학의 대표적인 학문인 인류학은 주로 비문명세계에 대한 연구를 담당하였다(김진철 외, 2000: 223; Wallerstein, 1994: 309-13).

오늘날 사회과학은 분화와 연합을 통해 재구성되고 있다. 직업의 다양화, 대학의 팽창, 새로운 연구대상의 등장에 따라 새로운 학문이 사회적 필요에 의해 발생하게 되었다. 새로운 학문은 초기에는 여러 학문의 경계에서 하위학문으로 존재하다가 하나의 자율적인 학문으로 통합되어간다. 환경학·지역학·여성학·미래학 등을 예로 들 수 있고, NGO학도 마찬가지다. 환경학의 경우, 생물학·공학·사회학·철학·경제학의 하위학문에서 새로운 학문으로 독립하였다. 그런가 하면, 기존 사회과학 분과학문의 연구영역이 다양화·전문화되기도 한다. 예를 들어, 사회학 내에서 지식사회학·역사사회학·비교사회학·텍스트사회학·환경사회학·여가사회학·성(性)사회학·정보사회학 등이 등장하였다. 한편 학문 간의 경계가 모호해지거나 중첩되면서 학제적(interdisciplinary) 연구도 활발해지고 있다. 하나의 주제에 대해 사회과학 내뿐만 아니라 인문학이나 자연과학의 학자들이 유기적 관계를 맺고 공동으로 연구하는 것이다. 나아가 사회문제가 복합적이고 총체적인 성격을 띠게 됨에 따라 일부 학문들이 통합학문적(multidisciplinary) 성격을 띠어가고 있다. 지역학의 경우, 연구자가 역사학·정치학·경제학·사회학·인류학·지리학 등에 대한 통합적 지식을 가지고 연구하는 것이다. NGO학도 통합학문적 성격을 강하게 띠고 있다.

2. 근대 사회과학의 문제

지금까지 사회과학은 자연과학과는 달리 과학성에 대해 의심을 받아왔다. 이것은 지식을 얻는 정당한 절차에 관한 방법론적(methodological) 문제뿐만 아니라 사회과학의 연구대상 그 자체가 객관성을 확보하기 어렵기 때문이다.[1] 그럼에도 불구하고 사회과학은 구체적인 개념과 정교한 분석틀을 통해 복잡한 사회현실의 인과관계를 규명하는 데 상당한 실적을 올렸다. 그러나 오늘날 인간의 삶을 둘러싸고 발생하는 사건의 복잡성을 생각할 때, 과연 사회과학이 사회문제를 정확하게 파악하고 적실성 있는 해결대안을 제시할 수 있는가를 반문하지 않을 수 없다. 근대 사회과학은 다음과 같은 몇 가지 구조적인 문제를 내포하고 있다.

첫째, 근대 사회과학은 사회현상을 과학적으로 탐구하기 위해 자연과학에서 사용하는 실증적인 접근방법(approach)을 주로 사용하였다. 이것은 사회와 우주가 질서정연하게 구성되어 관찰가능할 뿐만 아니라, 경험적 관찰을 통해 보편적인 법칙을 발견할 수 있다는 신념에 근거한 것이다. 실증주의 연구방법은 실험이나 관찰과 같은 방법을 주로 사용하고, 가치판단을 배제하며, 결과를 계량화하였다. 그러나 사회현상은 시공간적 구속성을 지니고 역사성을 가지고 있다. 따라서 동일한 현상이 동일한 조건하에서도 같은 방식으로 되풀이되지 않는다. 더구나 연구자가 인간의 사회적 행위를 분석할 때 가치중립(value free)을 고수한다는 것은 매우 어렵다. 어떤 주제와 방법을 선택하는 것 자체가 가치판단이라고 할 수 있다. 또한 복잡한 사회현상을 수학적 통계로 축소하는 것은 사회적·역사적 맥락을 놓치게 되어 본질파악을 어렵게 하는

---

[1] 방법론(methodology)은 지식을 정당하게 획득하는 연구절차를 의미한다는 점에서 연구에서 사용되는 구체적인 방법(method)이나 기법(technique)과 다르다. 방법론은 지식의 획득에 필요한 개념선택, 이론설정, 자료수집, 분석도구 등 모든 것을 포함한다.

문제가 있다.

둘째, 근대 사회과학은 사회현상을 과학적으로 분석하기 위해 하나의 사회를 부분으로 나누고 이에 따라 연구주제를 구별하였다. 이것은 질서정연한 사회를 가정하고 사회통제를 일차적인 목적으로 하는 기계론적 패러다임의 소산이기도 하다. 그러나 인간은 정치·경제·문화로 분리된 행위동기를 갖는 것도 아니고, 사회제도가 어느 한 영역에만 관련되어 있는 것도 아니다. 더구나 학문 간에 칸막이를 설치하고 연구자를 떼어놓는 것은 지식의 파편화를 가져와 총체적인 지식 형성을 불가능하게 한다(Wallerstein, 1994). 최근 복잡성이론 혹은, 혼돈이론에서 강조하는 바와 같이, 복잡한 사회현상을 복잡한 관점에서 해석하고 무질서 속에서 일정한 의미와 체계를 발견하는 것이 중요해지고 있다.

셋째, 근대 사회과학은 강대국과 사회적 강자의 이익을 반영하는 보수성을 띠고 있다. 사회과학은 서구중심의 발전관을 대변하는 것으로서 서구의 계몽적 합리주의에 의해서만 발전이 가능하다는 단선적 발전관을 지향하였다. 그리고 현상유지와 사회질서의 확립이라는 이름 아래 학문의 객관성을 강조하고 사회변화에 대한 연구자의 간섭을 배제하였다. 이러한 이유 때문에 월러스틴(Immanuel Wallerstein)을 비롯한 학자들은 근대 사회과학을 강자중심의 자본주의 세계체제가 만들어낸 피조물이라고 말한다(Wallerstein, et al., 1996). 사회과학이 가진 보수성에 대해 제2차 세계대전 이후 비서구사회의 각종 민족이 자기존재를 인식하면서 저항이 시작되었다.[2] 그리고 자율·참여·평등 등에 대한 담론이 활발해짐에 따라 기존 패러다임에 대한 회의가 일어났다. 해방신학과 여성학이 대표적이다.

넷째, 근대 사회과학은 데카르트(Rene Descartes)의 이원론적·목적론적 자연관에 기초하여 인간과 자연을 구분한 후, 인간의 편리를 위해 자연을 정복하고 파괴하는 것을 당연하게 여겼다. 자연을 인간의 욕망을 위한 도구로 인식하고 인간의 물질적 풍요를 위해 끊임없이 자연을 이용해야 한다고 보았다. 이것은 결국 생태계를 파괴하여 생활의 경제적 비용을 높였을 뿐만 아니라, 인류의 생존 자체를 위협하게 되었다. 오늘날 환경운동이나 생태공동체에서 나타나는 바와 같이, 인간과 자연 간의 일체론이 중시되고 있고 전통적 생활방식과 윤리를 실천하는

---

[2] 가장 대표적인 것이 오리엔탈리즘(orientalism)에 대한 폭로이다. 사이드(Edward Said)는 서양의 학자들이 동양을 하나의 발명품으로 만들어 서구의 합리성, 진보, 논리와는 달리 낭만과 위험이 교차하고, 심지어 열등하고 미개한 땅이라고 규정하였다고 본다. 이를 통하여 서양이 동양을 지배하고 합병하는 것을 합리화하였다고 주장하였다(Said, 1991).

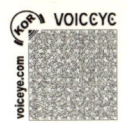

급진성도 나타나고 있다. 기존의 사회과학 논리에 대한 저항으로서 환경과 생태를 강조하는 시민운동은 많은 사람들의 생활태도·기업경영방식·사회제도를 바꾸어 놓았다.

　다섯째, 근대 사회과학은 독립적인 주권을 가진 국민국가를 분석단위로 하여 구성된 것이다. 1648년 베스트팔렌조약(Peace of Westfalen) 이후, 민족을 단위로 구성된 국민국가는 대내적으로 물리적 강제력을 독점하고, 대외적으로 자신의 주권을 독립적으로 행사하게 되었다. 그러나 오늘날 지구화(globalization)가 진척되면서 세계를 단일한 사회단위로 보고 분석해야 할 필요성이 증대하였다. 한 국가의 문제는 곧 전지구적 문제로 확대되고, 개인의 생활은 지구적 차원의 사건에 의해서 영향을 받게 되었다. 그리고 문제해결을 위해서도 지구적 협력이나 연대가 필요하게 되었다. 지구화는 시공간 압축(time-space compression)을 통해 인간·물자·자본·정보의 교류와 통합을 지향하고, 지방적·국가적·세계적인 것의 관계를 재배열시키고 있다.

3. 근대 사회과학에 대한 도전

앞서 말한 일련의 한계로 기존 사회과학의 정식은 변화를 겪지 않을 수 없게 되었다. 여기서는 근대 사회과학의 실증주의 방법론, 기계적 우주관, 강자중심의 보수성, 이원론적 발전관, 국민국가 수준의 분석단위에 도전하여 근대 사회과학의 재편에 기여하고 있는 반실증주의(anti-positivism), 복잡성이론(complexity theory), 여성주의(feminism), 생태주의(ecologism), 지구사회(global society) 등에 대해 살펴보기로 한다. 이러한 근대 사회과학의 재편은 NGO학의 등장에 중요한 함의를 가진다.

1) 반실증주의

실증주의는 19세기 콩트에 의해 제시되어 1920년대 비엔나학파에 의해 논리실증주의(logical positivism)로 발전하였다. 오늘날 실증주의는 사회과학 방법론의 주류를 이루고 있다. 실증주의는 과학적 지식에 대한 경험의 유일성을 지지하여 감각에 의한 지각으로부터 지식을 도출하는 현상주의(phenomenalism)를 받아들인다(Blaikie, 2000: 31). 따라서 가치판단을 반대하고 초경험적·형이상학적 실재를 부정한다. 그리고 인과관계적 진술형태의 가설을 설정하고 관찰이나 실험에 의해 수량적·통계적 자료를 수집하여 경험적 일반화를 추구한다. 이러한 일반화에 의해 아직 관찰되지 않은 개별사건을 이해하고 미래를 예측한다. 그러나 이것은 정치적 강자나 자본주의 세계경제의 핵심부의 논리를 반영하고 있다(Outhwaite, 1995; Wallerstein, et al., 1996). 그리고 열려있는 사회 전체를 다루는 것이 아니라 관찰 가능한 사회의 일부분을 연구하는 것에 불과하다(Prigogine and Stengers, 1994). 사회현상을 연구하는 데 있어서 일반화가 가능한 영역은 많지 않으며, 반드시 유용한 것도 아니다(김승현 외, 1994). 그리고 연구자의 가치중립 또한 쉬운 것이 아니며, 사회과학의 실천적 성격상 반드시 바람직한 것도 아니다. 감각적 경험을 토대로 얻어진 지식만을 참된 지식으로 간주하는 실증주의는 삶의 실천과 관련된 많은 문제를 토론과 연구지평에서 제거하고 생활세계를 아우르는 총체적 관점을 가질 수 없다. 따라서 실증주의로는 생활을 성찰함과 아울러 현실을 초월하는 희망을 발견하는 폭넓은 지식을 획득하기 어렵다.

실증주의의 경험적·분석적 과학에 대한 반발로서 부정주의(negativism), 현실주의(realism), 상대주의(relativism), 역사주의(historicism), 비판적 합리주의(critical rationalism), 해석주의(interpritivism) 등이 나타났다(오일환, 2001: 70; Blaikie, 2000: 29). 부정주의는 사회적 삶이 시간과 공간에 있어서 특수적이라고 믿으며, 관찰자와 피관찰자 사이의 상호작용을 인정하고 사회현상을 복잡한 과정으로 본다. 현실주의는 바스카(Roy Bhaskar)나 기든스의 연구에서 나타나는 것처럼 경험적 현상을 피상적으로 관찰하는 것을 비판하고, 그것을 규정하는 심층구조와 인과 메커니즘의 발견을 중시한다. 상대주의는 쿤(Thomas Kuhn)이나 페어벤트(Paul Feyerabend)가 주장하듯이, 현실세계가 독립적인 것이 아니라 인간의 신념이 개입되기 때문에 집단의 전통이나 생활양식의 차이에 따라 상대적인 기준을 형성한다고 본다. 역사주의는 사회적 사실의 역사적·문화적 상대성을 강조하고, 단기적 예측이 아니라 대규모의 발전법칙에 관심을 갖는다. 비판적 합리주의는 포퍼의 주장처럼 인간의 합리적 사고와 이성적 판단을 중시하지만, 비판과정을 통과한 지식이 진리가 아니며 끊임없이 비판적 평가를 받아 시행착오를 겪게 된다고 본다.[3] 해석주의는 사회적 실재를 사회적으로 구성된 의미의 복합체로 보고, 행위자의 주관적 감정·의도·동기에 대한 이해와 해석을 통해 사회현상을 설명하려고 한다. 따

---

3) 포퍼는 실증주의자가 주장하듯이 과학적 명제가 객관적 사실을 경험적으로 관찰함으로써 추론될 수 있다는 주장을 반박한다. 그는 과학의 정의에서 입증가능성(verifiability)이 아니라 반증가능성(falsifiability)을 강조한다. 과학적 진술은 단지 잠정적이고 언제라도 거짓으로 판명될 수 있는 것이라고 말한다. 따라서 과학은 항상 과감한 추측(conjecture)과 냉혹한 논박(refutation)에 개방되어 있어야 한다고 주장한다(Popper, 2001).

라서 행위가 이루어지는 사회적 맥락을 중시하고 관찰자와 피관찰자 간의 엄밀한 분리를 반대한다.

2) 복잡성이론

원자적이고 분리 가능하며 질서정연한 우주에 대한 존재론적 가정은 데카르트(1596-1650)와 뉴턴(1642-1727)의 등장과 함께 시작되어 300여 년 동안이나 지배적인 패러다임으로 군림해왔다. 이것은 인과론과 결정론에 근거하여 사회를 부분으로 나누고 질서와 안정을 추구하는 기계론적 패러다임이다. 그러나 이러한 패러다임은 아인슈타인(Albert Einstein)의 상대성이론(theory of relativity)과 양자역학(quantum mechanics)의 등장, 복잡성이론 또는 혼돈이론(chaos theory)의 유효성 증대로 설명력을 잃어가고 있다. 복잡성이론에서 인간은 외부자극에 반응하고 전체 시스템에 영향을 미칠 수 없는 결정론적 존재가 아니라, 스스로 사회를 변혁하고 환경을 창조하는 자율적인 존재로 인정된다. 또한 불안정과 혼돈은 두려움을 주는 극복의 대상이 아니라, 창조적 파괴의 과정으로서 새로운 것을 생성하고 조직을 혁신할 수 있는 기회가 된다.[4] 따라서 조직은 질서와 통제가 아니라 참여·학습·적응 등을 통해 생산성을 높일 수 있다. 복잡성이론에서 과학은 절대적인 지식체계가 아니라, 주체에 따라 인식을 달리하고 세계를 설명하는 하나의 언어일 따름이다.

복잡성이론은 미시적 행위자의 행동을 연구하지만, 시스템 전체를 포괄적으로 포착하는 통합적인 노력을 존중하고 비대칭적이고 불연속적인 변화를 중시한다. 그러므로 정치·경제·문화적 질서의 발전은 단일의도의 총화이자, 비선형적(nonlinear) 상호작용의 집단적 결과라고 본다(이용필, 2000: 138; Mazarr, 2000: 137-42). 복잡성이론에서 생명체나 우주는 단순하지 않고 예측 불가능한 것이 많기 때문에, 임의성·관계·시스템·상호작용 등과 같은 개념이 중시된다. 이런 것들은 자유와 복잡성을 증가시키게 되는데, 이것은 체계의 쇠퇴가 아니라 오히려 그만큼 피드백(feedback)이 증가하고 진보의 잠재력이 커지게 된다고 본다. 당연히 개인의 자율을 중시하고 역동적인 사회현상을 관계적 관점에서 바라본다. 복잡성이론에서 자기조직화(self-organization) 모델을 받아들이는 것도 이 때문이다. 키엘(Douglas Kiel)에 의하면, 자기조직화

---

4) 힌두교의 상징인 '춤추는 시바'(Nataraja Shiva)는 춤을 통해 신이 행하는 다섯 가지 행위를 표현한다. 이를 판차크리타(panchacryta)라고 하는데 창조, 유지, 파괴, 화현, 구세 등이다. 즉 여기서는 창조와 파괴가 동시에 일어난다.

는 불안정과 무질서를 창조적 쇄신의 원천으로 인정하고 조직이 안팎의 피드백을 받아들여 항구적으로 쇄신과 창조를 계속해가는 것이다. 여기서 전체는 부분의 합 이상이고, 조직의 모든 부분을 연결하는 포괄적인(overarching) 전략만이 자기쇄신과 변형을 가능케 한다(Kiel, 1994: 184).

3) 여성주의

남성우월주의나 남성에 의한 여성의 지배는 인간사회와 함께 시작된 최초의 계급지배인지도 모른다. 그리고 인간사회에서 성차별은 계급불평등 및 인종차별과 함께 가장 근본적인 불평등체계인지도 모른다. 그러나 봉건사회를 대체하는 근대사회의 성장과 함께, 특히 20세기 후반에 들어와서 남성중심의 사고·이념·관습·제도, 그리고 사회적 독점권력에 대한 광범위한 저항이 일어났다. 여성주의는 생물학적 성(sex)과 사회적 성(gender)을 구별하고, 여성억압과 여성차별은 생물학적 조건보다는 사회적 관습과 제도에 의한 것이라고 본다. 따라서 여성주의는 모든 성차별과 억압에 반대하여 남녀평등의 사회를 지향하는 이념을 가지고, 여성억압과 차별에 기여한 가부장제와 성별분업을 대표적인 구조적 문제로 본다. 가부장제(patriarchy)는 가족의 대표자인 아버지가 가족성원에 대해 일방적으로 행사하는 권위와 지배형태를 말한다. 이러한 지배가 가족의 범위를 벗어나 사회 전반에 걸쳐 남녀 간의 차별과 불평등으로 확장된다고 본다. 성별분업은 남자는 사회와 생산영역에서 일하고, 여자는 가정과 소비영역에서 일하는 노동분업을 말한다. 이러한 성별분업이 여성의 사회적 노동을 부수적이고 이차적인 노동력으로 규정하게 되고, 양성 간의 각종 차별과 여성억압의 기제로 작용한다고 보는 것이다.

여성주의는 이념적으로 다양한 형태가 있다.[5] 그럼에도 불구하고 여성주의는 대체로 지배적 과학이 남성중심주의에서 세계를 구성했다는 사실에 반대하여 여성적 시각과 경험을 주장하는 존재론에 기초한다. 따라서 상이한 성(性)에 의해서 상이한 삶과 사회를 구성할 수 있고,

---

5) 여성주의는 크게 자유주의, 마르크스주의, 급진주의, 사회주의 등으로 구분할 수 있다. 자유주의는 만인이 이성적 존재로서 평등하다는 근거 아래, 남녀불평등을 시정하기 위해 잘못된 제도와 관습을 바꾸려고 한다. 마르크스주의는 여성억압을 낳는 궁극적인 요인을 근대자본주의의 사적소유제에 기인한다고 보고, 계급철폐를 여성해방의 필요조건으로 본다. 급진주의는 남성에 의한 여성의 억압을 가장 근본적이고 뿌리 깊은 것이라고 보고, 여성해방을 위해 가부장제에 기초한 출산·성애(sexuality)·문화를 근본적으로 개선할 것을 주장한다. 사회주의는 마르크스주의와 급진주의를 비판적으로 통합한 것으로, 여성의 문제를 자본주의와 가부장제의 결합이 빚어낸 것으로 본다(김영희, 2002).

여러 개의 실재가 존재할 수 있다고 본다(Millman and Kanter, 1975). 인식론에 있어서는 기존 과학이 남성경험을 인간 전체의 경험으로 등식화하여 여성을 배제하고 남성중심에 기초하고 있다고 본다. 그리고 연구에서 연구자의 주관을 개입해서는 안 된다는 기존 학문의 객관성과 합리성의 전통적 견해를 거부한다(강이수, 2002; Blaikie, 2000). 그 대신 느낌과 경험의 공통성을 중시하고, 사회적 과정과 정치적 맥락을 강조하며, 양적 방법보다는 질적 방법을 선호한다. 주체와 객체, 나와 타자의 분리를 통해 타자를 대상화하고 정복하는 이분법적 사고 대신에 양자 간의 평면적 위치와 통합을 주장한다. 여성주의는 상식적으로 당연시되는 관념과 지배에 도전하여 한층 더 평등하고 정의로운 대안사회를 탐구하는 것이라고 할 수 있다.

4) 생태주의

신자유주의가 전세계적으로 위세를 떨치고 있는 오늘날, 산업발전에 의한 물질적 생산과 분배체계로서 자본주의를 관리하는 경제학이 지배적인 학문으로 자리잡고 있다. 경제적 합리성은 산업주의와 정치적 지배계급의 성장연합(growth coalition)에 의해 지지를 받으며, 과학기술의 발달을 통해 성장주의와 물질적 진보를 추구하였다. 그러나 인간과 자연을 분리하고 전자를 주체로, 후자를 대상으로 보는 경제학에서 양자 간의 조화를 지향하는 생태학으로의 전환이 일어나고 있다. 생태주의란 자본주의 산업사회의 경제적 합리성을 비판·성찰하고 생물체와 비생물체 전체의 상호관계와 공존을 추구하는 이념이다.[6] 이것은 정치적으로 자연과의 조화를 위해 민주주의, 분권화, 다양성, 공동체, 상호연대, 책임 등을 지향한다. 생태주의는 1960년대 풍요의 시대가 풍요를 뒷받침한 산업화에 의해 자기모순에 처하게 되자 서구 선진국에서 발화되어, 1980년대 실천현장에서 환경운동이나 공동체운동으로 점화되었고, 1990년대에 급속하게 대중적 지지를 얻게 되었다.

생태주의는 다양한 스펙트럼을 가지고 있다. 산업사회의 생산 및 소비체계를 변화시키지 않고 경제성장과 환경보호의 병행을 주장하는 것에서부터, 자연정복관과 과학기술의 발달을 반대하고 소규모의 공동체생활을 지향하는 급진주의까지 다양하다. 이러한 차이에도 불구하고

---

[6] 환경, 자연, 생태계의 개념을 상호 구분하는 것은 간단하지 않다. 보통 환경은 생물요인과 비생물요인을 포함한 생물의 서식지를 말하고, 자연은 생물과 생물의 서식지인 환경을 포함한 것이며, 생태계는 생물과 비생물 전체의 상호관계를 말한다. 그러나 보통 환경과 생태를 교환하는 개념으로 쓰기도 한다.

대체로 현재의 상태를 생태위기로 진단하고 현재로서는 생태계가 항상성(homeostasis)을 유지하기 어렵다고 본다. 물론 이러한 위기는 인간과 자연을 구분하고 인간중심주의에 입각하여 과학기술의 발전을 통해 성장을 추구하는 발전논리 때문이라고 본다. 나아가 생태위기의 결과는 자연환경의 위기만이 아니라 인간에게 심각한 위기를 초래한다고 경고한다. 따라서 생태주의는 인간이 자연의 일부라는 유기체적·전체론적 사고에 근거하여 생태에 대한 무책임한 행동을 성찰하고, 산업사회의 발전원리를 재구성하며, 인간 외의 생명체와 미래세대의 권리도 중시할 것을 주장한다.

5) 지구사회

지구화는 아직도 혼란스럽고 논쟁적이며 모호한 개념으로 남아있다.[7] 그럼에도 불구하고 지구화 담론은 대중화되어 지구화에 관한 신화와 실제를 구별하기 어려울 정도이다. 코시(Ninan Koshy)는 지구화가 더 이상 이론적인 개념이나 구조가 아니라, 눈에 띄는 실체라고 말한다(Koshy, 1996). 21세기를 시작하면서 지구화만큼 개인의식, 일상생활, 경제활동, 국가권위, 문화변동 등에 영향을 미치는 것도 없을 것이다. 지구화는 자유주의와 자본주의의 산물로서 19세기에도 존재했다. 그러나 지금 진행되고 있는 지구화는 그 범위와 영향력에 있어서 전례 없는 것으로 급속한 사회변동을 추동하고 있다. 지구화의 진행으로 경제·문화·군사·정치 등 거의 전영역에서 하나의 지구촌이 형성되었고 국민국가를 넘어 초국적기업과 같은 조직의 영향력이 강화되었다. 지구사회의 도래로 국경에 의해 분리되어있던 정치·경제·군사·문화적 요소들이 복잡하게 상호작용하고 있다. 따라서 한 국가의 군사행동은 다른 국가의 경제에 곧바로 타격을 가하고, 국가 간의 정치적 행동은 제3의 국가 구성원의 문화적 정체성에 영향을 미친다. 그야말로 기든스가 주장하듯이, 시공간의 원격화(time-space distanciation)가 작동하고 지방적인 것과 지구적인 것의 변증법(dialectic of the local and global)이 이루어진다(Giddens,

---

7) 전세계가 인적·물적 교류가 활발하여 서로의 삶에 영향을 미치고 하나의 공유된 사회공간으로 재편되고 있는 현상을 한국에서는 세계화라고 하기도 하고, 지구화라고 하기도 한다. 세계화가 교통·통신의 발달에 따라 자본·노동·생산시설의 유연화와 재배치를 의미하는 좁은 의미인데 반해, 지구화는 세계화라는 의미 위에 구체로서의 지구의 기하학적·지리적·공간적 개념까지 포함하는 넓은 의미로 느껴진다. 이런 의미에서 세계화는 앞으로 지구화로 확대된다고 볼 수도 있다. 따라서 여기서는 한국에서 흔히 사용하고 있는 세계화라는 용어 대신 지구화라는 용어를 사용하기로 한다.

1997a). 나아가 환경이나 평화와 같이 국민국가 단위 내의 정책으로 해결할 수 없는 문제가 발생함에 따라 다양한 차원의 조직들 간에 글로벌 연대가 이루어지고, 일국의 도덕을 넘는 세계시민의 윤리가 형성되기도 한다.

지구사회에서 국민국가의 영향력과 정당성이 침식되고 있다. 이것은 근대성에서 가정했던, 사회가 국민국가와 동일시되던 논리가 재구성될 수밖에 없는 상태를 만들고 있다. 세계사회가 독자적인 차원을 획득함에 따라 전통적인 의미의 국민국가는 더 이상 자족적인 정치단위가 아니다. 지구사회에서는 영토국가의 공중에 의해 정당화되는 정치규칙이 구속력을 상실하고 있는 것이다. 이로 인해 국가의 안전뿐만 아니라 사회적 합의와 집단갈등의 조정이 어려워지고, 대안적 사회질서를 위한 투쟁이 나타나게 된다. 국민국가의 주권쇠퇴와 함께 기존모델의 준거틀도 신뢰를 잃고 있다. 지구사회에서는 인간을 둘러싼 사회현상을 분석하고 이해하기 위해 근대사회의 주요 분석단위인 국민국가의 범위를 벗어나 전지구적 체계를 대상으로 하는 분석틀이 필요하다(박길성, 1996; Bauman, 1992: 57; Beck, 2000: 194; Wallerstein, 1996: 373-74).[8]

제2절 NGO학의 등장과 성립

1. 패러다임의 전환

패러다임(paradigm)이란 용어는 1960년대 쿤이 창안한 개념으로 여전히 모호한 개념으로 남아있다.[9] 패러다임은 과학적인 의미와 형이상학적인 의미를 함께 가지고 있다. 한국어로는 원형, 표준예, 인식틀 등으로 번역할 수 있으나 한마디로 정의하기 어렵다. 요약해서 말하면, 어떤 과학영역에서 전문과학자 집단이 사물을 바라보는 공유된 시각, 또는 세계를 이해하는 이론적 틀이라고 할 수 있다.[10] 리춰(George Ritzer)는 패러다임을 어떤 학문주제(subject matter)에

---

[8] 물론 지구화과정이나 지구사회에서 국민국가의 조정역할과 결정이 소멸되었다거나 경시되어도 된다는 것은 아니다.
[9] 매스터먼(Margaret Masterman)은 쿤의 저서에서 쿤이 21가지 방법으로 패러다임이라는 말을 사용하였다고 개념의 모호성을 지적한 바 있다(Masterman, 2002).
[10] 쿤은 과학의 진보가 연속적이고 누적적인 발전이 아니라 패러다임의 교체를 통해 불연속적이고 혁명적인 전환을

관한 근본적 이미지라고 하면서, 이것은 연구되어야 할 주제, 해결해야 할 문제, 질문하는 방법, 해답을 구하는 규칙을 규정한다고 말한다(Ritzer, 1975: 7). 여기서는 최근 사회과학에서 일어나고 있는 의식체계와 구조의 변화를 패러다임의 전환으로 설명하고자 한다.

카프라(Fritjof Capra)는 현대사회에서 일어나는 과학 패러다임의 변동을 다음 다섯 가지로 정리하고 있다(Capra, et al., 1999: 10-15).

① 부분에서 전체로의 전환: 전체적인 역동은 부분의 특성을 합친 것이 아니다. 부분의 특성은 전체의 역동을 이해해야 한다.
② 구조에서 과정으로의 전환: 기본적인 골격과 힘의 역학관계를 가정하지 않는다. 구조란 과정의 표현이며 전체적인 관계는 본질상 역동적이다.
③ 객관적 학문에서 인식론적 학문으로의 전환: 객관적 관찰은 불가능하고 지식을 획득하는 인식론적 측면이 중요해진다.
④ 건물에서 그물로 전환하는 지식체계: 현실을 표현하는 양식은 서로 얽히고설킨 관계의 그물이다. 따라서 계층적인 위계질서나 특별한 기본요소가 없다.
⑤ 절대치에서 근사치로의 전환: 개념·이론·발견은 제한된 범위 내에서만 통용되는 근사치이다. 과학은 절대적인 진리도 아니며 과학자가 절대진리를 확신할 수도 없다.

카프라는 주로 자연과학에서의 패러다임 변동을 말하고 있는데, 이것은 사회과학에도 그대로 적용될 수 있다. 실제로 사회과학에서 이러한 변화가 일어나고 있음에도 불구하고 우리가 이것을 감지하지 못하는 것은, 패러다임의 전환 또는 체제이행이 월러스틴이 말하는 바와 같이 대규모 장기적 추세의 실체인 세계체제(world system)의 변화가 필요하거나, 브로델(Fernand Braudel)이 말하는 장기지속(longue duree)의 초기단계에 해당하기 때문일 것이다.

오늘날 근대 사회과학에서 가정한 사고행위, 학술활동, 지식축적의 양식이 근본적인 도전과 위기에 직면하고 있다(이수훈, 1996: 219). 현대사회에서는 정해진 구조가 존재하고 외부의 힘이 가해지면 반작용이 일어나는 것이 아니라, 그물처럼 복잡하게 얽힌 요소들이 역동적으로 상호작용하고 있다. 하나의 사회문제는 독립된 영역에서 일어나는 것이 아니라 시공간적으로 복잡

통해서 이루어진다고 말한다. 그는 과학발전이 정상과학→이상(異常)과학→과학혁명→새로운 패러다임의 단계를 거친다고 보았다(Kuhn, 1999).

하게 연결되어 있고, 소집단·국가·세계체제에 복합적으로 연계되어있다. 한 국가 내에서도 국가와 사회 간의 구분이 모호하고, 물질적 가치를 둘러싼 자본가와 노동자의 대립지형이 근본축을 형성하고 있지 않다. 그러므로 사회현상이나 사회적 실재를 파악하는 것은 부분에 대한 연구나 외양적 행위의 관찰만으로는 불가능하다. 지식의 축적은 개방된 참여 속에서 복잡하고 역동적인 전체를 이해할 때 가능하다. 이렇게 축적된 지식도 잠정적이고 일시적인 것이기 때문에 여러 개가 공존할 수 있고, 끊임없는 비판과 논쟁을 거치면서 전복된다.

현대사회에서는 공적 영역은 확대되고 경제문제로 환원할 수 없는 다양한 가치에 대해 관심이 증대하고 갈등이 증폭되고 있다. 개인은 삶의 질을 높이기 위해 미시적인 생활권리나 정신적 가치에 대한 강한 의식을 가지고 있다. 그리고 공공의 문제에 대한 참여를 확대하고 개인의 자율과 이니셔티브를 확대하기 원한다. 근대적 의미의 국가중심, 인간중심, 남성중심이 아니라 공동체, 환경, 양성평등도 중시한다. 이것은 곧 갈등지형, 개인적 욕구, 집단적 행동에 있어서 과거의 양식과는 다르다는 것을 말해준다. 개인은 자율·참여·연대·평등·공동체·영성 등과 같은 가치를 중시하고 이를 실현하기 위한 직접행동에 나서기도 한다. 따라서 국가와 시장, 국가와 개인의 어느 한 쪽에 집착한 기존의 사회과학은 삶의 구체적인 현실을 파악하여 인간욕구를 충족시키고 사회문제를 해결하는 데 한계가 있다. 인간과 사회를 둘러싸고 불안과 갈등이 팽창하고, 새로운 욕구에 대해 유효한 질문을 던지고 해답을 구할 수 없을 때, 새로운 사회과학이 등장하게 된다. NGO학의 등장도 바로 인간이 바라는 새로운 욕구 충족과 사회문제 해결에 대한 기존 사회과학의 한계에서 비롯된다.

2. NGO학의 형성

1) NGO학의 등장

현대인이 원하는 것은 무엇인가? NGO학의 등장에 대한 논의는 이 질문에서 시작할 수 있다. 굴드너(Alvin Gouldner)는 개인의 욕구보다는 사회체계의 욕구를 중시하는 파슨즈(Talcott Parsons)의 기능주의가 보수적이라고 비판하면서, 체계의 욕구보다는 인간의 욕구를 중시하는 것이 사회과학의 비판적·성찰적 성격에 부합한다고 지적한 바 있다(Gouldner, 1982). 개인의 욕구는 기존의 구조와 공간을 넘어 새로운 사회를 향한 운동을 추동하는 근본적인 힘을 형성한다.

　자본주의와 자유민주주의체제는 물질적 욕구에 중점을 두고 이를 충족시키기 위해 경제발전에 집착하면서 많은 위험을 양산하였다. 벡(Ulrich Beck)의 지적처럼, 생산을 지향하는 산업문명은 자동적인 결과로서 인간의 생명과 자연에게 불확실성과 위험을 증가시키게 된다(Beck, 1997). 이것은 또한 인간에게 의미결핍의 생활을 낳았다. 사람들은 저마다 더 많은 힘을 추구하고 더 많이 소유하기 위해 치열하게 경쟁했지만, 그것이 무엇을 위한 행동인지에 대해서는 해답을 구하지 못하였다. 따라서 치열한 경쟁과 목적 없는 전진 속에 따분함, 소외감, 무력감, 허탈감 등을 맛보지 않을 수 없었다. 각종 위험과 의미결핍 속에서 사람들은 절망감을 느끼고 새로운 탈출구를 찾았다. 국가와 시장에 대한 기대로부터의 이탈은 낭만적인 과거회귀나 종교적 근본주의에 접목되기도 하였다. 때로는 급진적 테러리즘과 허무주의에 빠지기도 하였다. 그러나 그러한 시도가 실패로 돌아감에 따라 새로운 체제를 향한 새로운 방법을 모색하게 되었다.

　새로운 삶의 방식으로서 사람들은 국가와 시장 바깥의 시민사회에서 NGO라고 부르는 자발적 결사체를 만들었다. 단체는 한 국가 내에서만 수만, 수십만, 심지어 수백만 개나 되었다. 그리고 이러한 현상은 일정한 생활영역이나 사회계층, 그리고 특정 국가나 지역에 제한된 것이 아니라, 다양한 생활영역에서 전계층과 전세계적인 현상으로 나타났다. 또한 단체들은 값싼 정보통신기술을 이용하여 활동영역과 지역의 경계를 넘어 상호 연대하고, 공론의 형성과 저항 메커니즘을 통해 정부와 기업에 영향력을 행사하였다. NGO는 모든 사람에게 개방되어있고, 상호신뢰 속에서 새로운 아이디어와 이상을 부추기며, 공동목표를 향해 유연하게 연대하면서 행동한다. 따라서 많은 사람들은 자신의 가치를 실현해줄 NGO를 직접 결성하거나 각종 단체에 가입하였다. 이제 NGO는 일반대중에게 널리 알려졌고, 여러 분야에서 눈에 띄는 행위자가 되었으며, 대중의 신뢰와 지지를 받고 있다. 이로써 사람들은 스스로 개인권리에 대한 제약이나 기회박탈을 제거하고 참여와 연대 속에서 자기결정권을 강화하게 되었다. NGO가 수·다양성·유연성·영향력·대중지지 등에서 상당한 능력을 가졌다는 것은 인간을 둘러싼 사회적 환경을 개선하고 개인의 욕구를 스스로 충족시키겠다는 적극적 의지를 반영한다.

　NGO학의 등장은 바로 국가와 개인 사이의 시민사회 공간에서 발생하는 거대한 에너지를 인간생활의 향상에 접목시키고자 하는 지적 탐구의 필요에 의한 것이다. 다른 학문의 등장과 마찬가지로 NGO학의 등장도 삶의 변화와 밀접한 관련이 있다. 오늘날 인간은 외부의 물질적 보상에만 만족하지 않고 다양한 탈물질적 가치를 추구한다. 일상생활 속에서 문화적 정체성과 개인적 삶과 관련하여 공동체·의미·존엄·사랑·감성·영성 등을 갈망하고 있다. NGO는 바

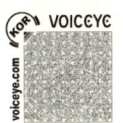

로 이러한 가치를 일상생활 속에 실현하려는 자발적인 집합행동이다. 따라서 NGO학은 NGO를 둘러싼 사회현상에 대한 체계적 이해와 분석을 통해 인간 삶의 질의 내용과 방향에 일정한 틀을 제공하기 위한 것이다. 그것은 다양성과 차이를 인정하면서 서로에 대해 관용을 가지고, 공공참여와 상호연대를 통해 사회정의를 구현하고 자아를 실현하는 것과 통한다. 실제로 후산업사회에서 각종 사회문제를 해결하고 대안적인 사회를 모색하는 정치기획인 능동사회, 열린사회, 생태공동체, 참여사회 등의 논의에는 NGO가 중요한 행위자로 작용한다.

NGO학의 등장은 NGO를 둘러싼 새로운 사회현상에 대한 기존학문의 체계적 설명의 한계에 기인하는 것이기도 하다. NGO가 분출하여 인간적인 욕구를 충족하고 대안적인 임무를 수행하자 이에 대한 연구자가 늘어났다. 그러나 NGO에 대한 연구는 각 분과학문에서 파편적으로 이루어졌다. 정치학·사회학·행정학·경영학·사회복지학 등에서 NGO를 다루고 있지만, 통합적인 접근이 아니라 각 학문영역의 편의에 따라 접근하고 해석하였다. 정치학에서는 시민사회와 시민운동에 대한 이해가 빈약하고, 사회학은 권력관계와 거버넌스를 소홀히 하였다. 행정학은 공공서비스 제공과 정책참여의 측면에서 연구하고 경영학은 조직경영적 측면에서 다루었지만, 양자는 시민사회의 사상적·역사적 측면과 시민운동을 이해하는 데 한계가 있었다. 사회복지학은 사회복지와 자원활동(volunteering activity)의 측면에서 접근하였지만, 다른 학문의 지적 기반인 국가·시장·시민사회를 파악하는 것이 쉽지 않았다.

NGO를 둘러싼 집합행동에 대한 연구는 여러 학문 간의 지적 교류와 통합이 이루어져야 가능하다. 그것은 단순히 국가와 시민사회의 상호작용, 국가 간 관계에서의 행위자 증가, 시민사회의 자발적 에너지, 인간적 욕구충족을 위한 실행, 인민주권과 자치권력(empowerment), 경제체제의 변화와 교환수단의 다양화, 인간과 자연의 공생, 현세대와 미래세대 간의 자원배분, 대안사회를 위한 집합적 노력 등 어느 한 부분의 이해만으로는 불가능하다. 이 모든 영역을 통합적으로 이해하고 상호 접목시킬 수 있어야 한다. 인간의 다양한 욕구가 어우러진 사회를 연구하는 학문은 정치·경제·문화의 변화를 초래하는 운동을 종합적으로 이해하는 것이 중요하다. 일찍이 린드(Robert Lynd)는 "무엇을 위한 지식인가"(knowledge for what?)라고 반문하고는 사회과학의 과도한 전문화가 초래한 보수성을 비판하였다(Lynd, 1946). NGO학의 출현은 우리 시대 독특한 현상인 NGO의 출현에 따르는 사회변동을 체계적이고 총체적으로 설명하기 위한 것이다.

2) NGO학의 성립

많은 NGO가 발생하여 영향력을 확대하고 기존의 조직이나 제도가 해결할 수 없는 사회문제를 해결한다고 해서 NGO학이 저절로 성립되는 것은 아니다. 새로운 학문의 성립은 개념적 경계, 고유의 연구영역, 과학적 연구방법, 이론적 체계 등과 같은 조건이 구비되어야 한다.

NGO는 자율·참여·연대·공동체·다원성·공공성·자원성·영성 등과 같은 내적 동력과 가치를 가지고 있다. 시민사회에 위치하는 NGO의 개념적 특성은 국가영역의 정부나 시장영역의 기업과 다를 뿐만 아니라, 시민사회의 다른 비영리단체(nonprofit organization)와도 다르다. 시민사회 내의 많은 비영리단체도 시민사회적 특성을 가지고 있다. 그러나 공공서비스를 제공하는 비영리병원·사립학교·복지기관, 신앙심화와 인간구원을 지향하는 종교단체, 집단이익을 추구하는 직능단체에 비해 NGO는 자율성·공공성·자원성·성찰성·연대성·국제성 등의 성격이 강하다.

NGO학의 연구영역은 기존의 정치학·경제학·사회학 등과 다르다. 근대국가의 성립 이후 사회과학은 한 사회를 국가와 시장 또는, 국가와 개인으로 구분하여 정치학은 국가를 연구하고, 경제학은 시장을 연구하였다. 그리고 사회학은 개인을 연구대상으로 삼았다. 그러나 국가와 시장 사이에 존재하는 시민사회를 발견하였고, 국가와 개인 사이에 NGO라는 새로운 조직이 발생했다. 물론 사회학이 시민사회의 다양한 조직과 집단활동을 연구하였다. 그러나 NGO의 양적 증가와 시민참여의 확대, 국가 및 시장과의 긴밀한 상호작용은 NGO학의 발생을 촉진하여 NGO라는 주제영역에 대한 주권을 행사하게 되었다. 사회학이라고 하는 분과학문에서 다루는 것보다는 통합학문적 성격을 지닌 NGO학에서 다루는 것이 권위를 인정받게 된 것이다.

NGO학은 경험적 자료와 관찰, 상호주관적 토론, 감정이입적 참여와 해석 등을 통해 사회현상을 분석한다. 비록 상상력과 직관을 중시하기도 하지만, 점술가들이 사용하는 신비로운 예언이나 점술을 사용하는 것이 아니라 합리적이고 과학적인 방법을 통해 사회현상을 이해하고 분석한다. 물론 과학적인 방법이라고 해서 반드시 사실에 근거해 이론을 도출하는 것은 아니다. 학문에서 이론은 현실세계에 선행하는 비사실적, 비경험적 과정에서도 창출될 수 있기 때문이다(Alexander, 1993: 13-15). NGO학은 사회과학 내에서도 특징적으로 학제적 연구를 빈번하게 사용하고 이를 통하여 과학성과 객관성을 높인다. 기존의 사회과학이 사회현상을 정확하게 파악하여 이론적·정책적 함의를 지닌 결과를 도출하지 못한 것은, 반드시 정치한 경험적 분석기법이 부족했기 때문이라기보다는 적절하고 효과적인 연구기법을 적용하지 않았기 때문이다. 학제적(inter-disciplinary) 연구, 나아가 통학적(trans-disciplinary) 연구는 단일분과학문의 개별 연구방법의 문제를 해결하여 연구방법의 효과성을 높여 지식의 정당성을 높이는 데 기여한다.

NGO학의 이론적 체계는 아직도 튼튼한 기초를 갖고 있지 않은 것이 사실이다. 보편적으로 받아들일 수 있는 핵심적 지식(core knowledge)이 매우 드물다. 더구나 이론이 풍부하여 상호 대립되는 이론이 존재한다기보다 제한된 경계적 지식(frontier knowledge)이 분출하는 상황이다. 신생학문에서 이론적 체계가 불충분하다는 것은 어느 학문이나 마찬가지이다. 현재로서는 다양한 지적 배경을 가진 학자에 따라 의견이 다르고 대립적인 견해가 표출되고 있다. 이것은 NGO라는 연구대상을 통합학문적 시각이 아니라 각 학문영역에서 제한된 시각으로 제한된 영역만 탐구하기 때문이기도 하다. 그러나 비판과 논쟁을 거치면서 의견수렴과 통합이 이루어지고 새로운 시각과 이론이 창조될 수 있을 것이다. 또한 NGO학이 학문적 정당성을 가지게 됨에 따라 통합적 시각과 연구가 늘어나게 되고, 다양한 지적 배경을 가진 학자들의 의견은 점차 상호 수렴을 통해 일정한 체계를 가지게 될 것이다.[11]

이 외에도 독자적인 학문의 성립을 위해서는 전문직업의 발생, 전문학자의 학회 결성, 전문학술지의 발행, 대학의 학과나 강좌의 개설, 도서분류체계의 편입 등과 같은 외적 조건의 충족이 필요하다. 오늘날 NGO에서 근무하는 활동가는 전문직업인으로 분류된다. 그리고 그 수도 확대되고 있다. 정확한 통계는 없지만 미국의 경우, 국가와 시장이 아닌 제3섹터 근무자가 전체 노동인력의 10%에 해당한다. 한국도 현재 NGO에서 상근으로 근무하는 사람만 5만 명이 넘을 것으로 보인다. NGO를 연구하는 학자들의 학회결성도 이어지고 있다. 미국에서는 제3섹터 연구자의 모임이 있고, 일본에는 비영리단체 연구자의 모임이 있다. 한국에는 비영리학회와 NGO학회가 동시에 존재한다. 전문학술지 또한 늘어나고 있다. 비영리단체나 자발적 조직(private voluntary organization)이라는 용어를 많이 사용하는 미국에서는 'Nonprofit Voluntary Sector Quarterly', 'Nonprofit Management and Leadership', 'Journal of Voluntary Action Research' 등이 있고, 최근에는 'Governance', 'Responsive Community' 등이 창간되었다. 유럽에는 'Voluntas'가 발행되고 있다. 한국에는 '한국비영리연구'와 'NGO연구' 그리고 '시민사회

---

11) 물론 NGO학은 주체와 분리된 객체를 대상으로 사실을 발견하는 자연과학과 다르고, 심지어 사회과학 중에서도 이론과 실천, 존재와 당위, 사실과 관념, 부분과 전체, 주관과 객관, 보편과 특수 등의 상반된 요구를 융합하거나 동시에 충족시켜야 하기 때문에 계속 혼돈의 학문으로 남을 가능성이 있다. 그리고 NGO 자체가 너무나 다양한 영역에서 다양한 특징을 지니고 있기 때문에 일반성을 띤 이론 구축이 쉽지 않다. 그러나 이것은 학문의 성격에 관한 것으로서 반드시 NGO학의 정당성 자체가 침해되는 것은 아니다.

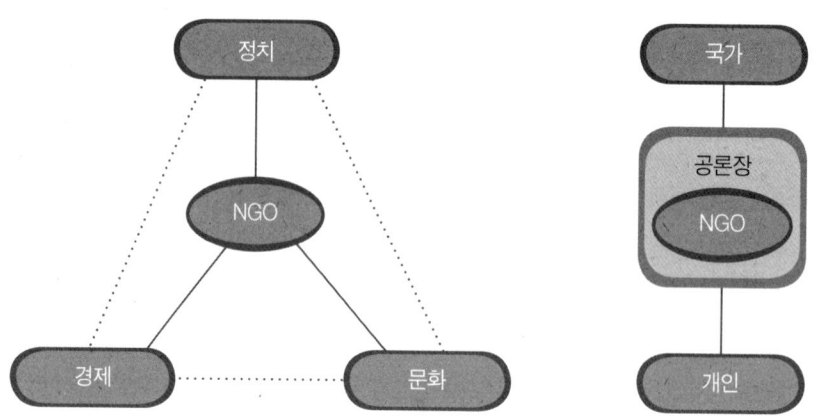

〈그림 2-1〉 NGO학의 통합적 성격
〈그림 2-2〉 NGO학의 중개적 성격

와 NGO' 등의 전문잡지가 있다.[12] 대학 내의 학과나 강좌는 전세계적으로 확대되고 있는 추세이다. 미국에서는 각종 연구소를 중심으로 밀도 높은 강의가 진행되고 있고, 대학의 학부에서 NGO가 필수적인 교양과목으로 자리잡아가고 있다. 한국에도 대학원 내의 학과가 증설되고 대학강좌가 늘어나고 있다. 도서관의 장서법이나 지식총서에도 NGO라는 키워드가 등장하기 시작하였다.

3) NGO학의 성격

NGO는 민주주의의 질적 발전과 공간적 확산, 자본주의 순화를 위한 다양한 실험, 자원활동의 광대한 민간에너지 개발, 사회변혁을 위한 시민운동의 전개, 사회적 약자의 권리와 집합행동, 생태환경을 보호하는 균형적 삶, 국제연대를 통한 전지구적 문제해결, 자율과 연대에 기초한 대안문명 등을 지향한다. NGO학은 NGO가 가지는 이러한 가치를 특징적으로 내포한다. 이러한 가치를 달성하기 위해 NGO학은 통합학문적 성격을 지닌다. NGO가 정치와 경제가 아닌 사회/문화영역에서 활동하지만, NGO학이 사회/문화만 다루는 것은 아니다. NGO는 정치·경제·문

---

12) '한국비영리연구'는 한국비영리학회의 학술지로서 2002년 창간되었고, 'NGO연구'는 한국NGO학회의 학술지로서 2003년에 창간되었다. 그리고 '시민사회와 NGO'는 한양대학교 제3섹터연구소에서 발간하는 전문학술지로서 2003년 창간되었다.

화적 기능과 성격을 모두 내포하고 있다. NGO학은 〈그림 2-1〉에 나타난 바와 같이, 한 사회 내의 정치·경제·문화 세 영역 사이 사회적 과정의 움직임을 포착한다. 이것은 인간행위를 정치·경제·문화로 구분하는 근대성의 논리나 냉전시대의 이데올로기 대립상을 통한 정책형성과 국제정세 파악이라는 이분법적 패러다임에서 벗어나는 것이다. 그리고 NGO학은 〈그림 2-2〉에서 보는 바와 같이, 국가와 개인 사이의 중개구조(mediating structure)에 주목한다. 이것은 근대사회에서 민주주의를 유지·발전시키기 위해 근대국가의 형성과 이성적 개인의 확립에 치중했던 전략에서 벗어나, 국가와 개인 사이의 사회적 행위와 의사소통 영역인 공론장을 통해 국가의 운용방식(modus operandi)을 변화시키고 개인을 조직화하는 것에 관심을 갖는 것이다.

  NGO학은 정치·경제·문화를 통합적으로 포착하고 국가와 개인 사이에 공론장을 매개한 것 외에 주체적·실천적·문화적 성격을 강하게 내포하고 있다. 먼저 NGO학은 기존의 사회과학에 비해 주체적 성격이 강하다. 근대 사회과학은 앞서 언급한 바와 같이, 시공간적 구속성을 무시하고 서구중심의 자유주의적 발전관에 기초하였다. 이것은 세계적 보편원리를 서구의 특정국가나 문화에서 유추한 것으로서, 사회적 강자의 체제유지 목적에 동조하는 보수성을 띠지 않을 수 없었다. 이에 대한 대응으로서 NGO가 분출하여 전지구적 연대를 구축함에 따라, 비서구사회와 여성은 서구중심의 발전관을 반성하고 자기존재를 새롭게 인식하게 되었다. 이로써 자신의 삶을 주체적으로 규정하고 더 자유롭고 평등한 삶을 향한 문화를 만들어갈 수 있게 되었다. 오늘날 서구 선진국의 여성, 특히 흑인여성, 그리고 개발도상국가 인민들이 자신의 삶에 대해 문제를 제기하고 대안적 삶을 적극적으로 추구하는 것은 NGO의 활동과 밀접한 관련이 있다.

  NGO학은 또한 실천적·성찰적 성격이 강하다고 할 수 있다. NGO학은 현실에서 벌어지는 활동을 체계적으로 추상화함과 동시에 지식이 현실을 구성·재구성하는 데는 어떠한 의미가 있는지 통찰하는 실천성을 지니고 있다. 즉 NGO학은 단순히 사회에 기술적으로 적용가능한 일반화를 추구하는 것이 아니라, NGO에 대한 지식발전을 통해 사회제도와 행위를 성찰적으로 재구성하는 것을 강조한다. 따라서 NGO학은 NGO활동에 대한 의미와 정당성에 대한 질문을 던짐과 동시에, 시민참여와 사회적 책임에 대한 자기계몽 및 반성을 통해 삶의 조건을 개선하고 사회진보를 성취하려는 실천이성을 중시한다. 또한 이론과 실천의 변증법적 융합, 사회과학적 담론과 일상적 담론의 상호침투를 통해 새로운 형태의 사회구조와 개인정체성을 창출하는 데 커다란 관심을 갖는다. NGO학이 NGO를 둘러싸고 무엇이 일어나는가 하는 존재(Sein)와 NGO가 무엇을 해야 하는가 하는 당위(Sollen)를 동시에 포착하고, NGO활동을 기술하는 과학적 특성뿐만 아니라 여기에 참여하는 사람들의 동기와 욕구 그리고 궁극적으로 지향하는 사회와 문명의 본질을 규명하는 철학적 특성을 동시에 지니는 것도 NGO학의 실천적·성찰적 성격을 잘 보여준다.

NGO학은 또한 정치경제적 행위 바깥의 문화적 삶을 중시한다. 근대적 삶을 지배하는 것은 노동하는 인간, 경쟁지향, 목적합리적 행위, 합리적 선택 등 호모 사피엔스(homo sapiens) 또는 호모 이코노미쿠스(homo economicus)의 인간상이었다(박형준, 2001: 23). 개인의 사적 이익추구 행위를 부정하거나 과도하게 제어할 수는 없지만, 이것은 인간소외, 부정부패, 빈부격차, 생태파괴, 인종갈등, 폭력행위 등을 유발한다. 따라서 타자에 대한 고려와 공익에 대한 감성이 현대인의 자아정체성과 개인적 삶의 질에 중요해졌다. 더구나 현대인은 소득의 증대, 노동시간의 단축, 여가의 증가에 따라 문화적 욕구가 강하다. 현대인은 자신의 육체를 가꾸고 성적 매력을 증대시키며 개성적인 의복에 상당한 관심을 가질 뿐만 아니라, 여행·축제·예술 등에도 커다란 관심을 가진다. 그리고 사회적 약자나 소수자의 정치적·문화적 권리, 세계시민의 윤리, 환경과의 공존, 영성의 발현 등을 실현하는 데도 적극적으로 참여한다. NGO학은 기존의 사회과학이 놓쳤던 현대인의 이런 문화적 삶의 단면을 포착하고, 이런 것들이 시민운동에서 응집되고 뒤섞이는 것을 면밀하게 다룬다.

3. 한국 NGO학

1) 한국 사회과학의 문제

사회과학이 근대적 신학문으로서 한국에 소개된 지 100여 년이 지났다. 그러나 한국 사회과학은 여전히 서구의 주류이론을 단순 가공하여 무비판적으로 수용하고 현실적합성이 부족하다는 비판을 받고 있다. 한국 사회과학이 서구이론의 모방을 통해 비판적 수용의 단계에서 자기이론의 형성을 향해 나아가고 있다고 하지만(임현진, 2001: 3), 자율성·역사성·창의성이 부족한 것이 사실이다.[13] 사실 한국 사회과학이 서구 강대국의 논리에 조응하여 한국사회에 대한 적합

---

13) 한국 사회과학이 서구 사회과학을 비판적으로 수용하여 자율성과 창의성을 갖지 못한 증표의 하나로서 어려운 글쓰기를 들 수 있다. 전문학자의 학술대회에서 같은 영역을 연구하는 토론자가 발표자의 글을 이해하지 못한다는

성을 따지지 않고 지배적인 패러다임을 무분별하게 수입했다는 것은 거부할 수 없는 사실이다. 따라서 근대화이론과 종속이론, 모더니즘과 포스트모더니즘의 논쟁에서 보는 바와 같이 외부 세계의 변화에 따라 단절적으로 유행하거나, 패러다임의 짧은 순환구조를 가지면서 한국 지식세계에 제대로 착근하지 못하였다. 이로 인해 한국 사회과학에서 이론이라는 것도 알고 보면 서구의 이론과 한국의 경험이 불편하게 접합된 것이었다(김동춘, 1997: 13).

사회과학은 자연과학과는 달리 시공간적 존재구속성을 가지고 있기 때문에 보편적인 이론이 존재하기 어렵다. 한국의 사회과학이라는 것은 한국의 정치사회적 맥락과 역사문화적 토대에 근거하여 한국인의 사고와 경험을 분석하고 설명하여야 한다. 한국 사회과학에서 전문학자와 일반대중 사이에 심한 괴리가 나타나고, 연구 결과물이 소수의 전문가 사이에만 통용되며, 수준 높은 상품시장이 형성되지 않는 것은 학문의 토착화 실패에 따른 것이라고 볼 수 있다. 비록 학문발전이 앞선 서구사회에서 개념과 이론을 차용해온다고 하더라도, 한국사회의 문제를 파악하고 대안을 제시하기 위해서는 개념틀을 자기갱신하는 것이 중요하다. 그러나 지금까지 조급하게 서구의 주류이론에 편승하면서 사실보다는 이론에 치우치는 경향이 있었던 것이 사실이다.[14] 사회과학은 구체적인 역사적 실체를 이해할 때 무엇이 문제이고, 어떻게 해결할 것인가에 대한 효과적인 문제제기와 대안제시가 가능하다. 한국 사회과학이 한국사회의 정치적 권위주의, 재벌의 권력화, 부당한 축적구조, 사회윤리의 부재, 사회자본의 빈곤, 연고적 지배카르텔, 근대적 개인주의의 왜곡 등에 대한 설명과 대안제시는커녕, 문제제기 자체가 적합성과 구체성을 결여한 것은 중심부 사회과학의 지적 포로가 되어 그것을 과잉모방한 결과라고 할 수 있다.

한국 사회과학이 한국인의 삶의 현실과 접합되는 것이 중요하다고 할 때, 우리는 NGO학의 정립에 대해 새롭게 생각해보아야 한다. 오늘날 한국사회는 자유민주주의, 자본주의, 지구화, 정보화의 조류 속에서 여전히 억압·불평등·착취·소외 등과 같은 문제가 심각하다. 그런가 하면, 일상생활 속에서 해방을 넘어 자아실현을 성취하고자 하는 이상이 넘쳐나고 있다. 이에 대한 작용·반작용으로서 NGO가 분출하여 실질적 민주주의의 정착과 생활정치의 회복을 시도하

비판이 나오고, 지상토론에서도 상대방의 글을 완전하게 이해하지 못한 경우가 허다하다. 글을 쉽게 써서 이해시킬 수 있는 능력이 부족하다는 것은 곧 이론에 대한 완전한 이해와 한국적 적용에 대한 통찰이 부족하다는 것을 의미한다.

14) 그렇다고 이론이 중요하지 않다는 것은 아니다. 이론은 그 자체가 실재를 서술하는 것이 아니라고 하더라도, 개별 사회현상을 포괄적으로 설명하고 조사연구와 사실집성을 체계적으로 인도한다는 점에서 매우 중요하다.

고 있다. 한국NGO는 세계사적으로도 독특한 위치를 점하고 역동적인 활동을 하고 있다.[15] 그렇다면 서구사회가 새로운 학문을 정립하고 패러다임의 전환을 모색할 때 우리도 덩달아 춤을 추는 것이 아니라, NGO학은 한국에서 창의성을 가지고 독자적으로 정립할 수 있다.[16] 그래서 서구의 주변부 학문으로 남는 것이 아니라, 한국적 이론의 정립과 국제화를 통해 서구사회로 수렴될 수 있도록 할 수 있다. 오늘날 한국의 사회과학이 서구이론의 소비지로 기능하며, 이 분야의 지식인들이 단지 지식을 팔아 생계를 유지하는 사람에 불과한 것이 아닌가 하는 반성을 해볼 때, NGO학의 한국적 정립과 창의적 이론개발은 매우 중요한 의미를 지닌다.

2) 한국 NGO학의 정립

근대초기에 영국에서 사회과학이 선구적으로 발달하게 된 것은 시민혁명을 통해 근대국가가 발전하고 이에 따라 민주주의와 시민사회가 먼저 확립되었기 때문이다. 오늘날 한국에서 NGO학을 선구적으로 논의하는 것은 한국이 가지고 있는 독특한 역사적 상황에 기인한다. 한국에서 시민사회가 본격적으로 발달하고 NGO가 급격하게 분출하기 시작한 것은 1987년 이후이다. 불과 20여 년밖에 안 된 짧은 역사를 가지고 있다. 그러나 한국은 일제강점기부터 국가에 대한 강한 저항의 역사를 경험하였고, 특히 20여 년간의 군부지배하에서도 국가영역 밖에 '재야'라고 하는 독특한 저항연합세력이 존재하였다. 최소한의 공론장과 집단행동도 허용하지 않는 체제에서도 각종 학생운동, 학술운동, 언론운동, 종교운동, 노동운동 등이 빈번하게 일어났다. 나아가 세계사에 유례없는 급속한 경제성장을 통해 단시간에 중산층을 양산하였을 뿐만 아니라, 국가주도의 급속한 근대화에 따른 부정한 자본축적, 국가정당성의 부족, 부의 불평등과 상대적 박탈감에 대처하기 위한 시민의식과 집단행동도 활발하다.

오늘날 한국에서 NGO는 수만 개에 달할 정도로 급속하게 성장하였고 근대화과정의 부작용 치유, 자원배분을 둘러싼 갈등의 조정, 실질적 민주주의의 실현, 시장주의의 확장에 대한 견제, 다원주의사회의 가치와 윤리의 정립, 사회적 약자와 소수자의 권리, 대안사회의 모색과 실

---

[15] 2000년 총선시민연대의 낙천·낙선 활동, 2003년 새만금 갯벌살리기 3보1배 행사, 2004-5년 정토회 지율스님의 천성산 도롱뇽살리기 백일단식투쟁 등은 아마 세계에서도 한국에서만 가능한 시민운동형태라고 할 수 있다.
[16] 우리는 실크로드라는 말을 자주 들어왔다. 이에 대한 연구는 아마 한국 밖에서 먼저 시작하였을 것이다. 그러나 이 분야의 뛰어난 학자인 정수일은 실크로드에 대한 연구를 체계화하여 실크로드학이라는 하나의 학문을 세계에서 최초로 정립하는 커다란 업적을 쌓았다(정수일, 2001).

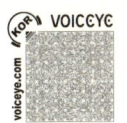

험 등에서 뛰어난 실천성과 정당성을 가지고 있다. 따라서 한국NGO는 앞으로 가능성의 정치, 영향력의 정치를 넘어 구조개혁과 사회변동, 나아가 인간안보(human security)와 문명전환을 위한 중요한 역할을 떠맡을 수 있을 것이다. NGO의 급속한 분출, 시민적 관심과 지지, 뛰어난 전략과 실천, 영향력의 확대, 대안문명을 위한 창조적 역할 등으로 인해 한국NGO는 아시아에서 리더의 위치에 있으며, 세계 시민사회에서도 중요한 역할을 수행하고 있다. 이러한 현상은 최근 물적토대의 강화와 정보통신망의 발달과 더불어 국내외에서 더욱 확장될 것으로 보인다.

한국에서 NGO에 대한 연구는 개괄적이나마 20세기 말에 현장활동가인 김광식(1999)과 박원순(1999)에 의해 시작되었다. 뒤이어 주성수(1999; 2000; 2001), 조효제(2000), 박상필(1999; 2000; 2001) 등에 의해 본격적인 연구가 진행되었다. 이 외에도 차병직, 김영래, 박재묵, 박재창, 오재일, 손혁재, 조대엽, 김호기, 차명제, 노진철, 김수현, 정수복, 정태석, 박재영, 이남섭, 박홍순, 김병완, 김선미, 라미경, 김영호, 김준기, 임승빈, 이희태, 이근주, 조명래, 김혜경, 홍일표, 김인영 등이 NGO를 연구하였다. 한편 NGO에 대한 박사학위논문은 이원웅(1997), 박상필(1998), 김구현(1999) 이후, 많은 후학들이 배출되었다. 2000년 정구현·박태규를 중심으로 한국비영리학회가 결성되었고, 임현진·김영래를 중심으로 한국NGO학회가 조직되었다. 대학의 학과는 성공회대학교(1999년), 경희대학교(2000년), 한일장신대학교(2003년)에 독립대학원이 설립되었고, 경북대학교, 전남대학교, 서강대학교, 한양대학교, 부산대학교, 경남대학교, 상명대학교, 아주대학교 등에서도 대학원에 전공과정이 개설되었다. 그리고 2001년에 이화여자대학교와 성공회대학교에서 학부대학에 연계전공이 설치된 이후, 경희사이버대학교와 한일장신대학교에서 NGO학과가 생겨났다. 이외에도 연세대, 고려대, 숙명여대, 광주대, 국민대, 서원대, 신라대 등 많은 대학에서 강좌가 신설되었다.

한국이 토착학문의 국제화를 외쳐왔지만, 겨우 유교에 관한 약간의 지식을 세계사회에 전달하는 정도에 불과하다. 한국 NGO학은 사회과학에서 독자적 이론의 개발과 국제적 수용의 잠재력을 지니고 있다. 한국의 NGO학은 한국의 NGO 활동을 고려하건대 기존 사회과학처럼 강대국의 주장에 포획되거나 서구이론에 과도하게 의존하는 것에서 벗어나, 외국이론에 개방적이고 이를 비판적으로 수용함과 동시에 한국적 적실성을 가진 이론을 개발할 수 있다. 그리고 한국에서 독자적으로 정립된 NGO학은 그 자체로서 근대주의적 표준과 자본주의적 동형화를 넘어 다원적 가치와 통합학문적 성격을 지니고 있다는 점에서, 근대성을 넘어 새로운 지적 기획을 시도하고 의미 있는 삶을 갈구하는 서구사회에 적극적으로 수용될 수 있다. 이미 아시아의 많은 국가에서 한국의 NGO학을 배우기 위해 달려오고 있다.[17] 따라서 아시아적 가치를 토대로 새로운 이론을 구축함과 동시에 국지주의를 극복하는 독자적 NGO학의 정립은 한국 사회과학의 국제화에도 중요한 역할을 할 수 있을 것이다.

제3절 NGO학의 연구영역

1. NGO학 연구의 범위

최근 유럽·북미·오세아니아의 선진국뿐만 아니라 아시아·아프리카·남미와 같은 개발도상국에서도 NGO혁명이라고 할 정도로 NGO가 분출하고, NGO에 대한 시민적 관심이 증가하고 있다. 미국과 같은 경우에는 1990년대에 들어와서 의회청문회 출석증언, 신문보도, TV보도에서 NGO의 등장 횟수가 기업, 노동조합, 다른 비영리단체에 비해 월등히 높았고, 한국에서도 1990년대 후반부터 주요 신문과 방송에서 NGO에 대한 보도가 급격히 증가하였다. 이러한 관심과 보도의 증가에 따라 최근 NGO 연구자가 늘어나고 이들에 의한 연구도 늘어나고 있다. 전세계적으로 NGO에 대한 연구는 시민에 대한 재규정과 시민사회의 재발견에서부터 시작하여 시민참여, 국가와 시장의 민주화, 공공서비스 생산, 자원봉사활동, 지역사회개발, 정부 및 기업과의 파트너십, 국제원조 및 개발 등의 분야에서 다양하게 진행되고 있다. 그런가 하면 민주주의의 발달, 거버넌스의 실행, 사회자본의 생산, 시민운동의 추동, 공동체의 구축, 세계시민의 윤리, 영성의 발현 등과 관련하여 NGO가 밀도 있게 연구되고 있다. 그리고 민주시민교육, 기부금 모금, NGO관리 등과 같은 NGO 활동의 인프라에 대해서도 연구가 진행되고 있다. 이러한 연구는 지방적·국가적·지구적 차원으로 다양할 뿐만 아니라, 국제비교 연구와 개발도상국가에 대한 집중연구도 나타나고 있다.

    NGO학의 연구범위는 여러 가지 차원에서 고찰할 수 있으나, 우선 해방의 정치(politics of emancipation)와 자아실현의 정치(politics of self-actualization) 구분법에 의해 살펴볼 수 있

---

17) 가장 대표적으로 성공회대학교가 운영하는 아시아NGO학(MAINS) 프로그램을 들 수 있다.

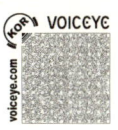

〈표 2-1〉 해방의 정치와 자아실현의 정치

구분	해방의 정치	자아실현의 정치
방향	무엇으로부터의 자유	무엇을 향한 자유
공간	주로 국가적	지방적/국가적/세계적
조직원리	집중적 거대조직, 위계적 명령, 동일계통 조직 간 연대	분산적 풀뿌리 조직, 수평적 의사소통, 개방적 네트워크 형성
이데올로기	자율/정의/평등의 획득	삶의 질과 정체성의 문제
핵심쟁점	억압, 착취, 불평등, 소외	참여, 동기부여, 이타주의, 잠재력 계발, 창의성 발휘

다. 현대인에게 해방의 정치를 통해 억압과 착취에서 벗어나 자유롭고 평등한 개인의 자율행위가 보장되는 것은 중요하다. 이런 점에서 해방의 정치는 여전히 유효성을 지니고 있다. 그러나 일상생활에서 삶의 질을 실질적으로 증대하고 구체적으로 보장하는 것도 중요하다. 자아실현의 정치에서 강조하는 직접 참여와 연대를 통한 정체성의 확립, 이타주의의 실천, 잠재력의 계발, 창의성의 발휘는 NGO의 목표와 가치이자 현대인의 삶의 질에 핵심적인 요소를 구성한다. 따라서 NGO학의 연구는 자아실현의 정치와 밀접한 관련이 있다. 이렇게 본다면 NGO학은 해방의 정치와 자아실현의 정치 양자를 결합한다.[18] 〈표 2-1〉은 해방의 정치와 자아실현의 정치를 비교하여 정리한 것이다.

　NGO가 궁극적으로 지향하는 것은 대안적인 사회를 구축하여 인간다운 삶을 지향하는 것이다. 이런 점에서 NGO가 지향하는 것은 국민국가를 우회하고 자본주의를 극복하는 것일 수 있다. 그러나 현실적으로 국민국가와 자본주의를 포기하는 것은 간단하지 않다. 실제로 NGO는 권력과 자본을 견제하고 비판할 뿐만 아니라, 일정한 권위와 자원을 확보하기 위해 국가와 시장과 협력하기도 한다. 특히 직접 공공서비스를 생산하거나 거버넌스를 통해 정부와의 공동생산에 참여하는 것은 삶의 질적 증대에도 중요한 함의를 지닌다. 그러므로 시민사회 내 다른 단체와의 상호 교류와 연대뿐만 아니라 정부와 기업과의 파트너십도 NGO학의 중요한 연구 영역에 해당한다. 물론 NGO의 활동은 국가적 차원에서만 작용하는 것이 아니라, 아래로는 지방

---

18) 해방의 정치와 자아실현의 정치 구분법에서 전자를 후자를 위한 단순한 토대로 상정하는 오류를 범할 수 있다. 기든스는 해방의 정치가 자아실현 정치의 관심사를 위한 무대준비가 아니라고 강조한다. 물론 기든스는 해방의 정치와 상대되는 개념으로 생활정치라는 개념을 사용하고, 생활정치에서 자아실현의 촉진을 중요한 목표의 하나로 본다(Giddens, 1997a: 332-61).

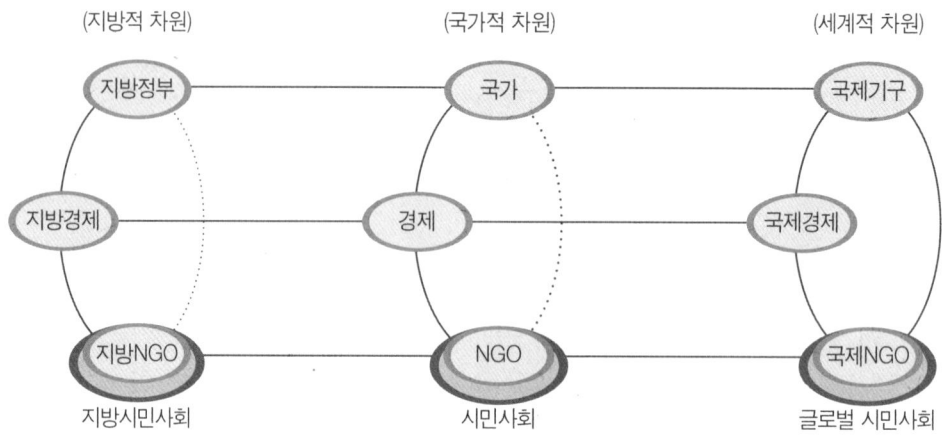

〈그림 2-3〉 NGO학 연구영역의 입체적 조망

적 차원으로, 위로는 세계적 차원으로 확대된다. 따라서 NGO학은 지방적 차원에서부터 세계적 차원에 이르기까지 국가와 시장과의 상호 협력과 갈등을 다루게 된다. NGO학은 지방적 차원에서 지방자치와 주민참여, 풀뿌리민주주의, 자원봉사활동을 통한 복지공동체, 지방경제와 지방문화에의 기여 등을 다루고, 세계적 차원에서 인권·환경·평화·빈곤구제·국제원조 등을 둘러싼 행위자 간의 파트너십, 국제기구와 NGO의 관계, 초국적기업과 NGO의 협력 및 갈등, 글로벌 시민사회의 형성 등을 연구한다. 〈그림 2-3〉은 국가와 시장과 상호작용하는 NGO학 연구영역을 입체적으로 조망한 것이다.

2. NGO학 연구영역의 분류

NGO학은 적실성을 가진 이론 개발을 위해 인문학이나 역사학과 교류하는 것이 필요하다. 심지어 자연과학에도 개방하여 자연과학자의 세계관을 수용하는 자세가 요구된다. 예를 들어, 우주물리학이나 양자역학의 관점도 NGO가 지향하는 인간과 인간의 관계, 인간과 자연의 공존, 영성의 발현 등에 중요한 철학적 토대를 제공한다. 그리고 NGO학은 개별 분과학문의 경계를 넘어 NGO의 활동과 관련된 현상을 통합적 시각으로 연구한다. 따라서 NGO학은 NGO에 참여하는 개인의 심리·동기·의도에서부터 시작하여, NGO라는 조직의 발생·기능·경영, 나아가 정부와 기업과의 상호작용으로 인한 갈등과 협력을 다룬다. 그리고 대안문명의 전망과 이에 대한 NGO의 역할도 포함한다. 여기에는 국가론, 민주주의, 자본주의, 국제정치, 시민사회론, 지구화가 포함되고, 시민운동, 자원봉사활동, 지방자치 등도 중요하게 다뤄진다.

NGO학의 연구영역은 기능/영역별로 크게 7개 분야로 나눌 수 있다. 첫째, NGO이론 분야로서 NGO의 개념·발생·기능·연구방법과 시민사회 및 민주주의 등에 대한 기본적인 연구이다. 둘째, NGO관리 분야로서 NGO의 현황, 조직관리, 재정충원, 의사결정과정, 리더십, 기부금 모금, 자원봉사활동 등에 관한 연구이다. 셋째, 정부 및 기업과의 관계이다. 정부와의 관계는 국

〈표 2-2〉 NGO학 연구영역의 구분

연구영역	연구주제
NGO이론	사회분류 모델, NGO의 개념, NGO학의 연구방법, NGO의 분류, NGO의 발달배경과 발생이론, NGO의 기능과 역할, 시민사회와 국가, 국가형태의 변화와 NGO, 시민사회와 NGO, 민주주의와 NGO, 신자유주의와 NGO, 정보사회와 NGO, 사회변동과 NGO, NGO와 시민성
NGO관리	NGO의 현황, 시민참여와 자원동원, NGO의 조직관리, NGO 재정충원, NGO의 수익모델, 관료제와 NGO, NGO의 의사결정과정, NGO의 리더십 특징, 회원과 상근자의 모집과 관리, 기부금의 모금과 관리, NGO의 책무성과 성과관리, NGO와 자원봉사활동, 자원봉사자의 모집과 관리, 자원봉사 프로그램 개발
정부/기업관계	정부와 NGO 간의 관계, NGO의 정책참여, NGO에 대한 정부지원, 공공서비스 생산의 변화와 NGO, 갈등조정과 NGO, 권력분화와 NGO, 지방정치와 NGO, 풀뿌리 민주주의와 NGO, 지역사회의 발전과 NGO, 기업과 NGO 간의 관계, 기업재단과 NGO 간의 관계, 기업의 사회봉사활동 참여, 시장주의와 NGO, 재벌개혁과 NGO, 거버넌스와 NGO
시민운동	시민운동의 등장배경, 시민운동과 자원동원, 시민운동의 이데올로기 변화, 시민운동의 제도화와 NGO, 지역운동과 NGO, 도시운동과 NGO, 사회자본과 NGO, 시민운동과 인터넷, 언론과 NGO
글로벌 거버넌스	국제NGO의 현황, 국제NGO의 발전역사, 글로벌 시민사회와 국제NGO, 지구화와 국제NGO, NGO와 다국적 기업, NGO와 국제기구, 개발NGO의 현황, 개발 패러다임의 변화와 NGO, 글로벌 사회정책과 UN/NGO, 글로벌 거버넌스와 NGO, 동북아시아의 평화와 아시아 NGO의 연대, 아시아적 가치와 한국의 NGO
대안문명	전환기적 사회와 NGO, 근대성 비판과 NGO, 참여민주주의와 NGO, 능동사회와 NGO, 사회적 경제와 NGO, 공동체사회와 NGO, 생태공동체와 NGO, 여성주의와 NGO, 민주시민교육과 NGO, 영성운동과 NGO
한국NGO	한국NGO의 현황, 한국NGO의 성장과 발달, 한국민주주의의 발달과 NGO, 한국정부의 혁신과 NGO, 한국의 시장민주화와 NGO, 한국의 사회문화와 NGO, 한국사회의 개혁과 NGO, 21세기 한국사회의 전망과 NGO

가형식과 성격이 어떠한가에 따라 달라지고, 기업과의 관계는 개인의 자유와 권리양식과 밀접한 관련을 갖는다. 지방자치 및 거버넌스에서 수행하는 NGO 역할도 중요한 연구과제이다. 넷째, NGO는 시민운동에 필요한 이념을 제시하고 전략과 프로그램을 개발하며 앞장서서 시민운동을 주도한다. 따라서 시민운동 과정의 이데올로기, 시민참여, 자원동원, 정당성, 사회자본 등은 NGO학의 중요한 연구영역이다. 다섯째, NGO의 국제적 연대, 국제NGO와 국제기구와의 관계, 남반구NGO와 북반구NGO 간의 관계, 글로벌 시민사회 등은 NGO를 국제적 단위에서 연구하도록 촉구하고 있다. 여섯째, 대안문명과 관련된 분야로서 NGO가 대안문명의 창출과 유지에 어떠한 역할을 하는지 연구하는 것이다. 일곱째, 한국NGO에 관한 것으로서, 한국사회의 분석과 민주주의의 발전, 나아가 한국사회의 개혁에서 NGO가 차지하는 위상과 역할을 연구하는 것이다.

이상 일곱 가지의 NGO학 연구영역을 정리하면 〈표 2-2〉와 같다. 물론 각 연구영역이 분리되어 있는 것이 아니라 상호 유기적인 작용을 한다는 가정하에서 접근하여야 한다. 실제로 NGO에 대한 연구는 총체적인 지식과 포괄적 시각을 갖지 않고서는 수행하기가 어렵다. 또한 한국에서 NGO학 연구의 가장 중요한 부분은 한국 NGO학의 정립과 발전이다. 한국 NGO학이 발전하기 위해서는 각 주제가 한국적 현실기반에 근거하여 연구되어야 한다.

제4절 NGO학의 연구방법

1. 방법론적 개괄

지금까지 NGO의 연구는 NGO의 개념, 발생원인, 기능과 역할, 현황, 분류 등을 기술하는 데 치중해왔다. 물론 최근에는 설문지조사, 관찰, 면접 등에 의해 현상이나 변인관계를 설명하려는 연구도 늘어나고 있다. 그리고 행위자의 심리나 조직관리와 같은 미시적인 연구도 확대되고 있다. 샐러먼(Lester Salamon)과 안하이어(Helmut Anheier) 등과 같은 학자에 의해 국제적인 비교도 시도되고 있다. NGO의 연구에는 통계적 조작에 적합한 데이터나 일반화에 필요한 수(數)의 사례가 적다는 근본적인 한계가 있다. 사실 NGO는 발생·목적·리더십·재정충원·운동방식 등이 너무나 다양하기 때문에 일반화하는 것이 매우 어렵다. 따라서 지금까지 계량적인 연구

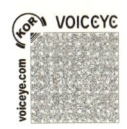

가 적었고, 앞으로도 적을 것이다.

사회과학에서 방법론적 실증주의는 데카르트와 뉴턴의 등장 이후 지배적인 패러다임으로서 헤게모니를 구축해왔다. 그러나 계몽주의적 가정과 도구적 이성에 의존하는 실증주의는 일찍이 프랑크푸르트학파가 비판했듯이, 사회적 행위의 맥락과 윤리적 함의를 포착하기가 어렵기 때문에 인간의 자율성·상호성·행복 등을 배제하는 경향이 있다(Tucker, Jr., 1999: 53-54). 인간을 둘러싸고 벌어지는 사회현상에는 자연과학적 주제로는 포괄할 수 없는 인간 특유의 정신적·주관적 요소들이 내장되어 있는데(김문조, 1999), 통계적 수치로써 인과관계를 규명하는 실증주의는 이러한 요소를 파악하는 데 한계가 있다. NGO학은 서구·남성·인간중심의 근대성과 표준방법론에 대해 문제를 제기하고, 민주주의·공동체·평등·연대·생태 등과 같은 가치를 중시한다. 따라서 NGO학은 주어진 틀 내에서 사회문제를 분석하는 기존의 주류방법론을 비판적으로 수용한다.

NGO는 의식을 가진 개인의 의도적인 행위결과이며 그 활동에서 행위자의 주관적 감정과 의도가 개입하기 때문에, 행위의 외양적 관찰이나 경험적 세계의 탐구만으로는 NGO를 둘러싼 현상을 파악하는 데 한계가 있다. NGO의 활동을 규명하기 위해서는 개인들이 상호작용하는 도덕적·윤리적 환경, 특정한 사회적 맥락, 행위가 이루어지는 작동기제, 나아가 행위의 기저에 있는 구조를 이해하여야 한다. 그리고 NGO를 둘러싸고 일어나는 활동의 과정과 행위자 간의 상호관계를 파악하여야 한다. 한편 NGO에 참여하는 개인은 옳은 것과 옳지 못한 것, 이기적인 것과 이타적인 것, 개인적인 것과 사회적인 것, 국지적인 것과 지구적인 것, 물질적인 것과 정신적인 것에 대한 도덕적 문제와 씨름하게 된다. 그래서 NGO활동에는 권력·문화·윤리 등이 전제되어있다. 더구나 사회적 실재는 사회적으로 구성된 의미의 복합체이므로 NGO의 활동은 거기에 참여한 행위자의 주관적 감정을 감정이입의 방식으로 해석하는 것이 중요하다. 따라서 NGO학에서는 실증적 연구방법 외에 다양한 반실증적 연구방법이 많이 사용되고 있다.

사회과학에서는 사회현상을 바라보는 인식론적·방법론적 범주가 너무나 다양하다. 따라서 기존의 주류 패러다임인 실증주의의 한계를 극복하기 위해 부정주의, 역사주의, 비판적 합리주의, 해석주의, 비판이론, 실재론, 구조화이론, 여성주의 등이 논의되어왔다(Blaikie, 2000: 27-146). 그리고 아직도 사회과학에서는 개별기술적(ideographic) 분석과 법칙정립적(nomothetic) 분석, 질적 방법과 양적 방법, 사회구조와 행위의 이분화 및 대립구도가 지배적이지만, 이것은 사회과학의 제도화 과정의 산물로서 이념적인 논쟁의 성격이 강하다. 실제로 양자는 상호 배타적이라기보다 보완적인 성격이 강하고, 실제연구에서도 양자를 종합적으로 사용한다. NGO

학에서도 NGO를 둘러싼 현상을 이해하고 제대로 설명하기 위해서는 양자를 병행하는 것이 바람직하다.

2. NGO학의 어프로치

NGO학은 통합적·비판적·실천적·변화지향적 학문으로서 방법론에 있어서 반실증주의적 연구방법을 더 강조하는 경향이 있지만, 기존 사회과학의 방법론에서 크게 벗어나지는 않는다. 그러나 NGO학은 연구를 진행하는 데 있어서 기존 사회과학과는 다른 독특한 어프로치(approach)를 강조한다. 이를 아래와 같이 일곱 가지로 정리할 수 있다.

첫째, NGO학은 통합적인 시각을 가진다. 인류가 직면하고 있는 문제를 인식하고 이를 해결하기 위한 대안적인 삶을 모색하는 것은 단선적인 접근으로는 불가능하다. 인간적인 삶의 구축과 밑으로부터의 변화를 가능케 하기 위해서는 우리가 직면한 삶의 환경과 구조를 통합적으로 바라보아야 한다. 민주주의, 경제정의, 과학기술, 환경, 평등, 생활윤리, 평화, 인권, 빈곤구제 등은 결코 분리되어있는 것이 아니다. 이러한 문제는 국가와 시장의 이념, 국민국가와 관료제의 한계, 자유주의 발전관과 소비성향, 촉발자와 희생자 간의 불일치 등을 이해하고 자율과 참여와 연대, 권리와 의무의 병행, 다원적 공동체 형성 등을 통해 해결하여야 한다. 이를 위해 사회과학 내뿐만 아니라 인문학이나 자연과학과의 제휴를 모색하고 연구자가 종합적인 지적 능력을 배양하여야 한다. 타 학문과의 제휴가 긴밀하게 이루어질 때 인간이 구성하는 사회의 복합적 성격을 규명하고 처방할 수 있기 때문이다. 연구기법 또한 단편적 기술보다는 여러 기술의 조합에 의해 지탱되는 형식을 취하는 것이 복잡한 사실을 규명하고 과학성을 높이는 데 유리하다.

둘째, NGO학은 변화를 포착하고 지향하는 접근방법을 사용한다. 사회는 변하지 않는 물리적 현실이 아니다. 연구대상은 정적이고 동질적인 것이 아니라 끊임없이 변화하고 갈등하는 역사적 실체이다. 따라서 행위자에 의해서 구성되고 역동적으로 변화하는 사회적 과정의 다양한 측면을 종합적으로 고찰할 수 있어야 한다. 그리고 변화에 대한 적응만이 아니라 변화를 만들어가야 한다. NGO학은 인간을 둘러싼 물리적 환경과 사회적 조건을 객관적으로 분석하는 데 그치지 않고 그것을 변혁해가는 것에 관심을 갖는다. 이를 위해서는 학문의 성찰성을 강조하여 인간을 자신의 삶과 관련된 구조를 능동적으로 재생산하는 행위자로 간주하는 것이 필요하다.

그리고 변혁가능성을 막는 기존제도와 결정론적 사고에 대한 부정·회의·비판·저항을 탐색할 필요가 있다. 그러므로 자명한 과학적 사실을 의심하고 기존 이론의 정당성에 대한 근본적인 물음을 제기해야 한다. 이때 연구자를 연구대상과 구분하지 않고 인식과 행동의 변증법에서 바라보는 것이 중요하다.

셋째, NGO학은 아래로부터의 관점을 가진다. 근대 사회과학은 성·지역·문화 등의 차별화와 서열화를 통해 객관적이고 과학적인 지식을 획득하고, 이를 서구사회의 지배와 정당성의 도구로 삼았다. 서구사회에서 일반화된 정식은 비서구사회에 그대로 적용되었고, 서구화가 곧 정통이고 진보이며 나아가 인간해방과도 동일시되었다. 한 국가 내에서는 헤게모니를 장악한 지배집단의 이해를 보장하는 이데올로기가 옹호되었다. 그러나 평등의 가치를 내세우며 주변화되고 억압되었던 타자의 저항은 다양한 형태로 나타나고 있다. NGO학은 역사 속에 유일한 진리가 존재한다는 근대적 믿음과 결별하고, 지배계급의 억압과 여기에 대항하는 투쟁과정을 연구한다. 그리고 근대성에 의해 소외된 개인과 지역의 다원성을 되살리고 그들에게 동등한 지위를 부여한다. 소외된 자의 시각에서 그들의 열망에 귀를 기울이고 그들의 삶을 개선하여 잠재력을 계발하는 것이야말로 진정한 발전이 될 수 있다. 사회적 약자의 권리와 관련된 삶의 영역을 복원하지 않고서는 진정한 평등을 이룰 수 없기 때문이다. 가장 대표적인 것이 여성권리와 여성주의적 가치를 새롭게 인식하고 적극 활용하는 것이다.

넷째, NGO학은 국가와 시장중심적 접근방법에서 벗어난다. 사회과학은 근대국가 성립 이후에 발달하면서 국가중심적이었다. 발전은 국가의 발전을 의미했고, 진보의 조달자는 바로 국가였다. 이것은 법칙정립적 정치학·경제학·사회학에서 모두 그랬고, 서구사회의 영향을 받은 비서구사회에서도 마찬가지였다(Wallerstein, et al., 1996). 그러나 국가는 행복을 보장하지도 않았고 실질적인 향상을 가져오는 개혁을 완수하지도 못하였다. 21세기의 사람들이 20세기 사람보다, 20세기의 사람들이 19세기 사람보다 행복하다고 장담하기 어렵다. 시장도 이윤추구 속성을 강조하면서 환경을 파괴하고 인간성을 고갈시켰다. 사회분석을 위한 지리적 단위로서 국가를 거부할 수는 없지만 국가와 시장중심적 틀에서 벗어나 중간조직 중심의 어프로치가 필요하다. 오늘날 사적 영역과 공적 영역 간에는 상호 이입이 빈번해지고 있다. 더구나 정보기술의 발달에 의해 네트워크 사회(network society)가 등장하고(Castells, 2003a), 생태학적 우주관의 등장으로 상호연결 시스템이 중시되고 있다(Marshall, 2001). 이것을 포착하기 위해서는 국가와 개인 사이에 놓여 있는 시민사회, 시민사회 내의 각종 결사체 간의 상호작용, 그리고 각종 결사체가 국가·시장·개인에 미치는 영향을 연구하는 것이 필요하다.

다섯째, NGO학은 생태적 가치를 내포하는 연구방법을 지향한다. 인간과 자연을 분리하여 인간을 최고의 존재로 규정하고, 이를 바탕으로 모든 것을 규정하는 것은 근대적 인식틀의 특징이다. 근대문명은 생산력의 증진을 위해 생산수단과 생산기술의 발전에 관심을 두지 않을 수 없었다. 이것은 인간중심의 도구합리성에 기초하였기 때문에 자연의 지배를 정당화하고 환경의 황폐화를 초래하였다. 이런 측면에서 서양중심 사고에 기초한 휴머니즘도 한계를 갖지 않을 수 없었다. 인간과 자연과의 공생의 논리에 근거한 생명윤리야말로 진정한 휴머니즘이 될 수 있기 때문이다. NGO학은 환경주의와 생태학에 대한 관심을 가지고 지속가능한 발전(sustainable development)을 추구한다. 따라서 자연과 인간 간에 상생의 윤리를 가정하고 미래세대의 삶과 권리를 존중하는 접근방법을 지향한다.

여섯째, NGO학은 상호주관성(intersubjectivity)에 입각한 연구방법을 중시한다. 근대 사회과학은 주체와 객체의 분리와 관찰자의 중립성 논리에 의거하여 객관적 지식의 조건을 규정하고, 여기서 획득한 지식으로 객체를 조작하고 지배하였다. 객관적이고 과학적인 지식은 인간 이성에 대한 맹신에 따라 사회현상을 조정할 수 있다는 신념에 기초한 것이다. 이것은 가치중립적이고 현상유지적이며 단순화된 지식이다. 따지고 보면 가치중립 그 자체가 가치지향적인 것으로 서구의 지배이데올로기이기도 하다. 사회현상이나 사회적 실재는 자연현상처럼 인간과 동떨어진 객체로 존재하는 것이 아니다. 그 속에 참여하는 인간의 의식·언어·개념으로 구성되고 그들의 상호주관적 경험으로 인지된다. NGO학은 보수적이고 편견적인 구조를 넘는 개혁지향적 학문으로서 직접 사회현실에 참여하여 관찰하는 것을 중시한다. 이 과정에서 참여자는 감정이입을 통하여 자신의 감성·의도·직관을 개방하고 상호 토론을 통해 복잡한 현실의 의미를 발견할 수 있다(장미경, 2001). 그래서 개방된 형태의 토론과 상호 교류는 매우 유용하다. 예를 들어, NGO 연구자와 활동가 사이의 대면과 토론은 양자 간의 간극을 좁힐 뿐만 아니라, 행위자의 자기분석과 의미발견에도 유용하다.

일곱째, NGO학은 연구에서 역사성을 복원하여 개별사회를 심층적으로 분석하고 제한된 일반화(bounded universalism)를 추구한다. NGO의 이념·구조·활동양식은 각 국가의 사회구조와 사회변동을 반영하고 있다. 즉 정치활동과 관련된 역사적인 산물로서 시공간적 구속성을 지닌다. 따라서 선진국 중심의 보편적 이론을 추구하는 것은 또 다른 종속기획을 만들고 이론이 현실을 견인하는 모순을 낳는다. 각 국가는 각각 다른 개념틀과 문제해결방식을 가지고 있다. 한국의 NGO학은 한국사회의 독특한 주제에 대해 한국역사에 기초하여 심층적이고 현실적인 분석이 이루어져야 한다. 물론 국지적인 민족주의를 지향하자는 것은 아니다. 이런 점에

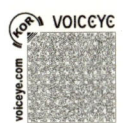

서 유사한 정치체계나 문화권 내에서 보편적인 이론을 개발하는 중범위이론(theory of middle range)이 대안적인 접근이 될 수 있다. 이러한 연구에 기초하여 사례연구와 비교연구를 통해 한국사회 혹은, 아시아적 보편성과 특수성을 발견하고 다른 국가나 문화와 비교하는 것이 필요하다. 이를 위해서는 선진국의 이론을 한국에 적용하는 시도를 넘어 한국적 상황이나 아시아적 문화를 이해할 수 있는 분석틀—비록 그것이 투박할지라도—을 끊임없이 개발하여야 할 것이다.

제5절 NGO학의 교과과정

NGO학의 교과과정은 국가와 시대의 학문적 특성에 따라 달라진다. 그리고 아직 학문이 정립되고 있는 초기단계에서 학과가 어디에 소속되고 있느냐에 따라서 교과과정의 성격과 내용이 달라지지 않을 수 없다. NGO학과는 공공정책, 시민운동, 사회복지, 국제관계, 기업경영 등 기존의 학과나 연구영역과 결합하여 설치되고 있다. 여기서는 국내의 경우 성공회대학교 NGO대학원, 경희대학교 NGO대학원, 한일장신대학교 NGO정책대학원을 살펴보고, 외국의 경우로는 영국 런던정경대학(LSE) 사회정책학과의 NGO관리 석사과정(MSC Management of Nongovernmental Organizations)과 미국 인디애나대학(Indiana University Bloomington) 행정환경대학원의 NPO관리전공(Nonprofit Management)을 살펴보기로 한다.[19)20)] 국내 3개 대학의 NGO학 교과과정은 〈표 2-3〉과 같고, 외국 2개 대학의 NGO학 교과과정은 〈표 2-4〉와 같다.

NGO학의 교과과정은 국내대학의 경우 NGO, 시민사회, 시민운동에 대한 이해 위에 정책이론, 조직행위 및 관리, 거버넌스, 자원봉사활동, 지구화와 국제기구, 지역개발 및 국제원조 등

---

19) 미국에는 주로 행정대학원이나 정책대학원 내에 NPO전공이나 학위가 개설되어 있는데, 현재로서는 NGO대학원이나 전문과정은 발견하지 못하였다.
20) 1996년 미국 비영리관리 교육세미나에서 발표된 위쉬(Naomi Wish)와 미라벨라(Roseanne Mirabella)의 논문에 의하면, 미국에서 대학원과정 102개 대학, 학부 46개 대학에서 비영리관리에 대한 과정이 개설되어있다고 한다(Van Til, 2000: 106). 미국에서 NPO관련 학과나 과정이 있는 유명한 대학원은 Harvard University, Indiana University Bloomington, University of Minnesota—Twin Cities, NYU, Johns Hopkins University, Seton Hall University, New School University, University of Washington, University of Pittsburgh, Syracuse University 등을 들 수 있다(김준기·신정헌, 2002).

⟨표 2-3⟩ 국내대학의 NGO학 교과과정

구분	공통필수과목	전공필수 및 선택과목
성공회대	시민운동과 사회이론, 세계와 NGO, 연구논문 I·II	시민사회운동의 이론과 실제, 지역사회와 주민운동, 한국사회운동, 도시문제와 도시사회운동, 시민사회와 생태주의, 정보화사회와 NGO, 국제NGO연구, 국제기구와 NGO, 아시아의 빈곤과 NGO, NGO와 정부, NGO정책과정론, 비교사회정책, NGO와 사회복지, 시민사회 리더십, 현대자본주의론, 인터넷과 사회운동, 자원봉사의 이론과 실제, NGO/NPO경영론, NGO실무론, 법과 사회운동, 환경과 정책, 인권과 사회, 평화이론과 실제, 현대 페미니즘, 자본주의와 노동과정, 현대비판사회이론, 공동체와 협동조합, 해외NGO연수
경희대	인류사회와 현대문명, 시민사회와 NGO, 사회과학방법론	국가와 시민사회, 현대성과 자아정체성, 사회정의론, 역사와 개혁, NGO와 글로벌 거버넌스, 국제체제와 세계시민사회, 인간과 시장의 미래, NGO와 UN, 집단행동과 공공선, NGO와 정부관계론, NGO경영론, NGO와 기업관계, 사회운동론, 한국시민사회론, 자유주의와 공동체, 사회운동과 대안공동체, 국제제도와 기구, 세계화의 정치경제, NGO와 미래공동체, 환경과 NGO, 인권과 NGO, 지역사회와 NGO, 정책분석과 평가, 중재와 협상, 사회캠페인과 토론, NGO와 인터넷, 비영리마케팅, 국제평화와 NGO, 자원봉사관리
한일장신대	NGO와 사회복지, 시민사회와 NGO, 연구방법론	복지국가론, 거버넌스 세미나, NGO의 조직관리, NGO와 시민운동, 자원봉사관리론, 세계화와 NGO, 개발NGO 활동, NGO와 국제기구, 한국사회와 NGO, NGO와 지역사회, NGO 복지 현장실습, 기독교 사회복지와 NGO, 아시아 공동체와 NGO, 대안사회론

⟨표 2-4⟩ 외국대학의 NGO학 교과과정

구분	공통필수과목	핵심 및 선택과목
런던정경대학 (영국)	NGO관리와 정책 및 행정	개발도상국의 사회정책과 기획 및 참여, 자원섹터 정책과 행정, 조직이론과 행위, 빈곤문제, 국제적 주택정책과 사회변화, 도시화와 사회기획, 농촌개발과 사회기획, 사회정책과 행정
인디애나대학 (미국)	비영리섹터 입문, 비영리 조직관리	시민사회와 박애주의, 박애주의의 윤리와 가치, NPO 기금개발, NPO 인적자원관리, NPO 재정관리, NPO 공공관계(PR), 정책평가

에 대한 교육이 이루어지고 있다. 외국대학은 NGO 조직관리, 사회정책, 사회기획, 재정과 사무관리 등과 관련하여 교육이 진행되고 있다. 한국의 이화여자대학교 학부과정에 연계전공으로 설치되어있는 NGO학과의 경우는 NGO의 이해, NGO 조직관리, 국제사회와 NGO, NGO와 법,

NGO 인턴십, 사회봉사, 리더십훈련 등이 개설되어있다.

NGO학의 교과과정은 최소한 NGO학 원론(국가론, 시장경제, 민주주의, 시민사회 등 포함)과 NGO학 연구방법론을 필수과정으로 하고, 전공과목이나 선택과목에 제3섹터론, NGO 조직관리(리더십/재정 포함), 시민운동론, NGO와 정책(거버넌스 포함), 아시아의 번영과 NGO, 지구화와 NGO의 국제활동(사회개발/세계평화/글로벌 시민사회 포함), 자원봉사활동 이론, 지방자치와 NGO, 사회복지와 NGO, 도시화와 도시운동, 대안문명 등이 기본적으로 포함되어야 할 것 같다. 시민운동은 환경운동·여성운동·소비자운동·평화운동·인권운동·노동운동 등으로 나눌 수 있겠다.

제II부
NGO의 이론과 토대

제3장 시민사회론
제4장 NGO의 개념틀
제5장 NGO의 발생과 역할
제6장 NGO의 자원형성
제7장 NGO의 조직관리

제**3**장
시민사회론

제1절 제3섹터 모델

1. 사회구분 모델

사회(society)라는 개념은 일종의 근대적 산물이다. 중세 봉건사회에서 개인은 소규모의 영역에서 계약이나 토지에 구속되어 공동체적 생활을 영위하였다. 그러나 근대국민국가가 형성되면서 지방적인 전통이 해체되고 보편적인 법제도와 전국적인 정치체제가 형성되었고, 근대자본주의가 발달하면서 개인은 사적 소유에 대한 자의식을 갖게 되고 개인 간의 교류가 활발해졌다. 따라서 공동체(community)라는 개념 대신에 국가와 개인 사이 인간활동의 다양한 측면을 표현하기 위해 사회라는 개념을 사용하였다. 즉 사회는 주로 공적인 영역을 대표하는 국가에 상대되는 개념으로 사용되었다. 물론 이것은 협의의 사회 개념이다. 광의의 사회는 근대 이후 민족국가를 경계로 하여 내적인 통일성을 가진 사회적 관계의 총체를 말한다. 여기에는 정부, 의회, 법원, 기업, 비영리단체, 정당, 노동조합, 미디어 등 다양한 단체가 있다. 이러한 사회를 구분하는 기준은 다양하다. 섹터(sector)라는 개념은 각 영역 간의 동태적 관계를 포착하는 데는 한계가 있지만, 각 영역의 범주를 가시적으로 보여주는 유용성이 있다.

사회를 구분하는 모델은 여러 가지가 있는데, 전통적으로 사회는 공적 영역과 사적 영역, 즉 국가와 시장 혹은 시민사회로 2분되었다.[1] 행정학은 정부가 주요한 행위자인 공적 영역을 다루면서 정부 외의 영역을 사적 영역으로 보았다. 이때 사적 영역의 대표적인 행위자는 기업이

<표 3-1> 수마리왈라의 2섹터 모델

공공섹터	민간섹터	
	영리섹터	비영리섹터
		공익단체 / 집단이익추구단체

자료출처: Sumariwalla(1983)

<표 3-2> 갬웰의 2섹터 모델

정부조직	비정부조직	
	사적특성	공적특성
		배타적 / 비배타적 (정치적 / 비정치적)

자료출처: Gamwell(1984: 149)

었다. 국가와 시장의 구분은 전통적인 경제학이나 경영학의 구분방법으로서 시장의 생산과 교환관계, 그리고 기업의 경영이 이들 학문의 주요 연구대상이었다. 국가와 시민사회의 구분법은 전통적인 사회학에서 통용되어왔다. 전통적인 마르크스주의자나 자유주의자는 사회를 국가와 시민사회로 구분하였다. 일찍이 마르크스와 헤겔은 국가에 상대되는 영역으로서 (시민)사회를 설정하였고, 로크를 비롯한 근대 자유주의 사상가들도 국가의 권력억제를 위한 자율영역으로서 시민사회를 상정하였다.

수마리왈라(Russy Sumariwalla)는 <표 3-1>과 같이, 사회를 크게 공공섹터와 민간섹터로 나누고 민간섹터를 다시 영리섹터와 비영리섹터로 나눈다. 비영리섹터는 공익을 추구하는 단체와 회원의 집단이익을 추구하는 단체로 나누었다(Sumariwalla, 1983). 갬웰(Franklin Gamwell)은 <표 3-2>와 같이, 사회를 정부조직과 비정부조직 두 섹터로 나누고, 비정부조직을 다시 사적 관계가 있는 조직과 공적 관계가 있는 조직으로 나눈다. 공적 특성이 있는 조직은 다시 배타적인 조직과 비배타적인 조직으로 나누고, 비배타적인 조직은 정치적 조직과 비정치적인 조직으로 나누었다(Gamwell, 1984: 144-50).

3섹터 모델은 전통적인 2섹터 모델에서 제3의 섹터인 시민사회 혹은 비영리섹터의 규모가 커지고 그 역할이 중요해짐에 따라 등장하였다. 국가의 권력이나 시장의 화폐가 아닌, 의미와 상징 그리고 공개적인 의사소통이 이루어지는 제3의 영역이 민주주의의 발전과 함께 중요하게 취급되었던 것이다. 제3섹터는 다원적 가치, 공론장, 시민참여, 사회자본, 자원활동, 공동체, 사

---

1) 모델(model)은 복잡한 현실을 단순화시킨 것으로 중요한 요소 간의 관계를 하나의 진술, 그림, 도표, 방정식, 기타 다른 추상으로 나타낸 것이다. 따라서 한눈에 알기 어렵게 복잡하면 모델의 유용성을 갖기 어렵다.

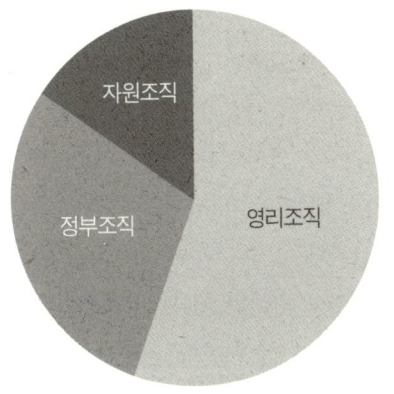

〈그림 3-1〉 크래머의 3섹터 모델

자료출처: Kramer(1981: 273)

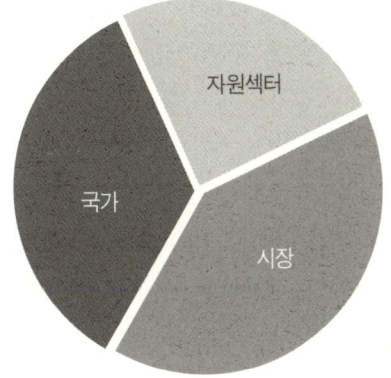

〈그림 3-2〉 우스노우의 3섹터 모델

자료출처: Wuthnow(1991)

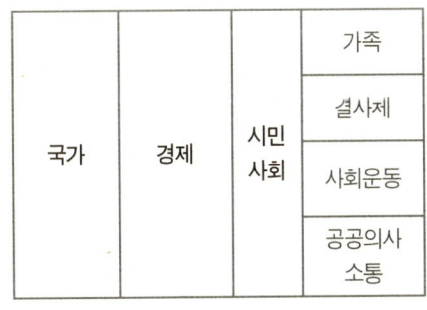

〈표 3-3〉 코헨/아라토의 3섹터 모델

자료출처: Cohen & Arato(1992: ix)

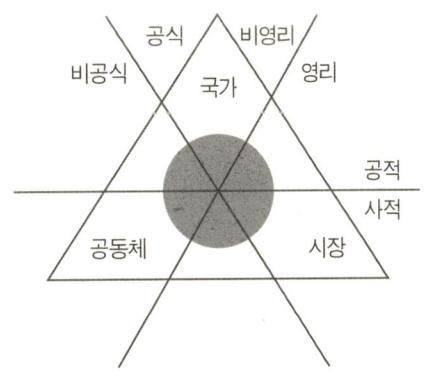

〈그림 3-3〉 페스토프의 3섹터 모델

자료출처: Pestoff(1991)

회적 경제(social economy) 등이 강조되는 영역으로서, 기존의 국가와 시장영역과는 다른 가치를 가지고 있다.

3섹터 모델은 국가와 시장 외에 제3의 섹터를 설정하고 이를 시민사회, 비영리섹터, 자원섹터 등 다양하게 부른다. 먼저 크래머(Ralph Kramer)는 〈그림 3-1〉과 같이 사회를 크게 정부조직, 영리조직, 자원조직으로 나눈다(Kramer, 1981: 270-92). 우스노우(Robert Wuthnow)는 〈그림 3-2〉와 같이 사회를 각 섹터의 가치, 목표, 수단에 따라 크게 국가, 시장, 자원섹터로 구분한다. 그는 미국의 경우 국가, 시장, 자원섹터의 비율을 35대 40대 25로 하였다(Wuthnow, 1991). 코헨(Jean Cohen)과 아라토(Andrew Arato)도 〈표 3-3〉과 같이, 사회를 크게 국가, 경제, 시민사회로 구분한다. 시민사회는 가족, 자발적 결사체, 사회운동, 공공의사소통 형태로 구성되어 있다고 보았다(Cohen and Arato, 1992: ix-x). 한편, 페스토프(Victor Pestoff)는 섹터 간의 상호작용에 초점을 두고 공식-비공식, 영리-비영리, 공적-사적 특성의 기준에 따라 사회를 국가, 시장, 공동체로 구분하였다. 그는 제3섹터를 공동체와 등치시키지 않고 국가, 시장, 공동체의 교차영역으로 보았다. 그에 의하면, 〈그림 3-3〉에서 중간의 원모양이 제3섹터에 해당한다(Pestoff, 1991).

4섹터 모델은 국가, 시장, 시민사회 혹은 자원섹터 외에 개인이나 가계(household)를 하나의 섹터로 간주한다. 반틸(Jon Van Til)은 〈표 3-4〉와 같이, 사회를 크게 정부, 기업, 제3섹터, 비공식섹터로 구분하였다. 제3섹터는 기업으로부터 기부를 받고, 정부지원을 받아 공공서비스를 제공하며, 비공식섹터로부터 자원봉사 원조를 받는다(Van Til, 2000: 21). 바우어(Rudolph Bauer)는 〈그림 3-4〉와 같이, 제3섹터를 정부, 기업, 공동체(개인생활 또는 비공식적 네트워크)의 특징을 일정부분 공유하는 다양한 영역으로 본다. 그는 제3섹터에 있는 조직 중에서 협동조합과 자치경제단체(communal economic corporation)는 기업에 가깝고, 공익조직·연맹조직

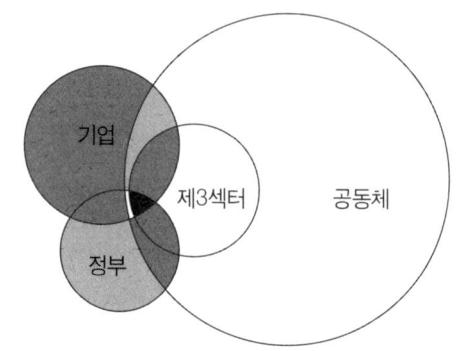

〈표 3-4〉 반틸의 4섹터 모델

정부	기업
제3섹터	비공식섹터

자료출처: Van Til(2000: 21)

〈그림 3-4〉 바우어의 4섹터 모델

자료출처: Bauer(1998)

(federation)·협회는 정부에 가까우며, 클럽·자조그룹(self-help group) 및 작은 협동조합은 비공식 네트워크에 가깝다고 보았다(Bauer, 1998).

2. 3섹터 모델의 제안

2섹터 모델은 마르크스주의자처럼 자본주의사회의 다층적인 특징을 국가와 경제로 이원화하거나, 일련의 사회학자처럼 국가 외의 영역을 시민사회로 일원화한다. 그러나 시민사회는 국가뿐만 아니라 경제로 환원하기 어려운, 다양하고 복합적인 사회적 관계로 구성되어있다. 특히 신자유주의 이데올로기하에서 시민사회의 자율성은 경제적 자율성으로 치환되는 것이 아니라, 오히려 그것의 상대적인 위치에 있다고 볼 수 있다. 또한 오늘날 화폐를 매개로 하는 경제가 인간생활에 가하는 무수한 폐해에 대한 변혁과제를 상기하기 위해서도 경제와 시민사회를 분리하여 시민사회의 독자영역을 설정하는 것이 바람직하다. 4섹터 모델은 3섹터 모델에서 제시하는 국가, 시장(경제), 시민사회(제3섹터, 비영리섹터) 외에 개인, 가족, 공동체, 비공식 네트워크 등을 하나의 섹터로 간주하고 있다. 그러나 개인이나 가족은 사적인 수준의 인간관계나 가족생활이 이루어지는 곳으로 익명성과 폐쇄성을 특징으로 한다. 특히 가족은 귀속적인 특징을 가지고 종(種)의 재생산을 담당하는 영역으로서 공공성과는 거리가 있다. 개인과 가족은 하나의 섹터라기보다는 모든 섹터의 기초를 형성하는 사회적 토대라고 볼 수 있다.

여기서는 사회를 각 섹터의 주요 가치와 이념, 목표와 기능, 그리고 제공하는 서비스와 활동유형 등 다양한 요소를 고려하여 〈그림 3-5〉와 같이 국가, 시장(경제), 시민사회 또는 비영리섹터로 구분한다.[2] 물론 비영리섹터 대신에 제3섹터 개념을 고집하는 학자도 있다.[3] 그리고 국가와 시민사회를 매개하는 영역으로서 정치사회를 강조하는 학자도 있다.[4] 파이모양은 각 영

---

[2] 시장과 경제가 동일한 의미는 아니다. 경제를 상품을 교환하는 시장 외에 생산과 계급관계를 포함하는 개념으로 넓게 보는 사람도 있지만(유팔무, 2004: 37-38), 여기서는 시장을 생산과 유통을 포함하는 넓은 의미로 본다.
[3] 기드론(Benjamin Gidron)과 그의 동료들은 국가와 시장 사이에 다양한 결사체의 영역을 지칭하는 개념으로서 비영리섹터보다는 제3섹터가 더 유용하다고 주장한다. 비영리라고 하지만 실제로 기업과 같이 영리활동을 하고, 영리라는 개념이 국가마다 다양하기 때문이다. 미국에서 비영리섹터는 제3섹터 외에 자원섹터, 독립섹터 등으로 불리기도 한다(Gidron, et al., 1992: 3-4).
[4] 한국에서 사회를 국가, 정치사회, 시민사회로 삼분할 것을 주장하는 대표적인 학자로서 최장집, 임영일, 손호철 등을 들 수 있다. 이것은 국가를 좁은 의미의 국가와 정치사회로 나누는 것이다. 정치사회의 조직은 정당이 대표적이

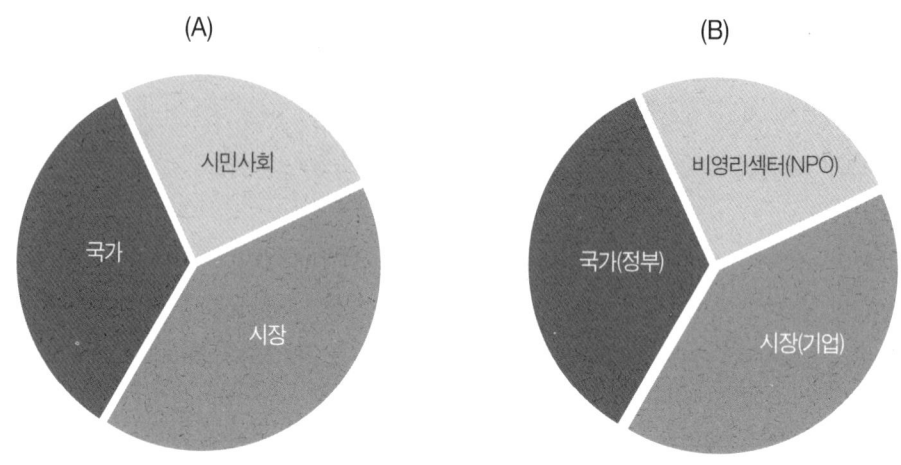

<그림 3-5> 제3섹터 모델

역의 상대적인 크기와 한 섹터의 확대에 따른 다른 섹터의 축소를 유연하게 표현해준다. 국가의 대표적인 조직은 정부이고, 시장의 대표적인 조직은 기업이며, 시민사회 혹은 비영리섹터에 있는 조직의 총칭은 비영리단체(NPO: nonprofit organization)이다. 섹터 간의 이중선은 경계가 애매모호하거나 양쪽의 성격을 가진 중간적인 단체가 있다는 것을 말해준다. 예를 들어, 각종 공기업은 국가와 시장 사이, 언론기관·노동조합·협동조합은 시장과 시민사회 사이, 정당과 국공립학교는 국가와 시민사회 중간에 위치한다고 볼 수 있다.[5] 국가, 시장, 시민사회 혹은 비영리섹터 등 각 섹터 크기는 35대 45대 20으로 하였다. 이것은 한국의 섹터 간 크기와 중요성을 고려한 것이다.

<그림 3-5>에서 국가와 시장을 제외한 제3의 섹터를 A에서는 시민사회로, B에서는 비영리섹터라는 개념을 사용하였다. 양자는 접근방식(approach)이 다르고 사용하는 의미도 차이가 있다. 비영리섹터는 정부와의 관계 속에서 공공서비스를 생산하거나 집단구성원이 자발적으로 공동이익을 추구하는 비영리단체의 결합이다. 그리고 자원활동이 활발하게 일어나는 공동체적

다. 그러나 섹터구분에서 본다면 정치사회는 별개의 제도적 기구라기보다는 국가와 시민사회의 상호작용 과정(김성국, 2001), 혹은 국가와 시민사회를 매개하는 장(Cohen and Arato, 1992: x)이라고 보는 것이 바람직하다.
5) 협동조합도 다양한 유형이 있는데, 상대적으로 생산자협동조합은 시장에 가깝고, 생활협동조합은 시민사회에 가깝다고 할 수 있다.

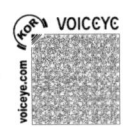

공간의 성격이 강하다. 반면에 시민사회는 국가권력의 견제, 공론장의 형성, 개인의 권리·의무 관계, 각종 집단 간의 갈등, 공공업무에 대한 시민참여와 같은 의미를 강하게 내포하고 있다. 이 책에서는 시민사회라는 개념을 주로 사용하면서 비영리섹터를 병행해서 사용하기로 한다.

제2절 시민사회의 의미

1. 시민의 정의

시민사회라고 하면 시민사회를 구성하고 대표하는 표상으로서 시민이 존재하게 마련이다. 시민이라는 개념은 역사적으로 고대사회부터 존재해왔고, 현대사회에서도 빈번하게 사용되고 있다. 고대사회부터 오늘날에 이르기까지 시민은 범위·역할·권리 등에서 많은 변화를 겪어왔다.

아리스토텔레스의 〈정치학〉에서 볼 수 있듯이, 고대사회의 시민은 사적인 경제적 이해관계를 떠나 폴리스(polis)에 참여하여 정치를 행하는 특수계층이었다. 따라서 독립성과 자립성을 갖지 못하고 생계를 타인에게 의존해야 하는 직인(職人)·여성·노예·외국인 등은 제외되었다. 여기서 시민은 공적 업무를 수행할 수 있는 일정한 자격과 능력을 갖춘 사람을 의미하였다. 따라서 누리는 권리보다 공동체의 발전을 위해 부담하는 책임을 강조하였고, 시민은 그러한 책임을 하나의 특권으로서 기꺼이 수용하였다. 이후 시민이라는 개념은 잠복상태에 있다가 중세 말 계몽주의와 함께 재등장한다. 중세사회는 토지를 매개로 봉건영주와 농노 간의 신분적 예속관계로 이루어진 봉건사회였다. 그러나 12~13세기를 전후하여 봉건영주로부터 자치권을 획득하여 길드조직이 중핵을 이루는 자유도시가 발달하고 수공업이 성장하게 되면서, 봉건적 신민과는 다른 계층이 등장하였다. 지역마다 차이가 있지만, 14~15세기가 되면 중세시민은 화폐경제의 발달로 경제적 힘을 축적함에 따라 주체의식을 가지고 봉건적 질서와 신분적 차별에 저항하기 시작하였다. 따라서 중세의 시민은 도시에 거주하는 상공업자로서 봉건영주로부터 해방되어 자유를 누리는 사람을 가리켰다. "도시의 공기는 자유롭다"는 말은 바로 중세 말기 시민의 자유를 표현한 것이다.

도시의 상공업자는 절대군주와 결합하여 봉건적 특권계급으로부터 해방되었지만, 또다시 절대군주의 정치억압에 시달리게 된다. 그러나 여기서 중요한 것은 오히려 정치적 자유보다 경제적 안전이었다. 따라서 근대사회에서는 고대사회의 정치와 경제의 위치가 역전되고, 개인의 생명과 사유재산을 보호하는 것이 급선무가 되었다(함재봉, 1995). 이때 주축이 되는 시민은 주로 상업자본가와 산업자본가인 부르주아였다. 이들은 시민혁명의 주체로서 절대체제를 해체시키고 대의제 민주주의의 성립에 결정적인 역할을 하였다. 이후 시민은 프랑스혁명의 권리선언에 나타나는 바와 같이, 정치공동체 내에서 법적으로 자유롭고 평등한 권리를 가진 국가구성원을 의미하는 것으로 확대된다. 물론 프랑스혁명 직후에도 공직에 참여할 수 있는 시민은 실질적으로 소수였다. 오늘날 시민은 정치공동체에서 정치적 주권을 가지고 각종 권리와 의무를 행하는 모든 법적 구성원을 포함하는 것으로, 인민이나 국민과 같은 의미라고 할 수 있다.

그렇다고 형식적 의미의 시민이 실질적 의미의 시민과 일치하는 것은 아니다. 시민사회의 주체인 시민은 경험적 성격과 규범적 성격, 자유주의적 전통과 공화주의적 전통을 동시에 지니고 있다. 따라서 시민은 억압적인 국가권력으로부터 인간의 본래적 가치인 자유와 평등, 인권과 정의를 수호한다. 이러한 시민적 역할은 신자유주의 이데올로기 하에서 시장주의가 확장됨에 따라 자본의 횡포에 대항하여 경제적 약자의 생존을 보호하는 것도 포함한다. 따라서 시민은 단순히 개인의 사적 이익추구에만 집착하는 공리적 인간이 아니라, 민주주의의 작동원리에 대한 이해와 공공의 발전에 대한 책임감을 가지고 공동체의 발전을 위해 능동적으로 참여하는 개인이다. 즉 공중(公衆)적 자질과 개혁적인 사고를 가지고 실천적인 행동을 하는 민주시민이라고 할 수 있다. 시민사회를 형성하고 발전시키기 위해서는 공공적 가치를 추구하고 시민사회적 가치를 적극적으로 보존해가는 '깨어있는 시민'이 필요하다.

2. 시민사회의 차원

현대사회에서 시민사회라고 할 때, 그것은 기본적으로 국가로부터 분리된 자율적 영역을 말한다. 그러나 시민사회는 다층적으로 구성되어있고 중층적인 정체성을 가지고 있다. 시민사회는 사실범주인가 하면 규범범주이기도 하고, 행위자의 의미를 지니는가 하면 영역적 의미를 지니기도 한다. 그리고 국가에 대한 대항세력인가 하면, 국가와 일정한 협력을 하기도 한다. 또한 시민사회가 공적인가, 사적인가에 대한 논쟁도 오랜 역사를 가지고 있다. 시민사회의 계급성에 대한 논의 또한 간단하지 않다. 여기서는 시민사회를 정의하기에 앞서 그 차원에 대해 다섯 가지로 나눠 살펴보기로 한다.

1) 경험적 개념인가, 규범적 개념인가

시민사회란 개인과 국가 사이에 다양한 자발적 결사체가 생성되고 활발한 공론이 존재하는 것을 전제한다. 자유주의와 다원주의의 원칙에 따라 각종 단체는 일정한 목적을 가지고 결성되어 자기선호에 맞는 목적을 추구한다. 국가권력의 감시나 사회적 약자의 이익에 민감한 단체가 있는가 하면, 공공의 이익과는 관계없이 회원의 결속과 집단이익을 추구하는 단체도 있다. 이로 인해 각종 단체 간에 협력과 연대뿐만 아니라 갈등과 타협이 일어나는 역학관계를 형성하게 된다. 대결과 갈등은 좌우파 간의 이데올로기 관계에서만 나타나는 것이 아니라, 성·인종·지역·개발 등 다양한 가치를 사이에 두고 일어난다. 이러한 의미에서 시민사회는 경험적인 개념이라고 할 수 있다. 그러나 시민사회는 단지 현상을 유지하거나 단체 간의 권력적 측면만 내포하는 것이 아니다. 시민사회는 개념 자체에 민주주의의 성취와 인간다운 삶을 향한 이상을 함축하고 있다. 시민사회는 자발적인 시민참여를 통해 국가와 시장을 견제하고 민주주의와 평등사회를 위한 투쟁을 강조한다. 아울러 대의민주주의와 자본주의의 문제를 해결하는 대안적 체제를 모색하는 급진성을 가진다. 이러한 의미에서 시민사회는 규범적 성격을 강하게 내포하고 있다.

2) 행위자인가, 영역인가

시민사회를 행위자로 보는 것은 우선 시민사회가 국가와 대립관계에 있다는 가정에 기초한다. 시민사회를 행위자로 귀속하는 것은 남미와 아시아에서 볼 수 있는 바와 같이, 민주화에 대한 시민사회의 역할분석에서 자주 등장한다. 이때 시민사회는 시민적 결속과 운동을 통해 국가에 저항하는 집합적 행위자로 간주된다. 물론 여기서 행위자는 단일하고 동질적인 유기체는 아니다. 다양한 단체 간에 내부균열이 있고 상호 갈등하는 무질서를 인정한다. 시민사회가 사회변혁을 지향한다면 이것은 주도세력의 정체를 확인하는 것이 필요하기 때문에 행위자론은 논리적 타당성이 있다. 더구나 시민사회가 국가와 대결하여 시민권을 옹호하고 민주화를 성취하는 것은 매우 중요한 과업이기도 하다. 그러나 시민사회는 다양한 세력이 이합집산을 통해 타협하고 갈등하는 공간으로서, 국가의 대척점이라는 구도에 관계없이 다양한 헤게모니투쟁이 일어난다. 또한 사회의식과 이데올로기가 이루어지는 문화영역이며, 공동의 목적을 향한 상호 연대와 다층적 공론장이 발생한다. 이러한 측면에서 볼 때, 시민사회는 행위자이기보다 인간의 삶과 관련하여 다양한 공론과 활동이 일어나는 영역이라고 할 수 있다.

3) 국가에 적대적인가, 협력적인가

국가와 시민사회를 적대로 상정하는 것은 기본적으로 자유주의자의 시각이다. 자유주의자에게 국가의 억압과 시민사회의 자율은 이항대립관계로 설정된다. 자유주의자는 국가의 권력확장과 간섭을 배제하여 자유로운 상업활동과 자본축적을 중시하였다. 이를 위해 시민혁명의 주체인 부르주아는 절대체제의 억압과 간섭에 저항하였고, 국가권력의 확대와 자의적 행사를 경계하며 권력의 사회적 통제장치를 마련하였다. 실제로 근대초기에 국가권력을 견제하여 시민의 자유와 권리를 방어하는 자율적 공간을 확대하는 과정에서 시민사회가 발생하고 성장하였다(Bobbio, 1989; Keane, 1988). 이러한 자유주의자의 시각은 로크나 토크빌과 같은 계몽사상가의 주장에서 잘 나타난다. 그러나 시민사회는 근대국가의 발전과 함께 성장한 것으로 국가권력의 정당성의 원천이기도 하지만, 국가의 법적 장치에 의해 결사의 자유와 자율적 공론장이 보장될 때 발전할 수 있다. 과도한 주체성의 발현으로 인한 불안정한 시민사회의 민주화·결속·평등을 위해서도 국가의 법적 장치와 조정기능이 필요하다(Held, 1989: 322; Keane, 1988). 나아가 현대사회에서 공생산(coproduction)과 거버넌스(governance)가 늘어남에 따라 국가와 시민사회 간에 파트너십(partnership)이 활성화되고 있다. 하버마스의 주장처럼, 현대사회에서 국가의 사회화와 사회의 국가화의 변증법적 발전으로 양자 간의 절대적 구분이 무너지고 상호협력이 강화되고 있다(Habermas, 2001).

4) 사적 영역인가, 공적 영역인가

근대 자본주의와 함께 태동한 시민사회는 근대적 개인이 일정한 법적 장치 아래서 국가의 간섭없이 개인의 재산을 축적하는 장소였다. 이런 점에서 시민사회는 사적 영역의 성격이 강하였다. 현실적으로 시민사회에는 개인이 사적 이익을 추구할 뿐만 아니라, 집단이익을 추구하는 직능단체가 다양하게 분포되어있다. 심지어 범죄를 위한 마피아집단이나 인종차별을 목표로 하는 반동적인 단체도 있다. 그러나 시민사회는 비록 사적 개인으로 이루어졌지만 이기적인 욕구를 충족하는 것과 구별되는 공공성을 지닌다. 시민사회가 사적 연결망을 통해 개인의 이익을 추구하는 데 집착하고 국가와 시장에 포섭되어 사유화되면, 민주주의를 성취하고 국가와 시장을 개화시키는 과업은 수포로 돌아가고 만다. 시민사회는 국가와 자본에 대한 견제, 사회적 약자의 생존을 위한 자원활동, 사회적 규범과 가치의 형성 등과 같은 공공성을 강하게 띠고 있다. 바버(Benjamin Barber)는 시민사회를 공공선을 향한 자원영역으로 간주하였고(Barber, 1998: 44), 에벌리(Don Eberly)는 시민사회의 경제적 성격을 거부하고 시민적 공화주의와 연계시키며(Eberly, 1998), 쉴즈(Edward Shils)는 시민사회에서 시민성을 중시하였다(Shils, 1997). 이처럼 시민사회가 개인적 이익을 초월하여 공익을 추구하고 보편적 가치를 재생산하는 시민문화의 장임은 거부할 수 없는 사실이다.

5) 계급적인가, 탈계급적인가

마르크스는 시민사회가 착취와 지배에 기초한 자본주의 생산관계를 유지하는 부르주아사회라고 간주하면서 계급적 성격을 분명히 하였다.[6] 마르크스주의를 비판적으로 수용한 그람시(Antonio Gramsci)도 시민사회가 지배계급의 헤게모니 지배가 이루어지는 장이면서 지배계급과 노동자계급의 계급적 투쟁이 일어나는 영역으로 보았다. 이렇게 본다면 시민사회는 계급적 지배가 이루어지고 지배·피지배계급 간의 계급투쟁이 일어나는 장이라고 볼 수 있다. 그러나 자유주의자뿐만 아니라 포스트마르크스주의자까지도 시민사회의 탈계급적 성격을 인정한다. 자유주의자는 시민사회가 자유롭고 평등한 시민들이 결사체를 형성하여 국가권력에 대항하는 영역으로 보았다. 포스트마르크스주의자는 시민사회의 계급적 성격 외에 개인적 자율성, 윤리적 삶, 권력비판적 기능을 중시한다. 그리고 계급 외에 시민사회의 다차원적 적대와 갈등을 인정한다.[7] 오늘날 자본주의사회에서 생산영역 외에 생활영역에 대한 대중의 이해와 관심이 늘어나고 있다. 개인의 삶은 생산양식이나 물질적 분배 외에도 환경·평화·인권·문화·영성 등 다양한 측면에 의해 규정된다. 다양한 가치를 향한 시민운동이 전개되는 시민사회는 계급적 성격이 많이 탈각된 것이 사실이다.

---

6) 한국에서도 김세균(1995)은 시민사회를 자본주의사회의 이데올로기 상부구조로서 계급적 지배·피지배관계를 재생산시키는 불평등한 사회로 본다. 그리고 손호철(2001)은 시민사회 내의 자본가계급이 국가와 연합하여 피지배계급을 억압한다고 본다.
7) 한국의 경우 대표적으로 김성국(2001)은 시민사회의 계급적 단일성을 거부하고 비계급적 시민의식이 국가로부터 자율성을 획득하는 데 중요하다고 본다. 그리고 정태석(2007)은 시민사회의 다원적 적대를 강조한다.

3. 시민사회의 정의

1990년대 이후 전세계에서 공통적으로 나타나는 현상의 하나는 정당에 가입하는 사람이 줄어드는 반면, 각종 NGO에 참여하는 사람은 늘어나고 있다는 사실이다.[8] 정책전문가, 학자, 시민운동가, 나아가 일반시민에 이르기까지 많은 사람들은 국가가 책임지고 모든 서비스를 제공해야 한다는 좌파의 주장이나, 서비스의 제공과 갈등의 조정을 시장에 맡기면 효율뿐만 아니라 일정한 평등까지도 가능하다는 우파의 주장에 회의적이다. 그 대신 각종 자발적 결사체들이 활동하는 시민사회가 민주주의를 진척시키고 삶의 질을 높일 수 있다는 것에 공감을 표시하고 있다. 시민사회가 국가와 시장을 보완하거나 개화시키고, 사회적 교류와 협력의 규범을 생산하는 새로운 문명과 결부되면서 시민사회론이 만개하고 있다. 이처럼 18세기 말 근대민주주의와 산업자본주의의 발달과 함께 대두하였다가 19세기 이후 침잠(沈潛)하였던 시민사회론이 1970년대 이후 재등장하게 된 기저에는, 한편에서는 국가주의 프로젝트의 한계, 권위주의정권의 쇠퇴, 세계화와 시장주의의 확대, 지구적 환경위기 등과 같은 현실적 이유가 있다. 다른 한편에서는 서구복지국가의 위기와 개발도상국가의 발전국가론 한계에 대한 대응으로서, 시민사회의 활동과 에너지를 통해 바람직한 사회를 구성하려는 규범적 이유가 내재되어있다.

그러나 시민사회는 마치 "놀이용 점토"(play-dough)(Van Til, 2000: 15)처럼 사용하는 사람에 따라 그 의미가 다양하다. 예를 들어, 좌파는 시민사회를 국가와 일정한 관계를 통해 사회를 개혁하고 개인주의와 자본주의의 폐해를 방어하는, 민주주의 발전 및 정치공동체의 보루로 바라본다. 그러나 우파는 시민사회를 비대해진 국가권력을 견제할 뿐만 아니라, 활발한 시민참여 속에서 민주주의를 학습하고 사회문제를 스스로 해결하며, 국가가 제공하지 못하는 각종 공공서비스를 제공하는 자발영역으로 바라본다. 시민사회의 의미의 차이는 국가나 대륙의 차이에서도 나타난다. 복지다원주의하에서 토크빌의 전통을 이어받은 미국에서 시민사회는 국가의 간섭없이 각종 사회서비스를 스스로 제공하고 민주주의의 시민문화가 형성되는 곳이다. 복지국가가 발달한 서유럽에서는 시민사회를 신조합주의의 병폐와 실업을 극복할 수 있는 사회적 경제의 토대로 본다.[9] 동유럽에서는 시민사회를 공산국가에 저항하여 각종 결사체가 결성

---

8) 1990년 독일인의 57%가 각종 NGO에 가입하고 있는 것으로 나타났다(김준모 외, 2002: 155).
9) 유럽연합에서 사회적 경제는 조합, 상조회(mutual society), 결사체, 재단 등으로 나누어진다(European Union, 2001).

되고 공론장이 벌어지는 자율적인 정치사회적 공간으로 본다. 남미와 아시아에서 시민사회는 권위주의국가의 억압에 저항하여 민주화를 성취하는 집합적 행위자로 여겨진다. 아프리카와 아시아의 저개발국에서 시민사회는 선진국의 지원을 통해 각종 사회개발을 추진하고 자력화를 통해 생존문제를 공동 해결하는 주체로 간주된다.[10] 여기서는 시대적 변화에 따른 서구 시민사회의 의미를 살펴보고 현대사회에서 통용되는 시민사회를 정의하고자 한다.

1) 고전적 시민사회

고대사회에서 국가와 시민사회는 구분되지 않았다. 고전철학에서는 국가 그 자체가 바로 사회였다. 국가와 시민사회는 사적인 생활과 구별되는 공적인 생활영역이었다. 시민사회는 바로 시민들이 공공의 이익을 위해 정치체의 의사결정에 참여하는 일종의 정치사회였던 것이다. 이것은 아리스토텔레스의 사고를 대표하는 것인데, 정도의 차이는 있지만 근대 계몽사상가인 보댕, 홉스, 스피노자(Benedict Spinoza), 로크, 칸트에 이르기까지 계속된다. 근대초기 절대군주는 국가와 사회가 통합되는 정치철학을 선호하였다. 절대체제에서 자유주의로의 변혁기에 시민사회는 기존의 사회적 관계를 전복하는 혁명적인 의미를 내포하고 있었기 때문에, 절대군주는 양자 간의 통합에 집착하였던 것이다(Riedel, 1992). 18세기에 와서 퍼거슨(Adam Ferguson)이 처음으로 시민사회를 야만사회에서 벗어난, 상업활농이 번성한 도시의 문명화된 사회라고 지칭하면서, 국가의 간섭을 받지 않는 독립된 사적 영역으로 보았다(Ferguson, 1996). 그러나 1821년에 출판된 헤겔의 〈법철학〉에서 국가와 시민사회가 명백하게 구분되기 전까지, 대체로 시민사회란 자연상태 또는 원시상태와 대비되는 문명화된 사회(societas civils)로서 입헌정치하에서 법치가 이루어지는 국가와 동일한 의미를 지녔다.

2) 자유주의적 시민사회

자유주의적 시민사회는 국가와 시민사회를 분리하고 시민사회에 의해 국가를 통제하는 것을 기본으로 한다. 이것은 국가권력을 억제하여 인간의 자연적인 권리를 보장하려는 계몽주의사

---

[10] 개발도상국에서는 시민사회가 선진국의 자금을 지원받아 프로그램을 진행하기 때문에 각종 단체가 누리는 특권과 부패에 대해 냉소적인 반응을 보이기도 한다.

상에 기초하고 있다. 이러한 성격은 로크와 토크빌의 사상에서 잘 나타난다. 17세기 후반에 활동했던 로크는 국가권력이 계약에 의해 시민으로부터 신탁된 것으로 보고, 군주나 귀족 개인의 이익이 아니라 전체 인민을 위하여 사용되어야 하고, 시민권리를 제대로 보호할 수 없거나 침해할 때 저항하고 교체할 수 있다는 인민주권을 주장하였다(Locke, 1996). 토크빌은 민주주의국가에서도 권력이 집중되고 견제장치가 없으면 민주적 전제국가(democratic despotism)가 출현할 수 있다고 보고, 이를 막기 위해서는 권력의 분산과 시민사회의 발달이 중요하다고 보았다(Tocqueville, 1997). 자유주의에서 시민사회는 법률적으로 동등한 사적 시민의 다원적이고 자유로운 결사체 또는 활동공간으로서, 국가의 개입과 간섭을 최소화하고 인간의 자연적인 사회성과 경제적 자율성을 보장하는 것을 중시한다. 이러한 자유주의적 시민사회는 현대사회의 신보수주의로 이어지는데, 신보수주의는 시장경제에 대한 국가의 개입이 개인의 자유를 방해한다고 보고 기업활동의 자유, 사회복지비의 삭감, 규제완화, 작은 정부 등을 요구한다.

3) 마르크스주의적 시민사회

마르크스는 헤겔로부터 시민사회 개념을 물려받아 시민사회를 자유·자율·개성·사회정의를 위한 필수조건으로 보면서도, 지배·속박·소외·불평등의 문제가 있음을 놓치지 않았다(Cohen, 1992). 마르크스는 초기에 시민사회가 봉건적 신분제로부터 해방된 자유로운 개인의 사적 이익추구 영역으로 보았지만, 나중에는 자본주의 시장경제가 중심적 내용인 경제사회로 보았다. 그는 시민은 법률형식상으로는 동등하지만 자본의 사적 소유로 인해 불평등하다고 보고, 시민사회를 실질적으로 부르주아계급이 지배하는 부르주아사회로 보았다. 즉 시민사회는 생산수단의 사적 소유에 기초한 생산관계와 경제구조의 적대적 성격으로 계급적인 구조를 지니고 있다는 것이다. 부르주아사회로서의 시민사회는 체계적인 불평등이 존재하고, 사익추구를 위한 경쟁과 소외로 인해 개인주의적 요소를 강화시키는 반면, 인간적 연대와 공동체적 요소를 해체시키게 된다. 따라서 마르크스에게 시민사회는 보호되어야 할 자율성의 공간이 아니라 계급적 불평등과 경제적 적대가 만연하는, 해체되어야 할 부정적 대상이었다. 이러한 이유 때문에 마르크스는 시민사회의 개념적 유효성을 부정하고 국가-시민사회 분석구도보다는 토대-상부구조의 분석틀을 선호하였다.

4) 포스트마르크스주의적 시민사회

포스트마르크스주의자는 시민사회의 불평등과 국가의 민주화 계기를 무시하는 자유주의와 생산관계로 환원할 수 없는 시민사회의 민주적 잠재력을 무시하는 마르크스주의를 동시에 비판한다. 이들의 공통적 목표는 전통적인 레닌주의와 사민주의의 국가주의 함정에 빠지지 않고, 대중참여와 사회운동의 확장을 통해 민주사회를 건설하기 위해 기존 시민사회론을 재구성하는 것이었다.

현대사회의 시민사회 재발견에 크게 기여한 그람시는 마르크스의 시민사회론이 비경제적 요소를 무시한 경제환원론이라고 비판하고, 시민사회를 경제사회가 아닌 이데올로기 상부구조의 하층에 위치시켜 광의의 국가에 포함시킨다.[11] 그람시는 기존의 국가-시민사회 또는 토대-상부구조의 이분모델에서 벗어나 시민사회를 국가와 경제 사이의 완충영역으로 보는 삼분모델의 원형을 제시하였다. 그람시에게 시민사회는 양면적인 성격을 가진다. 시민사회는 지배계급의 헤게모니 지배가 이루어지고 국가에 정당성을 부여하는 동시에,[12] 노동자계급의 대항헤게모니가 조직되어 불평등한 자본주의 경제를 변혁시키고 사회주의로의 이행을 가능케 하는 혁명적인 잠재력을 가진 영역이다. 물론 혁명투쟁 도구로서의 시민사회는 일시적인 전략적 수단에 불과하다. 그람시에게 시민사회는 일상적인 소비와 문화생활이 이루어지는 생활영역이자, 시민의 자율성과 비판적 잠재력이 발현되고 실천되는 정치적·윤리적 여론형성과 교육의 장이다.[13] 한마디로 시민사회를 다양한 조직들이 활동하는 사적 조직의 총체라고 보았다. 여기에는 교회, 학교, 미디어, 결사체, 노동조합, 각종 문화적 제도와 시설들이 있다(Gramsci, 1987).

킨(John Keane)과 헬드(David Held)는 국가-시민사회의 이분모델을 주장하는 대표적인 학자로서 시민사회를 경제적·문화적 생산, 가정생활, 자발적 결사체, 지역서비스 등의 비국가적 영역으로 보거나(Keane, 1988: 13-14), 국가 바깥에 있는 개인과 집단 사이의 사적이고 자발적으로 조직된 사회생활의 영역으로 보았다(Held, 1989: 314). 두 사람은 시민사회를 자율적이고

---

11) 그람시는 협의의 국가와 광의의 국가를 구별하는데, 광의의 국가는 물리적 강제력을 가진 정치사회(협의의 국가)와 헤게모니투쟁이 일어나는 시민사회를 결합한 것으로 본다.
12) 그람시는 시민사회를 설명하면서 헤게모니라는 개념을 사용하는데, 그에게 헤게모니란 지배계급이 대중에 영향력을 행사하는 가치와 신념체계 중에서, 물리적 강제력이 아니라 지적·도덕적·문화적 지도력을 통해 피지배계급의 자발적 동의를 얻어내고 이를 확대재생산하는 관념의 수단을 말한다.
13) 실제로 그람시는 시민사회 개념을 다양하게 사용하고 있어서 혼란스럽고 자기모순적이기도 하다.

다원적인 영역임과 동시에, 복수의 적대와 대립이 일어나고 사적 소유에 기반을 두는 체계적인 불평등의 공간으로 보았다. 따라서 이들은 마르크스주의 전통과 자유주의적 전통을 통합시켜 시민사회론을 재구성한다. 이들의 목표는 사회적·집합적 소유의 확대를 통해 자본주의를 근본적으로 변혁하는 것인데, 민주주의를 통해 사회주의적 시민사회를 성취하는 것이었다. 이것은 사회주의의 성취를 위해 민주주의를 이용하는 것으로, 대의민주주의에서 국가권력을 제한하고 대중의 영향력을 발휘하는 각종 정치구조와 제도적 장치를 중시한다. 킨과 헬드가 자본주의의 변혁과 사회주의의 성취를 위해 취하는 전략은 이중적 민주화(dual democratization)이다. 즉 국가와 시민사회의 분리를 수용하면서 국가의 재구조화와 시민사회의 시민적 자율성 확대를 통해 양자를 근본적으로 민주화시키려는 프로젝트이다. 이것은 시민사회 단독으로는 불가능하기 때문에 국가와 시민사회 간의 상호의존을 강조하기도 하였다.

하버마스는 초기에 현대사회의 구조변화에서 국가와 시민사회를 매개하는 공공영역(public sphere)을 개념화함으로써 삼분모델을 제시하였다.[14] 여기서 시민사회는 상품교환과 사회적 노동이 이루어지는 부르주아 소가족 영역이고, 공공영역은 사회적 개인 간에 의사소통과 행위가 이루어지는 네트워크로서 언어와 문화적 기반이 주축이다. 하버마스에게 공공영역은 민주사회에서 윤리적 삶의 맥락을 재구성하고, 문화전달과 사회통합을 이끄는 중심적인 사회구성체의 특질을 대변한다. 공공영역은 다양한 형태가 있지만, 부르주아 공공영역은 18세기 이후 신문, 예술 및 문화비평지, 살롱과 커피하우스 등과 같은 제도적 장치를 통해 발달하기 시작하였다(Habermas, 2001). 그러나 19세기 이후 국가의 역할이 확대되어 사적 영역에 대한 국가의 개입이 늘어나고 국가와 시민사회의 재결합으로 공공영역이 축소됨으로써 재봉건화(refeudalization)가 발생한다고 보았다. 그는 후기에 사회가 체계(system)와 생활세계(lifeworld)로 구성된다고 보는 체계-생활세계 모델로 전환하였다. 행정체계와 경제체계로 구성되는 체계는 권력과 화폐를 조정매체로 하여 관찰자의 관점에서 목적합리성이 작동한다. 반면에 사적 영역과 공적 영역으로 구성되는 생활세계는 행위자의 관점에서 합의에 대한 해석적 이해가 이루어지는 일상영역으로서 의사소통적 합리성이 작동한다(Habermas, 2006). 여기서 시민사회란 개인의 자유와 권리가 가능하고 일상생활이 일어나는 공적 생활세계의 제도와 실천

---

14) 하버마스는 초기에 사회를 공적 권위영역과 사적 영역으로 나누고, 사적 영역을 시민사회와 공공영역으로 구분하였다. 이때 공공영역은 국가(공적 권위영역)와 시민사회의 매개항으로서 여론정치의 주체가 된다(Habermas, 2001).

을 말한다. 근대사회에서 국가관료제가 비대해지고 자본주의 경제체제가 고도화되면서 체계의 강제성과 복합성이 증대하고, 이것이 생활세계에 침투하여 의사소통적 합리성을 억압하는 것을 생활세계의 식민화(colonization)라고 하였다. 하버마스에게 시민사회는 생활세계의 식민화를 저지하여 개인적 자율성, 사회적 연대, 민주적 생활양식, 비판적 잠재력을 보존하는 것이 중요한 과제였다.

코헨과 아라토는 하버마스의 체계-생활세계 구분모델을 받아들여 국가, 경제, 시민사회의 삼분모델을 정식화하였다. 이들은 사회가 권력의 영역인 국가, 화폐에 의해 매개되는 경제, 그리고 다양한 사회운동이 일어나는 시민사회가 상호 경계를 유지하면서 균형을 이루는 사회를 지향한다. 시민사회는 국가의 법적·제도적 개혁을 지향하는 적극적인 목표를 가지고 있지만, 이것은 어디까지나 다른 영역의 자율성을 해치지 않는 범위 내에서 '영향력의 정치'를 행사하는 자기제한적 급진주의(self-limiting radicalism)에 머물러 있다. 코헨과 아라토는 하버마스가 말하는 생활세계의 제도적 차원을 시민사회라고 보는데, 여기에는 문화전수, 규범적 통합, 사회화의 재생산 과정을 포함한다. 물론 이러한 목적을 달성하기 위해서는 커뮤니케이션의 매개와 의사소통적 상호작용이 중요하다고 보았다. 앞서 살펴본 바와 같이, 코헨과 아라토의 시민사회는 가족, 자발적 결사체, 사회운동, 공공의사소통 형태로 구성되어있고, 다원성·공공성·사생활·법률성 등의 특징을 지닌다(Cohen and Arato, 1992: ix, 111, 201, 346, 428-29).[15] 코헨과 아라토는 시민사회가 영향력의 정치를 통해 자신의 독립적 지위를 보존하고 국가에 대한 대항 헤게모니를 구축할 수 있다고 본다. 이때 중요한 것은 문화적 재생산을 위한 사상·언론·결사의 자유를 보장하는 것이다.

5) 현대 시민사회의 개념정의

시민사회에서 사람들은 공동문제에 대해 의식을 가지고 상호 교류하고 협력한다. 사람들은 공동의 관심사를 다루기 위해 자발적 결사체를 만들고, 각종 사회적 주제와 이슈에 대해 담론을 형성하며, 정부와 기업의 정책에 대항하기도 한다. 이 과정에서 새로운 아이디어가 도출되고 정

---

15) 다원성은 생활형태의 다양성을 허용하는 다원성과 자율성을 말하고, 공공성은 문화와 의사소통제도를 말하며, 사생활은 개인의 자아계발과 도덕적 선택을 말한다. 그리고 법률성은 국가와 경제로부터 다원성·공공성·사생활을 구분하는 데 필요한 일반적인 법률과 기본권의 구조를 말한다(Cohen and Arato, 1992: 346).

보가 유통되며 여론이 형성된다. 국가정책에 대한 비판, 소비자권리의 주창, 사회적 약자의 권리옹호, 세계평화의 구축과 환경위기의 극복 등을 위해 캠페인을 벌이고 서명운동을 전개한다. 그런가 하면, 청소년선도·미혼모상담·노인보호·환경정화·교통개선 등 정부가 제공하지 못하는 각종 공공서비스를 직접 생산하기 위해 봉사활동을 전개하고 거버넌스를 실행한다. 뿐만 아니라, 사람들은 모여서 함께 노래를 부르고, 춤을 추며, 시를 낭송하고, 지역축제를 공동기획하고 즐긴다. 야생동물을 보호하고, 희귀식물을 찾아 나서며, 새로운 강과 산에 이름을 붙여주기도 한다. 잃어버린 전통과 문화를 찾아서 복원하고, 새로운 가치와 윤리를 발견하고 실현한다. 이렇듯 시민사회는 국가와 시장을 견제하고, 사회적 약자의 권리를 옹호하며, 시민적 문화생활이 이루어지고, 사회문제를 스스로 해결하는 의식·담론·실천의 장이다.

시민사회는 규칙과 법률을 제정하고 질서를 유지하는 국가도 아니고, 사적 이익을 추구하기 위해 생산·교환관계가 이루어지는 시장도 아니면서, 국가와 시장 사이의 다양한 사회적 관계와 제도라고 할 수 있다. 시민사회는 환경·평화·인권·교육·보건·문화·여성·빈곤구제·국제원조 등 무수한 영역에서 직업·나이·계급·성·민족·인종을 초월하여, 공동의 이익과 인류의 복리를 위해 생각을 나누고 함께 어깨동무하여 전진하는 유일한 곳이기도 하다. 그리고 시민사회는 국가와 시장에서 생성하기 어렵고 창출하는 데 비용이 많이 드는 무수한 사회자본이 생성하고 발달하는 곳이다. 시민들은 시민사회에서 공적인 일에 참여하고, 상호 신뢰하고 관용하는 법을 배우며, 공동의 문제를 해결하기 위해 서로 협력하고 연대하는 규범을 갖는다. 또한 시민사회는 활발한 의사소통이 일어나고 시민참여가 활성화된다는 점에서 민주주의의 질적 성장을 위한 토대라고 할 수 있다.[16] 그런가 하면, 시민사회에서는 인간의 권리를 중시하는 휴머니즘이 살아나고, 사회적 약자나 공공의 이익을 위한 자원활동이 활발하게 일어난다. 민주시민을 위한 교육과 학습이 일상적으로 이루어지고, 다양한 형태의 자치와 대안경제가 실행되기도

---

16) 애트키슨(Alan AtKisson)은 시민사회의 특징과 역할을 희망을 일구어내는 긍정적이고 적극적이란 의미로 두문자의 결합인 POSITIVE로 제시한다. 즉 시민사회는 참여적이고(participatory), 개방적이고(open), 상승효과를 가지고(synergistic), 직관적이고(intuitive), 진실하고(truthful), 개혁적이고(innovative), 이상적이고(visionary), 열정적(enthusiastic)이라는 것이다. 그는 민주주의가 새로운 변형을 시도하면 세상을 구하기 위해 시민사회는 그것을 부화시킨다고 말한다(AtKisson, 1998). 또한 다이어먼드(Larry Diamond)는 시민사회가 국가권력감시, 시민참여, 관용과 타협, 여론조성, 갈등조정, 정치학습, 민주주의개혁, 정보확산 등 8가지 측면에서 민주주의를 강화하는 역할을 한다고 역설한다(Diamond, 1994: 6). 버거(Peter Berger)와 뉴하우스(Richard John Neuhaus)는 생명력 있는 민주주의를 유지하기 위해서는 국가와 개인 사이에 다양한 중개구조(mediating structure)가 필수적이라고 말한다. 정부의 문제해결능력은 바로 이러한 중개조직을 얼마만큼 육성시켜 활용하는가에 달려있다는 것이다(Berger and Neuhaus, 1996).

한다. 시민사회는 바로 자유·평등·책임에 대한 대중적 열망이 펼쳐지고 조화되는 용광로와 같은 곳이다. 그러므로 시민사회는 단순히 국가와 시장의 잔여부분이 아니라 역사적 실체를 갖는 독립된 공간인 것이다.[17]

요약하면, 시민사회는 시민들이 자발적 결사체를 구성하여 협력과 연대의 규범 속에서 공공의 가치를 생산하는 곳이다. 그래서 일련의 문화생활과 집합행동을 통해 사회의식과 이데올로기가 형성되고, 지식획득과 문화전수가 이루어지며, 사회통합을 위한 사회화와 재생산이 일어난다. 물론 시민사회는 협력과 연대만 일어나는, 평화로운 곳만은 아니다. 시민사회는 실로 다양한 가치와 세력의 집합소이다. 따라서 견제와 협력이 함께하고, 사익과 공익이 대결하며, 저항과 포섭이 공존한다. 이념과 탈이념, 국가와 세계가 딜레마를 겪기도 한다. 이것은 바로 시민사회가 경험적이면서도 규범적인 의미를 지니고, 공적이면서도 사적이며, 계급적이면서도 초계급적인 성격을 지니고 있기 때문이다. 따라서 시민사회의 실질적인 속성은 반드시 문화의 재생산이나 사회통합이 이루어지는 것만이 아니라, 분열·대립·갈등이 일상적으로 일어나는 것을 함축한다. 시민사회에는 그야말로 개인과 공동체, 권리와 의무, 자유와 질서, 다원성과 합의, 전통과 변화 간에 긴장이 존재한다.

4. 한국의 시민사회

시민사회가 미국에서는 혼자 볼링(bowling alone)을 하려는 개인주의를 극복하고 활발한 이타주의와 자원활동이 발생하는 원천으로 간주되고, 서유럽에서는 복지국가의 한계를 극복하고 시민의 물질적 필요에 대한 일정한 책임을 맡을 수 있는 대안으로 등장하고 있는 데 비해, 한국에서 시민사회는 아직도 새로운 개념으로서 정책결정자나 권력자가 의심하거나 거부해버리는 그런 개념으로 남아있다. 그러나 개발도상국가와 마찬가지로 한국에서도 시민사회는 민주

---

17) 시민사회가 국가와 시장을 제외한 단순한 잔여부분이냐, 아니면 역사적 실체성을 가진 독립영역이냐에 대한 논쟁이 있다. 박형준(2001: 19)은 시민사회가 국가와 시장에 대한 대비를 통해서 의미를 획득하고, 그 자체로서 어떤 독립적인 공간으로 규정하기 어렵다고 본다. 이에 비해 김성국(2001)은 시민사회가 특정 사회구성체에서 국가(또는 국가와 시장)를 제외한 단순한 잔여범주가 아니라 역사적 실체성을 갖는다고 본다. 시민사회가 근대민주주의, 자본주의, 시민혁명과 함께 성장해온 역사성을 가지고 있고, 국가와 시장에 대한 적대나 대항만이 아니라 그 스스로 공공서비스를 생산하고 사회자본을 생성하는 주체적이고 독립적인 공간이라고 할 수 있다(박상필, 2003b).

주의의 발전에 커다란 역할을 수행하였고, 나아가 민주화의 결과로 작용하면서 급속하게 발전하고 있다. 시민사회는 구체적인 역사적 상황의 영향을 받기 때문에 국가와 시대에 따라 다양한 형태와 내용을 띠게 된다. 시민사회란 유럽과 미국사회의 역사적 경험에서 나왔고, 키케로(Cicero) 이후 서구철학자들에 의해 연구되고 논의되었다. 이렇게 서구에서 시작된 시민사회에 대한 담론이 오늘날 전세계적으로 확대되었다. 물론 각국의 시민사회는 서구 시민사회의 본래적 의미와는 다르게 정의되고 적용되었다. 그렇다면 한국에서 시민사회는 무엇이고, 그것은 언제 형성되었으며, 어느 정도 활성화되었는가.

1) 한국 시민사회의 개념화

서구사회에서 시민사회는 중층적 의미를 가지고 있는데, 실제로 서구사회에서 시민사회는 신사회운동의 권력소재지, 국가도 시장도 아닌 자원동원의 새로운 섹터, 민주주의의 재활성화를 위한 공간, 국가와 시장 간의 균형추, 국가축소를 정당화하는 신자유주의적 기반, 후진국의 개발원조를 위한 수사(修辭), 신자유주의적 지구화에 대한 대항담론 등 다양한 관점에서 쓰이고 있다(조효제, 2004). 따라서 시민사회를 구성하는 요소도 시민권, 자발성, 다원적 가치, 공동체주의, 사회자본, 시민성, 시민참여, 공론장, 인권, 자원봉사, 사회적 경제, 자치권력, 공공성 등 다양하다. 한국사회의 문화적 특수성을 반영한 한국 시민사회의 개념도 민주화를 위한 집합행동, 시민권리의 옹호와 정부견제, 사회적 약자를 위한 서비스 생산, 자발적 결사체의 활동공간, 정치참여와 직접민주주의의 정치적 토대, 사회자본의 생성을 위한 윤리적 기반, 자기생존을 위한 자력화의 공간, 국제협력과 원조활동, 자치와 대안경제의 실험 등 다양하게 사용되고 있다.

서구사회와 마찬가지로 한국사회에서도 시민사회는 역사적으로 봉건사회 이후의 시민적 생활양식과 의식구조를 내포하고, 구조적으로 국가와 개인 사이의 일상생활과 자율적 결사체 및 공론영역을 말한다. 시민사회는 봉건사회에서 벗어나 근대적 합리성을 획득하고 국가로부터의 분리와 자기정체성을 필요로 한다. 시민사회가 국가로부터 분리하여 자율성을 확보하기 위해서는 먼저 언론·집회·결사 등에 대한 기본적인 시민권과 자본주의 발전에 의한 물적 토대가 필요하다. 그리고 시민사회는 국가와 시장에 대한 저항과 감시의 영역인 동시에 공동체적 생존을 위한 협력과 서비스생산의 영역이기도 하다. 또한 시민사회는 윤리적·문화적 이데올로기가 생산·재생산되는 영역으로서 일정한 시민성과 정당성을 갖는 것도 중요하다. 시민사회 내의 도덕과 윤리는 사회 전체의 민주화를 위한 토대의 의미를 지닌다. 이런 점에서 한국 시민사회는

서구 시민사회의 개념을 변용한 복합적인 의미를 가지고 있다.

이상에서 제시한 시민권 확보를 위한 법적·제도적 장치, 국가와 시장의 감시와 견제, 공공서비스의 생산과 제공, 시민적 규범을 갖는 자기정당성의 확보 등 네 가지를 한국 시민사회의 개념틀을 형성하는 구성요소로 보고 이에 대해 구체적으로 살펴보기로 하겠다.

① 시민권 확보를 위한 법적·제도적 장치

시민사회란 역사적으로 봉건사회와 절대체제로부터의 이탈과 해방을 의미한다. 그리고 민주체제에서도 국가권력으로부터 자율적 공간을 확보하는 것이 중요하다. 이를 위해서는 기존체제에 저항하고 국가를 비판할 수 있는 사상·언론·집회·결사의 자유가 보장되어야 한다. 시민권과 다원주의의 보장은 민주주의의 절차적 과정에 대한 제도화에 의해 가능하다. 이것은 곧 근대 정치사상가들이 자연상태의 혼란을 방지하거나 봉건질서를 타파하기 위한 장치로서 고안한 법치주의와 상통하는 점이 있다.[18] 오늘날 시민권은 재산권·자유권·정치권에 한정되지 않고, 각종 법적 장치를 통해 시민의 활발한 참여와 행동을 지원하는 것도 중요하다. 법은 사회통합을 위한 규제적 매체임과 동시에 시민사회가 필요한 자원을 동원하고 활동을 보장하는 지원장치로 작용하기도 한다.

시민권은 민주주의의 제도화 외에 개인주의의 성장과 밀접한 관련이 있다. 그런데 근대적 가치의 핵심인 개인주의는 소유권의 발달과 상업행위와 밀접한 관련이 있기 때문에 자본주의의 발전과 불가분의 관계를 맺고 있다(Turner, 1997: 179-87). 시민권을 확보하기 위한 시민혁명은 도시화·산업화·개인화를 가능케 한 자본주의 발전에 의해 추동되었던 것이다. 자본주의의 발전은 소득의 증대, 여가의 증가, 교육의 확대 등을 통해 자아의식과 시민권리에 대한 관심을 증대시키기도 한다.[19] 그리고 자본주의의 발전은 권력의 분화도 가져오는데, 피지배계급이 자기권리를 인식하고 단결하도록 하고 정치적으로 배제하기 어렵게 만든다(Rueschemeyer, et al., 1997: 101-103).[20] 민주주의의 제도화와 자본주의의 발전을 통해 시민권을 확보하는 것은 한국

---

18) 오늘날 법치국가의 이념을 제도화하는 것이 자유롭고 평등한 시민사회적 공동체의 근간이 된다고 주장하는 대표적인 학자로 하버마스를 들 수 있다(Habermas, 2000).
19) 물론 예외는 있다. 가장 대표적인 국가가 바로 방글라데시이다. 방글라데시는 자본주의가 제대로 발전되지 않았는데도 많은 NGO가 활동하고 시민사회가 일정한 수준에 와 있다.
20) 뤼시마이어(Dietrich Rueschemeyer)와 그의 동료들은 자본주의와 민주주의가 대체로 정(正)의 관계를 갖는다고 보고 있다(Rueschemeyer, 1997).

에서도 시민사회를 인식하고 발전시키는 데 중요한 변수로 작용하였다.

② 국가와 시장의 견제와 감시

한국에서 시민사회를 인식하는 것은 바로 국가와 시장을 견제하고 비판하는 역할과 밀접하게 결부되어있다. 사실 한국 시민사회는 서구사회처럼 사적 이익을 추구하는 동기보다는 권위주의 국가에 대한 저항을 통해 발전했다고 볼 수 있다. 국가권력에 대한 시민사회의 저항은 근대화과정에서 국가의 하위파트너로서 일정한 권력을 행사하고 이후 자본의 힘을 통해 억압적이고 기회주의적인 성격을 지닌 재벌을 중심으로 하는 시장에 대한 견제로 이어졌다. 국가에 대한 시민사회의 우위 전통을 가진 서구사회와는 달리, 한국사회는 전통적으로 봉건제를 경험하지 못하였을 뿐만 아니라 유교적 권위주의, 일본의 강권적 지배, 남북한 간의 분단과 대립, 국가주도의 산업화 등으로 인해 강한 국가의 전통을 가지고 있다. 따라서 조선시대나 일본강점기뿐만 아니라 해방 이후에도 국가의 절대권력에 대한 저항과 견제는 시민사회의 중요한 역할로 간주되었다. 물론 국가에 대한 시민사회의 견제는 1990년대 절차적 민주주의의 완성 이후 실질적 민주주의를 확립하는 과정에서도 중요한 것으로 인식되고 있다. 각종 국가권력의 민주화, 시민의 정책참여, 사회권과 경제권의 확대 등은 시민사회의 중요한 역할이라고 할 수 있다.

한국에서 자본은 군부권위주의하에서 성장주의의 실질적인 도구로 작용하면서 시민사회의 요구를 억압하였다. 주지하는 바와 같이 성장주의는 노동통제, 불평등 분배구조, 시민권리의 유보 등을 전제로 한 것이다. 서구사회에서 부르주아계급이 경제적 자본축적을 도모함과 동시에 시민사회의 중심세력이 되어 국가를 견제한 것과는 달리, 한국에서 부르주아는 해방 이전 제대로 발전하지 못하다가 해방 이후에는 국가주도의 산업화를 추진하는 실질적인 대행자였다. 시장의 민주적 통제는 시장 내부의 경쟁 및 효율성의 원리와 국가가 규정한 규칙에 의해 이루어진다. 그러나 자본이 가지고 있는 자기확대성은 자본가 스스로 제어할 수 없을 뿐만 아니라, 국가에 의한 규제에도 한계가 있다. 한국에서도 시장의 환경파괴, 소비자권리 무시, 인간의 상품화, 공동체적 가치의 파괴, 불평등의 확대 등에 대한 감시와 견제는 시민사회의 정체성과 밀접한 관련이 있다.

③ 공공서비스의 생산과 제공

시민사회에서 자발적 결사체는 국가와 시장에 대한 견제 목적만 수행하지 않는다. 시민 스스로 공공선을 향한 활동에 참여하여 사회문제를 해결하고 국가가 제공하지 못하는 공공서비스

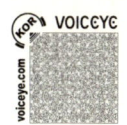

를 생산하기도 한다. 시민사회는 자조·형제애·이타주의·약자지원 등과 같은 가치를 내장하고 있다. 시민사회는 소유적 개인주의 철학에 반대하여 공동체적 대의를 강화하는 정치적 슬로건으로 사용되기도 하는데(Seligman, 1992), 공동체적 요소를 가미하여 개인주의와 자유주의의 문제를 극복하는 것도 중요하다. 국가는 물적 자원의 추출을 통해 공공서비스를 제공하는 대표적인 기구이지만, 내포적·외연적 한계를 가지고 있다. 국가의 과도한 서비스 부담은 재정문제뿐만 아니라, 국가의 확장에 따른 조직의 관료화와 경직성을 초래한다. 더구나 사적 영역으로 간주되었던 복지·환경·문화·인권·소비자 등의 문제가 공적 영역으로 편입됨에 따라 국가의 서비스제공 능력은 더욱 한계에 부딪히게 된다. 그리고 후산업사회에서 현대인의 다양한 서비스 욕구를 시민의 자율성을 무시한 채 획일적인 관료제를 통해 충족하는 것은 불가능할 뿐만 아니라, 바람직하지도 않다. 예를 들어, 국제협력과 원조와 관련하여 많은 사람들은 기부금을 제공하고 국제봉사활동을 전개한다. 국가가 이러한 자율행동을 억압하거나 독점하는 것은 용인되기 어렵다. 더구나 경제적 생활이 빈곤하고 빈부격차가 심각하며, 나아가 국가복지가 매우 열악한 한국에서 시민사회 스스로 사회적 약자와 취약계층에 필요한 서비스를 생산하는 것은 시민사회의 중요한 임무이기도 하다.

④ 시민적 규범을 갖는 자기정당성의 확보

시민사회가 국가권력과 시장권력을 견제하고 시민활동과 정부지원을 통해 각종 서비스를 제공하기 위해서는 스스로 자율성과 민주성을 유지하여야 한다. 시민사회가 폐쇄적이고 권위주의적 가치를 배양하는 장소가 되면, 국가의 통제를 초래하거나 시민적 지지를 얻지 못한다. 시민사회의 자기정당성은 시민사회 스스로 자율적이고 개방적이며, 내적 민주성과 공평성을 가지고 있을 때 가능하다. 법의 운용이 형해화되고 국가가 자기역할을 수행하지 못하거나 시장이 사회정의와 공정성을 지키지 못하더라도, 시민사회 스스로 새로운 윤리를 모색하고 공동체적 가치를 재생산하는 시민문화를 가져야 한다. 시민사회가 다양한 결사체가 상호 갈등·충돌·조절하는 헤게모니의 각축장이지만, 공공정신·자원봉사·시민참여·의사소통 등과 같은 가치가 실천되고 국가와 시장을 개화시키는 임무를 가지고 있기 때문이다. 한국 시민사회가 가진 문제는 시민사회 내부의 민주성을 확보하지 못한 것과 무관하지 않다. 비록 한국 시민사회가 가지고 있는 각종 부정적 유산—반공주의, 권위주의, 가족주의, 연고주의, 지역주의, 성장주의, 물질주의, 전시주의—이 국가와 시장에 의해 침투된 것일 수도 있지만,[21] 자신의 존재와 역할을 정립하지 못하고 내적 윤리를 확립하지 못한 결과이기도 하다. 한국 시민사회가 과거 폭력적인 국가

〈표 3-5〉 한국 시민사회 개념틀의 구성요소

구성요소	주요 내용	주요 개념
시민권 확보를 위한 법적·제도적 장치	민주주의의 절차와 자본주의 물적 토대의 구축을 통한 시민권의 발달	시민권, 시민참여, 공론장, 민주주의, 법치주의, 자본주의, 개인주의
국가와 시장의 감시와 견제	국가/시장에 대한 견제 및 국가/시장의 민주화	권력의 합법적 사용, 국가의 민주화, 시장주의 견제, 소비자권리 옹호
공공서비스의 생산과 제공	국가의 한계에 따른 공공서비스의 생산과 사회적 약자 지원기능 수행	자력화, 공동체주의, 거버넌스, 자원활동, 사회복지, 사회적 경제
시민적 규범을 갖는 자기정당성의 확보	내부에 자율성과 민주성을 실천하는 윤리의 확립	자율성, 민주성, 개방성, 공평성, 도덕과 윤리, 의사소통, 상호관용, 사회자본

주의와 소비지향적인 물질주의가 만연하는 가운데 단지 동원과 소비의 대상으로 전락하여 시민적 규범을 생성·실천할 수 있는 역량을 갖추지 못하였던 것이 사실이다. 심지어 국가의 개입이 줄어들고 권위주의국가의 장막이 걷힌 이후에도 지연·학연·혈연에 기초한 일차적 그물망이 광범위하게 존재하고 있다.[22] 시민사회 스스로 전근대성과 체계합리성을 극복하고 도덕적인 정당성을 갖는다는 것은 한국에서 시민사회의 성장에 매우 중요하다.

이상에서 설명한 바와 같이, 한국 시민사회는 다차원적 개념으로서 법적·기능적·문화적 성격을 동시에 지니고 있다. 또한 위로부터의 시민사회(법적·제도적 장치)와 아래로부터의 시민사회(국가와 시장의 견제, 공공서비스의 생산)의 이중적 이미지를 가지고 있고, 국가로부터의 자율(법적·제도적 장치), 시민사회에 의한 국가 및 시장의 변혁(국가와 시장의 견제), 시민사회의 능동적인 사회문제 해결(공공서비스의 생산), 시민사회의 윤리적 성숙(자기정당성의 확보)을 복합적으로 내포하고 있다. 이상 설명한 것을 요약하면 〈표 3-5〉와 같다. 물론 〈그림 3-6〉에서 나타나는 바와 같이, 시민사회를 구성하는 각 요소 간의 관계는 상호 영향력에 있어서 차이가 있고, 시간과 상황에 따라 변화할 수 있다.[23]

---

21) 이에 대해서는 김정훈(2001) 참조.
22) 이에 대해서는 최장집(1993; 2002) 참조.
23) 〈그림 3-10〉에서 화살표는 영향의 방향을 나타내고 점선은 간접적인 영향을 의미한다.

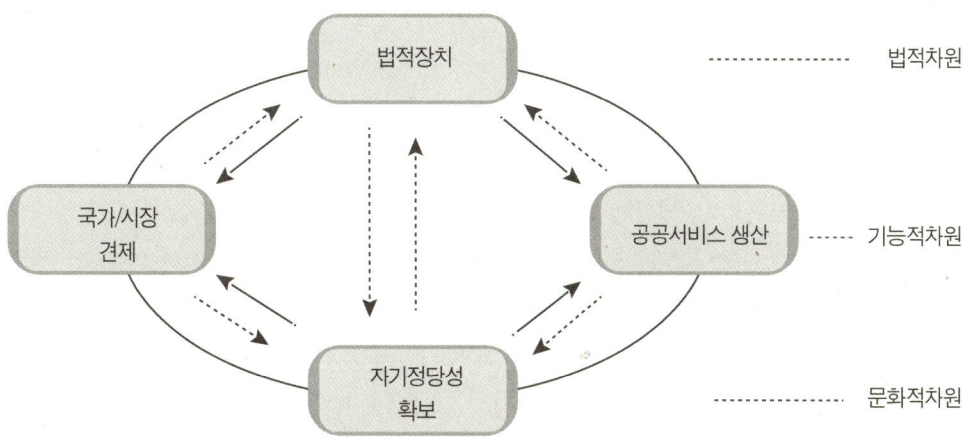

〈그림 3-6〉 한국 시민사회 개념틀 구성요소 간의 관계

2) 한국 시민사회의 형성과 역동

① 한국 시민사회의 형성

앞서 제시한 한국 시민사회의 개념틀에 비추어 볼 때, 한국 시민사회는 해방 이전에는 거의 형성되지 않았다. 해방 이전 조선왕조나 일제강점기에서는 시민권을 보장하는 제도적 장치가 존재하지 않았고, 구한말부터 외세에 의해 자본주의가 도입되고 상공업자가 늘어나기 시작했으나 봉건적 요소가 강하게 잔존하고 있었다. 또한 해방 이전 국가권력과 시장권력을 견제할 수 있는 시민사회의 공간과 역량은 매우 제한적이었다. 비록 구한말의 동학혁명,[24] 독립협회 활동,[25] 1919년의 3·1운동, 1926년의 6·10만세운동, 1930년대 이후의 민족해방운동이나 1920년대 이후의 노동운동이 국가권력과 경제권력에 대한 저항이기는 하지만, 간헐적이고 산발적으로 일어났던 것이다. 한편 시민사회 내에서 생존을 위한 상호부조의 습속이 존재했으나, 공동으로 자원활동을 통해 사회문제를 해결하고 복지서비스를 제공하는 의식과 행동은 빈약했다. 시민

---

24) 동학혁명은 폐정개혁 12개 조항에서 나타나는 바와 같이, 탐관오리의 부패와 일본의 외세침략에 대한 피지배계층의 적극적인 대응이라고 할 수 있다.
25) 독립협회는 자주독립 사상과 결합하여 시민적 민주주의를 건설하려고 하였다. 심지어 독립협회 내부에는 입헌군주제가 아니라 공화제를 주장하는 급진파도 있었다(신용하, 1994: 50).

사회 내의 시민규범이나 합리성 또한 제한된 교육수준과 도시화, 그리고 협소한 시민사회 공간으로 인해 제대로 생산·재생산할 여지를 갖지 못하였다.

일제로부터 해방된 후 미군정이 실시되고 이승만 정권이 들어섬에 따라 근대적인 국가의 틀이 갖추어지고 최소한의 시민권이 보장되었다. 그러나 일제강점기에 과대성장한 국가기구가 그대로 존속되었고 강력한 경찰력과 국가보안법에 근거하여 반공·안보국가가 구축되었다.[26] 1960년 4월혁명으로 국가권력의 강압성이 다소 완화되었으나,[27] 곧바로 군사쿠데타가 일어나 발전주의국가 제3공화국이 설립되고 이어 1972년 유신체제가 이루어짐에 따라 권력의 일원화와 사인화가 더욱 강화되었다. 박정희 정권의 몰락 이후 '서울의 봄'이라고 하는 일시적인 자유가 찾아왔으나, 전두환을 필두로 하는 신군부세력이 1979년 12·12사태와 1980년 5월 광주항쟁의 진압을 통해 권력을 장악함으로써, 언론·집회·결사의 자유가 보장되는 민주주의에 대한 기대는 꺼지고 말았다. 다만 1983년 유화조치 이후 대학·교회·사찰 등 제한된 공간에서 정치공론장이 생겨났다. 경제적으로는 해방 이후 서구자본주의가 도입되었으나, 미국의 원조에 의존하는 상태에서 부패가 심하여 건전한 자본주의가 성장하지 못하였다. 다만 박정희 정권에 와서 국가주도의 산업화에 의해 자본주의가 본격적으로 발달함 따라 농촌해체, 재벌성장, 노동억압, 빈부격차, 지역불균형 등과 같은 문제에도 불구하고, 물량적인 성장면에서는 성공을 거두었다. 경제성장은 전두환 정권에도 계속되어 자본주의의 산업화가 지속되었고, 시민사회에서 리더십을 발휘할 중산층도 늘어났다. 국가와 시장에 대한 저항에서는 미군정과 이승만 정권의 반공이데올로기, 이승만 정권의 부패와 무능에 대해 민중봉기가 일어났고, 이것은 1960년 4월혁명으로 귀결되었다. 물론 이러한 저항은 국가독점자본주의에 의한 경제적 불평등에 대한 저항의 일환이기도 했다.[28] 그러나 1961년 5·16군사쿠데타와 1979년 12·12사태로 시민사회는 다시 침체되었다. 물론 박정희 정권하에서 한일회담반대투쟁(1964), 3선개헌반대투쟁(1969), 전태일의

---

26) 강성한 국가권력은 특히 한국전쟁을 통해 확대·재생산되었다. 1950년 한국전쟁 발발 이전 10만 명에 머물렀던 군인은 전쟁이 끝날 무렵 60만 명이나 되는 대군으로 성장하였다. 그리고 한국전쟁을 통해 치열한 이데올로기 대결을 경험함에 따라 이후 반공이데올로기가 고갈되지 않는 정당성의 원천으로서의 효능을 갖게 되었다.
27) 박영신(2000)은 1960년 4월혁명 당시 4월 19일 이전에 중고등학생 등 많은 시민이 지속적인 투쟁을 하였기 때문에 이를 4·19라고 지칭하는 것은 그들의 공헌을 무시하는 용어라고 비판한다. 이는 적절한 지적이라고 하지 않을 수 없다. 따라서 여기서는 1960년 4월 이승만 정권의 부정선거에 대한 시민혁명을 4월혁명으로 표기한다.
28) 해방 이후 대표적인 경제투쟁으로 1946년 9월의 부산 철도노조파업을 꼽을 수 있다. 이 봉기는 처음 부산지역에 제한되었으나 전국으로 번져나갔다. 처음에는 경제적 요구로 시작했으나 나중에 미군정과 보수반동세력에 대한 정치투쟁으로 전환되었다(김영명, 1999: 61).

분신(1970), YH무역노조의 투쟁(1979), 부마항쟁(1979) 등의 저항이 있었고,[29] 전두환 정권하에서 광주항쟁(1980), 반미자주화투쟁(1984년 이후), 6월항쟁(1987) 등의 투쟁이 있었다. 한편 상대적으로 시장에 대한 계급적 의식과 저항은 미미한 편이었다. 국가에 대한 시민사회의 저항과는 달리, 자기생존을 넘는 서비스생산 능력은 매우 빈약하였다. 이것은 시민사회가 외세와 국가에 의해 바깥과 위로부터 형성된 것과도 관련이 있다. 이러한 한계는 1980년대에 자본주의가 발전하여 물적 토대가 확대되고 각종 결사체의 수가 늘어남에 따라 다소 극복되기는 하였다. 시민사회의 건전한 결사체의 부재는 시민사회 내의 도덕성과 합리성을 스스로 생산·재생산하는 의식과 실행이 생겨나지 못하는 한계를 규정지었다. 실제로 해방 이후에는 민주주의에 대한 시민의식이나 이를 주도할 계층이 거의 존재하지 않았다. 독재권력을 무너뜨린 4월혁명 이후에도 시민적 의무를 자각하는 자기규범성을 갖지 못했기 때문에, 과도한 권리요구와 미래전망 부재로 군사쿠데타를 유인하는 결과를 초래하였다. 물론 1980년대에 와서 교육의 증대, 매스컴의 역할, 지구화의 영향에 따라 민주시민의식이 늘어나고 초보적 단계의 자기규범성을 확보해갔다.

한국 시민사회의 제한된 능력은 1987년 6월항쟁을 계기로 민주화가 진행됨에 따라 급변하였다. 절차적 민주주의가 확보됨에 따라 시민사회의 공론장과 조직화를 위한 시민권이 제도적으로 보장되었다. 대통령직선제의 도입과 지방자치제의 실시로 시민참여에 대한 관심과 참여의 유효성도 증대하였다.[30] 시민적 자유는 김영삼 정권의 문민정부가 등장하고 김대중 정권에 의해 정권교체가 이루어짐에 따라 더욱 확대되었다. 1990년대에는 자본주의 발전이 고도화됨에 따라 시민의식이 강화되었다. 물론 김영삼 정권에서의 IMF경제위기와 신자유주의정책의 확대로 중산층이 몰락하고, 시장주의가 민주주의와 공동체정신을 침해하는 폐해를 가져오기도 하였다. 정치적 민주화의 진행은 국가에 대한 시민사회의 견제능력을 증진시켰고, 자본주의발전은 시민사회의 조직화에 필요한 물적 토대를 강화하는 데 기여하였다. 무엇보다도 시민사회에서 NGO를 비롯한 많은 결사체가 분출하였고 시민참여와 연대가 활성화됨에 따라 시민권리 옹호, 정책참여, 부패감시 등과 관련된 활동이 활발해졌다. 시장과 자본에 대한 견제능력도 노동자계급과 유기적 지식인의 연대에 의해 활성화되었다. 특히 신자유주의가 확장되는 상황에서

---

29) 박정희 정권은 태생적인 정통성의 빈곤을 경제성장의 성공으로 만회하려고 하였다. 그러나 경제가 성장하여 중산층이 늘어나고 교육이 확대되면 독재정권에 대한 저항잠재력이 강화되기 때문에 박정희 정권의 경제발전은 '성공의 실패'로 가는 자기모순을 내포하고 있었다.
30) 물론 노태우 정권하에서 1989년에 공안정권이 형성되고, 1990년 3당합당 이후 반공이데올로기와 지역감정을 통해 긴장이 재생산되는 국면이 있었다.

재벌개혁, 시장의 민주화, 부의 불평등 개선, 소비자권리 보호 등에 대한 담론이 확산되었다. 정치적 민주화의 진행과 자본주의의 발전으로 시민사회 스스로 자원을 동원할 수 있는 능력이 증대하였기 때문에 사회문제의 능동적 해결능력도 강화되었다. 사회적 약자를 위한 자원봉사활동도 올림픽게임(1988), 월드컵게임(2002) 등을 거치면서 확대되고 조직화되었다.[31] 시민사회 스스로 후산업사회의 다양한 시민적 욕구를 충족하는 활동도 활발해졌다. 물론 제한된 시민참여와 물적토대로 인해 공공서비스 생산능력은 일정한 한계를 가지고 있는 것이 사실이다. 시민사회의 자기정당성은 1987년 이후에도 많은 문제를 지니고 있는 것이 사실이다. 다차원적 가치가 혼재하는 속에서 여전히 권위주의·반공주의·가족주의·연고주의·물질주의 등과 같은 부정적 유산이 내재하고 있다. 국가권력이 쇠퇴했지만 완강한 엘리트구조, 보수화된 중산층, 거대 부르주아의 지배와 같은 문제가 도사리고 있다(최장집, 1993: 78). 민주주의와 자본주의의 발전에도 불구하고 민주시민의 내적 윤리와 규범이 부족하여 국가와 시장을 개화시키는 것은 고사하고, 국가와 시장으로부터 침투하는 체계논리를 제대로 방어하지도 못한다는 비판을 받기도 한다.

이렇게 본다면 한국 시민사회는 1960년대 이후 초보적인 발전단계에 진입하여 1987년 이후 본격적으로 성장했다고 볼 수 있다.

② 한국 시민사회의 역동

한국 시민사회는 1980년대 후반 이후 짧은 기간에 급속한 성장을 하였다. 20여 년 동안 늘어난 결사체의 수, 공공서비스 생산, 핵심의제의 제기, 국가와 시장에 대한 영향력, 국내외의 연대활동 등을 생각하면 격세지감을 느끼게 한다. 불과 20여 년 전만 해도 군부정권하에서 숨죽이며 기본권리를 위한 민주화운동을 전개하고 있었기 때문이다. 정부의 부패에 대한 감시와 고발, 기업의 부도덕에 대한 비판, 개혁정책에 대한 입법청원, 사회적 약자의 복지 주창, 주요 의제의 설정과 정의 등 민주주의와 인권, 개혁과 복지를 향한 시민사회의 활동은 매우 인상적이었고, 상당한 성과를 거두었다. 2000년에는 1천여 개의 NGO가 결성한 총선시민연대가 국회의원 선거에서 낙천·낙선운동을 전개하여 정당공천 반대자 102명 중 38명이 낙천되도록 하였고(공

---

[31] 한국 자원봉사활동의 역사는 이 두 국제적 행사가 커다란 역할을 하였다고 볼 수 있다. 1988년 이후 일련의 자원봉사조직의 결성(1991년 한국자원봉사연합회, 1994년 한국자원봉사단체협의회 결성)과 2002년 이후의 홍수피해에 대한 자원봉사참여의 급증(2002년 9월 루사태풍 때 연인원 70만 명이 자원봉사자로 참여)을 예로 들 수 있다.

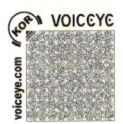

천탈락률 37%), 당선반대자 86명 중 59명을 낙선시켜(낙선율 69%) 전세계를 깜짝 놀라게 하였다. 이 운동은 그 해 유엔이 정한 세계의 모범적인 시민운동으로 지정되었고, 한국 정치사회의 권력지형을 바꾸어 놓았다. 2003년에는 전북 부안의 새만금갯벌 개발을 반대하는 기독교·천주교·불교·원불교 등 초종파적 3보1배 시민운동을 전개하여 세계인을 숙연하게 만들었다. 환경을 살리기 위해 전북 부안 새만금에서 서울 광화문까지 뙤약볕 아래에서 320km를 16만 번이나 절하는 고행은 아마 세계에서 한국에서만 가능할 것이다. 2004년에는 의회의 다수파가 기득권보호 차원에서 대통령 탄핵소추를 의결하자, 전국에서 20일 동안 수백만 명의 인파가 온라인과 오프라인의 NGO 주도하에 의회를 규탄하는 시위를 벌였다. 2004~2005년에는 정토회 소속 지율스님이 경부고속철도가 통과하는 부산지역 천성산의 공사중단과 공정한 환경영향평가를 요구하며 1백 일을 넘는 단식농성을 하였다. 천성산의 도롱뇽을 살리기 위한 목숨 건 단식투쟁은 시민운동을 통해 근대 정치제도의 모순과 환경정책의 왜곡을 고발하였다. 1999년 세계 NGO대회를 서울에 유치하여 행사를 치렀고, 각종 세계시민대회의 참가자 수, 논문발표 수, 실행능력 등에서 괄목할만한 발전을 보이고 있다. 아시아에서는 일본·인도·필리핀 등과 함께 리더십의 위치에서 시민운동을 이끌고 있다.

　물론 한국 시민사회는 윤리적 토대가 빈약하고, 각종 공공서비스를 생산할 물적 토대가 허약하다는 문제가 있다. 안하이어(Helmut Anheier)와 시비쿠스(CIVICUS)가 공동개발한 시민사회의 4대 지표인 구조·환경·가치·영향력에서 본다면, 가치와 영향력의 수준은 상대적으로 높지만, 구조와 환경의 수준은 상대적으로 낮은 편이다(박상필, 2004b). 그럼에도 불구하고 NGO에 대한 시민의 신뢰, 정책참여와 영향력, 사회적 약자의 이익대변, 대중의 관심유도 등에서 한국 시민사회는 뛰어난 능력을 가지고 있다. 한국에서는 시민사회, 특히 NGO의 존재를 무시하고 정부가 정책을 일방적으로 결정하거나 집행한다는 것은 어렵다고 할 수 있다. 실제로 공무원의 민간협력 담당자가 주기적으로 시민사회에 관한 교육을 받고 있고, 중앙정부의 각종 부서에 시민사회 담당관이 있으며, 대기업에도 시민사회와 연결하는 채널이 존재한다. 2004년 대통령 탄핵소추나 2008년 미국산 쇠고기 수입협상처럼, 국가나 정치사회가 시민사회의 의견을 무시하거나 역량을 오판할 경우 언제든지 시민사회의 저항이 나타날 수 있다. 물론 2008년 이명박 정부의 등장 이후, 국가에 의한 시민사회의 억압 혹은 무시에 의해 시민사회의 역동이 크게 위축된 것은 우려스러운 일이다.

　한국 시민사회가 다양한 쟁점과 전략, 다양한 세력과 목표가 각축을 벌이는 헤게모니투쟁이 치열한 것도 사실이다. 이러한 경향은 남북한 간의 분단의 지속, 지구화의 확장에 따른 경제적 불평등의 심화, 한국사회의 구조적 분화, 노무현 정권의 진보적 이데올로기 수용, 보수적인 이명박 정부의 등장 등과 맞물려 더욱 격화되고 있다. 계급운동과 탈계급운동의 갈등, 진보적인 NGO와 보수적인 NGO의 대립, 정치적 이슈와 경제적 이슈의 우선권을 둘러싼 논쟁, 보편적 이익과 특수이익의 대결, 운동방법과 전략의 합법성을 둘러싼 대립 등 갖가지 대결과 갈등이 벌어지고 있다. 그러나 다른 한편에서는 공통의 목적을 추구하기 위한 다양한 차원의 연대도 활발하게 일어나고 있다. 그리고 시민사회 내의 규범과 윤리를 생산·재생산하기 위한 네트워크도 확산되고 있다. 그런가 하면, 시민운동의 실행과 조직화가 온라인으로 확장되고, 축제와 놀이의 문화가 시민운동에 접목되고 있다. 대안사회를 실험하고 영성을 발현하기 위한 운동도 곳곳에서 태동하고 있다. 한마디로 한국 시민사회는 다른 국가에서도 보기 어려울 정도로 온갖 조직, 이데올로기, 전략, 목표가 상호 대결하고 타협하는 복잡성을 보여주고 있다.

제3절 국가·시장·시민사회의 관계

1. 국가와 시민사회 간의 관계

앞 절에서 시민사회의 의미를 논의하면서 국가와 시민사회 간의 관계가 간접적으로 언급되었다. 국가와 시민사회의 관계는 자유주의적 입장, 마르크스주의적 입장, 다원주의적 입장 등 다양한 시각에서 조망할 수 있다. 여기서는 양자 간의 관계를 견제·협력의 변증법적 관계에서 논의하고자 한다.

국가와 시민사회 간의 관계는 근본적으로 개인의 자유와 평등을 어떻게 보장하고 확대할 것인가에서부터 출발한다. 일찍이 근대정치사상가들이 고민한 바와 같이, 개인의 사적 이익추구로 인해 무질서한 자연상태나 특권과 신분제도에 의해 개인을 구속하는 봉건제도에서는 개인의 자유와 권리, 그리고 주체성을 보호할 수 없었다. 따라서 개인의 안전과 복리를 위해서는 근대적인 법제도를 가진 국가를 설립하여 법치에 의한 통치가 필요하였다. 이러한 사고는 마키아벨리, 홉스, 보댕 등 근대국가 이론가들의 공통된 소망이었다. 국가의 중요성을 가장 강조한 사람은 역시 헤겔이라고 할 수 있다. 헤겔은 역사진보를 개인의 주체성을 포용할 수 있는 공동체의 완성으로 보고, 국가야말로 개인의 주체성과 공동체성을 동시에 발현할 수 있는, 절대정신이 완전하게 구현된 이성의 실체로 보았다.

그러나 근대국가의 성립 이후 국가는 물리적 강제력을 독점·행사함으로써 오히려 개인의 자유를 침해하게 되었다. 사실 제도에 의해 정당화된 폭력은 국가에서만 가능한 것이다. 따라서 계몽주의시대 이래로 자유주의자들은 국가의 권력확대를 경계하며 국가권력에 대한 사회적 통제를 강조하였다. 그들의 관심은 절대권력을 통제하여 개인이 자유롭게 사적 이익을 추구할 수 있도록 하는 것이었다. 자유주의자들에게 시민사회는 국가의 대척점에 위치하면서 국가의 간섭을 방어하고 개인이 자유롭게 자기이익을 축적할 수 있는 독립된 공간이었다. 토크빌의 주장처럼, 이를 위해서는 시민사회 내에서 각종 결사체들이 활발하게 결성되고 활동해야 한다. 신자유주의하에서는 국가에 대한 불신과 국가영역의 확대에 대한 경계심이 더욱 깊어져 국가영역의 축소를 곧 시장의 자유와 사적 영역의 확대로 본다. 즉 국가와 시민사회의 관계는 이항 대립적인 관계로 영합게임(zero-sum game)이 적용된다고 본다.

국가가 제한되고 축소된다고 해서 문제가 해결되는 것은 아니다. 시민사회는 다양성과 차이의 존재를 중시하는 이념을 가지고 각종 단체가 서로 얽혀서 대결하고 타협하는 공간이다. 국가와 시대에 따라 차이는 있지만, 시민사회 내에서도 각종 억압과 차별이 존재한다. 골육상쟁의 투쟁으로 갈등이 만연하고 분열상태에 빠지기도 한다. 뿐만 아니라, 시민사회는 비합리와 소외를 내포하고 있다. 시민사회는 국가보다 도덕적이라고 할 수도 없거니와, 심하게 말하면 권위주의적이고 비민주적인 조직운영의 온상이기도 하다. 시민사회의 민주화를 위해서는 부를 재분배하고 갈등을 조정하는 국가의 역할이 필요하다. 포스트마르크스주의자들은 시민의 자유를 확대하기 위해 아래로부터의 사회적 이니셔티브도 필요하지만, 국가에 의해 주도되는 창조적 개혁과 계획의 복합전략도 중요하다고 말한다(Keane, 1988: 30). 각종 결사체의 생성과 자유를 보장하고 시민적 규범과 관련된 사회자본을 재생산하여 건강한 공공생활이 이루어지도록 하기 위해서는 국가의 보호적 역할도 필요하다.

시민사회에 대한 국가의 위상은 갈등을 조정하고 법치를 행하는 소극적 역할에서 끝나지 않는다. 주지하듯이, 국가관료제로는 현대인이 갈망하는 다양한 탈물질적 욕구를 충족시키기 어렵다. 따라서 고도로 다원화되고 복잡한 현대사회에서는 시민사회의 각종 결사체가 다양한 욕구를 충족시키기 위해 공공서비스를 생산하게 된다. 그러나 공공서비스를 생산하는 시민사회의 능력은 매우 제한되어 있다. 공공서비스의 생산은 시민사회의 조직화와 자원활동뿐만 아니라, 국가에 의한 정책형성과 재정지원을 필요로 한다. 따라서 정부는 다양한 형태와 차원에 걸쳐 시민사회의 서비스 생산활동에 개입한다. 오늘날 국가와 시민사회 간에 활성화되고 있는 각종 파트너십이 이를 잘 반영해준다. 그러므로 국가와 시민사회는 자신의 정당성을 높이기 위해 서로 협력할 필요가 있다. 국가와 시민사회의 협력은 신자유주의의 주류화 속에서 시장원리의 침투에 대한 공동방어 전선의 구축에서도 볼 수 있다. 지구화가 확장되는 가운데 국가는 초국적기업과 국제투기자본(hot money)에 취약할 뿐만 아니라, 민주주의와 복지정책이 침해받게 된다. 그런가 하면, 시민사회는 시장원리의 침투에 의해 공동체의 원리가 붕괴하고 물질주의가 만연하게 되는 문제에 봉착하게 된다. 따라서 국가와 시민사회는 신자유주의와 지구화를 일정하게 제어하기 위해 연대할 필요가 있다.

이상 살펴본 바와 같이, 국가와 시민사회는 견제나 협력의 일원적 관계가 아니라 양자가 변증법적으로 교차하는 관계를 형성하고 있다. 따라서 양자 간의 견제·협력의 변증법적 조화가 바람직한 관계라고 할 수 있다.

2. 국가·시장·시민사회 간의 균형

1) 각 섹터의 이념과 작동원리

국가, 시장, 시민사회의 각 섹터는 상호 구별되는 개념적 경계를 가지고 각각 고유한 이념과 기능, 조직원리와 활동양식을 지닌다. 여기서는 각 섹터의 이념과 작동원리에 대해 간단하게 살펴보기로 한다.

① 국가

국가는 단일화된 실체가 아니라 고도로 복잡한 일련의 관계와 과정으로 형성되어있다(Held, 1996: 6). 국가는 좁은 의미의 정부, 법원, 의회, 경찰, 군대, 감옥 등 법률의 제정·집행·심판을 통해 강제력을 행사하는 여러 조직으로 구성되어있다. 이러한 조직들은 대체로 대규모 관료제로서 위계적인 형태를 띤다. 물론 국가의 이념과 역할은 국가의 형태와 성격에 따라 달라진다. 마르크스는 국가를 자본가계급의 이익에 봉사하는 조직화된 공적 폭력체계로 인식한다. 반면에 베버(Max Weber)는 국가를 정의하는 데 영토·폭력·정당성이라는 개념을 중시한다. 그는 국가를 물리적 강력력을 독점하여 일정한 영토와 그 영토 내의 주민을 배타적으로 지배하는 공동체 또는 행정기구의 총합으로 본다(Weber, 1978: 901-902). 베버는 국가의 계급성을 반대하고 관료제를 국가목적 달성을 위한 중요한 장치로 보았다. 한편 다원주의자는 국가를 많은 사회집단 중의 하나로서 특정한 목적을 가진 조직체로 본다. 따라서 다원주의적 시각에서 볼 때, 국가는 사회의 일부로서 사회갈등을 조정하고 심판하는 매개자에 불과하다.

현대사회에서 국가는 입법을 수행하고 정책을 형성하며 갈등을 조정하는 역할을 한다. 국가는 그 성격이 어떠하고, 어떠한 통치형태를 띠든, 대체로 지배계급의 도구와 공공선의 담지자라는 이중적 성격을 띠고 있다. 즉 국가는 권력기관으로서의 성격과 공공서비스 생산기관으로서의 성격을 동시에 지닌다. 국가는 강압수단의 축적과 집중을 통해 특정 영토 내의 경쟁자와 도전자를 공격하고 견제하는 과정에서 형성되었다(Tilly, 1994: 156-60). 따라서 국가는 일정한 영역 내에서 폭력을 독점하고 이를 대체하려는 어떠한 피지배세력의 도전도 허용하지 않는다. 국가는 이러한 강제력과 억압력을 가지고 국가운영에 필요한 자원을 추출하고 갈등을 심판하며 사회통제기능을 수행한다. 국가는 또한 무임승차가 발생하는 각종 공공재를 생산하는 중요한 역할을 수행한다. 이때 국가는 다수결의 원리에 따라 관료제에 의해 주로 획일적 서비스를 제공한다. 관료제는 명령과 통제가 주요한 조직원리로 작용한다. 이로 인해 소수자의 요구를 무시하게 되고, 경제적으로 비효율적일 수 있으며, 외부변화에 신축적으로 적응하지 못하는 경직성을 띠게 된다.

② 시장

시장은 수요와 공급에 따라 상품생산과 가격이 결정되고 경제주체 간의 자발적인 교환과 거래가 이루어지는 사회제도이다. 아담 스미스 이래로 시장은 개인이 사적 이익을 추구하면 '보이지 않는 손'에 의해 사회 전체에 최상의 결과를 가져오고 공공선을 실현할 수 있다고 간주되었다. 시장주의자들은 시장이 완전경쟁상태에 있을 때 최적의 자원배분이 이루어지고 자연적으로 조정과 균형이 이루어져 사익과 공익이 조화될 수 있다고 본다. 나아가 시장이 공정한 경쟁에 의해 자유를 촉진할 뿐만 아니라, 빈곤을 개선하고 평등을 보장하는 데 기여할 수 있다고 주장한다. 따라서 국가는 공정한 규칙을 정하고 질서를 유지하는 최소한의 역할에 만족하고, 시장에 적극적으로 개입하거나 평등을 위한 재분배정책은 오히려 사회악이 되므로 거부한다.

시장은 경쟁과 효율성의 원칙에 따라 자원을 배분하고 인간생활에 필요한 각종 상품과 서비스를 생산하는 유용한 장치임이 틀림없다. 시장은 자본주의 이념과 결합하여 물질적 풍요를 가져왔고 합리적으로 소득을 분배하는 제도이기도 하다. 더구나 시장은 현대사회와 같이 사회가 복잡하고 개인의 욕구와 선호가 다양한 경우에 개개인이 필요한 재화와 서비스를 제공하는 데 적절하다. 그러나 케인즈(John Keynes)가 주장하는 바와 같이, 시장은 자원을 효율적으로 배분하는 데 한계가 있고 불평등과 같은 윤리적인 문제를 안고 있다. 시장은 인간의 필요에 대응하는 메커니즘이 아니라 소비자의 구매력에 의해 측정되는 수요에 대응하기 때문에, 빈곤한 자의 필요에 무관심하다(박효종, 1991). 시장에서의 불평등은 노동의 성별분업과 성적 차별로 인해 남녀 간의 불평등까지 이어진다. 그리고 시장은 자신의 이익을 극대화하려는 합리적 인간의 집합소이기 때문에 비도덕적 행위가 빈발하게 일어난다. 개인의 기회주의적인 행동이나 기업에 의한 환경파괴가 대표적이다. 그리고 시장은 모든 것을 화폐로 환산하기 때문에 비인간적인 거래가 일어나고 인간을 상품화시키게 된다.

③ 시민사회

시민사회는 근대국가의 성립, 자본주의의 발전, 시민계급의 조직화, 시민혁명의 발발과 함께 탄생하였다. 시민사회는 체제유지를 목적으로 하는 국가와 이윤추구를 목적으로 하는 시장과 구분되는 제3의 영역으로서 다양한 단체들이 활동하고 있다. 보수적인 단체가 있는가 하면, 진보적인 단체도 있다. 공익을 추구하는 단체가 있는가 하면, 사익을 추구하는 단체도 있다. 계급적 이익을 대변하는 단체가 있는가 하면, 초계급적인 이익을 추구하는 단체도 있다. 비영리병원이나 교육기관처럼 기관형조직이 있는가 하면, 시민단체나 직능단체처럼 회원조직도 있다. 그러나 시민사회는 다양성과 차이를 인정하는 관용을 가지고 이질적인 가치 간에 조화가 이루어진다. 그리고 공동체적 이익과 사익 간의 융합을 통해 개인의 자유와 권리가 발현되는 공간이다. 시민사회는 각각 권력과 화폐에 의해 작동하는 국가나 시장과는 달리, 자율·참여·연대의 동학 속에서 공동체적 문화가 중시된다.

시민사회는 자율성·공공성·자원성·다원성·연대성·수평성·국제성 등의 이념을 중시한다. 시민사회는 시민이 자발적으로 참여하고 다층적 공론장이 형성되어 공공의 가치를 추구하는 것을 중시한다. 자원봉사활동이 활발하고 다원적 가치가 통용된다. 협력하는 문화가 발달되어 있고 공생의 논리가 존중된다. 조직이 상대적으로 수평적이고 국제적인 차원까지 협력과 연대가 확대된다. 상호존중과 친밀감이 강하고 사회적 약자나 환경에 대한 관심이 높다. 새로운 것을 발견하고 실험하는 것을 장려한다. 전통적 가치나 믿음을 보존하고 전승하는 것도 시민사회에서 가능하다. 신비감, 종교, 비술, 전통, 취미, 놀이 등과 같은 정신적 탐사와 오락도 대부분 여기서 이루어진다. 따라서 공동체, 인간적 교류, 삶의 질, 인간해방, 자아실현, 영성의 발현 등은 시민사회와 불가분의 관계를 맺고 있다. 근대국가와 자본주의의 발달 이래 국가와 시장의

〈표 3-6〉 각 섹터의 특성 비교

영역	주요 기능	작동원리
국가	대외적 안전, 질서유지, 공공서비스 생산	강제와 명령, 계층화, 다수결, 획일성
시장	상품과 서비스의 생산과 교환	이윤추구, 경쟁, 효율성, 실적주의
시민사회	국가와 시장의 견제, 복지서비스 생산, 사회통합과 문화적 재생산, 사회자본의 생성	자율, 참여, 연대, 신뢰, 다원성, 형제애와 상호호혜(봉사/관용/포용), 공동체, 도덕과 윤리, 생태주의, 실험정신, 영성

영역이 계속 확대되어왔지만, 영성·윤리·봉사·우정 등은 결코 국가와 시장에 의해서 충족될 수 없다.

이상 설명한 각 섹터의 특성을 정리하면 〈표 3-6〉과 같다.

2) 각 섹터 간의 상호작용과 균형

① 각 섹터 간의 상호작용

국가·시장·시민사회 간의 관계는 일방적이거나 단일한 관계로 설정하기 어렵다. 삼자는 밀접하게 상호작용하고 역동적인 관계를 맺고 있다. 각 섹터는 서로 영향을 끼치면서 갈등과 긴장 관계를 갖기도 하지만, 상호 이념과 역할을 공유하기도 한다. 정부의 공공관리, 기업의 사회적 책임, 비영리단체의 공공서비스 생산과 성과관리 등을 예로 들 수 있다. 또한 각 주체가 어떠한 성격을 띠는가에 따라 다른 주체의 대응이 달라진다.

국가와 시장의 관계에서 국가는 각종 정책을 통해 규칙을 제정하고 시장질서를 확립한다. 그런가 하면 시장에서 생산할 수 없는 서비스를 생산하고 상품구매와 공적 투자를 통해 시장의 활성화를 돕는다. 시장은 국가재정에 필요한 세금을 내고 국가가 필요로 하는 각종 상품과 서비스를 생산한다.

국가와 시민사회의 관계에서 국가는 각종 법률과 규칙을 통해 시민사회를 통제하거나 여론을 조성한다. 그런가 하면, 각종 공공서비스의 생산을 위임하고 자금을 지원한다. 물론 이러한 지원은 규제와 감독을 수반한다. 시민사회는 여론형성을 통해 국가의 지배정당성을 뒷받침한다. 그리고 국가가 위임하거나 무시한 각종 공공서비스를 생산하여 국가의 목적에 협력한다. 한편 시민사회는 국가에 대한 저항의 거점으로서 압력행사를 통해 국가권력을 견제한다. 국가가 지닌 강제와 독점에서 나타나는 억압과 부패를 감시하고 비판하기도 한다.

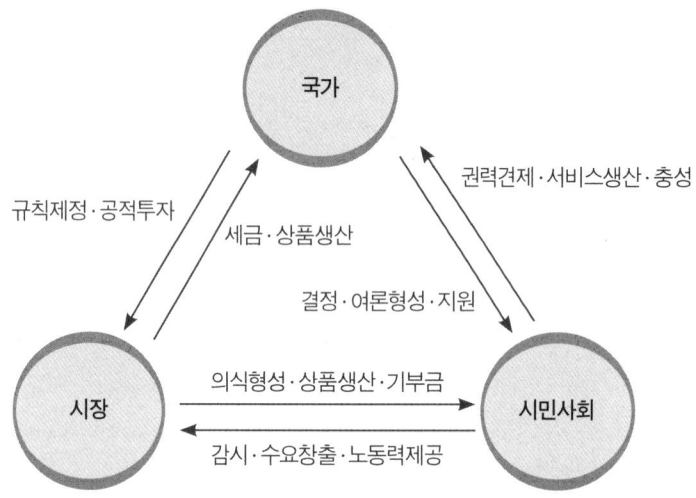

〈그림 3-7〉 국가, 시장, 시민사회의 관계

시장과 시민사회의 관계에서 시장은 시민사회에 계급적·탈계급적 의식을 강요하고 형성한다. 이것은 자본을 통해서 이루어지기도 하지만, 직접 시민사회에서 각종 이익집단의 조직화를 통해 이루어지기도 한다. 시장은 또한 시민사회가 필요로 하는 상품을 생산하고 기부금을 제공한다. 그런가 하면, 면세혜택을 받는 각종 비영리단체가 상업행위를 할 경우 경쟁관계에 놓이기 때문에 불공정한 경쟁을 비판하고 견제한다. 시민사회는 시장을 감시한다. 시장에 의한 환경파괴와 불량상품을 감시하여 소비자의 권리를 보호하는 것이 대표적이다. 시민사회는 시장의 상품과 서비스를 소비하는 영역으로서 수요를 창출하기도 한다. 뿐만 아니라, 시장이 필요로 하는 노동력과 새로운 기술을 제공하는 역할도 한다.

이상 설명한 것을 정리하면 〈그림 3-7〉과 같다.

② 각 섹터 간의 균형

국가, 시장, 시민사회는 경계가 희미해지고 상호의존도가 높아지고 있지만, 기본적으로 각자 고유한 이념과 원리를 가지고 상호작용하고 있다. 각 섹터가 제 기능을 하지 못하거나 섹터 간의 조정양식이 기능하지 못하면 사회불안, 물질적 빈곤, 인권침해와 같은 중대한 문제가 발생한다. 개발도상국가뿐만 아니라 선진국에서도 국가에 의한 억압이 문제이지만, 아직은 국가의 역할이 중요하고 국가 없는 사회를 상상하기는 쉽지 않다. 마찬가지로 시장이 아무리 불평등을 생

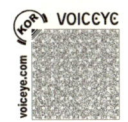

산하고 인간정신 타락의 주범이라고 하더라도, 시장 없는 사회는 원시사회로의 회귀를 의미한다. 사회주의국가에서 시장의 통제와 축소는 심각한 물질적 빈곤을 초래하였다. 시민사회는 아직도 비가시적이고 천덕꾸러기같이 보이지만, 시민사회가 제 기능을 하지 못하면 사회는 강제와 획일, 경쟁과 물신주의가 만연되어 인간정신이 메말라진다.

각 섹터 간의 균형이 깨져 어느 한 영역이 너무 강화되어 타 영역을 침투해도 문제가 발생한다. 국가영역이 강화되면 국가주의가 세력을 떨치게 된다. 인류는 파시즘, 공산주의, 군부권위주의 등과 같은 국가주의에 의한 인권유린을 경험하였다. 시장이 강화되면 신자유주의 이데올로기가 팽배한 사회에서 확인할 수 있는 것처럼, 공동체가 파괴되고 정치적인 것이 축소된다. 시장주의에서는 강자의 논리가 지배하게 되는데, 이것은 민주주의에 심각한 도전이 아닐 수 없다. 시민사회가 사적 개인의 참여를 통해 공공선을 추구한다고 하지만, 공적 권위를 가지고 있지 않기 때문에 국가의 역할을 대행할 수는 없다. 무정부나 원시공동체적 분권사회를 추종하는 아나키즘(anarchism)은 현대사회에서 아직은 일반적으로 현실화되기 어렵다.

현대사회의 민주주의와 자본주의 체제에서는 각 섹터가 적절한 기능을 수행하면서 상호협력과 견제를 통해 균형을 이루는 것이 중요하다. 사회가 균형상태에 있을 때 정치는 사회의 각종 이익을 조직하고, 경제는 생활필수품을 생산하며, 문화는 삶에 의미를 제공할 수 있다(Epps, 1998). 현대사회에서 개인이 필요로 하는 것은 단순히 질서나 상품만이 아니다. 그렇다고 시민사회에서 주장하는 인권, 공동체정신, 형제애, 생태주의만으로 살아갈 수도 없다. 국가는 사회질서와 안전의 유지 그리고 재분배 역할을 하고, 시장은 상품생산과 물질적 풍요를 창출하며, 시민사회는 윤리적 삶과 인간적 욕구를 충족한다. 각 섹터가 독자적인 이념과 역할을 가지고 상호 협력하고 견제하면서 시민권리를 보호하고 삶의 질을 증대할 수 있는 정치공동체를 유지·발전시키는 것이 현실적 유토피아에 근접한다고 할 수 있다.

한국은 일본의 식민지지배, 남북한 간의 대립과 전쟁, 군부권위주의의 지배 등을 통해 법의 지배를 벗어난 국가의 폭력이 일상적으로 행해지는 것을 경험하였다. 그리고 국가가 시장에 대한 개입을 통해 정경유착과 부정부패와 같은 부작용을 낳고, 시민사회를 보수화시키거나 분열시키기도 하였다. 군부정권을 통해 과대성장한 국가는 민주화되고 축소되었으나 여전히 국가가 우월한 권력을 가지고 있다. 시장은 국가주도의 급속한 산업화의 하위파트너로 참여하면서 공정한 행위준칙과 정당한 축적관행을 갖지 못하였다. 각종 일탈행위와 부정부패가 만연하였고, 이로 인해 국가의 개입을 초래하였다. 오늘날 시장은 국가의 간섭을 벗어나 경쟁과 효율성의 원칙을 회복해가고 있으나, 여전히 합리적이고 공정한 게임 룰이 적용되지 않고 있다. 시민사회는 짧은 역사 속에서 시민참여, 재정, 리더십, 제도적 장치 등 자원의 형성에서 한계가 있다. 더구나 국가와 시장으로부터 유래된 각종 부정적 유산을 물려받아 자체의 민주화를 이루지 못하고 있다. 시민사회는 자원과 영향력에서 국가와 시장에 비해 상대적으로 빈약하다. 따라서 절차적 민주주의를 넘어 실질적 민주주의를 성취하고 다양한 탈물질적 욕구를 충족하여 삶의 질을 높이기 위해서는, 국가와 시장에 비해 허약한 시민사회를 활성화시키는 것이 필요하다.

제4절 시민사회와 NGO

시민사회는 국가와 개인 사이에 위치하고, 국가와 시장 밖의 자발적 결사체의 영역이다. 그렇다면 시민사회와 NGO는 어떤 관계에 있는가. 시민사회에는 다양한 단체가 존재한다. 각 단체는 추구하는 목표, 조직원리, 제공하는 서비스가 서로 다르다. 국가와 시장에 대한 관계도 획일적으로 규정하기 어렵다. 시민사회의 각종 단체 중에서 NGO는 공공성을 담지하는 가장 대표적인 결사체이고, 가장 역동적으로 시민사회적 가치를 대변한다. 더구나 오늘날 국가의 재구조화 속에서 거버넌스가 활발해짐에 따라 NGO의 역할이 강화되고 있다. 또한 NGO는 국가와 시장에 의해 시민사회가 식민화되는 것을 방어하기 위해 적극적으로 시민운동을 전개하기도 한다. 미국과 같은 선진국에서 시민사회의 각종 결사체가 서비스 생산기능을 과도하게 수행함에 따라 시민사회가 상업화되고, 시민참여가 저조하며, 공적 역할을 수행하는 시민사회의 정체성이 변질된다는 지적이 있다(Alexander, et al., 1999; Van Til, 2000: 192-203). 이런 점에서 시민사회적 가치를 대변하는 NGO의 역할은 민주주의의 질적 발전에 필수적이다.

NGO는 조직을 구성하고 시민운동을 전개하는 데 필요한 각종 자원을 주로 시민사회에서 동원한다. 회원을 모집하여 단체를 구성하고, 회비와 기부금을 통해 재정을 충당한다. 자원봉사자의 도움으로 사업을 수행하고, 시민의 지지를 기반으로 영향력을 강화한다. 리더십의 보충과 상근자의 교육 또한 시민사회에서 일어난다. NGO에 대한 홍보나 정치적 지지를 이끌어내는 매체 또한 주로 시민사회에 존재한다. NGO가 시민운동의 진행에 필요한 각종 자원을 국가와 시장으로부터 지원받기도 하지만, 시민사회의 지원이 없는 국가와 시장의 지원은 NGO의 토대를 위협하게 된다. 따라서 시민사회의 뿌리가 튼튼하다는 것은 그만큼 NGO의 자생능력과 영향력을 증명하는 것이 된다. 시민사회는 NGO를 낳고 기르는 규범적 토대이자, NGO의 활동에 필요한 각종 자원을 제공하는 실질적 보급소라고 할 수 있다.

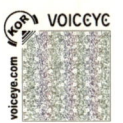

제 **4** 장
NGO의 개념틀

제1절 NGO 개념의 발생

NGO와 같은 단체는 인간이 사회를 구성하여 생활해온 이래로 인간과 함께 해왔다고 볼 수 있다. 물론 우리가 말하는 NGO는 일종의 근대적 산물로서 근대 국민국가와 자본주의가 발달함에 따라 본격적으로 등장하였다. 근대에 들어와 국가와 시장 바깥에 시민사회라는 공간이 형성됨으로써 NGO를 비롯한 많은 결사체가 결성되었던 것이다. 그러나 이때 사람들은 NGO라는 개념을 사용하지 않았다. NGO라는 개념이 언제 최초로 등장했는지는 구체적으로 알 수 없다. 다만 1915년 로마카톨릭에 의해 설립된 카리타스(Caritas)와 1919년에 영국에서 설립된 아동구제기금(Save the Children Fund)에서 사용되었다는 설이 있다. 그러나 국제적으로 NGO라는 개념은 유엔(UN: United Nations)이 결성됨으로써 일반적으로 사용되기 시작하였다. 그리고 한국에서는 1987년 6월항쟁 이후 NGO라는 개념을 외국에서 도입하여 사용하기 시작하였다. 여기서는 국제적 차원과 국내적 차원으로 나누어 NGO라는 개념이 등장하게 된 과정을 살펴보기로 한다.

1. 유엔의 결성과 NGO

국제사회에서 NGO의 개념이 생성하게 된 것은 유엔의 출현과 밀접한 관련이 있다. 물론 유엔의 설립 이전에도 NGO는 많이 있었다. 예를 들어, 1838년에 영국에서는 노예제도에 반대하는 반노예협회(British Anti-Slavery Society)가 설립되었고, 1864년에 결성된 세계적십자사(Red Cross)는 중립의 원칙 속에서 인도적인 실천활동을 하였다. 그리고 1892년에 시에라클럽(Sierra Club)이 미국에서 결성되어 환경운동을 시작하였고, 영국의 아동구제기금(Save the Children Fund)이 1919년에 설립되어 제1차 세계대전 후에 고아가 된 아동을 보호하는 활동을 하였다. 또한 옥스팜(OXFAM: Oxford Committee for Famine Relief)은 나치정권하에서 동맹국의 봉쇄로 기아에 허덕이는 그리스 거주인을 돕기 위해 1942년에 영국에서 설립되었다. 그러나 그 당시 이러한 단체는 NGO로 불리지 않았다. NGO라는 개념이 발생되지 않았음에도 1900년 이후 각종 국제NGO들이 국제회의에 참여하고 국제적 연합체를 결성하였다는 보고가 있다.

NGO의 개념이 국제적으로 공식적으로 등장한 것은 1945년 유엔이 창설되면서부터이다. 1945년 4월 미국 샌프란시스코에서 51개국 대표들이 모여 유엔창설을 논의할 때, NGO 대표들도 참여하여 국제평화를 구축하기 위한 노력을 하였다. 그 대표적인 것이 유엔헌장의 인권조항이다. 미국NGO를 중심으로 한 NGO대표들은 세계평화를 위해 유엔헌장에 인권조항을 삽입하도록 압력을 가하여 이를 관철시켰다. 이때 NGO는 정부대표들이 모인 정부간조직(inter-governmental organization)에서 정부가 아니라는 이유로 단순히 비정부조직(nongovernmental organization)으로 불렸다. 즉 NGO는 국제정치에서 정부간조직에 대응하는 소극적 의미로 사용되었다. 물론 이때 참여한 단체는 지금 통용되는 NGO와는 달리 상공회의소(Chamber of Commerce), 기업연합, 전문가단체, 종교단체, 노동조합 등 넓은 범주의 민간단체였다. 이후 유엔이 설립되고 유엔헌장이 만들어지자, NGO라는 용어는 유엔헌장 제10장 제71조에서 공식적으로 언급되었다.[1] 이때 NGO는 정부 이외의 조직으로서 국가주권의 범위를 벗어나 사회적 연대와 공공의 목적을 실현하는 자발적인 공식조직을 의미하였다. 즉 NGO는 비정부성·자율성·공익성·자원성·공식성·국제성 등의 특성을 가진 민간단체를 의미하였다. 개념 발생 초창기에 NGO는 주로 국제적인 수준에서 개별국가나 각종 국제기구가 해결하

---

[1] 유엔헌장 제71조는 이렇게 되어 있다. "The Economic and Social Council may make suitable arrangements for consultation with non-governmental organizations which are concerned with matters within its competence. Such arrangements may be made with international organizations, and where appropriate, with national organization after consultation with Member of the United Nations concerned"(유엔의 경제사회이사회는 그 관할영역 내의 문제와 관련하여 비정부조직과 협의할 수 있는 약정을 맺을 수 있다. 그러한 약정은 국제 비정부조직, 그리고 필요한 경우 해당 유엔 가맹국과의 협의하에 국내 비정부조직과도 맺을 수 있다).

지 못하는 국제문제를 해결하기 위해 자문역할을 하는 소극적인 개념으로 사용되었다.

 NGO는 이후 1950년에 유엔헌장 제71조의 규정에 따라 유엔 경제사회이사회(ECOSOC: Economic and Social Council)의 결의안이 만들어짐으로써, 공식적으로 협의적 지위(consultative status)를 갖게 되었다. 따라서 유엔의 각종 국제활동에 의견을 제시하거나 발언할 수 있게 되었다. 1946년 41개의 NGO가 협의적 지위를 획득한 이후, 국제적인 이슈의 증가로 NGO의 역할이 중요해지자 그 수가 계속 증가하여, 2010년 현재 경제사회이사회에 협의적 지위를 가진 단체는 3,000여 개로 증가하였다. 그리고 유엔 사무국의 공보국(DPI: Department of Public Information)도 1968년 경제사회이사회의 결의안에 따라 NGO와 공식적인 관계를 맺고 있다. 2005년 현재 공보국과 공식적인 관계를 맺고 있는 NGO는 전세계에 걸쳐 2,000여 개에 이른다.[2] 오늘날 유엔은 NGO에 의한 감시와 개혁의 대상이면서도 NGO 활동에 가장 우호적인 국제기구이기도 하다. 유엔은 NGO의 협력 없이는 환경·인권·평화·보건·난민구호·빈곤구제 등과 같은 주요한 국제적 문제를 해결할 수 없기 때문이다.

 초창기에 NGO는 국제적인 원조활동에 참여하는 국제NGO를 지칭하는 경향이 있었다. 이것은 미국·유럽·일본 등 선진국에서 NGO라는 개념이 주로 국제원조에 참여하는 단체를 의미하는 개념으로 사용되는 것에서도 잘 알 수 있다. 그러나 NGO가 주권국가나 국제기구에 자문을 하거나 상호협력을 통해 공동의 문제를 해결한다는 소극적 개념에서 시민권리를 옹호하고, 국가권력과 국가이기주의를 견제하며, 나아가 기업이나 초국적기업을 견제하는 단체로 그 역할이 적극화되었다. 이에 따라 개념의 범주도 확대되었다. 따라서 서구사회에서 NGO는 국제수준뿐만 아니라 국가수준이나 지방수준에서도 사회적 연대를 통해 공공선을 증대하는 단체로 확대되었다. 실제로 유엔의 경제사회이사회가 1996년 결의안을 통해 경제사회이사회와 협의적 지위를 갖는 NGO의 범위를 국제NGO(international NGO) 외에 전국NGO(national NGO)와 지방NGO(local NGO)까지 확대하였다. 이러한 추세에 발맞추어 그 당시 유엔 사무총장이었던 코피 아난(Kofi Annan)은 세계 모든 지역의 NGO가 유엔활동에 적극적으로 참여할 것을 권고하기도 하였다.

---

2) 유엔 사무국의 공보국과 공식적인 관계를 맺고 있는 NGO는 공보국으로부터 규칙적인 정보획득, 전지구적 문제를 다루는 회의 참석, 유엔 NGO자원센터(NGO Resource Center)의 이용 등이 가능하다.

2. 6월항쟁과 한국NGO

한국에서 NGO라는 개념을 보편적으로 사용하게 된 것은 1987년 6월항쟁과 밀접한 관련이 있다. 물론 서구사회와 마찬가지로 한국에서도 NGO라는 개념이 발생하기 이전에 NGO는 존재하였다. 멀리 거슬러 올라가면 고려시대 가난한 자에게 복지서비스를 제공하는 보(寶)가 있었고, 조선시대에도 각종 자선단체가 있었다. 구한말에는 신분제도를 철폐하고 사회개혁을 추진하기 위해 각종 결사체가 등장하였다. 그리고 일제강점기에도 노동운동·독립운동·계몽운동·교육운동·절약운동 등을 추진하는 단체가 존재하였다. 해방 이후에는 국가권력의 공백기와 이승만 정권하에서 여성단체·청년단체·계몽단체·노동단체들이 분출하였고, 군부정권하에서도 오늘날 NGO라고 할 수 있는 각종 단체들이 활동하고 있었다. 예를 들어, 1896년 설립된 독립협회, 1903년에 종교단체로 시작한 YMCA(Young Men's Christian Association),[3] 1905년에 설립된 대한적십자사,[4] 1906년에 설립된 신민회, 1913년에 설립된 흥사단, 1927년에 조직된 신간회 등은 민간인이 중심이 되어 정부의 지원을 받거나 스스로 조직한 단체로서 계몽운동, 구호활동, 교육운동 등을 전개하였다. 따라서 지금 우리가 NGO라고 규정하는 범주에 포함시킬 수 있다. 그러나 한국에서 NGO가 본격적으로 분출하고 이에 대한 개념을 서구사회로부터 수용한 것은 1987년 6월항쟁 이후이다.

1987년 6월항쟁은 한국 시민사회의 발달에 커다란 획을 긋는 사건이었다.[5] 한국 시민사회는 19세기 구한말부터 태동하기 시작하였지만, 앞장에서 살펴본 바와 같이 대체로 1960년대 이후 형성되기 시작하여, 1987년 6월항쟁 이후 본격적으로 발달하기 시작하였다. 1987년 6월항쟁이 군부정권을 굴복시키고 정치적 민주화를 성취함에 따라 표현의 자유, 언론·출판의 자유, 집회·결사의 자유가 보장되었다. 그동안 군부권위주의 정권하에서 시민사회는 국가로부터 자율

---

3) YMCA는 1903년 황성기독청년회로 시작하여 1914년 YMCA로 개칭하였고, 처음에는 종교단체로 출발했지만 시민단체와 같은 기능도 수행하고 있다.
4) 대한적십자사는 1905년 고종의 칙령에 의해 설립되었다.
5) 6월항쟁이란 1987년 6월 독재정권에 대한 전국적 시민저항을 말한다. 1979년 10월 박정희 대통령의 저격 이후 민주화를 위한 봄기운이 찾아왔으나, 전두환을 비롯한 신군부가 1979년 12월에 쿠데타를 일으켜 권력을 장악한다. 신군부세력은 다음해 1980년 광주에서 민주주의를 염원하는 시민의 요구를 총칼로 묵살하고 수백 명을 살상하였다. 이후 대학을 중심으로 군부독재를 타도하기 위한 시민적 저항이 계속된다. 1987년 6월 10일, 그 당시 집권당인 민주정의당의 차기 대통령선거 후보를 지명하는 날, 저항세력은 국민운동본부를 중심으로 하여 서울을 비롯한 전국에서 격렬한 투쟁을 전개하였다. 이 투쟁은 6월 29일, 노태우 민주정의당 대통령 후보자가 대통령 직접선거를 비롯한 각종 민주화조치를 발표함으로써 일단락되었다.

성을 갖지 못하였고, 시민들도 자신의 권리를 보장받지 못하였다. 시민사회는 강성한 국가의 억압으로 인해 국가부문을 견제하기 위한 수단을 확보할 수 없었다. 이러한 과정에서 개인은 정책과정에 적극적으로 참여하여 자신의 권리를 찾고 국정에 의견을 제시하기보다는, 냉소와 무관심으로 일관하면서 성장주의의 신화에 매몰되어 물질주의에 심취하는 경향이 강하였다. 그러나 6월항쟁을 통해 독재정권의 억압 사슬이 걷히고 시민사회의 자율적인 공간이 확보되자, 가치를 공유한 시민들은 단체를 결성하여 국가권력을 감시·비판하고 사회개혁을 촉진하기 위한 적극적인 활동을 개시하였다. 2010년 현재 4만~5만 개에 달하는 한국NGO 중에서 90% 이상이 1987년 이후에 설립되었다.[6]

6월항쟁은 다른 측면에서도 NGO의 발달에 기여하였다. 한국 시민사회는 1987년 6월항쟁 이전까지 크게 보아 민중단체와 관변단체로 이원화되어 있었다. 전자는 체제변혁을 지향하면서 정부와 자본에 저항적 성격을 띠었다. 따라서 군부와 자본가의 연합을 통해 구성된 지배권력이 이들을 수용하지 않았고 억압과 배제로 일관하였다. 시민사회에서 공개적 활동이 금지되었기 때문에 민중단체는 학원과 작업장 내에서 학생운동과 노동운동을 중심으로 성장하였다. 후자는 정부의 재정지원하에 정권의 정당성을 보완하기 위한 관변활동을 하면서 정부와 담합하여 특수이익을 보장받았다. 이러한 상황에서 중산층의 참여를 통해 6월항쟁이 성공하고 정치적 민주화가 발달하기 시작하자, 중산층은 사회안정을 희구하면서 보수화되기 시작하였다. 따라서 기존의 민중운동에 대한 비판적 시각이 급속하게 확산되었다. 이후 소련과 동유럽의 현실사회주의 몰락이라는 국제환경의 변화는 사회주의 지향적 민중운동의 전망에 한계를 가져왔고, 대중의 이탈과 함께 쇠퇴하기 시작하였다. 다른 한편으로 시민사회가 국가에 대해 자율성을 확보하자, 그동안 관제데모·홍보·선거운동 등을 통해 군부정권의 정당성을 지원하던 관변단체에 대한 비판도 증대하였다. 따라서 관변단체도 정부지원과 시민참여에서 어려움을 겪게 되면서 쇠퇴하기 시작하였다. 민중단체와 관변단체의 쇠퇴와는 달리, 초계급적인 연대를 통해 합법적이고 평화적인 방법으로 국가권력을 견제하고 공공서비스를 생산하는 권리지향적·생활지향적 시민단체가 크게 늘었고, 이에 대한 시민적 지지도 증대하였다. 특히 1993년 김영

---

6) 2010년 현재 한국NGO는 4만~5만 개 정도 된다고 추산한다. 이러한 추산은 3년마다 시민운동정보센터에서 발행하는 〈한국민간단체총람〉의 조사에 근거한 것이다. 그동안 여기에 조사된 단체가 전체 단체의 1/5 내지 1/4 정도라고 생각해왔는데, 2009년판 총람에는 1만 5백 개의 단체가 조사되었다. 물론 여기서 추산하는 NGO는 회원이 수십 명밖에 안 되는 작은 조직, 공식적인 사무실을 갖추지 못한 조직, 인터넷상으로만 활동하는 조직 등을 모두 포함한 것이다.

삼 정권의 문민정부가 등장하자 시민단체의 활동이 더욱 활성화되었다. 이와 더불어 군부정권 하에서 민주화운동에 투신하였던 많은 지식인들이 시민단체를 결성하고 리더십을 발휘하였다.

6월항쟁 이후 민주화 과정에서 급속하게 분출하기 시작한 시민단체는 나중에 서구사회에서 수입한 NGO라는 개념과 중첩하게 된다.[7] 한국에서 NGO라는 용어가 공식적으로 언제 나타났는지는 불확실하다. 1980년대부터 학자들 사이에 NGO라는 용어를 사용했다는 보고가 있기도 하다.[8] 그러나 6월항쟁 이후 대표적인 시민단체였던 경제정의실천시민연합(경실련)이 1989년에 창립되었는데, 경실련의 발기문과 창립선언문에는 NGO라는 용어가 없다. 따라서 NGO라는 용어는 1992년 리우 유엔환경개발회의 이후, 1993년 비엔나 세계인권회의, 1994년 카이로 인구개발회의, 1995년 코펜하겐 사회개발정상회의와 베이징 세계여성대회 등 각종 NGO국제대회가 국내에 소개되면서 본격적으로 국내로 유입되었을 것으로 추측된다. 그리고 다른 국가와는 달리 NGO는 국내에서 이미 사용하고 있던 시민단체라는 개념과 상호 교환하는 개념으로 사용하게 되었다. 물론 그 범주에 있어서는 국가권력을 견제하고 저항하는 시민단체를 NGO보다는 좁게 인식하는 경향도 있었지만, 시민단체의 개념적 범주가 계속 확장하면서 NGO와 비슷한 범주로 되었다.

제2절 NGO의 개념정의

1. 개념화의 방식

인간은 일상적으로 개념의 연결을 통해 자신의 의사를 전달하고 서로 소통한다. 인간을 둘러싸고 존재하는 무수한 사물이나 사건을 의미 있는 부분으로 분류하고 범주화시키는 개념이 없다면, 인간은 인식능력의 한계로 인해 대상을 파악하거나 지적 생활을 할 수 없다. 인간이 사물

---

7) 시민단체는 한국에서 독특하게 사용하는 말이다. 1960-70년대에 일본에서 좌파단체를 지칭하는 용어로 사용되다가 부정적인 이미지를 갖게 되면서 제대로 사용되지 않고, 미국에서도 직능단체가 아닌 공익추구단체를 의미하는 시민단체(citizen group)라는 용어가 있지만, 잘 사용하지 않는다.
8) 경북대학교 행정학과 교수였던 김상영에 의하면, 1980년대에 소규모 학술토론에서 NPO, NGO라는 용어가 사용되었다고 한다.

이나 사건을 지각·이해·기억하고, 과거의 기억을 떠올려 현재의 상황에 대응시키며, 새로운 것을 상상하여 직접 경험한 것을 초월하여 추론할 수 있는 것은 어떤 대상에 대한 관념이 있기 때문에 가능하다. 인간이 경험하게 되는 대상에 대한 보편적 관념(idea)의 추상적 표현이 바로 개념(concept)이다. 개념은 모든 사고의 기본적인 구성성분으로서, 인간의 지적 행위와 지식축적의 기초라고 할 수 있다. 또한 개념은 명제와 이론의 기초를 이루는 단위로서 과학적 연구의 핵심요소이기도 하다.

개념은 우리가 파악하고자 하는 사물 그 자체가 아니라, 그에 대한 우리의 생각이다. 이런 의미에서 개념은 그 자체로서 참도 거짓도 아니다. 개념을 정의하는 방식에는 여러 가지가 있고, 학문에서 추상적인 개념을 구체적인 의미로 규정하는 개념화의 작업은 결코 쉬운 일이 아니다. 개념화의 방식은 크게 네 가지로 나눌 수 있다. 첫째, 기술적(descriptive) 정의이다. 이것은 사전(辭典)에서 사용되고 있는 의미를 기술하는 것이다. 둘째, 명목적(nominal) 정의이다. 약정적 정의 또는 조건적 정의(stipulative definition)라고도 한다. 이것은 사용하는 주체가 자신의 의도에 따라 정의되는 용어에 일정한 의미를 부여하는 것을 약정하는 것이다.[9] 셋째, 조작적(operational) 정의이다. 이것은 추상적 개념을 구체적으로 측정할 수 있도록 상세하게 기술하는 것이다. 넷째, 실질적(real) 정의이다. 이것은 어떤 실체나 구조의 기본적인 특성을 나타내는 언명으로서, 개념이 지칭하는 사물의 본질적 특성을 밝히고자 하는 정의방식이다.

이상 말한 네 가지의 개념정의 방식과 관계없이 개념을 정의하고자 할 때는 다음과 같은 몇 가지 원칙에 따라야 한다(McGaw and Watson, 1976: 121). 첫째, 개념정의는 사물 또는 대상의 본질적인 속성을 언급해야 한다. 둘째, 개념정의는 순환적이어서는 안 된다. 셋째, 개념정의는 그 내용이 너무 넓거나 좁아서는 안 된다. 넷째, 개념정의는 다의적이고 애매하거나 숫자로 표현해서는 안 된다. 다섯째, 개념정의는 긍정적으로 표현될 수 있을 때 부정적으로 표현해서는 안 된다. 사회과학에서 개념을 정의하는 것은 고통스러운 작업임에 틀림없다. 그럼에도 불구하고 개념을 정확하게 정의하는 것은 연구의 출발점이다. 개념의 본질과 구성요소를 밝히

---

9) 명목적 정의는 약정의 자유원칙(principle of freedom of stipulation)에 의존하여 용어를 정의하지만, 마음대로 개념을 정의하면 혼란을 초래할 수 있기 때문에 일정하게 제한할 필요가 있다. 맥가우(Dickinson McGaw)와 와트선(George Watson)은 명목적 정의에서 약정의 자유원칙이 아래의 세 가지 조건하에서 적용될 수 있다고 말한다. 즉 ① 용어부재(absent terminology): 해당되는 용어가 없어서 새로운 용어를 발견해야 할 때, ② 애매함(vagueness): 기존 용어가 있어도 의미가 애매하고 막연할 때, ③ 다의성(ambiguity): 용어가 다양한 의미를 가지고 있어서 일정한 조건을 부여하여 의미를 정확히 할 필요가 있을 때 등이다(McGaw and Watson, 1976: 121).

지 않고서는 과학적인 연구를 진행하기 어렵기 때문이다.

NGO학에서는 NGO를 비롯하여 시민, 공익, 공론장, 자치권력, 시민운동, 시민사회, 사회자본, 거버넌스, 사회적 경제, 참여민주주의 등과 같은 개념을 자주 사용한다. 그러나 사회과학자들뿐만 아니라 NGO를 전문적으로 연구하는 학자조차도 이러한 개념을 정의하기가 쉽지 않다. NGO의 개념규정은 국가와 시대마다 다르고, 개인마다 어떤 가치를 지향하는가에 따라 다르다. NGO는 그 자체로 강한 규범성을 띠고 있기 때문에 개념정의에서도 일정한 규범성을 내포한다. 하나의 개념을 정의할 때는 다음과 같은 몇 가지 사항을 고려하여야 한다.

첫째, 개념발생의 역사성을 파악해야 한다. 개념정의는 단지 용어의 어원적 의미를 기술하는 것이 아니다. 개념의 의미는 발생과정의 정치사회적 맥락에 따라 형성된다. 이것은 NGO의 경우에도 마찬가지다. NGO가 어원적으로 비정부조직이라 해서 정부조직을 제외한 모든 조직을 포함하는 것은 아니다.

둘째, 문화적 특수성을 고려하여야 한다. 개념은 의사소통의 수단으로서 보편성을 띤 정의가 필요하다. 그러나 대체로 개념적 불변성이 가능한 자연과학과는 달리, 사회과학에서는 국가의 경계를 초월하여 보편적으로 통용되는 개념정의가 쉽지 않다. 따라서 어떤 개념을 사용하는 집단에서 통용되는 정의를 파악해야 한다. 외국에서 발생한 개념을 그대로 정의하는 것은 의사소통을 어렵게 할 뿐만 아니라 의미 있는 연구성과를 산출하는 데도 방해가 된다.

셋째, 개념정의는 비교의 유효성을 가져야 한다. 사회과학에서 어떤 개념은 절대적인 개념이 아니라 그것과 구별되는 다른 개념을 전제로 하여 비로소 의미를 가지게 된다. 비교되는 개념이 없다면 개념을 정의하기가 어려울 뿐만 아니라, 정의한다고 하더라도 이해하기가 쉽지 않다. NGO는 정부나 기업과 같은 다른 영역의 조직과 대비될 뿐만 아니라, 시민사회 내의 많은 다른 조직과도 구별되는 의미를 지니고 있다.

넷째, 개념의 실체적 의미를 중시해야 한다. 연구자가 연구과정에서 연구의 분석수준에 맞게 조건적으로 개념을 정의할 수 있다. 그러나 조건적으로 개념을 규정하더라도 실체적 정의를 무시하면 의사소통에 혼란을 초래하고 개념의 일반적 의미가 쇠퇴하게 된다. 따라서 개별 개념이 실제로 사회구성원 사이에 어떻게 규정되고 있는가에 항상 유의하여야 한다.

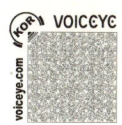

2. NGO의 실체적 정의

새로운 개념이 "의미의 섬"(Zerubavel, 1991)의 지위를 획득하여 일정한 속성을 가진 일상어로 쓰이기까지는 시간이 걸린다(Anheier, et al., 2004). 초기에는 사용하는 사람이나 직업영역에 따라 의미가 다르고 개념적 범주도 다양하다. NGO 또한 어떤 속성을 지니고 범주상 어떤 단체를 포함하는지 명확하지 않다. 여기서는 외국의 경우와 한국의 경우로 나누어 NGO의 개념을 실체적으로 정의해보도록 하겠다.

1) 외국의 NGO

NGO는 시민사회 내에 있는 다양한 단체 중의 하나이다. NGO는 시민사회의 다양한 단체 중에서 가장 공공성과 역동성이 강한 단체이다. 그러나 국가마다 시민사회에 있는 다양한 단체를 지칭하는 용어와 이들 용어 간의 구분이 다르고 애매하다. 시민사회에 있는 단체를 지칭하는 용어는 NGO 외에 NPO(nonprofit organization), VO(voluntary organization), PVO(private voluntary organization), CSO(civil society organization), 제3섹터(the third sector) 등 다양하다. 미국에서는 비영리단체(NPO)를 가장 많이 사용하고, 이와 유사한 의미로 제3섹터라는 용어를 사용하기도 한다. 그리고 NGO와 유사한 개념으로는 사적 자원조직(PVO)이라는 개념을 사용한다. 영국을 포함한 영연방국가들은 전통적으로 자원조직(VO)이라는 용어를 주로 사용한다. 유럽대륙은 국가마다 다양하여 NPO, 제3섹터, VO라는 개념을 섞어서 사용한다. 최근에는 시민사회단체(CSO)라는 개념을 사용하기도 한다. 일본에서는 미국의 개념을 수입하여 각색한 NPO와 제3섹터라는 개념을 사용한다. NGO라는 용어는 전세계적으로 통용되고, 특히 권위주의정권에 도전하여 민주화운동을 경험한 개발도상국가에서 많이 사용되고 있다.

시민사회의 다양한 단체를 표상하는 용어로 NGO가 전세계적으로 가장 많이 통용되고 있지만, 개념정의는 국가마다 다르고 한 국가 내에서도 일치를 보지 못하고 있는 것이 현실이다. 미국이나 일본에서 NGO는 NPO의 일부로 환경·개발·인권·평화·여성권리·난민구호 등과 같은 공공의 이익을 추구하는 자발적 결사체, 특히 국제원조에 참여하는 단체를 일컫는다. 특히 일본에서는 시민사회의 자발적 결사체 중에서 국내문제를 다루는 단체를 NPO라고 부르고, 국제문제를 다루는 단체를 NGO로 부르기도 한다. 따라서 대체로 NGO의 범주를 좁게 본다. 유럽에서는 국가마다 다양하다. NGO를 좁게 보아 전문영역에서 국가를 상대로 정책변화를 추구하고 시민권리를 옹호하는 정치단체로 보거나, 개발도상국가의 개발과 국제원조에 참여하는 각종 결사체로 보기도 한다. 그러나 NPO처럼 비영리병원, 대학, 복지관, 종교단체, 직능단체 등을 포함시켜 넓은 의미로 보기도 한다. 대체로 스칸디나비아 국가나 핀란드, 네덜란드 등은 넓게 보고, 중부유럽으로 내려올수록 좁게 본다. 캐나다의 경우도 좁게 보는 경우는 국제원조단체로, 넓게 보는 경우는 NPO와 같은 범주로 본다. 개발도상국가에서 NGO는 독재정권에 저항하여 민주화를 추진하고 국가권력을 견제하는 시민사회의 정치적 결사체를 지칭하거나, 선진국의 원조를 받아 사회개발을 추진하는 민간단체를 의미한다.

국제사회에서 NGO라는 개념을 공식적으로 가장 많이 사용하고, NGO와 밀접하게 상호작용하는 주체는 사실 유엔을 비롯한 각종 국제기구라고 할 수 있다. 그러나 유엔 산하에도 다양한 국제기구가 있고, NGO와 접촉하여 협력하는 방식 또한 기구에 따라 다르다. 따라서 유엔 내에서도 NGO에 대한 명확한 개념정의에 대하여 합의를 이루지 못하고 있는 실정이다. 다만 법적 의미로 어떤 국가에서 비영리단체로 등록되어 일정한 기간(보통 2년) 동안 활동해왔고, 내부에 민주적인 의사결정구조를 가지고 있으면 NGO로 인정해주는 일정한 규정이 있기는 하다(Glasius and Kaldor, 2004). 이것은 곧 NGO가 어느 정도 조직화되고 제도화된 단체를 의미한다는 것이다. 세계은행(World Bank)은 NGO를 인간의 고통을 감소시키거나, 빈곤층의 이해를 증진하거나, 환경보존, 기초서비스 제공, 지역사회 개발 등과 같은 공공의 이익을 위해 활동하는 단체로 규정한다. 특히 전형적인 NGO를 기부금과 자원활동에 의존하는 단체로 규정한다(World Bank, 2003a).

2) 한국의 NGO

① NGO의 정의: 네 가지 조건

한국에서 NGO는 자생적으로 발생한 개념이 아니라 외국에서 수입한 개념이기 때문에 개념정의에 있어서 혼란을 겪고 있다. NGO를 비정부기구 또는 비정부조직으로 번역하지만, 이러한 번역에도 문제가 있다. NGO의 개념정의에서 공익추구 속성을 강조하는 사람이 있는가 하면, 국가로부터의 자율성과 시민의 자발적 참여를 강조하는 사람도 있다. 국제적 규모를 강조하는 사람도 있고, 국가에 대항하여 권력을 견제하는 정치적 성격을 강조하는 사람도 있다. 이렇게 되면 NGO가 한국사회에서 경험적으로 어떻게 인식되고 있는가를 규명하는 것이 중요하다.[10] 물론 경험적으로 개념을 정의한다고 하더라도, 바라보는 사람마다 견해가 다양하기 때문에 공통된 정의를 도출하기란 불가능하다. 더구나 NGO는 개념 그 자체에 규범적 속성을 지니고 있어서 통일된 개념정의가 더욱 어렵다. 이러한 한계에도 불구하고 한국에서 NGO의 실체적 정의는 다음 네 가지 조건을 충족하는 경우라고 할 수 있다.

첫째, 시민의 자발적인 참여이다. NGO는 가치를 공유한 시민들이 공동의 목적을 달성하기 위해 자발적으로 모인 회원에 의해 구성된 단체이다. 시민사회에 뿌리를 두고 있는 NGO는 국가로부터의 자율성이 그 개념을 규정하는 데 중요하다. 따라서 정부의 강제나 다른 귀속적·물질적 유인에 의해 모인 단체는 NGO가 아니다.[11] 물론 참여는 인터넷상에서 참여하는 것도 가능하고, 사업형 NGO나 중개형 NGO처럼 회원이 거의 없는 경우도 있다.

둘째, 회원가입에 배타성이 없어야 한다. NGO는 시민사회의 다른 이익집단과는 달리 누구나 회원으로 가입할 수 있는 개방된 조직이다. 시민들이 자발적으로 참여한다고 하더라도 일정한 계층이나 성·직업·지역·자격 등에서 회원자격을 제한하는 단체는 NGO가 아니다. 물론 예외적으로 전문가중심의 NGO처럼 일정한 자격을 요구할 수도 있다.[12]

셋째, 주로 자원봉사활동에 의해 사업을 수행한다. 일정한 수의 상근자가 있지만, NGO는 관료화된 직원이 사업을 수행하는 것이 아니라 회원이나 자원봉사자의 자원활동에 의해 사업을 수행한다. 이것은 같은 공익조직이면서 비영리병원이나 교육기관과 같은 기관형조직과 NGO를 구별하는 기준이 된다. 물론 사무실이나 상근자도 없이 인터넷을 통해 활동할 수도 있다.

넷째, 공익추구를 목표로 한다. 실제로 공익이라는 개념이 보는 사람에 따라, 국가와 시대에 따라 다르기 때문에 정의하기가 쉽지 않지만, NGO는 사회 구성원 불특정 다수나 사회적 약자의 이익을 도모한다. 물론 공익은 반드시 물질적인 것만은 아니며, 조직 내에서의 의사소통의 활성화, 민주적 리더십의 학습, 협력과 연대의 가치 습득 등도 포함시킬 수 있다. 회원의 집단이익추구를 기본목표로 하지 않는다는 점에서 NGO활동은 회원의 직접적인 수혜와 관련

---

10) 한국에서 NGO의 개념을 정의할 때 가장 많이 인용하는 것이 샐러먼(Lester Salamon)의 개념정의이다. 샐러먼은 NPO를 공식적인 조직, 사조직, 이윤배분 금지, 자율관리, 자원봉사, 공익추구 등 6개 요소로 규정한다. 그러나 이것은 NPO의 개념정의로서 비영리병원과 사립학교가 핵심이다. 복지다원주의국가인 미국에서 이 두 부문은 정책적인 함의에서 중요할 뿐만 아니라, 지출면에서 전체의 83%를 차지하고 있다(Salamon, 1999). 이러한 NPO의 개념은 한국의 NGO와 다르다.

11) 자발적이라는 것은 넓게 보면 국가 등 외부의 물리력에 의해 구속되거나 가족·친족·민족 등 귀속적 신분에 의해 자동적으로 구성원이 되는 경우를 제외한 것을 말한다. 따라서 기업과 같이 물질적 유인에 의해 참여하는 것은 자발적이라고 할 수 있다. 그러나 여기서는 NGO와 기업을 분리하기 위해 물질적 유인에 의한 참여도 비자발적 참여로 본다.

12) 예를 들어, 문학가의 책사랑모임이나 노인의 자연사랑모임 같은 것을 예로 들 수 있다.

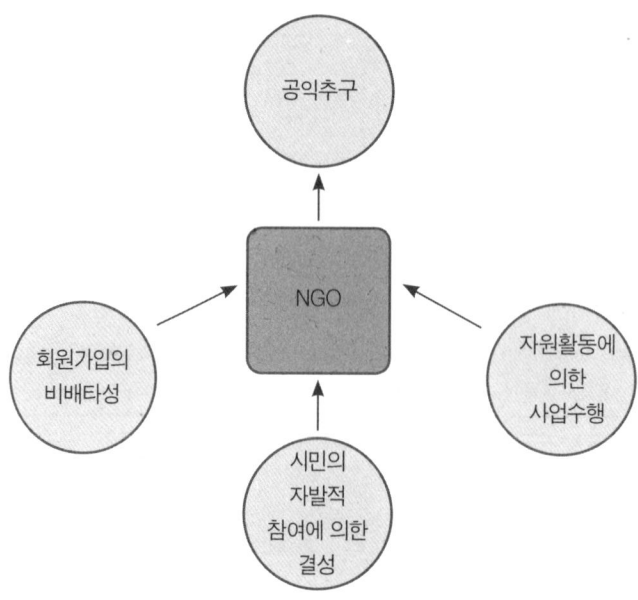

〈그림 4-1〉 한국 NGO의 개념도

되어있지 않다.

이상 네 가지 조건을 충족시키는 한국NGO의 개념을 "비정부·비정파·비영리 결사체로서 시민의 자발적인 참여로 결성되고, 회원가입에 배타성이 없으며, 주로 자원활동에 입각하여 공익추구를 목적으로 하는 단체"로 규정할 수 있다.[13] 이상 설명한 한국NGO의 개념정의를 〈그림 4-1〉과 같이 나타낼 수 있다.

② NGO 정의에서 나타나는 문제

NGO의 개념을 이상과 같이 실체적으로 규정하더라도 여전히 문제는 남는다. 특히 사회적 약자의 자조집단(self-help group)과 협동조합을 NGO에 포함시킬 수 있는가가 논쟁이 될 수 있다. 이것은 결국 공익의 개념을 어떻게 판단하고 어느 정도로 적극적으로 해석할 것인가의 문

---

13) NGO의 개념을 정의하면서 "비정치적"이라고 규정하는 것은 커다란 오류이다. 대의민주주의하에서 정치를 정부의 제도영역 내에서 일어나는 권력관계로 제한하려는 의도에서 나온 것일 수도 있지만, NGO가 회원을 조직하고, 집단적 의사를 표출하며, 정책을 제안하는 것은 매우 정치적인 활동이라고 할 수 있다. 그리고 정치의 영역을 확대하는 것은 NGO의 중요한 책무 중의 하나이기도 하다.

제이기도 하다.

우리 사회에는 장애인, 특수한 병자, 특수한 그룹의 사회적 약자 혹은 소수자들이 모인 다양한 자조집단이 있다. 이러한 단체들은 사회적 약자의 이익을 증진하기 위해 활동한다. 사회적 약자의 이익증진은 특수한 집단의 집단이익추구와는 달리, 일종의 긍정적 외부효과(positive externality)로 작용하여 궁극적으로 사회 전체의 이익으로 연결된다.[14] 따라서 자조집단은 NGO라고 할 수 있다. 물론 사회적 약자의 모임이라고 하더라도 직능단체와는 달리, 회원가입에 개방적일 필요가 있다. 사회적 약자의 그룹이라고 할지라도 회원가입을 제한하게 되면 집단이익을 추구하는 단체로 전화될 가능성이 높아지기 때문이다. 실제로 자조집단이 사회적 약자의 이익증진을 통해 공익증대에 기여하려면 회원가입을 제한할 이유가 없다. 물론 배타성의 정도를 엄격하게 규정하기는 어려울 것이다.

협동조합을 NGO에 포함시킬 수 있는가 하는 것도 애매하다. 생산자협동조합, 소비자협동조합, 노동자협동조합, 신용협동조합 등은 생산자와 소비자가 단결하여 자본주의체제를 보완하고 상호협조에 의해 더 인간답고 지속가능한 자치사회를 실현하고자 하는 제도이다. 그러나 협동조합은 기본적으로 자본주의체제를 극복하기 위한 일종의 사회적 소유형태로서 경제결사체라고 할 수 있다. 물론 협동조합운동은 생산자와 소비자 간의 연결을 통해 지구환경을 개선하고, 초국적자본에 저항하여 지구화의 억압구조를 극복하려는 의도도 가지고 있다.[15] 따라서 협동조합은 국가마다 성격이 다르고 종류에 따라 지향하는 가치나 목적도 다르다. 예를 들어, 미국보다는 일본에서 협동조합의 시민사회적 역할을 강조한다. 그리고 협동조합 중에서 생활협동조합이나 의료협동조합과 같은 형태의 소비자협동조합은 지역의 생활세계에 근거하여 기술주의와 관료주의에 저항하고 대안사회를 형성하려는 의도를 가지고 있기 때문에, NGO에 가깝다고 할 수 있다.

NGO의 실체적 의미를 이렇게 좁게 규정하면 시민사회 내의 다양한 자발적 단체를 상당 부

---

14) 외부효과란 어떤 사람이나 기업의 행동이 비의도적으로, 그것에 대한 대가(代價)의 교환없이 다른 사람에게 이득이나 손해를 가져오는 것을 말한다. 이때 다른 사람에게 이득을 가져오는 것을 긍정적 외부효과 또는 외부경제(external economies)라고 하고, 대표적인 것이 바로 교육이나 기술혁신이다. 그리고 다른 사람에게 손해를 가져오는 것을 부정적 외부효과(negative externality) 또는 외부불경제(external diseconomies)라고 하고, 대표적인 것이 공해유발이다.

15) 예를 들어, 일본의 가나가와 생활협동조합은 필리핀의 무농약 바나나를 수입하여 조합원에게 공급함으로써 일본의 소비자에게 안전한 식품을 제공할 뿐만 아니라, 필리핀 유기농 바나나 생산자에게 안전한 판매망을 보장하고 지구환경을 보호하는 데 기여한다.

〈표 4-1〉 NGO 개념구성의 문제점

개념구성의 조건	나타나는 문제
시민의 자발적 참여에 의한 회원조직	시민 스스로 만든 재단이나 서비스제공형 NGO와 같이 기관형조직인 경우도 있다.
회원가입의 비배타성	싱크탱크형 NGO나 자조그룹처럼 회원가입에 어느 정도 배타성이 있는 경우도 있다.
자원봉사활동에 의한 사업 수행	주창활동형 NGO와 같이 자원봉사자의 부족으로 주로 상근자에 의해 사업이 수행되는 경우도 있다.
공익추구	공익의 개념이 애매하고 계급성의 논란에 대한 합의가 없으며 NGO가 직능단체와 연대하여 활동할 때도 있다.

분 제외하기 때문에 연구영역을 축소시키는 단점이 있다. 실제로 직능단체, 종교단체와 각종 비영리단체 등도 NGO와 같은 기능을 한다.[16] 그리고 시민사회의 각종 결사체는 다양한 형태의 연대를 통해 국가와 시장을 견제하기도 하고, 각종 공공서비스를 공동으로 생산하기도 한다. 그럼에도 불구하고 NGO의 개념정의에서 외연을 너무 확대하게 되면 다른 개념과의 차별성이 애매모호하여 의사소통에 문제가 생기게 된다. 개념적 확대는 사회적 합의에 따라 자연스럽게 일어나게 될 것이다.

NGO의 개념정의에서 나타나는 문제를 정리하면 〈표 4-1〉과 같다.

한국 NGO는 앞서 말한 바와 같이, 1987년 6월항쟁 이후에 생성된 시민단체라는 개념과 중첩되면서 국가권력과 자본을 감시하고 비판하는 주창단체로 그 정체성을 가지고 출발하였다. 이후 서비스제공단체가 크게 증가하여 오늘날에는 오히려 주창단체보다 서비스제공단체가 더 많다. 그리고 이 외에도 공동체생활, 대안경제체제, 영성발현 등 대안사회를 모색하는 단체도 늘어나고 있다. 그리고 초기에는 NGO의 국제활동이 빈약하였지만 최근에는 국제협력과 원조에 참여하는 단체도 늘어나고 있다. 그런가 하면, 모금과 같이 전문적인 활동을 하는 단체도 나타나고 있다. 서구 선진국의 NGO 개념은 국제원조단체로서 그 정체성을 유지하다가 국내에

---

[16] 예를 들어, 대한변호사협회와 같은 직능단체도 정관에 변호사의 법률구조사업과 무료변론, 변호사의 지도·감독·등록·징계를 책임지고 하도록 되어 있어 공익활동을 한다. 그리고 종교단체로 출발한 한국 YMCA와 YWCA(Young Women's Christian Association)도 각종 공익활동을 하면서 NGO의 기능을 적극적으로 수행하고 있다. 한국에서는 대체로 YMCA와 YWCA를 NGO에 포함시키고, 대한변호사협회나 대한의사협회는 제외하고 있다.

서 국가권력과 경제권력을 견제하고 여러 분야에서 자원봉사활동을 하거나 서비스를 제공하는 단체로 확대되었다. 따라서 한국과 서구사회의 NGO 개념은 결국 상호 수렴하면서 비슷한 범주로 나아가고 있다.

3. 공익의 정의

1) 공익 개념의 모호성

NGO는 시민사회에 위치하고 있는 민간단체이면서도 공익(public interest)을 추구하는 단체이다. 따라서 NGO의 개념을 규정하기 위해서는 반드시 공익이라는 개념을 짚고 넘어가야 한다. 그러나 공익의 개념을 정의하는 것은 매우 어려운 일이다. 더구나 왕, 귀족, 사제 등 소수가 권력을 장악하고 권위주의적으로 명령하던 왕권정치나 귀족정치와는 달리, 현대사회는 시민이 법과 권위의 주체인 민주주의 시대이다. 누가 어떻게 공익을 결정하고 그 결정이 어느 정도로 수용되는가 하는 것은 간단한 문제가 아니다. 공익은 역사적·문화적 산물로서 국가, 시대, 개인적 가치관에 따라 다양하다. 또한 경제적 체제로서 자본주의사회는 개인의 사적 이익과 권리를 중시하고, 공익의 이름으로 사익이 무시되거나 훼손되는 것을 경계한다. 따라서 공익과 사익은 반드시 상충되는 것이 아니다. 이러한 이유로 많은 정치학자와 행정학자들이 공익에 대한 연구를 시도하였으나, 명확하게 공익에 대한 정의를 내리지 못하고 있다.

 실제로 공익이라는 개념은 일상생활에서 자주 사용되고 있고, 개인행동의 규범적 가치와 국가 행정활동의 본질적 가치로서 기능한다. 개인이 공익을 무시하고 사익을 추구하는 것은 법으로 규제를 받게 되고, 국가가 공익을 무시하고 정책의 합법성·효율성·효과성을 논의할 수 없다. 그러나 공익은 매우 상대적이고 추상적이며 논쟁의 여지가 있는 개념이다. 우리는 일상에서 마치 공익이 실제로 존재하고 공익의 정의에 동의한 것처럼 공익이라는 용어를 사용하지만, 사실상 공익의 개념은 모호하고 무의미하다는 비판을 받아왔다. 현대사회에서 복지제도가 발달함에 따라 개인의 욕구와 권리가 확장되었고, 다원주의가 발달함에 따라 다양한 세력의 의사표출과 이익주장이 보편화되었다. 따라서 어디까지가 공익이고 누가 그것을 결정할 것인가 하는, 범위와 주체의 문제가 공익정의를 어렵게 만든다.

2) 공익의 개념정의

공익개념의 모호성에도 불구하고 우리는 공익을 정의하지 않을 수 없다. 공익이 사회윤리의 기준으로서, 행정규범이나 지침으로서 작용하기 때문이다. 공익의 개념이 모호하기는 하지만, 국가운영에서 정부가 지켜야 할 기본적 가치이고(민진, 2000: 159), 사법절차와 행정기관의 활동을 규정하며, 공직자의 정책언명에 사용된다(Bozeman, 1979: 74). 따라서 공익개념의 모호성과 개념규정의 무용론에도 불구하고 일정한 정의를 내릴 필요가 있다. 왜냐하면, 공익의 개념정의를 포기하는 것은 플래스먼(Richard Flathman)의 주장처럼, 또 다른 정치적·윤리적 문제에 직면하게 되기 때문이다(Flathman, 1966: 13).

공익의 개념정의는 그 방법과 내용에 있어서 학자마다 다양하다. 공익이 존재하지 않는다고 보는 사람이 있는가 하면(부존재설), 존재한다고 보는 사람도 있다(존재설). 전자의 대표적인 사람인 슈버트(Glendon Schubert)에 의하면, 단일한 공익이론은 존재하지도 않으며, 공익개념이 과학적 연구에 별로 소용되지 않는다고 주장한다(Schubert, 1960: 223-24). 존재설도 규범설(실체설)과 과정설로 나누어진다. 규범설은 공익을 정부의 모든 행위를 규제하는 고상한 가치로서 사익이나 특수이익을 초월하는 대중의 진정한 이익으로 본다. 따라서 공익은 실정법에 없다고 하더라도 독립적인 실체로서 자연법에 존재한다고 본다. 과정설은 공익이 선험적으로 존재하는 것이 아니라 개인이나 집단 간의 상호 교호작용에 의해 조정되고 구체화된다고 본다. 따라서 다양한 집단의 이익을 초월한 전체이익은 존재하지 않으며, 공익은 집단 간의 타협과 투쟁에 의해 생겨나서 끊임없이 변화한다고 본다. 리프만(Walter Lippmann)은 공익이란 사람들이 정확하게 보고, 합리적으로 사고하며, 공정하고 자애롭게 행동할 때 선택하게 되는 무엇으로 보고 있어서 전자에 해당한다(Lippmann, 1955: 40). 반면에 하몬(Michael Harmon)은 공익을 민주정치체제 내의 개인이나 집단 사이에 일어나는 정치활동의 산물로 보기 때문에 후자에 속한다(Harmon, 1969: 485). 규범설과 과정설을 절충한 절충설은 선험적이고 초월적인 공익의 존재를 인정하면서 공익과 사익 또는 집단이익 간의 일정한 관계를 인정한다.

3) NGO학에서의 공익의 정의

NGO는 사회정의를 지키고 사회적 약자를 보호하는 정체성을 가지고 있다. 따라서 공익을 정의함에 있어서 지도자가 결정한다고 해서 반드시 공익이 아니며, 다수의 합의가 있다고 해서 반드시 공익으로 간주할 수 없다. 한국에서 공익의 개념에 대해 비교적 구체적으로 연구한 박정택(1990: 43, 68-70)에 의하면, 공익은 개익(個益)을 기본으로 한 정익(正益)의 합을 말한다. 개익이란 사익(私益)의 중립적 개념을 말하며, 정익이란 국가 내의 사회구성원 각자의 합사회적(合社會的) 이익을 말한다. 즉 공익은 사익과 상충되는 개념이 아니라 사익에 근거하고 있으며, 사회적으로 수용 가능한 것이어야 함을 말한다. 여기서는 NGO가 지향하는 공익을 일정한 사회단위 내에서 사회구성원 불특정 다수나 사회적 약자의 합당한(reasonable) 이익으로 정의한다.

NGO학에서 공익을 정의하는 데는 두 가지 중요한 원칙이 있다. 첫째, 공익은 사회의 불특정 다수의 이익일 뿐만 아니라, 사회적 약자의 이익을 포함한다는 것이다. NGO는 도덕적으로 사회적 약자를 공동체에서 보호해야 할 뿐만 아니라, 사회적 약자의 이익이 사회 전체의 이익에 긍정적으로 작용한다고 본다.[17] 사회적 약자의 이익은 프랑스혁명에서 박애의 원리로 강조되었지만, 제대로 주목을 받지 못하다가 롤즈(John Rawls)에 와서 적극적으로 논의되었다(황경식, 1995: 546).[18] 둘째, 공익은 사회적으로 합당한(reasonable) 것이어야 한다는 것이다. 공익은 단순히 사회구성원의 이익의 총합이 아니라 사회적으로 옳은 것이어야 한다. 일찍이 루소는 특수이익의 총합인 전체의지와는 다른 일반의지를 제시하였고, 롤즈도 정의의 원칙에서 합리적(rational) 판단기준 외에 합당한 판단기준을 강조하였다.[19] 물론 위의 두 가지 조건을 강조하더라도 사회적 약자의 이익에서 어떤 경우가 공공선의 증대와 관련이 있고, 어떤 이익이 사회적으로 합당한가에 대해서는 합의하기가 쉽지 않다.

공익의 정의에서 또 문제되는 것이 사익과의 관계이다. 우리는 흔히 공익을 사익의 상대적인 개념으로 사용하지만, 공익은 선이고 사익은 악이라는 이분법적 사고는 바람직하지 않다. 다원주의 정치구조와 자본주의 경제체제에서 양자를 대립적인 개념으로 보기는 어렵다. 양자는 상호 공존하면서 서로 보완적인 의미를 띠고 있다고 볼 수 있다. 공익에서 사익의 보호가 중

---

17) 문제 청소년의 교육프로그램이나 미국 흑인의 선거권 획득을 예로 들 수 있다. 더구나 사회적 약자의 모임에 대한 참가경험이 공공활동에 대한 참가를 유도한다는 실증적 연구가 있다(Wuthnow, 1994: 320).
18) 롤즈는 정의의 제2원칙에서 최소 수혜자에게 최대 이득이 되도록 하는 차등의 원칙을 강조하였다. 그리고 많은 사람들에게 더욱 큰 이익을 주어 효율성이 증가된다고 해서 소수가 자유를 상실하는 것은 정당화되지 않는다고 주장하였다(Rawls, 1985; 1988).
19) 롤즈는 공정으로서의 정의의 원칙에서 상호보완적인 것으로서 합리적인 것(the rational)과 합당한 것(the reasonable)이 필요하다고 주장하였다. 개인이 이익을 채택·수용하고 이익 간에 우선순위를 정하는 합리적인 판단기준 외에, 공정한 협력에 참여하는 도덕감을 의미하는 합당한 판단기준을 중시하였다(Rawls, 1998: 60-68).

요하고, 사익은 공익과 양립할 수 있어야 한다. 또한 공익은 정부가 대표적으로 실행하는데, 이때 공익은 정부가 현실적으로 행하고 있는 형식적 의미가 아니라, 정부가 직접·간접적으로 행해야 하는 현재 및 미래의 실질적 의미를 말한다. 따라서 정부가 위임하였든, 방임하였든, NGO를 포함한 각종 비영리단체가 정부와 협력하거나 독자적으로 행하는 것도 공익에 포함된다. 물론 NGO가 추구하는 공익은 단지 국가권력의 견제라든가, 공공서비스의 제공과 같은 가시적이고 물질적인 것에만 제한되지 않는다. 개인들이 서로 만나서 소통하고 신뢰를 쌓으며, 협력의 규범을 배우고 리더십을 학습하는 것도 공익의 일부라고 할 수 있다.

제3절 유사개념과의 비교

시민사회에는 NGO와 성분적 속성이나 범주가 비슷한 단체들이 많이 있다. 앞서 살펴본 바와 같이 NPO, VO, PVO, CSO, 제3섹터 등이 있다. 그리고 한국에서도 NGO와 비영리단체 외에 제3섹터, 민간단체, 공익단체, 시민단체, 사회단체, 시민사회단체, 민중단체, 관변단체, 이익집단 등 다양한 용어가 사용되고 있다. NGO가 이들 개념과 어떻게 다른가를 구별하는 것은 NGO의 개념을 명확히 하는 데 중요하다. 개념을 비교하는 데 있어서 중요한 것은 개념의 범주를 정하는 것과 개념 간의 위계관계를 결정하는 것이다. 즉 어떤 개념의 범주를 어디까지로 설정하고, 개념 간의 비교에서 어느 개념이 상위 개념 또는 포괄적 개념에 해당하는가를 구분하는 것이다. 여기서는 외국의 경우와 한국의 경우를 나누어 살펴보기로 한다.[20]

---

20) 시민사회에 존재하는 다양한 단체는 단체라는 용어 외에 조직·기관·집단 등 여러 가지로 불리고 있다. 이들 용어를 구분하는 것도 간단하지 않다. 대체로 조직은 분업을 강조하고 일정한 정도의 기능을 갖춘 체계를 의미하고, 기관은 학교·법원 등과 같이 공공조직에서 자주 쓰이는 말이며, 집단은 구성원의 공동의식과 집단소속감을 강조하는 것이 다르다. 이에 비해 단체는 작은 단위에서 큰 단위까지, 느슨한 구조에서 체계적인 구조까지, 비공식적인 조직과 공식적인 조직을 모두 포함하는 더 넓은 의미로 사용된다. 예를 들어, 모든 조직이나 기관은 단체이지만, 모든 단체는 반드시 조직이나 기관이라고 할 수 없다. 여기서는 시민사회의 각종 결사체를 단체라는 용어로 통일하여 사용하고, 이것은 조직·기관·집단 등과 거의 같은 의미를 지니는 것으로 본다.

1. 외국의 경우

시민사회에서 결성되어 활동하는 단체는 〈표 4-2〉에서 보는 바와 같이, 다양한 이름을 가지고 있다. 각각 범주가 다르거나 개념 간의 위계관계에서 약간의 차이가 있다.

〈표 4-2〉 NGO 관련 용어표[21]

NPO	nonprofit organization	비영리조직
NGO	nongovernmental organization	비정부조직
BONGO	business-organized NGO	기업설립NGO
DONGO	donor-organized NGO	원조자설립NGO
GONGO	government-organized NGO	정부설립NGO
INGO	international NGO	국제NGO
QUANGO	quasi NGO	유사NGO
CBO	community-based organization	커뮤니티기반조직
CMO	civil movement organization	시민운동조직
CSO	civil society organization	시민사회조직
CVO	community voluntary organization	커뮤니티자원조직
GRO	grass-roots organization	풀뿌리조직
MBO	membership organization	회원중심조직
PBO	public benefit organization	공익조직
PO	people's organization	민중조직
PSC	public service contractor	공공서비스용역기관
PVO	private voluntary organization	사적자원조직
VO	voluntary organization	자원조직

---

21) 최근 시민의 자발적 참여에 의해 만들어진 NGO가 확대됨에 따라 BONGO, DONGO, GONGO, GUANGO 등의 정체성이 문제시되고 있다. BONGO의 경우 기업의 세금면제용으로 인식되는 경향이 있고, DONGO는 후원자의 이념이나 가치가 강요될 가능성이 있다. GONGO는 정부가 민주화되었다고 하더라도 정부의 관료제적 성격이 침투하거나, 정부의 영향력이 개입할 수 있다. QUANGO는 공적 역할을 수행한다고 하더라도, 자금의 대부분이 공적 기금에서 나오기 때문에 시민적 가치를 구현하는 데 한계를 가지게 된다.

1) NPO

미국에서 주로 사용하는 비영리단체(NPO)는 자원조직, 자선조직(charitable organization), 독립섹터, 제3섹터, 비기업조직(nonbusiness organizaiton), 면세조직(tax-exempt organization) 등 다양하게 불린다. 미국에서 비영리단체는 정부와 기업을 제외한, 자체의 관리절차를 가지고 어떤 공공목적에 봉사하는 단체를 말한다. 이때 공공성은 매우 넓은 의미로 사용되고, 면세혜택에서도 차이가 있다.[22] 비영리단체는 비영리병원과 사립학교에서부터 탁아소, 고아원, 박물관, 오케스트라, 종교단체, 환경단체, 전문가단체, 사교클럽 등 광범위하다. 이 중에서 미국연방국세청(IRS)의 면세조직 유형에서 501(c)(3)의 종교·자선·교육단체와 501(c)(4)의 사회복지단체가 대부분을 차지한다.[23] 비영리단체는 규모와 역할이 다양하지만 대체로 공식적인 조직, 사조직, 이윤배분 금지, 자율관리, 자원봉사, 공익추구 등 6가지의 특성을 지닌다(Salamon, 1999: 10-11). 유럽에서도 약간의 차이는 있지만 범주는 비슷하다.

일본에서 비영리단체의 개념은 매우 복잡하다. 광의적으로는 미국의 개념을 원용하여, 영리조직과 정부조직을 제외한 단체 중에서 어떤 활동을 하든지 활동경비를 제외한 나머지 이익을 구성원에게 분배하지 않는 민간비영리조직을 말한다. 여기에는 공익법인, 자선단체, 사회복지법인, 종교법인, 의료법인, 학교법인, 자선기금, 협동조합, 시민활동단체 등이 포함된다. 그러나 협의로는 주로 자발성과 독립성을 가진 시민활동단체나 자원봉사단체를 말한다. 일본은 1995년 고베(阪神)대지진 이후 비영리단체의 활성화에 관심이 높아져 1998년 '특정비영리활동촉진법'이 제정되었다. 소위 'NPO법'이라고 하는 이 법률의 제정으로 법인의 설립이 간소화되었다. 시민운동을 하는 사람에게 NPO는 주로 특정비영리활동법인을 말하는데, 이것은 일본 NPO 중에서 가장 좁은 의미의 NPO에 해당한다. 대체로 NPO는 NGO보다 넓은 개념이지만, NPO 안에

---

22) 미국에서 비영리단체는 영리를 추구하지 않는다는 근거로 연방소득세를 면제받을 자격이 있다는 의미로 정의되었는데, IRS의 면세조직 유형에서 501(c)(3)의 종교·자선·교육을 목적으로 하는 단체가 면세혜택이 가장 크다. 이들 단체는 기부금에 대한 소득공제 혜택을 받고 대부분의 주에서 재산세와 물품세를 면제받는다. 이 외에도 정부보조금, 우편요금 할인, 라디오·텔레비전 무료 공익광고, 공공요금 할인, 면세공채, 실업세금시스템에서의 특혜 등의 혜택이 있다. 그 대신 정치선전을 위한 활동, 공직후보자 지원을 위한 선거운동, 입법에 영향을 미치는 로비활동에 제한을 받으며, 종교단체와 연간수익이 2만 5,000달러 이하인 단체나 전국조직의 하부조직을 제외하고는 IRS와 주정부에 연간보고서를 제출해야 한다.
23) 1994년 현재, 미국에는 약 113만 8,600개의 면세조직이 있다. 이 중에서 비영리단체의 대부분을 차지하는 501(c)(3)과 501(c)(4)가 약 64만 개를 차지한다.

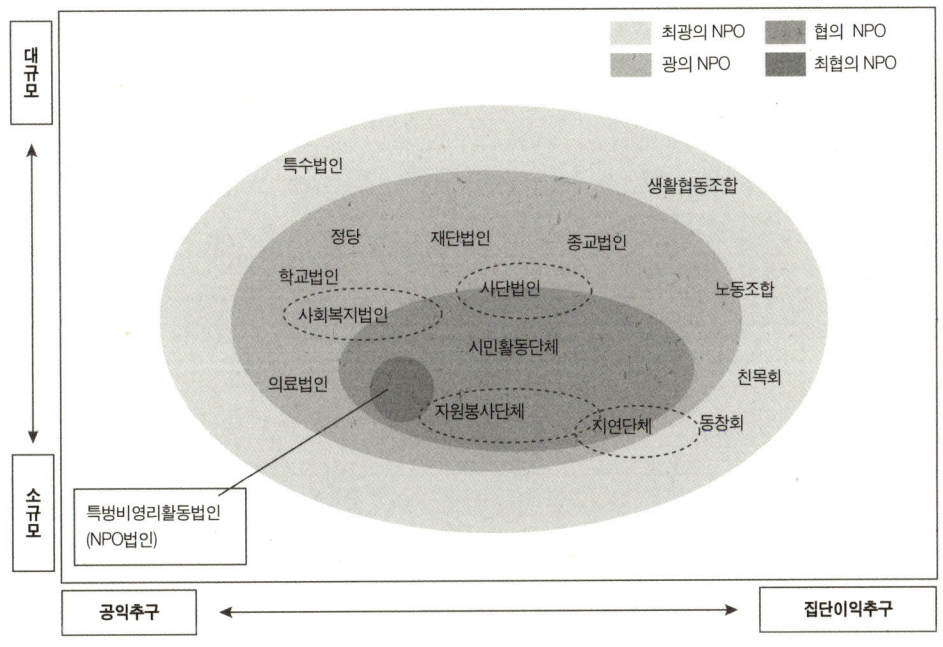

NGO가 있고 NGO 안에 NPO가 있다고 보고, NPO/NGO로 병기(併記)하기도 한다. 〈그림 4-2〉는 일본 NPO 개념의 최광의(最廣義), 광의, 협의, 최협의(最狹義) 등 다양한 범주를 표시해주고 있다.

2) 제3섹터

제3섹터는 영역의 의미와 조직의 의미를 동시에 가지고 있는 용어이다. 미국이나 유럽에서 제3섹터는 국가나 시장이 아닌, 제3의 영역으로서 비영리섹터나 비영리단체를 말한다. 그러나 일본에서 제3섹터의 개념은 좀 독특하다. 즉 주로 조직개념으로서 "국가, 지방자치단체, 정부관계기관(제1섹터)과 민간부문(제2섹터)이 공동출자한 공사혼합기업"을 말한다. 특히 지방수준에 있는 공사혼합기업을 일컫는다. 물론 최근에는 미국의 영향을 받아 비영리섹터를 의미하는 제3섹터의 개념이 부분적으로 사용되기도 한다(丸山康人, 1995). 〈그림 4-3〉은 일본에서 주로 사용되고 있는 제3섹터의 영역을 표시해주고 있다.

〈그림 4-3〉 일본의 제3섹터 개념도

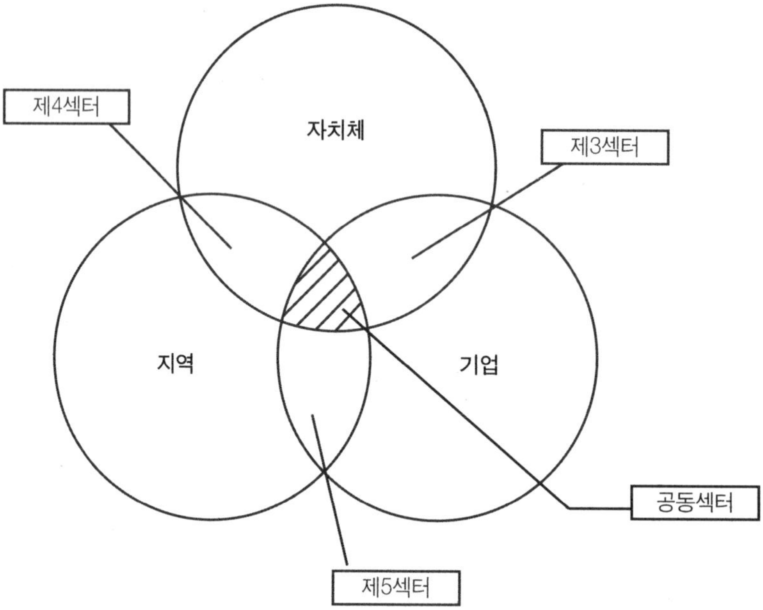

3) VO와 CVO

자원조직(VO)은 유럽에서 많이 사용되고 있는데, 특히 영국에서 많이 사용한다. VO는 복지국가가 발달한 유럽에서 자원봉사활동을 통해 각종 복지서비스를 제공하는 민간단체를 말한다. 대부분의 단체는 정부로부터 재정지원을 받는다. 그러나 개념의 범주는 명확하지 않고 애매하다. 좁은 의미로는 자선단체를 말하고, 넓은 의미로는 정부의 지원을 받아 공공서비스를 제공하는 각종 비영리병원, 사립학교, 직업훈련소, 연구기관, 박물관, 자원봉사조직 등도 포함한다. VO는 대체로 NPO보다는 좁은 개념인 반면, NGO보다는 넓은 개념이라고 할 수 있다. 커뮤니티자원조직(CVO)은 VO 중에서 지방단위에서 활동하는 단체를 말하는데, 이것 역시 영국에서 많이 사용되고 있다. 일찍이 지방자치와 사회복지가 발달하여 커뮤니티를 중심으로 자원봉사활동이 발달한 영국에서, 정부의 사회복지를 보조하는 수단으로 커뮤니티를 중심으로 조직된 자원조직을 말한다. VO와 CVO는 주창활동보다는 서비스제공을 주요 목적으로 한다.

4) PVO

사적자원조직(PVO)은 미국에서 VO 대신에, 혹은 VO와 같은 의미로 자주 사용되고 있다. 실제로 미국에서는 1980년대까지만 해도 NGO라는 용어를 많이 사용하지 않고, NGO와 유사한 범주로서 PVO라는 용어를 사용하였다. 특히 NPO가 국내상황에 적용되는 데 비해, PVO는 국제무대에서 활동하는 단체를 지칭할 때 사용한다(Lewis, 1999: 4). 예를 들어, 개발도상국의 구호와 개발을 위해 활동하는 단체들이 이에 해당한다. PVO는 그야말로 시민사회에서 자원활동을 통해 각종 원조활동을 하거나 서비스를 제공하는 자발적 결사체를 말한다. 그러나 PVO 역시 그 범주가 애매하다. 범주상 NPO보다는 좁은 개념임에는 틀림없다.

5) CSO

시민사회단체(CSO)는 NGO의 용어가 지닌 부정적인(non-) 어법과 소극적인 이미지를 극복하기 위해 최근에 적극적으로 사용되고 있다. 특히 세계NGO의 연합체인 시비쿠스(CIVICUS)와 세계은행(World Bank)에서 많이 사용한다.[24] NGO가 역사적으로 정부가 하지 않는 일을 하거나 정부에 자문역할을 하는 의미를 가지고 출발했기 때문에, 시민사회에서 적극적으로 국가권력을 견제하고 다양한 시민적 활동을 포괄하는 용어의 필요성이 제기된 것이다(박상필, 2001: 70). CSO는 그 개념 속에 시민참여와 연대, 정부에 대한 영향력, 사회적 약자의 이익 대변, 문화적 가치의 추구, 종교적 신념의 보호 등과 같은 광범위한 의미를 내포하고 있다(UNDP, 1998). 그러나 사용하는 사람이나 기관에 따라 범주가 다양하다. 세계은행의 개념규정에 의하면, CSO는 국가와 개인 사이의 모든 기관과 결사체를 포함한다. 즉 노동조합, 여성단체, 재단, 기업협회, 전문가협회, 미디어, 싱크탱크, 훈련기관, 상조회, 협동조합, 지역풀뿌리조직, 교회와 종교단체, 대학, 스포츠단체, 예술문화단체 등을 포함한다(World Bank, 2003b). 그야말로 어원적 의미 그대로 시민사회에 있는 거의 모든 단체를 포함하고 있다. 이렇게 되면 NPO와 같은 의미가 된다.

---

24) 시비쿠스는 전세계 시민활동과 시민사회를 강화하기 위한 목적으로 1994년에 탠돈(Rajesh Tandon)을 중심으로 하여 설립되었다. 참여민주주의, 결사의 자유, 공익자금이 위협받는 것을 방지하고, 전세계에 시민활동이 활성화되도록 기초를 튼튼히 하고 단체가 필요한 자원을 제공하는 것을 목적으로 한다. 본부는 남아프리카공화국 요하네스버그에 있다. 영어로 world alliance for citizen participation을 의미한다.

〈표 4-3〉 시민사회 내 각종 단체의 비교(외국)

단체	주요 특징	다른 단체와 비교
NPO	시민사회 내에서 영리를 추구하지 않는 모든 단체	시민사회 내의 단체 중에서 가장 넓은 의미
제3섹터	정부와 기업을 제외한 비영리섹터의 모든 단체	미국과 유럽에서는 NPO와 같은 개념이고, 일본에서는 공사혼합기업을 의미
VO	자원봉사활동을 통해 복지서비스를 제공하는 단체	NPO보다는 좁은 개념이고, NGO보다는 넓은 개념
PVO	자원활동을 통해 원조활동을 하거나 서비스를 제공하는 결사체	VO와 같기도 하고, NGO와 같거나 좁은 개념으로 사용되기도 함
CSO	시민사회 내에서 시민참여, 권력견제, 약자보호, 문화적/종교적 가치를 추구하는 다양한 결사체	NPO보다는 좁은 개념이고, NGO보다는 넓은 개념. VO보다는 역동적인 의미
NGO	시민사회에서 자발적으로 결성되어 공익을 추구하는 결사체	미국이나 일본에서는 좁은 개념, 유럽은 넓은 개념으로 사용

그러나 실제로 세계은행의 CSO 개념정의와는 달리, 이 용어를 사용하는 사람은 NPO에서 비영리병원, 사립학교, 복지관과 같은 기관형조직을 제외한 범주로 사용하고 있다. 일단 CSO가 종교단체, 노동조합, 재단 등을 포함하기 때문에 NGO보다는 넓은 개념이지만, NPO보다는 좁은 개념이다. CSO는 VO와는 달리 서비스제공보다는 다양한 가치를 추구하는 역동성을 내포한다.[25]

이상 외국에서 사용되는 시민사회 내의 다양한 단체에 대한 개념을 정리하여 비교하면 〈표 4-3〉과 같다.

2. 한국의 경우

1) 비영리단체(NPO)와 제3섹터

한국에서 비영리단체는 미국의 개념과 비슷하다. 즉 국가와 시장이 아닌 비영리섹터에서 공공

---

[25] 시비쿠스(CIVICUS)에서는 CSO의 기능을 대표기능, 전문적 자문, 역량강화, 서비스제공, 사교적 기능 등을 들고 있다.

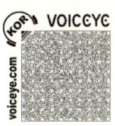

〈표 4-4〉 한국 비영리단체(NPO)의 분류

목적	구분 조직유형	활동영역/기능	주요 단체
공익단체	기관형조직	의료/보건단체	종합병원, 정신병원, 요양원
		교육/연구단체	초등·중등·고등사립학교, 직업학교, 연구소
		복지서비스단체	양로원, 탁아소, 고아원, 직업훈련소, 복지관, 모자보호소, 청소년수련원
		예술/문화단체	박물관, 미술관, 극장, 오케스트라, 레크리에이션단체
	회원	시민단체	환경단체, 소비자단체, 여성단체, 장애인단체, 자원봉사단체, 국제원조단체, 모금단체, 생협
집단이익 추구단체	조직	종교단체	불교·기독교·천주교 등 각종 종교단체
		직능단체	상공회의소, 전경련, 변호사협회, 의사협회
		친목단체	컨트리클럽, 동창회, 향우회, 화수회, 상조회

의 목적에 봉사하거나 조직구성원의 공동이익을 추구하는 단체를 말한다. 이것은 시민사회 혹은 비영리섹터의 모든 단체를 포괄한다. 비영리병원, 사립학교에서부터 복지관, 환경단체, 여성단체, 종교단체, 변호사협회, 화수회, 동창회까지 포함한다. 물론 사회복지학이나 경영학에서 NGO의 상대적인 개념으로서 기관형조직을 일컫기도 한다. 비영리단체는 공공서비스 제공, 국가권력과 시장권력 견제, 참여와 공동체문화 형성, 개인 간의 유대와 협력 등과 같은 역할을 한다. 한국 비영리단체를 단체의 목적, 조직유형, 활동영역/기능에 따라 분류하면 〈표 4-4〉와 같다.

제3섹터는 1990년대부터 비영리단체와 같은 의미인 미국적 의미, 공사혼합기업을 의미하는 일본적 의미, 그리고 준공공부문 등 세 가지 의미가 복합적으로 사용되다가 최근에는 주로 미국과 같이 비영리단체와 같은 의미로 사용되고 있다. 즉 제1섹터와 제2섹터를 제외한 나머지 영역을 말하고, 조직적으로 보면 정부와 기업을 제외한 단체를 가리킨다. 준공공부문은 〈그림 4-4〉에 나타난 바와 같이, 정부와 기업 및 비영리단체의 중간영역으로서 정부와 기업 혹은, 정부와 비영리단체의 혼합적 또는 이중적 정체성을 가지고 있는 각종 조직을 말한다. 정부와 기업 사이에는 공기업·정부투자은행 등이 있고, 정부와 비영리단체 사이에는 정당·국립대학·국립병원·공익재단 등이 있다.

⟨그림 4-4⟩ 한국의 준공공부문 영역

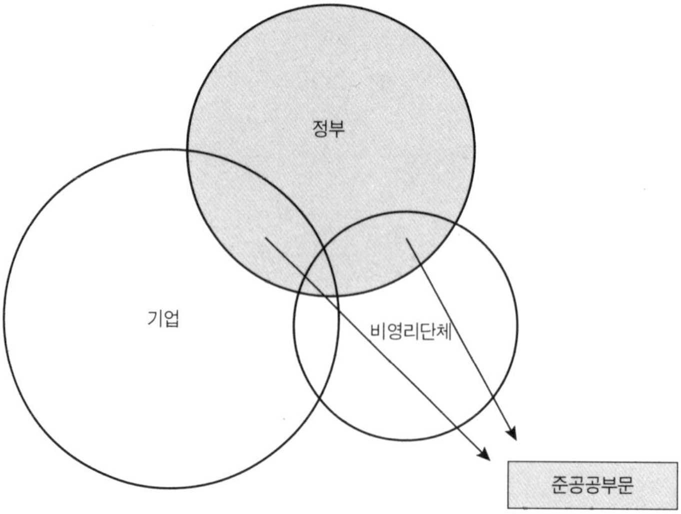

2) 민간단체와 공익단체

민간단체는 공공단체의 상대적인 개념이다. 어원적으로 본다면 공공단체인 정부조직을 제외한, 기업을 포함한 시민사회의 모든 단체가 포함될 수 있다. 그러나 일단 기업은 자체 고유의 개념을 가지고 있고, 시민사회의 각종 단체 중에서 정부와 밀접한 관련이 있는 단체를 제외한다. 즉 비영리단체 중에서 정책적인 고려에 의해 정부와 긴밀하게 협력하거나 정부의 재정지원에 대한 의존도가 높은 단체는 제외된다. 따라서 비영리병원, 사립학교, 복지관 등 기관형조직을 제외한 단체라고 할 수 있다. 따라서 민간단체는 비영리단체보다는 좁은 개념이고, NGO보다는 넓은 개념이다.

공익단체는 공익을 추구하는 단체로 ⟨표 4-4⟩에서 집단이익추구단체(mutual benefit)에 상대되는 개념이다. 앞서 말한 바와 같이, 공익의 개념이 애매하기 때문에 공익단체의 범주를 설정하는 것이 쉽지 않다. ⟨표 4-4⟩에서 보는 바와 같이 공익단체도 공익의 정도가 다양하고, 집단이익추구단체도 앞서 살펴본 바와 같이 공익활동을 하기도 한다. 문제는 한국에서 종교단체가 공익단체에 속하는가이다. 미국에서는 종교단체를 공익단체로 분류하기도 한다(Salamon, 1999). 그러나 종교단체가 인간구원과 사회적 약자에 대한 각종 복지활동에도 불구하고, 한국에서 교회와 사찰은 상업성이 강하고 집단이익을 추구하는 경향이 있어서 부정적인 시각도 많다. 따라서 〈표 4-4〉에서 종교단체는 공익단체와 집단이익추구단체의 중간에 위치하고 있다.

3) 시민단체·민중단체·관변단체

시민단체·민중단체·관변단체는 단체의 성격은 달라도 개념의 위계상 비슷한 수준에 있는 단체들이다. 시민단체는 1987년 6월항쟁 이후 기존의 시민사회를 지배하고 있던 민중단체와 관변단체에 상대적인 개념으로 등장하였다. 한국에서 6월항쟁 이전만 해도 시민단체라는 말은 거의 사용하지 않았다.[26] 6월항쟁 이후 시민단체라는 말이 한국사회에서 급속하게 퍼진 것은 1989년에 설립된 경실련의 역할과 위상에 크게 기인한다. 경실련 이후, 각종 환경·여성·인권·문화단체를 시민단체라고 부르기 시작하였다. 시민단체는 시민들이 자발적으로 결성하여 각종 공익활동을 하는 단체이다. 앞서 말한 바와 같이, 한국에서는 거의 NGO와 교환되는 개념이다.

민중단체는 시민단체와 같이 시민이 자발적으로 결성한 단체이지만, 계급적인 의미를 담고 있다. 민중단체는 기층민중 또는 민중적 주체성을 가진 사람이 중심이 되어 비합법적 또는 반합법적 방법까지 사용하여 분배문제 등 계급적 이슈를 제기하고, 궁극적으로는 자본주의에서 사회주의로의 체제변혁을 지향하는 단체이다. 각종 노동자단체, 농민단체, 빈민단체가 여기에 가깝다고 할 수 있다. 물론 한국에서 노동자든, 유기적 지식인이든, 계급의식을 가지고 체제변혁을 지향하는지는 실로 의심스럽다. 따라서 시민단체와 민중단체의 구별은 쉽지 않다. 실제로 시민운동 과정에서는 양자 간의 연대가 활발하게 이루어지고 있다.

관변단체라는 용어는 군부권위주의 정권하에서 국가가 권력의 정통성과 정당성을 인정받지 못하고, 시민사회가 국가에 대하여 상대적인 자율성을 축적하지 못한 시대적 상황에서 발생하였다. 관변단체는 정부가 주도적인 역할을 하여 설립되어, 재정의 상당한 부분을 정부의 직·간접적인 지원에 의존하고, 단체의 사업과 조직에 있어서 정부의 간섭을 받는다. 과거 관변단체는 정도의 차이는 있지만, 테러·관제데모·선거운동 등을 통해 체제유지에 협력하고, 이에 상응하는 정치적·재정적 특권을 누렸다. 1948년 정부수립 이후 대한청년단과 서북청년단, 1950년 한국전쟁 이후 백혈단과 구국돌격대, 그리고 1980년대 이후의 새마을운동중앙협의회, 바르게

---

26) 1987년 6월항쟁 이전에 민중단체와 관변단체에 포함시키기 어려운 단체를 대체로 사회단체라고 명명하였다.

살기운동중앙협의회, 한국자유총연맹, 자율방범대, 청소년선도회 등을 관변단체로 불렀다. 그러나 민주화가 진척되어 정권의 정통성이 충족되고 절차적 민주주의가 완성됨에 따라 관변단체라는 용어는 점점 사라지고 있을 뿐만 아니라, 시민단체와의 구별이 어렵고 구별의 실익도 없다.[27] 시민단체도 정부의 재정지원을 받고 정부와 협력하여 공동으로 사업을 추진하기 때문이다.[28]

4) 사회단체와 시민사회단체

1987년 6월항쟁 이전에 지금 사용하는 민간단체나 시민단체와 비슷한 범주의 개념으로서 사회단체라는 용어가 빈번히 사용되었다. 시민사회에서 결사체가 결성되면 '사회단체등록에 관한 법률'에 의해 의무적으로 등록하게 되어 있었다. 실제로 1995년 이전에 설립된 경실련, 환경운동연합, 참여연대 등은 이 법에 의거하여 지방정부에 등록하였다.[29] 이 용어는 현재에도 사용되고 있기는 하지만, 점점 개념적 권위를 상실해가고 있다. 사회단체는 넓게 보면, 시민사회 내에서 일정한 사회적 목적을 가지고 일반인의 가치관에 영향을 끼치기 위해 결성된 자발적 결사체라고 정의할 수 있다. 이렇게 본다면 사회단체는 NGO보다는 민간단체의 범주와 비슷하다. 한편에서는 시민단체에 대비하여 국가권력을 견제하고 비판하여 사회변혁을 지향하는 다소 진보적 의미를 내포하는 개념으로 사용하기도 한다.

시민사회단체는 한국에서 매우 애매한 개념이다. 우선 시민사회단체를 영어의 CSO를 번역하여 사용하는 사람은 외국의 경우처럼 NGO 외에 각종 직능단체, 종교단체, 재단, 협동조합 등을 포함하는 넓은 의미로 사용한다. 이때 시민사회단체는 민간단체와 비슷한 범주이다. 그러

---

27) 실제로 미국과 같은 선진국에서는 정부가 설립한 NGO와 민간이 설립한 NGO 간의 구별이 거의 없다. 평화봉사단(Peace Corps), 전국노인봉사단(National Senior Service Corps), 비스타(VISTA: Volunteers in Service to America), 미국봉사단(AmeriCorps) 등은 연방정부가 개별서비스를 촉진시키고, 미국과 해외에서 자원봉사활동을 지원하기 위하여 설립한 단체들이다. 즉 GONGO와 QUANGO가 많이 활동하고 있다. 그리고 2003년 부시(George Bush) 대통령도 시민의 자원봉사활동을 지원하기 위하여 백악관 산하에 미국 자유봉사단(USA Freedom Corps)이라는 조직을 결성하였다.
28) 과거 관변단체라고 불렸던 단체는 '비영리민간단체지원법'에 근거하여 시민단체와 같이 공개경쟁을 통해 정부로부터 재정지원을 받는다. 물론 지방수준에서는 아직도 과거 관변단체라고 불렸던 단체에 대한 특권이 많이 남아있다.
29) '사회단체등록에관한법률'은 1963년 12월에 제정되어, 1994년 1월 '사회단체신고에관한법률'로 개정되었다가, 시민단체의 자율성을 침해한다는 이유로 1997년 4월에 폐지되었다.

〈표 4-5〉 시민사회 내 각종 단체의 비교(한국)

단체	주요 특징	다른 단체와 비교
NPO	시민사회 내에서 공익을 추구하거나 공동이익을 추구하는 단체	시민사회의 모든 단체를 포괄하고 제3섹터와 같은 의미
민간단체	공공단체에 상대적인 개념	NPO 중에서 정부와 긴밀한 단체는 제외
공익단체	공익을 추구하는 단체	집단이익추구단체에 상대적인 개념
시민단체	시민이 자발적으로 결성하여 공익을 추구하는 결사체	NGO와 거의 같은 의미
민중단체	민중적 주체성을 가진 사람이 체제변혁을 목표로 모인 단체	시민단체에 비해 계급지향적
관변단체	정부주도로 설립되어 재정지원을 받고 체제유지에 협력	시민단체 비해 정부종속적
사회단체	사회변혁을 지향하는 진보적 단체	NGO보다는 진보적이고, 민중단체보다는 넓은 의미
시민사회단체	시민사회 내의 역동적인 자발적 결사체	좁게는 시민단체와 비슷하고, 넓게는 민간단체와 비슷
이익집단	정부에 대한 영향력 행사를 통해 집단이익 추구	시민단체와 상대되는 개념

나 실제로, 시민운동에 관여하는 사람들은 시민사회단체를 NGO나 시민단체와 같은 좁은 의미로 사용하는 경향이 있다. 이 경우 한국에서 먼저 생성된 시민단체를 굳이 단어를 늘려서 시민사회단체라고 할 이유가 없다는 문제가 제기된다. 다른 경우에 시민사회단체를 영어의 CSO를 번역한 것이 아닌 시민단체와 사회단체를 합친 의미로 사용하기도 한다. 이 경우에는 시민사회단체라고 하면 좁은 의미를 지닌 시민단체의 범위를 넘어설 수 있고, 사회단체가 가진 진보적 의미를 차용해올 수 있다. 이럴 경우 진보적이고 역동적인 의미를 담을 수 있는 유용성이 있다. 이 경우에도 시민사회단체는 NGO보다는 넓은 개념이다.

5) 이익집단

이익집단(interest group)의 개념도 정의하기가 애매하다. 넓은 의미로는 "개인들의 집합체로서 공유된 목적 또는 가치를 달성하기 위해 상호작용하는 집단"으로 보고(김영래, 1997: 21), 좁은 의미로는 "동일한 목표를 공유하고 공공정책에 영향력을 행사하려는 개인들의 조직화된 집단"

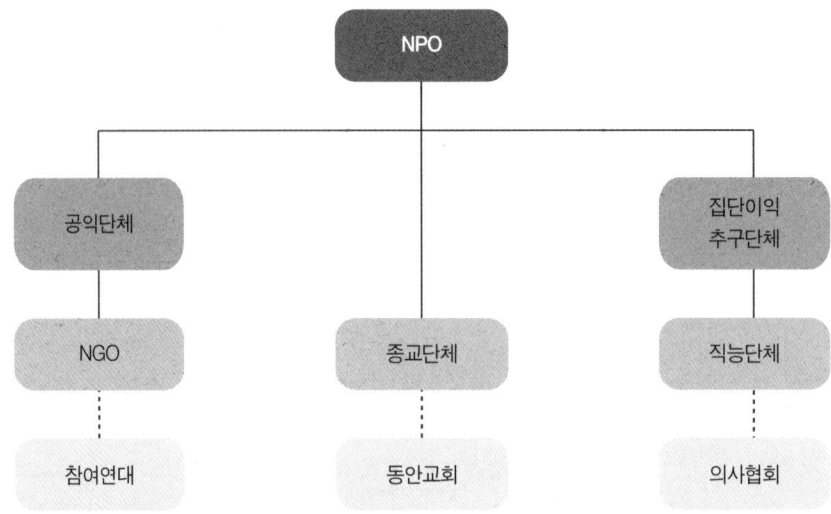

〈그림 4-5〉 시민사회 내 각종 단체의 개념적 위계

으로 본다(Berry, 1984: 5). 한국에서 경험적으로 볼 때, 이익집단은 대체로 좁은 의미로서 정부에 압력을 가해 집단이익을 추구하는 단체를 말한다. 따라서 이익집단정치가 활발한 서구 선진국과는 달리, 한국에서 이익집단은 다소 부정적인 의미로 사용되고 있다. 이것은 이제 막 개화하고 있는 시민사회가 개인이나 집단의 사익추구로 인해 사유화될 것을 우려하기 때문인 것으로 보인다. 이익집단의 대표적인 단체로 〈표 4-4〉의 직능단체를 들 수 있다.

이상 한국에서 사용되는 시민사회 내의 다양한 단체에 대한 개념을 정리하여 비교하면 〈표 4-5〉와 같다.

물론 시민사회 내의 각종 단체를 지칭하는 개념은 〈그림 4-5〉에서 보는 바와 같이, 개념 간에 일정한 위계가 있다. NPO가 가장 넓은 의미를 지닌 상위의 개념이다. NPO 안에 공익단체, 종교단체, 집단이익추구단체가 있다. 그리고 NGO는 공익단체 중의 하나이고, 직능단체 또는 이익집단은 집단이익추구단체 중의 하나이다. 점선으로 표시한 참여연대는 NGO의 하나의 예라고 할 수 있고, 동안교회는 종교단체의 예이며, 의사협회는 직능단체의 예이다. 〈그림 4-6〉에서 보는 바와 같이, 자주 사용되는 NPO, CSO, NGO는 각 개념의 범주에 있어서 NPO가 가장 넓고, CSO가 중간이며, NGO가 가장 좁은 개념이라고 할 수 있다.

시민사회에서 비슷한 위계에 있는 단체는 상호 간의 차이를 명확하게 구분하기 어렵다.

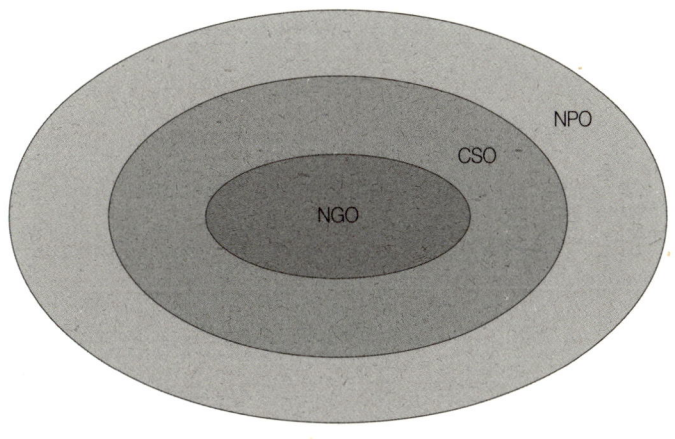

〈그림 4-6〉 NPO, CSO, NGO의 개념적 범주

〈표 4-6〉 NGO와 유사개념의 비교

구분	자발적 시민참여	회원가입 개방	자원활동 사업수행	공익추구
NGO	○	○	○	○
민중단체	○	○	○	△
관변단체	△	○	△	△
사회단체	○	○	○	△
시민사회단체	○	○	○	△
자조집단	○	△	○	○
이익집단	△	×	×	×

○ 거의 있음 △ 보통/애매함 × 거의 없음

　〈표 4-6〉에서 NGO의 개념틀을 구성하는 네 가지 주요 요소를 기준으로 살펴본 결과, 실제로 NGO는 민중단체, 사회단체, 시민사회단체, 자조집단과 비슷하다. NGO와 가장 명확하게 구분되는 개념은 이익집단이고, 관변단체와도 일정한 차이를 보이고 있다. 그러나 앞서 말한 대로 관변단체는 사라지고 있는 개념이기 때문에, 시민사회에서 NGO는 이익집단의 상대적인 개념으로 식별이 가능하고, 다른 개념과 명확하게 구별하는 것이 쉽지 않다.

제 **5** 장
NGO의 발생과 역할

제1절 NGO의 분류

NGO는 선진국과 개발도상국을 막론하고 전세계적으로 존재하고, 다양한 영역에서 다양한 조직형태를 가지고 다양한 방식으로 활동한다. NGO를 체계적으로 분류하는 것은 NGO의 전체적인 윤곽과 다원성을 동시에 파악하는 데 유용하다. 클라크(John Clark)는 NGO를 구호 및 복지기관, 기술적 혁신조직, 공공서비스 계약자, 대중적 개발기관, 풀뿌리 개발조직, 주창그룹 등 여섯 범주로 구분한다(Clark, 1991). 세계은행은 NGO를 구호활동을 하는 조직, 가난한 자의 이익을 도모하는 조직, 환경보호조직, 기본적 사회서비스 제공조직, 커뮤니티개발조직 등 5개 분야로 나눈다(Wold Bank, 1989). 이러한 구분은 한국NGO의 전체를 포괄하고 체계적으로 분류하는 데 한계가 있다. 여기서는 다음 6가지의 기준에 의해 NGO를 분류한다.

1. 활동수준에 따른 분류

NGO는 활동수준, 즉 단체의 활동이 미치는 범위에 따라 국제NGO(international NGO), 전국NGO(national NGO), 지방NGO(local NGO)로 구분할 수 있다.

국제NGO란 환경·평화·인권·난민구호·빈민지원 등과 같이 전지구적 문제나 여러 국가에 걸치는 지역적(regional) 문제를 해결하기 위해 최소 3개국 이상의 인민이 회원으로 참여하여 결성된 NGO이다.[1] 예를 들면, 환경단체인 그린피스(Greenpeace), 인권단체인 국제사면위원회(Amnesty International), 구호단체인 국경없는의사회(MSF) 등을 들 수 있다. 이러한 국제NGO는 대부분 한국에도 지부를 두고 있다.

전국NGO는 한 국가의 전국적인 수준에서 각종 사회문제를 해결하기 위해 결성된 단체이다. 한국의 경우, 경실련, 참여연대, 환경운동연합, 녹색연합, 여성민우회 등을 들 수 있다. 전국NGO는 주로 수도에 본부를 두고, 중앙정부를 상대로 활동하거나 전국적인 이슈를 가지고 시민운동을 전개한다.

지방NGO는 한 국가 내의 지역문제를 해결하기 위해 지방수준에서 결성된 단체이다. 예를 들면, 동대문청년회, 일산시민연대, 전북참여자치연대 등을 들 수 있다. 물론 지방에 있는 전국NGO의 지부도 여기에 속한다고 볼 수 있다. 지방NGO보다 더 작은 단위에서 활동하는 NGO를 커뮤니티NGO(community NGO)라고 한다. 이것은 도시의 아파트단지나 농촌의 이웃동네 몇 개가 활동범위인 NGO이다. 선진국에서는 이미 활발하지만, 한국에서는 최근에 활성화되고 있다.

2. 조직 구조/형태에 따른 분류

NGO는 조직구조에 따라 단독형 NGO, 연합형 NGO, 협의형 NGO 등으로 나눌 수 있다. 그리고 조직형태에 따라 전문가중심형·활동가중심형·풀뿌리조직형으로 분류할 수 있고, 온라인형(on-line type)과 오프라인형(off-line type)으로 나눌 수 있으며, 현장활동형과 중개형으로 구분할 수 있다.

단독형 NGO는 하나의 조직으로 이루어진 NGO를 말한다. 대부분의 소규모 NGO가 여기에 속한다. 연합형 NGO는 하나의 단체 안에 여러 개의 조직으로 구성되어있는 단체를 말한다. 예를 들어, 경실련에는 경제정의연구소, 통일협회, 도시개혁센터, 시민권익센터 등 여러 기구가 느슨하게 연결되어있다. 협의형 NGO는 단독형 NGO나 연합형 NGO 자체를 회원으로 하는 단체를 말한다. 즉 여러 NGO들이 각자 자신의 정체성을 유지하면서 공동의 목적을 달성하기 위

---

1) 최소 3개국의 기준은 국제협회연합(UIA: Union of International Association)이 제시한 것이다(박재영, 2003: 16).

해 일시적 또는 상시적으로 모인 단체이다. 예를 들면, 시민사회단체연대회의, 한국여성단체연합에는 수백 개의 NGO가 회원으로 가입되어있다.

전문가중심형 NGO는 수십, 수백 명의 전문가들이 모여 만든 단체이다. 교수·변호사·의사·문학가 등 전문가들이 특수한 영역에서 정책개발이나 대안제시와 같은 활동을 하기 위해 결성한 싱크탱크(think tank)형 NGO를 말한다. 물론 싱크탱크형 NGO라도 일반인의 참여를 위해 문호를 개방하기도 한다. 활동가중심형 NGO는 전문가중심형과 풀뿌리조직형 NGO의 중간형태로서, 수 명 또는 수십 명의 상근활동가가 전문능력을 발휘하여 시민운동을 조직하고 여기에 회원이 참여하는 형태를 띤다. 대부분의 한국NGO가 이런 형태를 띠고 있다. 풀뿌리조직형 NGO는 소수 전문가나 활동가가 아니라, 일반시민이 회원으로 참여하고 단체의 주요한 의사결정에 직접 관여하는 NGO이다. 이 경우는 회원이 단체의 활동과 운영의 주체가 된다.

온라인형 NGO는 회원모집·회의·활동 등이 인터넷을 통해 이루어지는 단체를 말한다. 오프라인형 NGO는 온라인을 통한 방법도 부분적으로 사용하지만, 주로 일정한 물리적 공간을 가지고 상호 대면하여 회의를 하고 활동을 전개하는 단체이다.

현장활동형 NGO는 주창활동이든, 서비스생산이든, 현장에서 각종 활동을 하는 단체이다. 이에 비해 중개형 NGO는 직접 현장활동을 하지 않고 시민운동에 필요한 이론을 제공하거나, 현장활동을 하는 단체에 자금을 지원하는 NGO를 말한다. 후자의 경우는 전혀 회원을 갖지 않는 경우도 있다.[2]

3. 법적 요건에 따른 분류

NGO는 법적 요건에 따라 법인체와 임의단체로 구분할 수 있다. 법인체 NGO는 사단법인이나 재단법인으로 법인격을 가진 NGO를 말하고, 임의단체형 NGO는 법인격이 아닌 NGO를 말한다. 법인체가 더욱 공식적인 단체인데, 정부가 재정을 지원하거나 세금을 면제할 때 공식적인 단체를 기준으로 하는 경우가 많다. 일본의 '특정비영리활동촉진법'에서는 NGO의 법인설립이 쉽지만, 한국은 민법상 법인 설립요건이 까다로워 많은 시민단체가 임의단체로 남아있다.

---

[2] 미국의 중개형 NGO인 Mercy Corps는 자금을 모아서 국제원조활동을 하는 NGO에 자금을 배분하는 활동을 한다. 한국에서도 아름다운재단이 기부금을 받아 NGO에게 자금을 지원한다.

4. 설립지역에 따른 분류

NGO는 설립지역에 따라 남반구NGO와 북반구NGO로 나눌 수 있다. 남반구NGO는 지구상에서 대체로 남반구에 위치한 NGO로서, 주로 개발도상국에서 만들어진 NGO들이다. 이에 반해 북반구NGO는 적도의 북반구에 위치하고 있는 NGO들인데, 주로 선진국에서 만들어진 NGO이다. 많은 북반구NGO 또는 선진국NGO는 남반구NGO 또는 개발도상국NGO를 설립하거나 운영에 필요한 전략·재정·인력을 지원한다. 이러한 지원은 선진국이 민간단체를 통해 개발도상국의 개발을 지원하는 통로로 이용되기도 한다.

5. 기능에 따른 분류

NGO는 기능에 따라 다음 6가지로 나눌 수 있다.

견제기능 NGO는 주로 국가권력과 경제권력을 견제하고 정부의 정책변화를 추구하는 것을 목적으로 하는 NGO로서, 대부분 주창형(advocacy) NGO이다. 경실련, 참여연대, 환경운동연합 등은 모두 이러한 기능을 수행하고 있다.

복지기능 NGO는 각종 서비스 제공(service provision)을 목적으로 하는 NGO로서, 장애인·청소년·여성·아동·노인·빈민 등 사회적 약자나 소외된 자에게 서비스를 제공한다. 국제적으로는 난민·재해자·빈민에 대한 원조활동을 하는 단체도 여기에 속한다.

대변기능 NGO는 장애인·여성·노인·동성애자·에이즈환자 등 사회적 약자나 소수자의 이익을 대변하기 위해 설립된 NGO로서, 이들의 요구를 표출하고 정부의 정책과정에 반영하는 것을 목적으로 한다.

조정기능 NGO는 각종 사회적 분쟁이나 단체활동을 조정하기 위해 설립된 단체인데, 이것을 목적으로 설립된 단체는 흔하지 않다. 그러나 각종 NGO는 정부와 협력하거나, 정부의 위임을 받아 각종 분쟁을 조정하기도 한다. 1995년 경실련이 정부의 위임을 받아 한의사회와 약사회 간의 한약분쟁을 조정한 적이 있고, 2000년 '의약분업실현을위한시민대책위원회'가 의사회와 약사회 간의 의약분업분쟁을 조정하기 위해 결성되어 활동한 바 있다.

교육기능 NGO는 시민의식을 고양하기 위해 시민교육을 전문적으로 수행하거나 정보제공을 목적으로 하는 NGO를 말한다. 환경·인권·평화·청소년 등과 관련된 시민교육을 전문적으로 수행하기 위해 설립된 단체도 있고, 연합형 NGO 내에 교육기능을 수행하는 별도의 단체를 두는 경우도 있다. 참여연대 내의 참여사회아카데미와 환경운동연합 내의 환경교육센터를 예로 들 수 있다.

모금기능 NGO는 현장에서 직접 서비스를 제공하거나 정부와 기업을 견제하는 활동을 하는 것이 아니라, 다른 단체의 활동을 돕기 위해 모금활동을 벌여서 자금을 지원하는 것을 목적으로 결성된 NGO이다. 이러한 모금기능을 수행하는 NGO는 선진국에서 활발하지만, 한국에서는 제대로 발달되지 않았다. 그러나 최근 아름다운재단, 시민운동기금, 환경운동기금 등과 같이 모금을 전문으로 하는 NGO도 늘어나고 있다.

6. 활동영역에 따른 분류

NGO는 활동하는 영역에 따라 구분할 수 있다. NGO가 활동하는 영역은 환경, 인권, 평화/통일, 여성, 복지, 문화/예술/체육, 교육/연구, 의료/보건, 청소년/아동, 소비자권리, 권력감시/부패방지, 사회개혁(정치, 행정, 경제, 사법, 언론 등), 경제정의/조세, 공동체/시민규범, 주택, 개발, 노동, 지방분권/지역개발, 에너지, 교통, 모금, 빈곤구제, 소수자보호, 구호, 국제원조/국제교류, 자원봉사, 대안사회 등으로 나눌 수 있다. 이 중에서 한국에는 환경NGO가 가장 많다.

이상 분류한 것을 정리하면 〈표 5-1〉과 같다.

〈표 5-1〉 NGO의 분류

기준	종류
활동수준	국제NGO, 전국NGO, 지방NGO
조직구조/형태	단독형, 연합형, 협의형
	전문가중심형, 활동가중심형, 풀뿌리조직형
	온라인형, 오프라인형
	현장활동형, 중개형
법적 요건	법인체, 임의단체
설립지역	남반구NGO, 북반구NGO
기능	견제, 복지, 대변, 조정, 교육, 모금 등
활동영역	환경, 인권, 평화, 여성, 문화, 복지, 교육, 청소년, 국제원조, 대안사회 등

제2절 NGO의 발생과 발달

1. NGO의 발생원인

정부와 기업이 사회질서를 유지하고 생활에 필요한 재화를 생산하는데 비영리단체는 왜 발생하는 것일까. 비영리단체 중에서 특히, 시민사회에서 가장 역동적이고 공공성이 강한 NGO는 왜 생겨나는 것일까. 이미 서구사회에서는 1980년대부터 비영리단체의 발생원인에 대한 정치경제적·정치사회적 이론을 연구해왔다(Douglas, 1987; Hansmann, 1987; Salamon, 1995; Weisbrod, 1988). 예를 들어, 정부실패, 계약실패, 시장실패, 국가권력 견제, 정부보조금 지원, 소비자 자기통제 등과 같은 이론이 있다(박상필, 2001: 168-79). 여기서는 비영리단체 중에서 NGO에 제한하여 단체의 발생원인에 대해 살펴보기로 한다.

1) NGO는 왜 발생하는가

사람들은 사회문제가 발생하고 욕구불만을 느끼면 이것을 외부에 표출하고, 다른 사람과 대화를 나누며, 같은 의견을 가진 사람끼리 조직을 만든다. 그러한 조직은 다양한 형태가 될 수 있겠지만, NGO 자체가 가진 다음과 같은 몇 가지 내적 함수로 NGO가 많이 발생하게 된다. 이를 G=f(E, M, P, L······)로 표현할 수 있겠다.[3]

① 누구나 쉽게 만들 수 있다―전문지식이 없이 일반적인 상식만 있어도 나이·성·직업·재산 등에 관계없이 가치를 공유하는 사람은 누구나 다양한 영역에서 쉽게 NGO를 만들 수 있다. NGO를 결성하는 데는 어떤 법적 요건을 갖추어야 하거나 특별한 기술이 필요하지 않다. 특히 인터넷과 같은 첨단기술이 크게 도움이 된다. 또한 조직을 해체할 때도 커다란 비용이 들지 않는다.

② 상호 만남의 공간이다―사람들은 서로 만나서 대화하기를 원한다. NGO는 바로 가치를

---

[3] 이것은 NGO의 발생(genesis)이 만들기 쉬움(easiness), 상호 만남의 공간(meeting), 의견표출의 매체(publication), 리더십 경험(leadership) 등에 영향을 받는 것을 말한다.

공유한 사람이 서로 만나는 공간이다. 심지어 NGO는 아버지와 아들, 어머니와 딸, 할아버지와 손녀, 할머니와 손자가 함께 활동할 수 있는 곳이기도 하다. 그리고 NGO는 정부나 기업을 통하지 않고서도 국경을 넘어 다른 나라의 사람과 만날 수 있는 기회를 제공한다. 특히 인터넷의 사이버공간이 만남의 공간으로 활용된다.

③ 자신의 의견을 표출할 수 있다─NGO는 개인의 의견을 공공적으로 표현할 수 있는 대표적인 매체이다. 공식적인 방송·언론·정부공청회 등에서 의견을 표명할 수 있는 개인은 전문가에 제한되어있다. 그러나 NGO는 보통사람이 공동행동을 통해 자신의 신념을 주장하고 때로는 관철시킬 수 있는 곳이다.

④ 리더십을 경험할 수 있다─누구나 NGO를 조직하여 리더십을 경험할 수 있다. 특히 NGO는 여성, 청소년, 노인, 소수인종, 소수종교 신봉자 등 사회에서 소외된 사회적 약자나 소수자가 리더십을 학습하고 경험할 수 있는 열린 공간이다.

⑤ 다양한 참여방식이 가능하다─NGO는 조직형태와 참여방식이 무척 다양하다. 지도자나 상근자로 참여하는 것 외에도 회원으로 활동하거나, 기부금만 제공할 수 있다. 자원봉사자로 활동하거나, 인턴십(internship)을 할 수도 있다. 단순히 회원이 되거나 기부금을 내는 것만으로도 단체가 추구하는 가치에 동참한다는 정체성을 가지게 된다.

⑥ 대의명분이 강하다─NGO는 자발적 참여를 통해 다른 사람이나 사회 전체의 이익을 위해 활동한다. 따라서 시장영역에서 단순히 자신의 이익을 위해 활동하는 것과는 달리, 대의를 위한 활동이라는 자긍심을 가질 수 있고 헌신적 활동에 대한 정치적 지지를 얻을 수 있다.

⑦ 가치지향적 삶을 경험할 수 있다─NGO에서는 물질적인 것에 집착하는 생활을 넘어 정신적이고 가치지향적인 삶을 경험할 수 있다. 따라서 사회정의를 위해 거리에서 행진을 하거나 1인시위를 하고 있어도 백화점에서 쇼핑을 하는 것보다 더 값지고 의미 있는 삶을 경험할 수 있다.

⑧ 독특한 삶의 세계를 형성할 수 있다─NGO에서는 장애인, 소수인종, 동성애자, 에이즈환자, 희귀병환자, 병역거부자, 그리고 특수한 동물과 식물을 좋아하고 독특한 습관을 가진 사람들이 함께 독특한 삶의 방식을 전개할 수 있다. 이러한 삶의 양식은 국제적 연대를 통해 전지구적 교류와 결속으로 이어진다.

⑨ 삶의 주체자가 될 수 있다─NGO에서 사람들은 기존의 인식체계에서 사물을 관찰하고 삶을 영위하는 것이 아니라, 새로운 눈으로 대상세계를 바라보고 문제를 제기·해석·평

가한다. 따라서 자신의 삶을 스스로 규정하고 자신이 원하는 생활과 사회를 건설하려고 진지하게 사색하고 실천하게 된다.

⑩ 현재와 미래를 매개한다—NGO는 항상 기존의 진부한 일상에 저항하고 새로운 세계를 모색한다. 따라서 현재의 삶 속에서 유토피아적 미래를 상상하고 이것을 선취하기 위한 노력을 촉진한다. 그러므로 NGO에서 현재의 삶을 더욱 보람되게 살 수 있다.

2) NGO의 발생이론

NGO는 목표, 조직형태, 기능, 활동영역 등이 너무나 다양하기 때문에 발생원인을 일률적으로 규정하기 어렵다. 여기서는 NGO의 발생이론을 다음 세 가지로 나누어 살펴보기로 한다.

① 공공서비스의 생산

시장은 오랫동안 경쟁을 통해 자원을 효율적으로 배분하고 우리 생활에 필요한 각종 상품과 서비스를 제공하는 중요한 메커니즘으로 인식되어왔다. 그러나 시장은 무임승차(free-riding) 문제로 국방·치안·위생·환경 등과 같은 공공재(public goods)를 제공하는 데 한계가 있고,[4] 부정적 외부효과(negative externality)로 사회적 불이익을 초래하기도 한다. 무엇보다도 시장은 소득을 공평하게 분배할 수 없고, 이윤이 발생하지 않는 분야에는 투자하지 않는다. 따라서 시장이 사회의 필수적인 공공재와 인간이 필요로 하는 서비스를 생산할 수 없기 때문에 시장실패(market failure)가 일어난다. 이때 NGO가 필요한 서비스를 생산하기 위해 발생한다.[5]

---

[4] 무임승차란 비용을 지불하지 않고 국방·치안·환경 등과 같은 공공재적 성격이 강한 공공서비스의 혜택을 누리는 것을 말한다. 넓은 의미로는 일정한 이득에 대해 그에 합당한 비용을 지불하지 않고 공짜로 획득하려고 하는 행위를 말한다. 그리고 공공재란 사유재(private goods)에 상대되는 개념으로 생산과 소비가 동시적으로 이루어지지 않고 축적되지 않는 성격을 가지고, 비배타성(nonexcluability)과 비경합성(non-rivalry)의 특성을 가진 재화나 서비스를 말한다. 비배타성이란 비용을 지불하지 않은 사람을 소비로부터 배제할 수 없는 것을 말하고, 비경합성이란 다른 사람의 소비로 인해 나의 소비가 지장을 받거나 소비에서 얻는 효용이 감소하지 않는 것을 말한다. 절대적으로 어떤 재화가 공공재라고 말할 수는 없지만, 보통 국방·치안·환경·등대 등이 여기에 속한다.

[5] 샐러먼은 시장실패가 일어나면 바로 정부가 개입하는 것이 아니라 비영리단체가 먼저 등장하여 응답한다고 한다. 그는 그 이유를 거래비용(transaction cost)으로 설명하는데, 공공재의 부족에 대해 정부가 응답하는 것이 자선단체의 행동보다 비용이 비싸다는 것이다. 왜냐하면 비영리단체는 소수의 사람이 행동하거나 기부금으로 재정을 충당할 수 있지만, 정부는 여론을 형성하고 법률을 만들고 프로그램을 운영해야 한다는 것이다. 따라서 시장실패가 일어나면 거래비용이 적은 비영리단체가 먼저 응답하고, 비영리단체의 응답이 불충분하거나 실패하면 정부가 대응한다는 것이다(Salamon, 1995: 39-49).

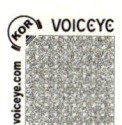

물론 시장실패에 대한 NGO의 대응은 한계가 있기 때문에 정부가 바로 개입하기도 한다. 정부는 시장이 제공하기 어려운 공공재를 생산할 수 있는 유효한 제도이다. 그러나 정부가 개입하여 복지사회를 이룩하려고 했으나 오히려 나쁜 결과를 초래하거나, 시민이 바라는 다양한 서비스를 생산하지 못해 정부실패(government failure)가 일어난다. 정부는 다수결, 강제성, 획일성, 관료제 등의 원리에 의해 움직이기 때문에 효율적으로 공공재를 생산하거나 인민의 다양한 서비스 욕구를 충족시키는 데 한계가 있다. 예를 들어, 정부에 의한 재화의 공급은 중위투표자(median voter)가 만족하는 정도에 머무르는 경향이 있기 때문에 사회적 약자나 소수자가 원하는 서비스를 제공하기 어렵다.[6] 이러한 정부의 한계는 한 사회 내에서 다양한 인종·종교·언어가 공존하고 있거나, 정치·문화적 성향이 이질적인 경우 잘 드러난다. 따라서 다양하고 실험적이며 창의적인 서비스를 제공하기 위해 NGO를 비롯한 각종 비영리단체가 발생하게 된다.

시장과 정부가 가진 한계는 국제사회에서도 그대로 나타난다. 시장과 개별 국가는 국제사회의 각종 문제에 관심이 없거나 구조적으로 개입하기 어렵다. 따라서 국제사회에서 인권·환경·평화·구호·빈곤구제 등과 같은 문제를 해결하기 위해 각종 NGO가 발생하게 된다.

② 권력과 자본의 견제

국가는 다양한 형태와 규모를 가지고 있지만, 통치방식이나 그 크기에 관계없이 질서를 유지하고 자원을 추출하기 위해 전일적(全一的)인 강제력과 일정한 억압력을 가지고 있다. 이것은 절대군주의 통치나 큰 정부하에서만 존재하는 것이 아니다. 민주주의국가나 작은 정부하에서도 자원배분과 사회통합을 위해 국가의 강제력과 억압력은 필요하다. 국가가 강제력과 억압력을 독점하게 되면 권력의 속성상 인권을 유린하거나 부패하는 경향을 띠게 된다. 따라서 국가권력을 사회적으로 통제할 필요가 있고, 이러한 사회적 통제의 주체가 바로 NGO라고 할 수 있다. 인권옹호, 부정부패 감시, 권력집중 방지, 정치개혁 등 국가권력을 견제하기 위해 각종 NGO가 발생하는 것도 이러한 이유 때문이다.

---

[6] 중위투표자정리(median voter theorem)란 투표자가 가장 선호하는 것이 봉우리 위에 단 하나만 있는 단일봉두선호(single-peaked preference)일 때, 과반수의 투표자들이 다른 어떤 대안보다 중위자가 선호하는 것을 찬성하게 된다는 것이다. 또한 중위투표자이론은 유권자들이 정치가들을 완전히 통제할 수 있다는 수요지향적 이론으로 2대 정당이 이상적인 상황에서 경쟁할 때, 양 정당의 정치적 프로그램은 중위치의 유권자들이 선호하는 정책프로그램에 서로 접근하는 것을 의미한다(민경국, 1993: 69-82; 소병희, 1992: 34-37).

자본주의하에서 자본은 이윤추구를 지향하고 이윤극대화의 원리에 따라 움직인다. 따라서 자본의 논리에 의해 작동되는 시장은 불평등, 비도덕성, 환경파괴, 소비자권리 왜곡 등과 같은 사회적 문제를 낳는다. 그리고 자본은 공동체적 규범이나 가치에 대해서는 무관심하다. 이러한 현상은 지구화와 신자유주의 이념하에서 더욱 심각하다. 정부가 규칙을 제정하여 기업병리를 감시하고 조정하지만, 그 효과에는 한계가 있다. 심지어 정부는 자본축적을 위해 기업의 이익을 대변하기도 한다. 따라서 NGO는 경제정의·기업감시·소비자보호 등과 같은 역할을 수행하기 위해 발생한다.

국제사회에서는 국가이기주의나 강대국의 힘을 방어하고 견제하기 위해 각종 NGO가 발생한다. 또한 지구화의 진행과 함께 자본의 힘이 강해지고 이것이 세계적인 차원에서 영향력을 강화함에 따라, 자본권력을 방어하고 견제하기 위해 각종 NGO가 발생하게 된다.

③ 정부의 위임과 지원

정부는 인민이 원하는 모든 서비스를 직접 제공할 수 없기 때문에 민간영역에 이양하거나 위임한다. 정부관료제에 의존하는 것이 비용이 더 많이 들거나, 서비스에 대한 요금을 거두기 어렵거나, 다양한 소량의 서비스를 제공해야 할 때, 정부가 서비스를 생산하는 것보다는 민간영역에 위임하는 것이 낫다(James and Rose-Ackerman, 1986: 29-30, 79). 이때 공공성이 강하거나, 규모가 작거나, 사회적 약자를 위한 서비스는 영리기업보다 비영리단체에게 위임하는 것이 유리하다.[7] 의료·교육·복지 등은 각각 비영리병원, 사립학교, 복지기관과 같은 비영리단체에 위임하지만, 의식개혁이나 캠페인, 그리고 각종 시민운동을 전개하는 것과 관련된 것은 주로 NGO에 위임한다. 예를 들어, 환경감시, 쓰레기분리수거, 에너지절약, 화장실문화 개선 등에 대한 의식개혁이나 캠페인, 자원봉사활동의 활성화 등은 정부가 직접 하기도 어렵고 기업이 담당하는 데도 한계가 있다. 이런 분야는 비영리단체 중에서도 NGO에 위임하는 것이 바람직하다.

정부는 NGO에 서비스생산을 위임하고 각종 보조금을 지원하거나 세금면제, 기부금 소득

---

7) 정부와 비영리단체 간의 협력은 정부와 기업 간의 협력보다 여러 가지 장점을 지니고 있다. 첫째, 정부가 제공하는 복지서비스의 많은 분야는 비영리단체가 정부보다 먼저 그러한 서비스를 제공해 왔다(예: 의료, 교육, 환경). 둘째, 영리를 추구하지 않는 비영리단체의 목적은 정부의 목적과도 비슷하기 때문에 정부에 의한 감독비용이 기업보다 싸다. 셋째, 비영리단체는 공공의 문제에 가까이 있는, 유연하고 작은 규모로 운영될 수 있다. 넷째, 비영리단체는 서비스와 구조의 다양성, 부분적 어프로치가 아닌 요구 전체에 응답, 기부금과 자원봉사 활동의 용이함 등과 같은 장점이 있다(Salamon, 1995: 41-43).

공제, 우편요금 할인, 사무실 염가제공, 무료 공익광고 등과 같은 혜택을 부여한다. 이러한 정부의 지원이 NGO의 발생을 촉진한다. 특히 보조금의 지원은 NGO의 발생에 직접적으로 영향을 미치게 된다. 사람들이 NGO를 결성하여 각종 사회문제를 해결하는 데 기여하려고 해도 재정이 부족한 경우가 많다. 이때 정부의 재정지원은 단체의 발생을 유도하게 된다. 물론 NGO에 대한 정부의 직접적인 재정지원에 대한 논란이 없는 것은 아니다. 한국의 경우, 심각한 쓰레기문제와 에너지문제를 해결하기 위해 '쓰레기문제를해결하는시민운동협의회'(1997)와 '에너지시민연대'(2000)가 정부지원에 의해 설립된 바 있다(박상필, 2008). 그리고 2002년 한국-일본 월드컵 당시 외국 관광객의 대량입국에 따라 공중화장실문화를 개선하기 위해, 서울시가 이에 대한 업무를 NGO에 위임하고 자금을 지원함에 따라 '화장실문화개선시민연대'가 결성되기도 하였다.

국제사회에서는 개별국가나 국제기구가 다양한 국제문제를 직접 해결하기 어렵거나 NGO의 협력이 필요할 때, 자금을 지원하여 NGO의 발생을 촉진한다. 특히 선진국의 NGO가 개발도상국의 개발을 위해 특정 영역에 자금을 지원하게 되면, 개발도상국에서 그 영역을 다루는 NGO가 발생하게 된다.

2. NGO의 발달배경

1) NGO의 전세계적 발달배경

인류역사에서 20세기 후반은 아마 NGO의 성장시대로 기록될 수 있을 것이다. 18세기와 19세기가 국민국가와 자본주의의 성장시기였다면, 20세기 후반과 앞으로 우리가 살게 될 21세기는 NGO가 급속하게 분출하고 그 영향력이 확대되었거나 확대될 시기이다. 1980년대 이후 지금까지 수십 년 동안 NGO는 정부와 기업에 비해 수적으로 크게 늘었을 뿐만 아니라, 시민들의 인지도와 영향력에서도 커다란 성장을 이룩하였다. 오늘날 NGO는 심지어 사회문제 해결의 만병통치약(panacea for resolving social problems)이나 '마법의 탄환'(magic bullet)(Vivian, 1994)으로 불리기도 한다.[8] 샐러먼은 1970년대 이후 전세계에 걸쳐 비영리섹터(nonprofit sector)에서 다양한 단체가 증가하게 된 이유를 복지국가의 위기, 개발도상국의 발전위기, 환경의 위기, 사회주의의 위기와 같은 네 가지 위기와 급속한 경제성장, 커뮤니케이션 기술의 발달과 같은 두 가지 혁명으로 설명하기도 하였다(Salamon, 1995: 255-60). 여기서는 NGO에 제한하여 20세기 후반, 특히 1980년대 이후 NGO가 급속하게 성장하게 된 배경을 몇 가지로 나누어 살펴보기로 한다.

① 민주주의의 세계적 확산

지금으로부터 300년 전만 해도 민주주의는 어리석은 아이디어이고 잘못된 정치제도로 간주되었다. 이미 권력을 잡고 있는 지배계층은 민주주의라는 보편적인 참여제도에 의해 자신의 권력과 재산을 잃지 않을까 걱정하였다. 이러한 생각은 20세기 후반 1980년대까지도 개발도상국이나 동유럽에서 거의 마찬가지였다. 그러나 1980년대 남미와 아시아에서는 시민적 저항에 의해 군부권위주의가 붕괴되고 민주주의가 발달되기 시작하였다. 그리고 1990년대에 들어와서 동유럽에서는 공산정권이 하루아침에 도미노처럼 무너지고 민주주의가 도입되었다. 이러한 민주주의의 확대로 기존의 국가권력이 제한되는 대신 개인의 권한과 자유가 확대됨으로써 다양한 결사체가 형성되었다. 그리고 민주주의가 제도화됨에 따라 정책과정에 대한 시민의 참여욕구가 폭발하였다. 따라서 사람들은 자신의 가치를 표출하고 이를 정책과정에 반영하기 위해 각종 NGO를 결성하였다.

② 국가기능과 역할의 변화

1930년대 대공황 이후, 그리고 1945년 제2차 세계대전 종결 이후, 서구 선진국에서는 복지국가가 급속도로 발달하였다. 정부의 재정과 조직은 확대되고 권력은 중앙집중화되었다.[9] 그러나 복지국가는 1970년대 오일쇼크 이후 생산성 증가율의 하락, 중앙집권적 관료조직의 비효율성, 국민국가 조정시스템의 한계 등으로 인해 위기를 맞게 되었다. 이후 지구화와 맞물려 신자유주의가 주류 패러다임으로 등장하였고, 동유럽의 사회주의체제가 붕괴됨에 따라 민간영역의 역할을 강조하게 되었다. 이런 상황에서 정부가 직접 공공재를 생산하는 것은 정치철학과 재정에서 한계에 부딪혔기 때문에 각종 비영리단체에 위임하였다. 따라서 자원봉사활동이 활발하고 유연한 조직구조를 가진 NGO가 정부를 대신하여 각종 복지서비스를 생산하는 대안으로 등장

---

8) 마법의 탄환이란 원래 의학에서 어떤 질병의 단 하나의 근본원인을 파악하여 이를 목표로 조준하여 공격할 수 있는 약품을 말한다(Vivian, 1994).
9) 복지국가는 완전고용, 보편적 서비스의 제공, 빈곤의 예방과 해소를 위해 주요 기간산업의 국유화, 교육 및 의료복지의 완비, 사회보험의 확충 등을 강조한다.

하였다.

③ 개인적 욕구의 다양화

1980년대 이후 서구 선진국은 거의 후산업사회에 접어들었다. 서비스업이 증가하고, 지식과 정보가 중요한 자원으로 등장하였으며, 전지구적 네트워크와 시민의식이 발달하였다. 사회는 자율적이고 다원적이며 복합적인 특징을 띠게 되었고, 개인은 정보화에 힘입어 다양한 정보로 무장하고 과거보다 뛰어난 능력을 소유하게 되었다. 이 속에서 개인은 위계조직에 순응하거나 획일적인 상품에 만족하지 않게 되었다. 따라서 다양한 시각과 가치를 가진 사람들은 정부와 시장의 통제나 구속에서 벗어나 각자 NGO를 만들어 자신의 욕구를 충족하게 되었다. 특히 사회적 약자나 소수자는 스스로 NGO를 결성하여 자기권리를 주장하고 자신의 필요를 충족하게 되었다.

④ 전지구적인 문제의 등장

현대사회의 극적인 변화 중의 하나는 바로 지구화라고 할 수 있다. 지구의 전영역에 걸쳐 상호연결성이 확장되고 상호의존성이 심화되자, 인간생활과 관련된 문제는 곧 지구적인 의제로 등장하게 되었다. 그리고 경제의 지구화가 가속화됨에 따라 민주주의가 파괴되고 빈부격차가 심해지고 있다. 이런 상황에서 조국적 자본을 선제하거나 환경·인권·평화·여성·소비자·난민구호·빈곤구제 등과 같은 문제를 해결하는 것은 개별국가뿐만 아니라, 유엔의 힘으로도 어렵다. 가장 대표적인 것이 바로 지구적 환경문제라고 할 수 있다. 지구온난화, 오존층의 파괴, 생물종의 멸종, 핵사고의 위험 등과 같은 환경문제는 국가나 시장체제를 넘어 NGO의 참여와 국제적 연대가 문제해결에 필수적이다. 따라서 다양한 지구적 문제를 다루기 위한 NGO가 등장하였다. 실제로 초국성의 이념은 NGO 개념틀의 중요한 구성요소를 형성하고 있다.[10]

⑤ 교통·통신기술의 발달

사람들이 의견을 나누고 교류하기 위해서는 교통과 통신의 매체가 필요하다. 20세기 후반 이후 교통기술의 발달과 1980년대 이후 통신기술의 급속한 발달은 각종 NGO의 발달에 크게 기

---

10) 예를 들어, 한 국가 내에서 대중교통이용을 확대하는 캠페인을 벌이는 교통관련 NGO의 활동은 이미 지구환경문제와 에너지문제에 대응하고 있는 것이다.

여하고 있다. 오늘날 전화나 팩스뿐만 아니라 텔레비전과 인터넷의 광범위한 보급으로 국가적 수준뿐만 아니라 지구적인 수준에서도 상호 정보교류와 조직화가 한층 더 쉬워졌다. 그리고 교통의 발달로 상호 만남이 용이해졌고 국제적인 회의도 더욱 빈번해지게 되었다. 교통과 통신기술의 발달은 공통의 가치를 가진 사람들이 NGO를 결성하여 지역적 경계를 넘어 서로 교류하고 연대하는 데 유용하게 작용하고 있다. 특히 인터넷이 발달함에 따라 사이버공간에서 조직을 만들고 회의를 하고 사업을 수행하는 사이버 NGO의 결성과 활동이 가능하게 되었다.

2) 한국 NGO의 발달배경

한국사회에서도 1980년대 후반 이후 각종 영역에서 NGO가 폭발적으로 분출하여 다양한 영역에서 권력을 감시하고 시민권리를 옹호하며, 공공서비스를 생산하고 대안사회를 실험하고 있다. 이러한 경향은 1960년대 이후 자본주의의 지속적인 발전, 교육의 확대와 시민의식의 증대, 독재정권에 대한 저항의 경험 등 여러 가지 역사적 맥락과 물적 토대에 기초한 것이지만, 무엇보다도 1987년 6월항쟁 이후 정치적 민주화와 밀접한 관련이 있다. 여기서는 지난 이십여 년간 한국사회에서 NGO가 급속하게 성장하게 된 정치·경제·사회적 배경에 대해 여섯 가지로 나누어 살펴본다.

① 정치적 민주화

1987년 6월항쟁 이후 절대적 국가권력의 신화가 무너지고 민주화가 진행됨에 따라 시민들은 언론·출판의 자유, 집회·결사의 자유를 갖게 되었다. 그리고 그동안 권위주의 정권의 억압에 의해 제대로 보장받지 못한 개인권리에 대한 의식을 갖게 되었고, 국가의 정책과정에 대한 참여욕구를 표출하였다. 따라서 가치를 공유한 시민들은 공동목적을 달성하기 위해 각종 단체를 결성하였다. 물론 노태우 정권이나 김영삼 정권하에서 민주화는 공안정권의 형성과 보수화에 의해 주춤하기도 하였다. 그러나 민주화라는 대세는 지속되었고 이에 따라 시민사회의 자율공간이 확대되어 갔다. 이러한 자율적 공간에서 각종 NGO가 분출하였고 권력견제와 사회개혁을 위한 다양한 활동을 전개하였다.

② 자본주의의 발달

한국 자본주의는 19세기 말에 도입되어 초기발달단계에 있다가 1960년대 이후 본격적으로 발달하기 시작하였다. 특히 1980년대에는 물가안정과 수출증대로 경제가 크게 성장하였다. 이러한 자본주의의 발달은 한편으로 빈부격차, 재벌독점, 선진국에 대한 경제적 종속을 초래하였지만, NGO의 발달에 필요한 중산층을 양산하는 데 기여하였다. 일정한 교육·소득·시간적 능력과 여유를 가지고 있었으나, 독재정권하에서는 침묵하고 있었던 중산층이 민주화와 함께 각종 NGO에 가입하여 적극적으로 활동하였던 것이다. 그리고 자본주의가 발달하여 개인소득이 증대하자, 부의 분배와 같은 물질적인 가치 외에도 인권·평화·환경·문화 등과 같은 탈물질적인 가치에 관심을 갖게 되었다. 1990년대에 들어와서 이러한 탈물질적인 가치를 추구하는 다양한 NGO가 발달하였다. 한편 자본주의의 발달로 자본주의의 모순이 심화되자, 이러한 모순을 치유하기 위한 NGO도 함께 생겨나게 되었다.[11]

③ 뛰어난 리더십

1970년대와 1980년대 민주화운동 과정에서 많은 시민운동 지도자가 배출된 것도 1987년 이후 NGO가 발달하는 데 크게 기여하였다. 독재정권하에서 민주화운동에 기여하였던 사람들은 독재정권이 퇴진하자 각종 시민운동에 적극적으로 참여하여 단체를 결성하고 지도하였다. 1990년대 이후 NGO에서 활동한 시민운동가 중 많은 이들이 과거 독재정권하에서 민주화운동을 하던 사람들이었다. 독재정권에 항거한 경험을 가진 지도자들은 여전히 남아있는 국가의 억압과 제도적 그물을 헌신적인 노력으로 극복하면서 NGO의 활성화에 기여하였다. 1990년대 이후 한국에서 학생운동의 급속한 쇠퇴에도 불구하고 시민운동이 지속될 수 있었던 것은, 바로 과거 민주화운동의 경험자들이 시민사회의 역량강화를 위해 앞장서서 지도하였기 때문이라고 볼 수 있다.

④ 사회의 분화와 전문화

한국사회도 1990년대에 들어와서 후산업사회적 성격을 띠게 되면서, 사회의 분화와 전문화가 확대되었다. 사회적 기능과 가치가 분화되고 개인의 욕구가 다양해졌다. 직업은 더욱 전문화되고 다양한 직업이 생겨나게 되었다. 따라서 사람들은 자신이 지향하는 가치를 표명하고 세력화

---

11) 소병희와 김동욱이 한국 시민사회단체의 발달과 정치적 변수(민주화) 및 경제적 변수(개인소득과 GDP) 간의 상관관계를 분석한 결과, 양자 모두 유의성이 있는 것으로 나타났다. 양자 간의 비교에서는 경제적 변수가 더 영향력이 큰 것으로 나타났다(소병희·김동욱, 2002).

하기 위해 각종 NGO를 결성하였다. 특히 각 분야의 전문직과 사무직·자영업 등 신중간계층이 크게 늘어남에 따라 시민운동이 활성화되었다. 사회구조의 분화와 전문화에 따라 계급을 초월하는 성·세대·직업·지역에 따른 갈등도 늘어났다. 정부가 이러한 갈등을 제대로 조정하지 못하게 됨에 따라 사회적 통합과 조화를 지향하는 NGO의 활동이 대안으로 떠오르게 되었다. 사회의 분화와 전문화는 기존의 NGO 편재가 다양한 영역으로 분화되는 현상도 초래하였다. 예를 들어, 환경단체의 경우 핵발전소 건립반대, 쓰레기 분리수거, 샛강살리기, 바다보존, 야생화 보호 등과 같은 영역으로 분화되었다.

⑤ 지구화·정보화·지방화

지구화가 강화됨에 따라 국제교류가 활발해지고 국제적인 이슈에 대한 공동대응이 늘어났다. 어느 정도 물적 토대를 구축한 한국사회도 다양한 국제문제에 참여하여 일정한 역할을 수행함에 따라 NGO가 발달하게 되었다. 북한·연변·연해주 등의 한인교포와 관련된 문제를 해결하기 위한 NGO도 많이 늘어났다. 한국사회는 지난 수십 년간 세계에서 가장 빠른 속도로 정보화를 이루었다. 전화, 팩스, 인터넷의 발달은 NGO의 활동을 용이하게 하였다. 심지어 사이버상에서만 활동하는 각종 사이버 NGO가 급속하게 늘었다. 1990년대에 들어와서 한국은 본격적으로 지방자치를 실시함에 따라 지방적 정체성이 중시되고 지방경제와 지방문화의 발달에 대해 관심을 갖게 되었다. 따라서 지역에서 작은 권리를 찾고 지방정체성을 강화하기 위한 지방단위의 소규모 NGO가 늘어나게 되었다. 2000년대에 와서는 지방에서 소규모 공동체운동이 활발하게 전개되고 있다.

⑥ 정부·정당·기업에 대한 불신

한국사회는 부정부패가 만연하고, 정치에 대한 불신이 강하며, 제도적 장치에 대한 신뢰가 부족하다.[12] 정부는 여전히 효율성과 신뢰성이 낮아서 정당성의 빈곤을 겪고 있다. 정당도 대표성과 신뢰성이 낮고 민주적인 게임규칙이 정해지지 않아서 개혁의 주체로 인정받지 못하고 있다.[13] 기업은 상행위와 자본축적에서 아직도 공정성과 정당성을 제대로 구축하지 못하고 있

---

12) 한국은 국제투명성협회(Transparency International)가 2003년에 실시한 세계투명성조사에서 50위에 머물러 있다. 이것은 OECD국가에서 가장 낮은 수치이다.
13) 아름다운재단이 2001년 한국사회의 각 조직에 대한 신뢰도를 조사하였는데, NGO가 가장 높았고(4점척도에서 2.8정도), 정당이 가장 낮았다(4점척도에서 1.6정도)(황창순, 2002).

다.[14] 따라서 시민들은 각종 사회문제를 해결하고 자신의 공통된 욕구를 충족하기 위해 NGO를 결성하고 활동하였다. 이러한 과정에서 사람들은 정부·정당·기업을 감시하고 사회개혁을 추진할 대안세력으로서 NGO에 대한 지지를 확대하게 되었다.

제3절 NGO의 기능과 역할

1. NGO의 이념과 가치

시민사회에는 다양한 결사체가 존재한다. 그중에서 NGO는 공익적 성격이 강하고 역동적으로 시민운동을 전개하면서 시민사회의 이념을 대표하는 단체라고 할 수 있다. 정부가 부패하거나 기업이 기회주의적으로 행동할 때, 이에 대해 적극적으로 의견을 표명하고 행동으로 나서는 것은 NGO이다. 지구촌 저편의 인간들이 각종 재해로 고통받고 있을 때, 유엔보다 먼저 달려가 구원의 손길을 내미는 단체 또한 NGO이다. 또한 NGO는 정부의 손길이 미치지 못하는 영역에서 사회적 약자나 소수자를 위해 각종 서비스를 제공한다. 그런가 하면, 독재정권에 항거하여 민주주의를 성취하고, 강대국의 이기주의에 맞서 평화를 옹호한다. NGO활동은 이런 직접적인 행동이나 거시적인 역할 외에도, 가치를 공유하고 공동의 목적을 추구하는 집합행동을 통해 인간 간의 의사소통, 상호신뢰, 관용, 협력, 리더십 학습, 공동체 체험, 영성 발현 등에도 기여한다.

NGO는 자발적으로 참여한 시민의 상호호혜적 관계를 통해 국가권력과 시장권력을 방어하고, 각종 시민권리를 옹호하며, 필수적인 서비스를 제공한다. 따라서 NGO는 자율성·공공성·자원성·다원성·연대성·수평성·국제성 등의 이념을 내포한다. 즉 NGO는 자율적인 참여를 통해 국가의 간섭없이 공공의 이익을 추구하고, 특히 사회적 약자의 이익을 대변한다. 또한 보상과 대가를 바라지 않는 자원봉사활동이 활발하고, 상호존중과 관용 속에서 다원적 가치를 추구한다. 그리고 공동의 목적을 달성하기 위해 상호 협력하고 연대하는 규범이 발달되어있다. 조

---

14) 2003년 한국의 기업인에 대한 조사에서 기업인의 70%가 스스로 시민의 신뢰를 받고 있지 못하다고 답변하였다.

직형태가 관료조직에 비해 상대적으로 수평적이다. 따라서 상대적으로 덜 위계적인 반면, 네트워크가 발달되어있고 민주적인 의사결정구조를 가지고 있다. 또한 NGO는 국가의 경계를 넘어 환경·인권·평화·교육·빈곤구제 등과 같은 문제를 해결하기 위해 서로 교류하고 협력한다.

복잡하고 다원화된 현대사회에서 각종 사회문제는 권력과 자본만으로 해결될 수 있는 것이 아니다. 현대사회에는 법으로 해결할 수 없거나 돈으로 환원할 수 없는 무수한 문제가 있다. 집단 간의 갈등조정, 소외의 극복, 참여욕구의 충족, 사회자본의 축적, 공동체정신의 회복 등은 국가와 시장이 유효하게 해결하는 데 한계가 있고, 동성애자·희귀병환자·병역거부자·재소자·이주노동자 등과 같은 소수자의 의견을 수용하여 더욱 정의롭고 인간적이며 평등한 사회를 구축하는 것은 NGO의 역동적인 활동을 요구한다. 가치를 공유한 개인이 함께 NGO를 결성하여 사회적 목적을 추구하는 것은 개방적이고 역동적인 사회를 구축할 뿐만 아니라, 사회적 안정과 평화를 가져온다. 특히 사회적 약자나 소수자가 자신의 의견을 조직적으로 표출하고 반영할 수 있는 탈출구를 갖게 됨으로써 자유민주주의에서 나타나는 다수주의(majoritarianism)의 횡포를 견제할 수 있다.

2. NGO의 주요 기능

NGO는 크게 보아 주창활동, 공공서비스 생산, 대안사회 모색 등과 같은 활동을 한다. 따라서 NGO의 기능은 크게 주창기능, 서비스기능, 대안기능 등으로 나눌 수 있다. 여기서는 좀 더 세분화하여 NGO의 기능을 여섯 가지로 나누어 살펴보기로 한다.

1) 견제기능

NGO의 주요한 기능 중 하나는 바로 국가와 시장을 감시하고 견제하는 것이다. 국가는 강제력과 독점력을 가지고 있어서 인민을 억압하고 부패하는 경향이 있고, 시장은 이윤추구를 지향하면서 기회주의적으로 행동하고 환경파괴를 초래할 개연성이 높다. NGO는 이러한 국가와 시장의 힘을 견제하여 사회개혁을 추동하고 시민권리를 보호하는 기능을 한다. 따라서 NGO는 인권을 탄압하는 국가권력을 견제하고, 부정부패를 감시·고발하며, 은폐된 국가의 감시체계와 폭력구조에 저항한다.[15] 이러한 활동을 통해 정부의 투명성과 책무성을 높이고 관료제의 경직성을 완화한다. 그리고 기업의 환경파괴, 소비자권리 침해, 불공정 거래 등을 감시하고, 필요하면 비도덕적인 기업의 상품에 대해 불매운동도 벌인다. NGO는 시위·집회·캠페인·공청회·성명서발표·서명운동·현장감시·로비활동·입법청원·정책참여 등 다양한 제도적·비제도적 방법을 통해 국가권력과 시장의 자본을 감시하고 견제한다.

2) 복지기능

오늘날 복지사회가 발달함에 따라 시민의 안정된 생활을 위한 국가의 역할이 강조되고 있다. 그러나 국가는 재정적 한계가 있고, 비효율의 문제가 있으며, 소수자의 복지를 소홀히 하는 경향이 있다. 더구나 신자유주의하에서 국가의 역할은 축소되고 있다. 반면에 현대인은 다양하고 미시적이며 질 높은 복지서비스를 요구한다. 선거에 의한 집단선택의 메커니즘에 구속되고 거대한 관료제에 의해 획일적인 서비스를 제공하는 정부는 이러한 욕구를 충족시키는 데 한계가 있다. 따라서 NGO는 정부와 일정한 계약을 맺어 재정지원을 받거나, 자체적으로 재정과 인력을 확보하여 정부가 무시하거나 제공할 수 없는 각종 사회서비스를 제공한다. 소규모의 유연한 조직으로 지역사회에 기반을 두고 있는 NGO는 지역민의 구체적인 욕구를 파악하여 인간적인 서비스를 제공하는 데 효율적이고 효과적이다. 그리고 정기적인 선거에 의해 구성되는 정부의 단기적 시각과는 달리, NGO는 복지문제와 관련하여 장기적인 시각을 갖는다. NGO의 복지기능은 재난구호, 빈곤구제, 청소년지원, 미혼모상담, 에이즈환자 보호 등 다양한 영역에서 현실화된다.

3) 대변기능

다원주의사회에는 다양한 가치가 표출하고 이러한 가치가 서로 공존하는 것이 가능하지만, 세

---

15) 한국에서는 1년에 군대에서 300여 명이 사망하는 사고가 발생한다. 군당국은 사망원인을 주로 단순 자살로 처리하지만, 유가족은 구타·총기사고라고 의문을 제기하여 갈등이 심각하다. 이러한 문제를 해결하기 위하여 '의문사대책위원회'와 같은 각종 NGO가 결성되어 활동하고 있고, NGO의 요구에 의해 국가 내에 한시적 조직으로서 '의문사진상규명위원회'가 설치되기도 하였다.

력이 강한 거대조직의 의견이 주로 정책과정에 영향을 끼치게 된다. 이러한 문제를 해결하기 위해 NGO는 사회적 약자의 이익을 옹호하는 정체성을 가지고 이들의 이익을 대변하는 기능을 한다. 사회적 약자의 보호는 정부의 중요한 기능이기도 하지만, 개발도상국의 경우 가족이나 시장에 맡겨버리고, 복지국가에서조차 미시적이고 구체적인 욕구를 충족하기 어렵다. 따라서 NGO는 사회적 약자나 소수자의 권익을 보호하기 위해 로비를 하거나 입법청원을 시도하고, 정부위원회나 공청회에서 사회적 약자의 이익을 대변하여 그들에게 유리하게 정책이 결정되고 집행되도록 노력한다. 특히 정당이 제대로 발달되어있지 않은 개발도상국에서 NGO는 시민사회의 요구를 국가에 전달하는 통로가 된다. 개발도상국에서는 NGO가 소규모의 신용대부를 운영하거나 사회적 약자의 기업설립을 지원하기도 한다. 서구사회에서도 노예해방운동, 여성해방운동, 아동권리운동, 인종차별반대운동 등은 지금 말하는 NGO가 주도하였다(O'Neill, 1989). 한국에서도 NGO는 여성, 장애인, 노인, 청소년, 아동, 동성애자, 에이즈환자, 알코올의존자, 북파공작원, 병역거부자, 재소자 등 사회적 약자의 권익을 위해 활발하게 활동하고 있다.

4) 조정기능

현대사회가 분화되고 전문화되면서 개인의 욕구도 다양해지고 개인과 집단 간의 갈등도 빈번하다. 집단 간의 갈등을 조정하거나 중재하기 위해서는 시민사회의 자율적인 조정장치나 효과적인 정부의 중재제도가 구비되어야 한다. 그러나 시민사회의 민주화 수준이 낮고 정부가 신뢰를 받지 못할 때에는 이러한 조정과 중재가 효과를 거두기 어렵다. NGO는 공익을 추구하는 대의명분을 가지고 있고, 상대적으로 신뢰도가 높으며, 구조적으로 의사소통·협력·신뢰와 같은 사회자본이 풍부하기 때문에 갈등조정자로서 일정한 역할을 할 수 있다. NGO는 정부와 정부, 정부와 이익집단, 이익집단과 이익집단 간의 분쟁이 발생할 때 조정자로 나서서 대화통로 제공, 협상규범 설정, 해결방안 제시, 합의형성 등과 같은 역할을 한다. 타이완 핵폐기물의 북한반입 시도, 한국의 한약분쟁이나 의약분업분쟁, 그리고 공공시설 건설과 기업의 구조조정 등에서 NGO는 중요한 조정역할을 수행하며 공익을 수호하였다.[16] 또한 NGO는 민주주의 이념과 보편

---

16) 국제사회에서는 영국의 인터내셔널 얼러트(International Alert)가 1990년대 중반 시에라 레온(Sierra Leone)의 내전을 종식시키기 위하여 노력한 바 있고, 미국의 카터센터(Carter Center)가 1999년 우간다와 수단 간의 타협을 이끌어낸 적이 있다(박재영, 2003: 141).

적 가치를 구성원에게 전파함으로써 간접적으로 사회적 갈등을 완화하는 기능을 한다.

5) 교육기능

NGO는 시민의 자발적 참여와 연대에 의해 각종 사회문제를 해결한다. 개인은 NGO활동에서 정부의 정책과정에 참여하고, 공동체의 문제를 인식하게 되며, 비판적인 시각을 배우게 된다. 즉 평등의식·참여의식·비판의식·공익정신 등과 같은 시민성을 학습한다. 그리고 집단활동에서 서로 의사를 소통하고 협력과 연대의 문화를 배우며, 개인권리를 인식하고 공익에 대한 봉사정신을 배우게 된다. 또한 NGO활동 과정에서 중요한 정보를 획득하고, 리더십을 학습하며, 상호존중과 관용의 정신을 배우게 된다. 즉 NGO활동은 바로 다원적 가치, 공동체정신, 참여민주주의를 학습하고 배양하는 실천현장이라고 할 수 있다. NGO활동은 정규학교나 가정 밖에서 민주적인 삶을 배우는 현장학교인 셈이다. 민주시민교육은 개인의 자율에 근거하여 현장에서 직접 실천하는 과정에서 효과적으로 이루어질 수 있다. NGO는 시민대학, 청소년학교, 청년포럼, 여성아카데미, 환경캠프 등과 같은 각종 기획프로그램을 통해 체계적으로 민주시민교육을 실시하기도 한다.

6) 대안기능

인간은 새로운 세계를 모색하는 유토피아적 전망을 가지고 그것에 도달하려는 의지를 통해 문명을 발전시켜왔다. 이러한 유토피아적 사고를 가지고 끊임없이 기존체제를 비판하고 새로운 세계를 모색하는 주체가 바로 NGO이다. NGO는 창조적 발상을 통해 대안사회의 모델을 제시할 뿐만 아니라, 집단행동을 통해 일상 속에서 이것을 직접 실험하기도 한다. 소공동체를 통한 공동 생산과 분배, 문명의 이기(利器)를 거부하는 전원공동체, 지역화폐를 통한 노동가치의 등가적 교환, 생산자의 이익을 배려하는 공정무역, 이성을 넘어 영성을 발현하기 위한 종교적 체험 등 다양한 활동이 NGO에서 일어나고 있다. 이러한 활동들은 국민국가와 자본주의 체제에 의존하는 근대적 삶을 넘어 개개인의 잠재력을 실현하고 창의적인 삶을 성취하기 위한 시도라고 할 수 있다.

3. NGO의 사회적 역할

앞에서 말한 여섯 가지 주요 기능 외에도 NGO는 민주주의와 자본주의체제의 한계를 보완하고 극복하기 위해 여러 가지 중요한 역할을 수행한다. 물론 수행하는 역할이나 장점만큼이나 그에 상응하는 한계와 약점을 가지고 있는 것도 사실이다. 여기서는 NGO의 사회적 역할을 국내사회와 국제사회의 경우로 나누어 살펴보기로 한다.

1) 국내사회에서 NGO의 역할

국내사회에서 NGO의 역할은 여러 가지 측면에서 설명할 수 있다. 여기서는 민주주의의 발전, 자본주의모순의 완화, 지역공동체의 구축 등 세 가지에 대해 살펴보기로 한다.

① 민주주의의 발전
민주주의는 개인이 주권의식을 가지고 시민사회가 국가를 통제할 때 작동될 수 있다. NGO는 바로 공공문제에 대한 시민참여를 통해 주권의식을 강화하고, 시민사회의 정치화를 통해 국가에 대한 통제 역할을 수행하는 장치이다. 그리고 NGO는 인간의 다양한 가치를 표명하고, 이와 관련된 사회적 이슈를 제기하며, 이를 해결하기 위한 다층적인 공론장을 형성한다. 이러한 공론장의 형성은 활력있는 민주주의의 형성에 필수적이다. 특히 NGO는 사회적 약자가 유효하게 정책과정에 참여하고 그들의 이익을 대변할 수 있도록 매개함으로써 사회통합에 기여한다. 대의민주주의에서 사회적 약자는 자신의 이익을 정책과정에 투입하는 데 한계가 있다. 사회적 약자가 자신의 이익을 대변할 수 없거나 정책과정에서 배제될 때, 과격한 행동이 발생하고 충돌과 대립이 증대한다. 이런 의미에서 NGO는 국가와 개인 사이의 일종의 중개구조(mediating structure)로서 갈등의 완충지대(buffer zone)라고 할 수 있다.

NGO의 활동은 사상과 표현의 자유, 언론의 자유, 집회·결사의 자유가 활발하게 발현되는 과정이며, 이 과정에서 사상과 의견의 차이에 대한 관용과 공존이 가능해진다. 이것은 민주주의의 충분조건은 아니지만, 필수조건임이 틀림없다. 활발한 토론과 연대를 통해 다양한 가치가 교차적으로 접촉하고 공존함으로써, 신뢰가 증대하고 사회갈등이 완화되며 사회안정이 유지될 수 있기 때문이다. 나아가 정부관료제에 의해 개발하거나 해결할 수 없는 새로운 가치와 윤리를 개발하고 창의적인 아이디어를 실행하기 위한 시민운동을 전개한다. 이러한 역할은 시민이 수동적으로 행동하고 기존의 관습에 침잠하는 것을 방지하여 민주주의를 혁신하는 역할을 한다. 오코넬(Brian O'Connell)의 주장처럼, 민주주의의 보존과 발전은 맥동하는 시민사회의 존재와 밀접하게 관련되어있다(O'Connell, 2000). 특히 대의민주주의를 넘어 참여민주주의로의 발전은 NGO의 활동을 무시하고는 불가능하다.

② 자본주의 모순의 완화
일찍이 아담 스미스가 언급한 바와 같이, 자본주의 시장경제에서는 국가의 개입 없이 개인의 욕구와 선호가 효과적으로 연결되고 생산과 분배에 대한 자연스러운 결정이 가능하다. 그러나 역사상 시장이 국가의 간섭없이 자유방임적으로 움직인 적이 없으며, 역사적으로 볼 때 국가의 불개입보다 개입이 더 많았다고 볼 수 있다. 이것은 폴라니(Karl Polanyi)의 주장처럼, 시장이 자기파괴적인 모순을 내포하고 있기 때문이다(Polanyi, 1964). 더구나 브로델(Fernand Braudel)이 15세기부터 18세기까지 서구자본주의를 분석하여 지적한 것처럼, 자본주의는 비정상성으로 가득 차있다. 그의 지적처럼, 자본주의는 경쟁보다는 독점, 전문화보다는 문어발식 비전문화, 자율보다는 힘, 규칙보다는 투기, 투명보다는 불투명이 횡행하는 특성이 강하다(Braudel, 1995; 1996; 1997). NGO는 자본주의사회에서 국가의 감시와 조정이 갖는 한계를 극복하기 위해 불공정한 거래, 대기업의 독점, 부의 세습, 노동자의 착취, 구조적 차별, 환경파괴 등을 비판하고 견제한다.

자본주의가 개인권리의식과 자의식의 발달을 통해 시민사회의 발달에 기여하고, 과학과 기술의 발달을 통해 물질적 풍요를 가져온 것은 사실이다. 과학기술의 발달, 경제성장, 복지증진 등은 시장기제에 의존하는 자본주의의 발전에 의해 추동되었다. 그러나 자본주의사회에서 물질주의와 소비주의가 인간행동을 지배하여 정신적 가치가 쇠락하거나, 예술과 문화 부문이 질적 발전을 하지 못하거나, 공익을 위한 시민의 자원적 활동이 쇠퇴할 수 있다. 따라서 자율성과 문화적 가치를 중시하는 NGO는 자본주의의 모순을 완화하거나 극복하여 윤리·예술·자원성 등을 보존하는 역할을 한다. 사회적 경제, 지역화폐, 공정무역, 생협, 공동체생활 등 자본주의를 우회하거나 극복하는 다양한 시도를 하는 주체가 바로 NGO이다. 예를 들어, 기업에 의해 환경이 파괴될 경우, NGO는 이를 감시하고 비판하는 역할뿐만 아니라, 국민신탁운동(national trust movement)을 통해 중요한 자연환경이나 문화재를 사들여서 보존하기도 한다.

③ 지역공동체의 구축

NGO는 자치권력(empowerment)을 통해 공동체의 문제를 스스로 해결하고 자치를 실행하는 역할을 한다. 시민사회의 각종 자발적인 결사체가 발달하기 전에는 정부가 공적 자금과 인력을 투입하여 사회문제를 해결하고 주민은 수동적인 대상자의 위치에 머물렀다. 그러나 NGO가 발달하게 됨에 따라 커뮤니티를 중심으로 지역공동체를 형성하고 주민 스스로 자원을 동원하여 능동적으로 사회문제를 해결하게 되었다. 이것은 곧 주민이 자발성과 능동성에 근거하여 자신의 삶을 스스로 가꾸고 통제하는 자율사회를 만드는 기초이다. 이를 통하여 생활환경을 적극적으로 개선하거나 근본적인 사회개혁을 선도한다. 오늘날 지역사회를 근거로 하여 새로운 형태의 다양한 삶을 실험하는 운동이 일어나고 있는데, 대부분 NGO가 주체가 되어 독특한 삶의 양식을 시도하는 것이다. 이러한 자조(self-help)와 자치(self-governance)모델은 자본주의사회에서 주변부로 밀려난 사회적 약자나 소수자들에게 중요할 뿐만 아니라, 현대인이 추구하는 정신적 가치를 고양하고 삶의 질을 증대하는 데도 필요하다. 인간의 삶을 정부나 기업이 지향하는 위계화와 상업화에 연계시키는 것은 인간사회를 삭막하게 할 뿐만 아니라, 각종 사회적 위험을 증대시키게 된다. 물론 NGO의 활동은 지역공동체운동, 협동조합운동, 소공동체운동, 작업장 자주관리운동처럼, 국민국가를 우회하여 자율성·자치성·공동체성 등을 구체적이고 실질적으로 실현하려는 아나키즘(anarchism)에 연결되기도 한다.[17]

2) 국제사회에서 NGO의 역할

국제사회에서 NGO의 중대한 역할은 유엔 사무총장이 전영역에 걸쳐서 유엔의 각종 기구와 NGO의 협력을 촉구하고, NGO가 세계 최고라고 하는 노벨평화상을 수상하는 것을 보아도 알 수 있다.[18] 여기서는 인권수호자로서의 역할, 인도적 원조자로서의 역할, 갈등조정자로서의 역

---

17) 아나키즘의 교의(敎義)는 대표적으로 권위거부, 국가혐오, 상호부조, 소박성, 분산화, 정치참여, 자연회귀, 절대자유 등을 들 수 있다.
18) 일찍이 국제사면위원회(Amnesty International)가 2만 명의 정치범 석방과 정치체제와 관계없이 각국의 인권개선에 기여한 공로로 1977년 노벨평화상을 받았고, 대인지뢰금지운동(ICBL: Inter- national Campaign to Ban Landmines)이 지뢰의 위험성과 피해상황을 알리고 대인지뢰금지협약을 탄생시킨 공로로 1997년 노벨평화상을 받았다. 국경없는의사회(MSF: Mdecines Sans Frontires)는 1988년 이란·이라크전에서 이라크 화학무기 사용 폭로, 1991년 걸프전에서 7만여 명의 난민구호, 1995년 북한홍수 피해 때 의료진 파견 등 그동안 수십 년간의 인도적인 구

할 등 세 가지로 나누어 살펴본다.

① 인권의 수호자

국제사회는 강제력을 가진 세계정부나 효과적인 국제법이 존재하지 않고, 힘의 논리로 문제를 해결하고 자국의 이익을 우선적으로 추구하는 투쟁의 장이라는 성격이 강하다. 그리고 지구화가 진전됨에 따라 거대한 초국적기업이 세계 각국의 인민을 착취하기도 한다. 이러한 문제를 해결하기 위해 유엔이 일정한 노력을 하고 있으나, 유엔 그 자체가 강대국의 로비장일 뿐만 아니라 미국과 같은 강대국에 의해 무력화되기도 한다.[19] 따라서 국제사회에서 강대국을 견제하고 개인의 인권을 보호하기 위해서는 유엔의 실질적인 역할과 진보적이고 민주적인 정부의 존재만큼이나 NGO의 적극적인 활동이 필요하다. NGO는 전지구적인 네트워크를 통해 글로벌 시민사회를 형성하고, 강대국의 힘의 정치나 국가이기주의를 견제하여 평화를 추구하고 약소국의 이익을 옹호한다. 그리고 국제적 연대를 통해 초국적기업에 의한 약소국 인민의 착취나 환경파괴를 비판하고 견제한다. 이를 위해 이슈를 제기하고 여론을 조성하며, 나아가 국제협약이나 레짐(regime)을 제정하기도 한다.[20]

아직 세계의 절반은 비민주적인 정치제도를 유지하고 있다. 아시아·아프리카·남미 등에는 다양한 형태의 권위주의국가가 존재한다. 이들 국가에서는 비밀경찰의 감시, 재판 없는 구금과 살인, 여성권리 박탈, 아동노동 착취 등 다양한 형태의 인권유린이 발생한다. 버마의 아웅산 수지여사 구금, 아프리카에서 독재권력의 주민살해, 인도기업의 아동노동 착취, 중동국가의 여성권리 제한, 북한의 주민이주 금지, 이라크에서 미군의 민간인 살해 등 무수한 인권유린 사례가 있다. NGO는 이에 대한 정보를 제공하고, 국제적인 여론을 조성하며, 현장에서 인권감시활동을 한다. 그리고 유엔이나 관련국가에 압력을 행사하여 인권이 개선되도록 촉구한다.

② 인도적 원조자

민주주의의 발달과 확산, 과학기술의 발달, 의료기술의 진전에도 불구하고 세계 곳곳에서 각국

호활동을 인정받아 1999년 노벨평화상을 수상하였다.
19) 가장 대표적인 경우가 바로 2003년 유엔의 반대에도 불구하고 미국이 감행한 이라크침략전쟁이라고 할 수 있다.
20) 유엔헌장의 인권조항 삽입은 유엔설립 당시 NGO의 역할이 컸다. 또한 1991년에 설립된 대인지뢰금지운동은 인터넷을 통해 대인지뢰금지에 대한 여론을 조성하여 14개월 만에 122개국이 서명하는 성과를 올렸고, 1997년 노르웨이 오슬로에서 89개국이 서명한 대인지뢰금지협약을 탄생시키는 데 결정적인 공헌을 하였다.

의 인민은 아직도 각종 전쟁과 분쟁, 기아, 자연재해, 질병 등의 고통에 시달리고 있다. 전쟁이나 정권의 탄압으로 수십·수백만 명의 난민이 발생하는가 하면, 가뭄이나 홍수로 흉년이 들기도 하고, 구조적인 빈곤도 여전하다. 지진·홍수·태풍·산불 등과 같은 자연재해를 당하면 수많은 이재민이 발생한다. 간단하게 치료할 수 있는 질병도 약품을 구입할 수 없어서 사람이 죽어가고, 화학무기나 첨단무기의 사용으로 인한 질병도 계속되고 있다. 특히 어린이와 여성은 각종 재해의 최대 피해자로 고통받고 있다. 이러한 문제를 해결하는 데 개별국가는 원초적으로 한계를 가지고 있거나, 재정부족과 같은 구조적인 한계로 무력한 모습을 보이고 있다. 유엔이나 세계은행이 이러한 문제를 해결하기 위해 일정한 역할을 하고 있으나, 현장에서 실제적인 문제해결과 성과에는 한계가 있다. 따라서 NGO는 독자적으로 각종 구호활동을 벌일 뿐만 아니라, 유엔이나 각종 국제기구의 훌륭한 파트너가 되어 현장에서 구호활동을 전개한다.[21] 오늘날 개별국가나 유엔은 NGO를 비롯한 각종 자원봉사자의 지원 없이는 실질적인 인도적 구호가 불가능하다.

③ 갈등의 조정자

인류는 전쟁으로 얼룩졌던 20세기를 보내고 평화로운 21세기를 염원하였지만, 이러한 기대는 21세기를 시작하면서 여지없이 무너지고 말았다. 21세기 벽두에 벌어진 뉴욕의 9·11테러와 미국의 아프가니스탄 보복전쟁, 그리고 2003년 미국의 일방적인 이라크침략으로 새로운 세기는 테러와 전쟁으로 시작하였다.[22] 그런가 하면, 냉전체제가 붕괴되고 민주주의가 개발도상국가로 확산되고 있음에도 불구하고 전세계에는 민족·인종·종교·자원을 둘러싼 전쟁과 분쟁이 끊이지 않고 있다. 앞으로는 핵무기를 둘러싼 갈등이 격화되고, 경제개발과 소비방식으로 인한 환경위기로 환경적 갈등도 빈번해질 것이다. 인류의 생존에 심각한 문제로 제기될 수 있는, 물을

---

21) 2004년을 기준으로 할 때 세계의 정부개발원조(ODA)의 20% 정도가 NGO를 통해서 사용되고, 세계은행을 비롯한 각종 은행의 개발프로젝트의 40%가 NGO의 참여를 통해서 이루어진다. 그리고 미국정부에 의한 개발도상국 개발원조의 40% 정도가 NGO를 통해서 지출되고 있다.
22) 9·11테러란 2001년 9월 11일 미국 뉴욕의 세계무역센터 쌍둥이 건물과 워싱턴 국방부 건물 등에 대한 테러사건을 말한다. 아프가니스탄에 거점을 두고 오사마 빈 라덴이 지도하는 알-카에다라는 테러조직이 민간비행기를 탈취하여 뉴욕의 세계무역센터에 충돌함으로써 두 개의 건물이 무너져 내리고, 약 3,000여 명의 인명피해와 수십억 달러의 재산피해를 가져왔다. 이후 미국의 부시정권은 테러에 대한 보복으로 빈 라덴을 숨겨준 아프가니스탄을 침공하여 탈레반 정권을 전복시켰다.

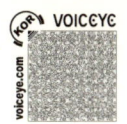

둘러싼 분쟁도 불가피하다.[23] 국제사회의 갈등을 해결하는 데 있어 유엔은 강대국의 이기주의와 강제력의 부재로 한계를 가질 수밖에 없다. 반면에 NGO는 현지사정을 잘 알고 주민과 밀착하고 있을 뿐만 아니라, 대결·지배·억압·고립보다는 화해·공존·관용·소통의 원칙에 따라 행동하기 때문에 평화롭게 갈등을 해결하는 데 기여할 수 있다. 그리고 NGO는 평화교육의 실천, 평화문화의 정착, 평화운동의 전개 등을 통해 장기적인 관점에서 평화체제를 구축하는 데 기여한다.

제4절 NGO와 사회자본

사회자본은 가족이나 시민사회의 다른 결사체에서도 발생하지만, NGO에서 풍부하게 발생한다. NGO는 개인 자율성과 주체성, 활발한 커뮤니케이션, 상호존중과 관용, 민주적인 의사결정, 협력과 연대의 문화, 도덕성과 정당성, 투명성과 공공성 등 각종 사회자본이 풍부하게 생성되는 곳이다. NGO가 발달하지 않은 사회에서는 국가의 강제력이나 시장의 효율성이 중요한 원리로 작용한다. 이 속에서 개인은 냉소적이고 원자화되거나 물질주의와 성장주의에 매몰되는 경향이 있다. 그러나 NGO가 활성화되면 사람들은 정부활동에 관심을 두고, 공동체의 발전에 실천적으로 참여하며, 민주시민으로서의 책임을 수행하려고 노력한다.[24] 사회자본은 NGO가 활동하기 위한 자원적 기반이기도 하지만, 사회자본의 생성은 NGO의 역할이자 목표이기도 하다. 따라서 NGO의 역할 중의 하나로서 여기서 별도로 다루기로 한다.

---

23) 이미 세계는 물 분쟁에 휩싸여 있다. 물 분쟁은 인도와 방글라데시, 이집트와 수단, 이라크와 시리아 간의 갈등을 예로 들 수 있다.
24) 실증적인 연구에서 환경단체나 여성단체에 가입하여 활동하는 사람이 보통사람보다 환경적·여성적 가치를 더 인식하고 실제로 일상생활에 더 많이 실천하고 있는 것으로 나타났다. 예를 들면, 쓰레기를 덜 만들고 덜 버린다든가, 부부 공동으로 가사노동을 분담하는 것 등을 들 수 있다.

1. 사회자본의 정의

1) 사회자본 개념의 등장

집단활동에 대한 개인참여가 주는 긍정적인 효과에 대해서는 사회학에서 많이 논의되었다. 그런 의미에서 오늘날 급속하게 확산되고 있는 사회자본이란 개념은 초기 사회학의 이론적 통찰을 현대에 와서 새롭게 재생시킨 결과라고 할 수 있다(Portes, 2003). 혹은 20세기 정치적 담론에서 거의 배제되었던 인간 간의 우애(fraternity)라는 개념을 사회과학에 유추한 것이라고도 할 수 있다(Newton, 2003). 또는 1830년대 미국 시민사회의 자발적 결사체의 공익활동에 대한 영감을 현대사회의 구체적인 사회과학 개념으로 전환시킨 것이라고도 볼 수 있다. 사회자본이라는 개념은 사회과학의 핵심적인 이론적 개념일 뿐만 아니라, 대중적인 인기를 가진 일상적인 용어로 자리잡고 있다. 사회자본이라는 개념은 프랑스 사회학자인 부르디외(Pierre Bourdieu)가 1980년대 경제자본과 문화자본에 상대되는 개념으로서 체계적으로 분석한 이래, 콜먼(James Coleman)이 인적 자본의 형성과 관계하여 사회자본을 연구하였고, 1990년대에 와서 퍼트남(Robert Putnam)이 일련의 연구를 통해 이에 대한 관심을 증폭시켰다. 오늘날 사회자본은 쟁점이 되는 사회문제에 대해 다양한 영역의 학자가 학제적 접근을 할 수 있는 통로가 되고(Woolcock, 2003), 거시적인 사회발전의 미시적 토대에 대한 이해증진에 기여한다(Evans, 1997). 세계은행(World Bank)과 같은 기관에서는 저개발국의 발전과 투자를 위해 사회자본이라는 개념을 사용하고, 사회자본을 측정할 수 있는 지표를 개발하여 이에 따라 지원과 투자를 실행하기도 한다(World Bank, 2003b).

사회자본이라는 개념은 물적 자본과 인적 자본에 상대적인 개념이다. 물적 자본이란 상업적으로 교환되고 재산권의 형태로 제도화된 것으로서 관찰 가능한 물리적 실체이다. 경제학에서는 화폐로 전환되는 토지·건물·기계·설비 등의 물적 자본을 다루어왔다. 그러나 1960년대 신고전파 경제학자인 슐츠(Theodore Schultz)와 베커(Gary Becker)가 인적 자본이라는 개념을 사용하였다. 인적 자본은 개인이 교육과 훈련을 통해 습득한 지식·기술·경영능력 등을 말한다. 현대사회에서 인적 자본은 높은 부가가치를 가진 자본이 되었다. 1980년대에 와서는 사회과학의 여러 영역에서 다양한 이론적 전통에 근거하여 사회자본이라는 개념을 사용하기 시작하였다. 사회자본은 비경제적이고 실체를 확인하기 어려운, 개인 간의 관계에 내재하는 사회적·문화적 요소에 자본의 개념을 확대적용한 것이다. 이것은 신고전주의 경제학에서 말하는

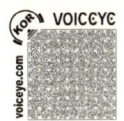

생산요소나 마르크스주의에서 말하는 생산수단이라는 자본의 개념이 다양한 의미로 확장하고 있는 최근의 경향을 반영하고 있다. 사회자본이라는 개념은 기존의 경제학적 분석이 충분히 설명하지 못하는 영역을 설명하는 새로운 시도라고 할 수 있다(유석춘·장미혜, 2003). 이렇게 경제학적 개념인 자본이 비경제적 영역까지 확대되어 사회적 삶의 다양한 특징을 규정하는 데 대해 '자본의 과잉'(plethora of capitals)이라고 비판하기도 한다(Baron and Hannan, 1994; Woolcock, 2003). 자본의 개념이 사회적·문화적 영역으로 확대된 만큼 사회자본의 개념은 복잡하고 혼란스러운 점이 있다.

2) 사회자본의 개념정의

사회자본은 다양한 형태와 수준이 있기 때문에 바라보는 사람에 따라 다양하게 정의된다. 우선 부르디외는 사회자본을 특정한 집단의 구성원이 됨으로써 획득하게 되는 실제적 혹은, 잠재적 자원의 총합으로 본다. 따라서 특정한 행위자가 소유하는 사회자본의 양은 그가 효과적으로 동원할 수 있는 연결망의 크기와 그와 연결된 사람들이 소유하는 자본의 양에 달려있다(Bourdieu, 2003). 콜먼은 사회자본을 기능적이고 생산적인 관점에서 바라보고, 사회자본이 개인이나 집단이 어떤 행위를 하도록 유도하거나 촉진한다고 보았다. 그는 사회자본을 다수의 행위자 사이의 관계구조에 내재하는 것으로, 사람들이 공통의 목적을 위해 조직 내에서 결속하고 함께 일할 수 있는 능력으로 보았다(Coleman, 1988; 1990). 퍼트남은 사회자본을 연결망, 규범, 신뢰 등과 같이 상호이익을 위한 협력과 조정을 용이하게 하는 사회조직의 특성으로 규정한다. 그에게 사회자본은 상호협력하면 모두에게 이익이 되는데도 일탈하게 되는 집합행동의 딜레마를 홉스주의식 절대자가 아닌 방법으로 극복하는 대안으로 등장한다(Putnam, 1993a; 1993b). 후쿠야마는 사회자본을 일종의 도덕적 원천으로 보고 그 토대로서 문화를 중시한다. 그에게 사회자본은 사회구성원이 서로 신뢰하고 새로운 그룹과 연대를 형성하게 하는 인적 자본의 구성요소이다(Fukuyama, 1996).

이상에서 살펴본 바와 같이 학자에 따라 사회자본의 범위·형태·차원이 다르다. 마르크스주의자인 부르디외는 사회자본을 자원의 총합으로 계산하고 계급적 불평등을 부각시키려고 한다. 그는 물적 자본(경제자본)이 문화자본과 사회자본으로 전환되고 그 반대방향도 가능하다고 보았다.[25] 콜먼은 미시적 차원에서 사회자본을 정의한다. 그는 사회자본을 사회적 환경 속의 신뢰에 기반을 두고 존재하는 의무와 기대, 사회구조의 정보유통능력, 효과적인 제재를 동반하는 규범 등으로 분류하고 사회구조가 폐쇄적일수록 풍부하다고 보았다. 퍼트남은 콜먼에 비해 사회자본을 거시적으로 바라보면서 결과에 초점을 두고 있다. 그는 사회자본이 사회문제 해결이나 정부의 민주적 운영에 영향을 미치고, 경제발전에서도 거래비용(transaction cost)을 낮추고 정보와 혁신을 가속화시킨다고 보았다. 사회자본을 신뢰와 등치시키는 후쿠야마도 결과를 중시한다. 그는 문화와 경제 간의 밀접한 상관관계를 중시하고 신뢰가 경제발전에서 거래비용을 낮추는 역할을 하기 때문에 사회자본을 경제발전의 중요한 요소로 간주하였다.

인간은 사회적 동물로서 일상적으로 상대방과 관계를 맺으면서 살아간다. 따라서 사회자본은 인간사회에서 다양한 영역과 다양한 차원에서 발생하기 마련이다. 이러한 사회자본은 동료 간의 신뢰와 같은 심리적 현상, 공동체 구성원 사이의 연대의식과 같은 사회성, 결사체에 참여하는 시민의식과 같은 정치문화 등 다양한 성격을 가지고, 사회의 전 영역에 걸쳐 있다고 볼 수 있다(유석춘·장미혜, 2003). 뉴톤(Kenneth Newton)은 사회자본의 개념에 세 가지 측면이 있다고 보았다(Newton, 2003). 첫째, 규범과 가치와 같은 주관적 현상이다. 즉 사회자본을 타인을 신뢰하고 타인과 협력하는 문화적 가치와 태도로 인식하는 것이다. 둘째, 개인 간의 연결망이다. 자원적 행동의 연결망이 신뢰와 협력을 창출하고 정신교육의 수단이 되며 호혜성을 낳는다고 본다. 셋째, 결과로서 나타나는 집합적 자원이다. 사회자본을 개인 간의 관계와 조직에 대한 참여의 결과로서 자발적으로 생성되는 자원으로 보는 것이다.

사회자본의 개념은 다의적인 의미를 띠고 있다. 사실 사회자본은 긍정적인 측면만 있는 것이 아니라, 마피아집단이나 연고집단과 같은 조직의 특수한 규범이나 행동처럼 부정적인 측면도 있다. 따라서 울콕(Michael Woolcock)은 사회자본은 최대화가 아니라 최적화되어야 할 자원이라고 말한다(Woolcock, 2003). 그리고 사회자본은 개인 간의 규범이나 행동양식에서 조직적 연결망까지, 시민사회에서 국가와 시장영역까지 다차원적이다. 물론 사회자본은 동양과 서양이 다르기 때문에 문화적 특수성을 뛰어넘는 보편적인 개념이 아니다. 서양은 시민사회의 자발적 결사를 중시하지만, 동양에서는 가족·친구·동료·이웃 등과 같은 공동체적 조직을 중시한다. 신뢰와 같은 좋은 의미의 사회자본은 일차적 연결망에도 존재할 수 있다(박희봉, 2002; 유석춘 외, 2002). 사회자본은 대체로 개인의 사회적 연결망과 이 연결망을 통해 발생하는 각종 가치와 규범이라고 정의할 수 있다. 개인과 조직 사이의 각종 네트워크와 이 네트워크를 통

---

25) 부르디외가 말하는 문화자본은 일반적으로 말하는 인적 자본과 거의 비슷하다.

해 발생하게 되는 상호호혜, 신뢰, 협력과 연대, 공정, 참여, 공동체정신 등이 이에 해당한다. 사회자본에서 핵심은 개인 간에 관계가 형성되는 자발적 결사체나 연결망(network)이다. 연결망은 시대, 국가, 문화, 집단, 관계유형에 따라 다양한 유형이 있고 다양한 형태로 나타난다. 따라서 사회자본은 정태적으로 바라보는 것이 아니라 동태적으로 바라볼 필요가 있다.

2. 사회자본의 효과

실제로 사회자본은 다양하게 구분될 수 있기 때문에(김상준, 2002; Woolcock, 2003) 폐쇄성·배타성·영리성 등의 특징을 지니고 있기도 하다.[26] 심지어 사회자본은 개인의 자유를 제한하거나(Portes, 2003), 비용을 초래하고 물적 자본과 인적 자본을 파괴할 가능성이 있다고 지적되어왔다(Woolcock, 2003). 나아가 사회자본의 핵심인 신뢰는 개인에 대한 신뢰가 반드시 제도에 대한 신뢰로 귀착되지 않는다는 문제도 있다. 그럼에도 불구하고 대부분의 학자는 사회자본이 민주주의·경제발전·시민사회에 긍정적인 효과가 있다고 본다. 사회자본은 개인주의를 극복하고 공동체의식을 강화하거나(Etzioni, 1993; Putnam, 1993b), 현대사회에서 개인의 정체성과 결속감을 제공해주거나(Bourdieu, 2003; Coleman, 1988; Offe, 1999), 시장에서 거래비용을 낮추고 경제발전을 촉진하거나(Fukuyama, 1996; Putnam, 1993a; 1993b; 2000), 규범과 협력을 증대시켜 사회적 효율성을 높이고 민주주의를 강화하는 데 효과가 있는 것으로 논의되어왔다(Newton, 1999; 2003; Putnam, 1993a; 2000).

사회자본과 정치·경제적 성공과의 인과관계에 대한 구체적인 연구는 퍼트남에 의해 이루어졌다. 그는 1970년부터 20년간 이탈리아의 남부와 북부의 20개 지역에 대한 인터뷰, 우편조사, 서베이, 기타 문헌조사 등을 통해 대체로 남부지역이 비효율적이고 무능한 반면, 북부지역은 경제개발·의료·환경정책 등에서 성공적이었다는 것을 발견하였다. 그리고 이러한 차이가 다른 것보다는 투표율, 신문구독자 수, 합창단·라이온스클럽·축구클럽과 같은 자발적 결

---

26) 김상준은 사회성의 성격에 따라 사회자본을 성찰적-귀속적, 영리적-비영리적 사회자본으로 구분하고 어느 한 위치에서 다른 위치로 급속하게 이동할 경우 규범적 거부감이 발생한다고 본다. 울콕은 사회자본을 배태성(embeddedness)-자율성의 요소와 거시-미시의 수준으로 나누고, 모든 차원의 사회자본이 충족될 때 자비로운 자율성(beneficent autonomy)이라는 성공적인 모델이 될 수 있다고 보았다.

사체의 존재와 시민들 간의 유대감의 차이에서 비롯된다고 주장하였다. 즉 성공적으로 경제발전과 민주주의가 진행되고 있는 지역은 시민들이 공동의 문제에 대해 관심을 가지고 상호 신뢰하고 연대하며, 수평적인 네트워크를 통해 단결·시민참여·사회통합을 중시하였다는 것이다(Putnam, 1993a). 미국에 대한 연구에서는 시민사회에 다양한 자발적 결사체가 존재하고 시민참여가 활발하면, 신뢰·절제·합의·협력 등과 같은 시민적 덕목이 형성되고 민주시민의 교육을 받을 기회가 늘어나게 된다고 주장하였다. 따라서 사회자본이 풍부하면 정부제도가 효과적으로 작동하고 부패가 감소하며 정치적 안정과 경제발전에 유리하다고 보았다(Putnam, 1993b; 2000).

뉴톤은 자발적 결사체가 신뢰·협력·규범을 생성하고, 이러한 가치와 규범이 사회공동체에 필요한 자원·서비스·시설의 협동적 생산을 촉진시켜 사회적 효율성을 높인다고 보았다. 그는 사회자본이 조직을 통해 시민들이 신뢰·합의·호혜와 같은 덕목을 교육받고 민주적 운영기술을 학습하는 내부효과와 함께, 다층적이고 중첩적인 집단의 형성과 교차적 연대가 이루어짐으로써 다원주의사회를 형성하는 외부효과가 있다고 주장하였다. 그리고 사회자본이 사익과 지대를 추구하는 개인을 공동이익에 관심을 갖고 사회적 책임을 실행하는 구성원으로 전환시키는 사회적 접착제의 역할을 한다고 보았다.[27] 또한 자발적 결사체를 통한 신뢰의 형성, 협력의 발생, 사회규범의 학습은 안정적인 사회질서와 평화적 갈등해결을 강화함으로써 민주주의에 중요한 역할을 한다고 주장하였다(Newton, 1999; 2003). 오페(Claus Offe)는 신뢰와 같은 사회자본이 근대사회에서 사회질서를 재생산하는 화폐, 정치적 권위, 지식의 세 가지 조정수단이 갖는 한계를 극복하여 사회조정의 비공식적 양식을 제공하는 문화적·도덕적 자원이 된다고 하였다(Offe, 1999).

사회자본은 조직 내에서 구성원에게 심리적 지지를 제공할 뿐만 아니라, 이기주의와 무임승차의 동기를 줄여 집단행동의 딜레마를 극복하는 특징을 지니고 있다. 개인들이 공동으로 자발적 결사체를 결성하고 이들 결사체 간의 네트워크가 활발하다는 것은, 개인 사이에 의사소통과 상호이해가 넓어지고 협력과 호혜, 상호존중과 관용의 정신이 확대된다는 것을 의미한다. 그리고 개인과 조직 사이에 신뢰·협력·공동체정신과 같은 사회자본이 풍부할 때 공동의 문제를 해결하고 공공재를 효과적으로 생산할 수 있다. 따라서 사회자본의 생성과 축적은 국가공동체

---

27) 지대추구(rent-seeking)란 독과점이나 허가권을 가진 잘 조직된 소수가 공급의 제한이나 특별한 보호조치를 통해 조직되지 않은 다수의 희생을 담보로 뇌물과 같은 부당이익을 취하는 비윤리적인 행위를 말한다.

내에서 시민참여를 증진하고, 사회적 책임을 고양하며, 사회적 갈등을 완화하는 효과가 있음을 부인할 수 없다.

3. 사회자본의 생성과 NGO

다른 자본과 같이 사람들은 사회자본을 더욱 많이 축적하려고 하기 때문에 사회자본도 내적 함수에 의해 지속적으로 축적되는 경향이 있다. 예를 들어, 개인 간의 상호신뢰와 협력이 서로에게 유리하다는 것을 인지하고 학습한 개인은 다른 조직에서도 신뢰와 협력을 중시하고 이를 생성시키려고 노력하게 된다. 사회자본은 물적 자본과는 달리, 사용할수록 늘어나고 사용하지 않으면 줄어들어 결국에는 소멸하는 성격을 지니고 있다. 사회자본은 일차적으로 시민이 각종 결사체에 적극적으로 참여함으로써 발생한다. 시민들이 함께 모여 얼굴을 맞대어 문제를 공유하고 토론하는 속에서 신뢰가 싹트고 협력이 발생하게 되기 때문이다. 이렇게 상호신뢰 속에서 서로 협력하고 사회적 네트워크를 통해 개인을 사회화하는 것이 사회자본의 형성에 매우 중요하다. 이렇게 본다면 사회자본의 형성에는 협력적 가치의 수용과 실천에 대한 사회화를 담당하는 가족이 중요하다. 그리고 각종 사회적 규범을 인지하고 학습하도록 하는 교육이나 대중매체가 중요한 역할을 한다. 그러나 가족은 가족주의라는 폐쇄적이고 이기적 동기가 작용할 수 있다. 그리고 교육이나 미디어는 결사체라는 실질적인 수단을 가지고 있을 때 사회자본의 생성에 제 기능을 할 수 있다. 시민사회는 바로 이러한 사회자본이 구체적으로 생성되는 공간이자 토대라고 할 수 있다.

권력을 매체로 하는 정부나 이윤추구를 목표로 하는 기업에서 사회자본이 생성되는 데는 한계가 있다. 사회자본은 시민사회의 각종 결사체에서 활발하게 생성된다. 일찍이 알몬드(Gabriel Almond)와 버바(Sidney Verba)는 결사체의 회원이 조직 내에서 회원 간의 상호교류와 이해가 활발하기 때문에 서로에 대해 관용적 태도를 갖게 되고, 사적 이익보다는 공동이익을 위한 시민적 규범과 책임감을 배우게 된다고 지적하였다(Almond and Verba, 1972). NGO는 시민사회의 다른 결사체에 비해 수평적 조직구조, 자율성, 공공성, 자원성, 연대성 등에서 뛰어나다. 따라서 의사소통이 활발하게 일어나고, 개인 간의 신뢰와 공동체정신이 강하며, 공익추구에 대한 동기가 강하게 작용한다. 그리고 상호호혜와 협력을 중시하고 조직의 경계를 넘어 상호 연대가 활발하게 일어난다. NGO는 상대적으로 개방적이고 민주적이기 때문에 부정적인 사회자본이 가지고 있는 편협성·파벌·집단이기주의 등과 같은 문제를 극복할 수 있는 장점도 있다.

사회자본은 NGO의 존재와 활동의 문화적 토대이면서 NGO 활동으로 생성되는 결과물이기도 하다. 사회자본이 NGO에 대해 가지는 토대와 결과의 이중적 위치는 상호 변증법적으로 작용하면서 양자는 시너지효과를 가지고 있다. 사회자본이 풍부하면 NGO 활동이 활발하고, NGO 활동이 활발하면 사회자본이 풍부하게 생성되기 때문이다. 사회자본은 NGO의 존재의의로서 NGO의 책무성과 효과성이 사회자본의 생성에 의해 평가될 수 있을 정도이다. 그야말로 상대적으로 자발적이고 수평적이며, 민주적이고 관용적이라는 측면에서 NGO는 각종 사회자본이 생성되고 축적될 수 있는 사회적 토대이자 제도라고 할 수 있다. 그러나 NGO라고 해도 여러 가지 형태가 있고, 사용하는 전략이나 추구하는 목적이 다양하기 때문에 사회자본의 생성에서도 차이가 있다. 사회자본은 NGO 중에서도 회원이 의사결정과 프로그램 실행에 적극적으로 참여하고 회원 간의 교류·의사소통·토론이 활발하게 일어나는 소규모의 풀뿌리조직에서 활발하게 생성된다. 따라서 NGO가 사회자본을 생성하기 위해서는 지역사회 중심의 풀뿌리조직을 강화하거나, 거대조직 내에서 다양한 소집단과 채널을 통해 활발한 교류와 참여가 이루어지도록 할 필요가 있다.

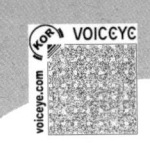

제 **6** 장
NGO의 자원형성

제1절 NGO의 자원

NGO가 시민의 자발적 참여에 의해 결성되어 일정한 목적을 달성하기 위해서는 다양한 인적·물적, 혹은 내적·외적, 혹은 유형·무형의 자원이 필요하다. 조직은 생존을 위해 외부로부터 자원을 획득한다. 어떤 자원을 어떤 방식으로 획득하느냐에 조직의 생존이 달려있고 조직의 사명이 변화하게 된다. 또한 자원의 원천과 종류, 질과 양은 조직이 목적달성을 위해 취하는 각종 행동과 전략에 영향을 미친다. NGO는 각종 사업을 수행하고 시민운동을 전개할 수 있는 사람·자금·정보·네트워크·시민지지 등과 같은 자원이 필요하다. 따라서 조직의 사명을 정하고 조직을 관리하는 기술만큼이나 어떤 자원을 어떻게 동원하느냐 하는 것도 NGO의 생존과 성공에 중요하다.

 NGO의 자원이란 NGO가 목적달성을 위해 조직의 운영과 사업에 필요한 각종 수단을 말한다. 이러한 자원의 형성은 제도적 장치, 문화적·역사적 요소, 지역적 환경, 국제적 여건 등 여러 가지 요인에 의해 영향을 받는다. 제도적 장치로서 NGO의 합법적 지위와 관련된 헌법 및 법률체계, NGO의 활동과 기부에 대한 법률, 민주주의의 발전정도, 교육체계 등이 중요하다. 문화적·역사적 요소로서 NGO에 대한 시민적 가치와 규범, 지식인의 역할과 시민의 참여문화, 과거 NGO에 대한 시각과 태도 등은 시민지지, 시민참여, 기부금, 자원봉사, 정부지원, 언론보도 등에 영향을 미친다. 그리고 지역적인 환경으로서는 NGO가 활동하고 있는 지역의 산업, 교육, 문화, 언론, 지방정부의 운영방식, 다른 비영리단체의 활동정도 등이 NGO의 각종 자원동원에 영향

<표 6-1> NGO 자원의 분류

종류	특징	주요 자원
인적 자원	조직운영에 관계된 행위자와 행위자의 기술	활동가, 회원, 자원봉사자, 리더십, 관리능력
재정적 자원	NGO 운영과 사업에 필요한 자금	회비, 기부금, 정부지원금, 서비스 요금, 수익사업 이익금
사회적 자원	조직의 형성과 교류에서 발생/소유하는 자본	각종 사회자본, 명성, 정보
정치적 자원	NGO가 외부로부터 얻는 지지	시민지지, 정부지지, 언론지지, 지역사회 지지

을 미치게 된다. 국제적 여건으로서는 세계적인 이슈, 선진국의 지원, 국제적 연대, UN과 기타 국제기구의 태도 등이 중요하다.

NGO의 자원은 여러 가지 기준에 의해 분류할 수 있다. 크게 본다면 사람·화폐·시설과 같은 유형의 자원이 있고, 리더십·정보·전략·네트워크·지원체제와 같은 무형의 자원이 있다. 대체로 NGO의 자원을 인적·재정적·사회적·정치적 자원으로 분류할 수 있겠다. 인적 자원으로는 조직운영의 행위자와 행위자가 지닌 기술로서 활동가, 회원, 자원봉사자, 리더십, 관리능력 등을 들 수 있다. 재정적 자원은 NGO의 운영과 사업에 필요한 각종 자금으로서 회원의 회비, 기부금, 정부지원금, 서비스 요금, 수익사업 이익금 등이 있다. 사회적 자원으로는 조직의 형성과 교류에서 발생하는 신뢰, 협력, 유대, 네트워크 등과 같은 각종 사회자본과 조직이 지닌 명성·정보 등을 들 수 있다. 정치적 자원은 NGO가 대외적인 지지를 획득하고 정당성을 확보하는 것으로서 시민적 지지, 정부의 지지, 언론의 지지, 지역사회의 지지 등이 있다. 이를 정리하면 〈표 6-1〉과 같다.

NGO의 자원에 관해 6장에서는 인적 자원에서 자원봉사자, 재정적 자원 전체, 사회적 자원에서 정보, 그리고 정치적 자원에서 정부의 시각과 법률체계, 언론의 태도, 지역사회의 지지 등을 다룬다. 사회자본은 앞장에서 다루었고, 활동가, 회원, 리더십 등은 7장 NGO의 조직관리에서 다룰 것이다. 그리고 시민참여와 지지, 네트워크에 대해서는 8장 시민참여와 시민운동에서 다루기로 한다.

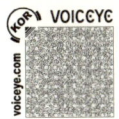

제2절 NGO의 재정

1. NGO 재정의 원천

정부는 주로 세금으로 재정을 충당하고, 기업은 상품과 서비스 판매를 통해 재정을 확보한다. 그러나 NGO는 정부가 가지고 있는 강제력이 없고, 기업이 행하는 영리활동을 하지 않는다.[1] NGO의 재정적 원천은 다양하다. 기본적으로 NGO는 회원의 회비와 기부금으로 재정을 충당한다. 기부금에는 개인기부금(개인유증 포함), 재단기부금, 기업기부금 등이 있다. 이 외에도 정부지원금, 서비스 요금, 수익사업 이익금(투자 이익금과 이자 포함) 등이 있다. 자원봉사활동, 면세제도, 정부의 행정지원 등도 NGO에게는 커다란 재정적 원천이다. 정부는 체계화된 조세법률 체계를 가지고 있고, 기업은 주식과 대부에 관한 발달된 시스템을 갖추고 있지만, NGO는 자원을 동원하기 위해 전략적인 활동에 의존하는 경향이 강하다.

이상적으로 볼 때, NGO가 재정의 대부분을 회원의 회비로 충당하는 것이 바람직하다. NGO가 회원의 회비만으로 재정을 충당할 수 있다면 활동의 자율성과 재정의 독립성을 유지할 수 있다.[2] 그러나 이러한 이상적인 형태는 그야말로 하나의 이상으로서 현실적으로 불가능하다. 따라서 NGO는 개인기부금과 재단기부금에 의존하게 된다. 그러나 여기까지도 NGO의 자율성과 독립성이 크게 훼손되지 않는다. 회비, 개인기부금, 재단기부금으로 재정을 충당할 수 없기 때문에 기업기부금을 받아들이고 정부지원금에 의존하게 된다. 이것도 모자라서 서비스 요금에 의존하거나 각종 수익사업을 한다.

NGO의 재정에 대해서는 국가마다 NGO의 개념적 범주가 다양하기 때문에 일률적으로 말하기 어렵고 각종 수입원 간의 황금비율이 존재하지 않는다. 선진국이든, 개발도상국이든, 회비가 전체 재정의 50%를 넘는 것이 쉽지 않다. 〈표 6-2〉에서 나타나는 바와 같이, 선진국 대부분

---

1) NGO도 서비스를 판매하여 이익을 남기지만 이것은 이윤을 남겨서 배분하려는 기업의 영리활동과는 다르다. 기업에서 영리란 이윤을 추구하는 것이고, 이윤은 상행위를 통해 얻어진 이득이다. 총이윤은 총수입에서 총비용을 뺀 것이 된다(박홍립, 1983: 193-94).
2) NGO의 재정충원에 있어서 자율성과 독립성을 상호 교환하는 개념으로 사용하기도 한다. 그러나 여기서는 양자를 분리하여 사용한다. 자율성이란 외부의 간섭없이 독자적으로 자신의 목적을 추구하는 능력을 말하고, 독립성이란 재정의 외부의존도를 낮추어 독자적으로 재정을 충당할 수 있는 능력을 말한다.

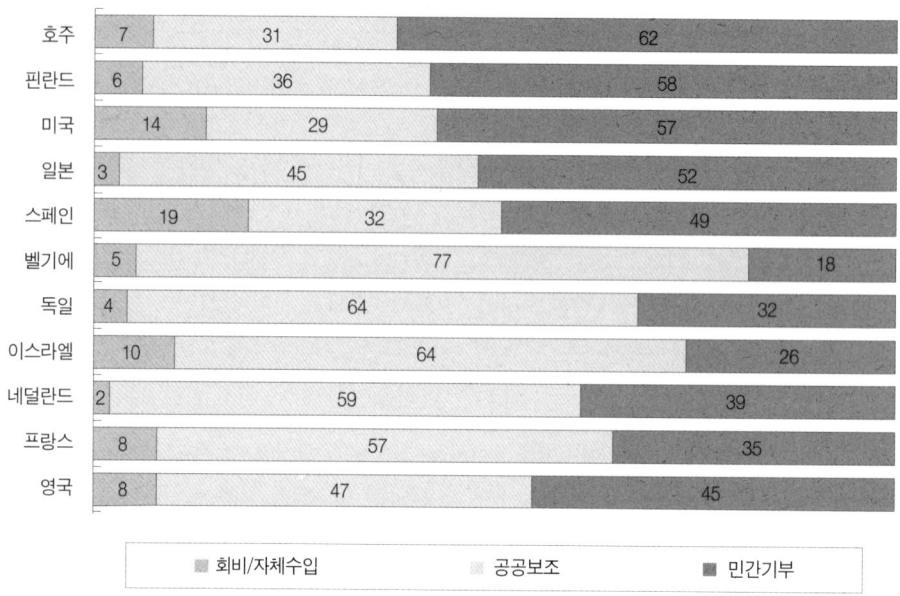

〈표 6-2〉 주요 국가의 NGO 재정 비교

자료출처: 김수현(2001)

의 NGO 재정에서 회비가 차지하는 비율은 매우 낮다.[3]

한국의 경우에도 회비가 차지하는 비중이 낮다. 〈표 6-3〉에서 나타나는 바와 같이, '시민사회운동연구원'이 1998년 23개 NGO를 대상으로 조사한 바에 의하면, 회비 및 후원금이 41.2%에 해당한다(양용희, 1998). 한편 〈표 6-4〉에서 볼 수 있는 것처럼, 임승빈(2000)이 국정홍보처 민주공동체 실천사업에 참가한 33개 NGO의 1999년 재정현황을 분석한 것에서도 회비 및 자체수입이 절반을 넘지 못하고 46%에 해당한다. 여기서 자체수입은 서비스 요금과 수익사업 이익금 등을 포함한 것이다. 한국의 대표적인 NGO인 굿네이버스(Good Neighbors)는 2008년 현재 회비가 전체 재정의 25%를 차지하였고, 회비의 비중이 비교적 높다고 하는 참여연대도 〈표 6-5〉에서 볼 수 있는 바와 같이, 2000년대에 들어와서야 순수회비가 전체 재정의 50%를 넘어섰

---

[3] 여기서 말하는 NGO는 대체로 국제원조에 참여하는 단체를 중심으로 했을 가능성이 높기 때문에 공공보조나 민간기부가 차지하는 비율이 높다.

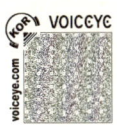

〈표 6-3〉 한국 NGO의 수입출처 1

수입원	비율(%)
회비 및 후원금	41.2
기업협찬	8.5
정부지원/공공기금	21.6
수익사업	12.8
기타	15.9
계	100.0

자료출처: 양용희(1998)

〈표 6-4〉 한국 NGO의 수입출처 2

수입원	비율(%)
회비 및 자체수입	46.0
정부지원	27.7
기타	26.3
계	100.0

자료출처: 임승빈(2000)

다.[4] 대체로 한국 NGO에서 회비는 전체 재정의 20~30%를 차지하고 있다.

NGO는 재정충원에 있어서 활동의 자율성과 재정의 독립성을 유지하고 지속가능한 재정을 확보하는 것이 중요하다. 따라서 회비나 개인기부금으로 재정을 충당하는 것에 한계가 있다면, 재정적 원천을 분산하는 포트폴리오(portfolio) 전략이 필요하다. 수익사업 이익금이나 외부지원에 과도하게 의존할 경우, 조직의 자율성이 침해당하거나 조직의 사명에서 일탈할 수 있다. 그리고 외부지원은 NGO의 의사와는 관계없이 재정후원자의 결정에 의해 중단될 수 있다. 이렇게 되면 조직이 재정적 곤란에 처하게 되고, 심지어 시행 중인 사업이 중지되기도 한다. NGO의 재정원천이 다양하다는 것은 자발적 결사체로서 공익을 추구하는 NGO의 다원적 특징을 보여주는 것이기도 하다. NGO는 목적·이념·조직구성·활동양식뿐만 아니라 재정의 원천과 충원방법에 있어서도 다양하다. 따라서 NGO 재정원천의 다양성은 NGO 재정의 한계이면서, 동시에 시민사회의 다원성과 역동성을 보여주는 장점으로 작용하기도 한다.[5]

---

4) 참여연대는 회계연도의 기준이 여러 번 바뀌었다. 여기서 1994년은 1994년 9월부터 1995년 2월까지 6개월, 1995년은 1995년 3월부터 1996년 2월까지 1년, 1996년은 1996년 3월부터 1996년 8월까지 6개월, 1997년은 1996년 9월부터 1997년 8월까지 1년을 말한다. 1998년부터는 당해연도 1월부터 12월까지이다. 1996년의 회비 비율이 낮은 것은 기간이 당해 3월부터 8월까지이기 때문에 영향을 받은 것으로 보인다. NGO에서는 밀린 회비를 연말에 많이 내는 경향이 있다.

5) NGO의 재정적 원천이 다양하기 때문에 국가가 시민사회를 통제하려고 할 때, 정부지원금이나 상업활동에 대한 규제만으로는 통제하기 어려워진다.

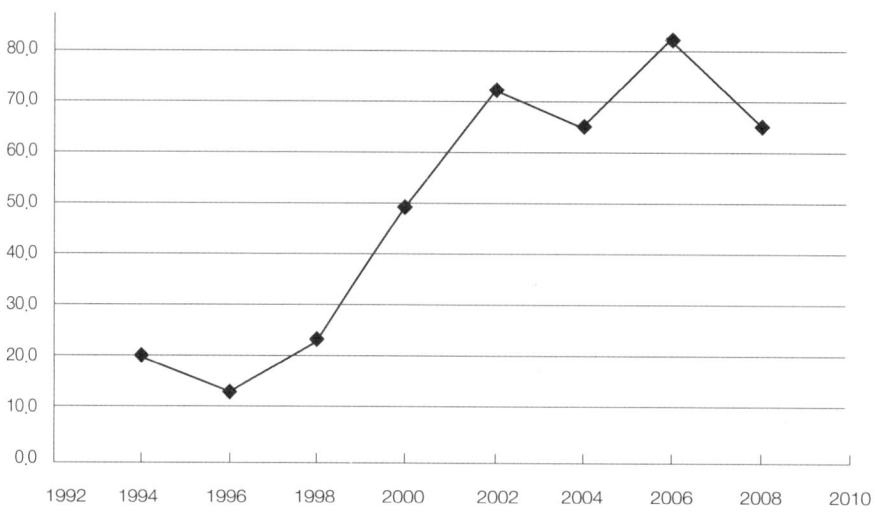

〈표 6-5〉 참여연대 재정의 회비비율의 연대별 추이

(단위: %)

2. 회비

NGO는 조직이 추구하는 가치, 민주적 운영방식, 사업의 효과 등을 통해 대중적 지지를 획득하고, 이에 근거해 많은 회원을 확보하는 것이 중요하다. 물론 회원확보가 곧바로 회비의 증대로 이어지는 것은 아니지만, 회원의 수는 회비비율을 확대하는 원천이 된다. 재정에서 회비가 차지하는 비율이 높으면 NGO는 대외적 자율성과 재정의 독립성을 가지고 단체 본연의 사명에 충실할 수 있다. 그리고 회비의 비율이 높으면 회원에 대한 책무성이 강화되어 NGO의 정당성을 높일 수 있다. 특히 사회적 약자의 이익을 대변하는 정체성을 가지고 있거나 진보적인 가치를 대변하는 NGO는 회비의 비율을 높임으로써 설립 초기의 단체이념과 목적을 견지할 수 있다. 나아가 회원의 회비는 곧 풀뿌리 조직화와 회원참여와 직결되기 때문에 조직의 활성화에 기여한다. NGO가 회원의 적극적인 관심과 참여에 의해 활동한다는 것은 그만큼 강한 정당성을 가지고 지속가능한 활동을 담보할 수 있음을 의미한다.

3. 기부금

NGO는 회비만으로 재정을 충당할 수 없기 때문에 각종 기부금에 의존한다. 기부금은 크게 개인기부금, 재단기부금, 기업기부금으로 나눌 수 있다. 이 중에서 개인기부금이 NGO에 대한 부담이 가장 적다. 한 국가에서 시민사회의 발전과 NGO의 동력은 기부제도와 기부문화에 크게 영향을 받는다. 개인이 공익과 관련된 활동에 기부금을 내는 정도는 한 사회의 건강의 바로미터이자, 시민사회의 물적토대의 기준이기도 하다. 개인기부금은 NGO에게 회비의 부족분을 채워주면서도 NGO의 사명과 활동을 크게 왜곡하지 않는 중요한 재정적 원천이다.

미국의 경우, 1999년 전체가구의 70%가 자선적 기부행위에 참여했고, 소득의 2% 정도를 기부한 것으로 나타났다. 미국의 비영리단체협의체인 독립섹터(Independent Sector)는 언론과 손잡고 소득의 5%를 기부하자는 "Give Five"운동을 벌이기도 한다. 한국은 2007년 전체 성인의 55% 정도가 기부에 참여하였다. 그리고 아름다운재단이 2007년 전국(제주 제외) 20세 이상의 성인을 대상으로 조사한 바에 의하면, 평균적으로 종교기관 기부는 19만 9,000원, 그 외 기타 순수기부(물품 포함)는 10만 9,000원인 것으로 조사되었다. 개인이 기부금을 내는 이유는 이웃에 대한 동정심, 가진 자의 도덕적 의무, 사회적 복리증진, 개인재산의 사회환원, 타인으로부터의 인정, 종교적 신념, 세금감면 등 여러 가지를 들 수 있다. 개인이 기부금을 낼 때에는 기부처의 신뢰성, 사용목적, 기부절차의 용이성을 중시하므로 이를 고려하는 것이 중요하다.

시민사회에서 돈을 기부하는 재단이 많다는 것은 시민사회의 물적토대를 구축하는 데 매우 중요하다. 미국의 경우 2000년 현재 4만 7,000개가 넘는 재단이 있다. 미국에서 재단의 대부분은 개인이 헌납한 기금에 의해 형성되지만, 다수의 개인이나 기관이 공동으로 참여하거나 기업에 의해 만들어지는 경우도 있다.[6] 정부도 재단의 형성에 중요한 역할을 한다.[7] 한국 시민사

---

[6] 미국에서 재단은 독립재단(independent foundation), 지역사회재단(community foundation), 기업재단(corporate foundation), 운영재단(operating foundation) 등으로 나눌 수 있다. 독립재단은 개인이나 가족이 헌납한 기금으로 운영되는 재단으로서 록펠러재단, 카네기재단, 포드재단 등이 대표적이다. 미국의 재단 중에서 90% 이상이 독립재단이다. 지역사회재단은 지역사회에서 많은 사람들과 기관이 참여하여 지역사회문제를 해결하기 위하여 만든 재단으로서 1980년대 이후 활성화되었다. 수적으로는 가장 적지만, 지역사회의 시민이 이사회에 활발하게 참여하는 재단이다. 기업재단은 기업이 전문적이고 지속적으로 자선활동에 참여하기 위하여 기업에 의해 제공된 기금으로 설립된 재단이다. 운영재단은 외부에 지원금을 제공하는 것이 아니라 직접 연구를 하거나 프로그램을 운영하는 재단이다.

[7] 미국정부에 의한 기금으로 만들어진 재단으로는 아시아재단(Asia Foundation), 아프리카개발재단(African Development Foundation), 유라시아재단(Eurasia Foundation), 민주주의기금(NED: National Endowment for

회에는 재정지원을 목적으로 운영되는 기금이나 재단이 매우 부족하다. 기업에 소속한 기금이나 재단을 제외하면 사회복지공동모금회, 한국여성재단, 시민운동지원기금, 여성발전기금, 환경발전기금, 한국인권재단, 녹색문화기금, 아이들과미래, 아름다운재단 등이 있다.[8] 이러한 재단이나 기금은 대부분 서울에 집중되어있는데, 지역 시민사회의 활성화를 위해 지방으로 확산하는 것이 필요하다. 한국에서도 재단의 형성에 정부나 기업의 역할이 크다. 최근에는 아름다운재단처럼 순수하게 시민사회의 노력에 의해 설립·운영되는 재단도 늘어나고 있다.

재단기부금은 NGO의 중요한 재정적 원천이다. 특히 개발도상국의 NGO활성화는 선진국의 각종 재단이 제공한 기부금의 영향이 컸다. 그러나 재단기부금은 NGO의 목적과 활동양식에 일정한 부담을 가져다준다. NGO의 사명과 후원자의 이해관계가 일치하지 않을 경우, 조직 고유의 사명이 변질되고 고객이나 회원보다는 후원자의 이념을 대변하게 되어 조직의 건강성이 훼손될 수 있다. NGO의 사명과 후원자의 이해관계가 대체로 일치한다고 하더라도, 후원자의 의도에 예민해지고 단기적 목표를 중시하게 되며 재정담당의 권한이 강화되는 현상이 발생한다. 더구나 재단기부금은 에드워드(Michael Edwards)와 흄(David Hulme)이 지적하는 바와 같이, 자금의 사용방법·보고방법·회계 등과 관련되어있기 때문에 일정한 책무가 뒤따르고, 단위비용, 양적 결과, 논리적 틀 등이 조직의 중요한 규범으로 되는 현상이 나타난다(Edwards and Hulme, 1996; Hulme and Edwards, 1997). 이렇게 되면 민주주의, 시민참여, 고객중심, 질적 발전 등과 같은 가치를 중시하는 NGO의 성격이 변질될 수 있다. 특히 개발도상국의 NGO가 선진국 재단의 지원을 받는 경우, NGO가 신용대부를 하거나 자금을 배분하는 권력기관으로 정체성이 변질되기도 한다. 이때 NGO는 새로운 재원을 개척하기보다는 선진국 재단의 지원에 안주하여 조직이 관료화되고 영어전문가의 권력이 강화되는 문제가 발생하게 된다.

기업기부금은 개인기부금이나 재단기부금과는 달리, NGO에 상당한 부담으로 작용한다. 기업은 주로 장기적인 시각에서 기업의 이미지를 고양하기 위한 마케팅의 전략으로 기부를 한

Democracy) 등이 있다(박재영, 2003: 378). NED는 1983년 미국의회의 제안에 의해 국가민주주의기금법(National Endowment for Democracy Act)에 근거하여 설립되었다. 전체 재정의 대부분을 정부기금인 미국국제개발기구(USAID: United States Agency for International Development)에서 충당한다. 중국에서 활동하는 한국의 탈북자 관련 NGO에 자금을 지원하기도 하였다.

8) 한국의 외국계 재단은 한스자이델재단(독일/지역개발), 나우만재단(독일/지방자치·민주주의), 아데나워재단(독일/시민교육), EZE재단(독일/일반), 에버트재단(독일/노동), 아시아재단(미국/민주주의) 등이 있고, 유엔개발계획(UNDP)도 개발·과학기술·여성·환경·정보 등의 분야에 재정지원을 하고 있다(임영신, 2002).

다.[9] 기업이 제공하는 자금이나 장비·물품은 NGO 재정의 한 부분을 차지함이 틀림없다. 그러나 기업기부금은 NGO의 역할을 변질시킬 수 있는 문제를 지니고 있다. NGO는 정부를 보완하거나 대신하여 기업의 각종 불공정행위와 병리를 감시하고 견제하는 역할을 한다. 국가와 시대마다 차이가 있지만, 대체로 NGO와 기업의 관계는 상보성보다는 길항성이 강하다. 이러한 경향은 자본주의가 건전하게 성장하지 못한 개발도상국에서 더욱 두드러지게 나타난다. 그런데 NGO가 기업으로부터 기부금을 받게 되면 기업에 대항하여 소비자권리, 환경권, 경제권 등과 같은 진보적 권리를 옹호하는 데 어려움을 겪게 된다. 따라서 NGO가 재정부족 문제를 해결하기 위해 기업기부금을 받을 때는 그것으로 야기되는 조직의 사명이탈과 활동축소를 고려하여야 한다. 물론 NGO 중에서도 주창형 NGO에 비해 서비스제공형 NGO가 상대적으로 위험부담이 적다. 서비스제공형 NGO의 경우, 같은 지역에 있는 기업의 지원을 받아 공동으로 지역사회의 문제를 해결하는 것은 유용한 방식이 될 수도 있다.

4. 정부지원금

NGO가 회원의 회비나 외부의 기부금으로 재정을 충당할 수 없을 경우 정부의 지원금에 의존하게 된다. 실제로 선진국에서도 정부지원금은 NGO 재정의 일부를 차지한다. 미국에서 NGO는 재정의 20~30% 정도를 정부지원금이나 각종 공공기금에 의존한다. NGO에 대한 정부의 재정지원은 유럽의 복지국가로 갈수록 많아진다. 특히 개발도상국의 개발이나 국제원조에 참여하는 단체에게 정부지원금은 NGO의 중요한 재정적 원천이다. 개발도상국 NGO의 입장에서도 그 주체가 자국정부든, 선진국 정부든, 정부지원금은 NGO의 성장에 일정한 기여를 하기도 한다.

    NGO에 대한 정부의 재정지원에 대해서는 논쟁이 치열하다. 이것은 NGO에 대한 정부의 재정지원이 장점과 단점, 기회와 위기를 동시에 내포하고 있음을 말해준다. 정부지원금은 무엇보다도 NGO의 성장에 기여할 수 있고, 양자 간의 대화와 파트너십의 증진에도 도움이 된다. 그

---

[9] 물론 기업의 기부는 현대적 의미의 경영패러다임(management paradigm)의 변화에 대한 대응의 일환이기도 하다. 현대사회에서 소비자는 단순히 상품의 가격이나 품질만 보고 구매하는 것이 아니라, 기업의 사회적 기여와 이미지를 따져서 구매한다. 환경친화적 기업에 대한 소비자의 선호가 대표적인 경우이다.

러나 정부지원금은 NGO의 비판능력을 저하시키고 자율성을 침해할 수 있다. 그리고 정부지원금은 NGO 본래의 사명일탈, NGO 간 경쟁의 가열, 조직의 관료화, 재정독립의 저해 등과 같은 왜곡된 성장을 초래하게 된다. 박상필(2000)이 1999년 '서울NGO세계대회'에서 외국인 113명, 한국인 157명 등 총 270명의 NGO 활동가를 대상으로 조사한 바에 의하면, 정부의 직접적인 재정지원을 찬성하는 NGO 활동가가 많았다.[10] 그리고 강상욱(2001)이 2000년 서울지역 61개 NGO를 대상으로 조사한 것에서도 77%가 정부지원금이 NGO의 성장에 도움이 된다고 응답하였다. 스카치폴(Theda Skocpol)도 미국에서 정부의 개입과 지원이 단지 자발적 결사체의 발전을 저해한다고 단정하기보다는 여러 분야에서 NGO와 시민운동의 활성화에 기여한다고 주장한다(Skocpol, 1998).

미국이나 영국과 같은 선진국에서도 정부는 다양한 방식으로 NGO에게 자금을 지원한다. 미국에서는 'US Information Agency', 'the State', 'Defense and Justice Departments', 'NED', 'Asia Foundation', 'Eurasia Foundation' 등을 통해 정부가 직접 NGO에 자금을 지원하거나 정부가 만든 기금을 통해 지원한다(Pinter, 2004). 영국이나 일본에서도 정부가 다양한 방식으로 NGO에 자금을 지원한다. 한국에서는 2000년 이전 정부가 다양한 방식으로 NGO에 재정을 지원하였다. 2000년에 '비영리민간단체지원법'이 제정됨에 따라 공개경쟁을 통해 NGO에게 자금을 지원하기도 한다.[11] 2010년 현재 한국에서 정부가 NGO에게 주는 지원금은 2,000억 원 정도인 것으로 추정하고 있다.

5. 서비스 요금과 수익사업 이익금

NGO는 회원의 회비, 기부금, 정부지원금으로도 재정이 부족하기 때문에 각종 서비스의 요금이나 수익사업을 통한 이익금으로 재정을 충당하기도 한다. NGO는 비영리병원, 사립학교, 복지기

---

10) NGO의 재정충원 방법에서 회비와 개인기부금만으로 해야 한다고 답변한 사람은 한국(14.8%), 외국(15.1%) 모두 낮았다. 반면에 정부지원금이 포함되어야 한다고 답변한 사람은 한국(53.2%), 외국(55.7%) 모두 절반을 넘었다. NGO에 대한 정부의 재정지원 방법에 대한 다른 질문에서도 한국(54.9%), 외국(55.3%) 모두 간접지원보다는 직접지원을 찬성하는 비율이 절반을 넘었다.
11) '비영리민간단체지원법'에 의한 정부지원금은 2000년 150억 원(중앙 50%, 지방 50%)으로 시작하였다가, 2004년에 100억 원으로 줄었고, 2008년에 50억 원(중앙 100%)으로 축소되었다.

관 등에 비해 제공하는 서비스가 많지 않다. 그러나 서비스제공형 NGO는 교육·상담·견학 등에 대해 서비스 요금을 받기도 한다. 또한 NGO는 부족한 재정을 메우기 위해 상점운영, 출판, 서적·간행물 판매, 의류판매, 보험사·여행사 운영, 은행운영, 신용카드 발급, 농산물 직거래, 바자회 등과 같은 수익사업을 하기도 한다. 영국의 옥스팜은 옥스팜 가게(Oxform shop)를 운영하고, 미국과 캐나다의 굿윌(Goodwill)은 의류나 가정용품을 판매한다. 케어(Care)와 세계자연보호기금(WWF: World Wide Fund for Nature)과 같은 NGO는 판촉물건이나 T셔츠를 판매한다(박재영, 2003: 379). 한국의 아름다운재단은 기부 받은 재활용품을 판매하는 아름다운가게를 운영하고, 참여연대는 시민교육 프로그램을 운영하고 있다.

서비스 요금이나 수익사업 이익금은 기부금이나 정부지원금에 비해 NGO의 재정충원에서 독립성을 강화하고, 재정의 지속가능성이 높여주며, 자금의 자유로운 사용이 가능하다는 측면에서 매력적이다. 또한 서비스 요금이나 수익사업 이익금은 NGO 재정에서 일정한 정당성과 도덕적 근거를 가지고 있기도 하다. 서비스제공은 사회적 약자의 이익을 대변하는 NGO에게 가난한 자를 위해 서비스를 염가로 제공하는 측면이 있다. 수익사업은 이익금을 이해당사자에게 분배하지 않는다는 점에서 비영리를 추구하는 NGO의 목적에 부합한다고 볼 수 있다. 그러나 서비스 요금이나 수익사업 이익금은 기부금이나 정부지원금과 마찬가지로 NGO의 정체성에 문제를 초래한다. 가난한 사람에게 염가로 상품이나 서비스를 판매하는 과정에서 NGO의 주체요 고객인 가난한 사람이 물건이나 서비스를 팔아주는 소비자로 인식된다. 이것은 시민의 자발적 참여에 의해 움직이는 NGO에서 기업적 사고가 침투하고 주객이 전도되는 위험을 초래한다. 또한 NGO 활동의 상당부분이 상업활동에 치중되면 조직 고유의 사명과 목표가 훼손되고 비판기능이 약화될 수 있다. 따라서 서비스 요금이나 수익사업 이익금은 전체 재정·노력·시간에서 과도한 비중을 차지하지 않도록 해야 한다. 물론 이러한 주문도 주창형 NGO와 서비스제공형 NGO 간에 차이가 있어서, 상대적으로 후자는 덜 위험하다.

제3절 NGO와 자원봉사

자원봉사는 민주주의의 기본이념인 우애의 가치를 실현하는 중요한 사회적 제도인데, 오늘날 자원(봉사)활동은 주로 시민사회에서 행해진다. 따라서 시민사회에 위치하고 있는 NGO에서도 자원활동이 활발하다. 자원활동은 NGO의 중요한 자원일 뿐만 아니라, 그 자체로서 NGO학의 철학적 토대를 구성한다. 그러므로 여기서는 자원봉사가 NGO의 자원으로 갖는 의미 외에 자원봉사의 이론적 측면에 대해서도 살펴보기로 한다.

1. 자원봉사의 의의

1) 자원봉사의 정의

자원봉사의 개념은 학문적으로 매우 다양하게 정의되는 애매한 개념으로 남아있다. 자원봉사의 개념을 정의하는 데 있어서 다음과 같은 몇 가지 논쟁점이 있다.

첫째, 자원봉사에 상호부조활동을 포함시킬 것인가의 문제이다. 자원봉사는 좁은 의미로 재난구호, 약자보호, 공공활동 등에서 타인을 위해 서비스를 제공하는 것을 말한다. 그러나 현대사회에서 시민사회가 발달함에 따라 NGO를 비롯한 각종 공익단체의 활동에 참여하는 것을 자원봉사에 포함시키기도 한다. 하지만 공동의 이익을 도모하는 상호부조를 자원봉사에 포함시키기는 어렵다. 전통적으로 상호부조는 같은 직업이나 신앙을 가진 사람들이 폐쇄적인 공간에서 서로 주고받는 이기적인 동기가 지배적으로 작용한다. 농경사회에서 품앗이나 혼례·장례 부조가 대표적이다.

둘째, 의무적인 활동을 포함시킬 것인가의 여부이다. 가족의 일원으로서 가족을 간호하는 것, 한 지역 또는 국가의 시민으로서 투표에 참여하는 것 등은 자원봉사라고 하기 어렵다. 또한 현대사회의 문제를 해결하기 위해 자원봉사를 강조함에 따라 청소년의 자원봉사활동이 강제적으로 실시되기도 하고, 상급학교의 진학에서 평가기준으로 사용하기도 한다. 심지어 기업에서도 직원의 자원봉사활동을 의무적으로 실시하고 직원채용에서 자원봉사 경력을 고려하기도 한다. 이것은 자발성을 강조하는 자원봉사에 포함시키기 어렵다.

셋째, 개인적 활동을 포함하는가의 여부이다. 자원봉사활동은 제공자와 수혜자 사이에 전문적인 매개자가 존재하여 각자의 적성과 능력에 맞게 공동체의 문제를 예방하거나 해결하기 위해 조직적이고 지속적으로 행하는 활동이다. 따라서 타인을 돕는다고 하더라도 마음 내키는 대로 임시적으로 하는 활동은 자원봉사활동이 아니다. 최소한 몇 명이라도 팀을 만들어 조직적이고 장기적으로 추진해야 자원봉사라고 할 수 있다. 실제로 네덜란드와 같은 국가에서는 조

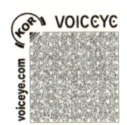

직적인 활동만 자원봉사로 인정한다. 반면에 미국에서는 개인적인 활동도 자원봉사에 포함시키는 경향이 있다(Govaart, et al., eds., 2002: 375).

넷째, 실비를 지급받는 것이 가능한가의 문제이다. 자원봉사는 무보수로 타인이나 공익을 위한 활동이기는 하지만, 활동에 필요한 약간의 실비를 지급하는 경우가 많다. 이것은 무보수를 강조하는 자원봉사정신에 위배될 수 있다. 논쟁의 여지가 있지만, 노동에 대한 직접적인 보상을 의미하지 않는 약간의 실비는 인정할 수 있을 것이다.

다섯째, 국제적 활동을 포함하는가의 문제이다. 대체로 자원봉사라고 하면 국민국가를 단위로, 특히 지역사회에서 공동노력을 통해 복지공동체를 추구하는 활동을 말한다. 그러나 오늘날 인간생활은 지구화와 정보화에 의해 국제적 교류와 연대가 활성화되고 있다. 따라서 국경을 넘어 타국민의 안전과 복지를 위해 활동하는 것도 자원봉사활동에 포함시킬 수 있다.

여섯째, 인터넷을 통한 활동을 포함하는가의 여부이다. 자원봉사활동이라고 하면 우선 각종 복지기관이나 의료기관에서 직접 노력봉사하는 것을 떠올리게 된다. 그러나 오늘날 인터넷이 인간 간의 상호교류와 통신의 주요한 수단이 되면서 지원이나 원조활동이 인터넷을 통해 이루어지고 있다. 예를 들어, 기획, 상담, 자문, 번역, 연구조사, 교육, 정보제공, 웹사이트 관리 등과 같은 활동이 인터넷을 통해 이루어질 수 있다. 따라서 인터넷을 통한 지원활동도 자원봉사에 포함시킬 수 있다.

자원봉사의 정의에 대한 논쟁점을 이렇게 정리함으로써 자원봉사는 다음과 같이 규정할 수 있을 것이다. 자원(봉사)활동이란 강제에 의하거나 보상을 바라지 않고 타인, 특히 사회적 약자를 위해 조직적으로 시간과 노력을 제공하는 활동이라고 할 수 있다. 따라서 자원봉사는 사회적 약자를 위한 활동에만 국한되는 것이 아니라, 사회구성원 전체의 행복을 위한 것이다. 이것은 주로 지역사회의 공동복지를 향한 노력이지만, 복지분야를 벗어난 다양한 영역까지 포함하고 국가적·국제적 차원까지 확대되며, 인터넷을 통한 봉사활동도 포함한다. 활동에 필요한 약간의 실비를 지급하는 것은 가능하다. 또한 자원봉사는 주로 이미 발생한 사회문제에 대응하는 것이지만, 문제를 예방하는 것도 중요하다. 〈표 6-6〉은 자원봉사의 개념적 범주를 구분하여 정리한 것이다.

2) 자원봉사의 이념

인간은 오랫동안 공동체사회 속에서 긴밀한 사회관계를 유지하며 공동문제를 함께 해결하고

〈표 6-6〉 자원봉사 개념의 범주 구분

주요요소	포함여부	비고
상호부조	×	상호원조 정신을 고양하는 데는 중요
의무적 활동	×	자원봉사 학습과정으로서는 중요
개인적 활동	×	자원봉사 초기과정으로서는 중요
실비지급	○	직접적인 노동의 보상을 의미하지 않으면 가능
국제적 활동	○	지역사회 또는 국민국가 수준을 벗어나도 가능
인터넷 활동	○	인터넷을 통한 지원활동도 가능

어려움에 처한 사람을 서로 지원해왔다. 인간이 상호 협력하고 사회적 약자를 보호하는 것은 인간본성에 내재한 본능이라고 할 수 있다. 자원봉사는 인간존중 정신과 사회적 연대감에 기초하여 타인의 고통을 덜어주고 사회적 공공선을 증진하는 자유롭고 창조적인 활동이다. 그야말로 공동체의 발전을 위해 스스로 결정한 활동이자, 새로운 것을 실험하고 창조하는 노력의 일환인 것이다. 따라서 자원봉사는 동기부여가 강한 노동으로서 이타주의를 구현하고 공동체정신을 체험함과 동시에, 자신의 잠재력을 계발하고 자아를 실현할 수 있는 기회라고 할 수 있다. 즉 자원봉사는 자발성, 무보수성, 이타성, 공공성, 사회성, 복지성, 공동체성, 지속성, 조직성, 민주성, 개척성, 교육성 등과 같은 이념을 포함하고 있다. 자원봉사의 주요 이념을 정리하면 〈그림 6-1〉과 같다.

자발성은 자원봉사가 평등한 인간관계를 기초로 타인을 돕거나 공익을 증진하고자 하는, 개인의 자유로운 의지의 발로임을 말한다. 따라서 자원봉사는 타인의 강요나 명령에 의해 행해지거나 자신의 체면이나 의무감에서 하는 활동이 아니다.

무보수성은 자원봉사가 선한 의지에서 출발한 것으로 금전적인 보수나 대가를 목적으로 하는 활동이 아님을 말한다. 물론 앞서 지적한 바와 같이, 노동의 대가가 아니라 소요경비를 지원하는 최소한의 경비나 수당은 가능하다.

이타성은 자원봉사가 자신의 이익이나 목적을 달성하기 위한 것이 아니라, 타인의 행복을 우선적으로 고려하는 활동임을 말한다. 물론 타인을 향한 것이라고 하더라도 기업의 목적에 부합하여 기업에서 행하는 활동은 포함하지 않는다.

공공성은 자원봉사가 특정 개인이나 종교를 초월하여 공공의 이익을 위한 활동임을 말한다. 물론 자원봉사는 휴머니즘에 근거하여 더불어 살아가는 건강한 공동체를 만들기 위한 것

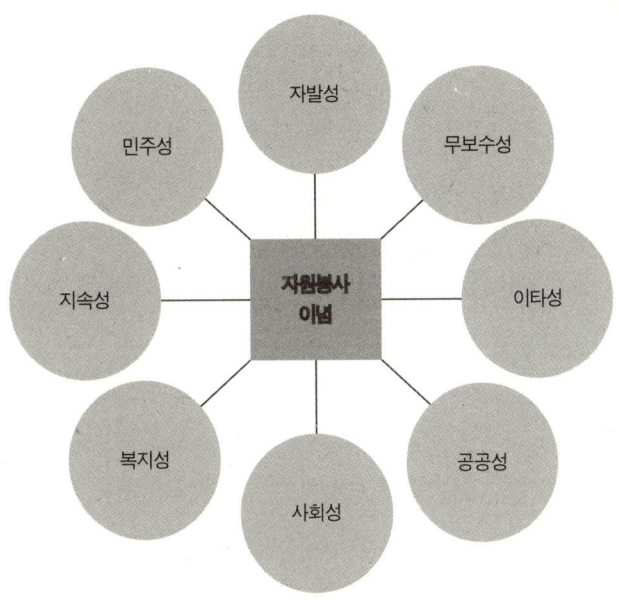

〈그림 6-1〉 자원봉사의 주요 이념

으로서, 사회적으로 합당한(reasonable) 활동이어야 한다.

　사회성은 자원봉사가 공동체사회를 지향하여 사회적 소속감을 갖고 사회적 책임에 의한 활동임을 말한다. 자원봉사는 단순히 타인에 대한 동정이나 일방적인 희생이 아니라, 인간의 공동안보를 위한 사회적 연대라고 할 수 있다.

　복지성은 자원봉사가 지역사회와 인류공동체의 복지를 향한 인간적인 활동임을 말한다. 자원봉사는 단순히 남을 돕는 활동이 아니라, 공동체의식에 근거하여 공동체의 복지향상에 참여하고 인간다운 생활을 보장하기 위한 지원이라고 할 수 있다.

　지속성은 자원봉사가 마음 내키는 대로 즉흥적으로 하는 것이 아니라, 일련의 목적을 달성하기 위한 지속적이고 조직적이며 계획적인 행동임을 말한다. 자원봉사는 자발적인 동기에서 출발하지만, 사회변화를 위한 목적의식적 활동으로서 일정한 기간 동안 지속되어야 한다.

　민주성은 자원봉사가 민주적인 절차에 따라 균등한 기회를 제공하고 다양한 사람들 간의 민주적인 의사결정과 합의를 존중하는 활동임을 말한다. 따라서 자원봉사는 원하는 사람은 누구나 참여할 수 있고, 민주주의원칙 속에서 다양한 개성과 능력을 충분히 발휘할 수 있도록 고려되어야 한다.

3) 자원봉사의 영역과 유형

자원봉사활동은 다양한 영역에서 이루어진다. 저소득층 아파트의 보수, 노약자에 대한 방문진료, 에이즈환자 돌보기와 친교, 알코올의존자와 전과자의 갱생, 소년소녀가장 지원, 무료 탁아소 운영, 가출청소년과 미혼모 상담, 폭력피해 여성과 아동의 보호, 에너지 절약 캠페인, 환경보호 활동, 재난구호, 행사안내 등을 예로 들 수 있다. 자원활동은 전통적으로 복지기관이나 병원에서 이루어져 왔으나, 오늘날에는 정부기관이나 NGO에서도 활발하게 일어나고 있다. 그리고 현대사회에서 자원활동은 국경을 넘어 외국에서도 수행하고, 온라인(on line)에서 진행하기도 한다.

　자원봉사의 영역은 크게 다섯 가지로 분류할 수 있다. 첫째, 전통적으로 사회복지시설이나 의료기관에서 하는 활동을 들 수 있다. 노인·장애인·아동·전과자·환자 등을 수용하는 다양한 기관에서 친교, 상담, 교육, 간호, 헌혈, 장기기증, 호스피스(hospice) 등과 같은 봉사활동이 있다. 둘째, 공공기관에서 이루어지는 활동이 있다. 정부기관에서 각종 공공문제를 해결하기 위한 활동에 참여하여 민원상담, 청소년 선도, 범죄예방, 환경감시, 교통정리, 불법행위 순찰, 문화재 보호, 행사안내 등과 같은 봉사활동을 할 수 있다. 셋째, 정책과정에 대한 참여활동이 있다. 이것은 전문직 종사자가 정부위원회나 NGO의 정책참여활동을 통해 의제설정, 대안모색, 기획, 정책결정, 공공서비스의 전달, 정책평가 등과 같은 과정에 참여하는 것이다. 넷째, 국제적인 차원에서 일어나는 봉사활동이 있다. 타국, 특히 개발도상국에서 긴급구호·의료·교육·개발·환경보호·문화재보호 등과 같은 활동을 할 수 있다. 특히 NGO가 발달하고 국제교류가 활발해짐에 따라 국제자원봉사가 활발하게 일어나고 있다. 다섯째, 인터넷을 통한 활동이 있다. 인터넷이 주요한 교류와 통신수단으로 등장함에 따라 인터넷을 통해 각종 자원봉사활동이 이루어지고 있다.

　자원봉사는 이렇게 다양한 영역에서 일어나고 있는데, 그 형태도 다양하다. 자원봉사의 유형에는 직접서비스 외에 모금, 자문과 상담, 변호, 교육, 정보제공, 행사조직, 방문과 교제, 행정지원, 위원회 활동, 정책참여, 캠페인참여, 스포츠행사 안내 등이 있다. 이를 영역별로 나누면, 첫째, 노인·장애인·청소년·아동·여성·환자·소수민족·알코올의존자·재소자 등 사회적 약자를 위한 대인지원활동이 있다. 둘째, 환경보호·청소년선도·범죄퇴치·소비자권리보호·교육·위생활동·교통정리 등과 같은 사회지원활동이 있다. 셋째 타국이나 개발도상국에서 국제교류·난민구호·빈민구제·사회개발·전쟁방지 등과 관련된 국가지원활동이 있다. 그리고 자원봉사는 시간을 투입하는 노력봉사 외에 헌혈·장기기증·위탁부모활동과 같은 차원 높은 봉사가 있다.

자원봉사는 사회구호적·사회사업적·사회구조적 봉사로 유형화할 수도 있다(이삼열, 1993). 사회구호적 활동은 빈자나 병자를 위한 긴급한 구호활동이나 자선활동, 이웃사랑 실천행위 같은 것을 말한다. 사회사업적 활동은 복지시설이나 기관에서 집단적이고 조직적으로 수용자를 위해 행하는 봉사활동을 말한다. 사회구조적 활동은 사회적 고통을 제거하기 위해 사회구조를 개선하는 노력으로서 인권운동, 노동운동, 차별철폐운동, 환경운동, 여성운동 등과 같은 시민운동에 참여하여 봉사하는 것을 말한다.

2. 자원봉사의 필요성과 기능

1) 자원봉사의 필요성

자원봉사의 기원은 고대 로마시대 교회활동에서 찾을 수 있다. 로마교회의 성 프랜시스(St. Francis)가 노예, 나병환자, 빈민, 고아를 돌보고 사회적 약자의 고통을 완화하기 위한 체계적인 자원봉사활동을 했다고 한다. 이처럼 자원봉사활동은 종교활동과 함께 시작했다. 그러나 더욱 조직적이고 일반화된 활동은 개인의 존엄과 인권을 중시하는 근대사회 이후에 발달했다고 할 수 있다. 특히 민주주의의 이념을 중시하는 현대사회에서 자원봉사활동이 활발하다. 세계자원봉사연합회(IAVE: International Association of Volunteer Effort)는 1990년 파리에서 열린 제11차 세계대회에서 '세계자원봉사선언문'을 선포하였고,[12] 유엔(UN)은 21세기를 시작하면서 2001년을 '세계 자원봉사자의 해'(IYV: International Year of Volunteers)로 지정한 바 있다. 이에 따라 많은 국가에서 IYV위원회가 조직되어 자원봉사자의 공헌을 인정하고 자원봉사활동의 장려정책을 촉구하였다. 그리고 유엔은 매년 12월 5일을 '국제자원봉사의 날'로 정하여 장기적

---

12) IAVE는 1970년 개인의 시간과 재능으로 이웃을 돕고 건강한 지역사회를 건설하여 더불어 사는 지구공동체를 건설하는 것을 목표로 여성자원봉사자에 의해 창립된 이래, 오늘날 세계 100여 국가의 개인 및 단체가 회원으로 참여하고 있다. 국제적 자원봉사활동의 활성화와 자원봉사센터의 설립지원과 같은 활동을 하고 있다.

으로 자원봉사활동 실천을 유도하고 있다.

현대사회에서 민간영역의 자원적 에너지를 활용하는 것은 인간에게 필수적인 서비스를 제공하고, 사회적 평등을 촉진하며, 인간의 자율성을 높이는 데 매우 중요하다. 비영리병원, 사립학교, 복지기관, 예술문화단체, NGO 등에서 많은 자원봉사자가 이타주의에 근거하여 정부의 손길이 미치지 않고 정부가 해결할 수 없는 각종 서비스를 제공한다. 물질주의로 인간성이 메마르고 신자유주의의 부상으로 정부역할이 축소되는 상황에서, 자원봉사는 전문성과 애정이 조화된 인간적 서비스를 제공한다. 그리고 정부에 대한 의존에서 벗어나 스스로 사회문제를 해결할 수 있는 능동사회를 구축하는 데 기여한다. 그래서 자원봉사를 '타인의 욕구를 지향하는 인류애의 가장 고귀한 충동이며 문명의 가장 위대한 약속'이라고 하고, '인간을 인간답게 교육시키고 민주시민을 양성하는 가장 보편적인 민주주의학교'라고 표현한다.

현대사회는 산업화의 진전으로 대부분의 사람들이 익명성이 높은 도시에서 생활하고 공동체사회가 해체되었다. 자본주의체제가 보편화되어 경생·성장·물질이 강조되면서 인간성의 상실, 도덕과 윤리의 쇠퇴, 빈부격차의 확대, 소외의 증대, 사회적 낙오자의 증대, 범죄와 사회적 일탈의 증가, 자원의 과소비, 자연훼손과 환경오염 등과 같은 문제가 발생하였다. 가족제도가 핵가족화되면서 이기주의와 가족주의가 발달하고 자기중심적인 생활이 늘어난 반면, 이타주의가 쇠퇴하고 세대 간의 갈등이 심각하며 상호협력과 공존의 정신이 사라지고 있다. 기계가 발달하고 지식사회가 도래함에 따라 생산성은 높아졌으나, 인간주체성이 왜곡되고 실업률이 늘어났으며 노동의 양분화와 함께 사회적 불평등이 심화되고 있다. 문명사회라고 하지만 매년 3천만 명이 기아로 죽어가고, 1억 3천만 명이 초등학교에 못 가며, 12억 명이 하루 1달러 미만으로 살아갈 정도로 빈곤이 만연되어있다. 현대사회의 이러한 병리현상 이면에는 사랑의 결핍, 교육의 형해화, 가족의 해체, 물질주의의 만연 등과 같은 문제가 도사리고 있다. 이것을 해결하기 위해서는 정신적 가치를 회복하고, 협력과 공존의 문화를 회복시키며, 개인의 사회적 책임을 강화하여야 한다. 자원봉사는 바로 이러한 가치를 생성시키는 인간의 자발적이고 자유로운 활동으로서, 자원을 재분배하고 인간적 유대를 강화하며 생활의 질을 높이는 중요한 수단이 된다.[13]

---

13) 현대사회에서 자원봉사가 중시되고 자원봉사활동이 활발하게 일어나고 있지만, 이에 대한 비판이 없는 것은 아니다. 예를 들어, 좌파는 국가가 사회적 약자에 대한 복지책임을 자원봉사단체에 떠넘기고 있다고 말한다. 자유주의자는 거대한 재단들이 자원봉사자의 도움으로 기부금을 모아 이를 배분하는 과정에서 자신의 영향력을 행사하면

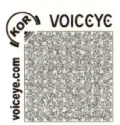

2) 자원봉사의 기능

자원봉사는 사랑의 창출, 인간자유의 실현, 사회문제의 예방, 국가의 한계 보완, 인간적 서비스의 제공, 진보적 문명의 개척과 같은 가치를 창출한다. 자원봉사에는 사랑, 자비, 자유, 인권, 연대, 복지, 평화, 평등, 진보, 문명 등과 같은 소중한 가치가 내포되어있다. 여기서는 자원봉사의 기능을 크게 개인적 기능, 사회적 기능, 지구적 기능으로 나누어 살펴보기로 하겠다.

자원봉사는 다양한 개인적 기능과 역할을 한다. 먼저 개인은 자원봉사를 통해 타인과 교류할 수 있는 기회를 갖게 되고, 각종 사회적 경험을 할 수 있으며, 다양한 지식·정보·기술을 습득할 수 있다. 이러한 직접적인 이익 외에도 자원봉사는 자유를 체험하고 사회적 시각을 확대하는 학습과정이라고 할 수 있다. 특히 개인은 자원봉사를 함으로써 사회적 존재로서 자신의 정체성을 발견하고 자신의 잠재력을 계발할 수 있다. 나아가 사회참여와 인간 상호 간의 연대를 통해 삶의 보람과 성취감을 느끼고, 인격적 성숙을 도모할 수 있으며, 정신건강을 향상시킬 수 있다. 사회봉사는 바로 자신에 대한 재발견을 통해 삶의 의미를 새롭게 하는 청량제가 된다. 우울증과 고독감을 호소하는 환자에게 정신과 의사가 자원봉사를 하도록 처방하고, 각종 부패와 범죄를 일삼는 범죄자에게 판사가 사회봉사를 통해 죄를 뉘우치도록 판결하는 이유도 여기에 있다. 심지어 자원봉사가 개인의 정체성 확립, 낙관적 사고의식, 스트레스 해소에 기여함으로써 수명을 늘려준다는 보고가 있다.

자원봉사는 다양한 사회적 기능을 한다. 첫째, 자원봉사는 필요한 사람에게 각종 인간적인 서비스를 제공한다. 현대사회에서 국가는 다양하고 인간적인 복지서비스를 제공하는 데 구조적인 한계를 안고 있다. 이때 자원봉사는 고객의 특정욕구에 시의적절하고, 유연하고, 인간적으로 대응하는 이점이 있다. 둘째, 자원봉사는 유휴인력을 이용하여 사회적 약자를 지원함으로써 사회통합에 이바지한다. 자원봉사를 통해 사회적 약자가 사회에서 낙오되지 않고 사회의 일원으로 남게 되고, 제공자와 수혜자 사이에 상호이해와 연대감을 높이게 된다. 셋째, 자원봉사는 지역사회를 활성화하는 기능을 한다. 자원봉사는 주로 지역사회에서 시민의 자발적 참여

서 권력화되고 있다고 주장한다. 진보적 시민운동가는 국가가 자원봉사활동을 강조하고 재정을 지원함으로써 사회의 근본질서를 개혁하고자 하는 시민운동의 효과를 분산시킨다고 비판한다. 여성단체는 여성이 자원봉사자의 대부분을 차지하고 있지만, 무보수의 원칙으로 여성노동이 제대로 보상받지 못하고 전문성도 뒤떨어지기 때문에 성차별이 심화된다고 반발한다. 공공부문 노동조합은 자원봉사자가 공무원을 대체하기 때문에 자원봉사의 강조가 자신들의 실업을 초래한다고 반대한다.

를 통해 지역문제를 해결해가는 과정이다. 자원봉사는 바로 지역사회에서 상호원조, 공동체정신, 사회적 연대, 공동책임을 확대함으로써 더 인간적인 지역사회를 건설하는 데 기여한다. 넷째, 자원봉사는 여가를 선용할 수 있다. 오늘날 과학기술이 발달하고 소득이 증대함에 따라 노동시간이 줄어들었다. 그러나 상대적으로 물질문명이 발달하고 각종 사회병리현상이 심화됨에 따라 퇴폐문화, 범죄, 마약, 알코올 등이 발달하게 되었다. 자원봉사를 통해 남는 시간을 타인의 고통제거와 공공선의 증대를 위한 노력에 투자함으로써 건전한 문화와 건강한 공동체가 발달하게 된다. 특히 자원활동은 제공자이든, 수혜자이든, 노인에게 중요한 의미를 지닌다.[14] 다섯째, 자원봉사는 민주시민교육에 중요한 기여를 한다. 신자유주의의 주류화 속에서 물질적 성공과 경쟁을 강조함에 따라 시민으로서의 자질과 태도, 공동체 발전을 위한 참여, 권력과 자본의 횡포에 대한 저항, 민주주의에 대한 이해와 실천 등은 형해화되고 만다. 자원봉사를 통해 타인을 돕고 공공의 이익에 헌신함으로써 인간존중, 상호이해, 관용과 양보, 공동체의식, 사회적 연대, 개인주체성의 확립 등과 같은 민주시민의 소양을 체험하고 각인하게 된다. 특히 청소년에게 자원봉사는 살아있는 산교육이라고 할 수 있다.[15]

자원봉사는 국가·민족·인종·종교 등의 경계를 넘어 전지구적으로 시행되고 있다. 오늘날 국경을 넘어 빈곤·전쟁·질병·재해로부터 인간의 고통을 구제하고 생존을 보존하기 위한 봉사활동이 활발하게 일어나고 있다. 개발도상국 인민의 삶의 안전을 보장하기 위해서는 유엔이나 국가의 노력만으로는 불가능하다. 인류의 복리와 평화는 국경을 넘어 진행되는 각종 NGO의 활동과 이 NGO에 의해 발생하는 각종 봉사활동에 크게 의존하고 있다.

---

14) 노인 자원봉사는 경제성장·의학발달·복지제도구축 등과 같은 사회적 요인에 의해 증가하였다. 노인이 자원활동에 참가하는 것은 축적된 지식과 경험을 사회에 제공함으로써 자신감회복, 소외극복, 치매방지, 노년기 자아실현 등에 유용하다. 노인 자원봉사는 노인 스스로 수혜자에서 제공자로 질적 전환을 이루고, 긴 노년기를 보람 있게 보낼 수 있으며, 지역복지의 발전에 크게 기여하고 있다는 측면에서 인간문명의 발전이기도 하다.
15) 청소년 자원봉사는 잠재력을 계발하고 정신적·심리적 성숙에 기여할 뿐만 아니라, 기술의 습득이나 약물·범죄유혹에 대한 예방효과를 갖는다. 나아가 민주시민으로서의 자질과 시민의식을 고취하고, 다양한 문화와 이질적인 인간에 대한 수용과 이해를 증진한다.

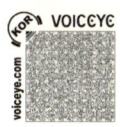

3. 한국의 자원봉사

1) 자원봉사의 역사

자원봉사활동이 일찍 발달한 서구사회와는 달리, 한국에서는 20세기 들어와서 현대적 의미의 자원봉사가 시작되었다. 예를 들어, 미국에서는 1877년에 자선조직협회(Charity Organization Society)가 결성되었고, 1919년에 최초의 자원봉사사무국(Volunteer Bureau)이 설립되었으며, 1933년에 사회사업자원봉사자전국위원회가 생겼다. 한국에서는 1903년 YMCA가 설립되고 1905년 대한적십자사가 설립되면서 봉사활동이 시작되었고, 1921년 태화기독교사회관에서 여성계몽과 아동건강을 위한 봉사활동이 시행되었다는 기록이 있다. 초기단계에서는 기독교의 전파가 조직적인 봉사활동에 커다란 영향을 끼쳤다. 해방 이후 학생을 중심으로 한 농촌일손지원·농촌계몽·문맹퇴치·질병구제 등과 같은 봉사활동이 있었다. 1960년대 적십자운동이 벌어졌고, 1970년대에 새마을운동이 전국적으로 확산되면서 봉사활동의 발달에 영향을 미치기도 하였다. 그리고 1970년대에 대학생의 농촌활동, 한국사회복지협의회 결성(1970), 생명의전화 설립(1976) 등으로 자원봉사의 수적·질적 확대가 있었다.

    1980년대에 와서 자본주의가 발달함에 따라 중산층이 늘어나고, 민주주의가 발달함에 따라 인권존중이 보편화되면서 자원봉사를 위한 기초가 구축되었다. 이러한 기초 위에 1984년 한국여성개발원의 자원봉사인력은행 설치, 1986년 아시안게임, 1988년 서울올림픽게임의 영향으로 자원봉사가 전국적으로 확대되었다. 특히 두 번의 대규모 국제행사를 통해 자원봉사에 대한 시민의식이 새롭게 정립되고, 조직적이고 체계적인 자원봉사가 가능해졌다. 이후 많은 자원봉사단체가 생겨 1991년 한국자원봉사연합회가 결성되었고, 1994년 한국자원봉사단체협의회가 조직되었다. 1994년에는 중앙일보가 언론의 선두에서 자원봉사캠페인을 시작하였고, 1995년에는 한국자원봉사포럼이 결성되었다. 여기에는 정부·학계·기업·사회복지관 등 각계 자원봉사전문가가 모여 정책대안 제시와 영역 간 협력강화를 모색하였다. 이러한 영향으로 1995년에는 초·중등학교에서 자원봉사활동이 구체적으로 시작되었고, 1996년에는 한국대학사회봉사협의회가 발족되었다. 1996년부터 광역자치단체를 중심으로 자원봉사센터를 건립하기 시작하여 2010년 현재, 광역·기초자치단체에서 248개에 달하고 있다. 2006년에는 시민사회의 끈질긴 요구에 의해 자원봉사지원법이 제정되었다.

    한국에서 자원봉사는 20세기에 들어와서도 매우 빈약하다가 1980년대 후반 이후 일반인의 인식이 증가하였고, 1990년대에 들어와서 각급 학교에서 자원봉사 교육과 실행, 기업자원봉사의 등장과 확산,[16] 각종 NGO의 급속한 분출에 힘입어 폭발적으로 증가하였다. 21세기에 들어와서는 2001년의 유엔 '세계자원봉사자의 해'에 맞추어 전국위원회와 지역위원회가 구성되어 각종 행사가 시행되었다. 그리고 2002년 부산아시안게임과 서울월드컵게임 이후에 자원봉사에 대한 각성과 실천이 더욱 확산되었다. 이 행사 이후 2002년 루사태풍 때에는 강원도와 경북지역 태풍·수해지역에 연인원 70만 명이 자원봉사활동에 참가할 정도로 발전하였다.

2) 자원봉사의 현황

세계에서 자원봉사활동이 가장 활발한 미국은 1994년 18세 이상 성인의 47.7%가 주당 4.2시간의 자원봉사활동에 참여했다고 한다. 이것은 연간 8,900만 명이 195억 시간을 봉사한 것이다. 공식적인 시간 150억 시간만 계산해도 880만 명의 풀타임(full-time) 고용가치에 해당하고, 화폐가치로는 1,820억 달러에 해당한다. 이것은 그 해 미국 전체에서 1년 동안 개인·재단·기업 등 민간영역에서 제공하는 기부금보다 높은 가치로서, 미국 국내총생산(GDP)의 2% 정도에 해당하였다(Hodgkinson and Weitzman, et al., 1996: 13, 69). 1999년 조사에서는 미국 성인의 자원봉사 참가율이 56%로 높아졌다. 그리고 75세 이상의 노인 중에서 43%가 자원봉사활동에 참여할 정도로 노인자원봉사도 활발하다. 2003년에는 미국 청소년의 자원봉사 참가율이 70%를 넘어섰다는 보고도 있다. 그야말로 미국에서는 나이, 소득, 인종, 종교, 지역에 관계없이 대부분의 사람이 자원봉사에 참가함으로써 자원봉사가 삶의 한 부분이 되어 있다(Govaart, et al., eds., 2002: 334, 338-39).

한국의 건국설화인 단군신화에 나타난 홍익인간(弘益人間)은 널리 인간을 이롭게 한다는 뜻으로 자애·이타·인권·공생·복지 등의 이념과 가치를 내포하고 있다. 현대적으로 말하면 민주복지사회의 구현에 참여하는 실천윤리로서 자원봉사의 이념을 함축하고 있다고 볼 수 있다. 그러나 한국은 국가형성이 매우 늦었고, 국가가 형성된 이후에도 시민사회가 자율적으로 배태하지 못하였다. 국가가 시민사회의 발달을 억압하고 자원봉사의 가치를 무시하였기 때문에 시

---

16) 미국은 세계에서 기업 자원봉사를 선도하는 국가로서 1980년대부터 제록스, 벨전화사, 체이스맨하튼은행, 팬암항공사, IBM 등에서 활발하게 일어나고 있다. 한국에서는 1990년대부터 삼성전자, 현대자동차, 유한킴벌리, CJ, 포스코 등과 같은 기업에서 사회봉사단을 구성하여 조직적으로 자원활동에 참여하고 있다.

민적 주체가 제대로 정립되지 못하였다. 나아가 혹독한 일본식민지, 파괴적인 전쟁, 억압적인 군부정권하에서 살아남기 위해 이기적 생존본능이 강하였다. 따라서 공익활동에 대한 참여와 사회문제에 대한 책임의식이 빈약하였다. 오랫동안 지속된 경제적 빈곤 또한 공공의식을 갖는 것을 어렵게 만들었다. 1960년대 이후 자본주의가 발전하면서 물적토대가 형성되었으나, 물질주의와 황금만능주의에 매몰되어 자원활동의 가치는 뒷전으로 밀려났다. 이러한 이유로 동창회·향우회·종친회 등 1차집단은 매우 활성화되었으나, 공공정신과 관련된 자원봉사나 시민단체의 활동은 제대로 발달하지 못하였다.

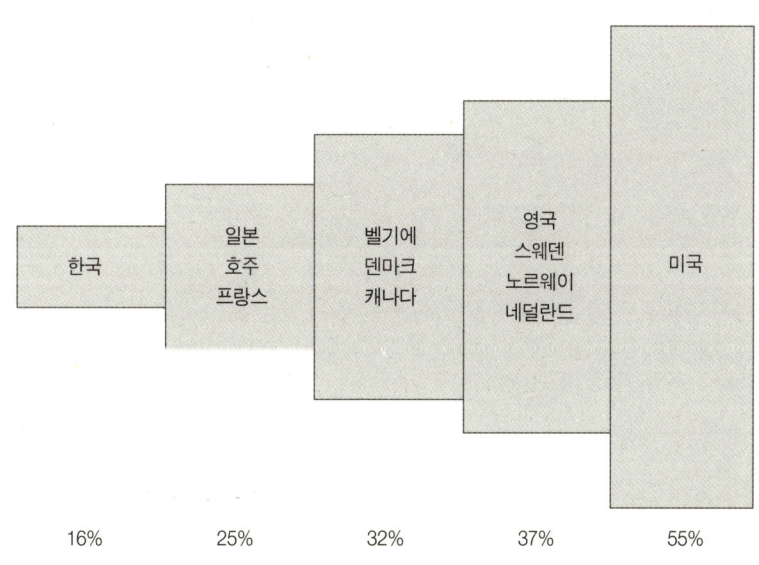

〈표 6-7〉 세계 주요국가의 자원봉사 참가율[17]

한국은 1990년대에 들어와서 민주주의와 자본주의가 발달하면서 자원활동이 활성화되기 시작하였다. 그러나 〈표 6-7〉에서 볼 수 있는 바와 같이, 아직도 서구사회나 아시아의 일본에 비해서도 턱없이 저조한 수준이다. '볼런티어21'이 2002년 전국(제주 제외) 20세 이상의 성인 1,512명을 대상으로 조사한 바에 의하면, 한국인은 1년간 전체 성인의 16.3%가 주당 평균 1.9시

---

17) 여기서 주요국가의 자원봉사 참가율은 조사연도가 일치하지 않는다. 대체로 2000년대 초의 통계라고 보면 된다.

〈표 6-8〉 한국 자원봉사의 현황(2002년)

주요 내용	정도
평균 자원봉사 참가율(성인)	16.3%
평균 자원봉사 시간(주간)	1.9시간
총 참가자 수	550만 명
총 자원봉사 시간	5억 3,200만 시간
총 화폐가치	3조 6,200억 원
GDP 대비 비율(2001)	0.66%

자료출처: 볼런티어21(2002) 재구성

간 동안 자원봉사활동에 참여하였다. 이것은 전체적으로 550만 명이 5억 3,200만 시간 활동한 것에 해당하고, 2002년 한국 남녀의 시간당 평균임금을 6,799원으로 계산하면 3조 6,200억 원의 화폐가치에 해당한다. 이것은 2001년 한국의 국내총생산(GDP) 규모의 0.7%에 해당하였다(볼런티어21, 2002). 2002년 한국 자원봉사의 대강을 정리하면 〈표 6-8〉과 같다.

한국의 자원봉사자를 구체적으로 살펴보면, 성별로는 남성(47%)보다 여성(53%)이 많았고, 연령별로는 40대(34%)가 가장 많았다. 기혼자가 75%를 차지하였고, 학력별로는 대학재학 이상이 42%를 차지하였다. 직업별로는 가정주부(28%)와 자영업자(20%)가 많았다. 자원봉사참가자의 73%가 종교를 가지고 있었다(볼런티어21, 2002). 2001년 아름다운재단이 전국(제주 제외) 20세 이상의 성인 1,021명을 대상으로 조사한 바에 의하면, 자원봉사 참가율에 있어서 대체로 가구소득이 높을수록 참가율이 낮고,[18] 일정한 연령까지는 연령이 높을수록 참가율이 높다가 이후부터는 연령이 높을수록 떨어졌다. 그리고 학력별로는 대학 이상의 학력이, 지역별로는 서울·경기·인천지역의 참가율이 높았다.[19] 또한 부모의 자원봉사참가 경험과 가난한 가정에서의 성장경험이 자원봉사 참가율에 중요한 영향을 미쳤다(강철희, 2002).[20]

---

18) 이것은 볼런티어21에서 조사한 것과 상반되는 내용이다. 볼런티어21은 월평균소득을 50만 원 단위로 구분하였는데, 300만 원 이상을 더 세분화하면 고소득자의 자원봉사 참가율은 낮을 것이다.
19) 미국에서도 1993년 조사에서 자원봉사활동 참가율은 소득이 높을수록, 학력이 높을수록 높고, 기혼자와 종교를 가진 자, 그리고 파트타임(part-time) 근무자의 참가율이 높았다(Hodgkinson and Weitzman, et al., 1996: 73).
20) 자원봉사 참가율에 있어서 부모의 자원봉사 경험이 있는 자녀는 그렇지 않은 자녀보다 3.4배 높았고, 가난한 가정에서의 성장경험이 있는 사람은 그렇지 않은 사람보다 1.8배 높았다(강철희, 2002).

3) 활성화 방안

한국은 자원봉사에 대한 의식과 문화가 빈약하다. 이것은 인권이 존중되고 시민참여가 활성화되는 근대민주주의와 중산층의 증대를 가져오는 근대자본주의가 늦게 발달하였기 때문이기도 하다. 이에 더하여 자원봉사에 대한 지원법이 2006년에 와서야 제정되었다. 그러나 법률이 허술하여 정부 내의 기구설치, 정부지원 및 기금확보, 자원봉사 전문가 양성, 조사사업, 조세감면, 경력인정, 피해보상 등이 제대로 이루어지지 못하고 있다. 또한 각급 학교에서 자원봉사에 관한 교육은 민주시민의 소양으로서 매우 중요한 과목임에도 불구하고 입시교육에 밀려 형해화되었거나 피상적으로 이루어지고 있다.

한국에서 자원봉사에 대한 문제점을 극복하고 자원봉사를 활성화하기 위해서는 지도층의 인식제고, 정책의 수립과 정부지원, 학교와 기업의 연계망 구축, 전문가 양성, 국제자원봉사활동의 활성화 등이 요구된다(윤석인, 2003). 자원봉사에 대한 인식과 홍보의 확대를 위해서는 언론의 역할이 필요하다. 특히 공영방송이 이에 대한 심층적인 보도와 공익광고를 활성화하여야 한다. 그리고 자원봉사가 주로 지역사회를 중심으로 이루어진다는 점에서 지방정부의 역할도 중요하다. 지방정부와 지방시민사회가 상호 협력하여 지방수준에서 자원봉사가 활성화되도록 유인하여야 한다. 또한 자원봉사는 청소년시절부터 교육받고 체험해야 하기 때문에 이에 대한 학교교육이 강화되어야 한다.[21] 정부나 기업에서도 자원봉사활동에 대한 보상제도를 강화하고 이를 경력으로 인정해주는 제도를 만들어야 한다. 사회지도층 인사는 솔선수범하여 기부와 사회봉사에 나섬으로써 모든 청소년에게 지도자가 되기 위해서는 자원봉사를 생활화해야 함을 보여주어야 한다. 자원봉사의 날을 공휴일과 연계하여 가족이 함께 봉사활동에 참가하고 자원봉사에 대한 인식이 확대될 수 있도록 하는 것도 하나의 방법이다.[22]

---

21) 미국에서는 제2차 세계대전 이후 참전용사에게 대학교육에 대한 자금을 지원하는 '제대군인원호법'이 제정되었다. 이것은 1960년대 이후 미국사회를 지식사회로 견인하여 생산성을 높이는 데 크게 기여하였다(Drucker, 1993: 22). 오늘날 한국에서 대학교육과정에 자원봉사교육을 필수로 이수하게 하거나, 자원봉사자에 대한 전문적인 대학원 교육을 지원하는 것은 십 년 후에 거대한 민간에너지로 분출하여 각종 사회문제를 해결하는 중요한 자원이 될 수 있을 것이다.

22) 초등학교와 중등학교에서도 1년에 한 번씩 자원봉사의 날을 정하여 축제처럼 치루는 것도 좋은 방안이다. 미국에서는 '마틴 루터 킹의 날'(Martin Luther King Day)이 휴일이 아니라 봉사한다는 의미로 국경일로 추가되었다 (Govaart, et al., eds., 2002: 348).

4. 자원봉사와 NGO

1) 자원봉사에서 NGO의 역할

자원봉사를 전문적으로 수행하는 단체가 정부에 소속하거나 조직운영에 정부가 깊숙하게 관여하지 않는 경우라면, 대부분 NGO라고 할 수 있다. 즉 자원봉사단체란 시민들이 자발적으로 참여하여 각종 사회문제를 해결하기 위한 목적으로 자원활동을 하는 단체이다. 21세기에는 생산성의 증가와 여가의 확대, 탈물질적 가치에 대한 관심의 증대, 노인인구의 증가, 청소년의 사회적 역할 확대, 국제교류와 원조 확대 등으로 인해 전세계적으로 자원봉사가 늘어날 것이다. 그리고 자원봉사가 노인·청소년·아동·장애인·환자·알코올의존자·에이즈환자 등과 관련된 각종 사회문제를 해결하는 중요한 자원이 될 것이다. 자원봉사가 시민의 자발적 참여에 의해 이타주의를 실현하고 각종 사회문제를 예방·해결하는 생산적인 에너지가 되기 위해서는, 전문기관이 자원활동을 조직하고 시민은 자원활동을 일상적으로 실천해야 한다. 이것은 자원봉사를 전문으로 하는 각종 NGO가 중추적인 역할을 수행해야 함을 의미한다. 자원봉사활동을 확대하는 데 있어서 가장 중요한 것은 자원봉사에 대한 문화를 정착시키고 봉사활동을 유도하는 것이다. 각종 자원봉사 NGO가 정부, 기업, 학교, 종교단체 등과 연계하여 이러한 역할을 떠맡아야 한다.

현대사회에서 자원활동은 사회적 약자에게 복지서비스를 제공하는 것에만 국한되지 않는다. 자원활동은 사회구조를 개혁하고 시민문화를 정착하기 위한 조직적이고 지속적인 시민운동으로 전환되고 있다. 억압·불평등·착취·부패 등과 같은 문제를 구조적으로 개선하기 위해서는 자원활동이 NGO가 전개하는 시민운동과 연계되어야 하기 때문이다. 더구나 자원활동이 지역사회나 주권국가의 범위에 머무르지 않고 국경을 넘어 인간의 고통을 구제하기 위한 활동으로 확장되었다. 이러한 활동도 단순히 서비스를 제공하는 것에만 제한되는 것이 아니라, 불행을 초래하는 구조를 개혁하는 전지구적인 시민운동과 연계되어야 한다.

2) NGO에서 자원봉사의 의미

NGO를 달리 자원조직(voluntary organization)이라고 하는데, 그 이유는 NGO가 시민이 자발적으로 결성하고 대부분의 활동이 자원활동에 의해 이루어지기 때문이다. 자원활동은 NGO

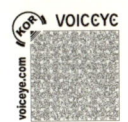

의 개념을 구성하는 중요한 요소이기도 하다. 실제로 자원활동이 없는 NGO는 생존할 수 없고, 생존한다고 하더라도 효과적으로 서비스를 제공하거나 시민운동을 전개하기 어렵다. 자원활동이 없는 NGO는 그야말로 관료화된 조직이거나 명목상의 조직에 지나지 않는다. 자원활동은 각종 사회문제를 해결하는 시민의 자발적 노력으로서 시민운동의 기초이자 중요한 사회자본이라고 할 수 있다. 이러한 사회자본이 없이 NGO가 움직일 수 없는 것은 당연하다.

NGO에서 자원활동은 몇 가지 중요한 의미를 지닌다. 첫째, 자원활동은 NGO의 중요한 재정적 원천이다. NGO에서 자원활동은 기부금보다 더 중요한 재정적 역할을 한다. 사실 대부분의 자원활동은 비영리섹터에서 일어난다. 미국에서는 1994년 자원봉사활동의 68%가 비영리단체에서 행한 것이고(Hodgkinson and Weitzman, et al., 1996: 29), 한국에서는 2002년 자원봉사활동의 88%가 비영리단체에서 행한 것이었다. 한국의 경우는 전체 자원봉사활동의 약 17%가 NGO에서 행한 것이다(볼런티어21, 2002: 55). NGO에서 자원봉사자가 하는 일을 모두 직원을 고용하거나 임금노동으로 대체해야 한다면, NGO는 심각한 재정위기에 봉착하게 될 것이다. 심지어 NGO에서 자원봉사자는 상근자에 버금가는 전문성을 가지고 시민운동에 기여하기도 한다.

둘째, 자원활동은 기부금에도 긍정적인 영향을 미친다. 전세계적으로 볼 때 대체로 자원봉사 경험이 있는 사람이 기부금을 더 많이 내는 것으로 나타났다. 미국에서는 1999년 독립섹터의 조사에서 자원봉사자가 그렇지 않은 사람보다 평균적으로 2.5배나 많은 기부금을 내는 것으로 나타났다(Govaart, et al., eds., 2002: 339). 한국에서도 2001년 아름다운재단의 조사에서 자원봉사자가 그렇지 않은 사람보다 평균적으로 2배나 많이 기부활동에 참여하는 것으로 나타났다(강철희, 2002).

셋째, 자원활동은 NGO에 대한 시민참여를 촉진시킨다. 전세계적으로 시민참여 부족은 재정부족과 함께 NGO 활동에 가장 큰 장애요인이다(박상필, 2000). 자원활동이 활발할 때 NGO는 회원을 모집하기 쉽고, 각종 프로그램에 대한 시민참여가 늘어난다. 회원이든, 비회원이든, 시민운동에서 자원활동을 하는 사람의 참여없이는 효과적인 시민운동을 전개하기 어렵다. NGO에서 자원활동은 상호 만남을 통해 협력의 규범을 학습하고 NGO에 대한 이해를 높이는 길이기도 하다.

넷째, 자원활동은 전문직 종사자의 NGO 참여를 촉진한다. 최근 전문직 자원봉사자의 증가는 자원봉사 공급자 개발, 서비스공급의 다양화, 서비스 질의 증대 등과 같은 필요성에 따른 것이지만, NGO의 자문위원회나 정책위원회에 대한 전문직 종사자의 참여증대의 일환이기도 하다. 의사·교수·교사·변호사·공무원·기업가·성직자 등 전문직 종사자는 NGO에 참여하여 진료·교육·상담·자문·기획·관리 등과 같은 봉사활동을 한다. 전문직의 자원봉사는 전문적인 지식을 가지고 체계적으로 사회문제를 예방·해결하는 데 기여할 수 있고, NGO 활동에 중요한 동력과 방향타가 될 수 있다. 실제로 한국에서는 각종 전문직 종사자가 NGO의 각종 이사회나 위원회에 활발하게 참여하여 기획이나 정책과 관련된 전문지식을 제공하고 있다.

제4절 NGO와 정부지지

1. NGO에 대한 정부시각

정부가 NGO에 어떠한 시각을 가지고 있고, 어떠한 규제를 하며, 어떠한 지원을 하는가는 NGO의 존재와 활동에 매우 중요하다. 민주주의사회에서 정부는 시민의 공식적이고 대표적인 기관으로서 공동의 의사를 결정하고 갈등조정과 자원배분에 대한 권위를 가지고 있다. 따라서 정부는 NGO의 자원형성에 중요한 변수로 작용한다.

NGO와 정부는 상호 견제·협력의 변증법적 관계를 유지하고 있다. NGO는 기본적으로 인민의 대표기관인 정부를 감시·비판·견제하는 역할을 한다. 정부의 정당성 판별과 강화는 NGO의 주요한 가치이자 목표이다. 반면에 정부는 NGO의 과도한 요구와 참여를 귀찮아하거나 시민사회의 정치화와 권력확대에 대해 반감을 가지고 있다. 더구나 자신의 권력침식과 박탈을 꺼리는 기득권세력은 NGO가 추구하는 사회변혁과 이를 통한 권력의 재배치(relocation of power)를 반대한다. 그러나 양자는 상호 협력해야 할 이유도 있다. NGO와 정부는 기본적으로 시민의 지지를 획득하는 것이 조직의 정당성과 권력을 확보하는 데 매우 중요하다. 즉 양자는 공공성을 중요한 가치로 삼고, 조직 내부에 민주주의의 원칙을 적용하며, 시민의 의견을 반영하는 것을 중시한다. 양자는 신자유주의에 대항하여 민주주의의 원리를 보호하는 것을 강조하기도 한다. 또한 복지사회를 구현하기 위해 복지서비스를 공동생산하는 데 협력하거나 개혁정책을 추진하기 위해 공동전선을 모색하기도 한다.

NGO의 존재적 가치와 활동의 유용성에 대해서는 시민사회와 정부의 행위자 간에 인식의 차이가 크다.[23] NGO에 대한 정부의 시각은 지금까지 왜곡된 측면이 많았다. 선진국에서 정부는 NGO가 대표성을 갖지 않고 전문성이 부족하며, 책임을 지지 않으면서 공적 문제에 개입하여 영향력을 행사한다고 불평하였다.[24] 그리고 문제의 구체적인 분석이나 대안의 제시 없이 시류에 편승하여 정부를 비판한다고 불평하기도 하였다. 개발도상국에서는 NGO가 정부에 저항적이고, 전문성과 도덕성이 부족하며, 과도한 요구를 한다고 비판한다. 심지어 NGO가 정부의 약점을 잡고 재정지원을 요구한다는 주장도 있다. 극단적인 경우에는 NGO를 자본주의체제를 전복하고 사회주의를 건설하려는 혁명세력으로 간주하기도 한다.

현대사회에서 시민이 자발적으로 참여하여 결성된 NGO가 정부를 비판하든, 공공서비스를 제공하든, 개방도상국을 지원하든, 없어서는 안 될 중요한 존재이다. NGO의 존재는 단순히 정부를 견제하고 정부가 제공하지 못하는 서비스를 제공한다는 차원을 넘어선다. 그것은 참여민주주의에 필요한 시민참여의 증대, 공론장의 형성, 민주시민교육의 실행, 사회자본의 생성과 같은 중요한 역할을 수행한다. 나아가 NGO 활동이 자치의 실현, 창의성의 계발, 이타주의의 실천, 영성의 발현 등에 기여하고 있다는 점에서 개인의 자아실현에도 중요하다. 그럼에도 불구하고 정부가 NGO에 대해 부정적 시각을 가지고 있다면 이것은 결코 바람직한 것이 아니다. NGO는 정부가 NGO에 대해 긍정적이고 올바른 시각을 가질 수 있도록 NGO에 대한 홍보, 정부와의 파트너십, 개혁에 대한 정당성 제공 등을 강화하여야 한다. 나아가 조직 내부에 합리성과 민주주의를 강화하고, 투명성과 책무성을 확보하여 정부로부터 신뢰를 받을 수 있도록 하여야 한다.

2. NGO와 법

NGO의 자원형성에 있어서 정부는 재정지원뿐만 아니라, 각종 정책참여와 법률제정에서 매우 중요한 위치에 있다. 언론·집회·결사와 같은 자유는 개인의 자유뿐만 아니라 NGO의 활동에

---

23) 주성수 외(2001)가 서울지역의 NGO 실무자와 공무원을 상대로 조사한 바에 의하면, NGO의 사회발전 기여에 대해 NGO 실무자는 크게 기여했다고 보는 반면, 공무원은 약간 기여했다고 보았다.
24) NGO는 시민사회를 대표하는 것이 아니라 어떤 가치나 세력을 대변할 뿐이다. 따라서 NGO의 대표성 논쟁은 처음부터 잘못된 근거에서 나온 것이다.

도 매우 중요한 기본권이다. 이러한 자유는 주로 헌법이나 법률에 의해 규정되거나 제한된다. 법은 NGO 활동을 규제하기도 하고 강화하기도 한다. 한편으로 국가는 법을 통해 NGO와 같은 시민사회의 결사체를 규제하고 억압한다. 다른 한편으로 법은 NGO 활동에 정당성을 제공하고 국가권력을 견제할 수 있는 토대가 된다. 근대국가의 수립 이후 국가에 의한 억압을 극복하기 위해 입법국가의 중요성을 강조한 것도 법이 가지는 이러한 가치와 기능 때문이다.

한국에서 NGO의 활동과 관련된 법률은 크게 세 가지로 나눌 수 있다. 첫째, 법은 NGO가 시민운동을 전개하는 데 필요한 각종 물적 기반을 제공할 수 있다. 기본적으로 시민운동의 물적 기반은 시민사회에서 제공되어야 한다. 그러나 오늘날 선진국에서도 NGO의 많은 자금이 정부로부터 나오고 있다. 한국에서 NGO에 대한 정부의 직접적 재정지원이나 간접적 지원에 대한 찬반논쟁이 팽팽하지만, 한국 시민사회의 발전 정도와 문화적 토양을 생각한다면 현재로서는 정부의 역할을 배제할 수 없다. 중요한 것은 정부지원의 가부(可否)가 아니라 지원방법일 것이다. 한국에서 이와 관련된 법률은 비영리민간단체지원법, 기부금품모집규제법, 사회복지공동모금법, 법인세법, 기부금에 대한 세금공제제도 등이 있다.

둘째, 법은 시민운동을 전개하는 데 있어서 활동영역을 결정하거나 활동에 필요한 정보를 제공하는 것과 관련된다. NGO가 시민과 접촉하거나 정책과정에 참여하기 위해서는 다양한 활동이 보장되어야 한다. 특히 NGO가 정부활동에 대한 정보를 확보하는 것은 국가영역의 전문관료와 경쟁하는 데 매우 중요하다. 이와 관련된 법률은 공공기관의정보공개에관한법률, 행정절차법, 부패방지법(내부고발자보호, 예산소송보상제도, 국민감사청구제 포함), 집회및시위에관한법률, 공익소송법(안),[25] 로비활동공개법(안) 등이 있다.

셋째, 시민사회의 인적 자원과 자원적 에너지를 개발하고 이를 적극적으로 시민운동에 투입하기 위해 법은 중요한 역할을 한다. 시민들이 민주시민으로서 공익활동에 적극적으로 참여하는 것은 민주주의의 활성화에 매우 중요하다. 그리고 다양한 자원활동을 통해 정부가 제공하지 못하는 각종 공공서비스를 생산하고 사회적 약자를 돕는 것은 사회적 안정에 크게 기여한다. 이러한 활동은 법의 제정과 관계없이 시민적 각성에 의해 자발적으로 일어날 수 있지만,

---

25) 공익소송제와 비슷한 개념으로서 집단소송제와 대표소송제가 있다. 공익소송제는 사회적 약자나 분산된 다수가 정부나 기업 또는 다른 특정인에 의해 피해를 입었을 때 NGO가 피해자를 대신하여 원고가 되어 소송하는 것을 말한다. 집단소송제는 소비자 다수가 피해를 입었을 때 그 중 1인이 소송하여 이기면 다른 피해자는 소송 없이 배상을 받을 수 있는 것을 말한다. 대표소송제는 주로 기업의 주주들이 많이 이용하는데, 기업경영자나 이사가 기업에 끼친 손해에 대해 주주에게 배상하도록 하는 소송제도를 말한다.

선진국에서조차 법에 의한 뒷받침 없이는 한계가 있다. 이와 관련된 법률에는 자원봉사활동기본법, 민주시민교육지원법(안) 등이 있다.

이 외에도 시민의 권리를 확장·옹호하거나 NGO 활동을 규제하는 것과 관련된 각종 법률이 있다. 국가보안법, 선거법, 공연법, 방송법, 출판사및인쇄소의등록에관한법률, 음반및비디오물에관한법률, 영화진흥법, 광고물단속법 등이 있다.

NGO는 장기적으로 개인의식을 전환하고 사회구조를 변화시키려고 한다. 그러나 단기적으로는 각종 사회문제를 해결하기 위한 정책변화에 관심을 갖는다. 정책의 변화는 곧 법률로 구체화된다. 따라서 법률의 제정·개정·폐지를 위한 NGO의 입법운동은 각종 사회문제를 해결하여 정의사회를 구축하는 데 중요하다. NGO의 입법운동에는 서명운동·집회·입법청원·로비활동 등 다양한 방식이 있다. 이러한 NGO의 입법운동은 공익에 대한 시민참여를 유도하고 시민사회의 정치화를 강화하는 계기가 된다. 특히 한국은 시민의 의사표출과 집약을 국가영역에 전달하고 이를 법률의 형식으로 제도화하는 정당의 역할이 빈약하기 때문에, 현시점에서 NGO의 입법운동은 중요하다.

제5절 NGO와 미디어

1. 언론의 문제

TV, 라디오, 신문, 잡지, 인터넷 등과 같은 대중매체는 현대인의 생활과 밀접하게 관련되어있다. 인간은 이러한 대중매체 없이 하루도 살아갈 수 없다. 나아가 언론의 자유는 현대인의 핵심적인 기본권에 해당한다. 개인의 사상이나 의견을 자유롭게 표명할 수 있는 언론의 자유는 정신적 자유와 정치적 자유의 중핵을 이룬다. 기본권의 기본권이라고 할 수 있는 양심과 사상의 자유, 그리고 집회·결사의 자유, 신앙의 자유, 학문과 예술의 자유도 언론의 자유 없이는 의미가 없거나 보장되기 어렵다.

언론기관은 조직의 목적상 시장에 위치하지만, 시민사회에서도 중요한 기능을 수행한다. 이러한 이중적 성격으로 인해 자본주의사회에서 언론기관은 근본적인 문제를 야기한다. 시민사회적 관점에서 볼 때 언론은 정보를 전달하고, 정부를 감시·비판하며, 각종 공공문제에 대해 공론장을 형성하는 역할을 한다. 그러나 언론기관은 본질적으로 이윤을 극대화하기 위한 방식으로 어떤 것을 선택하고 배제한다. 또한 언론은 자신의 이익과 세계관을 관철하기 위해 특정 이데올로기를 재생산하기도 한다. 한국에서 반공주의가 사라지지 않고 있는 것도 언론의 이러한 이해관계와 무관하지 않다. 더구나 현대사회에서 언론은 거대자본과 결합하여 공익을 무시하고 엄청난 권력을 행사하기도 한다. 거대한 권력이 대중을 장악하여 여론을 주도하고 이를 바탕으로 이윤을 추구하게 되면 자율공론장, 사회정의, 민주주의 등에 바람직하지 못한 결과를 초래하게 된다.

한국사회에서 언론은 상업주의, 왜곡보도, 선정적 보도, 신뢰의 부족, 불공정 행위, 편집권의 구속 등과 같은 문제를 가지고 있다. 한국언론은 과거처럼 권위적인 정치권력으로부터의 독립보다 정파적·이데올로기적 유착이나 소유주 횡포로부터의 독립이 더 중요한 사항이 되었다. 예를 들어, 한국에서는 전세계적으로 쇠퇴기로에 있는 냉전반공주의가 여전히 지배적인 정치언어로 기능하고 정치이념이 협소한 보수주의 틀 속에 갇혀 있는데, 이것은 보수언론권력이 정치담론을 지배하고 보수집단과 연계하여 자기이익을 확대재생산하고 있는 것에 일정부분 기인한다(최장집, 2002: 20, 113). 그리고 상업언론은 소유자가 직접 경영하면서 편집권을 장악하고 있어서 이윤추구 속성에서 벗어나 자율적인 공론장을 형성하기 어렵다. 그래서 일부에서는 한국언론의 불구성(不具性)과 위기를 논의한다. 1987년 6월항쟁 이후에 국가와 시민사회가 민주화와 개혁을 추진하면서 정상화되고 있는데, 보수언론은 개혁의제를 선택적으로 굴절시키는 불구화된 모습을 가지고 있다는 것이다(조희연, 2003a). 나아가 언론이 독점매체에 의해 왜곡되고 편파적으로 사회여론을 주도하여 민주주의에 걸림돌이 됨으로써 위기에 봉착했다는 것이다(김승수, 2003). 이러한 이유 때문에 한국 시민사회에서는 언론개혁에 대한 이슈가 끊임없이 제기되고 언론개혁을 목표로 하는 많은 NGO가 등장하였다.[26]

2. 언론과 NGO의 관계

자율적 공론장은 시민사회의 기본이념을 구성한다. 따라서 공론장에 필요한 다층적이고 자율

---

[26] 예를 들면, 민주언론운동시민연합, 언론개혁시민연대, 시청자참여협의회, 선거보도감시연대회의 등이 있다.

적인 언론매체는 시민사회에서 매우 중요하다. NGO가 자신의 사상을 외부로 표출하고, 국가와 시장을 견제하며, 사회개혁을 위한 여론을 조성하기 위해서는 자율적 언론이 필수적이다. 나아가 NGO가 조직을 홍보하고 확대하기 위해서는 언론의 긍정적인 보도와 계몽적 역할이 필요하다. 특히 NGO 성장의 초창기에 언론의 역할은 매우 중요하다. 사실 한국에서 1987년 6월항쟁 이후 NGO가 폭발적으로 분출한 데는 언론이 중요한 역할을 했음을 부인할 수 없다.[27] 1990년대에 와서 NGO에 대한 언론의 보도는 크게 늘었다. 〈표 6-9〉는 조선일보, 중앙일보, 동아일보, 서울신문, 한겨레신문 등 주요 일간지의 대략적인 평균 NGO 보도량의 추이를 보여주고 있다.

그러나 주요 신문과 방송으로 대표되는 언론은 의사 형성과 교환을 독점하면서 NGO에 부정적인 영향을 미치기도 한다. 미국과 같은 선진국에서도 거대자본과 결합한 언론은 여론형성 기능을 무기로 막대한 권력을 누리면서 공익을 무시하거나 개인권리를 침해한다. 한국에서도 언론은 NGO의 성장기에 호기심을 가지고 취재경쟁을 하다가 NGO가 중요한 개혁세력으로 영향력을 확대하고 언론개혁을 주요 이슈로 제기하자, 의도적으로 NGO에 대한 보도를 축소하거나 부정적인 시각을 가지기도 하였다. 특히 보수신문은 최근 몇 년간 성장과 개발 담론에 갇혀 NGO의 활동을 의도적으로 무시하고 있다.[28] 주요 언론매체가 여론형성을 독과점적으로 지배하는 경우 NGO의 설 자리는 그만큼 좁아지게 된다. 최근 소규모 자율언론과 인터넷의 발달로 이러한 경향이 줄어들고 있으나, 여전히 소수언론이 독점하고 있다.[29]

NGO는 언론의 지원이 필요하지만 과도하게 언론보도에 의존할 경우 전문성 강화와 풀뿌리 조직화를 이루기 어렵고, 언론개혁을 추진하는 것도 한계에 부딪히게 되는 문제가 있다. NGO와 언론은 상호 협력하기도 하고 갈등을 겪기도 한다. 양자 간의 관계는 어떤 일방적인 관계로 규정하기 어렵다. 양자는 생산적 긴장(productive strain)이나 전략적 제휴(strategic coalition)의 관계를 가지고 있다고 볼 수 있다. NGO가 한편으로 언론의 문제를 제기하고 언론개혁을 추진하는 것은 민주주의의 발전과 개인의 삶의 질 증진을 위해 당연한 일이다. 그러나

---

27) 한국에서 1989년 이후 경실련을 필두로 하여 각종 NGO에 대한 언론의 보도는 매우 긍정적이고, 그 양에 있어서도 엄청난 증가세를 보였다. 이러한 언론의 태도와 보도량의 증가에 대해 민주주의와 시민참여에 대한 언론의 염원에 기인했다는 주장과 NGO의 공익성과 전문성에 기인했다는 주장이 맞서고 있다. 이에 대해서는 박원순(2000)과 이창호(2003) 참조.

28) 〈표 6-9〉에서 본다면 2010년 현재 이명박 정부하의 NGO 보도량은 1,000회 이하로 크게 떨어졌을 것으로 추정된다.

29) 한국에서도 1990년대부터 〈인권하루운동〉과 같은 팩스신문, 〈평화만들기〉와 같은 E메일신문이 생겨났고, 최근에는 많은 인터넷신문이 등장하였다.

〈표 6-9〉 NGO에 대한 주요 일간지의 보도량[30]

다른 한편으로 NGO는 언론의 비판을 받아야 할 뿐만 아니라, 언론의 지원을 통해 시민사회의 역량을 증진해야 한다. 따라서 양자 간의 관계는 견제와 협력의 변증법적 융합이 바람직하다고 볼 수 있다.

제6절 NGO와 지역사회

지역사회(community)는 상호 접촉이 가능한 지역 내에서 공동의 관심사에 대해 함께 의견을 나누고 행동하는 일단의 공동체를 말한다. 지역사회는 지리적 측면과 심리적 측면을 결합한 것으로 일정한 지역을 경계로 한다. 물론 폐쇄체제가 아니라 개방체제를 가정하고 있다. 지역사회의 개념에는 크게 지리적 경계와 문화적 동질성이라는 두 개의 속성이 내포되어있다(최일

---

[30] 여기 자료는 주성수(2001: 18)와 한동섭·송요셉(2004)을 재구성한 것으로 조선일보, 동아일보, 중앙일보, 서울신문, 한겨레신문을 평균적으로 계산한 것이다.

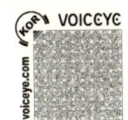

섭·류진석, 1997: 3-5). 첫째, 지역사회는 다른 지역과 구별되는 특수성과 분리성을 나타내는 물리적 지리성과 지역적인 경계를 가지고 있다. 따라서 부락, 읍, 시, 도, 국가 혹은 더 넓은 지역까지 포함하지만, 대체로 상호관계를 유지할 수 있는 규모의 작은 사회로 규정한다. 그러나 현대사회에서 사회가 분화되고 교통통신기술이 발달함에 따라 전통적인 지역성이 해체되어 인터넷 커뮤니티가 등장하는가 하면, 기능적인(functional) 지역사회도 중시되고 있다.[31] 둘째, 지역사회는 사회적·문화적 동질성을 가지고 상호작용하면서 공동의 이해관계와 의식을 가진 집단이다. 따라서 지역사회 구성원들 간의 일체감, 합의, 공통관심과 가치, 커뮤니케이션, 공동노력, 공동생활양식 등을 강조한다.

지역사회는 대체로 좁은 지리적 규모나 손쉬운 교통·통신체계에 의존하고 있기 때문에 지역사회에서 일어나는 문제에 대해 공동의 관심과 행동이 발생하게 된다. 이처럼 지역사회에서 일어나는 문제를 해결하기 위해 주민이 주체가 되는 목적지향적 집합행동을 주민운동이라고 한다. 주민운동은 단기적으로 지방정부와 지방기업을 비판·견제하여 주민권리를 획득하지만, 장기적으로 주민참여와 조직화를 통해 밑으로부터 시민의식과 생활양식을 변화시키고 공동체적 생활환경과 지역문화를 만드는 데 그 목적이 있다(박홍순, 2003). 주민운동은 혐오시설의 건설반대에서부터 지역환경보호, 지역복지구축, 지역문화개발, 지역경제 활성화, 지방정부견제, 시민교육과 주민자치 등 다양한 영역에서 일어난다. 그 형태도 정책참여, 공청회개최, 시위와 데모, 계몽·교육운동, 캠페인, 불매운동, 공동기획과 집행, 생활체험 등 다양하다.

지역사회의 주민운동은 지역이기주의에 집착하거나 운동의 원리가 왜곡되는 경향이 있지만, 지역주민의 자발적 참여를 통해 의식을 변화시키고 지역문제를 주체적으로 해결한다는 점에서 매우 중요하다. 지역주민운동에서 주체적으로 주민을 조직하고, 전략을 개발하며, 프로그램을 시행하는 행위자가 바로 NGO이다. NGO는 지역사회에서 민주적인 공동체를 구축하고 주민의 삶의 질을 향상하기 위해 자원을 동원하고 네트워크를 구축하는 창의적인 활동을 한다. 예를 들어, NGO는 기본적으로 지방정부와 기업을 감시하고 견제할 뿐만 아니라, 이들과의 협력을 통해 각종 서비스를 제공하고 사회적 약자를 지원한다. 따라서 지역사회에서는 시민사회적 가치인 사회자본이 풍부하게 생성될 수 있고, 거버넌스가 유효하게 실행될 수 있다. 물론 NGO는 정부와 기업과의 상호작용뿐만 아니라, 다양한 형태의 대안사회 모델을 실험하고 인간

---

31) 기능적인 지역사회란 공동의 관심과 기능을 하는 사람들이 모인 공동체로서 경제, 복지, 교육, 종교, 취미 등 다양하다. 어떤 가치를 공유한 사람들의 모임인 NGO도 이러한 기능적 지역사회의 일종이라고 할 수 있다.

적인 공동체를 구축하기 위한 교류활동을 전개한다.

오늘날 NGO의 지역적 분산과 풀뿌리 조직화가 강조되면서 지역사회는 NGO의 존재의의에 중요한 의미를 지닌다. NGO 활동이 근본적으로 국가적·지구적 이슈와 연계되어있지만, 그 문제를 해결하기 위한 실행은 주로 지역사회에서 일어난다. 지역사회에서 주민참여가 형해화되고 주민의 지지를 받지 못하는 시민운동은 국가적·지구적 규모에서 성과를 내기 어렵다. 지역사회에서 주민의 지지와 참여를 획득하는 것은 NGO의 정당성을 강화하는 가장 기본적인 요소라고 할 수 있다. NGO가 지역사회에서 주민의 지지를 획득하고 참여를 강화하기 위해서는 지역사회 지식인의 활발한 참여, 정부 및 기업과의 파트너십, 참여지향적인 프로그램의 개발, 교육·계몽을 위한 인프라의 구축 등이 필요하다. 리프킨(Jeremy Rifkin)의 주장처럼, 현대자본주의에서 인간생활의 상품화에 저항하여 지역적 문화다양성을 유지하는 것이 인간문명의 발전에 중요하다고 할 때(Rifkin, 2001), 지역적 공간에서 개방적 공론장을 창출하고 사회자본을 생성시키는 NGO의 존재와 역할은 더없이 소중하다고 할 수 있다.

제7절 NGO와 정보

현대사회는 정보사회라고 할 수 있다. 정보사회란 정보통신기술(information and communication technology)에 기초하여 정보의 생산과 교류가 증대하고, 정보가치와 정보서비스의 증가로 정보와 관련된 산업이 번창하는 사회이다. 정보사회에서 시민운동은 기존의 사회운동과는 달리 정보라는 자원이 매우 중요하다. 시민운동을 이끌어가는 NGO는 정보의 유통과 공유를 통해 전략을 마련하고 네트워크를 구축할 수 있기 때문이다. 특히 인터넷이 보편화된 현대사회의 시민운동에서는 네트워크의 구축이 운동의 핵심을 구성한다. 멜루치(Alberto Melucci)는 신사회운동이 일어나는 현대사회를 정보에 의한 변화의 결과로 보고, 정보사회의 사회운동을 구체적으로 네트워크 형태의 운동으로 규정한다(Melucci, 1989; 1994). 컴퓨터를 통해 의사소통과 정보유통이 이루어지는 사회는 주체의 탈중심화(decentralization)가 일어나기 때문에 네트워크가 중시될 수밖에 없다(Poster, 1994).

현대사회에서 NGO의 활동은 정보집약적이다. 사회문제에 대한 분석, 설득력 있는 대안의 창출, 구성원 간의 토론과 합의, 시민에 대한 홍보와 설득 등은 많은 양의 정보를 수집·처리·

유통하는 것에 의해 가능하다(심상완, 2003). NGO의 활동은 정보의 양과 분석만큼이나 신속한 접근과 수집도 중요하다. 이러한 정보는 인터넷을 포함한 각종 정보통신장치와 기술에 의해 제공된다. 정보통신기술은 NGO의 작동기제에 커다란 영향을 미친다. 이것은 미시적으로 NGO 내에서 쌍방향적 의사소통을 가능케 하고 참여를 유도하며 민주적인 의사결정을 증진한다. 그리고 거시적으로는 거대한 국가와 자본에 대항하여 시민의 비판적 잠재력을 복원하고, 시민사회를 민주적으로 재조직하며, 사회적 연대를 창출하는 네트워크를 형성한다. 나아가 정보사회의 통신체계는 국경을 넘는 시민운동 전략의 확대와 전지구적인 시민연대가 가능하도록 만들고 있다.

    NGO가 유용한 정보를 값싸게 획득하여 이를 적절하게 사용하기 위해서는 정보인프라를 구축하는 것이 급선무이다. 그리고 정보를 손쉽게 취급할 수 있는 전문가의 확보와 활동가의 전문교육이 이루어져야 한다. 나아가 국가권력에 의한 정보의 감시와 통제, 자본에 의한 정보의 상품화와 왜곡, 중우성에 의한 정보의 질 저하 등과 같은 문제를 방지하고, 자율적이고 공공적인 정보사회를 구축하기 위해서는 다양한 정보시민운동이 진행되어야 한다. 정보시민운동 또는 정보민주화운동은 정보의 보편적 서비스 확대, 정보접근권의 보장, 개인의 프라이버시 보호, 정보불평등 완화, 민주적 정치참여 확대 등과 같은 요소를 포함한다(권태환 외, 2000: 54). 따라서 NGO는 정보를 교환하는 과정에서 정보가 정확하고, 이해하기 쉬우며, 접근 가능하도록 서로 노력하는 것이 필요하다.

제 **7** 장
NGO의 조직관리

NGO는 다양한 재정적 원천과 자발적 시민참여에 근거하여 공공목적을 달성한다. 그러나 단순히 좋은 설립취지와 대의명분만으로는 공공재를 유효하게 창출하기 어렵다. NGO도 경영마인드를 가지고 과학적이고 체계적으로 조직을 관리하는 능력을 보유해야 한다. 이러한 체계적 관리를 통해 NGO가 지향하는 사회적 목적을 달성할 수 있다. NGO가 가치지향적 조직이기 때문에 조직이 추구하는 사명이나 가치에 초점을 두고 연구가 진행되었다. 따라서 자원동원이나 조직관리와 같은 미시적 연구는 상대적으로 소홀하게 취급되어온 것이 사실이다. 이제 NGO의 조직구조, 리더십, 사무관리, 성과측정 등과 같은 조직관리에 대한 연구가 필요하다. 특히 기업의 전유물처럼 여겨졌던 경영을 NGO를 비롯한 비영리단체에 어떻게 적용할 것인가에 대한 관심이 부쩍 늘었다. 여기서는 NGO의 조직관리와 관련하여 리더십, 회원 및 자원봉사자 관리, 사무관리 등을 다루고, 이에 앞서 NGO의 조직적 특성에 대해 살펴보기로 한다.

제1절 NGO의 조직적 특성

1. NGO의 조직구조

1) NGO의 조직구조

현대사회는 조직사회라고 할 수 있을 정도로 각종 조직이 범람하고 있다. 정부, 기업, 군대, 정당은 말할 것도 없고 시민사회에도 비영리병원, 사립학교, 복지기관, 종교단체, 시민단체, 직능단체, 친목단체 등 다양한 조직이 있다. 인간은 조직을 형성하고 자원과 기술을 결합하여 자연을 이용하거나 사회문제를 해결해왔다. 그러나 시민사회의 비영리단체는 정부관료제나 기업조직과는 다른 구조를 가지고 있고, 다른 원리에 의해서 움직인다. 그리고 비영리단체 내에서도 NGO는 병원, 학교, 복지기관 등과 같은 기관형조직과는 다른 특성을 지닌다.

NGO는 조직의 주체, 형태, 구조, 그리고 행위자 간의 상호관계 등에 있어서 다음과 같은 특징을 지닌다. 첫째, NGO는 회원조직이다. NGO는 단체의 이념과 가치에 동의하는 사람은 누구나 참여할 수 있고, 회원이 조직의 주체이다. NGO 그 자체가 너무나 다양하기 때문에 일률적으로 말할 수는 없지만, 대체로 회원이 조직의 목적과 수단을 스스로 결정한다. 지역사회에서 소규모로 활동하는 풀뿌리조직일수록 회원의 참여가 활발하고 회원의 결정권이 강하다. NGO가 회원의 자율적 결합에 의한 탈중심화된(decentralized) 조직이라는 사실은 아래에서 설명하는 조직의 특성들을 결정짓게 된다.

둘째, NGO는 수평적으로 분화되어있다. 어떤 단체든 소규모의 작은 단체는 조직의 단계 수가 적고 수평적으로 배열되어있다. 그러나 조직이 비대해지면 대체로 계층화되는 경향이 강하다. NGO는 조직이 확대되어도 사람과 기구를 상하 간의 위계적 서열로 배열하는 것이 아니라 수평적으로 배열한다. 수평적으로 분화된 조직은 상당한 독립권을 가지고 독자적으로 운영되면서 다른 조직들과 연계되어있다. 〈표 7-1〉은 한국의 대표적인 NGO 중의 하나인 경실련의 조직기구표이다. 조직위원회, 국제위원회 등 각종 위원회와 특별기구가 상임집행위원회 산하에 수평적으로 배열되어있다. 이러한 기구나 위원회는 지역경실련과 함께 거의 독립적으로 활동한다.

셋째, NGO는 네트워크형태를 취한다. 조직의 수평적 분화는 필연적으로 네트워크를 지향하게 된다. 네트워크는 내부적으로 각 기구가 상호의존적인 관계를 가지고 서로 정보를 교환하고 활발하게 의사소통한다. 그리고 외부적으로 다른 단체와 유연하게 연대를 형성하여 공동목적을 추구한다. 특히 국제적 연대가 활발하고 인터넷을 통한 교류가 활성화됨에 따라 네트워크는 시민운동을 효율적으로 전개하는 데 매우 중요하다.

넷째, NGO는 비공식적인 조직특성을 지닌다. 이것은 NGO가 수평적으로 분화되어있고 네트워크형태를 취하고 있는 구조적 특징으로부터 유래한다. NGO는 엄격한 상하관계를 통해 내부 규칙과 절차에 따라 명령과 복종에 의해 움직이는 조직이 아니다. 단일조직 내에서도 직무가 표준화되어 있거나 획일적으로 자원과 전략을 사용하지 않는다. 또한 정부조직만큼 문서를

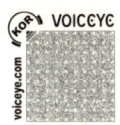

〈표 7-1〉 경실련의 조직기구표

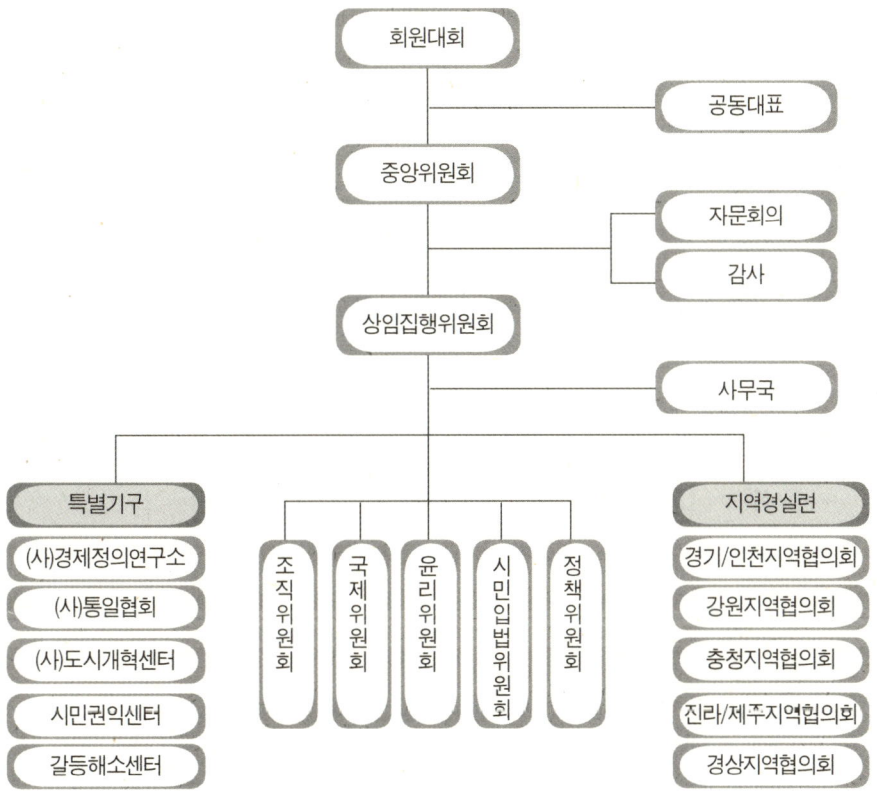

중시하지도 않는다. 더욱이 느슨하게 연결된 연대조직에서는 각 단체가 공동목표를 추구하면서도 자기정체성을 가지고 자기가 선호하는 방식에 따라 사업을 진행한다.

2) NGO와 관료조직의 비교

현대사회의 대규모 조직은 대부분 관료제로 구성되어있다. 그리고 모든 조직은 정도의 차이는 있지만, 관료제적 성격을 지닌다. 베버가 근대관료제를 구체적으로 제시한 이래, 관료제는 공식적인 위계와 노동의 분화를 통해 문제를 효율적으로 해결해왔다. 공식성·위계화·노동분화 등은 거대조직에서 거래비용을 낮출 수 있기 때문이었다. NGO도 일정부분 관료제적 성격을 지

〈표 7-2〉 NGO와 정부조직의 비교

구분	정부조직	NGO
기본가치	권력/효과/효율	관계/가치/신뢰
행위자 관계	고용	참여
의사전달	명령과 복종	쌍방향적 소통
복잡성 방향	수직적 분화	수평적 분화
갈등해결 방법	명령/감독	토론/합의
공식성	높다	낮다
분권화	낮다	높다
신축성	낮다	높다
투명성	낮다	높다
개방성	낮다	높다

니고 있지만, 본질적으로 가치지향적이고 사명지향적인 조직이다. 따라서 단순히 목표달성, 자원의 효율성, 고객의 반응 등에만 집착하지 않는다. 오히려 광범위한 시민참여, 민주적인 절차, 활발한 공론장 등을 중시한다.

NGO는 정부의 관료제와 비교하여 다음과 같은 차이가 있다. 첫째, 조직의 기본가치에 있어서 관료제는 권력에 의해 구성되고 목표달성과 효율적인 자원활용을 중시한다. 이에 비해 NGO는 관계에 의해 구성되고 가치와 신뢰를 중시한다. 둘째, 행위자의 관계에 있어서 관료제는 고용에 의해 형성되고, NGO는 참여에 의해 형성된다. 물론 상근활동가는 임금을 받고 고용되지만, 고용주가 분명하지 않다는 점에서 정부나 기업의 고용과 다르다. 셋째, 관료제는 의사전달에 있어서 상관이 명령하고 부하가 복종하는 형태를 띤다. 그러나 NGO는 하의상달(upward communication)이 중시되고 쌍방향적 의사소통이 활발하다. 넷째, 복잡성의 방향에 있어서 관료제는 조직이 확대되면 수직적으로 분화되는 경향이 강하지만, NGO는 수평적으로 분화되는 경향이 강하다. 다섯째, 갈등해결에 있어서 관료제는 명령과 감독에 의존하지만, NGO는 토론과 합의를 중시한다. 여섯째, 공식성의 정도에 있어서 관료제는 내부의 규칙과 절차가 정해져 있지만, NGO는 공식성의 정도가 낮다. 일곱째, 권한배분의 양태에 있어서 관료제는 집권화되어있지만, NGO는 상대적으로 분권화되어있다. 여덟째, 외부환경과의 관계에서 관료제는 경직되어있지만, NGO는 더 유연하고 신축적이다. 아홉째, 조직의 투명성에 있어서 관료제는 비밀이 많지만, NGO는 상대적으로 투명하다. 열째, 외부와의 관계에서 관료제는 폐쇄적이지만, NGO는 상대적으로 개방적이다.

    이상 정부조직과 NGO 간의 차이를 정리하면 〈표 7-2〉와 같다. 물론 NGO와 관료조직은 공통점도 있다. 따라서 아래의 차이는 상대적이라고 할 수 있다.

2. NGO의 의사결정구조

NGO는 독특한 성격을 가진 조직이다. NGO는 자금의 출처와 수혜자가 다르고, 다수의 이해관계자가 관여한다. 기업은 상품을 팔아서 이윤을 남기고 그 상품을 사준 고객에게 책임을 진다. 정부는 인민으로부터 세금을 걷어서 공공적 목적을 추구하고 그 인민에게 책임을 진다. 그러나 NGO는 회원·기부자·정부로부터 자금을 모아서 취약한 계층에 서비스를 제공하고, 선진국으로부터 지원을 받아 개발도상국에서 서비스를 생산하기도 한다. 따라서 사회적 지지와 지원을 확보하기 위해서는 민주주의의 원칙하에 공정한 의사결정과 투명한 재정집행이 이루어져야 한다. 이러한 이유로 NGO의 의사결정과정은 다원성, 의사소통, 합의, 공정, 투명, 관용 등과 같은 민주주의 제(諸) 가치를 중시하게 된다. NGO의 의사결정과정은 다음과 같은 몇 가지 특성을 지닌다.

    첫째, NGO는 의사결정과정에서 참여를 중시한다. NGO는 회원, 자원봉사자, 실무자의 참여를 강조한다. 소수엘리트에 의해 의사가 결정되고 정보가 독점되면 회원은 탈퇴하고, 자원봉사자는 떠나게 되며, 실무자는 불만을 갖게 된다. 의사결정과정에 회원과 실무자의 참여를 통해 사기를 높이고 창의적인 아이디어를 개발하는 것은 조직의 능력을 증진하고 정당성을 강화하는 데 중요하다. 물론 모든 회의에서 모든 회원이 참여할 수 있는 것도 아니고, 조직이 확대됨에 따라 회원참여가 형해화되기도 한다. 이러한 문제를 해결하기 위해 회원의 자치모임을 활성화하고 상향식 제안제도를 마련한다. 그리고 인터넷을 통해 회의를 하거나 의견을 수렴하기도 한다.

    둘째, NGO의 의사결정과정은 분권적이다. 정부조직은 인민의 선거를 통해 구성되고 공권력을 행사하는 공적 권위를 가지고 있다. 이러한 권위는 위계적 조직에 의해 뒷받침된다. 그러나 NGO는 민주주의의 가치를 중시하고 조직이 네트워크의 형태를 취하고 있기 때문에 권한이 분산되어있다. 물론 NGO도 각종 사회적 문제에 대응하여 신속하게 의사결정을 해야 할 때가 있다. 그러나 이러한 경우에도 조직의 대표나 간부가 독단적으로 결정하기 어렵다. 분권화를 강화하기 위해 '인권운동사랑방'과 같은 단체는 대표를 따로 두지 않고 상임활동가 전원이 대표성을 가지고 의사결정에 참여하는 수평적인 의사결정구조를 가지고 있다. 그리고 '초록정치연대'와 같은 단체는 소수에 의한 의사결정을 방지하기 위해 단체의 대표를 없애고 '순번제 운영위원회'를 실시하고 있다.

셋째, NGO의 의사결정과정은 합의를 존중한다. NGO는 참여를 강조하고 권한이 분산되어 있기 때문에 대화를 중시하고 내부 비판에 개방적이다. 그리고 민주주의의 원칙을 중시하기 때문에 명령·복종관계보다는 상호존중, 동기부여, 의견수렴 등을 강조한다. 또한 수평적인 조직구조를 가지고 있어서 의사전달이 수평적이고 쌍방향적인 특성이 강하다. 나아가 NGO는 대체로 소규모의 조직으로 운영되기 때문에 직접적이고 비공식적인 토론이 많이 일어난다. 따라서 NGO는 의사결정에 있어서 강제에 의한 방식이나 다수결보다는 행위자 간의 토론과 합의를 중시한다.

넷째, NGO의 의사결정과정은 투명하다. 정부의 관료조직은 밀폐된 공간에서 소수 간부가 결정하고 이것을 부하에게 지시한다. 그러나 NGO는 민주주의의 원리를 강조하고 대가 없는 외부의 자원에 의존하기 때문에 의사결정이 투명하고 공개적이다. 특히 재정과 관련된 의사결정은 투명하지 않을 수 없다. NGO 스스로 도덕적으로 깨끗하고 투명하지 않으면 국가와 시장을 견제할 수 없을 뿐만 아니라, 조직운영에 필요한 각종 자원을 동원하기 어렵기 때문이다. NGO에서 의사결정의 투명성 강화는 그 자체로서 NGO의 책무성이기도 하다.

이상 설명한 NGO의 의사결정구조는 사실상 이상형에 가깝다. NGO도 관료조직처럼 위계적 구조로 되어 있는 경우가 있고, 소수의 비밀스런 회의를 통해 의사가 결정되기도 한다. 그러나 NGO는 정부나 기업의 관료조직에 비해 상대적으로 참여지향적이고 분권화되어있으며, 합의를 존중하고 투명한 것만은 사실이다. 이러한 특징은 개발도상국의 NGO에 비해 선진국의 NGO에서 상대적으로 강하게 나타난다고 볼 수 있다.[1] NGO의 이러한 의사결정구조는 정부조직이나 기업조직처럼 효율성을 중시하지 않고 동형화된 조직에서 일탈하면서도 생존하는 이유가 되기도 한다.

---

[1] 양현모(2000)가 미국의 의회감시단체인 커먼코즈(Common Cause) 및 독일의 환경·자연보호연합인 BUND와 한국의 경실련 및 참여연대를 비교한 바에 의하면, 선진국의 단체는 의사결정과정에서 회원의 자발적 참여로 활동이 이루어지고, 총회가 실질적인 최고 의사결정기구 역할을 하며, 의사결정이 분권화되어있다. 그러나 한국 단체는 의결기구와 집행기구가 제대로 분리되지 않고, 의사결정이 상임집행위원회와 사무국에 집중되는 경향이 있으며, 조직구조가 복잡하여 관료적 운영의 가능성이 크다.

제2절 NGO의 리더십

1. NGO의 지도자

1) NGO리더십의 특성

리더십이란 조직구성원으로 하여금 주어진 목표를 달성할 수 있도록 영향력을 행사하는 것을 말한다. 이것은 단순히 고위직에 있는 사람이 부하에게 명령하거나 주어진 목표하에서 조직을 관리하는 차원을 말하는 것이 아니다. 리더십에서 중요한 것은 먼저 비전을 제시하고 목표를 설정하는 것이다. 비전은 바로 조직의 목표를 정확하게 인식하고 서로가 공유하며 미래에 달성 가능성의 희망을 갖는 것이다. 그리고 어떤 조직이든 다양한 목표가 복합적으로 혼재하기 마련인데, 목표 간에 우선순위를 정하여 강약을 조절하는 능력이 필요하다. 또한 리더십은 주어진 목표를 달성하기 위해 인적·물적·상징적 자원을 동원하고 이를 적재적소에 투입하며 조직성원을 조정·통합하는 것과 관계된다. 이때 동기부여를 통해 추종자가 자발적으로 행동하고 최대한 노력을 경주할 수 있도록 유도하는 것이 중요하다. 마지막으로 리더십은 창의적이고 쇄신적인 정신을 가지고 변화를 지향하는 특성을 갖는다. 이를 위해서는 조직의 의사소통이 원활하고, 활발한 토론이 이루어지며, 아래로부터 아이디어가 제시될 수 있도록 환경을 조성하여야 한다.

　NGO는 일정한 목표달성을 강조하는 정부나 기업과는 달리, 시민의 자발적 참여와 집합적 힘을 통해 사회를 변화시키려고 한다. 따라서 가치와 비전을 중시하고 상호 신뢰와 협력을 강조한다. 그리고 끊임없이 토론이 벌어지고 협력과 연대가 일상적으로 일어난다. 또한 봉사와 영성과 같은 가치를 강조하기도 한다. NGO는 다른 조직에 비해 사람이 가장 중요한 요소이다. 아무리 과업을 달성하고 생산을 확대하더라도 민주주의가 무시되고 인간관계가 좋지 못하면 조직실패로 귀결된다. 이러한 이유로 NGO에서는 리더십을 발휘하는 데 있어서 참여, 분권, 의사소통, 합의, 동기부여, 협력, 파트너십, 팀워크 등을 강조한다. 사실 NGO에서 지도자는 지시자라기보다는 봉사자에 가깝다고 볼 수 있다.[2] 리더십의 유형에서 본다면, 권위주의형이나 지시형보다는 민주형, 코치형, 팀워크형에 가깝다.[3]

2) NGO지도자의 자질

조직에서 어떤 사람이 지도자가 될 수 있느냐에 대한 이론적 접근은 크게 자질론(trait approach)과 상황론(situational approach)으로 나눌 수 있다. 자질론은 조직의 환경에 대한 고려 없이 지도자가 될 수 있는 사람이 가진 특별한 능력이나 특성을 강조한다. 이에 비해 상황론은 개인의 자질보다 시대적 상황, 조직의 구조, 과업의 성격, 직원의 특성 등과 같은 상황에 따라 리더십이 결정된다는 것이다. 1940년대 미국을 중심으로 리더십에 대한 연구가 시작되면서 초기에는 자질론을 중시하였으나, 1960년대 이후 상황론이 각광을 받게 되었다. NGO리더십의 이론적 접근도 상황론이 우세하다고 할 수 있다. 그것은 NGO 그 자체가 다양한 구조와 전략을 가지고 다양한 영역에서 시민운동을 전개하기 때문에, 각 상황에 따라 다른 형태의 리더십이 요구되기 때문이다. 그러나 리더십에 대한 연구는 자질론이나 상황론 중 어느 하나를 선택하는 문제가 아니라, 양자를 통합적으로 바라보는 시각이 필요하다. 더구나 정부나 기업의 지도자와 비교하여 NGO지도자에게는 어떤 자질이 요구되는지 궁금하지 않을 수 없다. 따라서 여기서는 NGO지도자의 자질에 대해 살펴보기로 한다.

NGO지도자는 사회정의, 민주주의, 세계평화, 사회개혁, 시민사회, 조직관리, 자원동원, 전략개발 등 다양한 요소에 대한 이해가 필요하다. NGO지도자에게 여러 가지 자질이 요구되지만, 〈그림 7-1〉에서 보는 바와 같이 사회정의감, 인격과 열정과 인내, 민주적 사고, 조정과 협력 기술, 전문성과 판단력 등이 중요하다고 볼 수 있다. 이러한 자질은 그 중요성에 있어서 일정한 단계를 이루고 있다. 즉 앞 단계에 있는 자질이 상대적으로 중요하다. 각 자질의 구체적인 내용에 대해 살펴보기로 하자.

---

2) 봉사자로서의 지도자(servant-leader)는 듣기, 감정이입, 치료, 깨어있기, 설득, 개념화, 예견능력, 승무원정신, 타인의 성장에 대한 헌신, 공동체의 건설 등과 같은 특성을 갖는다(Spears, 1995).

3) 화이트(Ralph White)와 리피트(Ronald Lippitt)는 1930년대 말에 11세 소년들을 대상으로 하여 리더십에 대한 실증적 연구를 통해 리더십의 유형을 권위주의형, 민주형, 자유방임형 등 세 가지로 구분하였다(White and Lippitt, 1960). 그리고 레딘(William Reddin)은 리더가 가지는 인간에 대한 관심과 과업에 대한 관심을 교차시켜 리더십을 위임형(delegating), 지원형(supporting), 지시형(directing), 코치형(coaching)으로 구분하였다(Reddin, 1967). 또한 블레이크(Robert Blake)와 뮤톤(Jane Mouton)은 사람과 생산을 각각의 축으로 하여 빈곤형(impoverished), 컨트리클럽형(country club), 권위주의형(authority-obedience), 팀워크형(team)으로 구분하였다(Blake and Mouton, 1984).

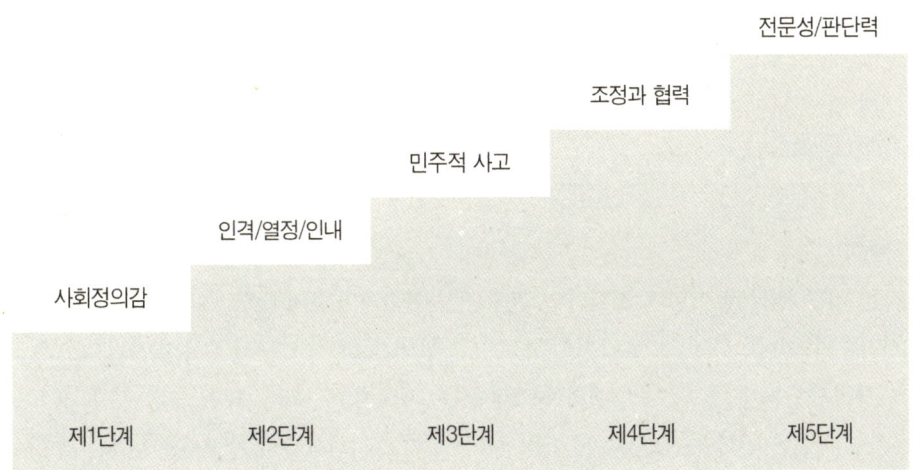

〈그림 7-1〉 NGO지도자의 자질

① 사회정의감
NGO는 사회변혁을 통해 개인의 자유를 증진하고 인류의 삶의 질을 높이는 것을 중시한다. 인간은 결코 매일 먹고, 일하고, 잠자는 것으로 만족하는 존재가 아니다. 권력을 잡고 부자가 되었다고 해서 행복한 것이 아니다. 세금을 내고 투표에 참여한다고 해서 의무를 다하는 것도 아니다. 인간은 무엇이 옳은가에 대해 끊임없이 사고하고, 나를 초월하여 타자에 대한 책임을 이행하는 것을 갈망한다. NGO지도자는 이러한 인간의 욕구를 대변한다. NGO지도자는 기본적으로 새로운 사회에 대한 전망을 통해 모든 사람에게 더욱 자유롭고 평등한 삶을 안겨주겠다는 사명감을 가지고 있다. 그러므로 NGO지도자는 권력과 자본의 광폭한 힘에 저항하고 인간의 자유를 증진하기 위해 노력해야 한다. 특히 사회적 차별을 반대하고 사회적 약자의 권리를 옹호하는 데 민감해야 한다.

② 인격과 열정과 인내
NGO지도자가 사회정의를 실현하기 위해서는 우선 조직 안팎에서 신뢰와 존경을 받을 수 있는 인격을 가져야 한다. 따라서 솔선수범하여 행동하고 생활의 모범을 보여주며 봉사하겠다는 정신이 필요하다. 영리기업의 대표는 인격이 모자라도 이윤이 많으면 살아남을 수 있지만, NGO지도자는 아무리 성과가 좋아도 인격이 모자라면 성공하기 어렵다. 그리고 NGO지도자

는 조직의 사명을 지향하고 목표를 달성하는 데 혼신의 힘을 다하는 정신이 필요하다. 대의와 과업을 향한 열정이 없이는 외부로부터 직접적인 대가가 없는 자원을 공급받기 어렵다. 물론 봉사정신을 가지고 전심전력을 다한다고 해도 지속되지 않으면 안 된다. 좋은 세상은 내일 당장 오지 않는다. 따라서 NGO지도자는 어려운 상황에서도 포기하지 않고, 지루한 싸움에서도 나태하지 않는 인내가 필요하다.[4]

③ 민주적 사고

NGO는 각종 민주적 이념과 가치가 발현되는 민주주의의 현장학교라고 할 수 있다. 따라서 NGO지도자는 예민한 민주적 감수성을 가지고 참여가 활발하고, 토론이 일상적으로 일어나며, 의사결정이 투명하도록 해야 한다. NGO에서는 반드시 다수라고 해서 옳은 것이 아니며, 소수에게도 일정한 기회와 편의를 제공해야 한다. 그리고 하의상달이 활발하게 이루어져 창의적인 사고와 좋은 아이디어가 분출할 수 있도록 해야 한다. 또한 외부가치가 유입되고 정보가 원활하게 유통될 수 있도록 하는 것도 중요하다. 의사와 환자, 선생과 학생, 복지사와 수혜자, 목사와 교인 등과 같이 지도자와 피지도자의 위치를 바꾸어 사고하고 직접 실행해보는 것은 민주적 리더십을 갖는 데 도움이 된다.

④ 조정과 협력 기술

NGO가 지향하는 사회변혁은 결코 한 사람의 노력으로 가능하지 않다. 그러므로 NGO에서는 한 사람의 백보보다 백 사람의 일보를 더 중시한다. 그리고 많은 사람이 참여하여 다양한 목소리가 나오기 때문에 다양한 형태의 갈등이 있다. 따라서 NGO지도자에게는 이런 갈등을 조정하고 설득하여 역량을 모을 수 있는 능력이 필요하다. 이를 위해서는 기본적으로 조직 내부에 인간관계를 원활히 하고 구성원 간의 신뢰와 유대가 형성되어야 한다. 특히 NGO상근자는 임금이 낮기 때문에 대의나 비전을 제시함과 아울러 인간적인 교류와 인정이 필요하다. 조직 외부적으로는 다른 단체와 연대하거나 파트너십을 활성화하는 것이 중요하다. 이렇게 될 때 조직 내에서 일어나는 다양한 갈등을 쉽게 해결할 수 있고, 다른 단체와의 공동행동을 통해 지향하는 목적을 달성할 수 있다.

---

[4] NGO지도자는 정부나 기업의 지도자와는 달리 삭발, 농성, 단식, 행군 등과 같은 행동을 취해야 할 때도 있다.

⑤ 전문성과 판단력

NGO는 열정만으로 지향하는 목적을 달성할 수 있는 것이 아니다. 전문성과 판단력이 동반되지 않는 열정은 단지 요란한 노래가 울려 퍼질 뿐이다. 시민의 참여와 지지, 자금과 자원활동, 활동가의 헌신 등을 획득하기 위해서는 그 분야의 전문지식을 가지고 적절한 대안을 제시하는 능력을 가져야 한다. 물론 이러한 전문능력은 조직이 확대됨에 따라 실무자가 담당하게 되지만, 조직의 지도자도 이러한 기능적 전문성을 갖출 필요가 있다. 그리고 NGO지도자는 사회구조를 이해하고 사회변화에 적응하는 판단능력을 가져야 한다. 물론 건전한 판단이 건강한 체력에서 나온다는 점에서 체력을 관리하고 건강도 유지해야 한다.

2. NGO의 갈등관리

NGO가 다양한 가치와 세계관을 가진 다양한 사람의 역동적인 조직인 만큼 조직 내부에 다양한 형태의 갈등이 존재한다. 갈등이란 개인이나 집단 간에 양립불가능해 보이는 가치·이해관계·목표의 대립이나 마찰이 일어나는 사회심리적 상태를 말한다.[5] 전통적으로 조직 내의 갈등에 대해 부정적으로 보는 시각이 팽배하였다. 즉 갈등은 조직에 긴장과 불안을 가져오고, 개인이나 부서 간의 대립과 투쟁을 낳으며, 의사소통과 협동문화를 훼손한다고 간주되었다. 그러나 조직에 대한 다원적 시각이 확산됨에 따라 갈등을 조직발전의 필수적 과정 또는 조직쇄신의 긍정적 기회로 보는 시각이 생겨났다. 즉 모든 조직에는 갈등이 있을 수밖에 없으며, 갈등이 분출되는 과정에서 잠재된 문제가 표출되고 다양한 대안을 발견하게 됨에 따라 더욱 창의적이고 쇄신적인 의사결정과 문제해결이 가능하다고 보는 것이다. 심지어 학습효과를 통해 오해를 해소하고 이해를 증진할 수 있기 때문에 조직의 결속력을 강화시킬 수 있는 기회가 된다고 본다. 물론 조직 내에 갈등이 빈발하거나 심하면 자원이 소모되고 질서가 파괴되어 궁극적으로는 조직의 생존이 위협받게 된다.

조직 내에서 일어나는 갈등은 여러 가지 유형이 있고, 그 원인도 다양하다. 예를 들어, 개인 간의 갈등유형은 이해관계 갈등, 사실관계 갈등, 가치관 갈등, 상호관계 갈등, 구조적 갈등 등으

---

5) 이런 점에서 갈등은 주체의 인식문제이기 때문에 그것을 인식하지 않으면 갈등은 존재하지 않는다.

로 나눌 수 있다(Moore, 2003). 그리고 그룹 간 갈등의 원인으로는 업무상의 상호의존, 목표의 차이, 인식의 차이, 전문가의 증대 등을 들 수 있다(Gibson, et al., eds., 2000: 228-31). NGO 내의 갈등은 권력이나 자원에 대한 경쟁보다는 주로 가치관이나 신념의 차이에서 오는 경우가 많다. 가치관이나 신념의 차이는 문제에 대한 인식과 해석의 차이를 낳게 되고, 조직 내부의 협력이나 팀워크를 저해하게 된다.

 NGO에는 상근활동가, 자원봉사자, 회원, 기부자, 정부, 일반시민이 직접 참여하거나 자금을 지원하거나 암묵적 지지와 반대를 보낸다. NGO 내의 갈등은 활동가와 활동가, 활동가와 자원봉사자, 활동가와 회원, 활동가와 기부자 간에 발생할 수 있다. 회원과 자원봉사자의 관리에서 발생하는 문제는 다음 절에서 다루기로 하고, 여기서는 주로 상근활동가 간의 문제, 특히 지도자의 입장에서 활동가를 어떻게 관리하느냐에 집중해서 살펴보기로 한다. NGO에서 상근활동가 간의 갈등을 해결하기 위해서는 다음 다섯 가지에 유의할 필요가 있다.

 첫째, 상근자에게 권한을 위임하고 커뮤니케이션을 강화하여야 한다. NGO의 상근활동가는 정부관료나 기업종사자에 비해 임금이 낮고 근무환경이 열악하지만, 대의에 대한 열정을 가지고 NGO에서 근무하는 것을 선택하였다. 따라서 정부나 기업처럼 상의하달(downward communication) 형식으로 의사가 결정되고 명령에 의해 업무가 진행되면, 불만이 고조되어 이직률이 높아지고 헌신적인 근무를 유도할 수 없다. 그러므로 활동가 스스로 권한과 책임을 가지고 자유롭고 소신있게 활동할 수 있는 재량권을 부여하여야 한다. 그리고 활발한 의사소통과 정보유통이 일어나도록 해야 한다. 권한배분과 의사소통은 NGO에서 일어나는 다양한 유형의 갈등을 해결하는 기본해결책이라고 할 수 있다.

 둘째, 상근자에게 잠재력 계발의 기회를 제공하여야 한다. NGO는 노동집약적인 조직이지만 전문능력을 가진 뛰어난 사람들이 모인 곳이 아니다. 그러나 그들은 시민운동이라고 하는 영역에 대해 관심이 높고 잠재된 능력을 가진 사람들이다. 그러므로 이러한 잠재된 능력을 계발하는 것이 무엇보다도 중요하다. 이를 위해 자기계발을 위한 다양한 프로그램을 제시하고 재교육기회를 제공하는 것이 필요하다. 이러한 자기발전의 비전이 있을 때 사기가 높아지고 자신의 능력을 최대한 발휘하여 조직에 공헌하려고 한다.

 셋째, 조직의 목적에 대한 충성을 진작시키는 것이 중요하다. NGO활동가는 명령과 강제로써 조직목적에 복종하도록 하기 어렵고, 임금과 승진으로도 동기부여가 제대로 되지 않는다. NGO에서는 장기근무를 한다고 해서 임금이 많이 올라가는 것도 아니고, 승진의 기회가 많은 것도 아니다. 그리고 승진이 커다란 보상적 의미를 가지는 것도 아니다. 따라서 다른 방법으로

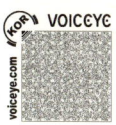

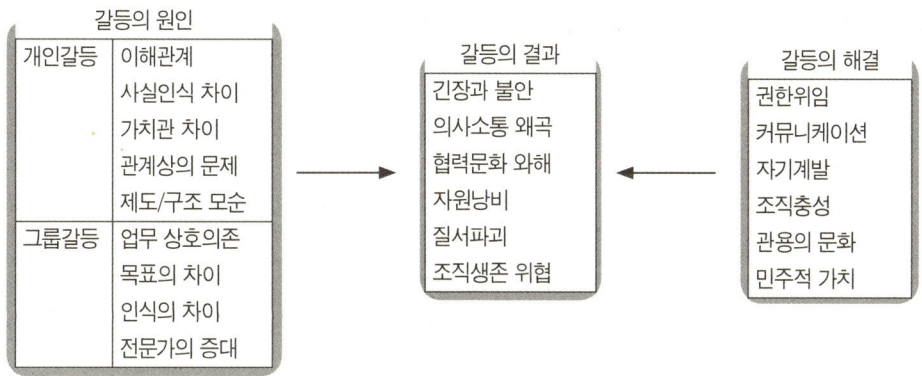

〈그림 7-2〉 NGO의 갈등 원인·결과·해결방안

동기를 부여하여야 한다. 가장 중요한 것이 조직의 목적에 대한 충성, 즉 사명감을 갖는 것이다. 사회진보에 대한 사명감과 그것의 달성을 통해서 느끼는 성취감이나 만족감이 NGO활동가에게 가장 중요한 동기부여라고 할 수 있다. 따라서 활동가가 조직의 사명을 달성하는 데 중요한 일을 하고 있다는 느낌을 갖도록 하고, 조직과 사회에 공헌하고 있다는 심리적 지지를 보내는 것이 필요하다.

넷째, 조직 내에서 관용의 문화를 만들어야 한다. NGO는 같은 조직 내에서 가치와 목적을 공유한 사람이 모이는 곳이기는 하지만, 여전히 사람에 따라 가치관의 차이가 있다. 그리고 NGO 협의체나 느슨한 연대조직에서도 지향하는 이상사회, 추구하는 목적, 목적달성을 위한 전략 등에서 차이가 있다. 이러한 차이에서 오는 갈등을 완화하기 위해서는 반대의견을 봉쇄하거나 묵살하는 것이 아니라, 활발하게 개진되도록 유도하고 상호합의에 도달하는 것이 중요하다. 목적과 방법을 두고 차이가 심할 때는 합의 가능한 것부터 논의하고, 합의가 어려운 것은 시간을 가지고 토론을 통해 설득하여야 한다.

다섯째, 민주주의 가치를 옹호하는 조직문화를 형성해야 한다. NGO는 활발한 의사소통, 정보의 공개, 의사결정의 투명, 억압과 차별의 철폐, 차이에 대한 포용, 다양성의 공존 등을 지향한다. 그러므로 이러한 가치가 조직 내에서 살아나고 업무에 적용되도록 하는 것이 중요하다. 조직 내의 갈등을 완화하고 해결하기 위해서는 활발한 의사소통이 이루어지고 정보를 공유해야 한다. 의사결정과정에 대한 참여를 중시하고 투명한 의사결정이 이루어져야 한다. 여성·장애인·소수자에 대한 억압이나 차별이 없도록 해야 한다. 의견·신분·가치관에 대한 차이를 용인하고 공존의 삶이 가능하도록 해야 한다. 이렇게 민주적 조직문화가 형성될 때 조직의 목표를 용이하게 달성할 수 있다.

〈그림 7-2〉는 NGO에서 일어나는 갈등의 원인과 결과, 그리고 해결방안을 정리한 것이다.

제3절 회원과 자원봉사자 관리

1. NGO의 회원관리

1) 회원부족의 문제

전세계적으로 NGO가 겪고 있는 두 가지 핵심적인 문제는 재정빈곤과 시민참여 부족이다. 따라서 모든 NGO는 회원을 확대하기 위한 다각적인 노력을 경주하고 있다. NGO가 많은 회원을 가지게 되면 조직의 재정적 원천이 강화될 뿐만 아니라, 조직의 활력과 영향력도 증대한다. 회원은 바로 여론형성의 기초가 되고 대중적 지지의 토대가 되기 때문이다. 그리고 NGO는 회원중심의 조직으로서 회원의 수는 곧 단체의 정당성과도 관련된다. 모든 NGO가 반드시 수천, 수만 명의 회원을 가질 필요는 없다. 수십 명의 회원을 가지고도 일정한 지역의 겨울철새에게 먹이를 줄 수 있고, 희귀한 야생초를 보호할 수 있다. 심지어 싱크탱크형 NGO는 의도적으로 특수한 영역의 소수 전문가만 모인 조직이다. 그럼에도 불구하고 대체로 NGO에서 회원이 많다는 것은 조직의 정당성 증진에 도움이 된다.

한국도 다른 나라의 NGO와 마찬가지로 시민참여 부족을 경험하고 있다. 심지어 한국 NGO는 '시민없는 시민운동'을 전개하고 있다는 비판을 받기도 한다. NGO는 시민이 활발하게 참여하고 회원이 주체가 되어 시민운동을 전개해야 하는데, 소수 활동가 위주로 의사결정이 이루어지고 시민운동이 전개된다는 것이다. 이러한 비판은 한국 시민사회의 발전역사, 시민참여의 문화, NGO의 속성 등을 제대로 이해하지 못한 오해에서 나온 것이기도 하지만, NGO가 활발한 시민참여를 통해 시민운동을 전개해야 한다는 데는 이견이 없다. 많은 시민들이 자기가 원하는 NGO에 회원으로 가입하여 주체적으로 시민운동에 참여하는 것이야말로 시민의 힘으로 좋은 사회를 건설한다는 NGO의 가치에 부합한다고 할 수 있다.

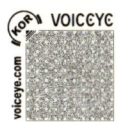

2) NGO의 회원모집 전략

대부분의 NGO는 회원부족 문제를 해결하기 위해 회원모집에 골몰하고 있다. 그러나 현대자본주의 사회에서 개인으로 하여금 공익활동에 참여하도록 유도한다는 것은 간단한 일이 아니다. 모든 사람들은 자신의 사적인 일에 관심을 가지고 사익을 극대화하기 위해 활동한다. 대부분의 사람들은 사회정의와 공동체사회라는 대의를 중시하기는 하지만, 직접 행동에 나서는 것은 주저한다. 따라서 단순히 공익활동을 하는 단체를 구성하고 사회적으로 의미 있는 활동을 하기 때문에 회원이 늘어날 것이라는 소극적인 자세나, 전통적인 방식으로 단체의 팜플렛을 배포하는 것으로는 한계가 있다. 더욱 체계적이고 전략적으로 접근하여야 유효하게 회원을 모집할 수 있다. NGO가 회원을 모집하기 위해서는 다음 몇 가지 사실을 고려하여야 한다.

첫째, 회원모집을 전략적으로 접근하여야 한다. 개별단체가 가진 목적과 활동은 모든 사람으로부터 관심과 지지를 받는 것이 아니다. 따라서 성·연령·직업·소득·지역 등에 따른 지지층에 대한 조사를 통해 지지층이 높은 영역에 집중적으로 투자해야 한다. 그리고 개별단체가 필요로 하는 회원이 어떤 영역의 사람인지도 구분해야 한다. 이러한 구분에 근거하여 단체가 필요로 하는 사람에 집중적으로 투자해야 한다. 예를 들어, 전문지식이 필요하면 전문직 종사자에, 자원활동이 필요하면 주부에, 단체의 활력이 필요하면 청년에 집중하여 모집하는 것이다.

둘째, 전방위적 홍보전략이 필요하다. NGO의 회원모집에서 중요한 것은 단체의 사명이나 목적만큼이나 단체의 인지도를 높이는 것이다. 일반시민들이 회원으로 가입하기 위해서는 어떤 단체가 존재하고 그 단체가 어떤 활동을 하는가를 알아야 한다. 따라서 전통적으로 단체의 팜플렛이나 회원가입서를 만들어서 배포하는 것 외에도 영상물, 활동사진, 조형물, 특별이벤트 등을 활용할 필요가 있다. 그리고 단체 자체의 뉴스레터(newsletter)를 만드는 것 외에도 TV, 중앙일간지, 지역신문, 전문신문이나 잡지, 인터넷 등을 적극적으로 활용하여야 한다. 신문에서도 단지 단체의 활동이 기사화되는 것에 의존하지 말고 알림난, 인물난, 행사소개와 같은 작은 공간이라도 지속적으로 활용하는 것이 필요하다. 홍보대사나 통신원제도도 적극적으로 활용할 필요가 있다.

셋째, 다양한 회원자격의 기회를 제공해야 한다. 회원으로 가입하려는 사람은 동일하게 정회원으로 가입하는 것이 아니다. 회비를 낼 수 있으나 시간이 없는 사람이 있고, 시간은 있으나 경제적으로 많은 회비를 내기 어려운 사람이 있다. 정기적으로 나누어서 회비를 조금씩 내는 것을 원하는 사람이 있는가 하면, 일시적으로 한번에 평생회비를 내기를 원하는 사람도 있다.

따라서 정회원과 준회원, 평생회원과 일반회원, 보통회원과 특별회원, 기관회원과 사람회원, 가족회원과 개인회원 등으로 나누어서 선택의 폭을 넓혀야 한다. 준회원으로서 청소년이나 어린이회원은 어른의 가입을 촉발하고, 평생회원은 상징적인 인물의 가입을 통해 단체의 이미지를 높일 수 있다. 물론 회원자격이나 회비의 액수에 따라 제공되는 서비스를 차별하는 방식도 가능하다.

넷째, 회원모집을 위한 전문가가 필요하다. NGO는 전통적으로 회원의 모집과 관리를 조직운영의 부차적인 문제로 간주하다가 최근에 이에 대한 각성이 일어나고 있다. 회원모집은 담당자가 전문적인 능력을 가지고 체계적으로 다루어야 한다. 필요하다면 회원모집을 위한 전문기구를 만들 수도 있다. 이때 자원봉사자를 적극적으로 활용하는 것이 중요하다. 단체의 활동가가 모집·상담하는 것보다 자원봉사자가 상담하는 것이 더 설득력을 가질 수도 있다. 심지어 자원봉사자만으로 구성된 전문기구를 설치하는 것도 가능하다.

다섯째, 장기적으로 시민교육을 활성화하여야 한다. 시민사회 전반에 대한 이해와 관심, 그리고 각종 NGO에 대한 관심과 참여의 확대를 위해서는 시민교육이 보편화되어야 한다. 시민교육은 NGO만의 문제가 아니라 국가공동체 전체가 관심을 가지고 수행해야 하는 과업이다. 따라서 NGO는 중등학교나 대학교에서 시민사회·시민운동·자원활동·NGO 등에 대한 교육이 이루어지도록 촉구하고, 다양한 영역에서 경력을 쌓은 사람을 우대하는 사회풍토가 조성되도록 노력하여야 한다.[6] 물론 NGO 스스로도 시민교육을 지속적으로 실행해가야 한다.

3) NGO의 회원관리 전략

대부분의 NGO는 어떻게 회원을 모집할 것인가에 골몰하고 있다. 그러나 회원확대는 새로운 회원을 모집하는 것만큼이나 기존회원을 잘 관리하는 것도 중요하다. 일반적으로 새로운 회원을 발굴하는 것보다 기존 회원을 유지하는 비용이 훨씬 낮다.[7] 기존회원을 제대로 관리하지 않

---

[6] 미국의 맥나마라(Robert McNamara)는 시장영역에서 포드자동차의 사장과 세계은행 총재를 역임하였고, 국가영역에서 국방부장관을 지냈으며, 시민사회영역에서 하버드 경영대학원 교수, 포드재단과 브루킹스연구소(Brookings Institution)의 이사로 활동하였다(Hall, 1987). 21세기에는 이렇게 다양한 영역에서 활동한 경험을 가진 지도자가 필요할 것이다.

[7] 보통 회원 한 사람을 유지하는 비용은 새로운 회원 한 사람을 확보하는 비용의 25%에 해당한다고 한다(임영신, 2002).

으면 단체에 가입한 회원은 몇 달 정도 회비를 내고 활동하다가 유명무실한 회원이 되거나 탈퇴하고 만다. 제대로 관리하지 않는 회원은 길어도 1년을 넘기기 어렵다. 탈퇴한 회원은 한 사람의 이탈에 그치지 않고 그 사람의 주위에 단체에 대한 부정적 시각을 유포하게 된다. 즉 탈퇴자는 잠재적 고객이나 중립자가 아니라 단체의 반대자로 변하게 된다.[8] 따라서 기존회원을 적절하게 관리하는 것이 중요하다. NGO가 회원을 관리하는 데는 다음과 같은 열 가지 원칙을 상기하는 것이 중요하다.

① 회원을 관리나 동원의 대상이 아니라 주체자와 결정자로 간주하여야 한다. 따라서 의사결정과 집행과정에 대한 회원참여를 강화하여야 한다.
② 단체 내부의 민주주의는 회원관리의 토대이다. 단체의 장기적 비전을 제시하고 조직을 민주적으로 운영하며 재정을 투명하게 공개하여야 한다.
③ 단체의 각종 정보를 서로 공유하고 적극적으로 제공하여야 한다. 정기적인 뉴스레터의 발송 외에도 인터넷을 통해 수시로 각종 정보를 제공하여야 한다.
④ 커뮤니케이션을 강화하고 쌍방향적 의사소통을 활성화해야 한다. 사이버 커뮤니티의 구축을 통해 회의를 중개하거나 토론을 하는 것이 도움이 될 수 있다.
⑤ 회원이 지지하는 이슈를 개발하고 회원이 관심을 갖는 각종 이슈에 적극적으로 대응하여야 한다.
⑥ 회원이 단체의 사무실을 방문하도록 적극적으로 유인하여야 한다. 가능하면 사무실이 관광명소나 민주주의의 교육현장이 되면 좋다.
⑦ 회원모임을 활성화하여야 한다. 회원들 스스로 주제나 이슈에 따라 비공식적 모임을 만들어 서로 교류할 수 있도록 지원해야 한다.
⑧ 회비납부를 간편화하여야 한다. 예를 들어, CMS(cash management service)와 같은 새로운 제도를 적극적으로 활용할 필요가 있다.[9]
⑨ 회원이 단체에 대한 소속감을 갖도록 해야 한다. 단체의 인명사전을 만들거나 차량스티

---

[8] 기업의 마케팅에서 좋은 물건을 산 사람은 두 사람에게 이야기하지만, 나쁜 물건을 산 사람은 열세 사람에게 이야기한다는 연구결과가 있다(임영신, 2002).
[9] CMS는 원래 기업이 금융결제원이나 주거래은행을 통해 개별은행에 직접 가지 않고 모든 금융관련 업무를 처리하고 정보를 조회하는 서비스이다. NGO는 정해진 기관을 통해 일정한 수수료를 부담하고 매월 정해진 날짜에 회원의 통장으로부터 회비를 인출하게 된다. 이것은 회원의 회비납부율을 상당히 높일 수 있다.

커, 수첩, 달력을 만들어 배포하는 것도 하나의 방법이다.[10]

⑩ 단체를 직접 방문하거나 적극적으로 의견을 제시하는 회원을 특별하게 취급하여야 한다. 이들에게는 의사결정과정에 참여할 수 있는 기회를 제공하여야 한다.

이 외에도 NGO의 회원관리와 관련하여 구체적으로 다음과 같은 몇 가지 사실을 고려하여야 한다. 첫째, 회원모집과 마찬가지로 회원관리도 전문적으로 다루어야 한다. 회원관리사업을 조직의 핵심적인 사업으로 인정하고, 이에 따라 전문가를 배치하고 예산을 배정하여야 한다. 인력이 모자라면 자원봉사자를 적극적으로 활용하고, 단체의 대표도 회원관리에 적극적인 관심을 가져야 한다. 예를 들어, 명망 있는 단체의 대표가 일주일에 몇 명씩 정기적으로 직접·간접적으로 회원과 대화하는 것도 좋다.

둘째, 회원모집과 마찬가지로 회원관리도 전략적으로 접근하여야 한다. 제한된 인력과 재정으로 회원을 관리해야 하기 때문에 회원을 일정하게 등급화하는 것이 필요하다. 예를 들어, 열성적으로 단체활동에 가담하는 회원에게는 그에 상응하는 권력을 주고, 회비를 장기간 내지 않은 회원에게는 회원의 의견을 적극적으로 청취하여야 한다. 생일과 같은 사소한 일을 잘 관리하면 문자메시지 발송과 같은 적은 비용으로도 회원의 만족도를 높일 수 있다.

셋째, 현대사회의 정보기술을 적극적으로 활용해야 한다. 데이타베이스(data base)와 같은 전산화 프로그램을 구축하여 전체 회원을 총체적으로 관리하는 것이 필요하다. 새로운 정보가 발생하면 바로 업데이트(update)하고, 단체활동에 무관심하거나 회비를 한두 번 내지 않으면 곧바로 분석하고 대응하여야 한다. 이미 사망하거나 멀리 떠난 회원은 명단에서 즉시 삭제해야 한다.[11] 특히 인터넷을 적극적으로 활용하여 신속하게 정보를 전달하고 의사소통을 강화하는 것이 중요하다.

넷째, 사익과 공익을 적절하게 조화시켜야 한다. 모든 사람은 공적 대의에 앞서 사적 이익에 관심을 가지고 있으므로 이를 공익과 적절하게 조화시키는 것이 중요하다. 예를 들어, 뉴스레터에 회원의 좋은 점을 부각시키거나 돌아가면서 회원을 클로즈업(close-up)하여 소개할 수 있

---

10) 전문잡지, 신문, 인터넷에 단체를 홍보할 때 작은 글씨이지만 회원이름 전체를 표시하는 것은 소속감을 갖도록 하는 데 도움이 된다.
11) NGO의 회원관리에서는 이미 오래전에 사망한 회원에게도 소식지를 보내거나 회비를 요구하는 일이 비일비재(非一非再)하다. 이것은 사망자의 가족에게 단체에 대한 부정적 이미지를 남기게 된다.

다. 큰 단체의 경우는 단체 내에 신용협동조합이나 생활협동조합을 만들어 경제적 혜택을 제공할 수 있다. 일정한 주기로 예술공연을 개최하거나 수시로 자녀교육이나 생활건강에 필요한 것을 얻도록 할 수도 있다.

2. NGO의 자원봉사자 관리

1) 자원봉사 관리과정

NGO에서 자원봉사자는 단체의 사명과 목적에 찬성하여 보수를 받지 않고 일하는 사람으로서, 물질적 보상보다는 심리적 만족과 개인적 성취감이 중요한 동기로 작용한다. 따라서 자원봉사를 잘 이해하는 전문가에 의해 체계적이고 과학적으로 관리되어야 한다. 상근자 수가 적어서 자원봉사 전문가를 배치할 수 없다고 하더라도 다른 업무를 겸직하는 준전문가가 일정한 전문지식을 가져야 한다. 체계적이고 전문적인 관리에 의해 자원봉사자의 수, 조직에 대한 만족, 노동의 질이 달라질 수 있다. 특히 NGO에서 자원봉사자는 조직의 핵심회원이거나 잠재적 회원이기 때문에 특별하게 관리하여야 한다. 일시적인 노동력이라고 생각하여 단지 잡일을 맡기는 것이 아니라 독특하고 의미 있는 일을 할 수 있도록 하는 것이 필요하다. 자원봉사 관리과정은 대체로 〈표 7-3〉처럼 직무설계, 모집, 교육·훈련, 배치, 감독과 평가, 인정과 승인 등 6단계로 나눌 수 있다.

직무설계에는 구체적으로 직책, 목적, 활동내용, 자격, 책임, 교육, 활동시간과 장소, 감독, 혜택 등이 포함되어야 하는데, 〈표 7-4〉는 서울 YMCA 시민중계실 자원봉사 직무설계의 사례이다. 모집 후 면접을 할 때에는 무리하게 자원봉사 후보자의 수를 늘리려는 것보다는 적절하지 않으면 다른 기관이나 단체에 소개하는 것이 바람직하고, 업무에 맞는 사람을 찾기보다 사람에 맞는 업무를 발견하는 것이 중요한데, 〈표 7-5〉는 잠정적 자원봉사자와 면접시 하게 되는 질문사항의 예를 적시한 것이다. 교육·훈련에서는 NGO의 경우 민주주의, 인권, 지역복지, 시민성 등에 대한 내용도 교육에 포함하게 된다. 배치를 할 때에는 직무지침도 제공하게 되는데, 여기에는 활동부서, 활동기간과 시간, 업무의 성격, 책임, 직원과의 관계, 감독, 평가 등에 대한 내용을 포함한다.

〈표 7-3〉 자원봉사 관리과정

단계	정의	주요 내용
직무설계	자원봉사 관리의 총체적 틀로서 자원봉사자의 모집, 교육·훈련, 배치, 감독과 평가의 기초가 된다.	자원봉사자의 관심과 욕구, 업무의 내용과 구분, 업무가 필요로 하는 기술, 모집의 방법과 시기, 교육의 내용과 방법 등에 대한 자세한 내용을 포함한다.
모집	자원봉사자를 발굴하는 활동으로서 홍보·모집·면접 등을 포함한다.	잠재적 대상자를 찾아내 다양한 매체를 통해 홍보하고, 모집대상을 잘 구분하여 이에 맞게 장소·방법·시기를 선택하며, 면접시에는 충분한 정보교류를 통해 후보자의 관심을 유도한다.
교육·훈련	자원봉사에 대한 동기와 사회적 의미를 학습하고 수행하게 될 업무에 대한 심리적·기술적 준비를 하는 과정을 말한다.	자원봉사자의 마음가짐, 직원이나 동료와의 관계, 활동 시 지켜야 할 규칙, 업무에 대한 기술, 클라이언트(client)에 대한 태도 등을 포함한다.
배치	선발된 후보자의 특성과 업무를 대응시켜 적합한 사람을 결정하고 업무를 부여하는 과정을 말한다.	당사자의 의견을 듣고 상호 토론과 합의를 거쳐 자원봉사자의 능력과 성향에 가장 적합한 일에 배치하고, 일상적인 업무일 경우에도 그 일의 의미를 부여한다.
감독과 평가	배치된 후에 활동을 관찰하고 성과를 평가하며 이를 인력개발에 연결시키는 과정을 말한다.	자원봉사과정에서 일어나는 회의, 갈등, 사고에 신속하게 대처하고, 계획된 자원봉사의 실행여부 점검, 프로그램의 효율성과 효과성 측정, 문제의 발견과 개선, 프로그램 수정·유지·중단의 결정 등에 대한 평가를 포함한다.
인정과 승인	자원봉사자의 공헌에 대해 감사를 표시하고 대가를 부여하는 것으로, 자원봉사자가 중요한 일을 했다는 것을 느끼도록 한다.	증명서, 상패, 간단한 선물제공, 파티, 현장견학 등 다양한 방식이 있다. 전체가 보는 앞에서 하되, 시간이 지체되거나 공정성이 결여되어서는 안 되고, 일정한 주기를 두고 지속적으로 실시한다.

2) 자원봉사와 갈등관리

자원봉사활동 과정에는 여러 가지 갈등이 발생한다. 크게 자원봉사자와 상근자, 자원봉사자와 자원봉사자, 자원봉사자와 클라이언트 간의 갈등으로 나눌 수 있다.

자원봉사자와 상근자 간의 갈등은 자원봉사활동의 갈등에서 가장 중요하고 심각한 문제이다. 자원봉사자와 상근자 간의 갈등은 상근자의 입장에서 볼 때, 자신의 위치에 대한 불안감과 자원봉사자가 제공하는 서비스 질에 대한 불만에서 주로 발생한다. 그리고 상근자는 자원봉사자가 나태하고, 책임감이 부족하며, 지도감독을 무시한다고 생각한다. 자원봉사자의 입장에서 볼 때는 교육의 부족, 성취감의 상실, 흥미의 상실, 인정(認定)의 부족 등이 문제가 된다. 반복적

<표 7-4> 서울 YMCA 시민중계실 자원봉사 직무설계

① 직책: 소비생활 상담원
② 목적: 소비자피해 예방과 구제
③ 활동내용:
　· 소비자문제, 생활법률문제, 전세문제, 공공서비스문제 등 전화상담 및 면접상담
　· 물가모니터, 가격모니터 등 서울시 명예 식품감시원 활동
④ 자격: 소비자문제에 관심있는 20세 이상의 건강한 시민
⑤ 책임:
　· 소비생활 상담원 정기교육에 참가(월 1회 4시간)
　· 사정상 불참시 미리 자원봉사관리자에게 통보
⑥ 교육: 소비생활 상담원 교육 이수(4주 16시간)
⑦ 활동시간:
　· 주 중 1일 4시간(오전 10시~오후 4시 사이)
　· 6개월 이상 지속해야 함
⑧ 활동장소: YMCA 시민중계실(서울 종로 YMCA회관 3층)
⑨ 감독자: 자원봉사관리자
⑩ 혜택:
　· 폭넓은 생활정보와 법률지식 획득
　· 사회에 대한 시야 확대
　· 자원봉사 월례회활동을 통한 인간적 교류
　· 지속적인 활동을 통한 소비생활 상담사 자격증 획득

자료출처: 이강현(1999)

<표 7-5> 잠정적 자원봉사자의 면접시 질문사항의 예

① 이 단체와 업무에 왜 흥미를 갖고 있는가?
② 특정분야의 활동에서 얻으려는 것이 무엇인가?
③ 해당 분야에 교육이수나 과거경험이 있는가?
④ 이 단체의 목적과 업무에 어떻게 기여할 수 있는가?
⑤ 자신의 취미와 관심, 그리고 앞으로의 희망은 무엇인가?
⑥ 자원봉사를 6개월 또는, 1년간 책임있게 할 수 있는가?
⑦ 단체, 클라이언트, 업무에 대해 알고 싶은 것이 무엇인가?
⑧ 현재 자신의 생활에서 자원봉사활동이 가능하고 적합한가?

자료출처: 조휘일(1998: 369)을 재구성

이고 무의미한 작업 속에서 흥미가 없어지고, 무력해지는 것을 느끼게 되며, 봉사에 대해 인정을 해주지 않는다는 것이다. 양자 간의 갈등을 해결하기 위해서는 우선 상근자의 자원봉사자에 대한 인식의 전환이 필요하다. 자원봉사자를 단순한 업무보조자나 조력자가 아니라 동료로 인정하고 인격적으로 대우해야 한다. 사실 NGO에서 상근자와 자원봉사자는 커다란 차이가 없다. 그리고 미리 체계적인 교육과 훈련을 실시하고, 자원봉사자가 봉사활동을 통해 이상을 실현하고 자기계발을 할 수 있도록 지원해야 한다. 따라서 자원봉사자에게 일정한 지위·권한·책임을 부여할 필요가 있다. 자원봉사자 입장에서는 자원봉사 관리자나 조정자의 전문성을 인정하고 책임 있게 행동하는 것이 중요하다. 전문가와 협력하는 것이 봉사의 효과를 높이고 자기계발의 목적을 달성할 수 있기 때문이다.

자원봉사자와 자원봉사자 간의 갈등은 주로 인간관계나 경쟁심리에서 발생한다. 동일한 업무에 비슷한 교육을 받았지만 다양한 성격을 가진 사람이 모였기 때문에 인간관계의 문제가 발생할 수 있다. 따라서 조직 내에서 개인 간의 상호관계와 유대관계를 강화하는 것이 중요하다. 조직의 책임자가 조화로운 협력문화를 형성하거나, 자원봉사자의 선임자가 그러한 분위기를 만들 수 있다. 자원봉사자 간의 경쟁심리는 자원봉사자 스스로 자제하도록 해야 한다. 시민사회 영역의 자원봉사활동은 경쟁이나 대결이 아니라 협력과 연대의 가치가 중시되는 영역이다. 따라서 봉사활동의 효과에 집착하기보다는 시민적 가치가 활동과정에 실현되도록 하는 것이 중요하다.

자원봉사자와 클라이언트 간의 갈등은 주로 서비스제공형 NGO에서 자원봉사자의 클라이언트에 대한 무지와 자만, 자원봉사자의 능력한계, 활동의 일과성과 피상성에서 발생하거나, 클라이언트의 자기중심적 태도, 과도한 요구, 감사하는 마음의 부족에서 발생한다. 이와 관련된 갈등을 해결하기 위해 자원봉사자는 자원봉사의 정신을 이해하고 활동에 적절한 교육과 훈련을 이수해야 한다. 그리고 활동을 시작하기 전에 직무지침에 있는 행동요령을 숙지하도록 해야 한다. 또한 자원봉사조정자는 클라이언트와의 갈등에 대해 수시로 상황을 파악하고 적절한 조정을 하는 것이 중요하다.

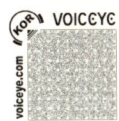

제4절 NGO의 모금과 홍보

1. NGO의 모금

1) 모금의 구조와 과정

NGO도 다른 조직과 마찬가지로 쓰는 비용만큼 수입을 확보해야 한다. 따라서 NGO는 시민운동을 전개하고 필수서비스를 생산하는 것만큼이나 효율적이고 효과적으로 모금해야 한다. NGO가 원하는 모금을 하기 위해서는 모금의 구조와 과정을 잘 이해하여야 한다.

모금의 구조에 대해서는 그레이스(Kay Grace)의 연구가 있다. 그는 모금을 가치에 기초한 박애정신 및 개발과 상호 관련시킨다(Grace, 2000: 17-40). 그에 의하면, NGO를 비롯한 각종 비영리단체의 모금은 사람들이 박애정신(philanthropy)을 가지고 있기 때문에 가능하다. 여기서 박애정신 또는 박애행위는 단순히 가난한 사람을 돕는 자선행위(charity)가 아니다. 즉 민주시민으로서 공동체의 이익에 대해 책임감을 가지고 자발적으로 참여하여 일정한 역할을 수행하는 것을 말한다. 이러한 박애정신은 가치에 의해 동기화된다. 사람들은 자신의 가치와 일치하는 단체에 기부금을 내거나 봉사활동을 하기 때문이다. 개발은 사람들에게 가치를 공유할 수 있도록 알리는 과정이다. 후원자 혹은 기부자는 바로 이러한 개발과정을 통해서 기부의 의미를 알게 되고, 단체의 가치를 파악하게 된다. 그러므로 개발은 성공적인 모금을 위한 필수적인 준비과정이다. 모금은 개발과 박애정신, 그리고 여기에 내재하고 있는 가치를 상호 연계시키는 지속적인 기능으로서, 사람들이 가진 가치를 구체적으로 추구할 수 있도록 도와주는 과정이다. 이렇게 본다면 모금은 결코 압력이나 구걸이 아니라 지역사회의 발전과 사회진보를 향한, 일종의 사회적 투자행위라고 할 수 있다.[12]

이상 설명한 바와 같이, 가치에 기초한 박애정신, 개발, 모금 간의 관계를 정리하면 〈그림 7-3〉과 같다.

---

[12] 이런 점에서 단체는 주저하거나 미안해하는 마음으로 기부를 요청해서는 안 된다. 미안해하는 마음을 가지고 있으면 직원이나 자원봉사자가 기부요청 과정에서 부담감을 갖게 되고, 한두 번 거절당하면 자신있게 기부를 요청할 수 없게 된다. 더구나 기부거절은 단체의 상품에 대한 거절이지 기부요청자 개인에 대한 거절이 아니다.

<그림 7-3> 모금의 구조

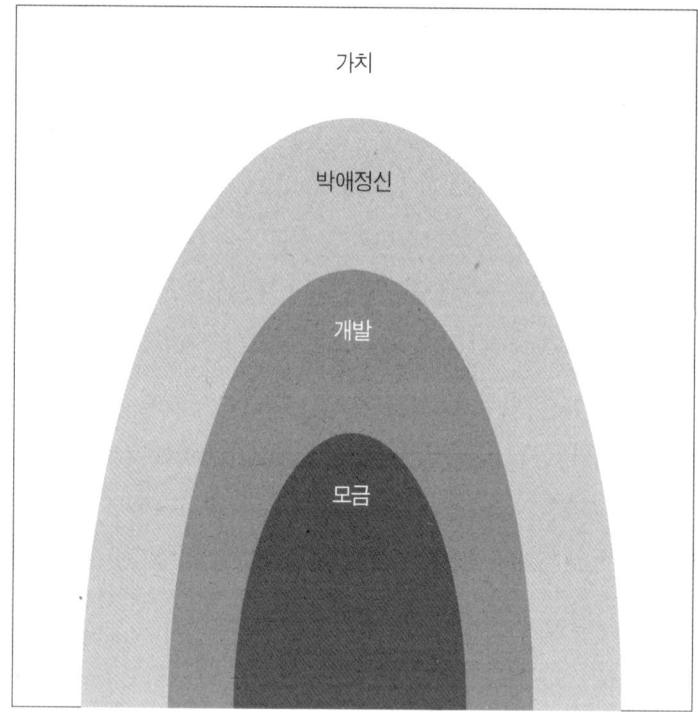

자료출처: Grace(2000: 23)의 재구성

    모금은 주로 인식(recognition), 발굴(cultivation), 요청(solicitation), 관리(stewardship)와 같은 과정을 거치게 된다(김정린, 2005). 인식은 잠재기부자가 누구인가를 파악하는 단계이다. 단체가 추구하는 가치와 활동에 공감하고 기부할 사람을 발견하는 것이다. 기부자는 우선 가까운 곳에서부터 먼저 발견하는 것이 유용하다. 발굴은 모금캠페인에서 내놓을 수 있는 상품을 파악하고 잠재적 기부자의 관심을 개발하는 것이다. 여기서는 기부자의 기부동기를 이해하고 전략적인 방법을 탐구하여야 한다.[13] 기부는 기부를 요청하는 단체와 프로그램이 기부자가

---

13) 한국의 자원봉사 전문단체인 〈볼런티어21〉이 2002년 20세 이상 성인을 대상으로 기부이유에 대해 조사한 바에 의하면, 수혜자에 대한 물질적 지원, 가진 자의 의무감, 사회환원, 사회문제해결에 대한 참여, 종교적 신념, 친구와 동료의 권유 순으로 나타났다(볼런티어21, 2002: 101).

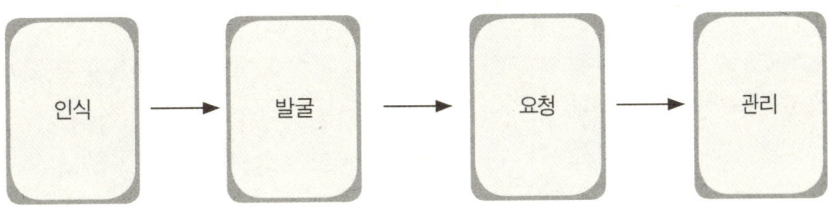

〈그림 7-4〉 모금의 과정

자료출처: 김정란(2005)의 재구성

지향하는 가치와 이상과 부합할 때, 개인적인 관계를 가지고 있을 때, 지속적인 관계를 유지해 왔을 때, 과거에 그 단체에 기부한 경험이 있을 때 더 잘 이루어진다. 요청은 잠재적 기부자에게 기부를 요청하는 단계이다. 여기서 기부거절에 대한 두려움을 극복하는 것이 중요하다. 따라서 거절당해도 시간에 대한 감사를 표시해야 한다. 관리는 기부자를 단체의 파트너로 인식하고 관계를 지속하는 것이다. 기부는 단순히 자금을 모으는 것 이상으로 단체를 홍보하고 지지기반을 구축하는 것이다. 따라서 기부에 대한 감사, 정보의 공유, 사후관리가 중요하다. 이상 설명한 모금의 과정을 정리하면 〈그림 7-4〉와 같다.

2) 모금의 마케팅(marketing)

대부분의 NGO가 재정압박에 시달리게 되면서 모금의 중요성이 강조되고 있다. 이와 함께 모금에 열정과 헌신을 넘어 경영마인드를 접목하는 마케팅전략에 대한 관심이 증대하였다. 사실 비영리단체의 모금은 구걸(동정)→수금(설득)→캠페인(도덕적 의무)→마케팅(개별가치 창출)으로 변하고 있다(양용희 외, 1997: 40). 마케팅은 주로 시장영역에서 기업이 시장조사를 통해 고객에 적합한 상품을 개발하고 판매하는 것을 말한다. NGO의 모금에서도 마케팅은 고객에 대한 이해와 조사에서 시작된다고 할 수 있다. 과거 구걸식의 모금이 아니라 시장조사를 통해 고객이 원하는 상품을 개발함으로써 기부자의 투자만족도를 높이는 것이다(정무성, 2003). 코틀러(Philip Kotler)는 과거에 마케팅은 LGD(Lunch, Golf and Dinner)이었지만, 지금은 STP(Segmenting, Targeting and Positioning)라고 말한다. 즉 점심, 골프회동, 저녁만찬에서 시장구분, 표적설정, 발사로 바뀌었다는 것이다(Drucker, 1995: 159).

비영리단체의 모금마케팅 과정은 고객이 누구이고 무엇을 원하는가를 파악하여 여기에 적

〈표 7-6〉 비영리단체의 모금마케팅 전략

① 기부요청도 때와 장소가 있다
② 'NO'의 의미를 잘 파악하라
③ 기부자도 친구 따라 강남 간다
④ 단체의 이미지를 창출하라
⑤ 브랜드파워를 키워라
⑥ 기부시장을 세분화하라
⑦ 모금은 마라톤이다
⑧ 모금편지는 15초의 승부
⑨ 모금이벤트는 신나게 한다
⑩ 차별적 서비스로 공략하라

자료출처: 정무성(2003)

합한 상품을 개발하고 실행하는 것이다. 모금마케팅의 과정을 시장조사→욕구분석→시장세분화→표적시장 설정→상품개발→프로그램 개발→실행→평가로 나눌 수 있다. 우선 시장조사를 통해 고객이 원하는 것을 파악하는 것이 중요하다. 다음으로 고객을 인구학적·지리적·심리적·행동적 변수에 따라 구분하여 시장세분화(market segmentation)를 한다. 시장을 동질적인 부분으로 분류함에 따라 표적시장(target market)을 도출할 수 있다. 그다음에 그 단체만의 독특한 상품을 개발하여 프로그램을 통해 모금을 실행하게 된다. 모금은 미리 목표를 설정하여 모금담당자가 적극성을 띠도록 한다.[14] 모금이 끝나면 평가를 실시한다.

NGO의 모금원은 다양하다. 다양한 영역의 다양한 계층에서 잠재적 후원자가 존재한다. 중요한 것은 모금가가 사명감과 전문성을 가지고 마케팅적 사고를 가지고 실행하는 것이다. 물론 모금에서 가장 중요한 전략과 자산은 바로 단체의 신뢰라고 할 수 있다. 마케팅적 관점에서 볼 때 모금은 몇 가지 속성을 가지고 있다(정무성, 2003). 첫째, 모금은 요청하지 않으면 기부하지 않는다(No asking, no giving). 둘째, 돈을 가지고 있다고 해서 반드시 주는 것이 아니다(To have is different from to give). 셋째, 모금에도 20대 80의 법칙이 있다(The principle of 20:80).[15] 넷째, 기부자의 투자가치를 높여야 한다(Donor value up). 〈표 7-6〉은 NGO를 포함한 비영리단체의 모금마케팅 전략을 정리한 것이다.

---

14) 목표설정에는 SMART의 원칙이 있다. 즉 구체적이고(specific), 측정 가능하며(measurable), 달성 가능하고(attainable), 현실적이며(realistic), 시간적 경계를 가지는 것이 좋다(time bounded)(양용희 외, 1997: 57).
15) 보통 사회에는 전체인구의 20%가 영향력을 행사하고, 기업에서는 상품의 20%가 전체매출의 80%를 차지한다는 말이 있다. 이러한 점에서 20%를 어떻게 잘 관리하느냐가 중요하다. NGO에서는 소수의 고액기부자보다 다수의 소액기부자가 더 중요하다. 그러나 NGO에서도 전체기부자의 20%가 전체모금액의 80%를 차지하는 것은 사실이다.

3) 모금방법

모금은 단순히 단체가 사회에서 좋은 일을 한다고 해서 되는 것이 아니다. 모금가가 사명감을 갖고 열심히 한다고 해서 자금이 많이 모이는 것도 아니다. 동정심을 유발하거나 도덕적 의무감을 강조하는 것은 이젠 지나간 시대의 이야기이다. 자기단체만이 시장에 내놓을 수 있는 특수한 상품을 개발하고, 주요한 고객이 누구인가를 파악하며, 효과적인 모금방법을 선택하는 것이 중요하다. 기부할 능력과 의도를 가진 사람은 무수하게 많다. 조사에 의하면 기부를 하지 않는 것은 기부의도가 없는 것이 아니라,[16] 기부에 대한 요청을 받지 않았거나 기부방법을 모르거나 기부처에 대해 불신감을 갖고 있기 때문이다. 따라서 모금에 대한 과학적 사고와 전문가적 능력이 필요하다.

모금에는 여러 가지 방법이 있다. 고객의 대상과 시기에 따라 적절한 방법을 사용하는 것이 중요하다. NGO의 모금에서는 후원회 개최, 공동모금회 개최, DM(direct marketing)발송, 이벤트(바자회, 공연, 전시회, 걷기대회, 모금마라톤), 임시가게 설치(물품판매, 중고품판매, 인터넷경매), 상설모금함 설치(사무실, 고속도로 톨게이트, 지하철, 은행, 수퍼마켓), 전화마케팅(telemarketing), ARS(automatic response system)모금,[17] CRM(cause-related marketing)모금,[18] 사이버복권, 쇼핑사이트 운영,[19] 대중매체 홍보(TV, 라디오, 신문, 잡지, 인터넷) 등과 같은 방법이 있다. 특히 오늘날에는 모금에 첨단정보기술을 접목하는 방법이 많이 사용되고 있다.

어떠한 방법을 사용하든 모금을 할 때는 주의를 끌고(attention), 흥미를 느끼게 하고(interest), 욕구를 불러일으키고(desire), 행동하게 하는 것(action)이 중요하다. 이것을 모금의 아이다(AIDA)원칙이라고 한다. 그리고 인간이 어떤 것을 느끼고 그것을 오래 기억하기 위해서는 오감(五感)을 자극할 수 있어야 한다. 따라서 오감 커뮤니케이션(five senses communication)을 적극 활용하는 것이 좋다. 그러므로 글, 사진, 그림, 소리, 영상 등을 입체적

---

16) 아름다운재단이 2001년 전국(제주 제외) 20세 이상 성인을 대상으로 조사한 바에 의하면, 기부참여자는 45-48%였으나, 기부참여 의향을 가진 사람은 66%인 것으로 조사되었다(강철희, 2002).
17) ARS모금이란 기부자가 전화를 통화함으로써 소액(대부분 1,000원 내지 2,000원)을 자동으로 기부하는 방법이다. 기부금은 전화요금으로 납부하게 된다. TV나 라디오와 같은 대중매체를 이용하는 것이 중요하다.
18) CRM은 기업이 상품이나 서비스를 환경·인권·평화·구호 등과 같은 사회적 가치와 연계시켜 상품과 서비스의 판매금액 일부를 사회에 환원하는 방법이다.
19) 인터넷상에서 쇼핑사이트를 개설하여 배너설치, 기부몰 운영, 사이버 마일리지 운영 등 다양한 모금방법을 사용할 수 있다.

으로 이용할 필요가 있다(조석인 외, 2003).

　　NGO가 모금을 효율적이고 효과적으로 진행하기 위해서는 다음과 같은 열 가지 원칙을 상기하는 것이 중요하다.

① 잠재적 기부자는 어디든지 있다. 단지 기부요청을 받지 않았을 뿐이다.
② 전략적으로 접근하라. 기부할 수 있는 사람에게 기부를 요청해야 한다.[20]
③ 어른만이 고객이 아니다. 청소년이나 소년소녀도 훌륭한 고객이 된다.[21]
④ 후원자는 가까운 곳에서 찾아라. 기존 후원자가 가장 좋은 고객이다.[22]
⑤ 소액기부자를 무시해서는 안 된다. 소액기부자는 단체의 힘이자 잠재적 고액기부자이다.[23]
⑥ 훌륭한 상품을 만들어라. 가장 뛰어난 상품은 바로 신뢰이다.[24]
⑦ 기부방법을 쉽게 하라. 기부하는 데 시간과 비용이 많이 들면 포기하게 된다.
⑧ 상대를 설득하는 데 많이 투자하라. 모금 이전에 홍보·교육·방문 등의 노력이 필요하다.
⑨ 자주 성취감을 주어라. 그렇지 않으면 후원자에서 이탈하게 된다.[25]
⑩ 인터넷을 적극 활용하라. 인터넷은 정보획득이 용이하고 비용이 적게 든다.

　　NGO 모금에서 중요한 것은 단체의 관점이 아니라 기부자 시각에서 계획을 세우고 모금을 해야 한다는 사실이다. 단순히 민주주의 발전, 시민권리 옹호, 환경보호, 복지사회 건설 등과 같은 단체의 사명이나 목적만으로는 모금하기 어렵다. 기부자를 설득할 수 있는 전략을 짜고 아

---

[20] 인구학적 변수를 가지고 시장을 세분화하여 표적집단을 설정하는 것이 중요하다. 이때 사회인프라를 적극 활용하여야 한다. 예를 들어, 교회는 구호를 위한 모금, 학교는 소년소녀가장돕기 모금, 공기업은 환경을 위한 모금에서 더욱 효과적이라고 할 수 있다.
[21] 미성년 고객이 오히려 성인을 설득하여 고객으로 만들 수 있다. 예를 들어, 자녀가 기부금을 내는 경우 부모도 기부금을 내도록 설득하게 된다.
[22] 새로운 후원자를 발굴하는 것보다 기존 후원자를 이용하는 것이 비용이 훨씬 낮다.
[23] 한국의 '월드비전'(World Vision)이 아프리카를 비롯한 개발도상국의 기아를 돕기 위한 〈사랑의 빵〉 프로그램으로 동전모으기를 하여 10년 동안 216억 원을 모았다고 한다(임영신, 2002).
[24] 사람이 직접적인 대가 없이 돈을 준다는 것은 상호간의 관계에서 안면이 있고, 교류가 있고, 정보를 교환하고, 마음을 열어서 상호 신뢰관계가 형성될 때 가능하다.
[25] 월드비전은 〈사랑의 빵〉 프로그램에서 동전모으기를 하면서 저금통의 크기를 일정하게 조정하여 두 달이면 1만 원으로 저금통이 차게 되고, 이것을 기부하면서 성취감을 갖도록 하였다(임영신, 2002).

이디어를 개발해야 한다. 예를 들어, 말을 하거나 글을 쓸 때도 '우리'라는 표현보다는 '당신'이라는 표현을 사용한다. 〈표 7-7〉은 열대우림행동네트워크(Rain-forest Action Network)의 후원요청의 예이다. 우리가 무엇을 한다는 설명보다는 당신이 무엇을 도울 수 있는지를 구체적으로 설명하는 것이 중요하다.

모금계획이 작성되고 시장조사가 끝나면 프로그램에 따라 모금이 실행된다. 큰 조직이라면 모금전문가를 배치하여 모금을 하지만, 규모가 작은 조직은 다른 사업을 수행하는 인력이 모금활동을 병행하게 된다. 인력이 모자라면 자원봉사자를 적극적으로 활용하고, 가수·배우·예술가·스포츠선수·방송인·정치가 등을 홍보대사로 활용할 수도 있다. 어떤 경우이든 모금가는 대인관계가 원만한 자, 의사전달에 능통한 자, 글 쓰는 자질이 있는 자, 자원봉사자 동원·관리 능력이 있는 자, 단체의 사업을 잘 아는 자, 조직운영과 의사결정의 중요한 위치에 있는 자가 좋다(양용희 외, 1997: 103-104).

4) 후원자관리

모금을 하는 것만큼이나 기존 후원자를 잘 관리하는 것도 중요하다. 기존 후원자는 전체 모금액수에서 커다란 부분을 차지하고 비용면에서도 효율적이다. 한국의 월드비전(World Vision)의 경우, 2000년 3만 5,000명의 후원자로부터 개인당 평균 2만 원씩 70억 원을 모금하였다. 이 중에서 기존 후원자가 낸 기부금이 55억 원이고, 나머지 15억 원이 새로운 후원자가 낸 기부금이었다(임영신, 2002). 또한 소액기부자도 잠재적 고액기부자이기 때문에 소홀히 해서는 안 된다. 수만 원이나 수십만 원을 내는 후원자가 수백만 원이나 수천만 원을 내는 후원자로 변할 수 있고, 심지어 수억 원이나 수십억 원의 상속을 하는 후원자로 바뀔 수 있다.

후원자관리는 전산시스템을 활용하여 과학적으로 관리해야 한다. 후원자의 정보를 관리하는 데 있어서 다음과 같은 점을 유의해야 한다(양용희 외, 1997: 92-95). 첫째, 후원자의 정보를 정확하게, 그리고 최대한 많은 정보를 입력하여야 한다. 이름, 생년월일, 주소, 직업, 직장, 성별, 연령, 종교, 후원동기, 후원액, 취미, 전자통신주소(E-mail) 등이 필요하다. 둘째, 후원자의 정보가 변경되었을 때 신속하게 파악하여 수정하여야 한다. 셋째, 입력된 정보를 적극 활용하여야 한다. 생일, 후원동기, 취미, 직업 등과 같은 정보를 활용하여 차별적인 서비스를 제공한다. 넷째, 후원현황에 대한 정확한 정보를 기록하여야 한다. 후원신청일, 후원일, 후원액, 최종미납일, 미납서신 발송 횟수 및 날짜, 자료발송 내용, 서비스제공 내용, 후원자로부터 받은 정보 등을 빠

<표 7-7> 열대우림행동네트워크의 후원요청 방법

우리는 당신의 지지 없이는 일을 할 수 없습니다. 열대우림 파괴자들에게 시민의 생생한 여론을 전달하기 위해서는 여러 종류의 지출이 필요합니다.

- 400달러: 공중에 매달 수 있는 거대한 현수막을 살 수 있게 합니다.
- 200달러: 빌딩이나 선박의 벽을 기어오르는 활동가를 위해 확실하고 안전한 잠금장치를 마련할 수 있게 합니다.
- 110달러: 산을 오르는 데 필요한 200피트의 로프를 살 수 있게 합니다.
- 64달러: 안전모를 살 수 있게 합니다.
- 35달러: 필름을 현상하고 사진을 언론사에 전달할 수 있게 합니다.

자료출처: 임영신(2002)

짐없이 입력하여야 한다. 다섯째, 후원자 전체의 후원현황에 대한 정보를 파악하여 후원자에 대한 분석과 마케팅에 이용하여야 한다.

후원자를 잘 관리하기 위해서는 단체의 시각이 아니라 후원자 개인의 입장에서 욕구·동기·반응을 고려하여야 한다. 단체의 모든 직원이 후원자서비스에 대한 교육을 받고, 후원자를 등급화하여 차별적으로 관리하여야 한다. 특히 고액기부자, 소액이지만 장기적인 기부자, 매년 기부액이 증가하는 자에 대한 특별관리가 필요하다. 기부에 대한 인센티브제도를 만들어 작은 물질적 보상 외에 보람·명예·소속감을 갖도록 하고 무언가 특별한 대우를 받고 있다는 느낌을 주어야 한다. 후원자관리에서 가장 중요한 것은 후원자에 대한 감사의 마음과 지속적인 관심을 갖는 것이다.

2. NGO의 홍보

1) 홍보의 정의

NGO에서 시민참여는 단체의 재정적 원천이자 영향력의 토대이기 때문에 매우 중요하다. 따라서 시민참여를 활성화하는 것이 중요하다. NGO에 대한 시민참여는 다양한 형태의 홍보를 통해 시민이 단체에 대한 정보를 획득한 후에 이루어질 수 있다. 한국에서 조사한 바에 의하면,

시민들이 NGO에 가입하지 않는 주요 이유는 어떤 NGO가 있고 어떻게 가입하는지 모르기 때문이라고 한다(소재진, 2000). 따라서 NGO는 시민참여를 확대·강화하기 위해 홍보에 대한 보다 전문적인 지식과 적극적인 행동을 취할 필요가 있다. 홍보란 하나의 조직이 생존하기 위해 조직의 사명과 사업에 대한 정보를 외부에 전달하는 것이다. NGO를 비롯한 각종 조직은 조직의 주요 목적과 사업을 외부에 알림으로써 조직의 긍정적인 이미지를 형성하고 조직에 대한 대중의 이해를 증진시킬 수 있다. 이러한 긍정적 이미지와 대중적 이해를 통해 조직에 대한 신뢰를 높이고 조직생존에 필요한 자원을 획득할 수 있다. 따라서 홍보는 조직의 부차적인 요소가 아니라 핵심적인 기능이라고 할 수 있다.

2) NGO의 홍보전략

대부분의 사람들은 각종 언론매체를 통해 NGO, 시민운동, 자원활동을 이해하고 일정한 관점을 형성한다. 따라서 홍보에서 언론을 어떻게 이용할 것인가가 중요하다. NGO가 언론을 통해 홍보할 때는 다음과 같은 몇 가지 사항을 고려하여야 한다(송경민, 2002). 첫째, 기자의 입장을 고려한다. 시간을 엄수하고 기자가 원하는 것을 파악한다. 기자는 모든 것을 다루지 않기 때문에 기사화될 수 있는 자료는 시의성, 생활성, 중요성, 저명성, 흥미 등과 같은 가치를 가질 필요가 있다.[26] 둘째, 경쟁자를 생각하여야 한다. 기자는 무수한 제보와 자료를 받기 때문에 자료는 제목이 선명하고 내용이 간단명료해야 채택될 수 있다. 부가적인 내용이나 자세한 내용은 별도로 첨부하는 것이 좋다. 셋째, 다양한 방법을 사용한다. 보도자료 제공 외에도 투고, 성명서 발표, 대담, 브리핑, 기자회견 등을 시기에 따라 적절하게 사용한다. 넷째, 시각적 효과를 중시한다. 비디오와 사진은 글보다 더욱 위력을 발휘할 수 있다. 다섯째, 인터넷을 적극 활용한다. 기자는 언제나 바쁘기 때문에 대면이나 전화는 제한되어있다. 각종 자료를 이메일(E-mail)을 통해 제공한다. 이때 양을 적절하게 조절하고 중요한 사항은 본문에 쓰도록 한다.[27]

NGO의 홍보수단에는 대중매체만 있는 것이 아니다. 따라서 다양한 수단을 복합적으로 활용할 필요가 있다. TV, 라디오, 신문, 잡지 등 대중매체를 통한 기사화 외에도 일간신문의 소개

---

[26] 언론은 정부의 불법행위, 민주주의가치의 왜곡, 사회적 약자의 피해, 최초·최대·최다와 같은 기록적인 것에 우선하여 관심을 보인다.
[27] 중요한 사항을 첨부파일에 보내면 바쁜 기자가 보지 않는 경우가 많다.

란 이용, 현수막·포스터·전단·스티커 사용, 커뮤니티신문이나 전문잡지의 특집기사 제공, 단체의 뉴스레터 활용, 대표의 칼럼이나 원고 투고, 이벤트·퍼포먼스 행사, 시위와 집회, 1인시위 등 다양한 방법이 있다. 그리고 NGO는 지방정부·기업·종교단체·동호회 등의 사보(社報)·기관지·뉴스레터 등을 적극 활용하는 것이 필요하다. 또한 인터넷을 이용하면 비용이 싸고 효과적으로 목적을 달성할 수 있다. 홈페이지 구축은 일반인이 키워드를 가지고 쉽게 접근할 수 있고, 다양한 쟁점에 대한 쌍방향적 의사소통을 가능케 한다. 그리고 피드백을 통해 단체의 운영과 사업에 필요한 각종 아이디어를 얻을 수 있다. 이메일(E-mail)을 이용하면 표적집단에 대한 다량의 정보제공이 용이하고, 트위터(twitter)를 활용하면 다수의 사람에게 중요한 내용을 즉시 알릴 수 있다. 심지어 네티즌(netizen)의 참여를 통해 사이버시위와 사이버서명도 가능하다.

제5절 NGO의 성과관리

기본적으로 거의 모든 조직은 자원을 극대화하고, 비용을 줄이고 산출을 늘이며, 사회로부터 정당성을 확보하여 자신의 독특한 목적을 달성하고자 하는 점에서 공통적이다(Galaskiewicz and Bielefeld, 1998: 1). 이것은 기업조직의 경영학적 접근이 다른 조직에도 적용될 수 있음을 시사한다. 최근 NGO에서도 경영이 중시되면서 기존의 NGO 이념으로서 자율성·공공성·민주성·다원성 외에 효율성(efficiency)과 효과성(effectiveness)이 강조되고 있다. NGO는 여전히 사명과 가치를 중시하지만, 제한된 자원을 가지고 어떻게 효율적이고 효과적으로 목적을 달성할 것인가 하는 경영개념이 투입되고 있는 것이다. NGO는 조직이 가지고 있는 고결한 사명, 사회적 목적, 공익적 활동만으로 존립할 수 없다. 이제 NGO는 과학적이고 체계적으로 업무를 관리하여 목표를 효율적이고 효과적으로 달성해야 한다. 그리고 윤리적이고 책임 있는 관리를 통해 시민지지를 확보해야 한다. 이런 의미에서 NGO지도자나 활동가는 사회적 기업가(social entrepreneur)가 되어야 한다. 여기서는 NGO의 경영과 관련하여 성과관리에 대해 다루기로 한다. 이에 앞서 성과의 평가와 밀접한 관련이 있는 책무성에 대해 간단하게 살펴보기로 한다.

1. NGO의 책무성

NGO가 시민참여로 결성되고, 주로 외부로부터 재정을 충당하며, 정부와 기업을 상대로 시민운동을 전개한다는 측면에서 일정한 공공적 책무성을 가져야 한다. 지금까지 NGO는 사명과 가치를 중시하고 책무성을 경시하는 경향이 있었으나, NGO의 정당성은 책무성과 밀접한 관련이 있다. 이미 1980년대부터 NGO가 사회변혁 목표로부터 이탈하고 정부지원금으로 부정행위를 하는 것에 대해 비판이 있었다. NGO가 강조하는 자치권력(empowerment), 정책참여, 공공서비스생산 등은 시민에 대한 일정한 책임을 전제로 한 것이다. 특히 최근에는 NGO의 영향력이 강화됨에 따라 그에 따른 책임요구가 증가하고 있다. 여기서 책무성(accountability)이란 어떤 개인이나 조직이 외부의 인정된 권위에 대해 갖는 법적·정치적·도덕적 책임을 말한다.

정부나 기업과는 달리, NGO의 책무성은 애매하다. 정부는 유권자에게 책임을 지고 기업은 주주에게 책임을 지지만, NGO는 명확한 책임의 대상이 존재하지 않는다. NGO의 책무성은 대상이나 내용에서 다양하고 다차원적이다. 한 단체가 다양한 책무성을 가지고 있을 뿐만 아니라, 단체마다 강조하는 책무성의 요소가 다르다. 대체로 개별단체는 회원·기부자·피신탁인(재단)·정부와 같은 다양한 원천으로부터 재정을 충당하고, 직원·회원·자원봉사자·수혜자·파트너·일반시민에게 정치·사회적 책임을 진다. 그러나 단체에 따라 어떤 단체는 경제적 요소를 강조하는 반면, 다른 단체는 정치·사회적 요소를 강조할 수 있다. 〈그림 7-5〉는 NGO가 책무성을 갖게 되는 주요대상을 적시한 것이다.

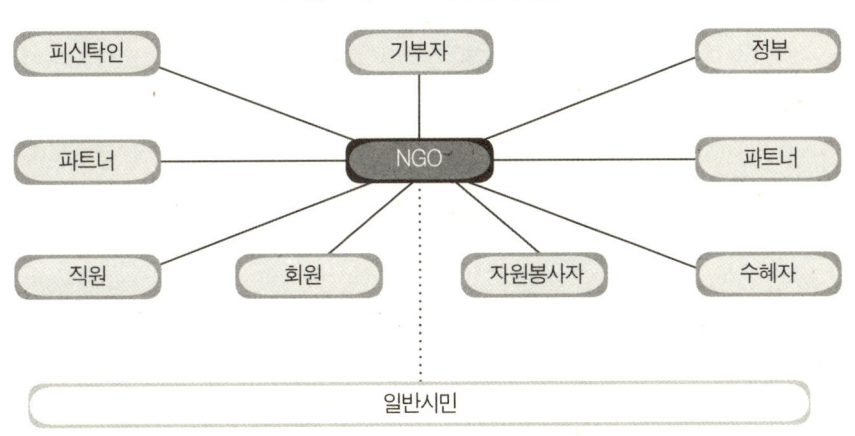

〈그림 7-5〉 NGO 책무성의 대상

〈표 7-8〉 NGO 책무성의 주요 요소

주요 요소	내용	대상
사회적 목적과 공헌	단체가 추구하는 목적이 공익과 관련이 있고, 조직활동이 사회적 발전에 기여하여야 한다.	기부자, 정부, 회원, 일반시민 등 모든 대상
민주적 의사결정	시민운동을 전개하고 단체의 목표를 달성하는 과정에 조직구성원의 참여를 강화해야 한다.	피신탁인, 기부자, 직원, 회원, 자원봉사자, 일반시민
재정의 건전성	외부로부터 받는 재정지원이 너무 과도하거나 단체의 자율성과 독립성을 침해해서는 안 된다.	직원, 회원, 일반시민
효율적 자원배분	단체의 재정을 낭비하거나 비용에 비해 성과가 적어서는 안 된다.	피신탁인, 기부자, 회원, 일반시민
투명한 회계	재정사용에 대한 체계화된 예산제도와 회계기준을 가지고 내부통제와 감사제도가 확립되어야 한다.	피신탁인, 기부자, 정부, 직원, 회원, 일반시민
프로그램의 적절성	사업이 법적·도덕적으로 정당하고 일상생활과 밀접하며 시민참여를 촉발하여야 한다.	피신탁인, 기부자, 정부, 회원, 일반시민
사회문제 해결능력	각종 사회문제에 대해 내부 전문성과 외부 연대활동을 통해 효과적으로 해결할 수 있어야 한다.	피신탁인, 기부자, 회원, 파트너, 일반시민
서비스의 질	비가시적이고 사소하지만 일상생활에 필수적인 서비스를 제공하고 고객의 만족을 얻어낼 수 있어야 한다.	피신탁인, 기부자, 수혜자, 일반시민
고객에 대한 반응	외부인에게 개방적이고 변화에 유연하게 적응하며 고객의 요구에 적극적으로 대응해야 한다.	회원, 수혜자, 일반시민

NGO가 각 대상에 대해 지고 있는 책무성의 내용은 복잡하다. 에드워드(Michael Edwards)와 흄(David Hulme)은 효과적인 책무성이 목표의 명확화, 의사결정과 관계의 투명화, 자원사용과 업적의 정직한 보고, 감독기관에 의한 결과평가, 성과에 대한 상벌메커니즘 등과 같은 요소를 필요로 한다고 말한다(Edwards and Hulme, 1996). NGO의 책무성으로는 조직의 사회적 목적, 민주적 의사결정, 재정의 건전성, 효율적 자원배분, 회계의 투명성, 프로그램의 적절성, 사회문제 해결능력, 서비스의 질, 고객에 대한 반응 등을 들 수 있다. 신뢰받고 좋은 이미지를 갖고 있는 NGO라면 책무성의 모든 요소에 대해 최소한의 수준을 유지하여야 한다. 이러한 책무성 중에서 특히 재정의 효율적 사용과 투명한 회계, 사업의 효과적 달성, 조직 내부의 민주주의가 중요하다. NGO는 재정지원자에 대해 자원의 효율적 사용과 회계의 투명성을 보장해야 하고, 회원이나 고객에겐 사회문제를 해결하고 높은 서비스 질을 제공할 수 있어야 하며, 일반시민에게는 조직이 민주주의의 원리에 따라 운영되고 있음을 보여주어야 한다. 〈표 7-8〉은 NGO 책무성의 주요 요소와 각 요소의 내용과 대상을 보여주고 있다.[28]

2. NGO의 성과관리

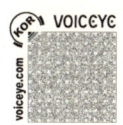

NGO는 지금까지 민주주의의 성취와 사회변혁과 관련하여 공공성을 강조해왔다. 그러나 최근 효율성과 효과성에 대한 요구가 강하게 대두되고 있다. NGO가 자원을 효율적으로 배분하고, 회계를 투명하게 하며, 내부 모니터링과 평가를 통해 성과를 점검해야 한다는 주장이 나오고 있다. NGO는 영리단체와는 달리 경제적 동기보다 도덕적 동기를 중시하지만, 도덕이란 이름으로 자원을 소모해서는 안 된다는 것이다. NGO가 정부로부터 재정을 지원받아 과연 정부보다 효율적으로 서비스를 제공할 수 있는가 하는 물음도 제기된다. 시기가 지난 의미 없는 사업에 재정이 투입되거나, 성과에 대한 책임 없이 사업이 종결되는 것에 대한 비판도 있다. 심지어 자기정당화를 위해 성과를 과장한다는 지적도 있다. NGO가 가치를 추구하고 대의를 지향한다고 해서 실수를 인정하지 않거나 성과에 대해 무감각한 것은 앞으로 수용되기 어려울 것으로 보인다.

성과관리(performance management)란 조직활동과 프로그램의 효율성과 효과성에 대한 평가를 통해 조직의 능력을 증진하는 것을 말한다. 물론 NGO의 성과를 측정한다는 것은 간단하지 않다. 기업은 이윤을 계산하고 정부는 선거에서 심판을 받으면 되지만, NGO는 바라보는 사람의 시각과 상황에 따라 판단과 해석이 달라진다. 우선 NGO 자체가 너무나 다양하기 때문에 성과측정은 단체의 종류에 따라 다를 수밖에 없다. 그리고 NGO는 성과를 측정하고 관리할 수 있는 내부의 인력과 예산이 부족하다. 더구나 성과를 측정한다고 하더라도 NGO의 활동결과를 계량적으로 표시하기 어렵다. 참여자 수, 모금액, 서비스 수혜자 수는 파악할 수 있겠지만, NGO활동에서 중요한 시민적 지지, 사회적 영향력, 문제해결 정도, 서비스의 질 등과 같은 질적 요소는 측정하기 어렵다. 나아가 NGO활동에서는 민주주의의 발전, 시민의식의 변화, 정치문화의 향상, 국제사회의 인정 등도 결코 경시되어서는 안 된다. 또한 성과측정에서 정치·경제·사회·문화적 요소 간에 충돌이 일어날 수 있고, 가치의 우선순위에 대해서도 논란이 된다. 한편 성과를 측정한다고 하더라도 성과에 영향을 미치는 요소를 통제하기 어렵다는 한계가 있다.[29] 그럼에도 불구하고 NGO가 정당성을 획득하고 유지하기 위해서는 조직과 사업의 효

---

28) NGO가 민주주의의 원칙 아래에서 공익을 추구하는 조직이라는 점에서 일반시민은 모든 영역에서 책무성의 주요 대상이 된다.
29) NGO의 성과에 영향을 미치는 국가정책, 경제상황, 시민의식, 국제환경, 다른 조직의 행동 등은 개별 NGO가 통제

<표 7-9> NGO의 사업평가 모델

시기	평가기준	주요 내용
사업의 형성과정	사업목표의 타당성	단체의 사명과 부합여부, 사회적 의미, 실현가능성, 목표의 명확성
	사업계획의 충실성	사업내용의 구체성, 목표달성을 위한 구체적 수단, 다른 단체와의 연대
사업의 집행과정	사업집행의 효율성	예산집행의 시기와 장소의 정확성, 자원의 효율적 집행
	사업집행의 적절성	사업진행에 필요한 조직과 인력, 외부변화에 대한 대응, 실질적인 연대 여부
사업의 평가과정	목표의 달성도	목표의 달성 정도, 실질적인 효과, 향후 조치

율성과 효과성을 적절하게 관리하는 것이 필요하다. 이러한 성과관리를 통해 사업진행에 필요한 자원과 정보를 획득하고 피드백을 향상시킬 수 있다.

성과관리를 위해서는 먼저 전문적인 평가작업이 진행되어야 한다. NGO에서 평가는 다양할 수 있지만, 가장 대표적인 것이 바로 사업평가이다. 사업평가란 NGO가 단체의 목표를 달성하기 위해 진행하는 프로그램의 개발·운영·성과가 계획대로 진행되고 산출되었는지 점검하여 소기의 목적을 달성할 수 있도록 하는 과정을 말한다. NGO도 사업의 결정과 집행에 대한 적절한 평가를 통해 자원을 효율적으로 투입하고 계획한 목표를 달성하는 것이 필요하다. 이러한 평가에 근거하여 사업의 지속·수정·종결에 대한 결정이 이루어져야 한다. 사업평가에는 여러 가지 종류가 있다(신재일·정형욱, 2003). 첫째, 범위를 기준으로 하여 단일평가와 포괄평가로 나눌 수 있다.[30] 둘째, 시점이나 목적에 따라 형성평가(formative evaluation)와 총괄평가(summative evaluation)로 나눌 수 있다.[31] 셋째, 평가자에 따라 내부평가와 외부평가로 나눌 수 있다. 넷째, 사업의 단계에 따라 의제설정, 결정, 설계, 집행, 영향 등의 평가가 있다. 〈표 7-9〉는 NGO의 사업평가 중에서 포괄평가의 모델을 제시한 것이다.

사업을 평가하는 도구에는 여러 가지가 있다. SWOT(strengths, weaknesses, opportunities, threats) 모델도 자주 사용되는 도구 중의 하나이다. SWOT 모델은 사업의 내부

하기 어렵다.
[30] 단일평가는 사업의 기획, 결정, 집행, 평가 등 한 부분만을 평가하지만, 포괄평가는 사업과정 전체를 평가하는 것이다.
[31] 형성평가는 정책의 형성단계에서 필요한 기술이나 정보를 제공하기 위한 것이고, 총괄평가는 정책집행 후 정책의 지속이나 종결의 판단에 필요한 정보를 제공하기 위한 것이다.

〈표 7-10〉 SWOT를 통한 2004년 총선시민운동의 분석

강점(strengths)	약점(weaknesses)
· 2000년 총선연대활동의 경험 · 정치개혁에 대한 시민적 지지 · 내부 전문가의 보유 · 거대한 활동 네트워크 · 리더의 확고한 의지 · 자원봉사자의 참여와 열정	· 후보자 검증의 공정성 문제 · 참여조직 간의 이견과 갈등 · 거대조직의 영향력 독점 · 젊은 리더의 리더십 부족 · 부족한 자금
기회(opportunities)	위협(threats)
· NGO에 대한 시민관심 증대 · 단체의 홍보와 회원의 증가 · NGO 간의 연대문화 강화 · 정치적 의제의 일반화 · 정치개혁의 가속화	· 정치사회와의 대립 · 보수세력의 단결과 저항 · 총선활동 분화에 따른 혼란 · 재실행에 대한 언론관심 쇠퇴 · 활동에 대한 법적 제재 · 지역주의로 인한 성과 한계

와 외부 환경을 조직의 강점과 약점, 기회와 위협의 관점에서 파악하여 상호 비교할 수 있는 이점이 있다. 〈표 7-10〉은 한국NGO가 2004년 4월 국회의원 선거에 대한 정치참여로서 국회의원 후보자 정보제공, 낙천·낙선, 당선 등을 목표로 수행한 총선시민운동에 대한 SWOT 분석의 예이다.

제III부

NGO의 활동과 대안체제

제8장　시민참여와 시민운동
제9장　NGO와 정부·기업
제10장　글로벌 거버넌스와 NGO
제11장　대안사회와 NGO

제 8 장
시민참여와 시민운동

제1절 NGO와 시민참여

1. 참여의 의의

1) 참여의 정의

현대사회에서 정치공동체의 시민은 직접적이든, 간접적이든, 정부의 정책과정이나 공동체의 업무에 참여하는 것이 보편화되었다. 현대인들은 자유로운 의견 표출, 정부의 정책과정에 대한 참여, 타자에 대한 사회적 책임, 공동체의 문제해결을 위한 연대, 사회정의를 위한 직접행동 등에 커다란 관심을 가지고 있다. 그런데 정부나 시장은 이러한 방식의 삶을 보장해줄 수 있는 이데올로기와 메커니즘을 충분히 보유하고 있지 않다. 따라서 시민들은 시민사회에서 다양한 조직을 결성하고 자신의 목적을 달성하기 위해 직접·간접적인 행동을 취한다. 예를 들어, 주부단체의 회원은 아름다운 마을을 만들기 위해 집 앞의 꽃밭을 가꾼다. 산악회원들은 일요일 등산로 앞에서 휴지를 담을 작은 봉지를 나누어준다. 자원봉사단체의 회원은 양로원을 방문하여 청소를 하고 연극을 공연한다. 정부감시단체는 정부의 자의적 권력행사를 감시하고 부정부패를 고발한다. 소비자단체는 부정의(不正義)한 기업의 불량상품 불매를 위한 캠페인을 벌인다. 오늘날 이러한 참여행동은 시민생활의 일부가 되었다.

정치학에서는 시민참여를 정부의 정책과정에 영향력을 행사하기 위한 합법적인 활동으로 정의해왔다. 따라서 시민참여는 곧 정치참여를 의미하는 것으로 통했다. 특히 엘리트의 정책결정 독점을 옹호하는 수정주의 민주이론가들은 시민참여를 선거참여로 제한하는 경향이 있었다. 이렇게 되면 정부영역을 벗어나 대의민주주의의 한계를 극복하기 위한 공론장의 형성뿐만 아니라, 근대문명을 극복하고 공동체적 삶을 복원하기 위한 다양한 집단활동이 시민참여에서 배제된다. 그리고 불법적인 시위나 저항행동도 제외하게 된다. 국내에서 시민참여에 대해 구체적으로 연구한 이승종(1995: 80)은 시민참여를 광의적으로 해석하여 전통적인 참여활동 외에 데모, 도로점거, 폭동과 같은 비합법적인 활동도 포함시킨다. 그러나 시민참여를 여전히 정부에 영향력을 행사하기 위한 명시적 행위로 제한하고 있다. 김대환(1997)은 선거와 같은 제도적인 활동과 기부나 단체가입과 같은 간접행동도 참여의 범주에 포함시키면서 넓게 해석한다. 하지만 법률이나 규칙의 제정과 같은 의사결정에 영향을 미치고자 하는 목적의식적 행동으로 제한한다.

NGO는 정부만을 상대로 활동하거나 정책과정의 참여에만 초점을 두고 활동하지 않는다. 따라서 NGO학에서는 시민참여를 매우 넓게 본다. NGO학에서 시민참여의 개념을 정의하는 데는 다음과 같은 몇 가지 사항이 쟁점이 되고 있다. 첫째, 투표와 같은 의례적인 활동이나 정부에 대한 지지행동을 포함하는가의 문제이다. NGO학에서 참여는 일반시민이 정부의 정책과정에 영향력을 행사하려는 의도적인 행동 외에 의례적인 투표행위나 정부에 대한 지지활동도 포함한다. 특히 개혁적인 정부의 동반자로서 정책에 대한 일정한 지지활동은 매우 중요한 시민참여활동에 속한다.

둘째, 불법적인 활동이 시민참여에 포함되는가의 문제이다. NGO학에서는 시민운동에서 사용하는 데모, 보이콧, 파업, 농성, 점거와 같은 직접행동도 참여에 포함한다. 실제로 시민불복종운동은 그 자체로서는 비합법적인 행동이라고 할 수 있다. 물론 이러한 활동을 포함하는 것이 폭력행위를 정당화하는 것은 아니다.

셋째, 직접적인 행동이 아닌 간접적인 행동도 포함하는가의 문제이다. 공청회참여, 서명운동, 시위·집회와 같은 행동 외에 시민운동을 하는 단체의 회원가입과 기부금 제공과 같은 의사표시도 시민참여에 포함한다. 물론 물리적 공간 외에 인터넷에서 의견을 제시하고 사이버공간에서의 서명이나 시위와 같은 행동을 취하는 것도 포함한다.

넷째, 정부영역을 벗어나 시장을 상대로 하거나 시민사회에서 하는 활동이 시민참여에 포함되는가의 문제이다. 시민참여를 정치활동으로 제한하는 정치학과는 달리, NGO학에서는 기업에 영향력을 행사하려는 활동이나 공공선을 추구하는 시민사회 내의 단체활동도 시민참여에 포함시킨다. 이것은 국민국가 범위를 벗어나 세계적 차원에서 벌어지는 시위·원조·상담과 같은 활동으로 확장된다.

다섯째, 시민사회의 친목회나 동호회와 같은 단체에 가입하거나 활동하는 것도 포함하는가의 문제이다. NGO학에서 시민참여는 정부나 시장에 영향력을 행사하고 공동체적 문제를 해결하려는 활동이 아닌, 단순한 친목활동은 포함하지 않는다. 이것은 시민참여활동이 공공성을 중시함을 의미한다.

이렇게 본다면 NGO학에서 시민참여는 사회구성원이 공동체의 일에 참여하여 공공선(public good)을 증진하려는 직접·간접적인 행동을 말한다. 따라서 시민참여는 정부의 정책과정에 영향력을 행사하려는 행동 외에 공동체 전반의 공익활동과 관련된다.

2) 참여의 가치

현대사회에서 사회구조가 복잡해지고 가치가 다원화됨에 따라 참여의 양태도 다양화되었다. 참여의 대상·주체·방식 등이 다양해졌다. 그런가 하면, 참여의 효용에 대해서도 논쟁이 치열하다. 한쪽에서는 참여부족으로 인한 민주주의의 쇠퇴를 우려하는가 하면, 다른 한쪽에서는 참여과잉으로 인한 사회적 고비용을 비판한다. 참여에 대한 회의론은 시민성에 대한 불신과 참여의 수단적 성격을 강조한다. 참여를 협소하게 정책과정에 대한 여론전달 수단으로 간주하고 참여자의 정치적 무지나 과도한 참여가 민주체제의 불안을 가져올 수 있다고 보는 것이다. 이에 비해 참여에 대한 긍정론은 참여가 수단적 성격을 가지고 있을 뿐만 아니라 목적적 성격도 내포하고 있고, 시민참여가 민주주의의 발전에 긍정적으로 작용한다고 본다.

〈표 8-1〉에서 나타나는 바와 같이, 참여가 과도하면 공익을 훼손할 수 있지만, 일정한 수준까지 참여는 공익증진에 중요한 기여를 한다. 이렇게 본다면 대의민주주의 하에서 시민참여는 더욱 촉진되어야 한다. 주지하는 바와 같이, 대의민주주의에서 정치는 제도영역의 권력관계로 축소되고 권력이 소수엘리트에게 집중되어있다. 시민참여는 의례적인 선거에 국한되어 있어서 정치적 냉소가 팽배해졌다. 특히 정보를 가진 기술관료의 결정권이 강화되어 의회민주주의조차 위협을 받고 있다. 민주주의의 실질적인 주인인 시민이 권력을 제대로 행사할 수 없기 때문에 민주주의의 핵심인 자기결정원리가 형해화되었다. 따라서 대의민주주의에서는 항상 참여의 과잉이 아니라 과소가 문제가 된다. 더구나 개인주의의 성향이 강하고, 정부에 대한 불신이 높으며, 탈정치로 인해 정치적 무관심이 심각한 현대사회에서, 문제가 되는 것은 과잉참여가 아니

〈표 8-1〉 참여와 공익 간의 관계

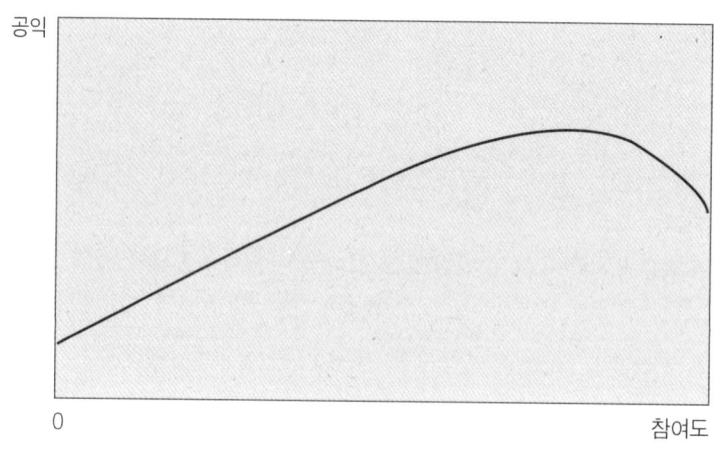

라 과소참여의 부작용이라고 할 수 있다.

참여의 가치는 크게 수단적 가치와 목적적 가치로 나눌 수 있다. 참여는 수단적 가치로서 시민의 선호와 욕구를 표현하고 상호 의사소통하는 통로가 된다. 그리고 참여는 정책과정에 대해 정보와 여론을 전달하는 수단이 된다. 참여를 통해 시민은 공직자와 정부업무를 감시·통제할 수 있고, 정부는 필요한 정보를 획득하고 정책결정의 정당성과 정책집행의 순응성을 높일 수 있다. 이러한 상호교환 과정이 활발하게 일어남으로써 체제의 안정과 통합이 강화된다. 특히 사회적 약자가 참여를 통해 자신의 의견을 정책과정에 반영할 수 있음으로써 극단적인 행동을 조정할 수 있다. 이런 점에서 시민참여는 민주주의의 기본원칙인 인민에 의한 지배를 강화하는 중요한 수단이라고 할 수 있다. 민주주의의 원리에서 보면 시민은 국가의 부당한 간섭에서 벗어나는 소극적 자유 외에, 공동체의 의사결정에 적극적으로 참여할 수 있는 권리를 가지고 있는 것이다(강정인, 1997). 권위주의의 쇠퇴 이후 절차적 민주주의를 넘어 실질적 민주주의로 외연을 확대하고 내포를 심화하려고 할 때, 참여는 정치영역의 확대, 일상의 민주화, 사회적 약자의 이익 대변, 사회경제적 평등, 노동의 사회화 등에 기여하게 된다.

민주주의의 발전을 위해 시민참여가 중요하지만, 참여는 수단적 가치만 가지고 있는 것이 아니다. 사실 개인이 공동체에 참여하고자 하는 것은 그 자체 흥미있는 일로서 인간의 본능에 가깝다. 보스웰(Jonathan Boswell)의 지적처럼, 참여에는 함께 있거나(being together), 함께 행동하는(doing together) 미덕이 있다(Boswell, 1990: 44). 현대인은 단순히 가족생활이나 경제활동에만 매몰되지 않고 공동체 속에서 자신의 존재를 인식하고 자기위상을 제고(提高)하려고 한다. 자신이 속한 사회의 일원으로서 공동의 관심사에 참여하여 필요한 지원을 하고 영향력을 행사하려고 한다. 또한 공공참여를 통해 민주시민으로서의 권리와 의무를 배우고 자신의 능력을 향상시키려고 한다. 개인이 자기주체성을 발현하고, 사회적 정체성을 획득하며, 민주시민으로서의 자격을 획득하는 것은 바로 참여를 통해서 이루어질 수 있다. 이런 점에서 참여는 인간생활의 본질적 가치에 해당한다.

　수단적 가치를 넘는 참여의 본질적 가치에 대해서는 많은 사상가들이 지적해왔다. 일찍이 밀(John Stuart Mill)은 개인이 자발적 참여를 통해 자신을 사회적 일원으로 인정하고 공동체의 이익을 자신의 이익과 발전으로 간주하게 된다고 보았다(Mill, 1991). 프롬(Erich Fromm)은 참여민주주의에서 공동체의 일은 개인의 사적인 일만큼 친근하고 중요한 것이 되고, 공동체의 복리가 개인의 관심사가 된다고 보았다(Fromm, 1988: 240). 맥퍼슨(C. B. Macpherson)은 참여가 활발하게 이루어지는 사회에서 인간 본래의 주체성을 회복할 수 있다고 보았다(Macpherson, 1979). 메이슨(Ronald Mason)은 참여를 인간의 자기계발의 핵심활동으로 간주하고, 더 많은 참여가 더 많은 자기계발을 가져온다고 보았다(Mason, 1982: 21). 참여의 이러한 목적적 가치를 인정한다면 참여의 평등화와 참여형태의 다양화를 이루는 것이 중요하다고 볼 수 있다.

2. 참여의 유형

개인이 시민사회의 각종 조직을 통해 공동체의 일에 참여하는 방식은 다양하다. 전통적으로 개인은 선거, 국민투표, 로비와 같은 제도적인 방식으로 참여해왔다. 이러한 제도적 참여가 자유로운 의사표출에서 한계를 갖게 되자, 편지, 캠페인, 시위와 집회, 파업 등과 같은 비제도적인 방식을 병행적으로 사용하였다. 오늘날 사람들은 정부 위원회와 공청회 참가, 국민발안과 국민소환, 사법부 고발, 위탁업무 수행과 같은 제도적인 방식 외에 성명서 발표, 기자회견, 유인물 배포, 서명운동, 단체가입과 기부금 제공, 교통편의 제공, 각종 자원활동, 전화·방문·투고, 입법청원, 퍼포먼스, 공청회와 세미나 개최, 정보제공, 참관과 감시활동, 농성과 점거, 불매운동, 불복종운동, 사이버 서명과 시위 등과 같은 다양한 참여방식을 사용한다.

　학자들은 참여를 다양한 방식으로 분류해왔다. 오래 전에 아른스타인(Sharry Arnstein)이 행한 8단계 분류가 유명하다. 아른스타인은 〈표 8-2〉와 같이, 참여를 크게 형식적 참여와 실질

〈표 8-2〉 참여단계에 의한 분류

번호	참여단계	참여형태
8	시민통제	
7	권한위임	실질적 참여
6	파트너십	
5	회유	
4	상담	형식적 참여
3	정보제공	
2	치료	비참여
1	조작	

자료출처: Arnstein(1969)

〈표 8-3〉 참여곤란도에 따른 분류

참여유형	참여활동의 예
투사형 활동	공직/정당직 보유, 선거입후보, 정치자금 모금, 정당간부회의 참석, 정당가입/활동, 정치운동 참가
과도형 활동	정치집회 참가, 정치기부금 제공, 관료/정치가 접촉
관객형 활동	스티커 부착, 투표에 대한 대화, 정치담화, 투표, 정치적 자극에 대한 노출
무관심형	비참여

자료출처: Milbrath(1972: 18)

적 참여로 나눈다(Arnstein, 1969). 실질적 참여에서 참여의 영향력이 강화된다. 그리고 밀브레이드(Lester Milbrath)는 〈표 8-3〉과 같이, 곤란도에 따라 참여를 크게 관객형, 과도형, 투사형 활동으로 분류하였다(Milbrath, 1972: 18-19). 관객형에서 투사형으로 갈수록 곤란도가 높아져 기회비용(opportunity cost)이 커지게 된다. 이 외에도 듀브르제(Maurice Duverger)는 이익집단의 정치참여를 직접적 방법과 간접적 방법으로 나눈다(Duverger, 1972).[1] 알몬드(Gabriel Almond)와 포웰(B. Bingham Powell, Jr.)은 정책과정에 대한 접근방식을 합법적 방식과 강제적 방식으로 나눈다(Almond and Powell, Jr., 1978: 178-91).[2] 한국에서는 일찍이 최호준(1983)이 지방수준에서 일어나는 시민참여의 유형을 운동, 교섭, 기관참여, 자주관리 등으로 분류하였고,[3] 황윤원(1997)은 합법성과 제도성을 기준으로 네 가지 참여유형을 제시하였다.[4]

NGO학에서 참여는 개인이 직접 정부와 시장에 영향력을 행사하는 것보다 NGO를 통해

---

[1] 직접적 방법은 정부기관에 대한 공개적·비공개적 행동, 정보제공 등이 있고, 간접적 방법은 선전물 발간, 편지, 전화, 시위 등이 있다.
[2] 합법적 방식(constitutional access channel)은 접촉, 비폭력적 시위 등이 있고, 강제적 방식(coercive access channel)은 폭동, 테러, 비합법적 시위 등이 있다.
[3] 운동은 일방적·비정형적 주장을 말하고, 교섭은 쌍방 간의 대립을 통한 정형적인 활동을 말한다. 기관참여는 정책결정에 대한 참여를 통한 책임분담을 말하고, 자주관리는 행정기관이 위임한 범위 내에서 자주적으로 관리하는 형태를 말한다.
[4] 제도적·합법적 참여는 국민투표, 국민발안, 국민소환, 공청회 등이 있고, 제도적·비합법적 참여는 항의시위, 보이콧 등이 있다. 비제도적·합법적 참여는 합법적 시위, 시민단체 가입 등이 있고, 비제도적·비합법적 참여는 폭력시위가 있다.

〈표 8-4〉 제도성에 따른 참여의 분류

참여유형	참여활동
제도적 참여	선거, 투표, 로비 위원회, 공청회 참가 국민발안, 국민소환 사법부 고발 위탁업무 수행
비제도적 참여	성명서 발표, 기자회견 캠페인, 유인물 배포, 서명운동 단체가입, 기부금 제공 교통편의 제공, 각종 자원활동 전화, 방문, 투고, 편지, 입법청원, 퍼포먼스 공청회·세미나 개최 정보제공, 참관, 감시활동 시위, 집회, 불복종운동, 불매운동 파업, 농성, 점거 사이버 서명·시위

〈표 8-5〉 연대성에 따른 참여분류

참여유형	설명
단독참여	개별단체가 단독으로 참여
소수연대	대체로 2개 이상 9개 이하의 단체가 연대하여 공동으로 참여*
다수연대	대체로 10개 이상의 단체가 연대하여 공동으로 참여*

* 여기서 2-9개, 10개 이상의 단체 기준은 주관적 판단이다.

공공성을 증진하고 영향력을 행사하는 것을 중시한다. 참여는 제도성·합법성·공식성·연대성·능동성 등 다양한 기준에 따라 분류할 수 있다. 참여에서 중요한 것은 참여비용, 사회적 수용도, 영향력 등이라고 할 수 있다. NGO의 활동에서 이러한 요소를 반영하는 것은 제도적 참여와 비제도적 참여, 단독참여와 연대참여의 분류라고 할 수 있다. NGO의 활동에서는 다양한 비제도적 참여가 활성화되어 있고 연대참여가 보편화되어 있다. 제도적 참여는 정부의 공식적인 절차에 따라 이루어지는 참여를 말하고, 연대참여는 다수의 단체가 공동으로 참여하는 경우를 말한다. 제도적 참여와 연대참여는 대체로 사회적 수용도가 높고, 참여비용이 적으며, 영향력이 강하다고 할 수 있다.[5] 비제도적 참여와 단독참여는 대체로 그 반대이다. 일정하지는 않지만, 제도적 참여는 합법적이고 공식적인 경우가 많고, 비제도적 참여는 비합법적이고 비공식적인 경우가 많다. 〈표 8-4〉는 제도성에 따른 참여의 분류이고, 〈표 8-5〉는 연대성에 따른 참여의 분류이다.

3. 시민참여와 NGO

시민이 정치공동체에서 실제적으로 참여하기 위해서는 매개집단이 필요하다. 개인이 정부나 기업에 영향력을 행사하거나 각종 공익을 증대하는 데는 한계가 있다. 전통적으로 시민은 정당, 이익집단, 노동조합 등에 가입하여 이익을 추구하였고, 그 대상도 주로 정부와 의회에 영향력을 행사하는 것이었다. 물론 종교단체와 봉사단체를 통한 자선활동도 오랜 역사를 가지고 있다. 그러나 1970년대 이후 NGO가 발달함에 따라 NGO에 대한 참여와 NGO를 통한 참여가 증대하였다.

 1980년대 이후 세계적으로 정당이나 노동조합에 대한 참여는 약간 늘었지만, NGO에 대한 참여는 기하급수적으로 늘었다(주성수, 2003b). NGO에 대한 참여가 늘고 있는 것은 NGO가 가진 개방성·신축성·신뢰도·다양성 등에 기인한다고 할 수 있다. NGO는 노동조합이나 이익집단과는 달리 모든 사람에게 문호를 개방하고, 과두화되고 경직된 기존 조직과는 달리 수평적이고 유연한 조직구조를 가지고 있다. 그리고 신뢰도에서도 정당이나 노동조합에 대한 신뢰는 계속 하락하고 있지만, NGO에 대한 신뢰는 계속 증대하고 있다. 2001년 국제갤럽조사에 의하면, 전세계적으로 NGO에 대한 신뢰가 가장 높다. 그리고 다원화된 현대사회에서 NGO는 개인의 다양한 가치를 반영한다. NGO는 물질적 분배와 신체적 안전을 넘어 특수한 가치, 이타적 활동, 사회적 정체성, 각종 삶의 질과 관련된 탈물질적 욕구를 충족시킬 수 있는 곳이다. 특히 NGO는 인터넷을 통한 다양한 참여욕구를 수용하고, 국가적 경계를 넘는 교류와 연대를 가능케 한다. NGO나 동호회와 같은 단체에 대한 가입의 증대는 개인의 참여욕구가 소유에서 접속과 향유로 변하고 있음을 보여주기도 한다.

 NGO에 대한 참여는 NGO를 매개로 한 공공참여의 증대로 이어지게 된다. 이것은 NGO의

---

5) 물론 반핵운동이나 평화운동처럼 비제도적 참여가 영향력이 강한 경우도 있다.

공익성, 영향력, 삶의 질 등과 관련된 활동과 전략에 기인한다. 정당은 정권획득을 목표로 삼으면서 당파성이 강하고, 이익집단은 회원의 집단이익을 강조하면서 이기주의에 매몰되기 쉽다. 그러나 NGO는 공공문제에 참여하여 기꺼이 사회적 책임을 행하고자 하는 현대인의 욕구를 충족시킨다. 그리고 NGO는 정부·의회·기업에 대한 영향력에 있어서 전통적인 단체보다 강하다. 이것은 공공성을 가진 NGO가 사회적 동원력이 뛰어나고 풍부한 사회자본을 가지고 있기 때문이다. 그리고 최근에는 조직화의 수준이 강화되었고 미디어에 대한 접근성도 증대하였다. 또한 NGO는 단순히 정부나 기업에 영향력을 행사하여 개인이익을 보호하는 방어적 측면을 넘어 자기계발을 통한 잠재력의 계발, 가치를 공유한 사람들 간의 교류와 연대, 공공선을 추구하는 공중(公衆)으로서의 사회적 정체성 획득, 자원활동과 이타주의의 실천을 통한 자아실현 등 삶의 질과 관련된 활동을 매개하는 장치로 작용한다.

현대사회에서 시민참여가 중시되고 있지만, 여전히 참여가 불평등하게 이루어지고 있고 참여에서 무임승차 의식이 팽배해 있다. 시민참여에서 NGO의 중요성이 부각되는 것은 이러한 문제를 해결하는 것과도 밀접한 관련이 있다. 먼저 참여의 불평등과 관련하여 NGO는 모든 사람의 참여에 관용적이고, 특히 정책에 의해 직접적인 영향을 받으면서도 참여기회가 적은 사회적 약자나 소수자의 이익에 민감하게 반응한다. 이것은 지방적·국가적 차원뿐만 아니라 세계적 차원에서도 마찬가지다. 그리고 NGO는 기부금 제공, 회원가입, 자원활동, 적극적 참여활동, 활동가로서의 참여 등 다양한 참여방식이 있기 때문에 자기선택에 맞는 참여의 보상욕구를 제공한다. 특히 NGO는 인터넷을 통한 회원가입, 자원활동, 의견제시 등이 용이하다. 또한 NGO는 조직구조가 상대적으로 수평적이고 신축적이기 때문에 참여의 불평등을 완화할 수 있다. 다음으로 참여의 무임승차와 관련하여 NGO는 무관심한 자를 참여하도록 계몽하고 다양한 참여 욕구에 맞는 참여방식을 제공함으로써 무임승차 문제를 해결하는 데 기여한다. 참여의 목적적 가치를 중시하는 NGO는 시민이 참여를 통해 자유주의의 정태적 인간관을 극복하고 사회적 관계를 창조적으로 변화시키는 장치라고 할 수 있다.

한국은 기관의 신뢰도에서 정부·의회·정당·노동조합에 대한 신뢰가 낮고, NGO에 대한 신뢰가 매우 높다.[6] 민주주의에서 정당의 역할은 매우 중요하지만, 한국에서는 해방 이후 지금까지 정당이 국가권력을 창출하는 것이 아니라, 국가가 정당을 창출하는 모순을 보여왔다. 따라

---

6) '볼런티어21'이 2001년 기관에 대한 신뢰도를 조사한 바에 의하면, 정부·정당·노동조합·이익집단에 대한 신뢰는 15-40%로 낮은 반면, NGO에 대한 신뢰도는 70-75%로 매우 높다(볼런티어21, 2002: 113-23).

서 정당을 중심으로 한 정치사회는 반공주의, 지역주의, 당파주의, 과두제 등 각종 왜곡된 이데올로기의 볼모가 되어 국가로부터 자율성을 갖지 못했을 뿐만 아니라, 시민사회의 지지도 받지 못하였다. 따라서 NGO는 제도정치를 대신하여 정부를 견제하고, 시민의 의견을 집약하며, 정책을 개발하는 역할까지 떠맡고 있다.[7] 나아가 축적의 정당성이 빈약한 시장의 일탈행위까지 감시하고 견제하는 역할을 한다. 뿐만 아니라, 한국에서 NGO는 그동안 권위주의·반공주의·연고주의·속도주의 등으로 점철되어 이기주의와 냉소주의가 만연된 시민사회를 개조시켜 주체의식·시민의식·공익정신을 회복시키고 있다. 또한 국제적 이슈와 지원에 무관심한 정부를 대신하여 세계시민으로서의 한국인의 정체성 형성에도 기여하고 있다. 물론 NGO는 정당이나 노동조합을 비롯한 다른 조직에서 충족할 수 없는 다양한 탈물질적인 가치를 충족하는 실질적인 통로가 된다. 따라서 한국에서도 NGO를 통한 시민참여가 점점 확대되고 있다.

제2절 NGO와 시민운동

1. 신사회운동의 등장

1) 사회운동 발생의 분석틀

인간은 누구나 더 나은 삶을 원하기 때문에 기존 사회체제에 대해 불만을 가지고 있다. 불만은 문화체계 속에서 잠재하다가 기존의 지배적인 가치·규범·제도로부터 벗어나는 행동으로 연결된다. 이러한 행동은 범죄나 비행(非行)과 같이 개인의 사적인 이익을 추구하는 일탈행위로 이어지기도 하지만, 기존의 사회규범과 제도에 저항하거나 이를 변화시키려는 집단행동(collective action)으로 이어진다. 집단행동은 군중행위로 나타날 수도 있지만, 항의·혁명·사회운동처럼 기존의 사회규범과 제도에 저항하거나 이를 변화시키려는 의도적이고 조직적인 행동으로 나타난다. 집단행동으로서 사회운동은 18세기 후반 프랑스혁명을 통해 국가와 개인 사이

---

[7] 조희연(1998)은 NGO를 중심으로 한 운동정치가 정치사회를 대행하는 이러한 상황을 '대의의 대행'이라고 부른다.

에 사회라는 영역이 생기고, 민주주의의 발전을 통해 개인의 정체성과 권리의식이 성장함에 따라 등장하였다. 그리고 산업혁명에 의해 자본주의가 발전하고 그 과정에서 비인간적인 현실과 모순에 대한 인식이 작용하였다. 따라서 사회운동은 민주주의와 자본주의가 먼저 발달한 영국과 프랑스에서 시작되었다고 볼 수 있다. 사회운동은 국가영역 밖에서 국가의 권력관계에 영향을 미치려는 조직적인 집단행동으로서, 기존의 지배적인 가치와 규범으로부터 이탈하여 새로운 사회질서를 형성하려는 목적의식적 노력이라고 할 수 있다.

사회운동의 발생과 전개를 체계적으로 분석하는 이론적 틀은 다양하다. 고전적으로 사회운동은 구조기능주의에서 접근하거나 사회심리학적으로 접근하는 경향이 강하였다. 구조기능주의적 접근은 사회운동이 규범·가치·제도와 같은 체계를 구성하는 요소의 불일치나 괴리로 인한 구조적 긴장 혹은, 불균등에서 비롯된다고 본다(임희섭, 1999b: 33). 사회심리학적 접근은 1960년대 서구사회의 격렬한 저항운동을 주로 국가정책에 대한 불만이나 심리적 박탈감에서 설명한다(Gurr, 1970). 그러나 1970년대 이후 각종 사회운동을 체제나 정책에 대한 불만·박탈감·좌절로 설명하는 데는 한계가 있었다. 예를 들어, 운동의 주체인 학생이나 각종 사회운동의 활동가는 결코 사회적으로 박탈당한 계층이 아니었다.[8] 따라서 사회운동의 발생을 설명하기 위해 합리적 선택이론(rational choice theory), 자원동원이론(resource mobilization theory) 등이 등장하였고, 최근에는 사회운동을 구성주의(constructionism)에서 접근하기도 한다. 여기서는 이상 세 가지 이론에 대해 간단하게 살펴보기로 한다.

합리적 선택이론은 기존의 구조기능주의나 사회심리학적 접근과는 달리, 사회운동에 참여하는 개인이 참여에 따르는 비용과 편익을 계산하여 행동한다고 주장한다. 즉 개인은 자신이 예상한 이익이 참여비용보다 높을 때 사회운동과 같은 집단행동에 참여한다는 것이다. 신고전 경제학의 공리주의적 가정에 기초하는 합리적 선택이론은 미시적 접근으로서 왜 다수가 사회적 불만을 가지고 있으면서도 자신의 이익을 대변하는 운동에 참여하지 않는가를 설명하는 데 유용하다. 그러나 신중간계층을 중심으로 대의명분을 중시하는 계층이 즉각적이고 직접적인 개인이익이 없는데도 환경·평화·인권·여성·문화 등과 관련된 운동에 참여하는 이유를 설명하는 데는 한계가 있다.

자원동원이론은 합리적 선택이론이 가진 한계를 보완하고 확장하기 위해 미국의 사회학자

---

[8] 학생운동이 발생한 버클리, 콜롬비아, 옥스브리지, 소르본느, 하이델베르크, 베를린 대학 등은 전통적인 상층출신 학생들의 대학이었다(Dalton, et al., 1996).

들에 의해 개발되었다. 자원동원이론은 심리적 접근에서 말하는 개인의 불만이나 사회적 갈등, 그리고 합리적 선택이론에서 말하는 참여자의 합리성을 수용한다. 그러나 그러한 불만이나 이해관계 그 자체가 아니라, 자원을 동원하는 조직의 능력이나 정치적 기회구조에 의해 사회운동이 발생한다고 본다. 여기서 자원이란 사회운동에 필요한 성원, 자금, 조직, 활동가, 정치적 지지 등을 포함한다. 자원동원이론은 사회운동에서 자원을 동원하고 의미를 부여하는 조직이라는 중간수준에 초점을 둠으로써 개인이나 사회체계의 차원을 넘는 새로운 분석지평을 열었다. 그러나 자원동원이론도 합리적 선택이론과 같이 사회운동의 정치적·이데올로기적 성격을 간과하고 사회운동의 원인과 관련된 거시적인 사회구조를 경시하는 경향이 있다.

구성주의이론은 기존의 사회운동이론이 구조기능주의나 사회심리학적 접근처럼 운동이 발생하는 구조나 운동에 참여하는 행위자의 불만에 초점을 두거나, 합리적 선택이론과 자원동원이론처럼 사회운동의 과정과 행위 그리고 자원동원에 초점을 두는 한계를 극복하기 위해 등장하였다. 구성주의이론은 기본적으로 사회운동에서 구조와 과정, 행위자와 행위가 사회적으로 구성된다는 시각에 기초한다. 즉 개인의 사회적 불만이 새로운 자원과 결합하여 일정한 의미를 구성할 때 사회운동이 발생할 수 있다고 본다. 따라서 사회운동의 발생에서 개인적인 불만과 구조적인 조건을 사회문제와 연결시키는 운동의 의미틀(frame of meaning), 집합적 정체성, 문화적 요소 등을 중시한다. 구성주의이론은 사회운동과 관련된 인지적·사회심리적·문화적 요소를 복합적으로 고찰하는 연구방법을 개척하는 데 기여하였다. 그러나 구체적인 분석틀을 가지고 사례연구에 치중함으로써 일반화를 도출하는 데는 한계가 있다.

2) 새로운 사회운동의 등장

서구사회에서 1960년대 초반은 평화로웠다. 그러나 이러한 평화는 1960년대 중반 이후 대학 캠퍼스에서 거대한 소용돌이가 일어남으로써 깨지고 말았다. 미국·프랑스·독일·이탈리아 등의 국가에서 학생운동은 도시가 전쟁터로 변하고 체제가 무너지기 직전상황으로 갈 정도로 격렬했다. 그러나 이러한 혼란과 저항은 몇 년 지나지 않아 곧 수그러들었다. 그렇다고 그것이 제기한 이념과 이슈가 사라진 것은 아니었다. 학생운동이 제기한 주제는 1970년대 이후 대학의 담장을 넘어 평화·환경·인권·여성·소수자·소비자·문화 등 다양한 영역에서 대중운동으로 나타났던 것이다. 1970년대 이후 서구사회에서 나타난 새로운 형태의 사회운동을 독일학자를 중심으로 한 서구의 사회과학자들은 '신사회운동'(new social movement)이라고 지칭하였다.

　신사회운동은 후산업사회의 사회문화적 갈등의 표출로서 기존의 산업민주주의의 방식과 목표에 대한 근본적인 변화를 요구하였다. 근대화의 진전에 따른 체계적인 합리화(systematic rationalization)의 부정적인 결과로서 사회관계의 상품화와 조직의 관료제화에 대한 반발이라고 할 수 있다. 따라서 운동의 목표가 제도화되고 관료화된 산업사회의 구조를 바꾸는 데 초점을 두었고, 운동조직이 탈중심적이고 비관료적이었으며, 운동방식에서 저항과 직접행동(시위, 점거, 시민불복종)과 같은 행위양식을 주로 사용하였다. 이런 점에서 신사회운동은 과거의 계급운동 혹은, 노동운동과는 시기적으로 구분될 뿐만 아니라, 운동방식이나 지향하는 목표에서도 본질적인 차이가 있다. 물론 이러한 주장에 대해서는 논쟁의 여지가 있다.[9] 또한 신사회운동이 동일한 특성을 지니는 정체성을 가지고 있는 것도 아니다.

　신사회운동은 다양한 영역에서 다양한 이슈와 전략을 가지고 발생하기 때문에 그 등장배경에 대해서도 학자마다 의견이 다르다. 먼저 잉글하트(Ronald Inglehart)는 서구사회에서 제2차 세계대전 이후 수십 년간 경제적 풍요가 이루어짐에 따라 신중간계층을 중심으로 한 사람들이 소유권이나 질서보다는 생활양식에 주목함에 따라, 경제적 문제를 넘는 탈물질적 가치를 추구하는 과정이 신사회운동의 발생동기라고 본다. 그는 서구사회에서 자아실현과 정치참여를 실현하기 위한 신사회운동의 발생을 '조용한 혁명'(silent revolution)이라고 불렀다(Inglehart, 1977).

　하버마스는 근대성의 발달에 따라 기술합리성이 사회생활의 전영역으로 확장되고 체계의 목적합리성이 생활세계의 내부에 침투하고 있다고 보고, 체계에 의한 생활세계의 식민화를 방지하고 의사소통적 합리성을 강화하기 위한 저항으로 신사회운동이 발생한다고 보았다. 그는 신사회운동이 참여자를 도구적 이성에서 해방시켜 사회적 삶에 대한 새로운 해석과 함께 새로운 정체성을 발전시키는 데 기여한다고 보았다(Habermas, 2006).

　알렌 투렌은 후산업사회를 프로그램화된 사회(programmed society)라고 지칭한다. 그가 말하는 프로그램화된 사회란 산업사회의 물질적 상품 대신에 정보사회의 인프라에 기초하여 문화상품의 생산과 확산이 주류를 이루는 사회이다. 과거와는 달리, 사물에 대한 지배가 아니라 인간에 대한 지배로 이동한 사회이다. 여기서 주체는 사회운동을 통해 관리권력으로부터

---

9) 예를 들어, 여성운동이나 평화운동은 1970년대 이후에 등장했다기보다 그 이전에 발생하여 계속 발전되어 왔고(고상두, 1999), 신사회운동의 '새로움'도 상대적인 의미로서 구사회운동과 뚜렷한 차이를 입증하기 어렵다는 주장이 있다(Melucci, 1994).

자신의 삶을 방어하려고 하고, 그러한 노력은 주로 교육·건강·정보 등의 영역에서 일어난다(Touraine, 1995: 307-308). 따라서 물질적 구조의 재소유보다는 기술관료의 지배와 통제에 저항하여 인권·자유·자기정체성을 방어하기 위해 사회운동이 발생한다고 본다.

멜루치(Alberto Melucci)는 현대자본주의사회의 생산체계는 경제적 자원의 생산 외에 사회적 관계, 상징, 정체성, 개인적 욕구의 생산까지 관심을 두고 있다고 본다. 이 과정에서 공적 영역과 사적 영역 간의 경계가 허물어짐에 따라 과거에 사적 영역에 속해 있던 성·감성·대인관계·정체성 등이 갈등의 대상이 되었다. 신사회운동은 바로 일상생활 속에 파고들어 온 이러한 주제에 관련하여 개인적 욕구와 자기정체성을 요구하는 갈등이라는 것이다(Melucci, 1980; 1989).

이 외에도 오페(Claus Offe)는 후자본주의사회에서 경쟁적 정당제도와 복지국가제도라는 중재메커니즘이 한계에 도달함에 따라 생활세계 내의 열정·정체성·도덕문제가 국가의 개입으로 해결할 수 없다고 보고, 제도정치의 한계에 대한 도전으로서 기존 운동의 해방적 추동력과 역사적 기획을 급진화하여 비제도적인 정치공간에서 발생하는 것이 신사회운동이라고 보았다(Offe, 1996; 박형신, 2000). 그리고 벡(Ulrich Beck)은 현대사회를 기술공학이 초래한 위험사회로 규정하고, 갈등이 부의 분배가 아니라 위험의 생산과 분배에서 발생하는데, 위험을 인식하고 공포를 극복하기 위한 연대가 신사회운동의 발생근원이 된다고 보았다(Beck, 1997).

3) 신사회운동의 특징

현대사회는 고도로 복잡하고 다원화된 사회이다. 이 속에서 개인이 지향하는 가치나 욕구도 다양할 수밖에 없다. 특히 사회적 약자나 소수자가 자신의 정치적 권리와 문화적 정체성을 인식하게 됨에 따라 새로운 형태의 갈등이 나타나고 있다. 따라서 현대사회에서는 물질적 분배에 따른 계급투쟁을 넘어 다양한 생활문제에 대한 투쟁이 빈번하게 일어난다. 많은 사람들은 삶의 상품화, 조직의 관료화, 문화의 획일화에 반대하고 환경·평화·인권·문화·공동체·여성권리·소수자권리 등과 같은 보편적 가치를 추구하기 위해 공동행동을 취한다. 신사회운동은 바로 이러한 후산업사회의 구조적 특성에 따른 것으로서, 생활세계의 황폐화에 저항하여 인간의 정체성을 회복하고 대안적인 생활양식을 추구하는 집단행동이다. 신사회운동은 과거의 사회운동과는 달리, 신중간계층과 지식인이 운동의 주체가 되고, 유연한 조직과 네트워크를 중시하며, 시민사회 영역에서 직접적인 행동을 취하는 특징이 있다.

달톤(Russell Dalton)과 그의 동료들은 신사회운동의 특징을 이데올로기, 지지의 토대, 참여 동기, 조직구조, 정치적 스타일 등 5가지에 의해 설명하고 있다(Dalton, et al., 1996). 먼저 신사회운동은 이데올로기에서 과거의 사회운동과 다르다. 신사회운동은 서구 산업사회의 지배적인 패러다임에 대한 근본적이고 총체적인 변혁을 요구한다. 신사회운동은 부(富)와 물질적 행복보다는 문화적인 것과 삶의 질에 대한 문제에 관심을 기울인다.

지지의 토대에서 볼 때, 신사회운동은 구사회운동처럼 경제적 이해관계와 사회적 네트워크가 결합하여 협소한 특수이익을 추구하는 방식을 취하지 않고, 목적을 공유하는 광범위한 계층으로부터 지지를 받는다. 그리고 참여하는 개인도 참여와 탈퇴가 자유롭고, 단체간의 연대도 쉽게 성사되고 해체된다.

참여동기에서 보면, 신사회운동의 참여자는 과거처럼 자신의 이익을 위해서 참여하는 것이 아니라 공공선을 추구하기 위해 운동에 참여한다. 따라서 다양한 이해관계를 가진 사람이 참여하여 보편적인 가치를 위해 서로 연대하고, 물질적인 이익보다 이데올로기적 대의가 더 중요하게 작용한다.

조직구조에서 신사회운동은 구사회운동이 지향하던 중앙집권적 위계조직과는 달리, 민주적·개방적·분권적인 구조를 선호한다. 민주적이고 유연한 조직구조를 지향하고 지역적으로도 편재(遍在)되어 있다.

정치적 스타일에서 신사회운동은 직접 정치에 관여하기보다는 정부의 제도적 틀 밖에서 여론형성을 통해 정책에 영향력을 행사하려고 한다. 따라서 전통적인 참여채널보다는 계획적이고 조직적인 저항활동을 선호한다. 노동조합이나 교회처럼 확고한 사회적 기반과 공식적인 성원을 가지고 있지 않기 때문에 항상 성원을 동원하는 데 관심을 기울인다.

신사회운동의 특징은 구사회운동과의 비교를 통해서 잘 이해할 수 있다. 스코트(Alan Scott)는 신사회운동을 대안적인 문화와 생활양식을 추구하는 후산업사회의 사회운동으로 본다. 그에 의하면, 신사회운동은 정치체계 내부가 아니라 시민사회에 위치하고, 정치권력을 획득하기보다는 가치나 생활문제를 해결하는 것을 목표로 한다. 그리고 공식적·위계적 조직보다는 네트워크와 풀뿌리 조직을 선호하고, 정치적 동원을 통해 문제를 해결하기보다는 직접 행동하는 방식을 취한다. 물론 신사회운동의 이러한 특징이 모든 단체에 동일하게 적용되는 것은 아니다. 또한 신사회운동이라고 해서 과거의 노동운동과 단절된 것도 아니다(Scott, 1995: 23-48). 노동운동과 신사회운동을 비교하면 〈표 8-6〉과 같다.

신사회운동은 관료화·획일화·상품화에 대한 적대를 통해 인간의 내면적 가치를 주창하고,

〈표 8-6〉 노동운동과 신사회운동의 비교

구분	노동운동	신사회운동
위치	(점차)정치체계 내부	시민사회
목표	정치적 통합, 경제적 권리	가치 및 생활양식의 변화, 시민사회 방어
조직	형식적·위계적 조직	네트워크·풀뿌리 조직
행위수단	정치적 동원	직접행동·문화혁신

자료출처: Scott(1995: 30)

개인의 자율과 이니셔티브를 확장하였으며, 민주주의를 새롭게 단련시키는 공헌을 하였다. 그럼에도 불구하고 시작과 함께 쇠퇴 기미를 보이고 있기도 하다. 그것은 기존 정당의 이슈선점으로 인한 운동의 동원력 쇠퇴 때문이기도 하고(Kuechler and Dalton, 1996),[10] 운동의 속성이 지닌 일시성에 기인하기도 한다(Offe, 1996).[11] 또한 신사회운동은 기존 운동과 마찬가지로 제도화의 딜레마에 봉착할 수도 있다.[12] 그리고 신사회운동이 근대성의 이점을 무시하고 공동체 사회를 꿈꾸는 낭만주의적 경향을 띠거나, 역사적 조건을 무시하고 파편화된 특수주의에 기대는 경향이 있다는 비판도 있다(손혁재, 2003). 아울러 실용주의와 근본주의 간의 긴장으로 인한 한계도 있다. 예를 들어, 신사회운동은 참여의 개방과 평등을 높이 평가하지만, 이것은 정책의 효율적 목표달성을 저해할 수 있다(Kuechler and Dalton, 1996).

2. 시민운동의 특징

1) 시민운동의 정의

시민단체라는 용어가 한국사회에서 독특하게 사용되고 있는 것처럼, 시민운동이라는 용어도

---

10) 서구사회에서 거의 모든 정당들은 환경, 인권, 여성, 에너지 등과 같은 이슈를 중요하게 다룬다.
11) 오페는 운동이 저항권, 저항의 대의를 제공하는 극적이고 가시적인 사건, 저항에 참여하게 되는 자발적인 동기화 등 세 가지 자원에서 성장할 수 있다고 본다. 그런데 이 세 가지 자원은 높은 소멸성을 지니고 있고, 국가에 의한 탄압이나 운동의 성공에 의해 쉽게 약화될 수 있다고 본다.
12) 운동이 끊임없이 목표를 달성하고 권력을 획득하려고 하지만, 그 순간 운동으로서의 속성을 상실하게 되는 딜레마에 처하게 된다.

한국에서 주로 사용되고 있다. 한국에서 시민운동은 1987년 6월항쟁 이후 민주화의 진행과 함께 기본적 시민권리가 확보되고 정치적 기회구조가 확장됨에 따라 발생하기 시작하였다.[13] 특히 1990년대 소련과 동유럽에서 현실사회주의가 몰락하면서 쇠퇴하기 시작한 기존의 민중운동에 상대적인 개념으로 등장했다. 1980년대까지 운동의 주류를 형성하였던 민중운동은 군부정권에 저항하여 정치적 민주화를 성취하고 자본주의에 저항하여 체제변혁을 목표로 하는 급진적·계급적 운동이었다.[14] 이에 반해 1990년대에 등장한 시민운동은 자본주의체제 내에서 점진적으로 제도를 개혁하고 생활영역의 각종 시민권리를 옹호하는 초계급적 성격이 강하다.[15] 〈표 8-7〉은 민중운동과 시민운동을 비교한 것이다. 유팔무(1995)는 〈표 8-8〉과 같이, 이슈와 주체가 초계급적이고 목표와 방법이 개량적인 것을 시민운동으로 규정하였다.[16]

이렇게 본다면 시민운동은 다양한 영역에서 시민이 주체가 되어 주로 합법적인 공간에서 평화적인 방법으로 사회변화를 추구하고 공공선을 증대하기 위한 의식적인 집단활동이라고 할 수 있다. 시민운동은 물질적 분배에 대해서도 관심을 갖지만, 환경·평화·인권·여성·문화·국제원조 등과 같은 탈물질적인 가치와 삶의 질을 높이기 위한 쟁점을 다룬다. 삶의 질과 관련된 공공문제를 부각시키고 시민참여를 통해 의식적이고 조직적으로 사회를 변화시키려고 한다. 따라서 직접 정치권력을 잡기보다는 시민사회에서 운동정치를 통해 여론을 형성하고 국가와 시장에 영향력을 미치려고 한다. 물론 국가와 시장이 해결하지 못하는 다양한 서비스를 직접 생산하고 시민을 공중으로 인도하는 계몽운동도 전개한다.[17] 시민운동의 정당성은 국가적

---

13) 정치적 기회구조란 집단행위를 통해 권력에 접근하고 일정한 영향력을 행사할 수 있는 어느 정도 일관된 정치환경을 말한다.
14) 군부정권을 퇴진시키는 것과 자본주의를 극복하는 것이 반드시 동일한 지향점을 갖는 것은 아니지만, 한국에서 민중운동은 양자를 지칭하는 개념으로 사용되었다. 1970년대와 1980년대의 학생운동도 이 두 가지의 선후문제를 두고 논쟁을 벌인 적이 있다.
15) 한국에서 일어난 1990년대 초의 각종 사회적 문제, 예를 들어 부동산투기, 환경오염(낙동강 페놀사건), 교통사고 (아시아여객기 추락, 서해페리호 침몰), 건물붕괴(청주 우암아파트 붕괴, 성수대교 붕괴, 삼풍백화점 붕괴), 엽기살인 (막가파 사건) 등은 물질적인 분배에 초점을 두는 기존의 사회운동으로 해결할 수 없는 사항이었다(조대엽, 1999: 142-44).
16) 한국에서 시민운동과 민중운동의 관계에 대해서는 논쟁이 있다. 양자는 지향하는 목표가 다르기 때문에 상호 대립하기도 한다. 그러나 시민운동이 사회주의를 성취하려는 전망을 가지고 있지는 않지만, 억압·착취·불평등 등과 같은 문제를 주요한 주제로 다룬다. 실제로 시민운동도 다양한 측면에서 자본주의를 극복하고 대안사회를 모색하려는 급진성을 내포하고 있다. 그리고 시민운동은 인권의 보장, 자기결정원리의 강화, 정치적인 것의 확대를 지향하여 자유주의의 한계에 도전하려고 한다. 따라서 양자 간에는 활발하게 연대가 일어나고 다양한 네트워크가 형성되어 있다.
17) 휴일 등산로 앞에서 등산객에게 쓰레기봉지를 나누어주는 단체의 활동도 한국에서는 시민운동의 일부라고 본다.

〈표 8-7〉 민중운동과 시민운동의 비교

주요 요소	민중운동	시민운동
운동주체	노동자, 농민, 빈민 등 민중적 주체성을 가진 자	지식인, 학생, 자영업자 등 초계급적 주체성을 가진 자
운동목표	구조개혁과 사회체제의 변혁 지향	사회개혁, 점진적 제도개선, 시민권리 옹호
운동방식	주로 파업, 시위, 농성 등 반합법/비합법적 방식 사용	주로 캠페인, 공청회, 서명운동 등 합법적인 방식 사용
운동쟁점	경제적 불평등, 정치적 억압 등	다양한 영역의 공공선 추구

자료출처: 정태석·김호기·유팔무(1995) 재구성

〈표 8-8〉 한국 사회운동의 유형

구분		목표와 방법	
		변혁적	개량적
이슈와 주체	계급적	전형적 민중운동	개량적 민중운동
	초계급적	민족/민주 운동	시민운동

자료출처: 유팔무(1995)

이익이나 민족적 정체성에서 의해 주어지는 것이 아니기 때문에 국가적 경계를 넘어 세계시민의 윤리와 밀접하게 연관되어있다.

한국의 시민운동을 정의하기 위해서는 이것이 서구의 신사회운동과 어떻게 다른가를 밝혀야 한다. 한국 시민운동의 발생과 전개는 생활정치적 쟁점과 연계된다는 점에서 기본적으로 서구의 신사회운동과 맥을 같이한다. 그러나 한국의 시민운동은 서구의 신사회운동과 여러 측면에서 차이가 있다. 서구의 신사회운동은 고도자본주의와 복지국가체제하에서 기존의 노동운동이 제도화에 의해 운동력을 상실하자, 근대성을 비판하고 각종 생활세계의 가치를 추구하였다. 그리고 운동방식도 급진적이다. 그러나 한국의 시민운동은 복지국가하에서 보수화된 노동운동을 대체한 것이 아니라, 정치적 민주화가 진행되고 현실사회주의가 멸망하는 상황에서 민중운동이 쇠퇴함에 따라 반사적으로 등장하였다. 그리고 다양한 영역에서 탈물질적 가치에 대한 관심을 가지고 있기는 하지만, 기본생존권의 확보와 근대적 합리성의 증진도 중요하게 취급한다. 그리고 운동방식도 기존의 정치질서에 정면 도전하기보다는 주어진 체제 내에서 온건하고 평화적인 방식을 취한다.

2) 시민운동의 전개

사람들은 왜 시민운동에 참여하고 어떤 과정을 거쳐서 시민운동에 참여하며, 시민운동은 어떤 단계로 진행되는가. 먼저 시민운동의 참여 이유에 대해 살펴보기로 하자. 사람들이 시민운동에 참여하는 이유는 다양하다. 일찍이 심리학적 접근에서 말했듯이 시민운동이 발생하는 것은 개인적인 불만과 좌절감 그리고 상대적 박탈감이 작용하고, 개인의 정치의식과 태도도 중요하게 작용한다. 또한 사회의 구조적인 조건과 정치적 기회구조도 중요한 영향을 미친다. 그리고 개인의 사회적 도덕감과 의무감, 과거 운동에 참여한 경험, 부모나 존경하는 사람의 선도적 행동, 미디어의 보도 등이 개인의 시민운동 참여에 영향을 미친다. 그러나 이러한 환경과 조건 그 자체가 시민운동 참여로 연결되는 것은 아니다. 개인적인 불만, 정치적 태도, 구조적인 조건, 정치적 기회구조 등도 의미를 형성과 매개적 연결망 없이는 개인을 시민운동의 참여로 이끌기 어렵다.

사람들이 자신의 생각을 바꾸어 시민운동에 참여하는 것은 운동의 의미틀이 잠재적 참여자에게 감동을 주고, 이들의 가치나 신념과 일치할 때 가능하다. 의미틀이란 시민운동 참여자 간에 형성되는 일종의 의미체계로서, 기존의 통상적인 행위양식을 벗어나 자신의 행동을 정당화하는 새로운 설명체계를 말한다. 그러므로 의미틀은 참여하는 사람에게 문제상황을 인식하고, 운동의 필요성을 느끼게 하며, 문제를 해결하기 위한 방식을 제시하는 공동의 인식틀이다(정수복, 2002: 154-55).[18] 물론 시민운동에서 의미틀이 잠재적 참여자를 시민운동에 대한 합의와 행동으로 이끌어내는 데 중요하지만, 이것은 미시동원맥락(micromobilization context)이라는 하부구조가 갖추어졌을 때 가능하다. 미시동원맥락이란 집단행동에 필요한 동원을 창출하기 위해 집합적 귀속 과정(processes of collective attribution)이 초보적인 조직형태와 결합한 소집단을 말한다(McAdam, 1988). 따라서 시민운동의 발생은 현대사회에서 말하면, NGO와 같은 매개체가 운동에 대한 문제정의, 담론전개, 성원모집, 지도자선출, 정서적 연대 등을 창출할 때 가능해진다.

다음 시민운동의 참여과정에 대해 알아보기로 하자. 클랜더맨스(Bert Klandermans)는 네

---

18) 갬슨(William Gamson)은 집합행동의 의미틀이 부정의(injustice), 작용하는 힘(agency), 정체성(identity) 등 세 가지 요소로 이루어진다고 말한다. 여기서 부정의는 기존의 사회적 상황을 받아들일 수 없다는 도덕적 분노를 말하고, 작용하는 힘은 집합행동을 통해 현재상태를 변화시킬 수 있다는 의식을 말하며, 정체성은 기존상태를 유지하려는 저들의 반대쪽에 변화를 추구하는 우리에 대한 의식을 말한다(Gamson, 1995).

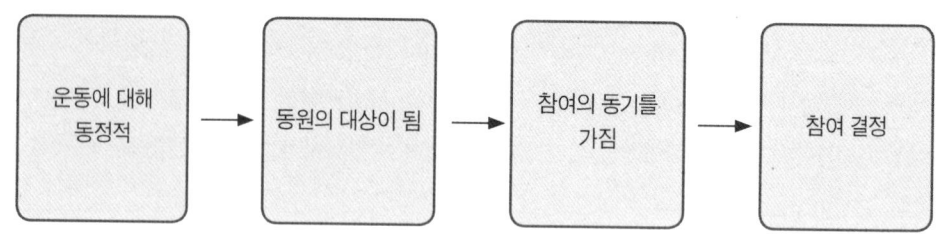

〈그림 8-1〉 시민운동의 참여과정

자료출처: Klandermans(1997: 23) 재구성

클랜더맨스의 평화운동에서 개인이 집단행동에 참여하게 되는 과정을 동원의 잠재력 창출, 네트워크의 형성과 동원, 동기화, 장애극복 등 네 단계로 구분하였는데(Klandermans, 1997: 22-25), 이것은 일반적인 시민운동에도 적용될 수 있다. 첫째, 동원잠재력 창출 단계에서 운동은 특정한 사람의 동정을 얻어야 하고, 개인은 특정 운동에 동정적이어야 한다. 둘째, 네트워크 형성과 동원 단계에서 운동조직은 자기조직을 개발함과 아울러 다른 조직과 네트워크를 형성하여 개인을 동원하고, 개인은 운동조직에 의한 동원의 대상이어야 한다. 셋째, 동기화 단계에서는 동원의 대상이 된 개인이 일정한 비용에도 불구하고 참여의 동기를 가져야 한다. 넷째, 장애극복 단계에서는 개인이 당면한 장애에도 불구하고 참여를 결정해야 한다. 클랜더맨스는 사회운동에 대한 참여가 이러한 일련의 단계를 거쳐서 가능하게 된다고 말한다. 〈그림 8-1〉에 나타난 바와 같이, 개인은 네 단계를 거쳐서 시민운동에 참여하게 된다고 볼 수 있다.

그렇다면 시민운동은 어떻게 진행되는가. 오스트리아의 사회운동가이자 사회학자인 마이레더(Rosa Mayreder)는 사회운동이 생성하여 발전과 변화의 단계를 거쳐 결국에는 쇠퇴하게 된다고 말한다(고상두, 1999). 즉 사회운동에서 특정집단이 적대적인 주변환경 속에서 근본적인 요구를 내세우고 이를 관철시키려고 하지만, 이것이 달성되면 운동이 쇠퇴하게 되는 역설이 존재한다는 것이다. 그에 의하면, 사회운동은 이데올로기의 형성, 조직화, 독자적 운동의 확립, 권력획득의 과정 등 네 단계를 거치게 된다고 한다. 즉 운동이 발생할 정치적 상황이 주어지면 이것을 돌파할 새로운 이념이 발생하고, 이데올로기를 현실에 적용하기 위한 조직이 생겨난다. 그리고 이데올로기 대립으로 인해 조직 간에 분열이 일어나고 분파가 형성되며, 정치상황을 전술적으로 잘 활용하여 영향력이 강한 분파가 중요한 정치세력으로 등장하게 된다. 그러나 사회운동이 하나의 정치권력이 되고 기존의 권력구조의 일부가 되는 순간, 이데올로기는 허구한 구호

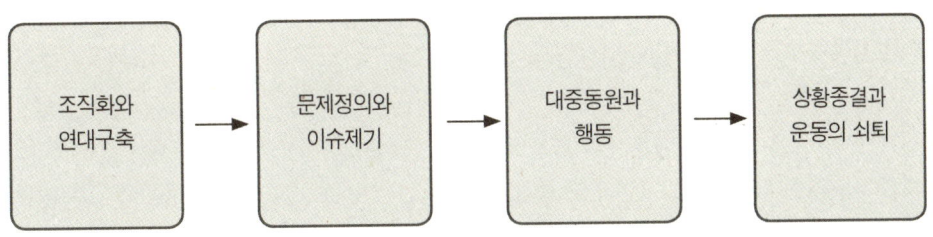

〈그림 8-2〉 시민운동의 진행과정

로 전락하고 운동으로서의 속성을 상실하고 만다. 사회운동이 자신의 요구를 관철시키기 위해 영향력을 확대하려고 하지만, 그것을 달성하는 순간 운동은 종말을 고하게 되는 것이다.

시민운동은 불연속성이 강한 사회운동과는 달리 일정한 연속성을 띠고 있다. 시민운동이 생명력이 강한 것은 자발성과 다원성의 가치를 지니고, 유연한 조직구조를 가지고 있으며, 목표달성뿐만 아니라 실천으로서의 과정을 중시하기 때문이다. 그러나 시민운동도 생성·발전하여 결국에는 쇠퇴하고 소멸하게 되는 과정을 겪게 된다. 시민운동은 어떤 사회문제에 대해 NGO와 같은 조직이 형성되고 단체간에 연대가 만들어짐으로써 시작된다. 그런 다음 운동의 주체는 문제가 무엇인지를 규정하고 이것을 이슈화한다. 이러한 활동은 집회나 시위와 같은 대중동원의 구체적인 행동으로 발전한다. 이러한 행동에 의해 정부 또는 기업과 운동단체 간에 충돌과 타협이 일어난다. 시민운동이 주장하는 요구는 해결될 수도 있고, 해결이 불가능할 수도 있다. 따라서 시민운동은 때로는 문제를 해결하고 평화적으로 끝나기도 하지만, 대중의 무관심이나 정부의 강제적 억압으로 해체되기도 한다. 어떤 경우든, 장기적인 관점에서 보면 시민운동은 쇠퇴의 길로 접어들어 소멸하게 된다. 물론 한 영역의 시민운동은 다른 운동과 통합되기도 하고 질적 수준이 높은 운동으로 승화되기도 한다. 그리고 장기적인 관점을 가지고 진행하는 시민운동은 수십 년을 지속하기도 한다. 시민운동의 진행과정을 정리하면 〈그림 8-2〉와 같다.[19]

---

19) 2008년 봄 한국사회에서 소용돌이쳤던 수입쇠고기 반대 촛불집회는 이러한 과정과는 전혀 다른 새로운 형식의 시민운동이었다. 기존의 조직이 사회문제의 이슈화를 통해 대중을 동원하기보다는 사이버공간에서 문제를 정의하고 담론을 전개한 대중이 먼저 광장에 나와 운동을 전개하고, 운동을 지속적으로 이끌어갈 조직이 나중에 구축되었다. 이것은 사이버공간에서 사회문제에 대한 담론전개와 네트워크구축이 가능한 조건에서 일어나는 것으로서 앞으로도 재발할 여지가 많다.

3. 시민운동과 NGO

1) 시민운동에서 NGO의 역할

앞서 살펴본 바와 같이, 시민운동이 발생하려면 운동이념과 목표가 사람들에게 공명과 열정을 일으키고 개인의 가치와 신념에 부합하여, 운동에 대한 우호적인 분위기와 잠재적 참여자 사이의 정서적 유대가 형성되어야 한다. 이러한 의미틀 공명(frame resonance)과 의미틀 정렬(frame alignment)은 미시동원맥락에서 이루어질 가능성이 높다.[20] 미시동원맥락은 달리 말해서 집합적인 정체성을 가진 하위문화집단의 연결망이라고 할 수 있다. 과거에 사회운동은 공장이나 노동자 밀집지역이 중요한 연결망 역할을 했다. 그리고 친구모임, 동아리, 기숙사, 하숙집, 동창회, 친목단체, 교회 등이 일정한 역할을 했다. 오늘날 시민운동에서는 NGO가 이러한 역할을 한다. 더구나 NGO는 단체 간에 상호 정보교류와 의사소통망을 갖추고 일상적으로 연대를 추구하기 때문에 시민운동을 구체적으로 전개시키는 데 필요한 중위동원(mesomobilization)을 형성하는 데 유리하다.[21] 따라서 NGO는 시민운동을 이끌어가는 실질적인 주체가 된다.

어떤 사회문제가 발생하거나 누적된 불만과 구조적인 모순이 분출하게 되면, 우선 사람들은 상황을 파악하고 문제를 정의하며 원인을 분석한다. 문제가 개인의 이익에 미치는 영향과 사회적 파장에 대해 생각하고 가까운 사람들과 논의한다. 그러나 이러한 논의가 곧바로 행동으로 연결되지는 않는다. 실제로 개인이 직접적인 피해자이거나 중대한 사회적 문제라고 해도 행동으로 옮겨지기는 쉽지 않다. 집합적인 정체성을 가진 단체가 일정한 자원을 보유하고 있으면 담론은 구체적인 행동으로 연결되기 쉽다. NGO에는 시민운동을 이끌어갈 지도자와 운동에 참여할 성원이 있고, 의사소통망과 네트워크가 형성되어있다. 따라서 NGO는 시민운동에 필요한 의미틀을 구성하고 이것을 구체적 행동으로 연결하는 매개체라고 할 수 있다. 더구나 공공선을 지향하는 NGO는 개인의 직접적인 이해와 관계없는 문제에 대해서도 공론장을 구성하는 힘을 지닌다. 특히 인터넷의 발달로 다양한 형태의 공론장이 쉽게 형성될 수 있게 되었다.

---

20) 운동조직이 만든 의미틀과 일상생활을 살아가는 잠재적 참여자의 의미세계가 합치하는 것을 의미틀 공명이라고 부르고, 운동조직의 활동·목적·이념이 개인의 이해관계·가치·신념과 상호보완적으로 연결되는 것을 의미틀 정렬이라고 부른다(Snow and Benford, 1988).
21) 중위동원이란 사회운동을 전개하는 데 있어서 여러 사회운동조직이 중심그룹에 의해 연합세력을 형성하는 것을 말한다(정철희, 2003: 67).

NGO는 시민운동의 거점이면서 행위자이고, 시민운동은 NGO의 이념과 목표를 실천하는 힘이자 과정이다. 양자가 서로를 세련시키고 정당화하기 위해서는 유기적으로 결합하여 상호비판과 지원을 통해 역량을 증대하는 것이 필요하다. 이것은 단순히 양적 발전과 단기적인 정책목표를 달성하는 것에 그치지 않는다. 장기적으로 인간의 자율과 다원적 가치를 보존하고 창조적인 삶을 지향하는 것이어야 한다. 예를 들어, NGO가 주축이 되는 시민운동은 국가와 시장에 의한 억압·불평등·환경파괴 등을 비판하고 견제할 뿐만 아니라, 민주주의의 새로운 모델을 창조하고 대안적인 가치를 생산할 수 있는 능력을 가져야 한다. 시민운동은 체제의 쇠우리와 법적 구속을 넘어 새로운 가치와 윤리를 모색하는 공간이다. 시민운동의 쇠퇴는 역량과 전략의 부재만이 아니라 정치적 비전과 지적 상상력의 한계에서 올 수도 있다. 따라서 NGO는 시민운동이 필요로 하는 이상과 유토피아를 끊임없이 창조하고 자기변혁을 위한 지적 기초를 제공하는 데 게을리해서는 안 된다.

2) 한국의 시민운동과 NGO

한국의 시민운동은 1987년 6월항쟁을 거쳐 1990년대 이후에 급격하게 부상하였다. 한국의 시민운동이 1987년 이후 짧은 기간에 급속하게 발달하게 된 것은 자본주의의 압축성장에 따른 중산층의 증가, 시민권리의식의 발달, 직업의 분화, 삶의 질에 대한 관심의 증대, 교통·통신기술의 발달, 민주화운동을 해온 경험과 인적 자원 등과 같은 요소에 의해 영향을 받았다.[22] 그러나 앞서 살펴본 바와 같이, 이러한 사회적 조건이 구비되어도 운동을 조직하고 진행하는 구체적인 매개체 없이는 시민운동이 일어날 수 없다. 이런 점에서 1987년 이후 한국 시민운동의 발달은 NGO의 폭발적인 분출과 밀접한 관련이 있다. 다양한 영역에서 발생한 NGO는 시민운동에 필요한 이념을 제시하고, 인적·물적 자원을 공급하며, 전략과 프로그램을 개발하였다. NGO는 짧은 기간에 다양한 영역에서 시민운동을 추진하면서 사회개혁을 추진하고 대중적 지지를 확보하였다. 1987년 이후 한국사회의 민주화와 사회개혁이 NGO의 활동에 크게 빚지고 있음을 부인하기 어렵다.

---

22) 1987년 이후 시민운동의 급격한 부상은 초창기 경실련의 위상과 무관하지 않다. 경실련은 각종 사회문제를 정의하고 이를 언론을 통해 적절하게 홍보한 다음 대중의 지지를 획득하였다. 1990년대 초반 '경실련운동'이라는 고유어가 경실련의 이러한 위상을 잘 말해준다.

물론 한국의 시민운동이 많은 한계를 가지고 있는 것도 부인할 수 없다. 한국의 시민운동이 한편으로는 국가와 시장에 대한 비판을 통해 사회개혁을 추진하고 시민권리를 옹호한 것은 사실이지만, 다른 한편으로는 자유민주주의의 한계를 넘는 대안적인 민주주의 모델, 산업화로부터 위협받는 이념과 가치의 보호, 자본주의를 극복하는 생활양식의 실천, 지역과 소수자의 생활공동체 실험 등에서는 초보적인 수준에 있다. 그런가 하면 시민운동의 주체인 NGO 내에서도 여전히 엘리트주의, 반공주의, 권위주의, 연고주의, 성장주의와 같은 발전권위주의의 유산이 남아있다. 이러한 문제는 NGO의 양적 성장을 방해할 할 뿐만 아니라 권력의 집중, 합리성의 왜곡, 가치의 획일화 등을 재생산한다는 점에서 질적 발전을 가로막기도 한다. 따라서 앞으로 한국 NGO가 성장하기 위해서는 시민운동의 영역을 확장하고 시민사회의 민주화를 성취하는 것이 중요하다.

제3절 시민불복종운동

NGO는 시민운동을 통해 국가에 영향력을 행사하기 위하여 다양한 전략과 전술을 사용하게 된다. 한편으로는 기존의 법률을 위반하는 것을 피하기 위해 일인시위 같은 것을 시도하기도 하고, 다른 한편으로는 정면으로 기존의 법률을 위반하여 일반인의 관심을 유도하기도 한다. 따라서 법이나 정책을 변화시키기 위해 의도적으로 법을 위반하는 시민불복종운동도 시민운동의 한 형태로 자리 잡고 있다. 여기서는 시민불복종운동의 의의, 사례, NGO와의 관계 등에 대해 살펴보기로 한다.

1. 시민불복종운동의 의의

1) 시민불복종운동의 정의

시민불복종(운동)의 개념적 범주를 어디까지로 할 것인가를 결정하는 것은 간단하지 않다. 시민불복종운동은 개념틀의 구성요소가 다양하고 국가와 시대마다 다르기 때문에 보편적 개념

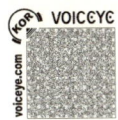

정의를 도출하기가 쉽지 않다. 여기서는 아래 5가지 기준으로 시민불복종운동의 개념을 살펴 보기로 한다.

첫째, 시민불복종운동의 시민성에 대한 것이다. 시민불복종운동의 주체는 사회구성원 누구나 될 수 있지만 일정한 요건이 필요한데, 가장 중요한 것이 시민성을 충족하는 것이다. 여기서 시민성이란 불복종의 주체가 사적 개인일 뿐만 아니라, 국가권력과 제도의 결함을 인식하고 이를 적극적으로 개선하려는 시민의식을 가지고 있음을 말한다. 롤즈는 시민불복종운동의 수단이 '시민성'이라는 용어에 내포되어있다고 말하고(Rawls, 1988), 박은정(2001)은 시민불복종의 본질적 뜻이 '불복종'보다는 '시민성'에 담겨 있으며 이것이 시민불복종과 저항권을 구별하는 기준이 된다고 말한다. 이상돈(2001)은 시민성의 세 가지 조건으로서 다수의 공통적 확신에 기초한 조직적 행위(조직성), 권력이나 금전에 조종되지 않는 자발적 행위(자발성), 계층·직업·지역 등에서 이질적인 구성(이질성) 등을 들고 있다.[23]

둘째, 시민불복종운동의 공공성에 대한 것이다. 이것은 시민불복종운동이 공개적이고 공익지향적이며 정부의 결정을 대상으로 하는 것임을 말한다. 먼저 불복종이 비밀스런 방식으로 진행되는 것이 아니라, 공개적이고 집단적으로 행해지며 공중에게 호소하는 것이어야 한다.[24] 다음으로 불복종은 공적 목적을 가져야 한다. 이에 대해서는 논란이 분분하다. 이상돈(2001)은 현대사회에서 공익과 사익의 경계가 모호하고, 공익과 사익에 관계없이 이익의 제도적 수용의 결함에 대한 항의를 시민불복종으로 보고 있는 반면, 오현철(2001: 47-48)은 집단이기적인 행동을 시민불복종에서 제외하고 있다. 시민사회에서 공공성의 중요성을 감안하면 시민불복종운동은 넓은 의미의 공익성을 지녀야 한다고 본다. 마지막으로 불복종운동의 대상에 사기업의 결정이나 시민사회단체의 행위도 포함된다는 주장이 있으나(오현철, 2001: 41, 113; Smart, 1991), 대체로 공식적인 정부가 결정한 법률이나 정책을 대상으로 한다.

셋째, 시민불복종운동의 실정법 위반에 따른 처벌감수에 대한 것이다. 처벌감수의사는 시민불복종이 법적 제재를 수용하고 법에 대한 충실한 의무를 표현한다는 점에서 무정부상태로

---

23) 오늘날 사이버공간은 시민불복종에 필요한 시민성을 획득하는 수단으로 이용된다. 멕시코 차파띠스타의 이메일 성명발표, 라이좀(Rhizome)을 통한 수평적·비선형적 정보분배 등을 예로 들 수 있다. 물론 사이버공간은 시민불복종이 직접 벌어지는 공간으로 사용되기도 한다. ECD(electronic civil disobedience)는 사이버공간에서 특정한 로고나 문구를 함께 달고 점거와 농성을 벌이는 형식이다. 1999년 미국 시애틀의 WTO회의 반대시위 때에도 사이버시위가 병행되었다(한겨레신문, 2003년 10월 23일).
24) 한상수(1990: 67-68)는 도주노예방지법을 거부하고 비공개적으로 도주노예를 도와주는 것도 시민불복종운동에 해당하기 때문에, 공개성을 시민불복종운동의 개념요소로 볼 수 없다고 주장한다.

의 전화(轉化)를 차단하고, 단순범죄 및 혁명과 구별되는 기준이 된다. 롤즈는 처벌감수의사가 시민불복종이 진정으로 시민적으로 되는 징표라고 말한다(Rawls, 1988). 그러나 처벌감수의사가 처벌을 무조건적으로 수용하는 절대적인 요소는 아니다. 예를 들어, 스마트(Brian Smart)는 처벌을 피해 외국으로 도주하는 것도 가능하다고 본다(Smart, 1991). 물론 처벌감수의사의 정도는 역사적 맥락에 따라 다르다. 민주적 법치국가가 발달할수록 처벌감수의사가 시민불복종의 개념을 구성하는 데 중요하게 작용한다(이상돈, 2001).

넷째, 시민불복종운동의 비폭력성에 대한 것이다. 과거에는 시민불복종운동을 엄격하게 해석하여 폭력행위는 무조건 제외하는 경향이 있었다. 그러나 오늘날에는 폭력적 불복종도 용인하는 경향이 강하다. 예를 들어, 라츠(Joseph Raz)는 시민불복종운동이 예외적인 정치행위로서, 철폐하고자 하는 사회적 악이 너무 크고 긴급하면 폭력을 거부할 수 없다고 본다(Raz, 1991). 사실 여기서 문제가 되는 것은 폭력의 범위를 어디까지로 하는가의 문제이다. 광범위한 형법적 폭력개념을 적용하는 것은 무리라고 본다. 요구하는 목적에 따라 달라지지만, 집회와 시위에 관한 법률을 일시적으로 위반하거나 상징적인 공공건물을 잠깐 점거하는 것은 용인될 수 있다. 결론적으로 시민불복종운동은 기본적으로 비폭력적이어야 하지만, 일체의 폭력을 부인하는 것은 아니다. 그렇다고 폭력이 정당화되는 것도 아니다.

다섯째, 시민불복종운동의 비례성에 대한 것이다. 이것은 시민불복종운동이 설정한 목적과 사용하는 수단 간의 균형적 관계에 관한 것이다. 이상돈(2001)은 비례성의 개념이 보충성과 균형성의 두 가지 요소를 포함한다고 말한다. 보충성이란 시민불복종운동이 기존의 제도적인 법적 수단에 의한 모든 가능성이 소진된 경우에 전개되어야 한다는 것을 말한다.[25] 균형성은 불복종행위로 침해되는 이익이 불복종되는 법규범이 침해하거나 외면하는 이익보다 더 중대한 것이어서는 안 된다는 것을 말한다. 물론 이렇게 되면 어떤 사건에 대해 시간적 지체가 있게 되고, 공익을 누가 판단하는가의 문제가 있다.

이상에서 시민불복종운동의 개념을 구성하는 요소에 대한 논쟁점을 정리하면 〈표 8-9〉와 같다.

이러한 5가지의 구성요소에 근거하여 시민불복종운동을 시민이 부정한 법률이나 정책을 변화시킬 목적으로 처벌을 감수하고 의도적이고 공적이며 비폭력적으로 행하는 예외적인 정치

---

[25] 예를 들어, 실정법을 무효화시킬 수 있는 소송이나 헌법재판의 가능성이 남아 있는 상태에서는 법에 대한 거부를 시민불복종행위로 볼 수 없게 된다(이상돈, 2001).

<표 8-9> 시민불복종운동의 개념적 요소

주요 요소	내용	비고
시민성	불복종의 주체가 사적 개인일 뿐만 아니라, 국가권력과 제도를 개선하려는 적극적 시민의식을 가져야 한다.	시민성의 구성요건에 대한 다양한 견해가 가능하다.
공공성	시민불복종이 공개적으로 진행되고 공적 목적을 가져야 하며, 정부의 결정을 대상으로 한다.	사기업의 결정이나 비밀스럽고 사적인 목적을 포함한다는 주장도 있다.
처벌감수의사	실정법 위반에 대한 처벌을 감수하겠다는 의사를 가져야 한다.	절대적이거나 보편적으로 적용되는 것은 아니다.
비폭력성	시민불복종이 지향하는 목적을 달성하기 위해 비폭력적으로 진행되어야 한다.	폭력개념의 해석상 차이가 있고, 단순하고 일시적인 것은 가능하다.
비례성	시민불복종 행위가 최후적인 수단이어야 하고, 기존 법규범이 침해하는 이익보다 너무 커서는 안 된다.	장기적 이익까지 고려하여 어떻게 해석할 것인가의 문제가 있다.

행위로 규정할 수 있다. 그 대상은 인권을 유린하는 법률, 시민권리를 침해하는 제도, 침략적인 전쟁, 불공정한 조세정책 등 다양하다. 시민불복종운동은 위법임에도 불구하고 자신의 행동이 옳다는 신념에서 양심적으로 행하는 것이다. 여기서 위법은 단순히 법을 위반하는 것이 아니라 공적 목적을 위한 항의적 행위이다. 그리고 불복종은 의도적으로 법을 위반하는 것이지만, 법을 무시하거나 대상을 증오하는 것은 아니다. 비폭력적인 행위로서 폭력이 정당화되지는 않지만, 반드시 비폭력적이어야 하는 것은 아니다. 그리고 현재의 인권침해나 위험 외에 미래에 닥쳐올 명확한 위험에 대한 항의도 가능하다고 볼 수 있다.

시민불복종운동을 이와 유사한 다른 항의행위와 구분하는 것도 시민불복종운동의 개념을 명확히 하는 데 중요하다. 시민불복종과 유사한 항의행위에는 양심적 거부, 혁명적 불복종, 저항권 등이 있다. 양심적 거부는 도덕적·종교적 이유로 양심에 근거하여 전쟁·살인·낙태·숭배 등과 같이 어느 정도 직접적인 법령이나 행정명령을 거부하는 행위를 말한다. 여호와증인의 집총거부가 대표적이다. 양자를 구분하는 것이 쉽지 않지만, 대체로 양심적 거부는 직접 법이나 정책의 변화보다는 도덕적·종교적 근거에서 자신의 신념을 표현한 것이다.[26] 혁명적 불복종은

---

26) 양자의 구분 가능성과는 별도로 구분의 실익이 있느냐의 문제가 제기된다. 실제로 현실에서 양자가 결합하여 나타나는 경우가 많으며, 독일의 법학자들은 양자를 구분하지 않는다(변종필, 2001; 차병직, 2002: 254).

정당하지 못한 정권을 전복하기 위해 어느 정도 폭력을 동반하는 저항행위를 말한다. 1987년 6월항쟁이 대표적이다. 시민불복종이 다수의 지지를 획득하고 있음에도 불구하고 정권이 이를 수용하지 않을 때 혁명적인 불복종으로 전화될 가능성이 높다. 따라서 현실에서는 양자의 차이를 구분하기 어렵지만, 혁명적 불복종에서 폭력의 용인정도가 높다고 볼 수 있다. 저항권은 대체로 위헌적인 권력행사에 의해 민주적 헌법질서가 파괴된 것을 회복하기 위한 저항행위를 말한다. 1980년 광주항쟁을 예로 들 수 있다. 독일의 연방헌법에는 이것을 명문화하고 있으나, 헌법규정에 없다고 하더라도 자연법적 권리로 인정된다고 보는 경향이 강하다.[27] 저항권은 시민불복종과는 달리 비정상적인 불법국가에서 헌법외적인 저항행위로 진행된다. 시민불복종이 법치국가 내에서 법치국가의 변질과 타락을 막기 위한 최초의 수단(prima ratio)이라면, 저항권은 불법국가에서 법치국가를 회복하기 위한 최후의 수단(ultima ratio)이라고 볼 수 있다(심재우, 2001).

2) 시민불복종의 정당화

국가의 구성원은 법치국가에서 다수결에 따라 만들어진 법을 원칙적으로 복종해야 한다. 그러나 이것이 법에 대한 절대적인 의무를 말하는 것은 아니다. 민주적 법치국가에서도 합법적 규정들이 정당하지 않을 수 있고, 사회정의에 위반하여 다수의 거부를 받을 때는 불복종이 일어나게 된다. 이러한 불복종이나 저항은 인간존엄을 실현하고 민주주의를 발전시키는 중요한 수단이자 과정이라고 할 수 있다. 그렇다면 어떠한 경우에 시민불복종은 정당화될 수 있는가.

시민불복종을 바라보는 관점은 크게 세 가지로 나눌 수 있다(이상돈, 2001). 첫째, 법실증주의적 관점이다. 이것은 정부영역에 있는 정치인이나 관료들의 시각이다. 법실증주의는 의회의 실증적인 입법절차를 통해서만 사회의 정의관념을 수용하기 때문에 제도화된 입법절차에 따라 만들어진 법규범은 무조건적으로 준수해야 한다고 본다. 따라서 악법일지라도 일단 복종해야 한다고 주장한다.

둘째, 자연법적 관점이다. 이것은 주로 정통적인 법학자의 시각이다. 자연법적 관점은 법체계를 시민사회와 정치체계의 정의실현역량에 예속시켜 정의로운 법의 존재를 강조한다. 이것은

---

[27] 독일연방헌법 제20조 4항에는 민주질서를 폐지하려고 하는 자에 대해 다른 구제수단이 불가능할 때 저항할 권리가 있다고 규정하고 있다.

시민불복종을 저항권이론의 연장선에서 바라본 것이다. 민주사회에서는 결코 침해되어서는 안 되는 정의가 있기 때문에 정의를 지키기 위해서는 다수결의 원리를 침해해도 정당하다고 본다.

셋째, 대화이론적 관점이다. 이것은 하버마스의 의사소통행위 이론을 시민불복종에 변용한 것이다. 대화이론적 관점은 정의를 정하는 이성도, 권력을 낳는 절차도, 궁극적으로 모든 사람들 사이의 대화적 의사소통에 의해 상호이해가 가능한 규범만이 법규범으로 수용되어야 한다고 보는 것이다. 따라서 법의 정당성은 다수결의 원칙이 아니라, 결정절차가 시민의 의사소통적 교류에 개방적이고 광범위한 합의를 지속적으로 반영할 때 이루어진다고 본다.

이상에서 살펴본 바와 같이, 시민불복종의 정당화는 바라보는 관점에 따라 다양하다. 롤즈는 입헌민주주의 정부에서 부정의가 일정한 수준이 아니면 부정의한 법이라도 원칙적으로 복종해야 한다는 보수적 입장을 취한다. 그는 시민불복종운동이 ① 정상적인 민주절차가 실패할 경우 시도될 수 있는 최종적 수단, ② 정의에 대한 명확하고 실질적인 침해일 경우, ③ 그와 유사한 경우에 다른 사람도 유사한 방식으로 저항하려는 성향이 일반화되어도 합당한 결과를 가지게 될 경우 등 세 가지로 국한하고 있다. 또한 세 가지 조건이 충족된다고 하더라도 반드시 시민불복종 권리를 행사할 수 있는 것이 아니라, 소기의 목적을 달성할 가능성도 고려해야 한다고 말한다. 따라서 시민불복종을 매우 제한된 범위 내에서 정당화하고 있다(Rawls, 1988). 그러나 라츠는 시민불복종이 합법적인 다른 대안이 있을 때에도 정당화될 수 있다고 본다(Raz, 1991). 싱어(Peter Singer)는 시민불복종이 핵무기나 환경문제처럼 정당한 민주정체에 참여할 수 없는 사람의 이해관계 표출에서도 가능하다고 본다(Singer, 1991). 스마트도 시민불복종이 소수자의 정의감에 호소하는 것에서 가능하다고 본다(Smart, 1991).

벨젤(Hans Welzel)은 힘으로서의 법은 강제할 뿐이며, 가치로서의 법은 의무를 부과한다고 하였다(차병직, 2002: 236). 하버마스는 헌법국가가 자신이 인정할만한 원칙에 토대를 두고 있을 때, 시민으로부터 법에 대한 복종을 기대할 수 있다고 말한다(Habermas, 1996: 99). 결국 정당한 법이 되려면 스스로 그 법의 준수를 요구할만한 가치를 지니고 있어야 한다. 법과 정책이 개인의 자유와 평등이나 공정한 기회를 현저하게 위반하고 이를 저지하기 위한 노력이 합법적인 수단으로 효과를 거두지 못할 때, 시민불복종은 정당성을 갖게 된다. 시민불복종은 처음에는 주관적 확신에서 시작하지만 사람들의 동의와 지지를 얻게 됨에 따라 객관적 확신으로 전환되고 그에 따라 정당성도 강화된다.

시민불복종에 대한 처벌에서도 유의할 필요가 있다. 시민불복종운동이 정당성이 약하고 최종적으로 불법적인 것으로 판명되더라도 정부가 적법성의 차원에서 당연히 처벌할 수 있는

<표 8-10> 시민불복종운동의 법적통제

강도수준	법적통제 유형
⑦	통상적인 실형선고
⑥	실형선고 양형참작
⑤	집행유예
④	기소유예처분
③	면책사유로 고려
②	위법성조각사유로 고려
①	구성요건해당성부인

자료출처: 이상돈(2001)

것은 아니다. 이상돈(2001)은 시민불복종운동에서 기존의 법규범이 최종적으로 더 많은 지지를 받더라도 시민불복종운동에서 주장하는 내용이 공론장에서 상당한 정당성 경쟁을 견뎌내면 법체계 내의 제재수단은 자제되어야 한다고 주장한다. 물론 시민불복종에 대한 정당화와 법적 통제는 국가와 시대마다 다르다. 롤즈가 시민불복종을 매우 제한된 범위 내에서 도덕적·정치적으로 정당화한 것은 성숙한 미국 민주주의의 상황을 반영한다. 한국은 민주적 법치국가인 선진국과 다르다. 한국 내에서도 1986년의 KBS시청료거부운동과 2000년의 총선시민연대의 상황은 다르다. 민주적 법치국가의 체제가 성숙되고 법체계가 발휘하는 대화적 의사소통의 역량이 커질수록 시민불복종운동의 필요성은 그만큼 줄어들게 되고, 정당화는 훨씬 더 엄격하게 적용되지 않을 수 없게 된다.

<표 8-10>은 시민불복종운동에 대한 법적 통제의 강도에 대한 다양한 유형을 보여주고 있다. 그리고 <표 8-11>에 나타난 바와 같이, 민주적 법치국가의 실현 정도와 시민불복종운동의 허용 정도는 대체로 반비례한다(이상돈, 2001). 즉 민주적 법치국가의 수준이 낮을 때는 법적 통제가 ①-③의 유형을 취하게 되고, 민주적 법치국가의 수준이 높을수록 법적 통제의 강도도 높은 유형을 취하게 된다. 그러나 시민사회에서 어느 정도 지지를 받고 있는 시민불복종운동을 불법화하는 것은 바람직하지 않다. 따라서 어느 정도 정당성을 획득하고 평화적으로 진행된 시민불복종운동은 검사와 판사가 이를 정치적 행위로 판단하여 최악의 경우에도 ④-⑤를 넘지 않도록 하는 것이 바람직하다.

2. 시민불복종운동의 사례

인간의 불복종행위는 히브리신화의 아담과 이브나 그리스신화의 프로메테우스의 경우와 같이 신의 뜻에 대한 거부로 시작되었다고 볼 수도 있다. 인간이 국가권력이나 실정법에 대해 거부한 것은 오랜 역사를 가지고 있다. 시민불복종운동의 맹아를 멀리 소크라테스의 실정법 위반

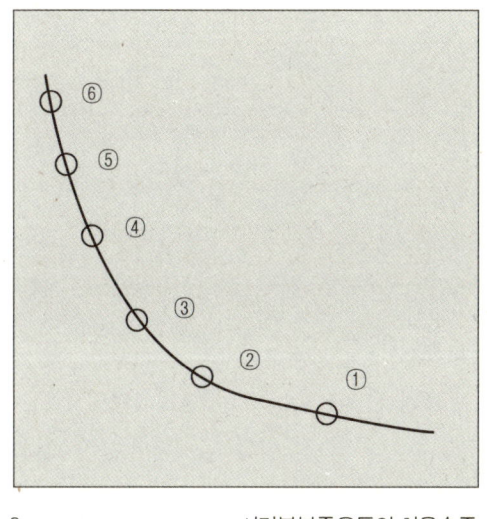

〈표 8-11〉 법치국가와 시민불복종운동

까지 거슬러 올라가기도 한다(한상수, 1990: 9-19; Arendt, 1971; Crawford, 1973: 2-5). 프롬은 인류역사가 불복종행위에서 시작되었으며, 불복종하는 능력이야말로 자유를 보장하고 인류문명의 종말을 막을 수 있다고 말한다(Fromm, 1996: 13-22). 인류역사에서 부정한 권력과 제도에 대한 불복종은 인간의 자유와 평등을 실현하기 위한 장대한 드라마였으며, 역사진보를 위한 용기와 희생이었다고 할 수 있다. 여기서는 시민불복종운동의 사례를 외국과 한국의 경우로 나누어 살펴보기로 한다.

1) 외국의 사례

시민불복종에 대한 담론은 미국에서 소로우(Henry Thoreau)의 인두세 납부거부와 시민정부에 대한 저항이라는 글에서 시작되었다고 볼 수 있다.[28] 소로우는 비인권적인 노예제도, 미국이 일으킨 멕시코전쟁, 인디언 원주민의 권리침해 등에 반대하여 인두세 납부를 거부하고 1846년

---

28) 소로우 그 자신은 시민불복종이라는 용어를 사용하지 않았다. 이 용어는 후세의 사람들이 그가 〈미학〉에 실은 글을 시민불복종이란 이름으로 출판하면서 만들어진 것이다.

감옥에 수감되었다.[29] 그는 법에 대한 존경보다 정의에 대한 존경이 선행해야 한다고 강조하고, 잘못된 정부행위에 대해 소극적으로 방종하는 것은 곧 지지가 되므로 적극적으로 거부하고 저항할 것을 주장하였다(Thoreau, 1999).

소로우의 신념과 저항은 20세기 초에 톨스토이(Lev Tolstoy)의 평화사상과 간디(Mohandas Gandhi)의 반제국주의운동에 영향을 미쳤다. 톨스토이는 평화를 사랑하는 사람의 집총거부권리를 옹호하였고, 간디는 영국의 제국주의에 비폭력 불복종으로 맞서 전형적인 시민불복종운동을 전개하였다.[30] 그는 제국주의를 전복시킬 혁명적 의도를 가지고 있었지만, 이것이 효과적이지 못함을 알고 비폭력으로 일관하였다. 간디는 정당하지 못한 권력과 법에 대한 불복종이 정의로운 행동이라고 보았다.

1950년대 미국의 로자 팍스(Rosa Parks)는 알라바마주의 버스인종격리에 대한 주법(州法)에 저항하여 시민불복종운동을 전개하였다. 그녀의 용기 있는 행동에 수만 명의 지지자가 동조하였고, 1년 후에 미국연방헌법재판소로부터 버스의 인종격리를 규정한 주법이 연방헌법에 위반된다는 판결을 얻어냈다. 그리고 1960년대 마틴 루터 킹(Martin Luther King)은 흑인의 인권을 침해하는 법과 제도에 반대하여 흑백차별철폐운동을 전개하였다. 그는 흑백차별이 자연법에 위반되고 인격을 타락시키기 때문에 부당한 것에 대한 불복종이 시민의 도덕적 의무라고 강조하였다. 그러나 부정의에 대한 저항이 증오나 굴욕을 낳는 것이 아니라, 상대방의 이해와 지지를 얻기 위한 신념의 행동이라고 강조하고 철저하게 비폭력으로 진행하였다.

이 외에도 1960년대 이후 미국의 월남전 참전반대운동, 서독의 반핵평화운동, 프랑스의 반드골주의운동은 시민불복종으로 시작하여 혁명적 불복종으로 발전한 경우이다. 그리고 1980년대 남미와 아시아에서는 민주화를 위한 저항운동이 있었고, 1990년대 이후에는 반지구화운동이 활발하였다. 2000년대에는 미국의 이라크침략에 저항하는 운동이 미국을 비롯한 전세계에서 일어났다.

2) 한국의 사례

한국에서 시민불복종의 시작은 1986년에 있었던 KBS방송국의 시청료납부거부운동이라고 할

---

[29] 그러나 친척이 대납하여 그 다음 날 바로 풀려났다.
[30] 그가 전개한 시민불복종운동을 '사티아그라하'라고 한다.

<표 8-12> 2000년 총선시민연대의 활동일지

시기	주요 활동
1월 12일	총선시민연대 발족
1월 24일~2월 2일	공천반대 명단발표
1월 30일~2월 19일	공천반대 전국 동시집회
2월 ~3월	공천철회운동 및 소송원고인단 모집
3월 1일	유권자 독립선언의 날 선포
3월 2일~3월 6일	정치개혁 국민광장(명동성당)
3월 20일~3월 26일	유권자약속 227만 표 모으기 전국 버스투어
3월 23일	비례대표 공천 가이드라인 발표
4월 3일	낙선명단 발표 및 낙선운동 결의대회
4월 3일~4월 12일	권역별·지역별 낙선운동
4월 8일	레드 2000페스티벌(가자! 놀자! 찍자! 바꾸자!)
4월 12일	희망의 퍼포먼스(명동성당 촛불집회)

자료출처: 조희연(2003c)

수 있다. KBS가 농촌의 실상에 대해 왜곡보도하자, 전라북도 완주군의 한 농민에서 시작된 시청료납부거부가 전국으로 확산되었다. 1987년 6월항쟁은 독재정권에 대한 시민불복종으로 시작되었으나 폭력을 동반하는 혁명적 불복종으로 발전한 경우이다. 1999년 경기도 분당주민의 고속도로통행료거부운동은 분당에서 서울로 출퇴근하는 시민으로부터 지지를 받았을 뿐만 아니라, 전국의 단거리 고속도로통행료 징수에 대한 거부운동으로 발전하였다. 2000년에는 경기도 매향리 미군사격장 폐쇄운동이 전국적인 시민운동으로 발전하여 결국 사격장의 폐쇄와 보상금의 지급을 이끌어냈다.

2000년 총선시민연대의 국회의원후보 낙천·낙선운동은 한국에서 가장 전형적인 시민불복종운동이라고 할 수 있다. 과거에도 정치권은 신뢰를 받지 못했지만, 특히 15대 국회에 와서 정치인에 대한 국민의 불신이 극에 달하였다. 이에 참여연대를 비롯한 1,054개의 각종 시민사회단체가 중심이 되어 부패하고 무능한 정치인과 국회의원 후보자를 정당공천에서 탈락하도록 압력을 가하고, 그래도 공천될 경우 선거에서 낙선운동을 벌이기로 하였다. 이 운동은 부패하고 무능한 정치인의 퇴출과 〈공직선거와 부정선거방지법〉 제87조를 비롯한 악법조항의 폐지를 목적으로 한 것이었다. 운동은 〈표 8-12〉에 나타난 바와 같이, 2000년 1월 12일에 본격적으로 실시하여 선거 전날인 4월 12일까지 3개월 동안 진행되었다.

〈표 8-13〉 총선시민연대의 낙천/낙선운동 결과

분류		국회의원	기타	탈락률
낙천/낙선 대상자 모집단		329명	600여 명	-
낙천 대상자		72명	40명	-
공천탈락자(불출마선언 포함)		48명		43%
낙선대상자		86명*		-
낙선자	전국	59명		69%
	수도권	20명 중 19명		95%
	전략지역	22명 중 15명		68%
	수도권 집중낙선지역	7명 중 7명		100%

* 낙천대상자 중 공천된 자 64명+나중에 포함된 자 22명

    3개월간의 총선시민연대 활동은 언론과 시민의 상당한 지지를 받아 〈표 8-13〉에 나타난 바와 같이, 전국적으로 69%에 이르는 낙선율을 기록하였다.[31] 서울과 인근지역을 벗어난 지방에서는 지역주의가 강하게 작용하여 낙선율이 낮았으나, 수도권에서는 95%의 낙선율을 달성하였다. 선거가 끝난 후 시민불복종운동을 전개한 활동가 208명에 대한 54건의 고소·고발사건이 있었고, 29명이 불구속 기소되었다. 이 중에서 핵심인사는 대법원 최종판결에서 벌금형을 선고받았다. 그러나 대법원에서 유죄판결을 받았다고 해서 운동의 정당성이 빈약하다고 할 수는 없다. 총선시민연대의 활동은 대의민주주의가 안고 있는 자기폐쇄성을 극복하기 위해 부패하고 무능한 정치권에 대한 유권자의 저항을 결집하였고, 국가영역을 감시하고 저항하기 위한 시민운동이 전국적으로 확산되는 계기가 되었다. 선거가 끝난 후 선거관련 법률이 전향적으로 개정되기도 하였다.

3. 시민불복종운동과 NGO

NGO는 시민운동을 조직하고 추진하는 주체이다. NGO가 지향하는 사회변혁과 좋은 삶은 시

---

[31] 총선시민연대는 운동기간 동안 5,000여 명으로부터 3억 5,000만 원의 후원금을 모았고, 인터넷 사이트는 하루평균 10만여 명의 접속을 기록하였다(차병직, 2002: 273).

민운동을 통해 진행된다. 이 과정에서 NGO는 각종 시민권리를 옹호하고 부당한 법률이나 정책에 저항한다. 따라서 NGO의 활동에서는 시민권리를 왜곡하는 부당한 법과 명령에 대한 불복종이 일어날 수밖에 없다. 실제로 시민불복종운동의 주체는 거의 NGO들이다. 앞서 지적한 바와 같이, NGO는 주로 합법적인 공간에서 활동한다. 민주적 법치국가의 실현은 NGO가 지향하는 중요한 목표이기도 하다. 따라서 NGO는 대체로 실정법의 범위 내에서 시민운동을 전개한다. 그러나 정상적인 방법으로 장기간에 걸쳐 국가권력에 호소했음에도 불구하고 부정의가 지속되면 법을 위반하거나 법 그 자체에 대한 저항으로 나타난다. 합법성이 NGO가 추진하는 시민운동을 완전하게 구속할 수 없기 때문이다. 역사적으로 볼 때, 법을 위반하는 시민불복종운동을 통해 민주주의가 발달하고 새로운 제도와 규범이 생성되곤 하였다.

    NGO가 추진하는 시민불복종운동은 카우프만(Arthur Kaufmann)의 지적처럼, 자연법과 실정법 사이에서 양자의 간극을 지양하는 역할을 한다. 법의 이념과 현실의 충돌은 사회체계의 본질적인 요소이다. 그리고 시민불복종운동은 하버마스의 주장처럼, 합법성과 정당성 사이에 위치하여 양자를 통합하는 역할을 하기도 한다. 합법성이 언제나 정당성을 보장하지는 않기 때문이다. 물론 NGO가 추진하는 시민불복종운동이 합법성의 테두리를 벗어난다고 해서 헌법정신을 벗어나는 것은 아니다. 시민불복종운동은 사회정의감과 개인의 양심에 근거하여 법을 의도적으로 위반하고, 이를 통해 헌법이 보장하는 기본권리를 실현하기 위한 자기희생이라고 할 수 있다. 기꺼이 처벌을 감수하면서도 인간의 자유와 평등을 실현하기 위한 시민성의 발로인 것이다.

    현대사회에서 시민불복종운동이 대부분 NGO에 의해서 진행된다고 해서 NGO가 이를 독점해서는 안 된다. NGO가 시민사회의 가치를 대변하는 역동적인 조직이기는 하지만, 시민사회의 다양한 단체들도 시민불복종운동을 전개할 수 있다. 또한 NGO는 시민불복종운동의 정당화에 대해서 과도하게 권력을 행사해서도 안 된다. 시민불복종운동이 합법성을 뛰어넘는 도덕적이고 정치적인 행위이기는 하지만, 이것은 법에 대한 또 하나의 충실한 의무의 표현이다. 따라서 NGO가 시민불복종운동을 전개하면서 법 자체를 무시해서는 안 된다. 사실 NGO는 법 자체를 판단할 수 있는 권능을 가지고 있지 않다. 시민불복종운동을 전개하는 데 있어서 NGO가 운동의 독점과 판단의 권력화를 피해야 한다는 것은 곧 국가공동체를 구성하는 다양한 집단의 의사를 반영해야 함을 말한다. 이러한 다원주의적 시각은 NGO가 추진하는 시민불복종운동의 성공뿐만 아니라, 각종 시민운동과 시민사회의 활성화에 필요한 사회적 동의와 지지를 획득하는 데도 중요하다.

제4절 사이버 시민운동

1. 사이버공동체의 등장

정보의 생산과 유통이 증대하고 정보의 가치가 중시되는 현대 정보사회에서 컴퓨터와 통신기술의 접목에 의한 인터넷의 발달은 새로운 사회적 관계를 형성하고 있다. 인터넷을 통해 나타나는 네트(net)의 세계는 개인의 정체성, 의사소통방식, 개인 간 관계, 권력구조, 생산양식, 국가관리전략, 국제관계 등을 바꾸어놓고 있다. 인터넷의 등장은 단순히 새로운 기술이나 새로운 형태의 미디어만 의미하지 않는다. 그것은 근대적 구조를 넘는 새로운 문명을 만들고 있다. 그리고 물리적 구조와 경계를 갖지 않는 새로운 사회공동체를 만들고 있다. 이른바 컴퓨터가 매개하는 의사소통(CMC: computer-mediated communication)에 의한 사이버공동체(cyber community)의 등장이다. 사이버공동체의 등장은 개인의 정체성과 위상을 근본적으로 바꾸어 놓았다. 사이버공간(cyber space)에서 개인은 개성이나 사회적 역할과 관계없이 다중적 정체성(multiple identity)을 가질 수 있고, 자유롭게 정보를 획득하고 표출할 수 있는 능력을 소유하게 되었다. 나아가 사이버공동체는 국가의 경계를 넘는 거대한 세계사회를 만들고 있다. 머지않아 전자민주주의의 도입으로 민주주의를 운영하는 방식이 완전히 달라질지도 모른다.[32]

인터넷을 통해 정보와 의견이 소통되는 사이버공간은 과거와는 차원이 다르다. 인터넷은 쌍방향 의사소통, 탈중심화와 다자간 동시 소통, 다양한 미디어를 혼합한 멀티미디어, 고속광통신에 의한 빠른 속도, 시간적 경계를 초월한 반영구성, 물리적 공간을 넘는 전지구적 연결 등의 특성을 가지고 있다. 이제 근대적 미디어와 같이 수신자가 송신자의 구조에 갇혀 있는 것이 아니라, 다수의 송수신자가 네트워크를 통해 아무런 제약 없이 연결된다. 그리고 디지털기술의 발달에 의해 글·사진·영상·오디오가 혼합적으로 이용되고 있다. 더구나 기존의 우편이나 팩스와는 달리 전자메일이나 인터넷 토론장은 빠른 속도를 가지고 있다. 사이버공간은 시간과 공간을 초월하여 모든 사람에게 개방되어있고 고도의 자율성을 보장한다. 사이버공간에서는 청소년도 자기의견을 마음대로 개진할 수 있는 정치적 주체가 된다. 물론 사이버공간에서 벌어지는

---

[32] 전자민주주의를 카우치 포테이토 민주주의(couch-potato democracy)라고도 한다. 집의 소파에 누워 감자칩을 먹으면서 각종 공적 의사결정에 참여할 수 있다.

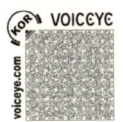

토론과정과 정보는 반영구적으로 보존되고 전지구적으로 연결된다.[33] 그야말로 단순히 물리적 공간과 구별되는 가상공간(virtual space)이라기보다 가상공간과 현실공간의 구별이 없어졌다고 할 수 있다.[34] 사회구조와 관계를 바라보는 인식이 근본적으로 전환되고 있는 것이다.

2. 사이버 시민운동과 NGO

사이버공간의 등장으로 시민운동이 재구성되고 있다. 인터넷의 존재는 NGO가 추진하는 시민운동의 방식뿐만 아니라 내용도 크게 변화시키고 있다. 먼저 NGO가 추진하는 시민운동이 네트를 수단으로 하여 온라인(on-line)에서 활발하게 벌어지고 있다. 성명서 발표, 캠페인, 토론회, 서명운동, 여론조사, 배너달기, 항의시위, 연좌시위(가상점거), 패러디구성 등이 온라인에서 가능해졌다. 온라인에서 시민운동은 반드시 문자적 언어체계에만 의존하는 것이 아니라 기호·이미지·상징도 중요한 의사표시의 수단이 되었다.[35] 그리고 NGO의 운영과 관련된 의사소통, 회의, 홍보, 회원모집, 모금활동 등이 온라인을 통해 이루어지고 있다. 나아가 NGO 자체를 온라인에서 만들기도 한다. 이른바 온라인 또는 사이버NGO이다. 사이버NGO는 단체의 설립과 운영이 사이버상에 이루어진다. 따라서 전통적인 의미의 조직과 사무실이 없다. 사실 오늘날 시민운동이 온라인과 결합하지 않을 수 없기 때문에 온라인 시민운동이라는 명칭 자체가 의미가 없게 되었다.

인터넷의 발달에 따라 NGO가 제기하는 이슈와 지향하는 목표 자체가 달라지기도 한다. 사이버공간의 등장으로 시민운동이 뛰어난 소수활동가에 의해서 지도되는 것이 아니라, 누구나 일상생활의 모든 문제를 가지고 언제든지 실행하는 것이 가능해졌다.[36] 인터넷시대에 개인

---

33) 1999년 시애틀에서 벌어진 세계무역기구(WTO)회의 반대운동은 사이버행동가(electro hippies)가 현실세계와 동조하여 시위를 벌였고, 자체에서 만든 독립미디어센터를 통해 글, 사진, 동영상을 전세계에 전달하였다. 그리고 1997년 노벨평화상을 받은 대인지뢰금지운동은 사이버 네트워크를 통해 세계적인 협조를 얻어냈고, 짧은 시간에 수많은 국가의 합의를 이끌어냈다.
34) 사이버공간은 물리적 현상이 아니기 때문에 감각기관에 의해 파악될 수 없다. 그러나 정보의 흐름으로 그 자체를 인식할 수 있다. 사이버공간에서의 체험은 아바타(avatar)라고 불리는 주체의 의식이 겪는 가상적 체험의 형태로 나타난다. 그리고 아바타는 오프라인의 생활과도 연결된다(Jordan, 1999).
35) 이러한 이유로 사이버공간에서는 언어와 이성의 힘에 의해 실재에 대한 진정한 지식을 획득할 수 있다는 근대사상의 중핵이 정당성을 잃게 된다(송재룡, 2004).
36) 가장 대표적인 예로 2002년에 있었던 두 여중생의 미군장갑차 압사사건에 대한 촛불저항시위를 예로 들 수 있다.

은 시민운동구조에 갇혀 있다기보다 구조 밖에 존재하는 개별행위자라고 할 수 있다. 따라서 개인이 직접 정책에 참여하고 개입하는 방식이 늘어나 사적 민주주의(personal democracy)가 발달함에 따라 집단행동에 의한 전통적인 시민운동이 약화된다는 주장도 있다. 한편 사이버공간이 활성화됨에 따라 국가에 의한 인터넷 검열과 통제, 자본에 의한 사이버공간의 상품화, 빅브라더(Big Brother)에 의한 정보독점, 정보접근권에 따른 계급화 심화,[37] 개인 정보와 프라이버시 보호, 지적재산권 보호와 정보공개, 안티사이트(anti-site)의 활성화,[38] 정치의 중우화(populism) 등이 시민운동의 이데올로기를 새롭게 정립해야 할 필요성을 제기한다.

인터넷에 의한 사이버공간이 익명성을 기초로 하기 때문에 기존의 성·계층·나이·인종·민족 등에 대한 차별과 편견을 분쇄하고 합리적 의사소통을 증대시키는 것이 사실이다. 그러나 온갖 저질적인 욕설과 유언비어가 난무하고, 개인의 인격과 프라이버시를 침해하며, 음란물과 바이러스가 떠돌아다닌다. 그리고 자율과 공유의 전자공론장이 사적 이익을 추구하는 장으로 변하기도 한다. 나아가 비문자적 언어의 진정성 빈곤으로 인해 바우만(Zygmunt Bauman)이 말하는 바의 윤리적 무관심과 냉담이 판치는 아디아포라이제이션(adiaphorization)이 증대한다(Bauman, 1993: 30-31). 이러한 상황에서 국가는 청소년보호, 저작권보호, 국가안보 등을 내세워 사이버공간에 대한 감시와 통제를 강화하려고 한다. 따라서 공익을 추구하는 NGO는 이중적으로 시민운동을 펼쳐야 할 필요성이 증대하였다. 한편에서는 전자커뮤니티를 합리적이고 책임있는 의사소통공간으로 만들어 질적 수준을 높이는 것이고, 다른 한편으로는 전자커뮤니티를 국가권력과 자본에 의한 통제로부터 보호하는 것이다. 특히 국가의 개입과 통제에 대해서는 적확한 현실분석과 대안적 지식 생산이 중요하다. 현대사회에서 이러한 활동도 공공선을 증대하는 것과 밀접한 관련이 있기 때문에 NGO가 추진하는 시민운동의 새로운 영역이 되고 있다.

한국은 세계에서 정보화수준이 최고수준에 달한다. 인구대비 컴퓨터 보유수, 인터넷 가입

이 운동은 한 네티즌이 사이버에서 제안한 것이 오프라인의 모임으로 확대된 것이다.
37) 인터넷 사용은 연령별, 학력별, 소득별로 커다란 차이를 보인다. 한국에서 2003년 현재 연령별로는 10대 이하(94.8%), 20대(94.5%), 30대(80.7%), 40대(51.6%), 50대(22.8%), 60대 이상(5.2%) 등이다. 학력별로는 2000년 현재 대학생(96.2%), 대졸이상(67.5%), 고졸(27.8%), 중졸이하(2.8%) 등이다. 그리고 소득별로는 2003년 현재 월소득이 400만 원 이상(79.9%), 300만 원-400만 원 미만(78.9%), 200만 원-300만 원 미만(74.9%), 100만 원-200만 원 미만(66.2%), 100만 원 미만(31.7%) 등이다(서이종, 2004).
38) 안티사이트포털인 안티투데이(Anti-today)의 집계에 의하면, 2003년 현재 한국의 안티사이트는 407개로서 연예/스포츠가 전체의 26%를 차지한다(서이종, 2004).

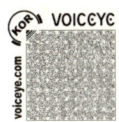

〈표 8-14〉 한국 사이버NGO의 예

단체명	주요 활동
만원계	회원이 매달 1만 원씩 모아 시민운동단체 지원
또물또	잘못된 일상언어를 찾아 이를 고치는 국어순화활동
반크	외국 인터넷 사이트에서 한국에 대한 오류 수정
노컷	중고등학생 두발제한 반대와 학교교육 개혁
풀꽃세상을 위한 모임	자연물 각각을 존재가치로 인정하여 보호
100원 이웃사랑	독거노인 및 소년소녀가장 지원활동
행동하는 양심	인터넷을 통한 자원봉사활동 촉진과 연결
아동학대없는 세상만들기	아동학대로 고통을 겪는 사람들에 대한 상담
사막의 달밤	사막화를 방지하기 위하여 몽골에 식림활동
참세상	바른 정보사회 실현을 위한 계몽실천활동
찬우물	온라인 공동체를 통해 각종 시민권리 증진

률, 고속광통신의 설치율 등에서 세계 최고수준에 있다. 이러한 인프라에 기초하여 각종 시민운동이 온라인을 통해 일어날 뿐만 아니라, 다양한 사이버NGO가 등장하고 있다. 특히 느슨하고 유연한 조직을 가진 '유연자발집단'(조대엽, 2003)은 사이버공간에서 영향력을 행사하는 데 이점을 가지고 있다. 처음부터 조직이라는 의미 없이 각종 사회적 목적을 달성하기 위해 네트워크로 모인 단체가 있는가 하면, 사이버를 통한 조직화를 표방하고 나선 단체도 있다. '반크'는 사이버공동체로서 전자에 해당하고, '풀꽃세상을 위한 모임'은 사이버 환경단체로서 후자에 해당한다(중앙일보, 2003년 11월 11일). 나아가 각종 개인 간의 네트워크 자체가 NGO의 새로운 형식으로 부상하고 있다.[39] 21세기에는 다양한 형태의 사이버NGO가 대거 등장할 것으로 보이기 때문에 이에 따라 시민운동의 방식도 달라질 것이다. 〈표 8-14〉는 한국 사이버NGO의 예를 보여주고 있다.

---

39) 이것을 NGN(nongovernmental network)이라고 지칭한다.

제 9 장
NGO와 정부·기업

제1절 거버넌스의 등장

오늘날 복잡한 사회문제는 정부 혼자 해결할 수 없을 뿐만 아니라, 그렇게 하는 것이 바람직하지도 않다. 따라서 정부는 사적 영역의 다양한 행위자와 변증법적 상호작용을 통해 발전을 추구하는 것이 필요하다. 이것은 기업이나 NGO와 같은 조직이 공적 문제에 대한 권위와 책임을 공유하는 것을 말한다. 이로 인하여 국가의 기본적인 성격과 운영방식이 변화하고 다른 행위자와의 관계가 더욱 수평화되었다. 국가의 독점에서 네트워크의 시대로 전환된 것이다. 이러한 일련의 변화는 거버넌스(governance)로 집약할 수 있다. 오늘날 사회과학에서 거버넌스는 사회문제를 분석하고 대안을 모색하는 데 핵심개념이 되었다. 따라서 여기서는 NGO와 정부 및 기업과의 관계를 고찰하기에 앞서 정부·NGO·기업의 참여에 의한 새로운 조정시스템을 의미하는 거버넌스에 대해 살펴보기로 한다.

1. 거버넌스의 등장배경

1) 권력이동(power shift)

국가는 1648년 베스트팔렌조약 이후 대내적 강제력과 대외적 독립성을 독점함에 따라 계속 권력을 확대해왔다. 이러한 경향은 18세기와 19세기에 굴곡이 있기는 했지만, 20세기에 들어와서 경제공황이 발생하고 복지국가가 발달함에 따라 국가의 확장은 계속되었다. 그러나 오늘날 국가권력은 수직적·수평적으로 재구조화되고 있다. 먼저 수직적으로는 지구화와 지방화의 압박을 받고 있다. 지구화로 인해 개인과 관련된 문제들이 국가라는 지리적 한계를 넘어 상호작용하고 있다. 특히 냉전체제의 해체 이후 각종 지구적 이슈들은 초국가적 성격을 띠고 있다. 지방화는 현대인의 각종 미시적인 욕구가 지방정치와 커뮤니티에서 충족되는 환경을 창출하였다. 오늘날 국가는 큰 문제를 다루기에는 너무 작고, 작은 문제를 다루기에는 너무 큰 딜레마에 빠지게 되었다. 이제 국가는 위로는 각종 국제기구에 권한을 넘겨주고, 아래로는 지방자치단체와 개인의 요구를 수용해야만 하는 위치에 놓여있다.

수평적으로는 신자유주의의 부상과 시민사회의 영향력 강화로 국가의 권한이 분산되고 있다. 18세기 이후 산업혁명을 통한 자본주의의 발전은 시장영역의 확대와 기업의 영향력 강화를 초래하였다. 20세기 후반에는 신자유주의가 주류이론으로 등장함에 따라 국가역할은 더욱 축소되고 그에 따라 국가의 영향력이 약화되었다. 예를 들어, 국제사회에서 각종 세계경제기구나 초국적기업과 같은 거대한 기업조직의 영향력이 강화됨에 따라, 국가는 고유권한으로 간주되었던 자국의 관세조차 마음대로 정할 수 없는 상황에 놓여있다. 시민사회는 20세기 초 이탈리아의 혁명가였던 그람시에 의해 사회주의를 성취하기 위한 전략적 존재로서 부각된 이후 오랫동안 침잠하였지만, 20세기 후반에 화려하게 부활하였다. 오늘날 시민사회에 있는 각종 자발적 결사체들은 국가권력을 감시하고 견제할 뿐만 아니라, 국가와의 협력을 통해 각종 정책을 결정하고 집행하는 위상을 갖게 되었다. 국가권력의 재구조화로 말미암아 국가는 이제 스트레인지(Susan Strange)의 주장처럼, 권위의 유일한 원천이 아니라 무수한 원천 중의 하나일 뿐이다(Strange, 2001).

국가권력의 약화는 국가 내부에서 유래한 것이기도 하다. 1970년대 이후 행정개혁이 논의되면서 정부에 대한 불신이 점증하였다. 정부는 탄력성이 부족하고, 부정부패가 만연하며, 비효율적이라는 비판을 받아왔다. 따라서 정부가 오히려 사회문제가 됨에 따라 개혁의 주체에서 대상으로 전락하였다. 이러한 한계로 신공공관리(new public management)가 강조되고 정부영역에 경쟁·효율성·능력주의 등과 같은 시장원리가 도입되었다. 나아가 국가조직을 축소하고 규제를 완화하며 각종 공공업무를 민영화하는 신자유주의(neo-liberalism)가 강조되었다. 이렇게 되자 정부는 상당한 권한을 시장과 시민사회로 이전하고 작은 정부로 나아가게 되었다. 거버넌스가 반드시 최소국가를 의미하거나 국가역할의 축소를 의미하는 것은 아니다(Kettl, 2000; Pierre and Peters, 2000). 그러나 거버넌스의 시대에 정부권한이 축소되고 있는 것은 부인할

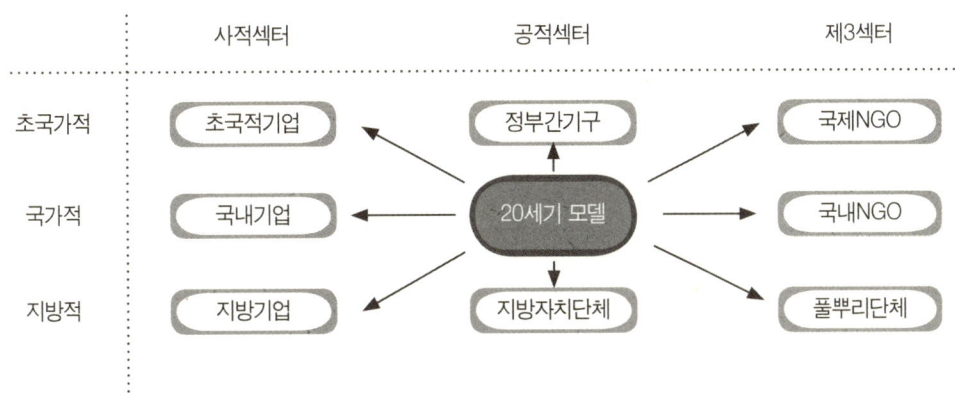

〈그림 9-1〉 21세기 거버넌스의 분산

자료출처: Nye, Jr.(2002)

수 없는 사실이다. 따라서 기존에 국가가 독점했던 권한은 수직적·수평적으로 배분·분산되어 국가가 더 이상 공적 문제에 대한 대표성과 권위를 독점할 수 없게 되었다.

국가의 권력약화는 〈그림 9-1〉에서 나이(Joseph Nye, Jr.)가 제시한 21세기 거버넌스 분산모델에서 잘 나타난다. 중앙정부는 초국가적·국가적·지방적 차원에서 사적 영역(기업)과 공적 영역(정부간기구와 지방자치단체), 그리고 제3섹터(NGO)로 권한을 넘겨주게 되었다.

2) 통치능력의 위기(governability crisis)

현대사회는 한마디로 고도복합체계라고 할 수 있다. 복잡한 사회현상 속에서 개인의 욕구와 가치가 다양하다. 각종 이슈를 둘러싸고 다양한 행위자가 등장하고 각 행위자 간의 이해관계가 복잡하게 얽혀 있다. 갈등도 물질적 분배를 넘어 다양한 탈물질적 가치를 사이에 두고 다층적으로 일어난다. 정보화에 힘입어 막강한 정보능력을 가진 개인은 차원 높은 복지서비스를 요구할 뿐만 아니라, 정책과정에 직접 참여하여 의견을 표출하고 스스로 결정하려고 한다. 그런가 하면, 시민사회의 다양한 결사체는 정부에 버금가는 전문능력을 가지고 사회문제를 정의하고 대안을 제시한다. 따라서 공적 영역과 사적 영역 간의 경계가 무너지고 양자 간의 상호작용과 대체현상이 확대되었다. 이런 상황에서 공적 권위를 가지고 자원을 배분하고 갈등을 조정하는

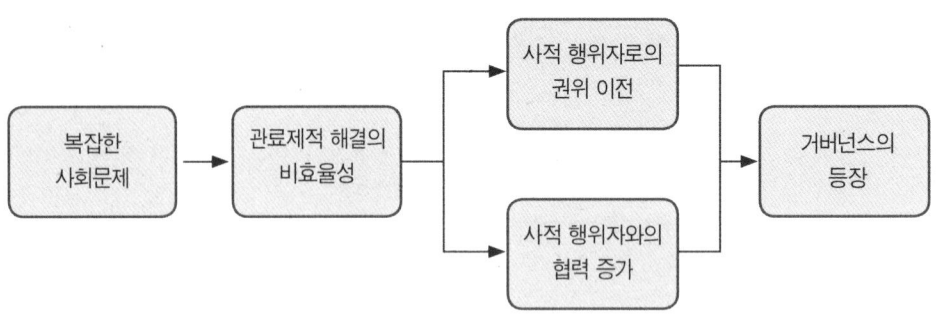

〈그림 9-2〉 통치능력의 한계와 거버넌스의 등장

국가의 역할은 여전히 중요하다고 할 수 있다. 그러나 전통적인 행정학에서 가정하듯이, 위계적인 관료제를 통해 명령과 통제의 방식으로 사회문제를 해결하는 것은 분명 한계가 있다.

현대사회와 같이 고도로 다원화되고 복합적인 사회구조에서 정부는 효율적이고 효과적으로 사회문제를 해결하기 어렵다. 복잡한 사회문제를 해결하고 다양한 욕구를 충족시키기 위해서는 정부의 운영원리인 권력집중, 계층제, 강제와 명령, 획일성보다는 거버넌스에서 강조하는 참여·분권·조정·협력 등이 요구되고 있기 때문이다. 새로운 문제에 적응하고 대응하기 위해 다양한 하위체계를 통제하고 규제하는 것이 아니라, 개방과 참여를 통해 스스로 문제를 해결하고 사회적 합의를 달성하는 것이 선호되고 있는 것이다. 따라서 정부는 권위의 상당 부분을 정부 밖의 기업이나 각종 비영리단체에 이전하고 상호 협력하지 않을 수 없게 되었다. 이러한 협력은 단순히 정부가 기업과 비영리단체를 참여시켜 조종하고 통제하는 능력을 향상시키는 것이 아니라, 공동으로 목표를 설정하고 함께 결정하는 시대의 도래를 알리고 있다. 따라서 정부의 운영원리는 기존의 일방적인 결정과 강요에서 행위자 간에 권한과 책임을 공유하는 쪽으로 바뀌었다. 이것은 국가통치의 한계를 보여주는 것으로서 인민주권의 강화와 더불어 국가중심성의 해체를 의미한다.

〈그림 9-2〉는 정부 통치능력의 한계와 거버넌스의 등장을 보여주고 있다. 복잡한 사회문제 해결에 대한 정부능력의 한계는 사적 영역의 행위자에 대한 권위의 이전과 협력의 증가로 이어진다. 이것은 곧 다양한 행위자가 참여하여 공공문제를 해결하는 거버넌스의 등장을 의미한다.

2. 거버넌스의 의의

1) 거버넌스의 정의

일반적으로 거버넌스는 사회를 통치하는 양식(mode of governing)을 가리키는 넓은 의미를 지니고 있다. 1970년대까지만 해도 거버넌스는 정부(government)와 같은 의미로서 공공서비스를 배분하는 공식적이고 제도적인 체계나 과정을 묘사하기 위해 주로 사용되었다. 그러다가 1980년대부터 정부가 가진 비효율과 부패에 대한 비판이 점증하자, 양자를 상호 구별하기 시작하였다. 이때 거버넌스는 주로 중앙정부와 지방정부 간의 권한배분과 갈등조정에 관한 제도나 양식을 지칭하였다. 그러다가 1990년대에 서구사회에서 거버넌스에 대한 본격적인 연구가 시작되면서 거버넌스는 정부의 역할이나 운영방식에 대한 근본적인 변화를 함축하게 되었다. 즉 거버넌스는 〈표 9-1〉에 나타난 바와 같이, 전통적인 통치에 상대적인 의미를 지니게 되었다.[1] 오늘날 거버넌스는 사회문제를 해결하기 위해 정부와 다양한 민간영역의 행위주체가 함께 권위와 책임을 공유하는 사회적 조정메커니즘 또는 제도를 말한다.[2]

거버넌스는 너무나 다의적으로 사용되고 있기 때문에 바라보는 사람이나 사용하는 장소에 따라 의미가 다르다. 예를 들어, 로즈(R. A. W. Rhodes)는 거버넌스를 최소국가, 기업 거버넌스, 신공공관리, 좋은 거버넌스(good governance), 사회-인공 시스템, 자기조직화 네트워크 등 다양한 의미를 내포하는 것으로 본다(Rhodes, 1997: 54). 그리고 허스트(Paul Hirst)는 거버넌스가 경제개발, 국제기구와 체제, 기업 거버넌스, 신공공관리 전략, 사회 거버넌스 등을 의미한다고 본다(Hirst, 2000). 피에레(Jon Pierre)와 피터스(B. Guy Peters)도 거버넌스가 정책 네트워크, 공공관리, 경제의 섹터 간 조정, 공사(公私) 파트너십, 기업 거버넌스, 좋은 거버넌스 등 다양한 의미가 있다고 말한다(Pierre and Peters, 2000). 스토커(Gerry Stoker)는 정부를 초월하는 기구와 행위자 조직, 경계와 책임의 모호함, 상호관계적 권력의존, 자율적 자기통치 네트워크, 명령과 권위를 넘어서는 새로운 통치도구 등과 같은 거버넌스의 명제를 제시한다(Stoker, 1998).

거버넌스의 개념은 크게 협의와 광의로 나누어서 규정할 수 있다. 협의적 의미의 거버넌스

---

[1] 여기서 양자의 구분은 상대적인 것으로 반드시 이분법적으로 구분할 수 있는 것은 아니다.
[2] 이것을 신거버넌스(new governance)라고도 하는데, 일반적으로 민간영역의 행위주체가 참여하여 네트워크 방식에 의한 문제해결방식을 기존의 정부나 통치와 구별하여 거버넌스라고도 한다.

<표 9-1> 통치와 거버넌스 가치의 비교

통치	거버넌스
독점적 결정	참여, 권한부여
권력집중	권력분화
강제, 불평등	자율, 평등
위계적 조직	네트워크형 조직
대의제	자결, 자치
명령, 제재	조정, 합의
권력남용, 부패	책임
종속, 순응	저항, 부정, 회의
불신, 폐쇄, 은폐	신뢰, 개방, 투명
획일, 성장	다양성, 균형
신속, 강요, 독단	토론, 협력, 연대
안전, 경직	쇄신, 자기변형
다수결원리	소수자 보호
소극적 권리	적극적 권리
이데올로기 주입	시민성 계발

는 정부의 효율성 증진을 위한 신공공관리 전략, 정부 내의 상호 의존적이고 협력적인 정책결정방식, 또는 시민사회 내의 자율적 조정 양식 등을 의미한다. 협의적 의미의 거버넌스는 미국과 유럽 사이에 차이가 있는데, 미국은 기업가적 정부를 강조하면서 정부의 조종능력 강화를 강조하는 반면에, 유럽에서는 정부의 조종능력을 완화하고 통치과정에 사회참여를 강조한다. 미국에서 말하는 정부재창조(reinventing government)는 바로 시장원리의 접목을 통한 정부의 조종능력에 초점을 둔 것이다(Osborne and Gaebler, 1992). 그러나 유럽은 정부 내에서 자율적이고 상호호혜적인 방식으로 의사를 결정하는 것을 강조한다.

광의적 의미의 거버넌스는 공공목적을 달성하기 위한 새로운 통치양식으로서 자원동원과 권력행사 방식과 관련된다. 즉 공통의 사회문제를 해결하기 위해 다양한 행위주체가 참여하고 행위주체들 간의 권한배분·상호조정·상호협력에 관한 것이라고 할 수 있다. 광의적인 의미의 거버넌스는 공적 영역과 사적 영역 간의 경계 완화, 비정부 행위자의 참여확대, 신뢰와 협력에 기반을 둔 수평적 네트워크, 행위자의 자율과 행위자 간의 상호작용, 목표달성을 위한 상호협력과 조정, 권력분화와 의사소통의 증대 등과 같은 요소를 내포한다. 한마디로 수용성과 창의성을 강조한다. 즉 거버넌스는 다양한 사회적 행위자들이 서로의 가치를 수용하고 창의적으로 새로운 관계를 형성하여 사회변화에 적응하고 자기구조의 통합성을 유지하는 규범을 가지고 있다.

거버넌스가 다의적으로 사용되고 있지만, NGO학에서 보면 정부의 통치과정에 NGO의 가치를 투입하는 것이 중요하다. 이런 점에서 거버넌스는 신공공관리나 신자유주의와 구별할 필요가 있다. 신공공관리는 정부의 비효율성을 극복하기 위해 정부영역에 기업의 경영원리를 접목하여 관료제의 계층제적 성격을 완화하고 관리의 효율성을 증진하는 것이다. 그리고 신자유주의는 정부의 권한을 축소하고 시장의 역할을 확대하여 작은정부, 정부개입 축소, 규제완화

등을 지향하는 것이다. 따라서 거버넌스는 신공공관리와 신자유주의를 수용하는 것이 아니라, 이것을 대체하고 보완하는 의미를 지니고 있다. 또한 NGO학에서 거버넌스는 NGO가 통치과정에 실질적으로 참여하여 권력을 행사하는 것이 중요하다. 그러므로 거버넌스는 비정부 행위자가 참여하여 권력을 행사할 수 있는 조직, 특히 네트워크형 조직의 형성을 의미한다. 예를 들어, 제숩(Bob Jessop)은 거버넌스를 국가·시장·시민사회 등 상호의존적인 행위자들 간의 자율적·수평적 복합조직(heterarchy)이라고 규정한다(Jessop, 2000). 로즈도 이와 비슷하게 거버넌스를 자기조직적이고 상호의존적인 행위자들의 복합조직과 통치과정으로 본다(Rhodes, 2000). 이렇게 본다면 NGO학에서 말하는 거버넌스는 전통적인 정부통치양식의 전환을 의미하는 참여, 사회적 구상, 파트너십, 공생산 등과 같은 개념을 넘는 급진성을 지니고 있다고 볼 수 있다. 즉 거버넌스는 국가중심성에서 벗어나고 국가의 포괄적 권위와 강제력이 이완되는 것을 내포하고 있다.

2) 거버넌스의 차원과 유형

거버넌스는 그 개념이 너무나 다의적이고 다층적이기 때문에 쓰는 사람에 따라 다르게 이해하고 분석하고자 하는 연구내용에 따라 다르게 적용된다. 따라서 거버넌스가 구조인지 과정인지, 이론인지 관점인지, 규범인지 경험인지가 명확하지 않다. 예를 들어, 거버넌스가 네트워크를 통해 공공문제를 해결하는 행위자 간의 관계와 권력행사방식이라고 할 때, 이것은 구조보다는 과정, 이론보다는 관점, 규범보다는 경험에 가깝다고 할 수 있다. 그러나 거버넌스는 정부 외의 행위자가 참여하여 권력을 행사하는 수평적인 조직을 의미하기 때문에 구조적 성격도 지니고 있다고 볼 수 있다. 따라서 거버넌스는 양자의 성격을 동시에 띠고 있다. 그리고 거버넌스는 좁게는 의사결정방식에서 사회조정 메커니즘, 제도, 체계, 문화 등 넓은 차원으로 확대될 수 있다. 즉 거버넌스는 관료제적 의사결정방식에서 벗어나 개방적이고 수평적인 의사결정방식을 의미하는가 하면, 새로운 가치를 통한 문제해결 메커니즘, 그리고 새로운 형태의 인간행동 패턴으로서의 제도, 나아가 행위자 간의 상호관계에서 일어나는 규범을 의미하는 문화적 차원도 내포하고 있다.

거버넌스는 다양한 기준에 따라 다양한 수준으로 나눌 수도 있다. 거버넌스를 구축하는 실행주체가 누구인가에 따라, 정부가 중심이 되는 국가중심 거버넌스, 기업이 중심이 되는 시장중심 거버넌스, NGO가 중심이 되는 시민사회중심 거버넌스로 나눌 수 있다. 그리고 지리적 공간의 크기에 따라 글로벌 거버넌스, 지역 거버넌스, 국가 거버넌스, 지방 거버넌스, 커뮤니티 거버넌스 등으로 나눌 수 있다. 현대사회에서는 지구화와 정보화로 인해 이러한 다차원적 거버넌스가 사실상 서로 연결되어 작동하고 있다. 또한 거버넌스에는 다양한 유형이 있다. 사회분야에 따라 정부 거버넌스, 사회 거버넌스, 기업 거버넌스, 학교 거버넌스, NGO 거버넌스 등으로 나눌 수 있다. 그리고 사회적 이슈와 의제에 따라 정치 거버넌스, 행정 거버넌스, 경제 거버넌스, 환경 거버넌스, 개발 거버넌스, 인권 거버넌스, 구호 거버넌스 등으로 나눌 수 있다. 그리고 현실세계와는 달리 사이버공간에서 참여와 담론의 활성화를 통해 의제를 설정하고 대안을 제시함으로써 문제를 해결하려고 하는 사이버 거버넌스도 가능하다.

3. 거버넌스와 NGO

거버넌스는 수용성과 창의성의 원칙에 따라 공공문제에 다양한 행위자의 참여를 통해 권위와 책임을 공유하는 것이라고 축약할 수 있다. 거버넌스의 등장은 한편으로는 현대사회의 복잡한 문제를 해결할 수 없는 정부의 구조적 한계를 드러내고, 다른 한편으로는 시민사회의 정책참여와 자기결정원리에 대한 요구의 결과라고 할 수 있다. 따라서 거버넌스는 시민사회 행위자의 권력확대와 사회적 수용을 의미한다. 시민사회 행위자가 공공문제를 해결하는 정책과정에 참여한다는 것은 사회운영 방식의 변화를 초래하게 된다. 즉 권력집중과 위계적인 명령을 통해 문제를 해결하는 것이 아니라, 다양한 행위자의 자치권력(empowerment) 행사를 통해 문제를 해결하는 것을 선호한다. 따라서 네트워크·상호호혜·상호협력을 강조하게 되고, 각 행위자 간의 자율·신뢰·개방·합의를 중시한다. 나아가 책임, 정당성, 소수자의 권리, 시민성, 생태주의 등과 같은 가치에도 관심을 갖는다. 이런 점에서 거버넌스는 NGO가 지향하는 가치와 밀접한 관련이 있다.

국가에 의한 통치는 국가와 사회의 구분, 정부중심의 통치, 관료제에 의한 집행, 명령과 제재를 통한 갈등조정 방식에 기초한 것이다. 이것은 국가중심의 근대적 발전원리와 대의제 민주주의에 기초한 것으로서 신속한 의사결정과 성장을 통해 정당성을 구축하려는 것이다. 그러나 거버넌스는 권력독점, 위계적 조직, 수직적 명령, 획일적 결정을 배척하고 개방과 수용을 통해 자율·참여·평등·다원성 등과 같은 민주주의의 기본가치를 실현하려는 것이다. 따라서 거버넌스에서는 시민참여가 활발하고 다원적 가치가 중시된다. 정치는 공적 영역의 제도적 차원을 넘어 확장되고, 다양한 삶의 편린(片鱗)들이 정치의 주제로 등장한다. 각 주제는 자율적이고 다층적인 공론장을 통해 논의되고 상호비판이 활발해진다. 이 과정에서 상호학습이 일어나고 시민성이 계발되며 시민교육이 이루어진다. 그리고 자치권력에 의한 자기결정원리, 사회적 책임을 위한 자원활동, 기부와 같은 이타주의가 발달하게 된다. 이러한 가치를 대표적으로 함축하고 실행하는 단체가 바로 NGO이다. 거버넌스가 전통적인 정부중심의 통치원리에서 벗어나 민주주의가 지향하는 분권·참여·협력·조정 등의 원리를 강조한다면 NGO를 비켜갈 수 없다. 거버넌스에서 NGO는 공적 업무에 대한 시민참여 유도, 실질적 공론장의 형성, 사회적 약자의 이해와 여론의 반영, 정책과정의 투명성 제고와 유용한 정보의 제공, 인권·환경·평화 등 보편적 가치의 추구 등과 같은 역할을 한다.

거버넌스의 중요한 행위자로서 NGO의 참여는 다양한 차원에서 일어난다. 국제사회에서 강대국 중심의 국가이기주의를 견제하고 국제기구가 해결할 수 없는 전지구적 문제를 해결하기 위해 NGO의 협력이 필요하다. 특히 현장에서 그 지역의 특수성을 고려하여 지역주민의 의견을 수렴하고 프로그램을 실행하는 것은 NGO가 가장 적임자이다. 국가적 수준에서도 정부는 NGO의 협력 없이 현대사회의 중층적 갈등과 현대인의 다양한 욕구를 충족하기 어렵다. 특히 대리인체제(agent system)가 갖는 한계를 극복하고 시민정치를 구현하기 위해서는 NGO의 참여가 필요하다. 지방적 차원에서는 지방사회의 폐쇄성과 귀속주의를 타파하고 시민참여를 통해 합리성을 증진하기 위해 NGO의 참여가 중요하다. 커뮤니티 차원에서는 일상적인 생활문제와 미시적인 삶의 욕구를 노출시키고 실질적인 복지공동체를 구축하는 데 NGO가 중요한 역할을 수행한다. 각 차원에서 NGO는 지방자치단체, 중앙정부, 정부간기구 등과 일정한 관계를 유지하면서 이들을 감시하고 견제할 뿐만 아니라, 책임감을 갖고 대안을 제시하고 변화를 주도한다.

〈그림 9-3〉은 지방커뮤니티에서 NGO를 통해 소년소녀가장을 지원하는 모델을 예시한 것이다. 한국처럼 복지제도가 빈곤한 상태에서 정부지원을 제대로 받지 못하는 소년소녀가장이 있을 뿐만 아니라, 소년소녀가장은 정부(지방자치단체)에서 제공하는 물질적 지원을 넘는 도움이 필요하다. 소년소녀가장이 장애인이거나 환자일 경우에는 자원봉사자의 알뜰한 손길이 필요하고, 청소년일 경우에는 취업지원을 해줄 자활지원단이 필요하다. 또한 공부를 지도하고 심리상담을 해줄 자원봉사자도 있어야 한다. 그리고 정부에서 제공하는 자금 외에 필요한 재정을 지원해줄 지원자도 확보해야 한다. NGO는 소년소녀가장이 건강한 청소년으로 성장해갈 수 있도록 이 모든 행위자를 매개하는 중심행위자로서 역할을 떠맡게 된다. 물론 NGO의 이러한

〈그림 9-3〉 NGO를 통한 소년소녀가장돕기 모델

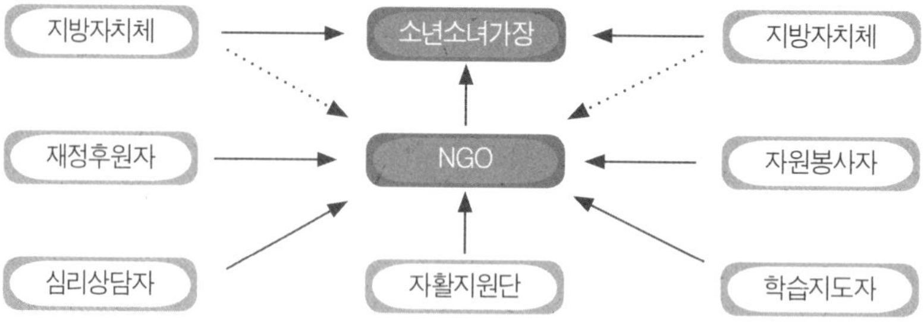

역할은 정부와 일정한 협의를 통해 이루어질 수도 있다.

제2절 NGO와 정부

1. NGO와 정부의 관계

1) NGO와 정부의 상호작용

현대사회에서 각종 사회문제를 정부 혼자 해결하는 것은 불가능하다. 예를 들어, 창의적인 교육에 대한 욕구, 실업자의 증가, 무작위적 범죄의 확산, 환경파괴와 자원의 고갈, 소수자의 자기인식과 저항, 인종차별, 약물남용 등은 위계적인 조직이나 권위적인 결정으로 해결될 수 있는 것이 아니다. 따라서 정부는 시민사회의 존재를 인정하고 이를 적절하게 이용하지 않을 수 없다. 민주주의원리에서 본다면 공공문제의 해결은 원래 정부의 독점사항이 아니다. 공공문제에 대해 정부가 권력을 독점하고 시민참여를 배제하게 되면 개인의 자발성이 쇠퇴하고 민주주의의 역동성이 사라지게 된다. 오늘날 거버넌스가 강조됨에 따라 NGO를 비롯한 시민사회의 각종 결사체의 역할이 강조되고 있다. 공공문제의 해결에 대한 시민사회의 참여는 정부에게 사회구성원의 요구를 전달하고 사회변동에 필요한 각종 정보를 제공한다는 점에서 중요한 환류 메커니즘(feedback mechanism)으로 작용하기도 한다. 따라서 정부는 시민사회의 창의적인 아이디어와 조직원리를 수용하여 공동으로 사회문제를 해결하는 것이 필요하다. 예를 들어, 이주노동자·동성애자·병역거부자·알코올의존자·에이즈환자·마약복용자 등의 문제는 시민사회의 관점과 참여를 수용하는 것이 문제해결에 유리하다. 시민사회의 다양한 조직은 1988년 미국의 부시(George Bush) 대통령이 언급한 것처럼, 각종 사회문제를 해결하는 "수천 개의 불빛"(a thousand points of light)이 될 수 있다.

    NGO와 정부는 다양한 관계를 형성하고 있다. NGO는 기본목표, 조직운영, 회원·상근자수의 크기, 자금의 출처와 동원방법, 회원의 구성과 성격, 접촉하는 대상집단 등에서 너무나 다양하다. 다양성은 NGO의 개념틀을 구성하는 주요한 요소이기도 하다. 그리고 정부도 우리가 생각하는 이상으로 복잡하다. 1972년 미국에서 조사한 바에 의하면, 미국에 78,000여 개의 정부가 존재했다고 한다(Mason, 1982: 10). 한국에서 광의의 정부는 크게 입법부, 행정부, 사법부로 나눌 수 있고, 행정부에는 중앙정부, 광역자치단체, 기초자치단체 등 다양한 차원의 정부가 있다. 그리고 영역에 따라 교육·경찰·소방·교통·재해·환경·에너지·상하수도 등의 영역에서 다양한 자치조직·직계조직·외청·공단·공사가 존재한다. 그리고 정부는 보는 시각에 따라 다양하다. 정부는 제도론·엘리트이론·집단이론·체제이론·정치문화론·계급이론 등 접근하는 이론적 도구에 따라 그 주체와 성격이 달라진다(안병만, 1999: 35-76). 따라서 NGO와 정부 간의 관계는 주체가 어떤 NGO이고 어떤 정부이냐에 따라 다양하게 형성될 수 있다.

    NGO와 정부는 다양한 관계를 갖고 있지만, 복잡한 현실을 쉽게 이해하기 위해 견제와 협력으로 이원화할 수 있다. 먼저 양자 간의 견제·대립관계를 살펴보자. 시민사회는 본래 국가와 자신을 구별하여 국가권력을 견제하고 시민의 자유와 권리를 방어하는 자율적 공간을 확대하는 과정에서 발생하고 성장하였다(Bobbio, 1992; Keane, 1988). 시민사회의 주요 결사체인 NGO의 발생원인 중의 하나는 국가권력을 견제하기 위한 것이다.[3] NGO는 시민권리를 옹호하기 위해 국가를 대표하는 정부의 책무성을 감시하고 각종 정책의 변화를 추동한다. 오늘날 NGO가 수행하는 부정부패 감시, 인권옹호, 경제적 평등, 정치개혁 등과 같은 활동은 주로 정부를 상대로 하는 견제활동이라고 할 수 있다. 시민사회에 대한 국가의 억압은 국가가 가진 배

---

3) NGO가 정부를 견제하는 것은 다음 몇 가지 명제로 정리할 수 있다. ① NGO는 거대한 권력을 견제하는 것을 정당성의 원천으로 본다. ② NGO는 투명하고 정직한 정부를 만드는 것을 진보로 인식한다. ③ NGO는 정부의 민주화를 시민사회 발전의 기초로 본다. ④ NGO는 정책과정에 참여하여 영향력을 행사하고 사회적 약자의 이익을 대변하는 것을 자랑스럽게 여긴다.

타적인 지배력에서 잘 나타난다. 국가는 일정한 영토 내에서 폭력을 독점하고 시민사회의 요구를 억압해왔다(Tilly, 1994; Weber, 1978). 권위주의국가에서 정부에 의한 각종 자발적 결사체의 결성과 집회에 대한 불허를 예로 들 수 있다. NGO를 견제하는 정부의 태도는 민주정부에서도 예외가 아니다. 예를 들어, 정부는 NGO의 대중적 집회와 시민운동에 대해 엄격한 법적 해석을 통해 제재를 가한다.

다음으로 NGO와 정부 간의 협력관계를 살펴보자. NGO의 발생원인 중의 하나는 정부실패이다. 정부가 인민이 원하는 다양한 욕구를 해결하거나 복잡한 사회문제를 해결하지 못하기 때문에 NGO가 발생한다. NGO는 관료제·다수결·강제성·획일성 등의 원리에 의해 움직이는 정부가 해결하지 못하는 각종 서비스를 자원활동이나 파트너십을 통해 제공한다.[4] 나아가 NGO는 정부의 개혁정책을 지지하거나 이에 반대하는 기득권세력을 견제함으로써 개혁을 지원한다. 또한 국제적 차원에서 국제원조활동을 벌이고 금융자본을 견제함으로써 국가의 위상을 높이는 데 기여한다. 정부의 입장에서도 공적 영역이 확대되고 시민의 요구가 다양해지고 있는 시대적 변천에 직면하여 사회문제를 효율적이고 효과적으로 해결하기 위해 시민사회의 지원이 필요하다. 특히 정부불신의 시대에는 NGO와 같은 자발적인 공익조직과의 파트너십이 중요하다. NGO와 같은 각종 비영리단체는 정부기능을 확대하지 않고도 자율과 참여를 보장하고 인민의 욕구를 충족할 수 있는 중요한 수단이 된다. 따라서 정부는 각종 NGO에게 자금을 지원하고 공적 서비스를 위임한다.

이와 같이 NGO와 정부는 상호 견제와 협력의 변증법을 통해 지대추구(rent-seeking)를 완화하고 민주주의의 원리를 강화시킨다. NGO와 정부 간의 견제·협력의 변증법은 서구사회뿐만 아니라, 한국사회에서도 잘 나타난다. 한국에서 양자 간의 견제·대립관계는 오랜 전통을 가지고 있다. 구한말과 일제강점기에 폭력적인 국가에 대한 시민사회의 치열한 저항, 군부정권하에서 국가의 성장주의와 억압장치에 대한 간단없는 재야의 투쟁, 그리고 1987년 이후 국가의 인권침해와 부정의에 대한 NGO의 감시와 비판이 있었다. 이러한 NGO의 견제역할은 정부의 민주화와 인권옹호에 크게 기여하였다. 그러나 1990년대에 들어와서 권위주의가 퇴조하고 사회가 다원화됨에 따라 NGO를 협력파트너로 바라보는 정부의 시각이 확대되었다. 정부는 공공선을

---

[4] NGO는 특히, 인권에 중요하지만 다수결의 동의를 얻지 못하는 문제(외국노동자의 권리), 사회적으로 논쟁의 여지가 많은 문제(동성애), 서비스 혜택이 사회적 약자나 소수자에 귀속되는 문제(소외계층의 사회서비스), 탈물질적이고 미시적인 욕구와 관련된 문제(지역축제) 등에 대한 서비스를 생산한다.

추구하는 NGO를 각종 생활권리를 증진하는 중요한 정책대상으로 간주하고 권한위임과 정책 참여를 강화하였다. NGO 또한 실질적인 시민권리의 보장과 사회적 약자의 권리옹호를 위해 정부와의 협력을 중시하게 되었다. 그야말로 정부와 NGO는 상호 견제하고 대결하면서도 필요에 따라 협력하는 관계를 유지하고 있다.

2) NGO와 정부의 관계유형

NGO와 정부의 관계는 다양한 변수에 따라 유형화할 수 있다. NGO와 정부 간의 관계유형을 설정하는 데 중요한 변수로는 제도적 다원주의에 대한 정부의 인정 여부, 양자 간의 권력관계, 양자 간의 자원교환, NGO의 자율성 보장 등을 들 수 있다. 여기서는 이러한 변수를 고려하여 코스턴(Jennifer Coston), 샤프(Fritz Scharpf), 박상필이 제시한 NGO와 정부 간의 관계유형을 살펴보기로 한다.

    코스턴은 제도적 다원주의에 대한 정부의 입장, NGO의 공식화 여부, 상대적인 권력관계 등을 기준으로 하여 NGO와 정부 간의 관계를 〈그림 9-4〉와 같이 8개 유형으로 나눈다(Coston, 1998). 코스턴은 양자 간의 관계를 주로 NGO와 관련된 정책을 형성할 수 있는 정부의 관점에서 바라보고 있다. 억압형은 제도적 다원주의에 대한 거부로 양자 간의 연결이 없으며 정부에게 유리하게 권력이 비대칭적이다. 여기서 NGO에 대한 정부정책은 억압적이어서 NGO를 불법화하거나 특별한 조치를 취한다. 제도적 다원주의에 대한 거부는 대항형과 경쟁형에서도 마찬가지지만, 그 정도가 낮아지고 양자 간의 권력관계에서도 정부의 일방성이 완화된다. 대항형에서는 NGO를 불법화하는 대신에 각종 규제정책을 쓰게 된다. 경쟁형에서는 NGO가 비판세력으로 등장하여 지방권력을 부분적으로 획득하고, 외국이나 민간자금을 얻기 위해 정부와 경쟁하게 된다. 용역형에서 공조형까지는 제도적 다원주의를 수용하는 유형이다. 용역형과 제3자 정부는 여전히 정부 우위의 권력관계이지만, NGO의 영향력이 확대되고 양자 간의 관계는 대체로 공식적이다. 협력형·보완형·공조형에서는 공조형으로 갈수록 NGO와 정부의 연결수준이 높아지고, 공식성이 강화되며, NGO의 영향력이 확대된다. 따라서 NGO에 대한 정부정책도 우호적인 수준으로 변하고 NGO의 자율성도 확대된다. 특히 공조형에서는 양자 간의 권력관계가 대칭적으로 되고, NGO가 정책과정에 참여함에 따라 정보와 자원의 공유가 이루어진다.

    샤프는 조직이 보유한 전략적 자원이 상대조직에게 미치는 영향을 중심으로 조직 간의 관계를 분석한다. 그는 A와 B라는 두 개의 조직이 긴밀한 상호관계를 맺고 있다면 서로 자원을

<그림 9-4> 코스턴의 정부-NGO 관계모델

제도적 다원주의 거부					제도적 다원주의 수용		
억압	대항	경쟁	용역	제3자정부	협력	보완	공조
공식 및 비공식		비공식		공식	비공식		공식

비대칭적 권력관계(정부우위) ←———————————————————→ 대칭적 권력관계

자료출처: Coston(1998)

교환한다고 본다. 이때 자원은 긍정적인 자원과 부정적인 자원이 있고, 정치·재정적 자원 외에 정보공유(information sharing)나 공동행동(joint action) 등도 포함한다. 두 조직의 관계에서 어떤 조직이 다른 조직에 제공하는 자원의 중요성과 대체가능성에 따라 의존도가 결정된다. 즉 A의 B에 대한 의존도는 B가 A에게 제공하는 자원의 중요성이 높을 경우 대체가능성이 작으면 높은 의존관계를 갖게 되고, 대체가능성이 크면 낮은 의존관계를 갖게 된다. 이와는 반대로 B가 A에게 제공하는 자원의 중요성이 낮을 경우 대체가능성이 작으면 낮은 의존관계를 갖게 되고, 대체가능성이 크면 독립적인 관계를 갖게 된다. 이러한 분석에 근거하여 NGO와 정부가 서로에 대한 의존도가 어떤가에 따라 <표 9-2>와 같이 네 가지 유형으로 나눌 수 있다. 상호의존형은 NGO와 정부가 서로에 대한 의존도가 높을 때의 관계유형이다. 그리고 상호독립형은 양자가 서로에 대한 의존도가 낮을 때이다. 어느 한 쪽이 의존도가 높은 데 비해 다른 한쪽이 낮으

<표 9-2> NGO와 정부 간의 자원의존모형

관계유형		정부의 NGO 의존도	
		높음	낮음
NGO의 정부 의존도	높음	상호의존형	정부주도형
	낮음	NGO주도형	상호독립형

자료출처: Scharpf(1978) 재구성

면 정부와 NGO는 일방적인 의존관계를 갖게 된다.

박상필(2001: 196-200)은 대체로 한국상황을 고려하여, NGO가 정부에 대해 갖는 재정과 활동의 자율성이라는 두 개의 변수를 기준으로 〈표 9-3〉과 같이 NGO와 정부의 관계를 네 가지 유형으로 나누었다. 종속형은 재정과 활동의 자율성이 모두 낮은 형태로서 NGO가 재정의 상당한 부분을 정부에 의존하고 있을 뿐만 아니라, 활동에 있어서도 정부의 제한을 크게 받는 경우이다. 권위주의정권하의 관변단체가 여기에 속한다. 협력형은 재정의 자율성은 낮지만 활동의 자율성은 높은 형태로서, NGO가 정부로부터 일정한 재정지원을 받지만 자유롭게 활동하는 경우이다.[5] 이것은 권위주의정권이 물러가고 NGO와 정부 간의 협력이 활성화된 이후에 발전한 모델이다. 권위주의적 억압, 또는 민주적 포섭은 NGO의 재정자율성은 높지만, 활동의 자율성은 낮은 형태이다. 이것은 NGO가 대부분의 재정을 스스로 충당하면서도 권위주의 정권의 억압에 의해 활동의 자율성을 박탈당하거나, 민주정부하에서 정부의 포섭에 의해 활동의 자율성이 제한되는 경우이다.[6] 자율형은 재정과 활동의 자율성이 모두 높은 형태로서, NGO가 재정의 대부분을 스스로 충당하고 활동에 있어서도 정부의 제한을 받지 않고 자유로운 경우이다.

〈표 9-3〉 박상필의 NGO-정부 관계모델

활동의 자율성		
(강)	협력형	자율형
	종속형	권위주의적 억압, 또는 민주적 포섭
(약)		(강)
	재정의 자율성	

---

5) 여기서 협력이란 어떤 조직이 자기정체성과 관리능력을 가지고 기본이념에 반하지 않는 범위 내에서 필요에 따라 다른 조직과 공동행동을 취하는 것을 말한다.
6) 포섭이란 NGO가 조직화와 정치화를 통해 힘을 강화함에 따라 정부가 NGO의 순응을 확보하기 위한 의도를 가지고 명시적이든, 묵시적이든, NGO와 협상하는 전략을 말한다. NGO의 정책변화 요구 수용, NGO 지도자의 정부편입 등을 예로 들 수 있다.

2. NGO에 대한 정부의 재정지원

1) 정부지원의 찬반논쟁

정부는 NGO에게 활동에 필요한 법적 근거를 제시하고 정책과정에 대한 참여를 보장할 뿐만 아니라, NGO 활동에 필요한 각종 물적 자원을 지원한다. 기부와 자원활동의 활성화, 면세와 법인설립의 간소화, 재단설립의 활성화, NGO센터의 건립과 공공사무실의 염가대여, 정보인프라와 기술의 제공, 우편요금과 통신요금의 할인 등을 예로 들 수 있다. 물론 직접 자금을 지원하기도 한다. 자발적인 결사체이자 정부를 견제하는 활동을 하는 NGO가 정부의 재정지원을 받을 수 있을까. 이에 대한 논쟁은 서구선진국뿐만 아니라, 한국과 같은 개발도상국가에서도 활발하다. 오코넬(Brian O'Connell)과 샴브라(William Schambra)는 정부의 재정지원은 시민사회의 발달을 저해하여 NGO가 본래사명을 수행하는 데 부정적으로 작용한다고 본다(O'Connell, 1996; Schambra, 1998). 그러나 딜룰리오(John Dilulio)와 스카치폴(Theda Skocpol)은 정부지원이 시민사회의 발달과 재건에 중요한 역할을 한다고 본다(Dilulio, Jr., 1998; Skocpol, 1998). 심지어 딜룰리오는 시민사회의 역량증대를 시민사회의 자율에 맡기면 가능하다는 것은 환상이라고 말한다. 박상필(2001)이 1999년 '서울NGO세계대회'에서 전세계 NGO 지도자 270명을 대상으로 조사한 것이나, 주성수와 그의 동료들(2001)이 2000년 '서울시정참여사업'에 참여한 서울지역 NGO 실무자 93명을 대상으로 조사한 바에 의하면, NGO활동가의 53~57%가 정부의 재정지원을 찬성하였다.

NGO에 대한 정부지원금은 재정빈곤을 겪고 있는 NGO에게 물적토대가 된다는 점에서 일차적인 의미를 지닌다. 강상욱(2001)이 2000년 서울에 소재하는 61개 NGO를 대상으로 조사한 바에 의하면, 77%가 정부의 재정지원이 NGO의 성장에 도움이 되었다고 응답하였다. 이 외에도 정부지원금은 NGO의 아마추어리즘(amateurism)과 비효율성을 개선할 수 있는 기회를 제공한다. NGO는 사업기획, 보고서 작성, 회계 등에서 아마추어 수준에 있다. 정부의 재정지원을 받게 됨에 따라 정부에 프로젝트 기획안을 제출해야 하고, 정부가 요구하는 회계와 보고서 작성을 이행해야 한다. 따라서 이러한 과정에서 NGO의 행정수준을 높일 수 있다. 그리고 정부지원금에 대해 일정한 책무성을 갖기 때문에 재정운영의 효율성을 높이려고 노력하게 된다(양난주, 2003). 물론 NGO는 경쟁이나 효율성과 같은 시장적 가치를 너무 강조해서는 안 된다. 그러나 21세기에 NGO가 살아남기 위해서는 왕자(prince)와 상인(merchant)의 공통적 특성을 가

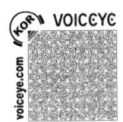

져야 한다는 주장도 있다. 즉 NGO는 정부와 같이 대중적 지지를 획득하여 정당성을 갖는 것도 중요하지만, 조직을 효율적으로 관리하는 관리능력을 가져야 한다는 것이다(Hulme and Edwards, 1997). 재정지원에 의한 조직의 효율적 관리는 상인으로서의 NGO 능력을 강화시켜 준다. 또한 NGO에 대한 정부의 재정지원은 양자 간의 대화 기회를 촉진하고 파트너십을 형성할 수 있는 기회를 제공한다.

그럼에도 불구하고 NGO는 정부지원금이 초래하는 각종 부작용에 주의를 기울여야 한다. NGO가 정부지원금을 받으면 정부에 포섭되어 정부를 제대로 견제하지 못하고 사회진보를 위한 역할을 적절하게 수행하지 못할 수 있다. NGO가 정부지원금을 받기 위해 서류작업에 치중하면서 안정지향을 추구하고 조직이 관료화될 수도 있다. 이렇게 되면 조직은 활력을 잃고, 개혁과 위험을 회피하며, 심지어 조직의 사명이 변질될 수 있다. 예를 들어, 대중적 인기가 없고 비가시적인 이슈를 다루던 NGO가 다수주의를 존중하는 정부와 접촉하게 되면서 원래의 목적과 가치를 포기하게 되는 것이다. 그리고 정부지원금이 갑자기 중단될 경우 조직이 침체·와해되는 위험도 있다. 조직외부적으로는 정부지원금을 받기 위해 NGO가 상호경쟁함으로써 시민사회의 협력과 연대의 풍토가 손상될 수 있다. 그리고 정부가 요구하는 조건에 맞추기 위해 NGO의 조직형태나 활동양식이 동형화(isomorphism)됨으로써 다원성이라는 중요한 가치가 훼손될 수 있다.

NGO에 대한 정부지원금의 가장 큰 문제는 이것이 수반하는 조직 자율성과 재정 독립성의 침해라고 할 수 있다. NGO가 정부지원금을 받게 되면 이것은 시민이 낸 세금을 사용하는 것이므로 정부로부터 유형·무형의 개입과 규제가 뒤따른다. 이로 인하여 정부를 제대로 견제하지 못하고 사회개혁을 위한 역할을 적절하게 수행하지 못할 수 있다. 심지어 NGO가 정부의 프로젝트의 대행자 또는 공공서비스의 하청공장으로 전락할 수도 있다.[7] 또한 NGO가 정부지원금을 받게 되면 다른 재정적 원천을 개척하려는 창의적인 노력을 소홀히 하게 된다. 이것은 더욱 정부지원금을 받기 위한 노력에 경주하도록 자극하여 조직의 사명이나 운영원리가 변질될 뿐만 아니라, 정부에 대한 재정의존을 심화시켜 NGO의 재정독립성을 훼손하게 된다. 현실적

---

7) 실제로 개발도상국에서는 이러한 경향이 있다. 자금이 부족한 개발도상국 NGO들이 선진국이든, 자국정부든, 정부지원금에 의존하기 때문에 NGO가 단순히 정부업무의 대행자에 지나지 않는 정체성을 갖게 된다. 그리고 가난한 개발도상국 인민의 요구가 아니라 재정지원자의 요구에 응답함에 따라 NGO 본래의 사회적 약자를 위한 정체성이 위기에 처하게 된다.

으로 NGO가 정부의 재정지원을 부정하는 것이 쉽지 않다면 일정한 가이드라인(guide line)을 정하고 균형적 시각을 갖는 것이 필요하다.[8] 그리고 직접지원 외에 세금면제, 기부금 소득공제, 사무실 염가제공, 정보인프라 구축, 상근자의 재교육 등과 같은 간접지원을 강화하여야 한다. 아울러 NGO 중에서도 정부를 대상으로 감시, 정책제안, 인권옹호 등과 같은 주창활동을 하는 NGO와 각종 사회서비스를 제공하는 NGO를 구별하여, 정부의 직접지원은 주로 후자에 집중되도록 하는 것이 바람직할 것이다. NGO에 대한 정부의 재정지원은 장단점을 가지고 있기 때문에 이분법적으로 보기보다는 지원의 내용과 방식, 그리고 지원받는 단체나 사업의 성격을 고려하는 것이 중요하다.

2) 정부지원의 논거

NGO에 대한 정부의 재정지원은 그 나름의 장점이 있고 현실적으로 실행되고 있다. 그렇다면 NGO에 대한 정부지원의 이론적 근거는 무엇일까. 첫째, NGO는 우리 사회에서 필수적인 조직으로서 다양한 가치를 지니고 있다. NGO는 정부나 기업에 비해 자율, 참여, 연대, 의사소통, 공동체, 혁신, 유연성, 자원활동 등과 같은 가치를 풍부하게 지니고 있다. 이러한 가치는 인간생활의 활력에 매우 중요하지만, 국가나 시장영역에 있는 조직에서 생성하기 어려운 것들이다. NGO는 이러한 시민사회적 가치를 생성시키고, 이것이 국가에 의해 침해되거나 시장에 의해 왜곡되는 것을 방어한다. 국가발전이나 개인의 삶의 질을 높이기 위해서는 NGO와 같은 자발적 결사체가 활성화되어 사회자본이 풍부하게 생성되어야 한다. 따라서 NGO가 재정빈곤으로 활성화되지 못하고 이로 인해 사회자본과 같은 인프라가 구축되지 못한다면, 정부는 일정한 제도적 장치에 의해 NGO를 지원할 수 있다.

둘째, NGO는 정부를 대신하여 후산업사회(post-industrial society)의 다양한 서비스를 제공한다. NGO는 정부와 협력하거나 정부를 대신하여 정부가 제공할 수 없거나, 관료제에 의한 집행의 거래비용(transaction cost)이 비싼 각종 서비스를 제공한다. 따라서 정부는 공공서비스 생산이라는 목적을 달성하기 위해 NGO에 재정을 지원할 수 있다. 후산업사회에서 정부는 복지·교육·문화·환경·위생·소비·국제원조 등 다양한 분야에서 시민의 욕구를 충족할 수

---

8) 일본의 대표적인 NGO인 JVC(Japan international volunteer center)는 자원봉사를 통해 국제원조를 하는 NGO 이지만, 내부적으로 정부지원금이 전체 재정의 10%가 넘지 않도록 하는 규정을 두고 있다.

있는 서비스를 제공하기 어렵다.[9] 또한 현대사회에서 정부 혼자 공적 문제를 담당하는 것은 비효율적이기도 하지만, 공공목적을 추구하는 것이 정부의 독점사항이 아니다. 오코넬(Brian O'Connell)의 주장처럼, NGO를 비롯한 비영리단체가 공공목적을 추구하는 것은 거대한 인간에너지 방출(great release of human energy)의 원천이 될 수 있다(O'Connell, ed., 1983: xii).

셋째, 정부를 대신하여 공공서비스를 제공하는 NGO가 비용면에서 효율적이다. 이것에 대해서는 논쟁의 여지가 있지만, 제임스(Estelle James)와 로즈-애커맨(Susan Rose-Ackerman)의 연구에 의하면, 현대사회에서 비영리단체가 정부보다 적은 비용으로 다양한 서비스를 제공할 수 있다고 한다(James and Rose-Ackerman, 1986; James, 1987). 더글라스(James Douglas)가 말하는 정부영역의 범주적 한계의 원칙이나 와이스브라드(Burton Weisbrod)가 말하는 중위투표자(median voter) 이론에서도 비영리단체는 현대사회의 다양하고 실험적이며 비관료적인 서비스를 제공하는 데 유리하다(Douglas, 1987; Weisbrod: 1988).[10] 크냅(Martin Knapp)과 그의 동료들도 비영리단체가 가진 비관료적 행정, 자원봉사 인력, 노동조합의 불구속 등으로 적은 비용으로 효과적으로 서비스를 제공할 수 있다고 말한다(Knapp, et al., 2002). 미국에서 진행된 이러한 연구는 대체로 비영리단체, 그중에서 특히 의료/보건단체, 교육단체, 복지단체 등에 적용되는 것이지만 NGO에게도 적용될 수 있을 것이다. 인권·환경·평화·문화·여성·복지 등과 관련된 서비스에서 NGO는 정부보다 효율적이고 효과적으로 공공서비스를 제공할 수 있는 측면이 있다.

넷째, 앞에서 설명한 NGO에 대한 정부 재정지원의 정당성과는 약간의 차이가 있지만, 정부는 NGO가 현실사회에서 존재하고 NGO의 조직화된 권력 때문에 자금을 지원하게 된다. 즉 공익을 추구하는 조직이 거기에 있기 때문에 지원이 발생하는 것이다(Leat, 1985). NGO는 인류가 사회를 구성한 이래, 특히 근대계몽주의 이래로 인간이 살아가는 공동체에서 인간과 함께

---

9) 더글라스(James Douglas)는 정부가 이러한 서비스를 제공할 수 없는 한계를 다섯 가지로 들고 있다. 시간적 지평의 한계(time horizon constraint)로서 정부는 자원조직과 같이 장기간에 걸쳐서 전문화된 서비스를 제공하기 어렵다. 범주적 한계(categorical constraint)로서 정부는 혁신이나 새로운 것을 실험하는 데 한계가 있다. 관료적 한계(bureaucratic constraint)로서 정부는 새로운 수요와 욕구에 대해 융통성 있게 반응하지 못한다. 지식적 한계(knowledge constraint)로서 정부는 지식과 선행(善行)을 독점할 수 없다. 규모의 한계(size constraint)로서 정부는 참여지향적 구조나 욕구를 만족시키는 유연한 접근방식에서 한계가 있다(Douglas, 1983).
10) 더글라스는 민주정부에서 제공하는 서비스는 공평하고, 일치되고, 전국적이어야 한다는 제한을 받는다고 주장한다. 와이스브라드는 정부에 의한 공공재 생산은 선거라고 하는 집단선택 메커니즘에 의해 결정되므로, 정부는 중위투표자가 만족하는 정도의 공공재만 생산하게 된다고 말한다.

존재해왔다. 인간이 살아가는 사회에는 사회적 약자와 소외받는 자가 있고, 국가와 자본이 권력을 휘두르고 억압하기 마련이다. 그리고 민주사회에는 민주시민의 생산·재생산을 위한 필요가 존재한다. 이러한 문제는 정부와 기업이 하는 데 한계가 있기 때문에 NGO가 발생하여 해결하려고 한다. 정부는 이러한 공익활동을 하는 NGO에게 전통적으로 자금을 지원하고 사회문제를 해결하기 위해 서로 협력하는 관행을 유지해왔다.

3) 정부지원의 유형과 대안모델

정부가 NGO에게 재정을 지원하는 방식은 국가마다 다르다. 한국의 경우 아래 네 가지로 나눌 수 있다. 첫째 공개경쟁이다. 이 방식은 정부가 일정한 법적 근거하에 공개적인 경쟁을 거쳐 NGO에게 자금을 지원한다. 정부는 매년 일정한 주제를 정하고 이와 관련된 사업을 수행할 NGO를 공개적으로 모집하여 계획서를 제출하게 한다. 정부는 평가단을 구성하여 양적·질적 평가를 하고 적임자에게 자금을 지원한다. '비영리민간단체지원법'에 근거하여 행정안전부가 매년 50억 원씩 지원하는 방식이 대표적이다. 그리고 각종 정부기관도 대체로 공개경쟁의 방식을 통해 NGO에게 자금을 지원한다.

둘째, 단독 프로젝트이다. 이 방식은 정부가 일정한 사업에 대해 공개경쟁 대신에 그 사업을 수행할 NGO를 직접 지정하여 자금을 지원한다. 이때 계약은 정부가 제안하거나 NGO가 제안하여 양자 간의 협의를 통해 이루어진다. 이것은 반드시 공공서비스를 효과적으로 생산하기 위해 NGO를 활용하는 것만이 아니다. 정부가 NGO를 포섭하거나 공공사업의 정당성을 높이려고 이용할 수 있고, NGO도 자금부족을 해결하거나 정부지원을 통해 단체의 능력을 강화하려고 할 때 이용한다. 따라서 정부와 단독 프로젝트를 하는 NGO는 대체로 관련사업 분야에서 이름이 나 있거나 영향력이 강한 단체가 많다.

셋째, 특별사업을 위한 전략적 지원이다. 이 방식은 정부가 공공서비스를 직접 생산하지 않고 NGO에게 위임하여 생산하려고 할 때 NGO와 계약을 맺고 자금을 지원하는 것이다. 이때 위임하는 사업은 대체로 시민계몽이나 의식전환과 관련된 것이 많고, 계약하는 NGO는 주로 연대체를 형성하여 사업을 시행한다. 2002년 한일월드컵을 앞두고 서울시가 화장실문화개선을 위한 의식개혁을 위해 '화장실문화개선시민연대'에게 자금을 지원한 것이 대표적이다.

넷째, 민간재단을 통한 지원이다. 이 방식은 정부가 직접 NGO에게 자금을 지원하지 않고 각종 기금이나 재단에 자금을 출연하고, 이 재단이 NGO에게 지원하는 것이다. 이것은 정부가 시민사회의 발전에 대해 일정한 의무감을 갖고 NGO의 자율성을 극대화하려고 할 때 사용하는 방안이다. 이때 기금이나 재단은 어디에 위치하느냐에 따라 정부의 간섭 정도가 달라진다. 1995년 북경여성대회 이후 여성부가 '여성발전기본법'을 제정하고 1997년 산하에 '여성발전기금'을 설립한 것이 대표적이다. 여성발전기금은 여성부로부터 자금을 지원받아 1998년부터 여성권리와 관련된 사업에 매년 수억 원에서 수십 억 원을 지원해오고 있다.

NGO에 대한 정부의 재정지원은 NGO의 자율성 확보, 재정충족 정도, 신뢰구축 효과 등의 관점에 의해 비교·평가할 수 있다(박상필, 2008: 198). 네 가지 재정지원 유형은 세 가지의 기준에서 볼 때 각각의 장단점이 있다. 공개경쟁은 자율성 확보에서 안정적이지만, 재정충족과 신뢰구축의 문제가 있다. 단독 프로젝트는 재정충족에서 유리하지만, 신뢰구축과 NGO의 자율성에서 문제가 있다. 특별사업을 위한 전략적 지원은 재정충족 정도에서 만족스럽고 신뢰구축도 일정한 효과를 가져올 수 있지만, NGO의 자율성 확보에는 한계가 있다. 민간재단을 통한 지원은 재단이 정부 산하에 있을 때 여전히 NGO의 자율성을 침해할 수 있다. 한국에서는 현재 공개경쟁 형태가 활발하고 단독 프로젝트는 점점 줄고 있다. 특별사업을 위한 전략적 지원은 NGO가 효과적으로 해결할 수 있는 사회문제가 늘어남에 따라 증가하고 있다. 공개경쟁을 통한 지원이 NGO의 재정을 어느 정도 충족시키면서 자율성을 확보할 수 있을 것 같지만, 여러 가지 문제가 있다. 예를 들어, 정부에 의한 사업 결정과 단체 선정, 단기중심의 지원, 실질적 평가의 부실 등을 들 수 있다.

NGO의 자율성을 확보하고, 재정충족을 강화하며, 신뢰구축의 효과를 극대화할 수 있는 정부의 재정지원 방안은 존재하지 않는다. 그러나 정부가 NGO의 역할을 인정하고 NGO의 역량을 강화하려고 한다면, 〈그림 9-5〉와 같이 독립재단을 설립하여 정부가 자금을 출연하고, 독립재단이 자율과 책임의 원칙하에 NGO를 지원하는 것이 바람직하다. 이 모델은 정부개입을 축소하고 장기적인 관점에서 NGO를 지원할 수 있다. 그리고 시민사회의 활성화 차원에서 NGO에 대한 실질적인 평가와 신뢰구축이 가능하다.[11] 나아가 시민사회의 활성화에 대한 체계적인 연구, 시민사회에 대한 교육, 공익재단 설립의 활성화 등이 부가적으로 이루어질 수 있다. 독립재단은 국무총리실 산하에 두어 다양한 영역을 포괄적으로 다루되, 개별부서의 특수한 형

---

11) 독립재단을 통해 시민사회 스스로 판단하고 장기적인 관점에서 재정을 지원하게 되면 NGO의 신뢰모델을 개발할 수 있다. NGO 내에서는 어떤 단체가 공적 자금을 지원받아 어떻게 사용하는지를 알고 있기 때문에 개별 NGO의 신뢰도를 쉽게 파악할 수 있다.

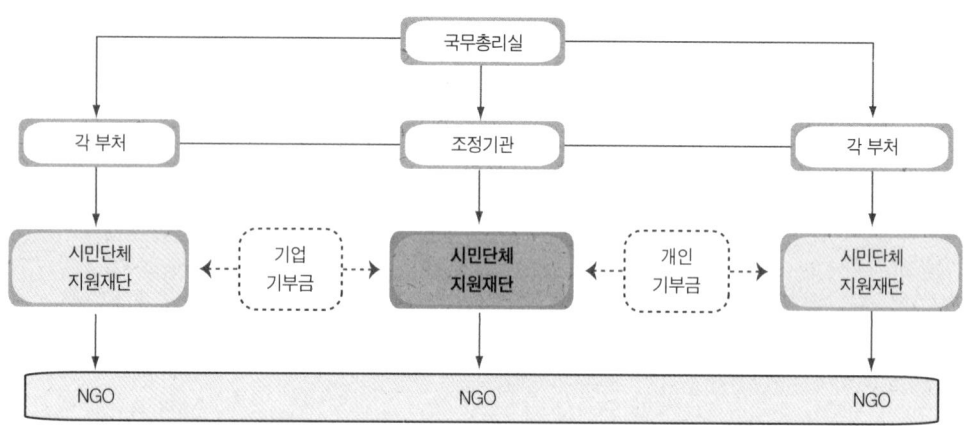

〈그림 9-5〉 독립재단을 통한 정부지원 모델

태의 지원제도는 인정하여 다양성이 보장되도록 해야 한다. 광역자치단체에도 이와 유사한 독립재단을 설립할 수 있다. 독립재단에는 정부뿐만 아니라 기업이나 개인도 기부금을 제공할 수 있다.

3. NGO의 정책참여

1) 사회적 구상(social design)

정부의 정책과정에 대한 시민참여의 요구가 증대함에 따라 참여민주주의에 대한 논의가 활발하다. 사회적 구상도 그 중의 하나이다. 구상 혹은 디자인이라는 개념은 어떤 집단의 구성원이 목표를 달성하기 위해 의도적이고 창조적으로 행동할 때 사용된다(Jun, 1995: 131). 구상은 다양한 사람이 참여하여 비판적인 시각에서 서로 아이디어를 제시하고 조직을 쇄신하는 과정이다. 이것은 처치만(C. West Churchman)의 지적처럼, 여러 가능성에 대해 제약받지 않는 사유를 촉진하는 일종의 지적 해방이라고 할 수 있다(Churchman, 1971: 5). 그리고 얀치(Erich Jantsch)의 지적처럼, 현실에 필요한 아이디어를 제공함으로써 상호작용적 환류관계가 발생하고 학습이 이루어지는 과정이라고 할 수 있다(Jantsch, 1975: 100).[12]

사회적 구상은 과학으로서의 정책과 예술로서의 정책을 역동적으로 혼합시킨 것이다. 그리고 행위자의 가치에 대해 높이 평가하고 문제해결 및 변화에 대한 적극적인 지향을 갖는다. 또한 정책의 기술적 성격과 규범적 성격을 포괄한다. 따라서 정책전문가와 외부집단 및 개인이 광범위하게 참여하여 복잡한 사회현실을 반영하는 합리적 가능성들을 광범위하게 탐색할 뿐만 아니라, 행위자의 가치를 적극적으로 반영한다. 행위자들 간에 권한배분이 이루어지고 네트워크가 형성되어 아이디어가 활발하게 유통된다. 정책과정은 상호학습이 활발하고 외부환경에 대해 개방적인 태도를 지니게 된다. 이를 통하여 가치와 책임을 공유하는 창조적이고 역동적인 정책과정이 가능해진다. 따라서 다양한 전문가의 투입이 일어나지만, 기술관료의 좁은 시각에서 벗어나고 외부의 아이디어를 받아들여 개방적인 정책이 이루어진다(Jun, 132-41).

사회적 구상은 참여자의 상호작용을 통해 현실을 공유한다는 점에서 상호주관적(intersubjective)이고, 새로운 아이디어와 관계를 학습하고 창조한다는 점에서 발명적(inventive)이다. 이것은 정책과정에 외부의 다양한 참여가 이루어질 때 가능하다. 외부집단 중에서도 이해관계자와 공익주창자의 참여는 문제를 효과적으로 해결하는 데 중요하다. 따라서 NGO는 공익을 추구하는 자발적 결사체로서 사회적 구상을 통한 문제접근방식에서 중요한 행위자로 등장한다. 사회적 구상에서 NGO의 정책참여는 특히 참여확대, 사회적 약자의 이익 옹호, 환경보호, 과정중시, 장기적 관점, 유연성과 실험정신, 기타 삶의 질에 대한 고려 등을 정책과정에 접목시킨다. 사회적 구상에서 NGO는 중요한 참여자로서 실질적으로 의사결정에 참여하거나 서비스를 생산할 수 있다. 예를 들어, 지역사회의 범죄를 줄이기 위해 시민순찰대를 결성하여 범죄예방활동을 할 수 있다. 그리고 지역사회의 상수원을 보호하기 위해 지역NGO가 감시자의 역할을 할 수 있다.

2) 정책과정에 대한 NGO의 참여

현대사회에서 NGO는 정부가 하기를 거부하거나, 충분히 수행하지 않거나, 수행할 능력이 없거나, 수행할 수 없는 여러 가지 일을 한다(Najam, 1999). 뿐만 아니라, 정부의 공식구조 밖에서 정부정책에 영향을 미치는 것을 근본목적으로 두고, 자원활동을 통해 정책변화를 위한 촉매역

---

12) 전(Jong S. Jun)은 구상을 관련된 행위자의 가치, 문제해결과 변화에 대한 지향이라는 두 가지 요소에 따라 합리적 구상, 위기적 구상, 점증적 구상, 사회적 구상 등으로 나눈다(Jun, 1995: 132-33).

할을 한다(McCormick, 1993; Korten, 1990). NGO의 정책참여는 거시적으로는 복잡하고 동태적인 현대사회의 구조, 참여민주주의에 대한 요구의 증대, 정보화로 인한 참여기술의 발달, 참여를 자기혁신과 창조의 기회로 보는 시각 등으로 인해 확대되고 있다. 그리고 미시적으로는 참여를 긍정적으로 보는 정부의 태도, 참여제도의 개선, 저항과 거부보다 참여를 지향하는 NGO의 시각, 정당·노동조합·이익집단에 대한 불신증대 등으로 NGO의 정책참여가 증대하고 있다.

오늘날 NGO는 과두화된 정당과 특수주의에 경도된 이익집단을 대신하여 시민의 요구를 투입하는 중요한 정책행위자가 되었다. NGO의 정책참여는 사회정의를 증진하고, 관료의 독점권과 공직 사유화를 견제하며, 이익집단의 과도한 이기주의를 완화한다. 그리고 시민요구에 대한 행정의 대응성을 높이고 정책과정의 공정성을 높인다. 나아가 공익을 추구하는 NGO의 정책참여는 정책의 장기적 관점을 유지하는 데도 중요하다. 정부입장에서도 NGO의 정책참여는 시민의 의견을 수용하여 정책의 정당성을 획득하고 정책집행의 순응성을 높일 수 있다. 특히 정책과정에 사회적 약자의 이익을 반영함으로써 사회적 통합에 기여할 수 있다. 따라서 현대사회에서 NGO의 정책참여는 돌이킬 수 없는 시대적 흐름이 되었다. 여기서는 미국과 한국의 경우 NGO의 정책참여 경향에 대해 살펴보기로 한다.

① 미국

토크빌이 〈미국 민주주의〉에서 언급했듯이, 미국은 일찍이 시민사회의 각종 자발적 결사체가 주체적으로 사회문제를 해결하는 것을 이상적인 것으로 여겼다. 정부가 설립되기 이전에 시민의 공동책임·자조·상호협력을 통해 지역사회가 먼저 형성된 국가이다. 선교·교회건축·도서보급 등과 같은 문제뿐만 아니라, 병원·학교·교도소가 지역사회에서 시민의 각종 단체에 의해 만들어졌다. 그래서 가버트(Margriet-Marie Govaart)와 그의 동료들은 어떤 새로운 사업을 위해 프랑스에서는 정부가 책임지고 영국에서는 귀족이 나서지만, 미국에서는 시민의 자발적인 단체가 해결한다고 말한다(Govaart, et al., eds., 2002: 331-33). 미국은 건국 이후 시민사회의 각종 결사체가 부패방지, 금주운동, 참정권 확보, 복지서비스 생산, 노예제도 폐지 등과 같은 사회적 문제를 해결하는 데 커다란 역할을 하였다.

20세기 중반까지 미국 정책과정의 주요한 행위자는 정부관료 외에 기업가, 이익집단 지도자, 싱크탱크(think tank)의 전문가였다. 그러나 20세기 후반에 와서 NGO의 영향력이 크게 확대되었다. 〈표 9-4〉에서 보는 바와 같이, 시민단체(citizen group)의 의회청문회 증언 횟수는

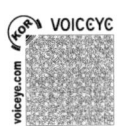

〈표 9-4〉 미국 각 집단의 정책영향력 비율

(단위: %)

단체	의회청문회 증언			신문보도			TV보도
	1963년	1979년	1991년	1963년	1979년	1991년	1995년
시민단체	23.5	26.2	31.8	28.9	26.9	40.2	45.6
기업	18.1	22.0	19.1	10.7	17.2	1.8	24.3
무역협회	31.8	28.9	25.5	31.1	26.5	23.7	13.0
전문가단체	12.9	11.8	14.5	15.5	11.6	26.7	3.8
노동조합	6.3	4.4	3.8	9.7	15.5	5.6	4.0
싱크탱크	–	–	–	–	–	–	4.3
기타	7.4	6.7	5.3	4.1	2.3	2.1	5.1

신문: New York Times, Wall Street Journal, Congressional Quarterly Weekly Report; TV: ABC, CBS, CNN, NBC
자료출처: Berry(1999a: 376-79)

〈표 9-5〉 미국에서 연구의 신문보도 비율(1995년)

단체	비율(%)
정부	30.6
시민단체	19.4
대학	17.6
독립연구기관	10.2
기업	9.3
싱크탱크	5.6
무역협회	2.8
기타 비영리단체	2.8
전문가협회	0.9
노동조합	0.9

신문: New York Times, Wall Street Journal,
자료출처: Berry(1999a: 387)

1991년에 전체의 약 32%를 차지하였다. 그리고 신문보도의 횟수도 크게 늘어 1991년에 전체의 40%를 차지하였으며, TV보도는 1995년에 전체의 약 46%를 차지하였다. 또한 〈표 9-5〉에서 보는 바와 같이, 1995년 정책에 영향을 미치는 연구능력에서 시민단체 또는 NGO의 비율은 대학이나 연구기관의 비중을 넘어서고 있다.

② 한국

한국은 미국과 달리 국가가 먼저 건설되고 위로부터 시민사회가 형성되었다. 1945년 국가건설 이후에도 오랫동안 군부권위주의체제가 지배하여 국가주도로 산업화를 추진하는 과정에서 시민사회의 발전이 억압당하였다. 1987년 6월항쟁 이후 군부권위주의가 쇠퇴하고 민주주의가 발달하기 시작하자, 각종 NGO가 급속하게 분출하였고 공공업무에 대한 참여가 증대하였다. 한국에서도 거버넌스가 발달하고 시민참여가 활성화됨에 따라 NGO의 정책참여가 늘고 있다. 특히 정보화가 발달하고 NGO의 전문능력이 강화됨에 따라 정책과정에서 NGO는 무시할 수 없는 행위자로 자리매김하게 되

〈표 9-6〉 한국 NGO의 신문보도 횟수의 추이

구분	조선일보	동아일보	서울신문	한겨레신문
1993년	189	162	205	299
1994년	212	247	240	344
1995년	315	316	316	480
1996년	350	349	307	557
1997년	346	366	312	696
1998년	295	391	398	760
1999년	745	889	939	1,423
2000년	1,061	1,310	1,605	2,014
2001년	723	1,008	1,214	1,444
2002년	783	909	1,136	1,262

자료출처: 한동섭·송요셉(2004)

었다. 최근 이명박 정부에 들어와서 시민사회에 대한 왜곡과 함께 거버넌스가 쇠퇴하고 있으나, NGO의 정책참여는 결코 무시할 수 없는 대세다.

　우선 한국 NGO의 활동은 신문과 TV에 많이 보도된다. 그리고 NGO 활동가가 정책에 대한 의견을 표명하고 정부의 각종 위원회에서 차지하는 비율도 늘어났다. 〈표 9-6〉은 서울에서 발행되는 주요 신문의 NGO 보도횟수 추이를 보여주고 있다. 1990년대 초반에 비해 2000년대의 보도횟수는 몇 배에 달할 정도로 늘었다. 특히 2000년은 총선시민연대의 활동으로 보도횟수가 크게 늘었다. 이후 약간 줄기는 했지만, 여전히 높은 수준에 있다. 특히 상대적으로 진보적인 한겨레신문의 보도횟수가 많다.[13]

　한국에서 NGO의 정책참여는 주로 의제설정단계에서 많이 일어나고, 영향력도 의제설정단계에서 강하다. 아직도 정책결정과 집행단계에서는 참여 정도와 영향력이 낮다. 박상필(2008: 155-81)이 2001년 서울지역의 30개 환경단체를 대상으로 하여 조사한 바에 의하면, 〈표 9-7〉에 나타난 바와 같이 정책의제설정단계에서 참여가 많았고, 그 다음으로 결정단계였다.[14] 그리고

---

13) 이러한 보도횟수는 이명박 정부에 들어와서 많이 줄어든 것이 사실이다. 이러한 경향도 시간이 지나면 수정될 것으로 보인다.
14) 정책참여단계에 대한 질문은 가장 대표적인 참여단계 하나만 선택하도록 하였다. 평가단계에서 참여가 적은 것은 영향력행사의 한계, 전문지식의 부족, 단기적 시각 등에 따른 것으로 보인다.

<표 9-7> NGO의 정책참여 단계

정책단계	단체수(개)	비율(%)
의제설정단계	15	50
정책결정단계	9	30
정책집행단계	6	20
정책평가단계	0	0

자료출처: 박상필(2008: 172)

<표 9-8> NGO의 정책단계별 영향력

(단위: 참여단체 수)

구분	강	중	약
의제설정단계	7	13	7
정책결정단계	3	8	7
정책집행단계	2	6	10
정책평가단계	2	2	3

자료출처: 박상필(2008: 178)

<표 9-8>에서 보는 바와 같이 영향력은 상대적으로 정책의제설정단계에서 가장 높았고, 그 다음으로 평가단계였다. 한편 참여방식은 제도적 참여보다 비제도적 참여가 많았고, 단독참여보다는 연대참여가 많았다.[15]

제3절 NGO와 기업

1. 기업의 사회공헌활동

1) 기업경영 패러다임의 변화

고전경제학에서 기업은 이윤을 추구하는 조직으로서 이윤극대화의 노력만으로 기업의 사회적 책임을 다한다고 간주되었다. 오늘날에도 시장경제론자들은 기업이 이윤추구활동을 통해 경제를 성장시키고, 자원을 효율적으로 사용하며, 고용을 창출하는 것이 사회적 책임이라고 생각한다. 그러나 현대사회에서 인간이 직면하고 있는 자원고갈, 환경오염, 공동체 해체, 인간소외 등 각종 문제에 대해 기업은 결코 자유로울 수 없다. 기업의 생산활동은 진공상태에서 이루어지는 것이 아니다. 기업은 사회적 산물로서 상품과 서비스를 생산하고 판매하는 과정에서 사회와 끊

---

15) 30개 환경단체 중에서 제도적 참여(12개 단체)와 비제도적 참여(18개 단체)에서 비제도적 참여가 많았고, 단독참여(9개 단체)와 연대참여(21개 단체)에서 연대참여가 많았다.

임없이 상호작용한다. 이 과정에서 각종 사회문제를 유발하고 사회적 비용을 초래한다. 따라서 기업은 일정한 사회적 책임을 지고 각종 사회문제에 대해 적극적으로 대응해야 한다는 주장이 강하게 제기되고 있다.

현대사회에서 기업의 사회적 책임을 강조하게 되면서 기업을 구성하는 개념이 변하고 있다. 기업은 곧 지배주주의 소유가 아니라 주주·경영진·채권자·노동자·소비자·지역주민·관계기업 사이의 명시적·묵시적 계약의 네트워크라는 사고가 확산되고 있다(김상조, 2002). 그리고 기업경영에서 가격과 품질경영만이 아니라, 환경적·윤리적 경영의 중요성이 부상하고 있다(문국현, 2003). 나아가 기업이 비즈니스라는 목표 외에 사회적·환경적 목표를 추구하는 시민적 역할을 하는 기업시민정신(corporate citizenship)이 강조되고 있다(주성수, 2003a: 14). 따라서 기업과 사회의 상호의존과 조화가 중시되고, 윤리적인 경영이 기업의 경쟁력과 가치를 높이는 시대가 되었다.[16] 세계 일류기업들은 단지 이윤만을 생각하지 않고 기업의 사회적 책임과 윤리경영을 중시하고 있다. 오늘날 성공적인 기업이란 이윤을 많이 남기는 것뿐만 아니라 사회적 책임을 훌륭하게 수행하는 것을 포함하고, 실패한 기업이란 이해관계자에게 손해를 끼칠 뿐만 아니라 사회적 책임을 다하지 못하는 것도 포함한다.

기업의 사회적 공헌의 중요성에 대해서는 많은 조사가 진행되었다. 1999년 유럽의 소비자를 대상으로 한 조사에서 소비자의 25%가 지난 6개월 동안 윤리적 구매를 했으며, 86%가 사회공헌에 참여한 기업의 제품을 구매할 것이라고 응답하였다(Zadek, 2001). 1996년 미국의 〈비지니스 위크〉가 조사한 바에 의하면, 미국인의 95%가 기업이 이윤추구를 넘어 종업원과 지역사회에 대한 책임을 다해야 한다고 응답하였다(Reich, 2003: 63). 2001년 엔바이어로닉스(Environics International)가 20개국 2만 명을 대상으로 조사한 바에 의하면, 기업의 이미지를 결정하는 요인으로서 기업의 사회적 책임, 환경에 대한 영향, 노무실행 및 기업윤리가 전체의 52%를 차지하여 브랜드의 질 및 평판(37%)과 경제적 기여 및 관리(11%)보다 높았다(주성수, 2003a: 56). 한국에서는 전국경제인연합회(전경련)가 2001년 일반시민과 기업가를 대상으로 조사한 바에 의하면, 양자 모두 기업 사회공헌의 도덕적 의무, 기업 사회공헌의 경영적 이익, 사회공헌이 활발한

---

16) 기업의 사회적 책임을 평가하는 요소에는 여러 가지가 있다. 예를 들어, 미국의 CEP(The Council on Economic Priorities)는 환경보호, 남녀평등, 인종평등, 자선기부, 복리후생, 작업장이슈, 정보공개, 동물보호, 지역사회, 사회문제 등과 같은 요소로 평가하고, 한국의 경실련 경제정의연구소는 건전성, 공정성, 환경보호, 사회공헌, 소비자보호, 종업원관계, 경제발전 등과 같은 항목을 가지고 있다(홍길표, 2002).

기업에 대한 호감도에서 80~95%의 찬성도를 보였다(전국경제인연합회, 2002).[17] 한동우(2001)가 2001년 한국의 106개 벤처기업 CEO를 대상으로 조사한 연구에서도 응답자의 91%가 기업의 사회발전 책임을 긍정적으로 보았고, 기업이 이윤추구에만 몰두해야 한다고 응답한 사람은 29%에 지나지 않았다. 그리고 사회공헌을 하고 있는 벤처기업이 전체의 39%에 달하였고, 현재는 하지 않지만 앞으로 할 의향이 있는 기업도 38%에 달하였다.

　기업에 대한 소비자의 인식이 달라짐에 따라 기업은 이미지 제고와 수익창출을 위해 다양한 사회공헌활동에 참여하고 있다. 예를 들어, 청소년을 소비자로 하는 기업은 청소년문제 해결에 적극적으로 참여함으로써 기업의 이미지를 높이고, 소비자의 동향을 파악할 수 있으며, 미래 잠재노동력을 육성할 수 있다. 이처럼 기업이 윤리경영과 사회공헌을 중시하게 된 것은 외부와 내부의 다양한 원인에 기인한다. 우선 외부적으로는 소비자가 지구화와 정보화에 힘입어 기업의 상품과 서비스에 대한 정보를 손쉽게 입수해서 상호 교환할 수 있다는 사실이 기업의 사회적 책임을 압박하고 있다. 그리고 기업의 사회적 책임에 대한 소비자의 욕구가 점증하며, 특히 여성과 청소년의 구매력이 증가함에 따라 기업이 사회적 책임을 무시할 수 없게 되었다. 또한 기업의 사회공헌활동에 대해 세금공제와 같은 정부지원이 늘어났으며, 환경오염이나 소비자 권리에 대한 정부규제와 국제협약도 강화되고 있다.[18] 다음 내부적으로는 기업이 수익을 증진하고 생존하기 위해 사회적 책임을 피할 수 없게 되었다. 기업이 사회적 책임을 외면하여 시민과 소비자의 불만이 점증하게 되면 기업경영이 어려워질 뿐만 아니라, 정부규제도 강화된다. 나아가 민주주의와 건강한 사회를 유지하는 데 기업이 면책특권을 가질 수 없다는 인식이 기업 내에서 확산되고 있다. 따라서 기업은 임기응변이 아니라 사회공헌활동에 대한 경영철학을 가지고 전문가를 투입하여 장기적인 관점에서 체계적으로 관리하지 않을 수 없게 되었다.[19] 기업의 사회공헌활동이 기업성과나 기업가치에 직접적인 원인변수라는 것에 대해서는 논쟁이 있지

---

17) 전경련은 2004년부터 사회공헌대상을 제정하여 시상하고 있다.
18) 1990년대에 들어서서 기업의 윤리경영과 사회적 책임에 대한 국제표준화가 활발하게 진행되고 있다. GRI(Global Reporting Initiative)는 UN과 협력하여 기업의 사회적 책임에 대한 조사와 발표를 하고 있고, 미국의 경제전문잡지인 〈Fortune〉은 기업평가에서 사회적 책임을 8대기준 중의 하나로 채택하고 있다. 〈Business Ethics〉는 기업의 사회적 책임의 순위를 발표하고 있고, OECD는 1997년 국제상거래뇌물방지협약을 채택하였다(양용희, 2004).
19) 위평량(2004)이 한국의 제조업 상장기업을 대상으로 조사한 바에 의하면, 기업의 사회공헌활동과 기업가치 간의 관계가 비선형 U자형의 관계를 가지는 것으로 나타났다. 이것은 기업이 사회공헌활동을 대외에 적극적으로 알리는 것이 중요할 뿐만 아니라, 장기적이고 체계적으로 사회공헌활동에 임해야 한다는 것을 보여준다. 물론 기업의 사회공헌활동이 기업가치를 증가시켜 상품가격을 상승시킴으로써 소비자의 부담이 늘어난다는 비판이 없는 것은 아니다.

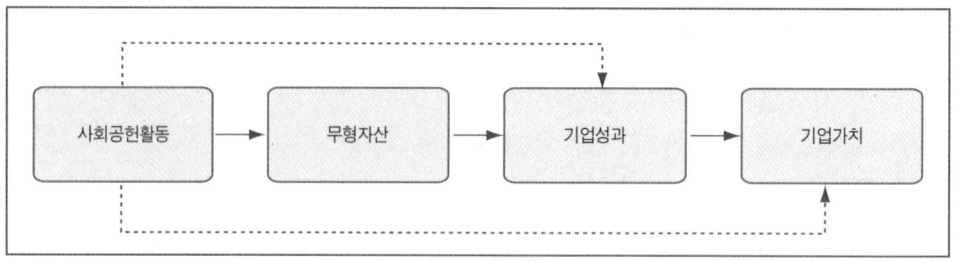

〈그림 9-6〉 기업의 사회공헌활동, 무형자산, 기업성과, 기업가치 간의 관계

만, 장기적인 관점에서 보면 〈그림 9-6〉에서 보는 바와 같이 무형자산의 축적에 긍정적으로 작용하여 기업성과와 기업가치의 증대에 기여할 수 있다.

2) 기업의 사회공헌활동 유형

'지속가능한 발전을 위한 세계기업위원회'(World Business Commission on Sustainable Development)는 기업의 사회적 책임을 기업이 윤리적 행동과 경제개발에 대한 기여를 지속적으로 이행하고, 동시에 기업직원과 가족 나아가 지역사회와 사회 전체의 삶의 질을 개선하는 것으로 규정한다(WBCSD, 2001). 여기에는 인권, 직원권익, 환경보호, 지역사회 참여, 협력사와의 관계, 모니터링, 이해당사자 권리 등과 같은 주제를 포함한다. 기업은 과거에 자선적 성격의 기부활동이나 이윤의 일부를 사회에 환원하는 도덕의식에서 사회공헌활동을 하였으나, 오늘날에는 기업의 경영전략 차원에서 적극적으로 나서고 있다. 기업의 사회공헌활동은 다양한 형태가 있다. 과거에 기업은 종업원의 미래를 책임지거나 근로조건을 개선하고, 소비자의 권리를 보호하는 것으로 사회적 책임을 진다고 생각했다.[20] 그리고 전통적으로 기부금을 내거나 물품을 제공하는 활동에 치중하였다. 그러나 오늘날에는 기업이 가진 조직과 기술을 활용하여 정부 및 NGO와 공동으로 활동하거나, 자원봉사활동을 조직적으로 진행하기도 한다. 그리고 기업 내에 비영리재단을 만들어 환경보호·청소년교육·빈곤구제 등과 같은 사회문제에 체계적으로

---

20) 기업이 종업원의 장래를 책임지는 형태는 주로 일본방식이고, 종업원의 근로조건을 개선하는 것을 강조하는 것은 유럽방식이며, 소비자의 권리를 중시하는 것은 주로 미국방식이다.

대처하기도 한다. 심지어 기업의 이익과 관계없이 건강한 사회건설에 기여하거나 예술·문화적 가치의 구현에 적극적으로 나서기도 한다. 기업의 사회공헌활동은 아래와 같이 크게 네 가지로 나눌 수 있다.

첫째, 기부금 제공 방식이다. 기업은 오래전부터 빈곤계층이나 복지단체에 기부금을 제공해왔다. 청소년 장학금, 불우이웃돕기, 각종 재해성금, 사회복지기관 후원, 시민운동 지원 등을 예로 들 수 있다. 대기업을 중심으로 기업이윤의 1%를 기부하는 '1%클럽'을 만들어 운영하기도 한다.[21] 최근에는 기업이 자기 회사의 이미지와 맞는 비영리단체와 합의하여 자사 상품 판매금의 일부를 공익사업에 지원하는 공익연계마케팅(CRM: cause-related marketing)이 활발하다. CRM은 기업이 이윤추구행위와 사회적 참여를 조화시켜 비영리단체와 전략적인 동맹을 맺는 형태로서, 새로운 형태의 공익마케팅이라고 할 수 있다.

둘째, 물품과 기술을 제공하는 방식이다. 기업은 각종 비영리단체에 직접 현금을 제공하는 것 외에 기업이 가지고 있는 장비나 물품을 제공하기도 한다. 최근에는 기업 고유의 기술, 경영지식, 마케팅전략, 각종 정보 등을 제공하여 NGO를 비롯한 각종 비영리단체와 공동으로 사회문제를 해결하는 데 참여하기도 한다. 기업이 가진 장비나 물품을 제공하는 방식은 유휴 장비와 물건을 사회문제 해결에 제공함으로써 기업의 이미지를 높이고 지역사회발전에 기여할 수 있다. 그리고 기술·경영지식·마케팅과 같은 기업의 전문성을 이용하여 거버넌스에 참여함으로써 기업의 영향력을 강화하고 시민사회의 장점을 흡수할 수 있다. 정보와 지식을 제공하는 방식은 사이버상에서도 가능하다.

셋째, 자원봉사활동이다. 기업은 최근 기부금이나 물품, 그리고 기술을 제공하는 데서 벗어나 직접 회사의 인력을 이용하여 지역사회를 위한 봉사활동을 실시하고 있다. 기업은 자신에게 회사의 부지와 노동력을 제공하고, 직원의 가족과 친척이 생활하며, 자사의 상품을 소비하는 지역사회에 봉사하는 것을 중요한 기업경영전략으로 간주하게 되었다. 기업의 봉사활동은 전통적인 자선이나 기부보다 소비자의 선호도가 높고, 이미지 증진에서도 상업광고보다 효율적인 것으로 나타났다. 기업의 봉사활동은 의료·교육·청소년·환경·빈곤구제 등 다양한 분야에서 일어나고 있다. 기업은 사내홍보를 통해 봉사활동을 권유하고 포상을 하거나 승진에 반영하기도 한다. 심지어 장기간 유급 봉사활동 휴가를 제공하기도 한다.[22] 기업의 봉사활동은 지역

---

21) 한국에서도 대기업이 모인 전경련에서 1%클럽활동을 진행하고 있다.
22) 미국의 제록스사는 1970년대 임직원이 1년까지 유급 자원봉사를 할 수 있는 사회봉사휴가 프로그램(social

사회에 대한 헌신과 참여를 통해 기업의 이미지를 제고할 뿐만 아니라, 직원의 대인관계, 리더십, 갈등관리, 팀워크, 충성심 증진에도 도움이 된다.[23]

넷째, 기업재단을 설립하는 것이다. 이것은 기업이 조직적이고 체계적으로 사회공헌활동을 하기 위해 별도의 재단을 설립하여 후원하는 형태이다. 기업재단은 오랜 역사를 가지고 있지만, 최근에는 대기업뿐만 아니라 중소기업이나 벤처기업에서도 기업의 사회적 책임을 실행하는 방법으로서 많이 사용된다. 기업재단이 설립되면 재단은 모기업으로부터 재정을 지원받아 민주주의·과학기술·신약개발·교육·보건·복지·주택·빈곤구제 등과 같은 분야에서 활동한다. 나아가 문화세계와 신문명 창조를 위한 차원 높은 예술·문화활동에 집중하기도 한다. 기업재단은 처음에는 모기업으로부터 재정을 지원받다가 점차 독립적으로 운영된다.

3) 기업의 사회공헌활동 사례

기업의 사회공헌활동이 가장 활발한 국가는 역시 미국이다. 미국은 건국과정에서 국가건설에 앞서 지역사회가 먼저 형성되면서 지역사회의 발전을 위해 기업유치가 중요한 사항이었다. 따라서 기업과 지역사회의 협력이 강화되었고 기업은 경제적 활동 외에 지역사회를 위한 각종 사회활동에 참여하였다. 이것이 기업의 사회공헌활동에 대한 전통으로 자리잡게 되었다(Govaart, et al., eds., 2002: 333). 한국도 최근 미국을 비롯한 선진국의 사회공헌활동을 받아들여 기업 내부에 전략기획실, 사회공헌팀, 사회봉사단 등과 같은 조직을 만들어 체계적으로 사회공헌활동을 관리하고 있다.[24] 여기서는 외국과 한국으로 나누어 기업의 사회공헌활동 사례를 살펴보기로 한다.

---

service leave program)을 실시하기도 하였다(양용희 외, 1997: 121).
23) 1989-92년 동안 미국의 IBM과 UCLA가 공동으로 156개 기업을 대상으로 조사한 바에 의하면, 기업봉사활동이 활발한 기업이 그렇지 않은 기업에 비해 직원의 사기가 3배나 높은 것으로 나타났다. 그리고 1988년 Pacific Northwest Bell 회사의 직원 5,000명을 대상으로 조사한 바에 의하면, 직원의 봉사활동과 직장만족 및 조직헌신 간에 통계학적으로 유의미한 관련이 있는 것으로 나타났다(주성수, 2003a: 83).
24) 전경련이 2003년 378개 기업과 기업재단을 대상으로 조사한 바에 의하면, 응답기업의 78%가 각종 사회공헌활동을 하고 있다고 한다. 영역별로는 사회복지(58.9%), 장학 및 학술(41.1%), 지역사회(35.6%), 재해복구 및 예방(24.2%), 스포츠·예술·보건(18.9%), 환경·전통문화(7.8%) 순이었다(시민의신문, 2004년 8월 2일).

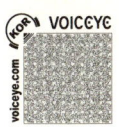

① 외국기업의 사회공헌활동

AT&T(American Telephone and Telegraph Corporation)는 전화를 발명한 벨(Alexander Bell)이 1877년 벨전화사(Bell Telephone Company)를 설립하고, 1885년에 장거리 전화설비를 위한 자회사로 설립한 회사이다. 유구한 기업역사를 가진 만큼이나 AT&T는 교육·봉사·문화예술·환경·건강 등의 분야에 기부금 제공, 자원봉사활동, 프로그램 진행, 재단설립 등을 통해 다양한 사회공헌활동을 하고 있다. AT&T는 2001년 4,700만 달러의 현금기부, 2,400만 달러의 물품기부, 75만 시간의 자원봉사활동을 제공하였다. 특히 AT&T는 직원의 봉사활동으로 유명한데, 시간·돈·에너지·능력·리더십을 접목하여 매년 다양한 분야에서 봉사활동을 하고 있다. 관리자의 25%가 일주일에 한 번씩 재택근무를 함으로써 에너지를 절약하고 환경오염을 줄이는 프로그램을 진행하고 있고, 직원이 1달러를 기부할 때마다 회사가 1달러를 보조하는 Matching Gifts Program을 실시하고 있다(박종규 편저, 2003: 354-61).

일본의 자동차회사로 유명한 도요타(豊田)자동차는 1937년에 설립되어 2008년 현재 세계 1위의 자동차회사이다. 1974년에 도요타재단을 설립했고, 1989년에 사회공헌 활동위원회를 설치했으며, 1995년에 사회공헌활동을 기업이념으로 제정하였다. 자동차회사의 특성상 도요타는 환경·교통안전·과학기술 등의 분야에 기부금 제공, 자원봉사활동, 프로그램 진행과 같은 사회공헌활동을 하고 있다. 이 외에도 예술·문화분야와 의료분야에서도 활동하고 있다. 회사 내에 자원봉사센터를 설치하여 기관지를 발행하고 사원의 봉사활동을 지원하고 있다. 도요타재단은 도요타자동차와 분리되어 각종 사회공헌활동을 하고 있는데, 특히 NGO 연구와 활동에 적극적인 지원을 하고 있다(박종규 편저, 2003: 94-101; Kurokawa, 2002).

이동통신 분야의 세계적 선두기업인 노키아(Nokia)는 1865년 핀란드에서 임산업으로 시작하여 1967년에 노키아로 이름을 바꾸었다. 개성·자유·영감·독창성 등과 같은 가치를 중시하는 기업철학을 가지고 있고, 지역사회 및 NGO와 협력하여 사회를 발전시키고 개인의 삶을 풍요롭게 하는 데 많은 노력을 기울이고 있다. 통신업체의 특성상 청소년과 교육에 관심을 기울이고 있다. 세계 10개국에서 진행하고 있는 사랑의 공부방(Make a Connection)을 비롯하여 디지털 교육자료 제공 프로그램(Bridgeit Program), 사랑의 손길(Nokia Helping Hands) 등을 진행하고 있다.[25] 이 밖에도 교육재단을 설립하여 부모 잃은 어린이의 교육을 지원하고, 세계적십

---

25) '사랑의 손길' 프로그램은 한국에서 방과후 커뮤니티에서 영어를 가르치는 프로그램도 포함한다.

자사(the Red Cross)와 함께 재해지역 봉사활동에 참여하고 있다. 직원의 기부금을 활성화하기 위해 Matching Gifts Program을 실시하고 있다(박종규 편저, 2003: 158-67).

② 한국기업의 사회공헌활동

유한킴벌리는 1970년 설립된 생활·위생용품 회사로서 한국에서 사회적 활동을 많이 하는 전형적인 기업이다. 사회공헌활동을 기업의 5대 경영방침 중의 하나로 설정해놓고 있다. 1984년 이후 '우리강산 푸르게 푸르게' 캠페인을 시작하였으며, 1998년부터는 환경보호단체인 '생명의 숲 국민운동'에 참여하여 다영역 간 파트너십에 의한 새로운 공익활동모델을 제시하고 있다. 유한킴벌리는 '우리강산 푸르게 푸르게' 캠페인을 통해 청소년 환경체험교육, 신혼부부 나무심기 체험, 학교 숲 가꾸기, 도시 숲 조성, 동북아 사막화 방지, 북한 산림황폐지 복구, 숲에 관한 공익 웹사이트 운영, 숲과 환경에 관한 연구·출판 등과 같은 프로그램을 진행하고 있다. 또한 노인복지를 위한 연구·지원사업을 하고, 기업 내부에 자원봉사팀을 만들어 직원의 봉사활동을 체계적으로 지원하고 있다. 사회적으로도 이러한 공적을 인정받아 가장 윤리적인 기업, 존경받는 기업으로 선정되곤 하였다.[26] 최근에는 NGO를 위한 회원 및 재무관리 프로그램을 후원하기도 한다(박종규 편저, 2004: 214-25; 유한킴벌리 사회공헌실, 2003; 이은욱, 2002; 한겨레신문, 2004년 2월 25일).

삼성전자는 1969년에 설립된 가전·통신제품 회사이다. 한국의 대표적인 기업으로서 사회복지·문화예술·학술교육·환경보전·국제교류·자원봉사 등의 분야에서 사회활동을 하고 있다. 삼성전자를 포함한 삼성그룹은 자원봉사활동으로 유명한데, 1994년 한국기업으로는 최초로 사회봉사단을 결성하여 전담직원을 배치하였다. 1995년부터 그룹의 전 계열사에 사회봉사단을 창설하여 임직원의 자원봉사를 제도화하고, 봉사활동을 위한 정보제공·연수지원·대회지원 등과 같은 서비스를 제공하고 있다. 2004년 현재 삼성전자에만 260개의 자원봉사팀이 있고, 그룹 전체에는 1,800여 개의 자원봉사팀이 있다. 자원봉사자는 삼성전자 임직원만 연간 1만 5,000명이 참여하고, 그룹 전체는 10만 명 이상이 봉사활동에 참가하고 있다. 삼성그룹은 2004년 약 4,000억 원을 각종 사회공헌활동에 투자하였다(박종규 편저, 2004: 122-35; 삼성사회봉사

---

26) 유한킴벌리는 1993년부터 예비조를 둔 4조2교대 방식을 도입하여 평생학습체제를 구축한 후 생산성 향상과 일자리 확대에 큰 성과를 거두었다. 현재 한국에서는 생산성·화합·일자리창출을 동시에 해결하기 위해 유한킴벌리 모델을 적용한 뉴패러다임운동이 정부·기업·학계의 관심과 참여 속에 사회 전반으로 확산되고 있다.

단, 2002; 시민의신문, 2004년 8월 2일; 양용희 외, 1997: 130; 한겨레신문, 2004년 8월 11일).

현대자동차는 1967년에 설립된 한국의 대표적인 자동차회사이다. 자동차회사로서 환경보호와 관련하여 친환경시스템 개발, 청소년 환경교육 지원, 어린이 환경교실 운영 등과 관련된 프로그램을 지원하고 있다. 사내 자원봉사팀과 동아리를 활성화시켜 정기적인 자원봉사와 재해지원 봉사활동을 하고 있다. 특히 자동차회사의 특성상 각종 재해지역에 차량지원 및 정비서비스 제공, 글로벌 규모의 청년봉사활동을 강화하고 있다. 그리고 소외계층 지원, 지역문화유산 보호, 예술문화활동 등을 시행하고 있다. 현대자동차의 사회공헌활동의 특징 중의 하나는 NGO의 역량강화를 위한 다양한 지원활동을 하고 있다는 것이다. NGO시설 건설, 공동 프로그램 운영, 활동가 해외연수, 연구활동 등에 대해 지원하고 있다. 최근에는 지속가능한 개발을 중시하여 기업의 투명성·윤리성·환경성을 주요한 경영방침으로 포함시키고 있다(현대자동차 전략기획실, 2004; 현대자동차 환경경영전략팀, 2003).

2. NGO와 기업의 관계

1) NGO와 기업 간의 관계변화

NGO는 전통적으로 기업을 감시하고 견제하는 기능을 중시한다. NGO가 기업에 비판적인 것은 기업의 이윤추구행위가 사회적 관계와 삶을 황폐화시키고 공동체적 가치와 민주주의의 원리를 침식하기 때문이다. 자본주의하에서 기업은 독과점·투기·과대광고·환경파괴 등을 통해 이윤을 극대화하려고 한다. 이 과정에서 기업은 부당한 방법으로 부를 축적하고, 다양한 차별과 불평등을 생산하며, 노동자를 착취하게 된다. 그리고 환경을 파괴하고 공해를 유발하며 인간의 건강을 훼손하기도 한다. 심지어 일정한 지역의 빈곤을 악화시키고 전쟁이나 분쟁을 유발하기도 한다. 기업의 부정의와 기회주의는 기본적으로 국가의 규제를 받는다. 그러나 국가가 기업을 감시하는 데는 기술적·이념적 한계가 있다. 우선 국가의 경직된 관료주의는 기업병리를 효과적으로 감시하고 견제하는 데 기술적인 한계가 있다. 그리고 현대자본주의에서 국가는 자본가의 이익을 대변하거나, 정치자금의 수급관계로 정경유착이 심화되고 있다. 실제로 현대사회에서 정부는 자본주의적 경제성장을 위한 도구로 전락한 감이 없지 않다. 국가가 가진 이러한 한계 때문에 NGO는 거대한 기업권력에 맞서 소비자권리를 주창하고 반사회적 기업행동에 저항한다. 나아가 불평등 생산과 환경파괴와 같은 구조적 모순을 안고 있는 기업논리에 대항하여 대안경제를 모색하기도 한다.

물론 NGO는 기업을 부정하거나 해체해야 할 대상으로 보지는 않는다. 기업이 인간생활에 고유한 역할을 수행하기 때문이다. 따라서 양자는 반드시 견제·대립관계에만 있는 것은 아니다. 따라서 NGO와 기업은 건강한 사회와 문명 구축을 목표로 하여 서로 의존하여 협력하기도 한다. 시민사회가 약화되거나 사회자본이 형성되지 않으면 기업은 번영할 수 없고, 기업이 번영하지 못하면 시민사회는 쇠퇴의 길을 걷게 된다. 기업은 NGO에 대한 지원을 통해 지방시민사회를 성장시키고 소비자의 충성심과 신뢰를 확보하려고 한다. NGO는 기업의 지원을 받아 조직을 쇄신하고 시민사회의 역량을 강화하려고 한다. 따라서 기업은 NGO에게 자금이나 물품을 지원하고, 함께 봉사활동을 하거나 공동으로 프로그램을 진행하기도 한다. NGO는 직업훈련이나 탁아소운영과 같은 기업복지활동에 참여하거나 기업이 필요한 아이디어와 정보를 제공하고, 필요하면 친환경적이고 윤리적인 기업을 홍보하기도 한다.

오늘날 NGO가 수적으로 증대하여 다양한 영역에서 활동함에 따라 양자 간의 관계가 복잡해졌다. 전세계적으로 NGO와 기업 간의 관계변화의 양상은 다음 네 가지로 정리할 수 있다. 첫째, 단순관계에서 복잡관계로 변하고 있다. 과거에 NGO와 기업 간의 관계는 기업이 NGO를 재정적으로 지원하는 형태가 주를 이루었다. 그러나 이제 양자 간의 관계는 기업감시, 불매운동, 소액주주운동, 기업평가, 프로그램 공동운영, 공동 자원활동 등 복잡한 양상을 띠고 있다. 둘째, 박애주의에서 전략주의로 변하고 있다. 과거에 기업은 도덕적 의무감에서 NGO를 비롯한 비영리단체에게 기부금을 제공하고 물품을 지원했으나, 이제 사회공헌활동을 통해 기업의 이미지를 제고하고 상품과 서비스의 판매를 확대하려는 의도를 가지고 접근한다. 이것은 기업경영원리의 거대한 변화로서 사회공헌활동을 장기적인 관점에서 전략적인 투자로 보는 것이다. 셋째, 비대칭관계에서 대칭관계로 변하고 있다. 과거에는 거대한 인력과 자금을 가진 기업이 자신이 선호하는 NGO를 선별하여 일방적으로 지원하였으나, 이제 NGO의 영향력이 증대함에 따라 양자 간의 관계가 평등해지고 있다. 양자는 정합게임(win-win game)을 통해 서로를 강화하고 시너지효과를 증대하는 것을 강조한다. 넷째, 대결주의에서 협력주의로 변하고 있다. 과거에 기업과 NGO 양자는 상호 적대적인 관계에서 접촉의 기회조차 많지 않았다. 그러나 오늘날 양자는 공동으로 추구하는 가치가 늘어남에 따라 다양한 협력이 이루어지고 있다.

2) NGO와 기업 간의 파트너십

전통적으로 각종 사회문제의 해결은 공적 권위를 가지고 있는 정부가 책임을 맡아왔다. 그러나 현대사회의 복잡한 문제를 정부 혼자 해결하는 것은 한계가 있기 때문에 거버넌스가 활발해지고 있다. 일반적으로 거버넌스는 정부와 NGO, 또는 정부와 기업, 혹은 정부·NGO·기업 사이에 이루어지지만 기업과 NGO 간에도 가능하다. 이때 양자는 정부의 묵인 아래 독자적으로 행동하기도 하고, 정부의 직접·간접적인 지원을 받기도 한다. 양자 간의 거버넌스의 발달은 다양한 형태의 파트너십이 이루어짐을 의미한다. 양자 간의 파트너십은 1990년대 이후 기업의 사회적 책임에 대한 인식의 전환과 NGO 활동영역의 확대와 맥을 같이한다. 기업은 전략적으로 시민사회를 지원할 이유가 증가하였고, NGO는 다양한 영역에서 네트워크를 구축하고 지속가능한 개발을 보장하기 위해 기업의 자금·조직·기술을 필요로 하였다. NGO의 입장에서는 기업이 사회공헌활동을 강화하는 것이 시민사회의 역량을 강화하는 데도 도움이 된다고 본다.

양자 간에 파트너십이 증가함에 따라 기업과 NGO는 각자가 가진 우월한 자원을 서로 교환한다. 기업은 자금, 사람, 관리기술, 경영지식 등을 가지고 있고, NGO는 대중적 명성과 신뢰, 시민사회 네트워크, 민주주의에 대한 전략 등을 가지고 있다. 자원의 상호교환을 통해 기업은 조직과 기업문화 혁신, 사회공헌활동의 효율성 제고, 사회적 신뢰의 획득과 같은 편익을 얻게 되고, NGO는 재정확보, 조직의 효율적 개선, 관리·마케팅 기술 도입, 대중적 인지도 향상과 같은 편익을 얻게 된다(김준기, 2002). 따라서 양자는 상호 자원교환을 통해 시너지효과를 확대할 수 있다. 물론 기업과 NGO는 자원교환을 넘어 공동으로 프로그램을 운영하기도 한다. 특히 복지국가위기 이후 사회적 기업(social enterprise)이나 사회적 파트너십(social partnership)에 대한 관심이 증대하고 있다. 사회적 기업은 기업원리에 공익목적을 접목하여 취약계층에 서비스나 일자리를 제공하는 기업을 말한다. 사회적 기업은 기업활동을 통해 사회적 목적을 달성하고, 필요할 경우 기업과 서로 협력할 수 있다.[27] 사회적 파트너십은 신자유주의 등장 이후 정부·기업·NGO가 각자의 자원과 역량을 조합하여 복지·실업·빈곤 등과 같은 사회문제를 공동으로 해결하는 자발적이고 창의적인 노력을 말한다. 이것은 국가의 한계를 기업의 사회적 책임

---

27) 이러한 예로서 미국의 파이어니어사(Pioneer Human Services)와 보잉사(Boeing)가 협력하여 빈곤한 계층의 지원과 전과자의 취업기회를 제공하는 것이 있다. 파이어니어의 직원은 대부분 전과자이고, 여기서 생산된 부품은 보잉사에 납품한다(Sagawa and Segal, 2001: 293-95).

과 NGO의 역량으로 보완하는 것이다. 예를 들어, 실업자의 재활훈련과 구직문제를 해결하기 위해 공동조직을 만들어 정부가 재정을 지원하고, NGO가 훈련을 담당하며, 기업이 훈련받은 자를 고용한다.

기업과 NGO 간의 파트너십은 다양한 차원에서 이루어질 수 있다. 지방적 차원에서는 지방의 정체성을 확보하는 데 효과적으로 작용할 수 있다. 기업과 NGO는 공동조직을 구성하여 취약한 지방경제를 발전시키고 사라져가는 지방문화를 보존·전승하는 데 상호협력할 수 있다. 이러한 노력은 기존의 기업재단에서 양자가 참여하는 위원회를 구성함으로써 손쉽게 이루어질 수 있다. 국가적 차원에서는 정부가 제공하기 어려운 다양한 복지욕구를 해결하는 데 이용될 수 있다. 교육·환경·여성·문화·청소년·의료 등과 관련된 분야에서 양자는 상호 자원을 투자하여 체계적으로 문제에 접근할 수 있다. 지구적 차원에서는 개발도상국의 빈곤문제, 재해방지, 구호, 교육, 보건, 개발 등과 관련하여 양자 간의 파트너십이 이루어질 수 있다. 실제로 세계은행(World Bank)이 추진하는 개발도상국 개발에서 양자 간의 파트너십이 활발하고, 유엔이 추진하는 각종 복지·구호활동에서도 양자가 상호 협력하고 있다.

3) NGO와 기업 간 파트너십의 전략

오늘날 사회적 가치와 기업정신을 접목하여 기업과 NGO 양자에게 활력을 주고자 하는 거대한 흐름이 일고 있다. 그러나 양자 간의 파트너십을 강요하는 것은 지방적·국가적·지구적 차원에서 기업을 견제하는 NGO의 주창활동을 약화시킬 가능성도 도사리고 있다. 심지어 개발도상국의 개발과정에서 나타나는 바와 같이, NGO가 고유의 가치를 잃어버리고 기업과 동형화되는 퇴행성을 보이기도 한다. 따라서 양자 간의 파트너십은 견제와 협력이 공존하는 긴장이 필요하다. 양자 간의 파트너십이 건강한 시민사회를 창조하는 방향으로 진행되기 위해서는 우선 상호인정의 토대에서 활발한 대화와 신뢰가 필요하다. 그리고 서로가 공유하는 가치와 목표를 발견하는 것이 중요하다. 서로가 지향하는 가치와 목표를 확인하고 각자가 가진 우월한 자원을 교환하여 최고의 효과가 나올 수 있도록 해야 한다. NGO의 입장에서는 자기조직의 이념에 맞지 않는 기업과 무리하게 연결하는 것을 피해야 한다. 기업의 직원이 각종 NGO에 회원으로 참여하여 복수멤버십(dual membership)을 갖는 것은 상호이해와 조정을 용이하게 하는 데 도움이 된다.

사가와(Shirley Sagawa)와 시걸(Eli Segal)은 NGO를 비롯한 각종 비영리단체와 기업이 건

<표 9-9> 기업과 NGO의 파트너십 발전단계

단계	내용	설명
1	자기평가	조직의 부족한 점과 자산을 고려하여 파트너십에 도움이 될 요인과 걸림돌이 될 요인을 파악해 파트너십 추진 가능성을 분석한다.
2	확인	조직의 필요를 충족시켜 줄 장래성 있는 제휴자를 모색하고 접촉한다.
3	연결	두 참여자 사이의 파트너십의 윤곽, 운영방식, 성과에 대해 탐구한다.
4	시험	두 제휴자가 상호이익을 위한 효과적인 공동작업을 펼 수 있는지 파악하기 위해 교환의 형태를 계획·수행·평가한다.
5	성장	두 제휴자 사이에 발생하는 차이를 정리·해결하고 추가활동을 계획하여 초기의 교환형태를 넘어 관계를 확대한다.

자료출처: Sagawa and Segal(2001: 332-33) 재구성

<표 9-10> 기업과 NGO의 신가치 파트너십 결정요인

결정요인	설명
커뮤니케이션	정기적이고 실질적인 대화채널을 만드는 것으로서 신가치 파트너십의 핵심을 이룬다.
기회	양자가 새로운 가능성에 마음을 열고 다양한 형태를 적극적으로 모색한다.
상호의존	양자가 목적규정, 방향통제, 자원제공에 공동으로 참여하여 책임과 성과를 공유한다.
다층성	임원, 매니저, 운영진 등 다양한 계층의 사람들이 참여하고 서로 연계하여 구조적 완전성을 높인다.
개방성	관계의 기한을 정하기보다는 끊임없이 새로운 관계를 모색하고 지속적인 연계를 추진한다.
신가치	관계를 지속시키기 위하여 양자의 임무와 사명을 진전시킬 새로운 가치를 창출한다.

자료출처: Sagawa and Segal(2001: 383-417) 재구성

강한 파트너십을 구축하기 위해 <표 9-9>와 같이 자기평가, 확인, 연결, 시험, 성장 등 5단계를 거친다고 말한다(Sagawa and Segal, 2001: 331-82). 그리고 기업과 NGO가 장기적이고 생산적인 관계를 유지하기 위해 <표 9-10>과 같이 커뮤니케이션, 기회, 상호의존, 다층성, 개방성, 신가치 등 6가지의 신가치 파트너십 결정요인을 제시한다(Sagawa and Segal, 2001: 383-417). 그는 6개의 두문자어를 결합하여 이를 COMMON이라고 부른다. 한편 앨도스(Jay Aldous)는 <표 9-11>과 같이, 기업과 공익단체 간의 파트너십을 강화하기 위한 10가지 전략을 제시한다(Aldous, 2002).[28]

〈표 9-11〉 공익단체-기업의 파트너십 강화를 위한 체크리스트

① 쌍방이 이해할 수 있는 측정가능한 목표와 성과를 수립하라
② 쌍방에 의해 합의된 전략과 계획을 서면으로 작성하라
③ 책임자를 임명하고 권한을 부여하라
④ 조직 안에 다양한 접촉대상을 확보하라
⑤ 합의서/계약서를 작성하라
⑥ 고객을 참여시킬 수 있는 요소를 배치하라
⑦ 직원을 참여시킬 수 있는 요소를 배치하라
⑧ 판매자를 참여시킬 수 있는 요소를 배치하라
⑨ 새로 형성된 파트너십/후원을 활성화시킬 예산을 확보하라
⑩ 대내외적인 커뮤니케이션 계획을 수립하라

자료출처: Aldous(2002) 재구성

---

28) 엘도스는 소원성취재단(Make-A-Wish Foundation)의 상담원이다. 이 재단은 치명적인 질환을 앓고 있는 어린이의 소원을 들어주는 유명한 단체이다. 1980년 설립된 이래 전세계 어린이의 10,000개 소원을 실현시켰다. 현재 미국에 많은 지부가 있고, 캐나다(1983), 영국(1986), 호주(1987), 뉴질랜드(1988)에도 설립되어있다. 각국에 설립된 재단이 네트워크를 구성하여 'Make-A-Wish Foundation International'이 구성되어있다. 그리고 전세계에 이 재단과 제휴하는 단체가 23개 있다(Aldous, 2002).

제 10 장
글로벌 거버넌스와 NGO

제1절 세계적 변화

오늘날 세계는 역사가 홉스봄(Eric Hobsbawm)의 말처럼 인류역사 이래로 가장 극적인 변화의 소용돌이 속에 있다. 단순히 역사 반복의 주기적 변화가 아니라 과거에 없었던 거대한 질적 변화가 일어나고 있다. 정보기술의 발달과 전지구적 상호작용으로 인간의 가치관, 조직원리, 산업구조, 사회제도 등이 크게 변하였다. 지금 세계가 경험하고 있는 거대한 변환은 복합적인 성격을 띠고 있지만, 크게 지구화와 정보화로 요약할 수 있다. 양자는 서로 다른 근원에서 출발했지만 밀접하게 상호작용한다. 지구화는 정보화에 의해 확대되고, 정보화는 지구화에 의해 추동된다는 측면에서 양자는 상호 보완적이다. 즉 지구화는 정보화의 원인이자 결과이다. 여기서는 NGO의 국제활동과 관련하여 먼저 현대사회의 변화를 추동하는 지구화와 정보화에 대해 살펴보기로 한다.

1. 지구화(globalization)

국가의 정치적 의도에 의해 자유시장을 구축하려는 '거대한 변환'(great transformation)은 19세기 중반 영국의 빅토리아시대에도 있었다.[1] 폴라니에 의하면 자유방임적 자본주의는 1850년

---

1) 유럽에서 국가 간의 경계를 넘어선 지역경제는 16세기부터 존재해왔다.

대 전후 영국에서 탄생하여 제1차 세계대전 이후 유럽과 미국에서 파시즘, 사회주의, 뉴딜정책 등의 등장과 함께 사라진 인류역사의 독특한 창안물이다(Polanyi, 1964). 그러나 이러한 자유주의 프로젝트는 1980년대 이후 미국의 헤게모니에 의해 재현되고 있다. 이번에는 미국을 비롯한 서구사회뿐만 아니라 전지구적 자유시장을 목표로 하고 있다. 그레이(John Gray)는 미국식 자본주의의 세계화가 소련 계획경제의 계몽주의 프로젝트와 같이 인류에게 엄청난 비용을 초래할 것이라고 경고하면서, 1870년부터 1914년까지의 자유방임 황금시대보다 더 짧은 기간 동안에만 생존할 수 있을 것이라고 전망하였다(Gray, 1999: 23). 폴라니는 시장중심사회가 경제적 가치를 지배가치로 삼으면서 인간과 자연을 상품화하고 인간사회의 총체성과 완전성을 박탈한다고 비판하였다(Polanyi, 1964). 그럼에도 불구하고 신자유주의에 의해 추동되고 있는 지구화는 간단하게 사라질 것 같지 않다.[2]

지구화는 전지구적 자본주의가 구조화된 현상으로서 경제의 지구화, 그중에서도 금융의 지구화가 핵심이다. 정보통신기술의 발달, 국제금융시장의 확대, 다자간 무역기구의 출현, 광범위한 시장통합, 자본주의체제 간의 경쟁 등이 경제의 지구화를 추동하고 있다(이홍구, 2000). 전 세계가 단일시장이 되어 하루에도 수조 달러의 주식이 인터넷을 통해 거래되고, 초국적기업·주식중개인·채권거래자가 커다란 영향력을 행사한다.[3] 물론 지구화는 경제영역뿐만 아니라 정치·군사·문화·종교·환경 영역까지 포괄하는 복합적이고 다면적인 현상이라고 할 수 있다. 실제로 지구화는 다원주의와 보편주의, 부족주의와 세계주의와 같은 모순적인 결과와 예측할 수 없는 결과를 초래하는 우발적이고 개방적인 역사적 과정이기도 하다.

지구화에 대한 평가는 크게 긍정론과 부정론으로 대별할 수 있다. 긍정론은 시장원리를 강조하는 신자유주의자의 주장으로서 단일한 지구시장을 인류사회의 진보로 인식한다. 이들은 정치에 대한 시장 우위를 강조하는데, 지구화로 인해 세계경제가 통합되고 시장원리가 확대됨으로써 이것이 가능했다고 본다. 시장근본주의자들은 지구화가 개인의 자율과 시장원칙의 지배를 통해 자원의 최적배분을 유도하기 때문에 전지구적인 부(富)의 창출을 가져오고 문화다원주의가 발달하게 될 것이라고 전망한다. 아울러 1648년 베스트팔렌조약(Peace of Westfalen)

---

2) 신자유주의는 시장개방, 규제철폐, 반개입주의, 민영화, 작은 정부 등을 지향하는 보수적인 정치 이데올로기로서 시장을 핵심적인 조정메커니즘으로 생각한다.
3) 경제의 지구화 측면에서 지구화는 새로운 시장(외환시장과 자본시장의 세계화), 새로운 도구(인터넷, 휴대전화, 미디어 네트워크의 광범위한 보급), 새로운 행위자(국가와 유엔 외에 국제경제기구, 초국적기업, NGO의 가담), 새로운 규율(무역, 서비스, 지적재산권에 대한 보편적 규정) 등의 특성을 지니고 있다(UNDP, 1999).

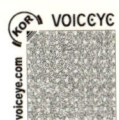

이후 일정한 영토 내에서 물리적 강압력을 독점하고 경제적 복지, 신체적 안전, 문화적 정체성의 대명사로 여겨졌던 국민국가가 쇠퇴하고, 지역공동체·국가·국제기구·NGO·초국적기업 간에 복합적인 신질서가 생겨났다고 본다. 긍정론자는 지구화로 환경·인권·평화·문화 등에 대한 국제레짐(international regime)이 형성되어 보편적 가치가 유통됨으로써 개별국가의 민주주의가 진척될 뿐만 아니라, 지구적인 공통규범이 성립될 수 있다고 본다. 심지어 지구화로 인한 자유시장은 세계대전의 발발원인에서 교훈을 얻을 수 있듯이, 세계평화를 촉진시킬 것이라고 전망하기도 한다.[4]

반면에 부정론자는 지구화가 역사진보의 결과가 아니라 역사상 전례 없는 특수하고 일시적인 현상으로 본다. 그리고 이러한 현상은 과거 19세기의 경제통합이나 국제화와 같이 국가 간의 불평등을 해소하지 못한다고 지적한다. 나아가 지구화는 환경을 파괴하고 불안한 금융시장으로 인해 개발도상국의 위기를 초래한다고 주장한다. 이들은 현재의 지구화에서 19세기처럼 국가의 영향력이 쇠퇴하기는커녕, 국제경제질서가 국가의 규제력에 의존하고 심지어 국가의 적극적인 개입을 요구하고 있다고 지적한다. 더구나 선진독점자본의 대리인인 서구제국주의 또는 패권국가가 자국의 이익추구와 문화전파를 위해 지구화과정에 개입하고 있다고 의심한다. 이렇게 본다면 문화다원주의는 허구에 지나지 않으며 지구화는 문화제국주의의 성격을 띠게 된다. 회의론자는 자본의 국제화에도 불구하고 정치영역은 확장되고 있으며 개인의 삶을 위해 정치의 역할을 강화해야 한다고 주장한다.

지구화 현상이나 결과를 긍정적으로 보든 부정적으로 보든, 일시적인 것으로 보든 확장될 것으로 보든, 국가의 쇠퇴로 보든 국가의 중심성을 견지하든, 지금 벌어지고 있는 지구화는 인류역사상 전례가 없는 것으로, 막강한 영향력과 함께 우리에게 불확실한 미래를 선물하고 있다. 지구화현상을 오마에(Kenichi Ohmae)는 "상호의존성의 가속화"(accelerating interdependence)라고 부르고(Ohmae, 1995), 기든스(Anthony Giddens)는 "시공간의 원격화"(time-space distanciation) 또는 "원거리행위"(action at a distance)라고 부르며(Giddens, 1991), 하비(David Harvey)는 "시공간 압축"(time-space compression)이라고 부른다(Harvey, 1997). 헬드와 그의 동료들은 지구화현상을 지역 간 상호교류·상호작용·네트워크로 압축하여 정리하고 있다(Held, et al., 2002). 지구화는 경제·정치·군사·문화 등 거의 전영역에서 하나의

---

4) 제2차 세계대전은 전기산업국가와 후기산업국가 간에 자원과 수출시장을 확보하기 위해 영토와 세계시장을 둘러싼 갈등에서 비롯되었다. 그 당시 보호무역은 전쟁의 원인이기도 하였다.

지구촌이 형성되어 지구적 상호연결성이 확장되고 상호의존성이 심화되는 현상이다. 물론 지구화는 다차원적 과정으로서 세계적 통합과 함께 다양한 영역이 불균등하게 진행되는 고도의 분화된 현상이기도 하다. 전례 없는 지구화의 변화 속에서 지구상의 인간은 그야말로 "존재론적 전환"(ontological shift)(Gill, 1997)을 경험하고 있다.

2. 정보화(informatization)

토플러(Alvin Toffler)는 〈제3의 물결〉에서 인류역사에서 일어난 세 차례의 거대한 문명전환을 설명하고 있다(Toffler, 1988). 제1의 물결은 약 1만 년 전에 일어난 농업혁명을 말한다. 농업혁명은 인간사회에 정착생활, 촌락의 형성, 식물의 재배, 동물의 사육 등과 같은 커다란 변화를 초래하였다(박상필, 2003a). 농업혁명은 수천 년에 걸쳐 천천히 일어나서 전세계로 파급되었다. 제2의 물결은 18세기 영국에서 시작하여 미국·유럽 등 서구사회에 확대된 산업혁명을 말한다. 산업혁명은 방직기에서 시작하여 증기기관·제철·기계 등으로 확장되었다(조좌호, 1983: 395-97). 산업혁명은 수백 년 만에 전세계로 파급되었다. 제3의 물결은 제2차 세계대전 이후 미국을 중심으로 일어나고 있는 정보혁명 또는 지식혁명을 말한다. 정보혁명은 컴퓨터와 정보통신기술의 결합을 통해 인간의 사고, 생활양식, 조직유형, 산업구조, 국가의 역할을 전면적으로 바꾸어 놓고 있다. 정보혁명은 생물학적 힘의 원천에서 기계적 힘의 원천으로의 이전을 내포하기 때문에 인간의 생존이 토양·계절·기후 등에 덜 의존하게 되었다는 것을 의미하기도 한다(Rifkin, 1996: 91). 정보혁명은 불과 수십 년 만에 전세계로 파급되고 있다.

제3의 혁명 이후의 사회를 미국의 브레진스키(Zbigniew Brezezinski)는 "기술·전자공학시대"라고 부르고, 벨은 "탈산업사회", "정보화사회"라고 명명했으며, 토플러는 "초산업사회"라고 표현하고 있다. 21세기 현재의 사회를 어떻게 명명하든, 동력이나 자본이 전략적 자원으로 중시되던 산업사회와는 달리, 지식과 정보가 경제적 교환의 중심이 되고 중요한 자원의 원천으로 작용하고 있다. 오늘날 경제발전은 부의 창출에 있어서 지식의 상대적인 기여분을 증가시키는 과정이라고 일컬어질 정도로 지식과 정보의 중요성이 증대하였다(Wriston, 1992: 5). 재화생산 중심에서 서비스생산 중심으로 바뀌었고, 서비스 중에서도 지식과 정보와 관련된 서비스가 중요해졌다. 따라서 직업과 부가가치도 지식과 정보와 관련된 산업에 집중되고 있다. 더구나 서비스와 노동은 기존의 시간과 공간개념을 초월하고 있다. 예를 들어, 인터넷을 통해 미국의 고객이 비싼 미국의사에게 진료를 받는 것이 아니라 인도의 값싼 의사로부터 진단과 처방을 받을 수 있고, 한국학생이 인터넷을 타고 한밤중에 프랑스의 도서관을 방문하여 필요한 자료를 구할 수 있다.

정보화란 한마디로 정보기술(information technology)에 기초하여 정보의 생산과 교류가 극도로 증대하고 정보의 가치가 크게 높아지는 현상을 말한다.[5] 정보사회란 바로 이런 정보화에 기초하여 정보와 관련된 산업이 번창하고 정보와 관련된 서비스가 늘어나는 사회라고 할 수 있다. 정보사회는 산업과 노동뿐만 아니라 인간의 사고, 인간관계, 조직구조에도 커다란 영향을 미치고 있다(권태환 외, 2000). 정보사회에서 개인은 자의식적으로 사회적 삶을 구성하기 때문에 성찰지향적이다(Melucci, 1994). 그리고 정보가 정신노동과 지식활동에서 산출되기 때문에 인간의 상상력과 창의력이 중요하고 소프트웨어의 비중이 커지게 되었다. 이제 인간정신은 더 이상 생산체계의 단순한 결정요소가 아니라, 직접적인 생산력 그 자체가 되었다(Castells, 2003a). 인간관계도 농업사회에서 볼 수 있는 공동체적 관계나 산업사회에서 나타나는 직장공간에서의 대면관계가 아니라, 재택근무·전자메일·화상대화·사이버토론 등을 통해 간접적인 매체에 의한 인간관계의 비중이 높아졌다. 조직도 산업사회에서 효율성을 발휘하는 위계적인 관료조직보다 인간의 창의력을 높이고 상상력을 일깨울 수 있는 유연하고 분산적이며 네트워크의 형태가 경쟁력을 가지게 되었다.

정보사회에 대한 찬반논쟁은 여러 가지 형태로 진행되고 있다. 긍정론은 정보를 사회구조의 핵심으로 보고 정보화가 생산성을 증가시키고 직업을 창출하며 부를 가져온다고 본다(Bell, 2002). 더구나 정보화로 인해 생산이 탈중심화되면서 부의 재분배에도 기여할 수 있다고 가정한다. 또한 정보화가 개인의 자유를 증대하고 자기계발에 긍정적으로 작용한다고 본다. 이것은 정보화가 개인에게 정보접근의 기회를 확장하고, 시민참여의 폭을 넓히며, 권력분화를 촉진하기 때문이다. 심지어 전자민주주의(teledemocracy)를 도입할 경우, 고대 아테네의 직접민주주의와 같은 참여확대와 자기결정원리를 강화할 수 있다고 본다. 그리고 정보화를 통해 합리성, 인권, 민주제도 등이 전세계로 전파되어 민주주의 발전과 삶의 질 증대에 기여할 것이라고 보고 있다.

이에 반해 부정론은 정보처리능력을 가진 관료나 엘리트에 의해 정보가 집중·통제됨으

---

[5] 정보기술은 반도체로 대표되는 소자기술, 컴퓨터로 대표되는 정보처리기술, 위성통신과 광통신으로 대표되는 통신기술의 복합체이며, 하드웨어와 소프트웨어의 결합이라고 할 수 있다(권태환 외, 2000: 35).

로써 새로운 형태의 조작과 통제가 이루어질 수 있다고 본다. 나아가 새로운 빅브라더(Big Brother)의 출현에 의한 중앙집권적 전체주의 독재체제에 대한 두려움을 가지고 있다. 그리고 정보화에서 정보를 창출·획득·가공할 수 있는 사람과 없는 사람 간의 정보격차로 새로운 형태의 계급분리와 대립이 생긴다고 본다. 정보화로 인한 계급대립으로 인해 불평등에 저항하는 사람이 정보화의 이점을 이용하여 새로운 형태의 도시형분쟁을 만들지도 모른다고 우려한다.[6] 정보격차로 인한 불평등은 국가 간에 더욱 심하게 나타날 수 있다. 그래서 미국처럼 정보선진국은 경쟁우위를 확보하고 자국의 문화를 전파하여 또 다른 형태의 지배를 강요할 수 있다. 그러나 정보화현상은 우리에게 선택의 문제로 남아있지 않다. 기술이 가진 행위구속성과 사회체제에 대한 영향력을 고려할 때, 정보화는 시대적인 대세로 기울고 있다. 문제는 정보화과정에서 발생하는 오류와 차별을 줄이고 인간의 선의(善意)에 의해 인류가 열망하는 민주주의를 가히 성취할 수 있느냐 하는 것이다.

3. NGO가 갖는 함의

지구화와 정보화가 거대한 시대적 변화로서 부정할 수 없다고 하더라도 인간생활에 유익한 가치를 낳기 위해서는 일정한 교화(敎化)를 필요로 한다. 이것은 지구화와 정보화가 체계적으로 구조화된 사회에서 어떻게 튼튼한 시민사회를 구축하고, 유효한 시민운동을 전개하며, 시민참여를 활성화할 것인가에 귀착한다. 전지구적 시민의 자발적 참여와 연대를 통해 다양한 차원의 시민운동을 전개하는 새로운 행위자가 바로 NGO이다. 지구화와 정보화가 단일한 조건에 의한 집중적 현상만이 아니라는 사실, 정해진 사회세계를 향해 직선적으로 나아가는 것이 아니라는 사실, 외부의 저항을 무력화시킬 만큼 난공불락의 힘을 가진 것이 아니라는 사실, 국민국가나 정치의 종언을 선언할 만큼 절망적인 것이 아니라는 사실, 시민사회의 성장과 확장에 반드시 부정적으로만 작용하지 않는다는 사실 등에서 볼 때, 지구적 시민사회의 발흥과 NGO

---

[6] 2003년 5월 한국에서 전국운송하역노조 소속 화물연대가 화물운송료 인상을 요구하는 파업과 시위를 하였다. 이들은 포항 철강공단 내 여러 철강회사 앞에서 일사불란하게 출입문을 봉쇄하고, 또 일시에 해제하기도 하였다. 이것이 가능했던 것은 평소 화물차 운전기사들이 고속도로의 교통사정에 대한 정보를 상호교환하기 위해 소지하고 다니는 주파수공용통신(TRS) 기기 덕분이었다고 한다. 이 기기는 한 사람이 수만 명과 일시에 통화할 수 있게 되어 있다(중앙일보, 2003년 5월 7일).

의 연대가 지구화와 정보화의 교화에 중요한 역할을 수행할 수 있을 것으로 보인다. 아래에서는 지구화와 정보화에서 NGO가 갖는 함의를 더 구체적으로 살펴보기로 한다.

1) 지구화

지구화를 어떻게 정의하고 설명하든 다양한 차원에서 NGO와 상호작용한다. 첫째, 지구화로 인해 국가의 권위와 기능이 분산되고 재형성되는 과정에서 국가는 국내에서는 정당성이 침해당하고, 국제적으로는 자율성이 위협받고 있다. 이런 상황에서 NGO는 한편으로는 국가를 견제하면서도 다른 한편으로는 국가의 한계를 보충하는 중요한 지구사회의 행위자로서 역할을 하고 있다. 특히 인권·환경·평화·문화 등과 관련된 국제레짐의 적극적인 조직화를 통해 지구적 차원의 제도와 규범을 확립하는 데 기여한다. 국제사회에서 많은 국제레짐이 NGO의 요구와 저항에 의해 조직되었다는 사실을 상기할 필요가 있다.

둘째, 아직 국제적 경제활동과 기타 정치·군사적 활동을 통제·조정할 세계정부가 존재하지 않는 상황에서 NGO는 유엔을 비롯한 각종 국제기구와 함께 세계자본주의를 통제하고 세계민주주의(cosmopolitan democracy)를 방어하는 기제로서 작용한다.[7] 세계주의 기획은 민주주의의 탈영토성에 근거한 것으로서, 전세계 인민의 광범위한 참여를 통해 권력의 책무성을 강화하고 자본주의를 효과적으로 통제하려는 것이다. 이것은 다양한 지구적 결사체의 번성과 참여를 전제로 하기 때문에 NGO는 인권·환경·평화·여성·문화·교육·보건·구호·빈곤 등과 관련된 문제해결에 실질적인 의사결정권을 가지고 중요한 역할을 하게 된다.

셋째, 지구화로 인해 시장원리가 강화됨에 따라 자본의 권력화뿐만 아니라, 정치·외교·교육, 나아가 문화·예술까지도 상품화된다. 따라서 복지정책과 자원주의(volunteerism)가 후퇴하고 민주주의와 공동체의 이념이 위협받고 있다. 이러한 상황에서 NGO는 국가의 민주주의를 방어함과 동시에 자본의 사적 침투로부터 시민사회의 자율성을 확보해야 하는 "이중적 민주화"(double democratization)(Held, 1989: 316)의 핵심역할을 떠맡게 된다. 미국에 의해 주도되는 초국적기업 및 국제경제기구에 의한 새로운 형태의 패권주의와 자유롭게 넘나드는 투기성

---

7) 헬드는 국민국가의 경계를 넘어서는 초국가적 지배구조로서 주권의 공동출자를 통한 세계민주주의를 제시하고 있는데, 여기에는 유엔의 민주화, 국제인권재판소의 설립, 국제군대의 창설, 국제적 사회정책 실시 등을 포함한다(Held, 1995; Held, et al., 2002). 러셀, 루소, 아인슈타인 등도 세계정부를 제시한 바 있다.

국제자본에 저항하여 인민주권을 보호하는 것은 전지구적 NGO의 연대와 역동적인 시민운동에 의해 가능하다.

넷째, 지구화는 시민주권을 확대하고 자원을 효율적으로 배분할 수 있다는 이점 이면에 부의 집중에 따르는 불평등과 빈곤문제를 야기하고 정체성의 혼란을 초래한다. 따라서 세계경제의 경쟁에서 패배하거나 소외된 개발도상국에서 각종 반발과 저항이 일어나게 된다. 예를 들어, 종교적 근본주의, 종족주의, 지방분리주의 등이 부활하고, 각종 범죄조직과 테러집단이 지구화의 공간에서 기생한다. 평등한 권리를 주장하고 본원적 정체성을 찾아 헤매는 사람들은 소극적으로 과거지향적·지방적 피난처를 찾거나, 적극적인 경우 무장투쟁이나 테러에 의존하기도 한다. 사회적 약자의 이익을 대변하고 다원적 정치문화를 지향하는 정체성을 가지고 있는 NGO는 지구화의 속도와 방법에서 이들의 이익을 대변하고 이들을 건전한 방향으로 인도한다.

2) 정보화

정보화는 다음과 같은 몇 가지 사실에서 NGO와 밀접한 관련이 있다. 첫째, 정보화는 새로운 계급의 출현과 부의 이동을 가져오고, 상대적 박탈감과 정체성의 혼란을 초래한다. 예를 들어, 정보화로 인해 새로운 지식계급의 등장, 빈부격차의 확대, 의미규정의 변화, 전통의 쇠퇴 등이 나타나게 된다. 이러한 문제로 인해 소수나 사회적 약자는 다시 민족주의에 심취하거나 인종적·종교적 근본주의로 회귀한다. 여기서 NGO는 지구적으로 연계된 시민운동을 통해 정보화가 초래하는 지식의 권력화와 빈부격차에 대한 대안을 제시하고, 만남과 소통을 원활히 하여 근본주의의 부상을 저지한다.

둘째, 정보화는 정보에 대한 보편적 접근권의 보장에 따른 의사소통의 발달, 쌍방적이고 수평적인 토론의 활성화, 전자매체를 통한 권력견제의 용이,[8] 인터넷을 통한 조직구성과 연대의 활성화, 정보통신기술의 발달에 의한 권력의 분화와 세계시민사회의 형성 등을 가져오기 때문에 시민사회의 발달에 긍정적인 영향을 미친다. 그러나 다른 한편에서 다양한 공론장이 시민적 덕성과 공공의 이익에 근거한 심도있는 토론이 되지 못하고 정치가 희화화(戱畵化)되어 중우정치가 난무할 수 있는 소지도 있다. 이때 NGO는 다양한 형태의 시민운동을 통해 공론장의

---

8) 인터넷의 경우 의사표출과 여론형성은 사이버 여론조사, 배너달기, 스크린세이버 배포, 온라인 서명운동, 항의메일 보내기 등 다양한 방법이 가능하다(장여경, 2001).

질을 증대하는 책무를 떠맡게 된다.

셋째, 정보사회에서 전자민주주의의 도입으로 많은 사람들이 인터넷을 통해 의사를 표출하고, 다양한 형태의 투표에 참여하며, 여러 정책에 대한 의사표출과 자기결정권을 높일 수 있게 되었다. 그러나 다른 한편으로 정보화가 사회구성원의 정보를 파악하고 통제하는 소수에 의해 왜곡되어 개인의 프라이버시가 침해되고, 또 다른 통제와 독재를 불러올 수 있다. 따라서 참여민주주의의 확대와 성공은 NGO의 정치적 매개역할과 NGO가 추구하는 정보민주화운동과 같은 각종 시민운동의 역량에 달려있다.[9]

넷째, 정보화로 인해 직접적인 대면이 줄어드는 대신 기계적인 언어와 문법을 통한 인간관계가 늘어나게 된다. 이것은 농업사회나 산업사회에서 볼 수 있는 인간적인 유대관계를 와해시켜 공동체를 해체하고 소외를 증대시킬 수 있다. 따라서 공동체를 복원하고 친밀한 상호관계를 확대하기 위한 공동체운동은 정보화의 다른 측면에서 필요해진다. 이러한 인간성회복과 공동체형성을 향한 운동은 바로 NGO가 추진하는 대안운동 중의 하나이기도 하다.

제2절 글로벌 거버넌스의 확대

1. 세계체제의 변화

1) 새로운 세계질서

지구화와 정보화가 추동하는 세계체제는 오늘날 커다란 변화를 겪고 있다. 우선 국제정치에 참여하는 행위자가 다양화되면서 갈등의 양상이 복잡해졌다. 세계체제에서 주권국가와 기업 외에 시민사회의 다양한 행위자가 부상함에 따라 전통적인 안보·군사·경제 외에 환경·인권·

---

9) 마스다(Yoneji Masuda)는 정보사회의 유토피아를 제시하고는, 이것이 NGO에 의해 지도되는 시민운동의 일상화에 의해 가능하다고 역설하였다(Masuda, 1981; 1990). 그가 제시하는 정보사회 유토피아는 시장이 자발적 커뮤니티로 대체되고, 의회민주주의가 참여민주주의로 대체되며, 물질주의적 가치가 목적적 가치로 대체되는 이념형적 사회이다.

문화·보건·난민·이주 등과 같은 문제가 쟁점으로 부상하였다. 그리고 민족·인종·문화 간의 갈등도 여전히 존재하고 있다. 특히 환경문제에서는 지구상의 모든 국가와 개인이 환경위기로부터 자유로울 수 없는 상황에 놓이게 되었다. 오존층의 파괴, 이상기온 현상, 생태계의 파괴, 각종 공해병으로 인간의 생존이 위협받고 있다. 2010년대에 세계가 지진·태풍·홍수·가뭄·냉해와 같은 기상이변으로 대재앙을 겪게 될 것이라는 보고도 있다. 해수면의 상승, 물 부족, 에너지의 부족, 인구증가는 당장 발등의 불이다. 이제 인간의 생존을 위해서는 기존의 생산과 삶의 방식을 바꾸고 지속가능한 발전을 위한 전략을 개발·실천하는 것을 심각하게 고려하지 않을 수 없게 되었다.

새로운 세계질서에서는 자본주의의 세계화에 따른 초국적기업과 국제금융자본의 영향력 강화를 빼놓을 수 없다. 초국적기업은 개발도상국에 선진 경영기법과 기업문화를 전파하고 부족한 자본과 기술을 제공하는 이점이 있다. 그리고 해당 국가는 기업을 유치함으로써 고용을 늘리고 실업자를 줄일 수 있다(서창록, 2004: 298-99). 그러나 초국적기업은 현지의 수요보다는 기업이익을 중시하기 때문에 개발도상국을 착취하게 된다. 초국적기업은 개발도상국에서 나오는 원료와 노동력을 싼 가격에 구매하는 반면, 생태계파괴나 노동조건에 대해서는 무관심하다. 그리고 강대국을 대신하여 개발도상국가의 정보를 수집하고 정치에 개입하기도 한다. 국제금융자본은 지구화와 정보화의 기반을 활용하여 세계경제에 커다란 영향력을 행사한다. 단기투기자본(hot money)은 단기간에 엄청난 이익을 남기고 개발도상국 국민경제를 유린하기도 한다(김형기, 2001: 25).[10] 소로스(George Soros)와 같은 국제금융자본가조차 규제되지 않는 금융자본이 자본주의를 해체할 수 있다고 경고한다(Soros, 1998). 오늘날 민주적이고 효과적인 세계정부나 국제기구가 존재하지 않는 상황에서 이러한 초국적기업과 국제금융자본의 권력을 규제할 수 있는 국제적 장치가 빈약하다.

새로운 세계질서에서 테러와 폭력에 따른 위협도 심각하다. 냉전체제의 해체 이후 국가 간 전쟁은 많지 않지만, 국가 내 군소집단 간의 분쟁은 오히려 늘었다.[11] 세계자본주의체제에서 빈

---

10) 민간 외환거래인이 하루에 거래하는 외화는 20세기 말에 이미 세계무역량의 100배가 넘는 1조 3천억 달러를 넘어섰다(Mathews, 2000). 시민사회는 단기성 외환거래에서 발생하는 문제를 해결하기 위해 토빈세(Tobin tax)를 부과하자는 주장을 줄기차게 해오고 있다. 토빈세는 미국 예일대학의 경제학 교수였던 토빈(James Tobin)이 제안한 것이다.

11) 1989년과 1996년 사이에 세계에서 발생한 96차례의 분쟁 중에서 국가 간의 전쟁은 6회에 불과하고 나머지는 군소집단 간의 무력충돌이었다. 특히 이러한 무력충돌은 개발도상국에서 많이 발생하였다. 제2차 세계대전 이후 1989년까지 138회의 국가 간 전쟁도 선진자본주의 국가에서는 발생하지 않았다. 이 기간에 약 2,300만 명의 목숨을 앗

곤과 억압구조가 상존하는 가운데 개발도상국가는 선진국이나 강대국을 표적으로 테러를 감행하고 있다. 테러는 자본과 결합하여 조직화되었을 뿐만 아니라, 한 국가의 군사력에 버금가는 무기체계를 갖추고 있다. 더구나 테러조직은 국민국가의 역할과 규제장치가 약화되고 지역 간 연계가 용이한 지구화의 공간에서 잘 기생한다. 문제해결을 위해 쉽게 폭력에 의존하고 평화주의자의 염원에도 불구하고 전쟁이 발생하는 것은 단순히 국가 내부의 구조만이 아니라, 세계체제의 구조와 밀접한 관련이 있다. 세계평화를 구축하기 위해서는 국가 간의 협력이라는 전통적 방식을 넘어 국제기구, 진보적인 정부, NGO의 공동노력이 필요하다.

지구화와 정보화에 따른 새로운 세계질서에서는 기존의 주권국가 중심의 문제해결 방식은 효과성에서 한계가 있다. 문제가 복잡할 뿐만 아니라, 문제의 성격이 주권국가의 범위를 벗어나 있기 때문이다. 따라서 새로운 세계질서에서는 NGO를 비롯한 시민사회의 다양한 행위자가 문제해결의 유용한 수단으로 부상하고 있다.

2) 세계정치경제 분석틀의 전환

세계정치경제를 분석하는 전통적인 접근법으로 현실주의와 자유주의를 들 수 있다. 양자는 국제관계를 설명하는 기본적인 두 축으로서 풍부한 지적 근거에 기반을 두고 국제사회의 권력관계를 잘 설명하고 있다.[12] 현실주의와 자유주의는 기본적으로 국제관계의 무정부상태를 인정하고 주권국가를 국제정치의 주요행위자로 간주하는 국가중심이론이다. 그러나 현대 국제관계에서 국가 외에 다양한 국제기구와 기업, 그리고 NGO가 등장하여 거버넌스가 활발하게 진행됨에 따라 두 이론은 한계를 갖지 않을 수 없게 되었다. 따라서 양자에 대한 대안으로 구성주의가 제기되었고, 두 이론을 비판적으로 넘어서려는 마르크스주의와 비판이론이 등장하였다(서창록, 2004: 9-63). 여기서는 글로벌 거버넌스의 유효성에 입각하여 세계정치경제 분석틀의 변화를 살펴보기로 한다.

현실주의는 기원전(BC) 5세기 그리스의 역사가인 투키디데스에서 시작되었다고 할 수 있

야간 전쟁은 모두 개발도상국에서 일어났다(이대훈, 1998: 199-203).
12) 세계정치경제의 분석에서 '국제적', '세계적', '지구적'이라는 용어가 복합적으로 사용되고 있다. 엄격하게 말하면 국제적이라는 개념보다 세계적이라는 개념이 넓고, 세계적이라는 개념보다 지구적이라는 개념이 넓은 의미를 지닌다. 그러나 국제기구, 국제질서, 국제관계, 국제사회와 같은 용어가 오랫동안 사용되어왔기 때문에, 여기서는 국제적이라는 용어와 세계적이라는 용어를 맥락에 따라 사용하고 거의 같은 의미로 본다.

을 정도로 오랜 역사를 지니고 있다(서창록, 2000). 현실주의는 국제관계에서 국가가 단일한 합리적 행위자이고, 국제관계가 본질적으로 분쟁적이라고 가정한다. 따라서 강대국 중심의 힘의 논리가 가장 중요한 기본질서이고 국가 간의 전쟁은 권력의 불균등에서 오는 필연적인 결과라고 본다. 현실주의에서는 전쟁을 방지하고 무역을 확대하기 위해 패권국가가 존재하여 안정적인 세력균형을 이루어야 한다. 현실주의는 주권국가의 위상과 역할에 주목하고 안보와 전쟁에 커다란 관심을 갖는다. 여기서 국제기구는 강대국이 약소국을 조정하기 위한 하나의 도구로서 강대국의 이익을 대변할 뿐, 세계평화를 구축하는 데 제대로 기여하지 못한다. NGO와 같은 비정부조직도 세력균형에 거의 영향력을 행사하지 못한다고 본다.

자유주의는 주권국가를 국제정치의 주요 행위자로 보는 점에서는 현실주의와 비슷하지만, 주권국가 외에 다양한 행위자의 존재를 인정한다. 그리고 국제관계에서 분쟁뿐만 아니라 협력이라는 관점에서 바라보기도 한다. 특히 세계경제질서에서는 국가들 간의 타협과 협력이 활발하고 국가 간의 합의에 의해 유지된다고 본다(이종찬, 2000). 자유주의에서 국제기구는 정치영역에서 국가의 집단행동을 극복하는 데 일정한 역할을 할 뿐만 아니라, 경제·사회·문화영역에서 자기역할을 할 수 있다고 기대한다. 즉 국제기구는 세계자유시장의 확대와 경제적 번영에 기여할 수 있다고 본다. 나아가 국제기구는 세계공통의 가치와 규범을 발전시키는 데 기여한다고 본다. 특히 초국적기업은 직업창출, 기술이전, 산업의 재구조화에 기여한다고 본다. 자유주의는 NGO가 수행하는 인도적 원조, 난민보호, 환경감시 등과 같은 활동을 긍정적으로 평가하기도 한다.

구성주의는 현실주의가 사용하는 개념이 모호하고, 자유주의가 서구중심의 편견을 가지고 있다고 비판한다. 구성주의는 국가를 중심에 두는 두 이론의 한계를 지적하면서 세계정치경제의 분석에서 실증주의 대신에 해석주의 방법론을 수용하고, 국가이익의 변화가능성과 비합리적 요소를 강조한다(이종찬, 2000). 구성주의는 국제관계를 설명하는 데 있어서 국제법이나 다자주의와 같은 세계제도와 문화적 규범을 강조한다. 여기서 행위자의 정체성과 이해관계는 외부에서 주어진 것이 아니라, 사회적으로 구성되고 상호주관적 이해에 의해 형성된다. 따라서 국가의 정체성과 이익도 국가 간의 상호작용의 산물로 본다. 구성주의는 국제관계의 변화가 행위자 간의 대화와 토론을 통해 상호 인지하는 가치와 역할이 변하고, 이것이 국제관행과 구조를 바꾸기 때문에 나타난다고 본다. 구성주의는 지구화로 인해 세계제도와 구조가 변화하여 거버넌스 활발하게 진행된다고 보고, 여기에 각종 국제기구와 NGO가 어느 정도 역할을 하고 있음을 인정한다.

전통적인 마르크스주의는 국가의 구성과 속성에 초점을 두었기 때문에 국제관계를 크게 중시하지 않았다(신연재, 2000). 그러나 국제관계를 바라보는 마르크스주의 시각도 변화를 겪어 왔다. 마르크스주의는 현실주의와 같이 국제관계가 본질적으로 분쟁적이라고 가정하지만, 그것을 이해하고 분석하는 단위로 계급이나 경제적 요소를 강조한다. 국제관계에서 행위자의 행동을 구속하는 것이 세계자본주의체제에서 연유한다고 보고, 각종 분쟁은 경제적 불평등에서 비롯된다고 본다. 특히 산업자본과 유리되어 투기자본과 결합한 국제금융자본이 세계정치경제질서를 지배한다고 본다. 마르크스주의는 자유주의와 같이 국제관계에서 국가 외에 다양한 국제기구와 조직의 존재를 인정한다. 그러나 이러한 비국가적 조직을 세계체제에서 자본주의의 지배를 정당화시켜주는 지배수단으로 간주한다. 따라서 NGO가 지향하는 양성평등, 문화적 다양성, 소수자의 권리, 생태계의 보호와 같은 정체성의 정치도 세계적 착취와 자본주의적 지배를 극복하기 어렵다고 본다.

지금까지 설명한 세계정치경제의 이론은 세계체제의 한 부분을 설명하는 데는 유용하지만, 냉전체제의 해체 이후 무역자유화의 확대, 미국의 일방주의와 침략전쟁, 개발도상국의 저항과 테러의 빈발, 지구적 이슈의 등장, 지구시민사회의 연대와 저항, 다양한 국제레짐(international regime)의 강화 등을 포괄적으로 설명하기 어렵다. 특히 세계사회에서 NGO를 비롯한 각종 시민사회단체의 요구 증대와 영향력 확대에 따른 글로벌 거버넌스의 확대를 제대로 설명하지 못하고 있다. 시민사회의 다양한 세력의 등장과 영향력 확대에 따른 거버넌스의 현실을 설명하기 위해 등장한 것이 바로 비판이론이다.

비판이론은 세계질서가 이미 주어진 것으로 간주하는 현실주의나 자유주의와는 달리, 현존하는 세계질서의 규범적 기반에 의문을 던지고 그것이 어떻게 생겨났으며 이를 변화시키는 힘이 무엇인가에 대해 탐구한다(Cox, 1986; 1997). 그리고 국제관계를 설명하는 데 국가중심보다 사람중심 접근법이 더 유효하다고 본다(Knight, 1999). 따라서 비판이론은 헤게모니의 형성에 피지배계급의 참여와 기여를 강조한다는 점에서 현실주의나 자유주의와 다르고, 세계정치질서의 형성에 시민사회세력의 중요성을 강조한다는 점에서 구성주의와도 차이가 있다. 그리고 국제사회와 조직의 변화에 각종 사회세력의 능동적인 역할을 강조한다는 측면에서 마르크스주의와도 거리가 있다(서창록, 2004: 57-58). 비판이론은 각종 NGO가 등장하여 지구적 연대로 사회세력을 형성하고 이들이 세계사회의 정책과정에 참여하고 변화를 주도하는 것을 강조한다. 따라서 비판이론은 글로벌 거버넌스의 등장과 작동을 중시한다. 비판이론가들은 글로벌 거버넌스에서 종전처럼 패권국가가 지배적인 권력을 행사하는 것이 아니라, 다양한 세력이 공존한다고 본다. 특히 지구화의 공간에서 시민사회 행위자의 역할을 강조하고 인민주권을 중시한다. 따라서 비판이론에서는 시민사회의 요구와 이해가 국제관계에서 상향식 의사소통을 통해 반영될 수 있는 통로가 열려있다.

2. 글로벌 거버넌스의 현실화

1) 글로벌 거버넌스의 등장

국제관계는 현실주의자의 주장처럼, 기본적으로 주권국가 간의 권력관계로서 강대국의 무력에 의해 움직이고 분쟁이 일어날 수밖에 없는 무정부적인 상황이다. 국제사회가 현실주의자의 주장이 지배적으로 작용하고 있는 것이 사실이지만, 1990년대 이후 새로운 세계질서는 강대국이 세계질서를 지배하거나, 국가가 권력을 독점하거나, 정치·군사영역만이 주요 이슈가 되는 것이 아니다. 미국이 여전히 세계질서에 커다란 영향력을 행사하고 있지만, 세계무역기구(WTO)의 출현이나 중국의 성장에서 볼 수 있듯이 다자주의가 보편화되어 가고 있다. 특히 지구시민사회는 미국중심의 지구화 추진에 대해 거센 반발을 하고 있다. 지구화의 공간에서 국가는 자기보존을 위한 새로운 기능을 획득하고 개방과 자유화의 속도를 조절하는 주요한 행위자이다. 그러나 개인의 욕구를 충족시키고 세계사회의 다양한 문제를 해결할 수 있는 국가의 위상은 크게 위축되었다. 나아가 더 유연한 네트워크 조직이 효율성을 발휘함에 따라 공적 권위와 관료제를 통한 문제해결방식에 대한 지지와 신뢰가 추락하였다. 세계사회의 주요 이슈 또한 기존의 정치·군사·안보에서 경제·환경·인권·평화·문화 등으로 다원화되었다. 오늘날 국가나 국제기구뿐만 아니라, 각종 NGO들은 세계적 연대와 각종 국제레짐의 형성을 통해 지구시민의 삶의 질과 관련된 이슈를 제기하고, 규범을 설정하며, 책임 있는 행동을 실행한다.

글로벌 거버넌스는 세계사회에서 과거 주권국가들이 유일한 행위자로서 각종 세계문제를 처리하던 상황에서, 다양한 행위자가 등장하여 일정한 권력을 행사하고 각종 세계문제를 해결하는 환경으로 변화하면서 등장한 개념이다. 현대사회의 국제관계는 과거처럼 국가중심의 정치·군사영역에 대한 이해만으로는 포괄적으로 파악하기 어렵다. 각종 국제기구가 독자적인 영역을 가지고 활동하는가 하면, 초국적기업이 국제무역과 금융시장에 커다란 영향력을 행사하고, 전세계 수천·수만의 NGO들이 연대를 통해 다양한 요구를 하거나 직접 문제를 해결하기 위해 도전한다. 심지어 대표적인 국제기구인 유엔은 국제평화와 복리의 실질적인 보장을 위해 NGO와 긴밀한 협의가 필요하다는 것을 공개적으로 밝히고 있다. 이것은 국민국가나 국제기구의 역할범위를 넘거나, 최소한 비정부조직과 협력해야 할 각종 연성(soft) 이슈와 주제가 확대되었음을 의미한다. 그리고 기업이나 NGO가 인터넷과 같은 새로운 정보체제에 대한 적응능력이 뛰어나다는 것을 암시한다. 콕스(Robert Cox)는 이러한 거버넌스의 등장과정을 합법적인 강제권력이 부재하는 상태에서 다양한 층위의 권위가 존재하는 일종의 '신중세주의'(new medievalism)로의 진행으로 보기도 한다(Cox, 1999).

현대 세계사회에서 세계평화와 복리를 보장하는 것은 전통적인 국가중심 이론으로는 한계가 있다. 지구시민 개개인의 가치가 다원화되었고 다양한 세계적 이슈가 등장하였다. 국가 이외에 다양한 행위자가 등장하여 참여를 요구함으로써 권력이 분산되었다. 다양한 인종과 문화 간의 상호침투가 일어나고 복합적인 사회·문화에 대한 이해가 증대하였다. 정보화에 힘입어 공동문제를 해결하기 위한 각종 협력시스템이 개발되었고 합의지향적인 경향이 강화되었다. 이러한 변화에 따라 다양한 행위자의 참여와 협력을 통해 각종 세계문제를 해결하는 거버넌스가 강조되고 있다. 글로벌 거버넌스는 새로운 행위자의 영향력과 이념을 수용하여 각종 세계적 갈등과 요구를 더욱 효율적이고 효과적으로 해결하려는 것이다. 글로벌 거버넌스는 1995년 유엔 산하에 글로벌거버넌스위원회(Commission on Global Governance)가 설치됨에 따라 세계적인 주목을 받게 되었다.

2) 글로벌 거버넌스의 의미

유엔의 글로벌거버넌스위원회는 글로벌 거버넌스를 글로벌 차원에서 정부, NGO, 시민운동, 초국적기업, 지구자본시장, 글로벌 매스미디어, 개인 등이 함께 공공목적을 달성하기 위해 권력을 행사하고 협력행동을 하는 방법의 집합으로 규정하였다(Commission on Global Governance, 1995). 나이트(Andy Knight)는 글로벌 거버넌스를 지구적·지역적·지방적인 차원에서 개별국가가 해결할 수 없는 사회·정치·경제·군사안보 등 여러 분야의 초국가적 딜레마를 해결하기 위한 합의 조율 노력으로 정의하였다(Knight, 1999). 콕스는 글로벌 거버넌스가 새로운 대중성을 획득했다고 강조하고, 공식적으로 정당성을 가진 강제권력이 부재하는 상태에서 다양한 세력의 상호 통제와 지향으로 본다(Cox, 1999). 고덴커(Leon Gordenker)와 위스(Thomas Weiss)는 글로벌 거버넌스를 개인이나 국가의 집합적 능력을 넘어서는 각종 글로벌 문제에 대한 질서 있고 믿을 만한 대응으로 규정하고, 투명성·책무성·참여증대를 핵심요소로 제시한다. 따라서 글로벌 거버넌스가 글로벌 이슈를 해결하기 위한 정부 및 다양한 행위자 사이의 공동노력을 의미한다고 본다(Gordenker and Weiss, 1996a; 1996b).

글로벌 거버넌스는 거버넌스가 지구적 차원으로 확대된 것으로, 개념구성에 다음과 같은 몇 가지 명제를 포함한다. 첫째, 세계사회에서 주권국가가 유일한 중요행위자가 아니다. 즉 합법적인 강제력이나 중앙집권화된 권위가 부재하는 상태에서 NGO를 비롯한 다양한 행위자가 참여하여 수평적인 권력관계를 구성하는 것을 가정한다. 둘째, 현대사회의 국제관계에서 다양한 이슈가 등장함에 따라 국가가 단독으로 문제를 해결하기 어렵다. 국가는 다양한 비정부 행위자와 협력하여 문제를 해결하는 것이 바람직하다. 특히 시민사회의 이념과 가치를 수용하여 민주성·책무성·투명성·다원성 등을 강화할 것을 주문한다. 셋째, 새로운 세계질서는 하나의 패권국가가 지배적인 가치를 강요하고 운영하는 것이 아니라, 다양한 세계관과 문화가 공존한다. 따라서 상호인정과 권력공유를 통해 합의메커니즘을 발전시키고 세계평화와 복리를 유지하는 것을 강조한다. 이렇게 본다면 글로벌 거버넌스는 세계사회에서 주권국가 외에 국제기구, NGO, 초국적기업, 매스미디어 등 다양한 행위자가 참여하여 지구문제를 공동으로 해결하는 협력·조정시스템이라고 할 수 있다.

3) 글로벌 거버넌스의 원칙

글로벌 거버넌스가 시민사회로부터 새로운 이념을 수용하고, 여러 행위자의 참여를 통해 권한배분과 협력문화를 강화하며, 다양한 가치와 문화가 공존하기 위해서는 어떻게 해야 하는가. 지구화와 정보화가 한층 더 인간적인 얼굴을 가지고 인간성을 보존하고 일정한 사회적 책임을 갖도록 하기 위해서는 어떻게 해야 하는가. 즉 좋은 거버넌스를 구축하기 위해서는 어떤 원칙을 가져야 하는가. 다양한 학자와 연구단체, 그리고 국제기구가 글로벌 거버넌스의 원칙을 제시한 바 있다(주성수, 2000: 163-64). 1998년 영국의 서섹스(Sussex)대학은 〈시민사회와 거버넌스 프로그램〉이라는 보고서에서 공공선을 극대화하기 위한 거버넌스 원칙으로서 투명성, 효과성, 개방성, 대응성, 책임성, 법치, 다양성, 다원성 등을 제시하였다(Manor, 1999). 여기서는 거버넌스의 원칙으로서 민주주의, 정당성, 투명성, 다원성, 책무성 등 5가지에 대해 살펴보기로 한다.

① **민주주의**: 주권국가 내의 통치과정과 마찬가지로 글로벌 차원에서도 민주주의는 거버넌

스의 가장 기본적인 원칙이다. 국제사회에서 각종 의제의 선택과 정책의 결정은 시민참여, 권한분산, 민주적 공론, 투명한 결정 등과 같은 원칙 속에서 진행되어야 한다.

② **정당성**: 국제정치환경에서 각종 정책결정과 행동은 일정한 법적 절차와 합의에 의해 진행되고 세계시민의 도덕과 윤리적 감수성에 대응해야 한다. 따라서 개인, 조직, 주권국가에 영향을 미치는 각종 결정은 소수의 강대국이 아니라 다수의 국가와 비정부조직의 참여에 의해 결정되어 최대의 공공선을 가져오도록 해야 한다.

③ **투명성**: 국제적인 담론전개와 토의과정이 정당성을 획득하고 최대의 효과를 발휘하기 위해서는 현안에 대한 정보가 공개되고 유통되어야 한다. 정책과정이 대중에게 공개되고 각종 시민사회조직에 의한 모니터링이 가능해야 하고, 관심을 가진 사람이 정보에 대해 자유롭게 접근할 수 있어야 한다.

④ **다원성**: 거버넌스는 다양한 가치와 문화를 가진 행위자가 참여하여 공통문제를 해결하려는 집합적인 노력이다. 따라서 개별행위자의 가치를 존중하고 창의적인 아이디어가 도출될 수 있도록 개방되어야 한다. 각종 행위자 간의 결합은 개별행위자의 개성을 무시하고 강제적인 보편원칙을 도출하는 것이 아니라, 개별행위자의 가치를 극대화하는 방향으로 진행되어야 한다.

⑤ **책무성**: 거버넌스가 다수의 행위자가 공동 참여하는 조정·협력시스템이지만, 일정한 법률과 도덕적 근거에서 공평하게 업무를 처리해야 한다. 그리고 행위자는 각종 글로벌 이슈를 해결하는 과정에서 자신이 행사하는 재량권에 상응하는 책임을 져야 한다. 즉 자원을 효율적으로 사용하고, 일정한 성과를 생산하며, 세계시민의 요구에 응답하여야 한다.

4) 글로벌 거버넌스와 NGO

글로벌 거버넌스는 통일된 구조를 가지고 있지 않은 다층적이고 복합적인 메커니즘이다. 여기에는 주권국가와 국제기구 외에 많은 초국적기업, NGO, 국제자본, 매스미디어, 비중있는 개인 등이 참여한다. NGO는 멀리 1945년 유엔의 설립 당시 유엔헌장에 인권조항의 삽입과 1948년 유엔총회에서 세계인권선언(Universal Declaration of Human Rights)의 채택을 위해 많은 노력을 하였다. 1990년대에는 각종 국제대회를 통해 환경·인권·평화·개발·여성·문화·주택·구호·빈곤구제 등에서 인간적인 삶과 지속가능한 발전을 위한 이슈제기, 모니터링, 여론조성, 현장실행의 역할을 수행해왔다. 유엔과 협력하여 대인지뢰금지협약, 유엔난민고등판무관(UNHCR:

United Nations High Commissioner for Refugees)의 설치, 국제형사재판소의 설립과 같은 구체적인 성과를 만들기도 하였다. NGO는 국제정책과정에서 지식과 정보, 상품과 서비스, 사회자본, 네트워크, 시민교육 등 다양한 요소를 창출한다. 오늘날 국제적십자사(International Committee of the Red Cross), 국제사면위원회(Amnesty International), 그린피스(Greenpeace), 국경없는의사회(MSF) 등과 같이 수십·수백 개국에 걸쳐 수십·수백만 명의 회원을 가지고 국제문제를 효과적으로 해결하는 거대한 국제NGO들이 즐비하다.

세계사회에서 평화와 복리를 보장하는 데 있어서 주권국가와 국제기구의 역할이 중요하지만, 다양한 영역의 NGO와 협력하지 않고는 효율적이고 효과적으로 문제를 해결하기 어렵다. 예를 들어, 2001년 9월 11일 미국 뉴욕에서는 단 한 번에 수천 명의 희생을 가져오는 테러가 발생하였다. 그리고 2003년 유엔의 반대에도 불구하고 미국은 이라크침략을 강행하였다. 어떻게 테러와 전쟁을 방지하고 세계평화를 유지할 수 있을 것인가. 이러한 문제에 대해 국가와 유엔의 역할은 매우 제한적이다. 사카모토(坂本義和, 2002)의 주장처럼, 테러와 폭력은 우리 자신 밖에 있는 것이 아니라 오히려 우리 안에 있다. 그 뿌리를 밝히고 해결하기 위한 대안을 모색하는 고뇌가 필요하다. 세계평화는 단순히 물리적인 강제력으로 보장되지 않는다. 평화사상을 고취하고, 평화교육을 실시하며, 평화문화를 정착하기 위한 시민운동이 전세계적으로 보편화되는 것이 중요하다(박상필, 2002). NGO는 평화를 방해하는 구조와 원인에 대한 근본적인 통찰과 광범위한 민중적 연대를 통해 세계평화를 구축하는 데 중요한 역할을 한다.

오늘날 NGO는 글로벌 거버넌스의 중요한 행위자로서 개별국가, 유엔, 기업 등과 협력하여 각종 세계문제를 해결하고 있다. 글로벌 거버넌스에서 NGO가 수행하는 기능과 역할을 요약하면 다음과 같다. 첫째, 중요한 세계적 이슈를 제기하고 의제를 생산한다. 둘째, 각종 세계문제를 해결하는 데 필요한 전문적인 아이디어·정보·기술을 제공한다. 셋째, 글로벌 문제에 대한 대중의 참여를 촉진하고 대중의 구체적인 의견을 수렴하여 의사결정과정에 투입한다. 넷째, 강대국이나 초국적기업·국제자본을 견제하고 사회적 약자나 소수자의 의견을 반영한다. 다섯째, 정부와 국제기구를 감시하고 여론조성을 통해 정책변화에 대한 압력을 행사한다. 여섯째, 글로벌 문제를 해결하기 위해 유엔이나 각종 국제기구의 정책과정에 참여하여 권위와 책임을 공유한다. 일곱째, 국가나 국제기구로부터 위임을 받아 현장에서 정책을 실행하고 서비스를 제공한다. 여덟째, 자연재해나 전쟁으로 인해 발생한 난민에 대한 긴급구호를 실시한다. 그야말로 NGO는 광범위한 글로벌 주제와 관련하여 권력감시에서 규범형성까지, 의제형성에서 집행까지, 정책분석에서 서비스생산까지 중요한 역할을 하고 있다.

제3절 지구시민사회의 형성

1. 지구시민사회의 출현

시민사회는 본래 일국적 개념으로 사용되었다. 처음으로 시민사회를 국가로부터 독립시켰던 퍼거슨은 국민국가 개념구축의 한 방편으로 시민사회를 규정하였고, 국가와 시민사회 간의 추상적 변증법을 주장했던 헤겔도 일국의 시민사회가 국경을 넘어 연대한다는 관념이 없었다. 근대국가의 성립 이후 시민사회의 주요과제는 국가지배로부터 개인의 자유와 권리를 보장하는 것이었기 때문에 시민사회는 국민국가의 대척지점에 위치하였다. 그러나 1970년대에 버튼(John Burton)과 같은 세계사회론자가 세계를 하나로 바라보고 국가보다 비국가적 행위자의 초국적 관계를 강조하였다. 그리고 1980년대에 들어와서 동유럽과 남아메리카의 지식인들이 시민사회의 초국성을 거론하였고, 독재정권하의 반체제인사들은 국경을 넘어선 시민사회의 연대전략을 중시하였다. 이러한 시민사회의 지구적 확장은 1990년대에 와서 각종 지구적 문제의 등장과 이를 해결하기 위한 지구적 협력을 강조하게 되면서 더욱 확산되었다. 특히 1995년 유엔에 설립된 글로벌거버넌스위원회는 개인의 참여욕구, 정부의 한계, 통신기술의 발달로 세계적 단체혁명(associational revolution)이 일어나고 있다고 선언하였다(박상필, 2004a; Anheier, et al., 2004; Burton, 1972; Commission on Global Governance, 1995; Martens, 2000).

현대사회에서 시민사회는 그 자체로서 초국성을 지니지 않을 수 없다. 예를 들어, 이산화탄소의 배출에 따른 지구온난화와 원자력발전소의 사고에 의한 방사능 누출은 이미 국민국가의 경계를 넘어선 문제이다. 이에 대응하는 국가뿐만 아니라 환경단체와 같은 NGO의 대응책도 지구적 차원에서 일어날 수밖에 없다. 환경문제 외에도 인권·평화·에너지·문화·빈곤·보건·구호 등과 같은 문제는 결코 일국적인 문제도 아니거니와, 개별국가에 의해 해결하기도 어렵다. 나아가 지구화의 확대에 따라 국제자본의 헤게모니와 신자유주의 이데올로기에 대한 대항세력이 지구적으로 형성되고 있다. 뿐만 아니라, 시민사회의 지구화는 세계시민의 윤리와 정체성과도 밀접한 관련이 있다. 가라타니(柄谷行人, 2001)는 공동체나 일국의 도덕을 넘어 세계시민으로서 타자와 소통하고 서로 포용하는 세계시민윤리의 내면화를 강조한다. 시민사회는 지구적 교류와 연대를 통해 민주주의, 인권, 자유, 평화 등과 같은 보편적 가치를 확산하고 지구적 공공선을 증진하려고 한다.

시민사회의 지구적 연결은 여러 가지 요인에 의해 영향을 받고 있다. 지구시민사회는 다음과 같은 몇 가지 요인에 의해 추동되고 있다. 첫째, 교통·통신기술의 발달에 따른 교류와 협력의 증대이다. 교통의 발달로 대면적 접촉이 늘었을 뿐만 아니라, 인터넷이나 휴대폰의 발달로 상호 교류와 공론장의 형성이 활성화되었다. 둘째, 지구적 문제의 증대와 개별국가의 대처능력의 한계를 들 수 있다. 오늘날 개별국가의 경계를 넘어서는 다양한 문제가 발생하지만, 이를 해결할 수 있는 국가 또는 정부간기구의 능력은 한계가 있다. 셋째, 냉전체제의 해체 이후 민주주의가 전세계로 파급되면서 국가억압이 후퇴하고 개인적 자유가 증대하였다. 특히 과거에 통치의 대상이었던 주변화된 집단은 조직화를 통해 적극적으로 자기결정권을 요구하고 있다. 넷째, 지구적 문제를 다루는 NGO의 수적 증가와 지구적 네트워크의 형성을 들 수 있다. 지구화된 사회에서 NGO는 시민운동의 세계적 연대를 통해 강대국과 국제자본의 헤게모니에 대항한다. 그리고 군사대결과 같은 강성정치(hard politics)보다 환경·인권·평화·문화와 같은 연성정치(soft politics)가 강조됨에 따라 NGO의 역할이 강화되었다. 다섯째, 세계시민의식의 확대와 지구문화의 창출을 들 수 있다. 인터넷의 발달과 NGO의 활동에 힘입어 세계의 많은 시민들은 직접 대면 없이도 지구시민으로서의 정체성을 가지고 지구문제에 대해 민감하게 반응하고 공동 실천한다.

2. 지구시민사회의 의미

지구시민사회는 개념정의가 애매하다. 여기서 말하는 지구적 차원의 시민사회라는 것이 어떤 범위를 포괄하고, 주체가 누구이며, 어느 정도의 동질성을 가지고 있는가에 대해 명확하지 않다. 주지하듯이, 지구시민사회는 다양하고 분절적인 실체를 가지고 있다. 사회과학자와 시민운동가 사이에 해석의 차이가 있는가 하면, 정치적 선호도나 이해의 틀에 따라 다르게 사용하기도 한다. 지구시민사회는 서술적인 개념인 동시에 규범적 개념이기도 하다. 예를 들어, 지구시민사회는 1980년대 이후 남미나 동유럽에서 나타난 바와 같이, 종종 서구형 민주주의모델을 구축하거나 국가권력의 제한과 민간역할의 확대와 같은 서구식 자유주의의 은유로 이해하는 경향이 있는가 하면, 상대적으로 국가의 정치적 대응성을 높이고 민주주의의 급진화와 정치권력의 재분배를 요구하는 측면도 있다(Anheier, et al., 2004).

안하이어(Helmut Anheier)와 그의 동료들은 지구시민사회를 가족·국가·시장 사이에 존재하고, 일국적 사회·정치체·경제를 초월하여 작동하는 아이디어·가치·기구·조직·네트워크·개인영역의 총체로 규정한다(Anheier, et al., 2004). 지구시민사회는 한마디로 국가와 경제 영역 밖의 시민사회가 지구적 차원으로 확대·연결되어 공동의 목적을 가진 가치·의사소통·행동·조직의 집합을 말한다. 따라서 지구시민사회에서는 지구의 공동문제를 해결하기 위해 시민의 자발적 참여에 의한 다양한 시민운동이 일어난다. 그리고 각국에서 일어나는 시민운동은 지구적 차원의 교류와 연대로 이어진다. 또한 국경을 초월한 지구적 규범이 창출되고 이를 실천하기 위한 국제레짐이 발달한다. 이처럼 지구시민사회의 개념에는 지구시민, 지구문화, 초국적 연대와 같은 요소를 내포하고 있다(임현진·공석기, 2004). 즉 지역사회에 뿌리를 두고 있으면서 자유롭게 국경을 초월하여 활동하는 탈주권적 행위자로서 지구시민이 있고, 지구화와 반지구화의 충돌과정에서 국경을 초월한 네트워크를 통해 지구문화를 형성하고 새로운 세계문화규범을 제시하는 역동이 있으며, 자원과 정보를 동원하여 지구적 문제를 공동해결하려는 국제적 연대가 존재한다.

지구시민사회는 지구화에 반대되기보다는 지구화에 의해 나타난 결과이자 지구화의 부작용에 대한 대응이라고 할 수 있다. 이런 의미에서 지구시민사회를 구축하는 데 있어서 지구화는 위협이자 기회이기도 하다. 지구화가 강대국 중심의 시장논리를 강화한다는 측면에서 지구시민사회에 위협이 되지만, 지구화를 통해 각종 조직의 네트워크와 신뢰형성이 용이해진다는 점에서 기회가 된다. 따라서 지구시민사회의 형성에는 시장권력이 정치과정을 지배하고 국가권력을 포섭하는 '위로부터의 지구화'(globalization-from-above)가 아니라, 시간과 공간적 특성의 구체화에 기초하고 많은 시민적 이니셔티브(initiative)에 의해 지식과 정치적 행동이 연결되는 초국적 토대 위에서 지방풀뿌리조직의 비판과 저항이 일어나는 '아래로부터의 지구화'(globalization-from-below)가 중요하다(Falk, 1999: 130). 이런 점에서 지구시민사회는 개별국가나 지역사회를 무시하는 것이 아니라 지역사회의 사고와 행동 위에 이루어진다고 볼 수 있다. 폭력을 줄이고 사회정의를 실현하는 규범적 잠재력은 지역사회의 정체성과 문화를 존중할 때 생성될 수 있다.

3. 지구적 시민운동과 NGO

지구시민사회는 다양한 행위자들이 상호 갈등하고 협력하는 역동의 장이다. 개인, NGO, 노동조합, 종교단체, 교육기관, 직능단체, 미디어, 국제기구 등 온갖 단체들이 참여한다. 그러나 지구시민사회에서 핵심적인 행위자는 NGO라고 할 수 있다. 각국의 NGO들은 국가의 경계를 넘어 상호 교류하고 연대하면서 이슈를 제기하고, 주권국가와 국제기구를 압박하며, 세계적 가치와 규범을 창출한다. 그리고 직접 시민사회의 자원을 동원하거나 다양한 국제기구와 협력하여 현장활동을 실행한다. 이를 통하여 평화구축, 인권옹호, 환경보호, 긴급구호, 빈곤완화, 불평등철폐 등과 같은 인간안보를 증대한다.[13] 오늘날 NGO는 지구적 차원의 조직화와 연대를 강화하고 지구시민의 다양한 요구에 응답하고 있다. 민족·인종·종교·자원을 둘러싼 분쟁, 민간인 살상과 소수자의 인권유린, 생태계파괴와 지구적 환경위기, 각종 자연재해로 인한 파괴와 인명피해, 부의 불평등과 빈곤 등과 같은 지구적 문제를 고려할 때 국가의 한계를 실감하지 않을 수 없으며, NGO의 지구적 연대활동이 절실히 요구된다.

지구시민사회의 주요 행위자인 NGO 중에서 여러 국가의 인민이 회원으로 참여하고 지구적·지역적(regional) 문제를 해결하는 NGO를 국제NGO라고 한다. 지구시민사회에서는 국제NGO의 위상과 역할이 강화될 수밖에 없다. 국제NGO의 기원은 19세기로 거슬러 올라갈 수 있다. 공식적으로는 1838년에 설립된 영국의 반노예협회(British Anti-Slavery Society)를 최초의 국제NGO로 본다. 그리고 1900년 이후에 각종 국제NGO들이 국제회의를 개최했다는 보고가 있다. 그러나 안하이어와 그의 동료들에 의하면, 국제NGO의 개념은 국제연맹이 활동하던 1920년대에 만들어졌다고 한다(Anheier, et al., 2004). 제2차 세계대전이 시작하던 1939년에 약 700개의 국제NGO가 있었다고 한다. 통계에 의하면, 1993년에 2만 8,900개의 국제NGO가 있었고(Commission on Global Governance, 1995), 2001년에 4만 7,000개의 국제NGO가 있었다고 한다(Anheier and Themudo, 2004). 〈표 10-1〉은 대표적인 국제NGO의 예를 보여주고 있다.

NGO는 지방과 국가적 정체성을 가지면서도 국가의 경계를 넘어서는 연대와 네트워크를 구축하여 글로벌 시민운동은 전개한다. 지구적 공간에서 조직적이고 집합적인 노력을 통해 세계사회를 변화시키려는 것이다. 시민운동은 개념 자체에서 세계시민의 보편적 가치와 책임을 강조하기 때문에 지구적으로 확대되는 것을 거스를 수 없다. 더구나 지구적 차원에서 공론장을 형성하고 자원을 동원하는 초국적 동원전략은 국내정치의 제한된 정치적 기회구조를 확대

---

13) 과거에 안보는 국가의 안보를 의미하였다. 그러나 냉전체제 이후 각종 무력분쟁이 국가 내의 분쟁인 것에서도 알 수 있듯이, 오늘날 안보는 군사적인 의미가 퇴색되고 있다. 소득, 인권, 건강, 고용 등과 같은 대안적인 안보가 더 중시되고 있다.

<표 10-1> 대표적 국제NGO의 예

이름	설립년도	본부소재지	주요활동
Amnesty International	1961	런던(영국)	인권보호를 위한 양심수 석방, 고문철폐, 사형제폐지(1977년 노벨평화상 수상)
Consumers International	1960	런던(영국)	소비자권익 옹호를 위한 감시·연구·캠페인 활동
Disabled Peoples' Int'l	1981	마니토바(캐나다)	장애인 인권옹호 및 권리향상
Greenpeace	1971	암스테르담(네덜란드)	환경감시 및 보호활동
ICBL(Int'l Campaign to Ban Landmines)	1991	워싱턴(미국)	대인지뢰 추방 및 평화실현(1997년 노벨평화상 수상)
Int'l Committee of the Red Cross	1864	제네바(스위스)	국제구호 및 청소년·아동 안전 지원
MSF(Mdecins Sans Frontires)	1971	브뤼셀(벨기에)	전쟁, 내전, 자연재해 지역에 인도적 의료지원(1999년 노벨평화상 수상)
Oxfam(Oxford Committee for Famine Relief)	1941	런던(영국)	기부활성화 및 기아난민 원조 활동
Save the Children Fund	1919	런던(영국)	아동의 건강·교육·복지 증진
Transparency International	1993	베를린(독일)	부패척결 및 공정하고 정의로운 사회 건설

하고, 인적·물적 자원의 상호교환을 통해 운동조직의 관료화를 막는 데도 기여한다(임현진·공석기, 2004). 글로벌 시민운동은 빈곤구제, 긴급구호, 사회개발, 다문화와 같은 영역에서도 활발하게 전개되고 있지만, 신자유주의에 대한 저항에서 두드러진다. 특히 NGO는 워싱턴 합의(Washington Consensus)로 신자유주의가 강화되고 이로 인해 사회정책이 실패하고 빈곤이 확대되자,[14] 지구적 연대를 통해 지구화에 대한 저항을 강화하고 있다.

<표 10-2>는 1999년 시애틀의 세계무역기구(WTO) 제3차 각료회의 이후 각종 지구화 회의와 이에 대한 NGO의 저항 연대기를 정리한 것이다. 그리고 <표 10-3>에서 나타난 바와 같이,

---

[14] 워싱턴 합의는 1980년대 이후 신자유주의정책의 대명사로 무역자유화, 정부보조금 제한, 국유기업의 민영화 등 경제개혁에 대한 정치·경제·행정·국제금융 조직에 속한 전문관료 간의 합의를 말한다(Broad, ed., 2002: 14).

<표 10-2> 지구화에 대한 NGO의 저항

년도	주요 지구화 회의
1999	시애틀(미국) WTO 제3차 각료회의
2000	방콕(태국) 유엔무역개발회의(UNCTAD) 회의 워싱턴(미국), 프라하(체코) 세계은행/IMF 총회 서울(한국) ASEM 회의
2001	도하(카타르) WTO 제4차 각료회의 다보스(스위스) 세계경제포럼 제노아(이탈리아) G8정상회의
2002	로마(이탈리아) 세계식량정상회의
2003	제네바(스위스) G8정상회의 칸쿤(멕시코) WTO 제5차 각료회의
2004	다보스 세계경제포럼
2005	홍콩 WTO 제6차 각료회의 워싱턴(미국) 세계은행/IMF 총회
2006	싱가포르, 워싱턴(미국) 세계은행/IMF 총회
2007	다보스(스위스) 세계경제포럼 하인리겐담(독일) G8정상회의
2008	도야코(일본) G8정상회의 로마(이탈리아) 세계식량정상회의 워싱턴(미국) G20 정상회의
2009	라퀼라(이탈리아) G8정상회의 이스탄불(터키), 워싱턴(미국) 세계은행/IMF 총회 런던(영국), 피츠버그(미국) G20 정상회의
2010	제네바(스위스) 제7차 WTO 각료회의 헌츠빌(캐나다) G8정상회의 토론토(캐나다), 서울(한국) G20 정상회의

NGO는 신자유주의를 지향하는 세계경제포럼에 맞서 2001년부터 세계사회포럼과 지역사회포럼을 개최해오고 있다.[15] 지구적 시민운동은 유엔과 각종 국제기구의 개혁에서부터 패권적인 지배구조의 개선, 억압적인 자본주의의 인간화, 기존 국제법의 실효성 증대, 새로운 국제법과 규

---

15) 세계사회포럼은 2001년 브라질의 포르투 알레그레에서 시작하였는데, 2002년부터는 아프리카사회포럼과 유럽사회포럼, 2003년부터는 아시아사회포럼, 북미사회포럼, 오세아니아사회포럼 등이 개최되기 시작함으로써 지역사회포럼도 함께 진행되고 있다.

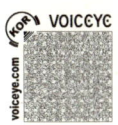

〈표 10-3〉 NGO의 세계 및 지역사회포럼

년도	주요 사회포럼 행사
2001	포르투 알레그레(브라질) 제1차 세계사회포럼
2002	포르투 알레그레 제2차 세계사회포럼 바마코(말리) 제1차 아프리카사회포럼 플로렌스(이탈리아) 제1차 유럽사회포럼
2003	포르투 알레그레 제3차 세계사회포럼 아디스아바바(에티오피아) 제2차 아프리카사회포럼 파리(프랑스) 제2차 유럽사회포럼 하이드라바드(인도) 아시아사회포럼 벤쿠버(캐나다) 북미사회포럼 웰링톤(뉴질랜드) 오세아니아사회포럼 벨렘(브라질) 제2차 팬아마존사회포럼
2004	뭄바이(인도) 제4차 세계사회포럼 퀴토(에콰도르) 아메리카사회포럼 바르셀로나(스페인) 지중해사회포럼 시우대드(베네주엘라) 제3차 팬아마존사회포럼
2005	포르투 알레그레 제5차 세계사회포럼
2006	카라카스(베네수엘라) 제6차 세계사회포럼 바마코(말리) 아프리카사회포럼 카라치(파키스탄) 아시아사회포럼 아테네(그리스) 유럽사회포럼
2007	나이로비(케냐) 제7차 세계사회포럼
2008	벨렘(브라질) 제8차 세계사회포럼
2009	벨렘(브라질) 제9차 세계사회포럼
2010	포르투알레그레(브라질) 제10차 세계사회포럼

범의 제정, 세계시민윤리의 강화, 지구적 민주주의의 도입, 지구시민의 안보와 복리증진과 같은 과제를 달성하기 위해 노력하고 있다. 지구적 시민운동에서 행위자들은 자신의 목표를 관철하기 위해 지구화의 성과물인 인터넷을 비롯한 각종 통신매체를 적극적으로 이용하기도 한다.

물론 NGO가 지구시민사회의 대표적 행위자로서 지구적 시민운동을 전개하는 데 있어서 문제점도 있다. 먼저 NGO는 공적 권위를 갖지 않고 대표성에 한계가 있기 때문에 국제사회에서 주권국가나 국제기구에 영향력을 행사하는 데 한계가 있다. 정부는 국가주권을 제약하는 NGO의 참여에 거부감을 가지고 있다. 특히 안보나 군사와 같은 고유영역에 대한 NGO의 간섭을 반대한다. 그리고 지구적 시민운동이라고 하지만, 참여하는 NGO가 전세계에 골고루 분포되어있는 것이 아니다. 거의 서구 선진국 중심의 NGO가 중요한 의제를 결정하고 실행한다. 이로 인해 NGO 내에서도 갈등이 발생하고 위화감이 생긴다. 조사에 의하면, 국제NGO 사무국의 60%가 유럽연합 내에 있고, 국제NGO 회원의 1/3이 서유럽에 집중되어있다(Anheier, et al., 2004). 그리고 노르웨이 외무성이 1994~95년 기간에 유엔이 주최하는 각종 지구적 규모의 회합에 참여한 500개의 NGO를 대상으로 조사한 바에 의하면, 70% 이상이 서구사회의 대규모 NGO로부터 위축감을 느낀다고 응답하였다(Krut, 1997). 또한 NGO는 지구적 시민운동을 전개하는 데 있어서 재정적인 독립을 하지 못하고 있다. 이러한 경향은 개발도상국의 NGO에서 특히 심하다. 개발도상국의 NGO는 선진국가, 선진국 NGO, 각종 국제기구의 지원에 의존하고 있다. 이로 인해 국가나 시장, 특히 선진국의 지배이념이 자국의 NGO에 투입될 수 있다. 나아가 개발도상국의 NGO는 지원금을 관리하면서 국가처럼 권력을 행사하거나 부패에 연루되어 자국의 인민들로부터 외면당하기도 한다. 따라서 NGO는 영향력을 확대하기 위해 정부나 정부간 기구와의 관계를 개선시켜 공식적인 인식도를 높일 필요가 있다. 세계적인 연대활동에서 개발도상국 NGO에 대해서는 특별하게 배려해야 한다. 개발도상국 NGO의 안정된 재정을 위해서는 지구시민사회기금을 설치하고 자체의 윤리를 강화하는 것을 고려해볼 수 있다.

제4절 NGO와 국제기구

1. 국제기구와 NGO의 관계

국제기구(international organization)에 대한 개념과 기본원칙은 17세기 네덜란드의 법학자인 그로티우스(Hugo Grotius)에서 시작되었지만, 국제기구는 19세기부터 발달하기 시작하여 20세기에 폭발적으로 성장했다. 2004년 현재 약 3,500개에 이르는 국제기구의 대부분은 20세기에 탄생하였다. 1804년 프랑스와 독일 사이에 라인강의 교통과 항해시설 유지를 위한 강위원회(The River Commissions)가 최초의 국제기구로 설립된 이래, 1899년 네덜란드 헤이그에서 법과 질서에 근거한 세계체제를 확립하려는, 유럽국가 중심의 최초의 국제회의가 열렸다. 1907년에 열린 제2차 헤이그회의에서는 주권평등 원칙, 다자간 협조체제, 국제법 정착에 중요한 계기를 마련하였다. 그러나 헤이그체제의 이상주의가 1914년 제1차 세계대전의 발발에서 한계를 드러냄에 따라, 제1차 세계대전 이후 국제연맹이 탄생하였다. 그럼에도 불구하고 경제공황의 도래, 절차의 복잡성, 미국과 강대국의 미가입, 강대국의 무관심, 강제력의 부족 등으로 제2차 세계대전의 발발을 막지 못하였다. 제2차 세계대전의 폐허 속에서 1941년 대서양헌장(Atlantic Charter), 1944년 덤바튼 옥스 회담(Dumbarton Oaks Conference), 1945년 샌프란시스코 회의 (San Francisco Conference)를 거쳐 국제평화의 보장과 상호 협력증진 장치인 유엔(UN)이 설립되었다(서창록, 2004: 65-78).

국제기구의 역사에서 알 수 있는 바와 같이, 세계평화와 안전은 결코 국가 간의 전쟁이나 협력으로 가능하지 않다. 이러한 문제는 제2차 세계대전 이후 유엔 하의 세계체제에서도 마찬가지다. NGO의 탄생은 바로 이러한 국제기구가 가진 한계에 대한 대응이라고 할 수 있다. 국제NGO는 국경을 넘어 인권·평화·환경·보건·여성·구호 등과 관련된 문제에 대응한다. 국제NGO의 탄생도 국제기구와 마찬가지로 주로 유럽에서 시작되었고, 20세기에 폭발적으로 성장하였다. 특히 20세기 후반에 정보화와 지구화가 전세계적으로 확장됨에 따라 국제NGO의 결성·활동·연대가 증대하였다. 국제기구가 강대국 위주로 국가이익에 따라 움직이는 데 비해, NGO는 인도주의의 원칙에 따라 상대적으로 평등한 관계를 맺고 있다. 따라서 강대국 중심의 국제기구는 세계민주주의를 강화하려는 NGO의 비판과 감시의 대상이 되기도 한다.

국제사회는 여전히 주권국가가 중요한 행위자로 활동하고, 개별국가를 회원으로 하는 국제기구의 영향력이 강하다. 그러나 정보화와 지구화의 영향으로 중요한 정보와 많은 자본을 가진 개인, 자본에 의해 결성되고 움직이는 초국적기업의 영향력이 증대하였다. 그리고 글로벌 거버넌스가 확대되고 있는 상황에서 각종 NGO 또한 국제사회의 중요한 행위자로 자리매김하게 되었다. NGO는 자국민에 대한 책임이나 여론을 의식할 필요없이 지구정의 실현에 나서고, 공식적인 통제를 받지 않고 융통성 있게 문제에 대응할 수 있다. 나아가 지역공동체와 긴밀한 유대를 맺고 국제규범의 실천과 지구적 문제 해결에 기여한다. NGO는 정부나 국제기구를 감시·비판하고 각종 미시적인 서비스를 제공할 뿐만 아니라, 세계평화와 안전을 위한 토대를 구축하는 중요한 역할을 한다. 세계평화를 위한 문화적 토대의 형성, 세계시민의 윤리에 대한 계몽, 국제규범의 창출 등을 예로 들 수 있다.

국제기구와 NGO의 관계는 크게 협력관계와 경쟁·대결관계로 나눌 수 있다(박재영, 2003: 187-92). 양자는 정보와 자원을 교환하고 각종 국제문제를 해결하기 위해 협력함으로써 지향하는 목표를 용이하게 달성할 수 있다. 국제기구의 입장에서는 의사결정의 투명성과 정당성을 확보하고, 합의도출을 용이하게 하며, 합의한 사항의 국내 이행을 강화할 수 있다. 각종 국제기구의 정책과정에 NGO가 참여하는 것은 초국가적인 상호연대를 강화하여 국제관계의 안정성을 높일 수 있다. NGO의 입장에서는 국제사회에서 NGO의 인식도를 높이고, 국제기구의 자원을 이용함으로써 목표를 수월하게 달성하며, 개별국가의 억압이나 무관심을 완화할 수 있다. 국제기구와 NGO 간의 협력은 다양한 형태로 이루어진다. NGO가 각종 국제기구의 회의에 참여하여 여론을 전달하고 정보와 지식을 제공하며 결정권을 행사하는 것이 가장 대표적이다. 그리고 국제사면위원회(Amnesty International)의 노력에 의한 고문방지협약의 채택과 같이, NGO의 주장과 설득을 통해 국제규범을 창출할 수 있다. 그 외에도 굴벤키언재단(Gulbenkian Foundation)에 의한 아동권리협약 감시, 세계은행(World Bank)의 지원을 받은 NGO의 저개발국 개발, 유엔난민고등판무관(UNHCR)과 NGO의 협력을 통한 난민구호활동 등 다양한 형태가 있다. 물론 국제기구와 NGO 간의 협력관계는 의도하는 것만큼 활발하지 않고 명목적인 측면이 적지 않다.

국제기구와 NGO 간의 경쟁·대결관계는 양자가 제한된 자원을 두고 서로 경쟁하거나, 가치관이나 세계관의 차이로 상호 충돌함으로써 발생한다. 전자의 경우 국제기구의 입장에서는 자기권한을 지속시키려고 하고 새로 등장한 NGO의 입장에서는 권한을 확대하려는 과정에서 생기게 된다. 예를 들어, 대인지뢰금지협약의 성립과정에서 국제대인지뢰금지운동(ICBL: International Campaign to Ban Landmines)이라고 하는 국제NGO가 주도적인 역할을 하고 유엔은 오히려 보조적인 역할을 하였다.[16] 그리고 다자간투자협정(MAI: Multilateral Agreement on Investment)의 무산에서는 NGO가 인터넷을 이용한 세계적 연대를 통해 자본이동을 용이하게 하려는 강대국 및 국제기구의 의도를 무력화시켰다.[17] 후자의 경우 국제NGO는 민주주의의 운영원리를 무시하거나 특수한 국가나 집단의 이익을 대변하는 국제기구를 비판하는 것을 예로 들 수 있다.

---

16) 국제대인지뢰금지운동은 1991년 미국의 '베트남 참전용사회'와 독일의 '메디코 인터내셔널'이 모여 대인지뢰 추방을 목적으로 만든 NGO이다. 오늘날 세계 60여 개국, 1천여 개의 NGO가 가입되어있다. 인터넷, 이메일, 팩스 등과 같은 정보체제를 활용하여 대인지뢰금지에 대한 세계적 관심을 유도하였고, 14개월 만에 122개국의 서명을 받아냈다. 세계평화와 안보에 기여한 공로로 1997년 노벨평화상을 받았다.
17) 다자간투자협정은 경제협력개발기구(OECD: Organization for Economic Cooperation and Development) 회원국 사이에 투자협정을 만들어 기업이 외국에 자유롭게 투자를 할 수 있도록 하는 것이다. 이것은 미국을 중심으로 하는 강대국이 신자유주의 이념을 실천하기 위한 수단으로 자본의 자유로운 이동을 보장하기 위한 것이었다. 그러나 지구시민사회는 문화산업의 주권을 주장하는 프랑스가 중심이 되고 세계적 연대를 형성하여 1998년 이 협약의 체결을 무산시켰다.

2. 유엔과 NGO의 관계

1) 유엔과 NGO

세계 51개국이 가입하여 1945년 10월에 탄생한 유엔은 주권국가의 독립성 유지와 국제분쟁의 평화적 해결이라는 원칙하에 국제평화와 안보를 유지하는 것을 그 목적으로 하고 있다.[18] 유엔은 2010년 현재 192개국으로 회원이 확대되었는데, 오늘날 가장 포괄적인 국제기구로서 국가 간의 이해관계를 표출하고 조정하며 다자주의를 실현하는 국제포럼이다. 유엔은 국제분쟁의 평화로운 해결을 위해 주권평등, 내정불간섭, 국제분쟁을 일으킨 국가에 대한 강제조치, 회비납부의 의무 등을 원칙으로 내세우고 있지만, 여러 가지 모순과 한계를 안고 있다. 안전보장이사회 상임이사국의 거부권, 강제력을 이행할 자체 군사력의 부재, 분담금의 편향과 미납으로 인한 재정위기, 미국과 유엔의 갈등 등을 예로 들 수 있다. 예를 들어, 유엔에 가장 커다란 영향력을 행사하는 미국은 1994년 연방의회의 결의로 분담금을 오랫동안 내지 않았으며, 2003년 유엔과 세계시민의 반대에도 불구하고 이라크를 무력으로 침공하였다.[19] 그럼에도 불구하고 유엔은 무력개입을 통한 평화유지,[20] 평화유지활동(PKO: Peace Keeping Operations), 경제제재조치, 분쟁조정, 전후복구, 난민보호, 군축 등에서 많은 활동을 해왔다.[21]

1980년대까지만 해도 NGO가 유엔 정책과정에 참여하는 것에 대해서는 거부감이 있었다. 그러나 1990년대 이후 NGO가 각종 국제정치에서 주요행위자로 등장함에 따라, 유엔의 정책과

---

18) 1945년 4월 미국의 샌프란시스코에서 세계 46개국이 참여하여 회의를 열고 유엔헌장을 완성하였다. 그리고 세계 51개국이 유엔의 원년 회원국이 되었다. 폴란드는 미국과 영국이 소련 치하의 임시정부를 인정하지 않아 회의에는 참여하지 못하였지만, 회원국으로서 서명은 허용되었다.
19) 1994년 미국이 유엔 분담금 및 미납금 납입을 거부한 것은 하원의회 의장이었던 공화당의 깅리치(Newt Gingrich)의 주도하에 이루어진 것이다. 이러한 경향은 2000년대 공화당 부시(George Walker Bush) 대통령하에서도 계속되다가 2008년 민주당 오바마(Barack Obama) 대통령이 집권함에 따라 완화되었다.
20) 물론 유엔이 국제분쟁에 대해 전면적으로 무력 개입한 사례는 매우 드물다. 가장 대표적인 것이 1950년 한국전쟁과 1990년 걸프전쟁에 대한 개입이다.
21) 유엔은 안전보장이사회, 총회, 경제사회이사회(ECOSOC: United Nations Economic and Social Council), 신탁통치이사회, 국제사법재판소, 사무국 등과 같은 주요 조직을 갖추고 있다. 그리고 산하에 유엔개발계획(UNDP: United Nations Development Program), 유엔아동기금(UNICEF: United Nations Children's Fund), 국제노동기구(ILO), 만국우편연합(UPU: Universal Postal Union), 세계보건기구(WHO: World Health Organization), 식량농업기구(FAO: Food and Agriculture Organization), 유엔교육과학문화기구(UNESCO: United Nations Educational, Scientific and Cultural Organization) 등과 같은 전문상설기구를 두고 있다.

정에 대한 NGO의 참여는 당연한 것으로 여겨지고 있다. 오늘날 유엔은 국가 간의 토론과 타협만이 벌어지는 곳이 아니다. 국가와 NGO, NGO와 NGO 간의 협상도 활발하게 일어나고 있다. 유엔헌장에서 공언하고 있는 세계평화와 복리가 개별정부의 노력이나 국가 간의 타협을 넘어 NGO가 가지고 있는 아이디어와 실행능력을 필요로 하기 때문이다. 저개발국의 개발, 인권보호, 환경보호, 빈곤구제, 난민구호, 질병예방 및 치료 등과 같은 문제는 유엔의 노력만으로는 한계가 있다. 세계인민의 복리는 NGO가 가지고 있는 인권존중, 헌신성, 주민접근성, 문제예방 노력, 신뢰와 평화의 문화, 도덕과 윤리적 가치 등이 첨가될 때 더욱 효과적으로 달성될 수 있다. NGO가 단독으로 모든 문제를 해결하는 것은 분명 한계가 있지만, 유엔이 문제를 효율적이고 효과적으로 해결하기 위해 NGO와 협력해야 하는 것만은 부정할 수 없다. 특히 지구화시대에 다양한 연성정치 분야에서 사람과 자원의 상호교류와 침투가 중요해지고 거버넌스가 중요해짐에 따라 자발적 결사체인 NGO의 역할이 중요해졌다.

전통적으로 유엔과 NGO는 적극적인 교류와 협력관계를 가지고 있지 않았다. 그러나 1960년대 이후 국가연합의 힘으로 다양한 국제적 문제를 해결하기 어려워지고, 1970년대 이후 많은 국제NGO가 발생하여 참여를 요구함에 따라 사정이 달라졌다. 1972년 유엔은 스웨덴의 스톡홀름에서 유엔인간환경회의(UNCHE)를 개최하였다. 그런데 여기에 정부대표도 아니고, 경제사회이사회의 협의지위도 없는 많은 NGO들이 참여하여 별도의 회의를 열고 유엔을 압박하였다. 이후 유엔이 개최하는 각종 정부간회의(intergovernmental conference)에는 대규모의 NGO 병행회의(parallel conference)가 열리게 되었다. 그리고 1992년 브라질의 리우데자네이루에서 유엔환경개발회의(UNCED)가 열렸는데, 여기에는 전세계 수만 명의 NGO활동가가 참여하였을 뿐만 아니라, NGO가 회의준비, 회의진행, 결정사항의 집행과정에 참여하여 중요한 역할을 수행하였다. 이후 NGO는 각종 정부간회의의 진행과 결과의 실행에 중요한 역할을 수행하게 되었다.[22] 〈표 10-4〉는 1992년 이후 NGO가 주최한 각종 국제회의를 정리한 것이다.

유엔 사무총장이었던, 코피 아난은 1998년 '유엔체계의 모든 활동에서 NGO와의 상호작용을 위한 제도적 정비와 실천'이라는 특별보고서에서, 글로벌 거버넌스에 대한 전세계 NGO, 특

---

[22] 1992년 유엔환경개발회의에서 NGO는 정부대표와 함께 회의를 준비하고, 회의에서 새로운 의제와 아이디어를 제시하거나 선진국과 개발도상국 간의 가교역할을 하였으며, 회의의 결과물인 '의제21'(Agenda 21)의 실행에 직접적으로 참여하였다. 이와 같이 정부간회의의 결정사항의 집행과정에 NGO의 참여가 중시된 것을 'UNCED 모델'이라고 한다(박재영, 2003: 229).

히 개발도상국 NGO의 참여와 역할을 공식적으로 인정하였다. 이후 2000년 뉴욕에서 열린 '새천년포럼'에서 유엔은 NGO의 역할과 영향력을 인정하고 유엔체계에서 NGO의 참여를 활성화하도록 제도를 개선하겠다고 선언하였다. 오늘날 NGO는 정치·군사·경제적인 문제뿐만 아니라, 환경·인권·여성·문화·의료·주택·빈곤·구호·개발 등의 영역에서 국제규범을 설정하고, 현장을 감시하며, 직접 서비스를 제공하는 중요한 역할을 한다. NGO는 민주주의에 대한 신념, 사회적 네트워크, 사회자본, 창의적인 아이디어와 전문지식, 대중적 지지와 참여 등과 같은 장점을 가지

<표 10-4> 주요 NGO 국제회의

년도	장소(도시)	회의이름
1992	리우데자네이루	환경개발회의
1993	비엔나	세계인권회의
1994	카이로	인구개발회의
1995	코펜하겐	사회개발세계정상회의
1995	베이징	세계여성대회
1996	이스탄불	인간주거회의
1996	로마	세계식량정상회의
1999	서울	NGO세계대회
2000	뉴욕	새천년포럼
2001	더반	세계인종회의
2002	요하네스버그	지속가능발전세계정상회의
2003	제네바	정보사회세계정상회의

고 있다. NGO는 이러한 장점을 활용하여 평화로운 세계를 구축하기 위해 적극적으로 활동하고 서로 연대한다. 따라서 유엔은 다양한 세계문제를 해결하기 위해 NGO를 적극적으로 활용하지 않을 수 없다.

유엔이 NGO의 도움을 필요로 하는 것은 유엔 자체의 모순과 한계에서 비롯된 것이기도 하다. 제2차 세계대전 이후에 만들어진 유엔헌장은 그동안 회원국 수가 4배 가까이 증대하고, 이익이 다양화되었으며, 중심국과 주변국 사이의 갈등이 심화되었음에도 개정되지 않았다.[23] 전쟁 승전국의 이익에 따라 만들어진 헌장은 탈냉전 이후의 국제질서와 21세기의 다양한 욕구를 반영하지 못하고 있다. 유엔헌장은 철저하게 국가 중심, 특히 강대국 중심으로 만들어져 있다. 중요한 영향력을 행사하는 안전보장이사회 상임이사국의 거부권이 이를 말해준다. 유엔이 가지고 있는 모순은 회원국 자격, 대표성, 투표권, 재정문제 등에도 있지만, 미국과의 관계에서 잘 나타난다(서창록, 2004: 86-96, 336-39). 유엔은 유엔 정규예산의 22%, PKO예산의 25%를 부담

---

[23] 유엔헌장은 1945년 만들어진 이후 부분적으로 두 번 개정되었을 뿐이다. 안전보장이사회의 의석수를 11석에서 15석으로 늘리기 위해 한 번 개정되었고, 경제사회이사회의 회원수를 18개국에서 27개국, 나중에 54개국으로 증가할 때 또 한 번 개정되었다(서창록, 2004: 323-24).

하는 미국의 대외정책에 따라 그 위상과 역할이 규정된다. 미국은 1990년 걸프전 이후 다자주의를 옹호하면서 유엔의 역할을 긍정적으로 받아들였으나, 2001년 공화당의 부시정권이 들어서면서 일방주의가 강화되었다. 미국은 2010년 현재에도 유엔 분담금을 체납하고 있고, 쿠바·이란의 제재를 강요하며, 대인지뢰·지구온난화·국제형사재판소 등에 관한 협약에 미온적이다. 미국의 일방주의를 견제하고 유엔의 개혁을 위한 여론을 조성하기 위해서는 NGO가 일정한 역할을 수행해야 한다.

2) 경제사회이사회와 NGO

NGO는 유엔조직 중에서 가장 중요한 총회 및 안전보장이사회와 공식적인 관계를 맺고 있지 않다. NGO는 유엔 본회의에 참여할 수 없고, 안전보장이사회의 각종 회의참여에 대해서도 통제를 받는다. 물론 총회의 산하위원회나 안전보장이사회의 요청에 의해 회의에 참석하여 의견을 표명하기도 하지만, 이것은 매우 제한된 경우이다. 그러나 NGO는 경제사회이사회로부터 협의적 지위를 부여받아 각종 회의에 참여한다. 그리고 사무국 내의 공보국과 공식적인 관계를 맺고 규칙적인 정보획득, 지구문제를 다루는 회의의 참가, 유엔 NGO자원센터(NGO Resource Center)의 이용 등과 같은 혜택을 누린다. 여기서는 유엔조직 중에서 NGO의 참여가 가장 활발한 경제사회이사회와 NGO의 관계에 대해서 살펴보기로 한다.

경제사회이사회는 1945년 유엔헌장 제정 당시 회원국이 18개국이었으나, 1963년 27개국, 1973년 54개국으로 늘어났다. 유엔헌장에서 경제사회이사회가 차지하는 비중은 높지 않지만, 경제사회이사회는 유엔체제에서 가장 광범위한 활동을 하고, 그에 따라 가장 많은 재정이 투입되는 곳이다. 경제사회이사회에는 9개의 기능위원회, 5개의 지역경제위원회가 있고, 그 밖에 여러 상설위원회와 전문가위원회가 있다. 그런가 하면, 유엔개발계획(UNDP)과 유엔아동기금(UNICEF)도 경제사회이사회 산하에 있다(서창록, 2004: 105-106). 경제사회이사회는 그 역량을 넘는 광범위한 영역을 다루고 있는데, 대표적으로 사회개발, 인권, 여성, 복지, 마약, 지속가능 개발, 인구, 과학기술 등과 관련된 의제를 다룬다.

NGO는 유엔헌장 제71조에 의거하여 경제사회이사회와 협의하기 위해 일정한 약정을 체결할 수 있도록 되어 있다. 경제사회이사회는 유엔이 설립된 다음해인 1946년 산하에 NGO위원회(Committee on Nongovernmental Organizations)를 설치하여 NGO와 관련된 문제를 처리하도록 하고 있다.[24] 그리고 1950년 결의안(288B)을 통하여 협의지위와 관련된 제반 관행을 공식적으로 규정하였다(박재영, 2003: 194-96). NGO는 경제사회이사회에 세 가지 종류의 협의적 지위를 갖는다. 첫째, 포괄적 협의지위(General Consultative Status)를 가진 NGO는 경제사회이사회와 그 산하기관에 의제를 제안할 수 있고, 회의에 출석하여 발언하거나 문서로 의견을 제출할 수 있다. 2010년 현재 국제로타리클럽(Rotary International), 국제표준화기구(ISO), 국제상공회의소(ICC) 등 140여 개 단체가 이 지위를 획득하였고, 한국에서는 굿네이버스와 세계평화여성연합 등 2개 단체가 가입되어있다. 둘째, 특별 협의지위(Special Consultative Status)를 가진 NGO는 의제 제안권이 없고, 회의출석 발언권과 의견서 제출권을 가진다. 2010년 현재 국제사면위원회(AI), 기독교청년회(YMCA) 등 2,000여 개 단체가 이 지위를 획득하였고, 한국에서는 밝은사회국제클럽, 한국여성단체협의회, 환경운동연합, 한국자유총연맹, 참여연대, 한민족복지재단 등 20여 개 단체가 가입되어있다.[25] 셋째, 명부상의 협의지위(Roster Consultative Status)는 경제사회이사회나 그 산하기관이 요청할 경우 발언하거나 의견서를 제출할 수 있다. 2010년 현재 아시아태평양청년연합 등 1,000여 개의 단체가 이 지위를 획득하였고, 한국에서는 새마을운동중앙협의회와 소시모(소비자문제를 연구하는 시민의 모임) 등과 같은 단체가 가입되어있다. 포괄적 협의지위와 특별 협의지위를 가진 NGO는 매 4년마다 활동보고서를 제출해야 한다.[26] 이상 설명한 것을 정리하면 〈표 10-5〉와 같다.

경제사회이사회에 협의적 지위를 가지고 있는 NGO는 집단적인 힘을 강화하고 유엔과의 관계를 향상시키기 위해, 1948년 NGO 협의체인 NGO회의(CONGO: Conference on Nongovernmental Organization)를 결성하였다.[27] CONGO는 NGO 간의 정보교환, 토론회 개최, 집합적 이익 대변 등과 같은 역할을 한다. CONGO는 회원으로 가입하고 있는 개별 NGO

---

24) 경제사회이사회의 NGO위원회는 NGO의 협의지위 신청과 지위변경 신청에 대한 심사, 4년마다 협의지위를 가진 NGO가 제출하는 보고서의 심사, 유엔기관의 요청에 따른 NGO와의 협의, NGO가 제안한 의제안의 채택결정 등을 담당한다(박재영, 2003: 205).
25) 한국NGO 중에서 경제사회이사회에서 특별 협의지위를 획득한 단체는 2010년 현재 밝은사회국제클럽, 한국여성단체협의회, 한국여성단체연합, 한국여성정치문화연구소, 환경운동연합, 경실련, 민변, 한국자유총연맹, 한국국제봉사기구, 원불교여성회, 참여연대, 환경정의, 한민족복지재단, 민변, 굿피플, 어린이어깨동무 등이다.
26) 경제사회이사회는 정관에 유엔과 협의하는 NGO에 대한 6가지 원칙을 정해놓고 있다(서창록, 2004: 303). 첫째, 유엔의 목적과 사업을 지지해야 한다. 둘째, 분명한 본부와 사무원을 갖춘 대표기관이어야 한다. 셋째, 이윤을 추구해서는 안 된다. 넷째, 폭력을 사용하거나 지지해서는 안 된다. 다섯째, 국가내정 불간섭의 규범을 존중해야 한다. 여섯째, 정부 간 합의에 의해 만들어져서는 안 된다.
27) 경제사회이사회 산하에서 NGO와 관련된 업무를 맡고 있는 NGO위원회도 영어로 줄이면 CONGO가 된다. 그러나 NGO위원회는 CONGO라고 하지 않는다. NGO회의는 민간협의체이기 때문에 NGO위원회와는 성격이 다르다.

<표 10-5> NGO가 갖는 경제사회이사회의 협의지위

지위	NGO 권한	가입단체 수	가입한 한국NGO
포괄적 협의지위	의제제안, 회의출석 발언, 의견서 제출	국제로타리클럽, 국제상공회의소 외 140여 개	굿네이버스, 세계평화여성연합
특별 협의지위	회의출석 발언, 의견서 제출	엠네스티 인터내셔널, YMCA 외 2,000여 개	밝은사회국제클럽, 한국여성단체협의회, 환경운동연합, 한국자유총연맹, 참여연대, 한민족복지재단 등
명부상 협의지위	요청시에 발언 및 의견서 제출	아시아태평양청년연합 외 1,000여 개	새마을운동중앙협의회, 소시모(소비자문제를 연구하는 시민의 모임)

와는 별도로 자체적으로 경제사회이사회에 협의지위를 가지고 활동한다. CONGO는 유엔의 본부와 사무소가 있는 뉴욕·제네바·비인에 군축·개발·인권·환경·여성·아동 등과 같은 이슈를 다루는 상설위원회(standing committee)를 두고 있다(박재영, 2003: 203-204). 앞으로 유엔에서 NGO의 역할이 확대됨에 따라 CONGO의 위상과 역할도 강화될 것으로 보인다.[28]

경제사회이사회 외에도 NGO는 세계보건기구(WHO)와 공식적인 관계를 가지고 WHO의 각종 위원회나 회의의 의장으로부터 요청을 받으면 각종 회의에 참석하여 의견을 진술하고, 비밀로 분류되지 않은 문건에 접근할 수 있는 자격도 가진다. 또한 유엔교육과학문화기구(UNESCO)와는 창설 초기부터 긴밀한 협력관계를 유지하고 있다. 유네스코와 NGO의 관계는 1960년 유네스코총회에서 결의한 '유네스코의 국제NGO와의 관계에 관한 지침'(Directives Concerning UNESCO's Relations with International NGOs)이라는 문건에서 구체화되었다.[29]

---

28) 1999년에 서울에서 열린 NGO세계대회는 한국의 NGO인 밝은사회국제클럽, NGO/DPI 집행위원회, CONGO가 공동 개최한 것이다.
29) 유네스코는 경제사회이사회와 비슷하게 NGO에게 3가지의 협의지위를 부여하고 있다. 첫째, Category A(Consultative and Associative Relations)는 회의에 출석하여 발언하고, 정책결정과정에 공식적으로 참여하며, 보조금의 지원을 받을 수 있다. 둘째, Category B(Information and Consultative Relations)는 유네스코와 협의하고 보조금을 받을 수 있다. 셋째, Category C(Mutual Information Relations)는 유네스코와 각종 자료를 교환할 수 있는 지위이다. 유네스코와 공식적 관계를 갖는 NGO는 한 번에 6년간 지속될 수 있고, 갱신도 가능하다. 유네스코는 1995년 새로운 지침을 통해 유네스코와 관계를 갖는 NGO를 국제NGO에서 지역NGO(regional NGO)와 전국NGO(national NGO)로 확대하였다(박재영, 2003: 252-54).

3. 세계은행과 NGO의 관계

유엔과는 달리 국제통화기금(IMF), 세계무역기구(WTO), 세계은행(World Bank) 등과 같은 세계 경제·금융기구는 NGO와 적극적인 관계를 맺고 있지 않다. 유엔기구와는 달리 이러한 경제기구는 세계의 경제개발과 빈곤퇴치라는 명목하에 미국을 비롯한 강대국의 목소리를 대변한다는 비판을 받아왔다. 따라서 NGO는 이들 경제기구가 주장하는 서구 선진국 가치의 세계화, 세계자유무역, 성장지향적 개발을 반대해왔다. 특히 1990년대 이후 지구화의 공간에서 이들 경제기구가 강대국과 초국적기업의 이익을 대변하여 개별국가의 문화적 권리와 개발도상국의 이익을 무시하자, NGO는 지구적인 연대를 통해 저항하였다. NGO는 IMF, WTO, 세계은행이 국제회의를 주최할 때마다 시애틀, 워싱턴, 프라하, 도하, 칸쿤 등에서 세계적 규모의 집회를 갖고 반대시위를 해왔다.

NGO는 IMF 및 WTO와 어떠한 공식적인 관계도 갖고 있지 않다. NGO가 IMF와 WTO의 이념에 반대하고 저항하기도 하지만, 이들 경제기구가 NGO의 주장에 대해서도 폐쇄적이기 때문이다.[30] 세계은행은 세계경제기구라는 점에서 IMF나 WTO와 비슷하고, 비민주성, 개발도상국의 빈곤화, 환경파괴 등에서 지구시민사회의 비판을 받고 있지만, NGO와의 관계에서는 차이가 있다.[31] 세계은행은 유엔의 조직과는 달리 NGO와 공식적인 관계를 가지고 있지는 않지만, NGO에 개방적인 태도를 취하고 있다. 세계은행은 1982년 NGO-세계은행위원회(NGO-World Bank Committee)를 구성하여 NGO와 전략적 제휴를 강화하였다. 그리고 내부에 NGO파트

---

30) 최근 세계정치경제에서 NGO의 역할과 영향력이 강화되자, IMF와 WTO는 다소 NGO에 협력적인 제스처를 취하고 있다. 우선 IMF는 2000년 워싱턴에서 열린 IMF/세계은행 연례회의에서 투명성을 확보하기 위해 외부인사로 구성된 평가패널(Review Panel)을 만들겠다고 공언하였다(중앙일보, 2000년 4월 12일). WTO는 1996년에 사무처와 NGO 간의 자료공유가 가능하다고 결정하였고(O'Brien, et al., 2000: 213), 2000년에 무역분쟁의 심의과정에 NGO를 비롯한 제3자의 참여를 허용하겠다는 방침을 정하였다(한국일보, 2000년 11월 13일).

31) 미국과 영국은 제2차 세계대전으로 황폐화된 경제를 재건하고 개발도상국에 자유주의적 경제질서를 확립하기 위해, 1944년 7월 미국 뉴햄프셔의 브레튼우즈에서 통화금융회의를 열고 브레튼우즈체제(Bretton Woods System)를 확립하였다(서창록, 2004: 153). 브레튼우즈체제는 국가이익과 국제경제안정을 조화시킨 것으로, 국가가 국내경제에 대해서 일정한 통제권을 갖되, 자유주의적 국제경제를 확산시키기 위한 다자간 협상에 참여하도록 규정하였다. 세계은행은 IMF와 함께 브레튼우즈체제의 경제개발과 통화안정을 실행하기 위한 수단으로서, 제2차 세계대전 연합국 간의 결의로 1944년에 설립협정이 채택되고 1946년에 미국 워싱턴에서 업무를 개시하였다. 주로 정부를 대상으로 국가의 생산성을 증가시키는 프로젝트에 차관을 제공하다가, 최근에는 사회개발이나 부채·국제수지 문제 해결을 위한 차관도 제공하고 있다. 세계은행의 정식명칭은 국제부흥개발은행(IBRD: International Bank for Reconstruction and Development)이다.

(NGO Unit)와 환경분과를 설치하고, 프로젝트에 대한 검열패널(Inspection Panel)에 NGO를 참여시키고 있다. 또한 빈곤퇴치와 관련된 각종 프로그램의 실행에 NGO의 참여를 강화하여 NGO가 가진 인도주의 원칙, 신축적인 조직, 주민에 대한 접근성, 주민과의 친밀한 관계 등과 같은 장점을 활용하려고 노력하고 있다. 세계의 NGO들이 세계은행에 대해 결코 호의적인 태도를 가지고 있는 것은 아니지만, 수십 명의 NGO전문가가 세계은행의 현장사무소(field office)에서 일하고 있고, 2000년 이후 NGO는 50% 이상의 세계은행 프로젝트에 관여하고 있다.[32]

그렇다고 NGO가 세계은행에 협력적인 것만은 아니다. 사실 NGO는 세계은행의 비도덕성·비민주성·불투명성·환경파괴 등에 대해 지구적인 차원에서 반대운동을 벌여왔다. 가장 대표적인 것이 바로 '50년이면 충분하다'는 캠페인이다.[33] 냉전의 산물로 출발하여 냉전에서 선진자본주의의 승리를 견인한 세계은행이 냉전이 끝난 지금 더 이상 유효하지 않다는 것이다(Rich, 2000). 세계의 빈곤을 완화하고 민주주의를 확대하며 환경을 보전하기 위해서는, 비민주적이고 환경파괴적인 방식으로 움직이는 세계은행을 근본적으로 개혁하고 재구성해야 한다는 목소리가 높다. NGO들은 세계은행이 공개적이고 참여지향적이며 지역사회의 요구를 반영하는 조직으로 재구성되고, 본질적으로 지속가능한 개발의 이념을 핵심운영원리로 받아들일 것을 주문한다. NGO 내에서도 세계은행을 바라보는 시각이 다양하지만, 대부분의 진보적 NGO는 세계은행이 미국을 비롯한 선진국과 초국적기업의 이익을 대변하여 지구화를 강화하고, 빈부격차를 심화시키며, 지구환경을 파괴하는 데 책임이 있다고 비판한다.[34]

---

32) 물론 세계은행에 대한 NGO의 참여는 한계가 있을 뿐만 아니라, 참여 자체에 대한 비판도 만만치 않다. 세계은행의 정책과정에 대한 NGO의 실질적인 참여가 늘어나고 있는 것은 사실이지만, 아직도 기획·준비과정보다는 단순한 실행단계에 대한 참여가 주를 이루고 있다. 넬슨(Paul Nelson)이 1973년부터 1990년까지 NGO가 관여한 세계은행 프로젝트 304건을 조사한 바로는, NGO가 단순한 실행에만 참여한 것이 전체의 75%를 차지하였다(Nelson, 1995: 67-70).
33) 세계은행과 IMF의 개혁을 위한 '50년이면 충분하다'는 캠페인은 글로벌 익스체인지(Global Exchange)가 주도하고 있다.
34) 세계은행은 경제적 어려움과 빈곤을 겪고 있는 국가를 지원하여 빈곤을 완화하고 생활수준을 향상시키려는 의도로 출발했지만, 개발도상국가와 서구의 진보적 지식인으로부터 많은 비판을 받고 있다. 세계은행에 대한 비판은 크게 세 가지로 요약할 수 있다. 첫째, 강대국의 이해관계에 얽매여 민주주의를 무시하고 억압한다는 것이다. 세계은행은 1947년 인도네시아의 동인도제도를 침략한 네덜란드에 대한 지원을 시작으로 군사정권이나 인권을 침해하는 정권을 공공연히 지원해왔다. 반면에 1970년대 미국의 압력에 의해 칠레의 민주정권인 아옌데(Allende) 정권에 대한 차관을 중단하여, 피노체트(Pinochet) 독재정권의 출현을 간접적으로 도와주는 결과를 초래하였다. 둘째, 자본주의 세계시장의 확장에 기여함으로써 개발도상국가의 부(富)를 북반구 선진국으로 유출시키고 이들 국가의 빈곤을 악화시킨다는 것이다. 셋째, 개발을 목표로 성장지향적인 정책을 추구하기 때문에 지구환경, 특히 개발도상국의 환경을 파괴한다는 것이다.

제 **11** 장
대안사회와 NGO

지난 300여 년 동안 인간사회를 이끌어온 근대문명은 여전히 유효한가. 지금과 같이 불평등과 차별이 만연한 사회가 바람직한가. 지금처럼 통제와 지배가 인간의 자유를 구속하고 평화를 파괴하는 것이 좋은가. 지금처럼 파편화되고 유폐된 도시생활이 우리가 꿈꾸어온 삶인가. 지금 진행되고 있는 성장주의와 소비주의가 계속되어도 지구를 온존하게 보존할 수 있을까. 지금처럼 이기주의와 물질주의에 침윤된 현세적 인생관이 올바른 문명인가. 지금 이 시점에서 우리는 인간이 진정으로 원하는 삶이 무엇이고, 그것을 지탱해주는 바람직한 사회는 무엇이며, 그것을 가능하게 하는 제도와 메커니즘은 무엇인가를 고민해보아야 한다. 이성을 통해 과학기술을 발전시키고 자연을 정복하여 인간의 욕구를 만족시키고자 했던 근대문명은 위기에 봉착했다. 19세기의 유럽과 마찬가지로 20세기 미국문명으로는 더 이상 올바른 정치, 진정한 자유, 인간의 전체성을 실현하는 것이 가능하지 않기 때문이다.

근대문명에 대한 성찰과 대안사회에 대한 전망은 기존 사회제도에 대한 비판과 새로운 사회에 대한 상상력으로 시작한다. 그것은 기존의 가치와 제도 모든 것을 부정하는 혁명은 아니지만, 근본적인 제도적·문화적 변화를 요구한다. 이것은 달리 말해서, 아직 이루어지지 않은 것을 희망하는 유토피아 정신이라고 할 수 있다. 이러한 유토피아는 시민사회에서 시민의식을 일깨우고 자발적인 결사체를 통해 정치와 생활을 재구성하는 것과 연결된다. NGO에는 참여와 담론이 활발하고 새로운 정치와 생활이 실험되고 있다는 점에서 희망이 있다. NGO는 위계적인 관료제로 구성되어 있거나 물질적인 가치를 추구하지 않을 뿐만 아니라, 즉흥적인 불만이나 현실도피적인 위안의 수단도 아니다. NGO는 바로 인간의 집합적인 의지와 실천에 의해 대안적인 가치와 생활을 지향하는 유토피아의식의 매개체이자 구체화의 현장이다. 여기서는 근대문명에 대한 비판을 통해 NGO가 활발하게 활동하는 대안사회를 모색해보기로 한다.

제1절 근대성 비판

근대성은 낡은 전통과 신(神)에 의한 구속으로부터 인간을 해방시켜 이성에 근거한 낙관적 미래를 여는 찬란한 빛을 가지고 있으면서, 동시에 도구적 이성에 따라 인간을 냉혹한 경쟁으로 내몰고 가공할만한 폭력을 동반하는 그늘을 가지고 있다. 이성과 합리성을 바탕으로 과학기술을 발전시키고 자연을 개발하여 풍요를 가져온 근대성은 경제적 양극화, 지구적인 환경파괴, 전쟁의 산업화, 삶의 상품화 등과 같은 위기를 초래하였다. 근대성이 야누스의 두 얼굴처럼 정치적 해방과 물질적 풍요 이면에 불평등, 폭력, 차별, 소외, 환경파괴 등과 같은 부작용을 가지고 있는 것이다. 현대인이 경제적 궁핍만이 아니라 인간성 파괴에 대해 절규하고 있다면, 도구적 이성과 물질주의가 인간존엄과 자연을 파괴한 현실을 고민해보아야 한다. 특히 근대화가 서구화와 동일시되면서 서구사회의 진화과정에서 나타나는, 자본주의적 발전과 중심질서로의 편입을 강요하는 계몽주의적 관념에는 많은 문제를 내포하고 있다. 따라서 여기서는 근대성이 서구사회의 제도화에서 나타나는 문제를 중심으로 살펴보기로 한다. 물론 이러한 근대성의 문제는 비서구사회에서도 예외가 아니다. 근대성의 문제를 살펴보기에 앞서 근대성의 등장과 의미 그리고 근대성이 가져온 이점을 고찰하기로 한다.

1. 근대성의 등장

15세기를 전후하여 이탈리아를 중심으로 하는 유럽에서 중세의 봉건적·종교적 권위와 속박에서 벗어나 인간 주체를 새롭게 형성하고 자연을 정복하고자 하는 거대한 흐름이 일어났다. 바로 인간과 세계에 대한 재발견이자 근대의 서곡을 알리는 르네상스(Renaissance)이다. 인간과 세계를 새롭게 규정하는 르네상스는 지리상의 발견을 통해 아메리카·아시아로 확대되었고, 종교개혁을 통해 교회권위에 정면으로 대응함으로써 귀족중심에서 일반인에게로 퍼져나갔다. 근대성(modernity)은 바로 중세 이후 르네상스와 종교개혁의 역사적 성과물에 근거하여 인간 이

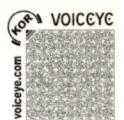

성이 빚어낸 결과라고 할 수 있다. 물론 근대성은 어느 특정한 시기와 형태의 사상이나 사회제도를 지칭하는 것이 아니다. 근대성은 장기간에 걸쳐 일어난 복잡하고 다원적인 사회변동으로서 완결된 것이 아니라 아직도 진행 중에 있는 것이다. 르네상스 이후 각 시대는 자신이 성취한 역사를 근대로 지칭하면서 고정시키려고 했지만, 다음 시대에는 또다시 새로운 것으로 대체되었다. 즉 근대성은 과거에 대한 부정과 저항을 통해 새로운 시대로 계속 진보해간다는 관념을 담고 있다. 따라서 근대성이 언제, 어디에서 발생하여 어떤 이념을 담고 무엇을 향해 나아가고 있는가를 설명한다는 것은 간단하지 않다.

아도르노(Theodor Adorno)의 주장처럼 근대는 연대기적 범주가 아니라 질적 범주라고 할 수 있다(최문규, 1993). 그럼에도 불구하고 근대성을 제대로 이해하기 위해서는 근대가 언제 시작했고 언제부터 본격화되었는지 파악할 필요가 있다. 근대성이란 용어가 16세기 영국에서 고전론자와 근대론자 사이의 사상논쟁에서 처음 나타났다는 문헌기록이 있기도 하다(Williams, 1976: 173-75). 그리고 역사가들은 15세기 말의 유럽역사를 근대초기로 보기도 한다. 그러나 근대성은 대체로 17세기 유럽에서 시작하여 전세계적으로 파급된 거대한 사회적 변화이자 독자적이고 특수한 생활형태를 말한다. 벨슈(Wolfgang Welsch)는 근대의 출발을 17세기 전반부에 활동했던 데카르트(Rene Descartes)에서 찾기도 한다(Welsch, 1993).[1] 근대의 가치와 이념이 본격적으로 형성된 것은 대체로 18세기 이후라고 할 수 있다. 예를 들어, 홀(Stuart Hall)은 근대성이 15세기 유럽에서 출현했지만 18세기부터 본격화되어 19세기에 거대한 추진력을 얻게 되었다고 본다(Hall, 2001). 하버마스도 근대성의 사상적 연원을 종교와 형이상학의 획일적 세계관으로부터 과학·도덕·예술이 각기 자율적 영역으로 분화한 18세기 계몽주의 사조에 둔다(전경갑, 1998: 375). 푸코(Michel Foucault)도 서구의 계몽주의가 태동한 18세기 중반을 근대성의 기점으로 꼽는다(최문규, 1993). 근대성은 중세 봉건사회 이후 르네상스, 종교개혁, 계몽주의, 산업혁명 등을 거쳐 20세기에 와서 세계사적인 영향을 끼치게 되었고, 개인의 일상생활 깊숙이 침투하여 근본적인 변화를 초래하였다.

---

1) 벨슈는 포스트모던과의 연계를 고려하여 근대(neuzeit)와 모던(moderne)을 구별한다.

2. 근대성의 의미

그렇다면 근대성은 무엇이며 어떠한 특징을 지니고 있는가. 우선 근대란 이전시기의 것과는 다른 새로운 것을 말한다. 즉 중세의 종교적이고 획일적인 세계관에 기초한 낡은 구조와 생활방식과는 다른 것을 의미한다. 따라서 근대성이란 홀의 주장처럼 과거와의 단절, 오래된 구조·모델·생활방식의 붕괴, 새로운 관념과 구조의 탄생을 부각시킨다(Hall, 2001). 이처럼 근대성은 과거를 해체하고 새로운 것으로 대체하는 가속적인 진보를 담고 있다. 이것은 당연히 전통적인 사회질서를 일소하고 새로운 질서를 형성해가는 거대한 변화를 동반하게 된다. 그러므로 근대성은 근대이전의 생활방식과는 질적으로 다른 불연속성을 띠고 있다. 기든스는 근대성이 동반하는 불연속성을 사회변동의 속도·범위·속성으로 설명한다. 즉 근대성은 변화의 속도가 극에 달할 정도로 빠르고, 변화의 범위가 지구표면 전역을 관통하며, 이전의 역사단계에서는 발견되지 않을 정도로 영향의 강도가 높다는 것이다(Giddens, 1991: 22). 그렇다고 근대성은 새로운 시대에 대한 무조건적인 도취나 지지는 아니다. 그것은 새로운 시대로 향한 역동적인 변화에 대한 자기이해와 자기비판의 성찰성을 내포하고 있다.[2]

근대성은 17세기 이후 수많은 변화와 역사의 응결물로서, 인간정신의 발전과 새로운 사회제도 및 생활을 특징짓는 독자적이고 특수한 사회형태이자, 장기간에 걸쳐 일어난 일련의 구조화된 사회변동이다. 홀은 근대성을 상이한 힘과 과정의 총합으로서 독자적인 변화와 발전유형을 갖는 각종 제도의 총합으로 본다. 따라서 근대성은 민족국가의 출현과 국가 간 국제체제, 사적 소유권에 기반을 둔 역동적이고 팽창주의적인 자본주의경제, 산업주의, 대규모 행정관료체제, 물질적·합리적·개인주의적인 문화적 가치의 지배, 사적 영역과 공적 영역의 분리 등의 특징을 지닌다고 보았다(Hall, 2000). 알렌 투렌은 근대성을 신성(神性)과 종교에서 세속과 과학으로의 이행에 따르는 합리적·과학적·기술적·행정적 활동에 의한 산물의 확산으로 본다. 따라서 인간주체의 형성, 사회적 삶의 분화, 공공행정과 법치국가의 발전, 산업화와 도시화 등의 특징을 지닌다고 하였다(Touraine, 1995: 27-54). 기든스는 근대성이 산업화된 세계와 동일시되는 것이 아니라 이것을 넘는 복합적인 특징을 지니고 있다고 본다. 그는 근대성을 생산과정에 물리력과 광범위한 기계사용을 내포하는 산업주의, 경쟁적 생산물시장과 노동력의 상품화를 포함하는

---

[2] 하버마스는 근대에 현실을 넘어 미래를 향해 열려있는 유토피아와 스스로 규범적 척도를 창조하여 현실을 비판해가는 역사적 사유가 상호 결합되어있다고 보았다(Habermas, 1994).

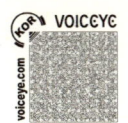

자본주의, 정보에 대한 통제와 사회적 관리를 의미하는 감시체계, 전쟁의 산업화와 관련된 폭력수단을 통제하는 군사력 등 네 가지 축으로 설명한다(Giddens, 1991: 67-71; 1997a: 58-60).

근대성이 무엇인가 하는 것은 근대성을 구성하는 핵심개념을 살펴봄으로써 알 수 있다. 근대성을 구성하는 핵심적인 개념으로 이성, 주체, 합리성, 계몽 등을 들 수 있다. 근대성은 중세의 전통과 신성에 벗어나 사물의 이치를 깨닫고 사유할 수 있는 인간의 지적 능력에 근거한다. 인간을 이성을 가진 존재로 보게 되면서 자율적인 개인으로서의 정체성을 갖게 되었고, 하나의 독립적이고 통일된 주체 형성이 가능하게 되었다. 근대성과 동일시되기도 하는 합리성은 바로 인간의 이성적 자아에 의해 획득될 수 있다. 인간이 합리성을 동원할 수 있게 됨에 따라 외부세계를 과학적이고 현실적으로 이해하고 개인의 자유증진과 자연의 정복이 가능해졌다. 경험적인 용어와 과학적인 조사로 사회와 우주를 이해하고 과학적 지식의 적용을 통해 역사의 진보를 성취할 수 있다는 계몽정신은 이성과 합리성에 기초하고 있다. 과학과 진보라는 역사발전의 수레바퀴는 독립적이고 자율적인 개인성을 가정하는 계몽된 이성에 근거한 것이다. 계몽은 전통으로부터의 인간해방뿐만 아니라, 과학·기술발전의 토대를 형성하고 법치주의와 같은 사회제도의 운영을 가능케 함으로써 근대성, 특히 서구중심 근대성의 중핵을 이룬다.[3]

3. 근대성의 빛

근대사회의 도래는 인간에게 완전히 새로운 의식과 삶을 가져다주었고, 이에 기초하여 인간은 열린 미래지평을 꿈꾸게 되었다. 예를 들어, 근대성의 역사적 산물로서 국민국가가 형성되고 법치주의가 정립되면서 지배의 정당성이 고양되었다. 시민사회가 발달하면서 개인의 삶이 다양해지고 개인이 누리는 자유가 확대되었다. 산업화가 급속도로 발달하면서 대규모 생산·소비체계가 이루어졌다. 과학이 발달하고 기계가 발명되면서 생산성의 증대와 물질적 풍요가 도래하였다. 소유권의 제도화, 화폐의 발달, 계급의 분화, 경제의 지구화와 함께 자본주의가 발달하였다. 논리적 인식론을 바탕으로 한 과학적 방법론이 현상의 분석과 미래예측을 가능케 하였다. 근대사회에 와서야 인류는 완전한 진리를 획득하고 갖가지 구속과 결핍으로부터 해방될 수 있다

---

[3] 윤평중(1991)은 근대성의 이념이 이성적인 주체, 주체인식에 의해 재현될 수 있는 실재, 실재를 구성하는 본질적 법칙, 그리고 그 법칙의 합목적인 진보성에 대한 신념 등의 특징을 지니고 있다고 본다.

는 총체론적 기대서사(grand narratives)를 설정하고, 인간문명의 무한한 진보를 믿게 되었다.

　근대성의 태동을 현실에서 목격한 고전사회학자들은 근대성을 양면적 성격을 가진 것으로 파악하면서도 근대성이 가져다준 혜택에 시선을 집중했다. 베버는 근대사회의 물질적 발전이 개인의 창의성과 자율성을 말살시키는 관료제의 확장을 가져오고, 이것이 개인의 자유를 감소시키게 될 것이라고 비판하였다. 그러나 그는 다른 한편에서 근대성이 가진 합리화와 자율화가 자유에 대한 새로운 가능성을 열어주고, 세속화와 탈주술화가 일어남으로써 전통이 쇠퇴하고 과학이 발전할 것이라고 전망하였다. 마르크스는 주요 연구대상이었던 자본주의를 근대성의 틀 속에서 그 변화와 영향력을 분석하였다. 그 역시 중세의 종교적 세계관을 거부하고 이성과 과학에 기초하는 기술근대성을 추구하였다. 뒤르켕(Emile Durkheim)은 개인의 자유와 공동체적 연대감을 결합한 사회를 염원하면서 전통사회를 문화적으로 계승하는 것을 강조하기도 하였지만, 프랑스혁명 이후의 개인적 자유와 비판적 이성 그리고 산업주의의 발전에 기초한 사회를 구상하였다. 그는 근대성이 가진 보편적 가치와 원리가 이성의 비판정신을 높이고 상호주관적 합의가능성을 높인다고 보았다.

　근대성에 대한 고전사회학의 시각은 현대사회의 주요 사회학자에게도 그대로 이어진다. 기든스, 하버마스, 알렌 투렌, 하비(David Harvey) 등은 대체로 후근대성의 민주적 잠재력과 사회운동의 해결능력에는 찬성하면서도 포스트모더니스트의 주장에는 비판적이다. 이들은 근대성의 장점을 보전하는 방식 속에서 현대사회의 변화를 탐구하였다. 근대성을 미완의 프로젝트로 바라보는 이들은 공통적으로 합리성, 보편주의, 진화적 발전과 같은 근대적 가치의 재정식화를 시도한다(Tucker, Jr., 1999: 202-203). 기든스는 근대성이 안전과 위험, 기회와 위기를 동시에 가져오는 이중적 성격을 가지고 있지만, 기본적으로 근대성이 풍요와 안정을 가져올 수 있고, 성찰적 근대화를 통해 사회제도와 문화를 새롭게 조직화할 수 있다고 보았다(Giddens, 1991: 57-63). 근대성에 대한 비판적 자기이해를 통해 근대성을 재구성하고 복원시키려고 했던 하버마스는 근대성이 보편적 합리성을 통해 사회를 통합하고 개인적·사회적 생활에 대해 더욱 도덕적이고 실천적인 통찰력을 가질 수 있게 해주었다고 보았다(Habermas, 1994). 알렌 투렌은 근대성이 이성의 승리를 통해 효율적인 생산, 질서있는 사회, 자유로운 개인생활을 가져오고 이들 간의 조화가 가능해졌다고 보았다. 그는 근대성이 단순한 사상적 발전을 넘어 산업화, 도시화, 공공행정 확대의 근간이 되었다고 본다(Touraine, 1995: 17, 91). 하비는 근대성을 인류가 속박에서 벗어나기 위해 지식과 사회조직의 탈신비화를 추구한 세속운동이라고 보고, 근대적 프로젝트에 의해 비로소 인간이 신화·종교·미신의 비합리성에서 해방되고 합리적 사회조직과 사고방식이 발전하게 되었다고 보았다(Harvey, 1997: 30).

근대성은 인류역사에서 가장 역동적인 발전과 변화를 가져온 이데올로기이다. 인간은 근대성의 토대에서 기존의 전통적인 권위와 신성에 대한 복종 대신 이성과 의지로 자유롭고 풍요로운 사회를 건설할 수 있게 되었다. 따라서 인류가 건설한 선진문명을 지휘하는 다양한 가치—자유, 평등, 인권—는 이성과 합리적인 인식주체를 바탕으로 하는 근대성에 빚을 지고 있다. 오늘날 풍요로운 인간생활 및 효율적인 사회제도와 밀접한 관련이 있는 국민국가, 자유주의, 민주주의, 개인주의, 법치주의, 자본주의, 산업주의, 시민사회는 기본적으로 근대적 가치에 기초하여 운영되고 있다.

4. 근대성의 그늘

인간해방과 물질적 풍요를 지향했던 근대성은 오랫동안 인간의 의식·문화·생활양식을 지배해왔고, 지금도 개인생활과 세계사회를 지배하는 중요한 원리로 작용하고 있다. 그러나 근대성은 18세기 본격적 형성단계부터 내부비판에 직면하였고, 19세기 후반 니체(Friedrich Nietzsche)와 프로이트(Sigmund Freud)가 근대성의 해체를 주장하면서 위기에 직면하게 되었다. 근대성은 기회와 위기, 해방과 속박의 양면성을 가지고 있고, 물질문명의 발달과 동시에 인간적인 사회를 파괴하는 자기모순적 체계이기도 하다. 따라서 현대사회는 근대성을 성취하고 확장함과 동시에 근대성에 내재된 문제를 극복해야 하는 딜레마에 처해 있다. 근대성은 그것이 갖는 장점만큼이나 무시할 수 없는 비용을 초래하기 때문이다. 19세기 말부터, 그리고 본격적으로 제2차 세계대전 이후 근대성에서 가정했던 거대서사의 유용성이 상실되기 시작하면서, 새로운 의식과 문화상황 그리고 삶의 형식에 대한 지적 논쟁이 활발해졌다. 대표적으로 푸코, 데리다(Jacques Derrida), 리오타르(Jean-Frandcois Lyotard), 라캉(Jacques Lacan), 보드리야르(Jean Baudrillard) 등과 같은 포스트모더니스트들은 주체해체, 의미해체, 중심 없는 구조 등을 통해 근대성에 기초한 사회과학의 준거틀과 계몽주의의 역사적 유산에 도전하였다. 그리고 20세기 후반에 가속화된 지구화, 정보화, 환경위기 등은 근대성에 심각한 균열을 알리는 메가트랜드(megatrend)의 원인을 제공하고 있다.

오늘날 근대성은 우리가 상상하는 이상으로 광범위하고 암울한 결과를 초래하고 있다. 서구 근대성은 실제에서 이성이 폭력을 낳고, 진보가 불평등을 생산했으며, 개인주의가 이기주의로 전화되는 문제를 가지고 있었다. 근대적 질서로 가정한 서구식 발전은 당장 환경위기로 나타나 인간의 생존을 위협하는가 하면, 인간을 한낱 하찮은 상품으로 전락시키는 근본적인 문제를 안고 있다. 기든스는 근대성이 양면적 성격을 가지고 환경파괴, 전체정치, 군사력의 발달과 같은 위험을 생산한다고 본다(Giddens, 1991: 23-25). 그는 근대성의 네 가지 제도적 차원인 자본주의, 산업주의, 감시체계, 군사력이 인위적 불확실성으로 인해 각각 경제적 양극화, 환경파괴, 민주적 권리의 붕괴, 대규모전쟁의 위협과 같은 문제를 야기한다고 본다(Giddens, 1997b). 아래에서는 근대성이 가진 문제를 도구적 이성과 기술문명, 관료화와 전체주의, 경제적 양극화와 환경파괴, 군사적 위협과 전쟁의 산업화, 강자의 지배와 서구적 보편주의 등 다섯 가지로 나누어 살펴보기로 한다.

1) 도구적 이성과 기술문명

근대성을 구성하는 계몽적 이성은 중세의 신화와 공포로부터 인간을 해방시켰지만, 사회적·자연적 맥락에 민감하지 않는 기술적·생산지상주의적 관점을 갖는다. 그러므로 효율과 성장과 연계되지 않는 인간의 사회적 삶과 자연의 심미성을 회피하거나 파괴하고, 삶의 본질을 구성하는 도덕적·윤리적 문제를 부차적인 것으로 취급한다. 근대성에서는 개인의 자유와 존엄이 경제적 가치에 종속되기 때문에 공공성이 무시되고 소유가 절대시된다. 이렇게 되면 민주주의가 정치의 본연을 상실하고 타자에 대한 무시와 억압이 상존하게 된다. 특히 사회적 약자나 소수자는 사회에서 배제되고 자신의 문화적 정체성을 제대로 획득할 수 없게 된다. 인간사회의 모든 가치를 물질적 성장과 소유의 확대에 복종시키는 근대문명에서는 자아실현을 위한 시도가 좌절되기 때문에 항상 소외가 도사리고 있다.[4]

근대성은 이성과 합리성에 기초하여 과학과 기술을 발전시키고 이를 통해 물질적 풍요를 달성하는 것을 지향하였다. 기술문명의 형성으로 기계와 동력이 인간노동을 대체함으로써 생산성을 높일 수 있었고, 인간수명의 연장이나 효율적인 사회제도도 과학기술의 발전에 의존하였다. 그러나 기술문명은 그것이 가져오는 이점만큼이나 권력집중, 폭력과 배제, 기계적 사고 등과 같은 인간생활의 빈곤화를 초래하였다. 예를 들어, 기술문명은 물질적 풍요를 위

---

[4] 심지어 일본군국주의는 한국과 중국의 침략과정에서 생체실험을 단지 문명발달에 대한 기여로 생각하였다.

해 성장지상주의를 추구하게 되는데, 성장중심의 문명은 발전의 이면에 전쟁, 억압, 빈곤, 환경파괴, 계급투쟁 등과 같은 각종 사회문제를 초래하게 된다. 아도르노와 호르크하이머(Max Horkheimer)의 지적처럼, 나치즘의 야만도 기술문명이 만들어낸 비극 중의 하나였던 것이다 (Adorno and Horkheimer, 2001). 과학기술은 발명과 성장에 관심을 가질 뿐 도덕과 윤리에 대해서는 중립적이기 때문에 항상 인간성 왜곡이라는 문제를 낳게 된다.

2) 관료화와 전체주의

근대성은 성장을 위해 조직을 확대하고 사회적 분업을 촉진하며, 세계를 과학적으로 분석하고 계획된 설계도에 따라 완벽하게 건설하려는 이상을 가졌다. 이러한 사고는 역사의 진보만큼이나 관료제와 같은 사회적 병리를 낳게 된다. 인간은 합리적인 것을 넘는 무수한 상상과 상징에 관련되어있다. 종교·의식·이미지·집단행위·공동체 등은 시대적 경계를 넘어 인간적인 삶과 밀접하게 결부되어있다. 관료화된 사회에서는 조직의 안정과 효율을 강조하는 반면, 자율적 공론과 도덕적 가치를 무시하게 된다. 그야말로 베버의 지적처럼, 개인의 자유를 억압하고 민주주의를 위협하는 쇠우리(iron cage)의 비극을 초래하게 된다. 그리고 푸코가 비판한 것처럼, 과학적 지식을 체계적으로 활용하여 타자를 철저하게 분리하고 감시하는 모순이 발생하게 된다. 관료제는 자본주의사회뿐만 아니라 그 대안으로 제시된 사회주의사회에서도 지배적인 경향이었다. 사실 자유주의와 사회주의는 동종(同種)의 근대계몽주의에 기초하고 있는 것으로서 경쟁과 계획 양자는 착취와 억압의 메커니즘으로 기능하였다.[5]

근대성은 특수하고 다양한 실재들이 통일적으로 전체를 구성한다는 가정을 배제하고 보편적이고 총체적인 역사를 상정하였다. 따라서 제도화·표준화·안정화를 지향하면서 생활세계의 다원성과 사회적 차이를 무시하였다. 이것은 다양하고 불연속적인 삶의 형식을 합목적적 역사발전에 강제적으로 편입시키려는 도구적 이성의 결과이기도 하다. 이렇게 되면 총체론적 거대서사에 집착하여 복수적 세계관을 차단하고 전체이익에 개인의 가치를 종속시키는 위험성을

---

[5] 맥레넌(Gregor McLennan)은 마르크스주의가 세 가지 의미에서 계몽주의기획이라고 말한다. 첫째, 계급분석이 과학적이고 객관적이다. 둘째, 인간의 역사가 진화적 단계를 가지고 있다고 가정한다. 셋째, 과학적 지식의 적용을 통해 사회적 해방을 지향한다(McLennan, 2000). 월러스틴(Immanuel Wallerstein)은 마르크스주의와 자유주의가 경제성장 지향, 과학기술의 발달, 중앙집권화, 엘리트민주주의 등에서 서로 합치한다고 말한다(Wallerstein, 1996: 74-75).

내포하게 된다. 이것은 전체주의에 접근하게 되고 실제로 근대사회에서 파시즘, 군국주의, 일당독재와 같은 전체주의가 발생하여 인간에게 엄청난 희생을 초래하였다. 유태인학살이라는 대재앙도 바로 복수의 세계관을 거부하고 자신의 민족과 문화가 최고 정점에 있다는 전체주의적 오만에서 나온 것이다. 이처럼 보편적 지식과 포괄적 목적을 설정하는 전체주의적 사고는 인간사회에 커다란 위험을 생산하였다.

3) 경제적 양극화와 환경파괴

근대성은 봉건제에서 자본주의로의 역사적 이행을 가정하고 사적 소유와 축적을 추종한다. 자본주의는 생산수단을 소유한 자본가가 임노동을 통해 이윤을 획득하는 생산방식으로서 여러 가지 사회문제를 낳는다. 자본주의에서는 이윤이 가치보다 중시되고 소유가 인권보다 우위에 선다. 그리고 인간의 삶이 상품화되고 모든 인간노력은 상품생산에 집중된다. 나아가 자본주의는 과잉축적으로 인해 주기적인 경제적 위기와 공황을 발생시킨다. 자본주의의 가장 큰 문제는 구조적으로 불공정하고 불평등한 사회를 창출한다는 것이다. 경제력 집중으로 인해 경제적 양극화가 나타나고 심각한 빈부격차를 초래한다. 자원을 사용할 수 있는 계층이나 국가와 그것을 사용할 수 없는 계층이나 국가가 확연히 구분되어있다. 이러한 양극화는 지구화에 의해 자본주의가 세계적으로 팽창함으로써 더욱 확산되고 체계화되어간다. 더구나 전세계 수천만·수억의 사람은 정보화에 의해 보이지 않는 경제권력의 직접적인 영향을 받고 있다.

자연은 인간의 생활 밖에 있는 것이 아니라 인간생활과 밀접하게 얽혀 있고 주요한 윤리적 결정의 대상이다. 그러나 근대사회에서 인간은 부를 축적하고 소비를 늘리기 위해 자연을 정복의 대상으로 간주하였다. 인간을 자연의 일부로 받아들이지 않고 투쟁의 대상으로 본 것이다. 이것은 데카르트 이후 자연을 인간의 목적에 종속되는 대상으로 간주하는 이원론에 따른 것이다. 인간의 이성과 합리성을 바탕으로 과학기술을 발전시키고 자연의 이용을 통해 생활을 풍요롭게 하고자 했던 근대적 기획은 과잉생산·과잉소비·과잉폐기라는 악순환의 고리에 갇히게 되었다. 자원은 고갈되고, 대기는 오염되었으며, 지구는 더욱 뜨거워졌다. 토양과 바다도 오염되어가고 있다. 오늘날 환경파괴와 생태계의 위기는 전지구적인 것으로 지구상의 어느 지역도 그 재난으로부터 자유로울 수 없게 되었다. 근대성이 지향하는 물질문명은 지구적 환경위기가 심각한 지경에 이르렀는데도 인간과 자연과의 화해에 무관심하다. 성장주의라는 근대적 기획의 핵심을 수정하지 않는다면 어느 날 지구는 돌이킬 수 없는 재앙에 직면할 수 있다.

4) 군사적 위협과 전쟁의 산업화

군사적 힘은 전근대문명에서도 사회의 핵심적 요소였지만, 이것은 이성이 지배하는 근대사회에서도 마찬가지다. 근대사회에서 과학기술이 발달하고 자본이 축적됨에 따라 무기개발과 구입이 증대되었다. 따라서 각종 갈등이나 분쟁을 해결하기 위해 너무나 쉽게 무력에 의존하였다. 심지어 가공할만한 파괴력을 가진 핵무기를 사용할 뿐만 아니라, 인류를 파멸로 몰아넣을 수 있는 핵전쟁의 위험을 안고 있다. 개발도상국에서는 종족·인종·종교·자원배분을 둘러싼 세력 간의 대결에서 여성이나 청소년까지 동원되는 비극이 나타나기도 하였다. 근대국가에 와서 군사력이 발달함에 따라 국가에 의한 폭력도 증대하였다. 나아가 근대사회에서 개인은 폭력사용을 쉽게 목격할 수 있을 뿐만 아니라, 폭력이 산업화됨에 따라 생활의 일부가 되었다. 대중매체, 오락게임, 영화산업의 발달로 어린아이부터 어른까지 폭력물에 노출되고 폭력게임을 즐기는 시대에 전쟁이나 폭력은 곧 일상생활이 되어버렸다. 이것은 평화를 위한 사상과 문화의 정착을 어렵게 한다.

근대사회에서 전쟁은 하나의 산업이다. 대부분의 국가는 군수산업이 자국 경제의 중요한 한 부분을 차지하고 있다. 특히 선진강대국의 경제체계는 군산복합체의 성격이 강하다. 즉 무기의 생산, 특히 첨단무기의 생산은 군사력의 팽창뿐만 아니라 경제력의 증진에도 중요해졌다. 첨단 과학기술의 발달을 통해 정교한 무기를 만들어놓은 선진국에서 전쟁수행은 경제발전과 밀접한 관련을 갖는다. 따라서 선진국은 사회정의의 이름으로 각종 분쟁에 개입할 뿐만 아니라, 만들어 놓은 무기를 소비하기 위해 직접 전쟁을 일으키기도 한다. 그리고 개발도상국으로 수출하여 각종 분쟁의 원인을 제공하기도 한다. 가장 대표적인 국가가 바로 군수산업이 경제에서 차지하는 비중이 높은 미국이다.

5) 강자의 지배와 서구적 보편주의

근대성은 자본가와 노동자, 남성과 여성, 중앙인과 지방인, 서구인과 비서구인을 구별하여 강자가 권력을 획득하고 약자를 지배하는 논리를 지향하였다. 교육받고 재산 있는 서구 백인 남성은 교육을 받지 못하고 가난한, 유색인종이나 여성을 소유나 정복의 대상으로 바라보았다. 근대성에 기초한 민주주의, 과학기술, 지구적 자본주의도 서구의 백인 남성이 중심이 되어 권력을 행사하는 사회를 가정하였다. 근대성에 내재한 현실주의 세계관도 알고 보면 권력을 가진 강자가 만들어낸 자기보존의 전략이자 이데올로기에 지나지 않았다. 이러한 근대적 세계관은 당연히 곳곳에서 차별을 조장하고 갈등을 양산하였다. 주변화된 약자는 각종 근대적 수단을 사용하여 저항하였고, 이로 인해 다양한 형태의 충돌이 일어났다. 여성과 비서구사회의 저항이 강해지자, 보편적 질서와 특정한 발전형식을 가정한 서구 계몽주의기획은 스스로 모순에 처하게 되었다.

근대성은 서구의 프로젝트로서 민족국가와 자본주의가 먼저 발달했던 유럽에 그 뿌리를 두고 있다. 따라서 근대화는 곧 서구화라는 정식이 받아들여졌다. 예를 들어, 사이드(Edward Said)의 지적처럼, 서양은 자신의 권력과 정당성을 증명하기 위해 동양을 발견하고, 그것을 미개하고 야만적이며 열등한 사회라는 이데올로기로 조작하였다(Said, 1991). 근대적 계몽주의는 모든 사회가 서구를 정점으로 하여 동일한 방식으로 진화할 것이라는 믿음에 기초하고 있다. 모든 사회는 보편적인 발전모델에 따라 일정한 단계를 거쳐 발전하고 정해진 목적지에 도달한다고 가정한다. 따라서 서구인의 눈에는 서구의 역사가 곧 세계의 역사이기 때문에 역사의 발전이든, 역사의 종말이든, 서구 바깥의 세계란 커다란 의미를 갖지 않는다.[6] 이러한 시각은 19세기 이후 비서구사회에 대한 제국주의침략과 식민화로 이어졌고, 비서구사회의 발전과정에 엄청난 역사적 비용을 초래하였다. 특히 20세기 미국의 헤게모니는 개발도상국을 군사력과 경제력으로 개입하고 관리할 뿐만 아니라, 미국식 민주주의와 자본주의가 곧 근대적 발전이라는 도식하에서 각종 전쟁과 불안을 야기하였다.

제2절 대안사회의 모색

현 체제를 고수하는 사람들은 지금의 산업자본주의와 자유민주주의 체제가 과거에 비해 물질적 풍요와 안정된 정치구조를 인류에게 가져다주었다고 말한다. 그러나 그것은 가진 자의 목소리이며 일시적인 방패막이에 불과하다. 많은 사람들은 빈곤, 소외, 빈부격차, 자연파괴, 관료화, 권력박탈, 공동체해체 등을 겪으면서 현재의 자본주의와 민주주의체제에 대해 문제를 제기한

---

[6] 헌팅톤(Samuel Huntington)과 같은 문명충돌론자, 후쿠야마와 같은 역사종말론자, 보드리야르와 같은 포스트모더니스트 등은 주장은 다르지만, 모두 서구사회를 중심에 두고 사고하고 있다.

다. 근대사회의 성립 이후 국가와 시장은 일정하게 자기논리를 확장하고 그것을 구성하는 집단의 권력을 강화하는 운동성을 보존해왔다. 그러나 어느 하나의 제도만으로는 사회를 구성하기 어렵고, 양자 간의 투쟁이 비극적인 결과를 초래하기 때문에 적절한 권력분점과 균형을 유지하였다. 그렇다고 양자 간의 견제와 균형이 인간의 자기존엄과 개성실현에 대한 욕구를 충족시킨 것은 아니다. 인간은 오랫동안 빈곤하게 살면서 경제적 궁핍을 벗어나기를 원했지만, 물질적 이득과 소비의 증대만으로 만족하지 않는다. 마찬가지로 불안과 소외를 경험하면서 민족국가의 틀 속에서 삶의 안정과 문화적 정체성을 갖게 되었지만, 그것으로 만족하지 않는다. 더구나 21세기의 문턱에서 지구화와 정보화의 거대한 힘은 불안한 시장을 초래하고 민족적 정체성을 탈구시키고 있다. 민족국가와 자본주의에 기초했던 근대적 시간과 공간 개념이 근본적으로 바뀌고 있는 것이다.

이제 현대인들은 인간을 수단과 상품으로 전락시키고 인간사회를 위기로 몰아넣었던 20세기 발전을 되돌아보며 대안사회를 모색한다. 그것은 국가주의·자본주의·물질주의·성장주의·소비주의 등과 같은 기존의 가치와 이념에 대한 재검토를 통해 인간 삶의 조건을 새롭게 규정하고 형성하려는 것이다. 그리고 통일적(holistic)이고 충일한 삶에 필요한 자율, 다양성, 인권, 평등, 공동체, 연대, 자원봉사, 이타주의, 생태, 영성 등과 같은 가치를 새롭게 바라보려는 것이다. 이러한 노력은 결국 기존의 국가·시장 체제를 넘어 시민사회 내의 시민적 집합행동을 필요로 한다. 그러므로 대안사회에 대한 모색은 기본적으로 시민성, 시민참여, 시민문화, 시민운동, 시민사회에 대한 관심이 필요하다. 아래에서는 서구 근대성이 가진 한계를 극복할 수 있는 대안사회를 참여사회(participatory society), 능동사회(active society), 열린사회(open society), 생

〈표 11-1〉 대안사회의 주요 내용

형태	기본개념	극복대상	지향점
참여사회	참여, 공공성, 공론장, 사회적 책임, 시민성, 시민교육	대의민주주의, 소유적 개인주의, 냉소주의, 순응주의	참여민주주의, 시민민주주의, 토의민주주의, 자아실현 정치
능동사회	자율, 자치, 결사체, 적응, 공생산, 거버넌스, 사회자본, 자원봉사, 사회적 경제	국가주의, 관료제, 권력독점, 시장주의	결사체민주주의, 공동체사회, 복지사회
열린사회	다원성, 이타주의, 평화와 공존, 도덕과 윤리, 영성	차별과 편견, 불평등, 획일성, 이기심, 물질주의, 현세중심관	평등사회, 도덕공동체, 세계주의, 정신문명
생태사회	생명, 자연, 지구환경, 공생	기술문명, 자본주의, 성장주의, 소비주의	생명평화, 지속가능한 사회, 인간과 자연의 공존

태사회(ecological society)로 나누어 살펴본다. 물론 이것은 근대성을 전복하는 것이 아니라 성찰적으로 재구성하고 시민사회의 자발적 결사체인 NGO의 존재와 역할을 중심에 두고 사고하는 것이다. 각 대안사회가 다루는 기본개념·극복대상·지향점을 정리하면 〈표 11-1〉과 같다.

1. 참여사회

근대적 계몽은 중세적 권위와 전통으로부터 벗어나 자율적이고 독립적인 인격으로서의 개인성을 획득하는 것이 핵심이었다. 그러나 근대제도에서 정치는 대표자에 의해 대행되고 개인은 사적 영역에서 웅크리고 앉아 개인과 가족의 울타리에 안주하였다. 이렇게 되자 개인은 주체성을 잃어버리고 공공미덕에는 둔감한 채 소유에 집착하며 일상적인 쾌락을 추구하는 데 골몰하였다. 물론 이러한 문제는 대중매체의 발달과 보통교육의 확대에 따라 조금씩 개선되어간 것이 사실이다. 특히 정보사회의 출현과 인터넷의 등장으로 정보생산과 획득이 용이해지고 새로운 형태의 공론장이 형성됨에 따라 다양한 형태의 참여가 가능해졌다. 우리가 바라는 사회는 개인이 민주시민이 되어 다양한 자율적 공론장에서 공동체문제에 활발하게 참여하고 사회적 책임을 이행하는 것이다. 참여사회는 형해화된 민주주의를 복원하고 개인의 질적 삶을 성취하는 토대로서 다른 형태의 대안사회의 기본이기도 하다. 여기서는 참여사회와 관련하여 시민성, 공론장의 강화, 민주시민교육 등 세 가지로 집약하여 살펴보기로 한다.

1) 시민성의 확보

근대성은 개인적 합리주의에 기초한다. 근대적 기획은 개인을 주체로 하여 과학기술을 발전시키고 자연정복을 통해 인간의 물질적 욕구를 충족시키고자 했다. 그러나 개인은 절대개인으로 고립되어있는 것이 아니라, 타자와의 관계를 통해 자아를 형성하고 사회적 존재로 발전해간다. 따라서 하나의 인격으로서 인간의 완성은 공동체 속에서 이루어진다. 도시화된 현대사회에서 공동체가 가지고 있는 사회문화적 이상을 되살릴 수 있는 시민성(civility)에 대한 논의가 확산

되고 있다(이병천, 2003; 2004; 홍윤기, 2002a; 2002b; 2004).[7] 특히 자율과 다원적 가치를 실현할 수 있는 시민사회의 유용성을 강조하면서 시민사회의 주체로서 시민다움의 덕성과 책임을 주장한다. 시민사회의 주체로서 시민은 억압과 차별을 받지 않는 권리를 가지고 있을 뿐만 아니라, 공공의 발전에 대한 감각을 가지고 공동체의 업무에 적극적으로 참여하는 책임을 진다. 근대성에서 말하는 절대적 개인이나 소극적 자유를 넘는 사유의 확장은 바로 적극적 시민의 표상과 실천에 의해 가능하다. 공동체문제에 적극 참여하는 시민성은 참여사회의 중핵을 구성하는 시민문화(civic culture)의 토대에 중요하다.[8]

그렇다면 공동체적 이상을 실현하고 참여사회를 작동시키는 시민성은 어떤 내용을 포함하는가. 에벌리(Don Eberly)는 시민성을 소유에 집착하는 개인주의와 물질주의를 억제하는 도덕적 개념으로 본다(Eberly, 1998: 15). 쉴즈(Edward Shils)는 구체적으로 개인이 특수하고 협애한 개인이익에 치우치지 않고 공통이익에 우선권을 부여하는 자발적 의지를 시민성으로 본다(Shils, 1997: 345). 시민이 소유적 개인주의나 도덕적 비관주의에 빠지지 않고 시민성을 확보하기 위해서는 몇 가지 원칙이 필요하다. 첫째, 시민은 자기의식과 반성에 근거하여 스스로 판단하고 이행하는 자기결정능력을 가져야 한다. 자율적 시민만이 민주주의의 권력주체가 될 수 있다. 둘째, 시민은 국가공동체나 시민사회의 구성원으로서 공공의 이익에 적극적으로 참여하는 공적 시민의 정체성을 가져야 한다. 과도하게 사적 이익에 집착하거나 특권을 유지하려는 사회는 투쟁과 대결의 사회로 전락하게 된다. 셋째, 시민은 평등정신을 가지고 다양성의 가치와 차이의 미학을 수용해야 한다. 사회적 약자나 소수자의 문화적 권리를 수용할 뿐만 아니라 그들의 이익을 정책에 적극적으로 반영하는 것이 모든 사람의 삶을 풍요롭게 하는 것이다. 넷째, 시민은 도시와 국가 구성원의 정체성을 넘어 세계시민으로서의 윤리를 가져야 한다. 배타적인 국가이익에 매몰되지 않고 지구인의 복리를 위해 타국의 시민과 연대하여 행동하는 세계시민으로서의 자각과 실천이 중요하다.

---

7) 시민성을 영어로 civility로 표현하기도 하고, citizenship으로 표현하기도 한다. 보통 후자는 시민권이라고 번역하여 주로 권리적 측면에서 바라보았지만, 최근에는 citizenship에서 시민의 책임적 측면을 논의하기도 한다. 특히 이병천과 홍윤기는 citizenship을 중시한다. 그러나 여기서는 시민성을 civility로 통일하여 사용한다.
8) 알몬드(Gabriel Almond)와 버바(Sidney Verba)는 민주주의에서 중요한 시민문화가 이성에 기초한 합리적 개인과 공동체정신에 기초한 참여적 시민성의 결합에 의해 성립될 수 있다고 강조하였다(Almond and Verba, 1972: 31-32).

2) 공론장의 강화

근대의 대의민주주의에서 정치는 소수엘리트가 공식적 제도 내에서 의사를 결정하는 것으로 축소되었다. 따라서 정치는 고대 그리스의 직접민주주의의 이상에서 더욱 멀어져 소수특권자의 전유물이 되고 개인은 단순히 법률이나 정책의 적용을 받는 객체의 위치에 머물게 되었다. 이것은 자유주의와 마르크스주의에서 공통적으로 나타난다. 일찍이 아렌트(Hannah Arendt)가 갈파한 바와 같이, 정치가 경제적 이해관계를 조율하는 제도적인 영역으로 남으면 행정으로 격하되어 본질을 상실하게 된다(Arendt, 1996). 참여사회의 이상은 일상적 삶과 관련된 각종 생활세계 주제와 이슈가 논의될 수 있는 다양하고 중층적인 공론장이 자율적으로 존재하는 것을 전제로 한다. 권력과 자본으로 환원되거나 그것에 의해 축소되지 않는 자율적 공론장이 존재할 때, 개인은 권력의 주체가 되고 문화적 다원성을 보존할 수 있다.

시민사회의 공론장은 사소하고 비가시적인 생활주제를 담론의 영역으로 포괄하는 다원성의 영역으로서 중층적 대화의 장이다. 이러한 중층적 공론장이 참여사회의 이상을 담보하기 위해서는 개방적이고 평등하며 민주적이어야 한다. 따라서 공론장은 다원적 가치를 용인하고 다양한 개인의 참여를 보장해야 한다. 사회적 약자나 소수자도 자신의 권리와 삶의 양식에 대한 의제를 제기하고 일정한 영향력을 행사할 수 있어야 한다. 나아가 공론장은 외국인이나 집시, 그리고 사회적 범죄자나 어린 청소년에게도 개방되어야 한다. 또한 공론장은 언어적 매체 외에 다양한 탈언어적 매체가 사용될 수 있어야 한다. 특히 인터넷의 발달로 탈언어적 매체에 의한 복합적·상징적 공론장의 중요성이 커졌다. 그리고 시민사회 내의 규범에 대한 반성과 새로운 윤리의 창출을 위한 논의가 이루어지는 것도 중요하다. 자율적 공론장은 시민이 자기를 인식하고, 다양한 가치를 인정하며, 보편적인 가치를 존중하게 되는 토양이다. 공론장에서 다양한 불만과 주장이 교류하고 충돌하는 속에서 잠재적 갈등이 표출되고 합의가 이루어질 수 있다.

3) 민주시민교육의 실행

참여민주주의는 정치적인 것(the political)을 확대하고 다원적 공론장을 강화하여 대의민주주의의 한계를 극복하고 직접민주주의의 이상을 소생시키려는 정치적 기획이다. 이를 실현하기 위해서는 사적 이해관계를 넘어 공동체의 업무에 활발하게 참여하여 의사를 결정하고 일정한

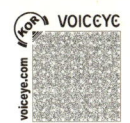

책임을 떠맡는 민주시민이 필요하다. 참여민주주의의 중핵을 이루는 시민참여는 제도의 문제이기도 하지만 상당부분 의식과 습속의 문제이다. 따라서 시민참여는 시민의식이 전제되어야 한다. 시민의식은 사회화를 통해 장기간에 걸쳐 이루어지지만, 계획적인 시민교육에 의해 형성될 수 있다. 즉 민주시민교육에 의해 민주시민이 존재할 때 시민의식이 보편화되고 시민참여가 활발하게 이루어질 수 있다. 민주주의에서 중요한 정당성, 커뮤니케이션, 시민적 책임은 민주주의를 위한 학교(school for democracy)라고 불리는 민주시민교육을 통해 얻을 수 있다.

민주시민교육이란 학교, 정부, 민간단체 등에서 민주시민으로서 갖추어야 할 가치관과 태도를 교육하는 의도적이고 체계적인 노력을 말한다. 민주시민교육은 인간성 존중, 개인의 권리와 책임, 정부와 시장의 운영원리, 민주주의의 이념과 가치, 공동체사회의 형성, 자연과의 공존, 인류공영의 세계관, 인간의 정신적 가치 등과 같은 내용을 포함한다. 그리고 시민의 권리의식, 책임의식, 비판의식, 참여의식 등을 내면화하여 개인을 맹목적 순종자나 방관적 냉소자가 아니라 참여적 비판자로 만드는 것을 목표로 한다. 시민교육은 플라톤 이래로 국가의 중요한 업무이긴 하지만, 시민사회에서 일어나는 시민운동과 각종 프로그램을 통해 자발적으로 이루어지는 것이 중요하다. 시민사회에서 일어나는 각종 시민운동은 민주시민교육을 실행하는 현장이기도 하지만, 시민사회에서는 시민강좌, 청소년학교, 환경캠프, 여성아카데미, 노인대학 등 민주시민교육을 위한 다양한 기획 프로그램이 실행되기도 한다. 참여민주주의를 현실적으로 작동하기 위해서는 시민사회에서 민주시민을 위한 교육이 일상적으로 일어나야 한다.

2. 능동사회

근대성이 가진 위험의 일부는 개인이 사익추구에 골몰하거나, 국가와 시장을 중심으로 사회문제를 해결하거나, 사회제도가 구성원이나 외부환경의 요구에 둔감한 사회체제에서 연유한다. 어떠한 정치 이데올로기에서도 개인의 다양한 가치를 충족하고 다층적인 사회갈등을 해결하는 데 국가와 시장 메커니즘에만 의존하는 것은 위험을 생산하게 된다. 따라서 시민사회에서 다양한 결사체가 자율성과 공공성에 기초하여 국가와 시장을 견제할 뿐만 아니라, 국가와 시장이 생산하기 어려운 각종 공공재를 생산할 수 있어야 한다. 이 과정에서 활발한 시민참여가 이루어지고, 각종 결사체의 자치권력이 강화되며, 다양한 형태의 사회적 경제가 작동하는 것이 필요하다. 이것은 시민사회에서 자원성이 활발하게 동원되고 각종 시민운동이 일상적으로 일이나는 것을 의미한다. 이러한 사회는 내부 구성원의 욕구에 적극적으로 반응하고 외부의 변화에 신축적으로 대응한다. 아래에서는 능동사회와 관련하여 자치권력, 공익단체의 번성, 사회적 경제 등 세 가지에 대해 살펴보기로 한다.

1) 자치권력의 행사

근대성은 국가에 권력을 집중하여 국가기획에 의해 발전을 추구하는 방식을 채택하였다. 이제 국가가 권력과 자원을 독점하여 개인을 통제하고 사회문제를 권위적으로 해결하는 시대는 지나가고 있다. 국가가 권력을 독점하면 개인은 무력한 인간으로 전락하고 만다. 더구나 사회적 약자는 자신의 삶과 관련하여 참여와 결정의 기회를 갖지 못하고 소외된다. 이러한 사회에서는 참여와 협력의 기풍이 사라지고 스스로 변화를 만들어가는 의지가 부족하다. 그리고 공공제도는 시민욕구와 외부환경의 변화에 제대로 적응하지도 못하고 정체된다. 능동사회에서는 시민들이 스스로 결사체를 만들어 권력을 행사하고 직접 사회문제를 해결한다. 시민이 권력을 행사한다는 것은 개인의 자율성을 최대한 보장하고 개인이 사회적 책임감을 갖는 것을 전제한다. 현대사회에서 시민이 공공문제에 대해 권력을 행사하는 것은 다양한 영역에서 다양한 방식으로 일어날 수 있다.[9)]

능동사회의 이상은 바로 시민이 사회문제를 해결하기 위해 직접 참여하여 권력을 행사하고 책임을 공유하는 것에서 시작한다. 시민들이 자신을 둘러싼 지역사회의 문제에 대해 일정한 권한과 책임을 가지고 직접 해결해가는 것은 창조적인 사회발전의 가능성을 높인다. 그리고 개인이 공공문제에 직접 개입하는 것은 인간이 가진 무한한 잠재력을 개발하여 사회구성원의 만족도를 높인다. 특히 사회적 약자나 소수자에게 일정한 권력을 부여하는 것은 차별을 일소하고 평등한 기회를 제공하여 사회통합에도 도움이 된다. 자치권력의 행사는 다양한 영역에서 각종

---

9) 예를 들어, 정부는 정당성의 강화와 창조적 변화를 위해 정책과정에 시민을 참여시켜 의견과 아이디어를 적극적으로 흡수하고, 필요하면 독립기구의 설립을 통해 시민이 직접 결정하고 집행하도록 위임할 수 있다. 기업은 종업원의 경영참여를 통해 현장근로자의 아이디어를 개발함과 동시에 기업생산성과 구성원의 만족도를 높인다. 학교는 학부모와 지역 민간단체의 대표를 운영위원회에 참여시켜 소비자지향적이고 창조적인 교육이 이루어지도록 한다. 주민들은 다양한 형태의 협동조합을 만들어 농약과 오염으로부터 안전한 먹거리를 직접 생산하거나 주문생산한다. 심지어 슬럼가의 개발을 지역주민의 참여와 리더십으로 추진하고, 재해지역의 복구를 해당지역주민의 봉사활동과 자체 관리방식에 의해 실행한다. 나아가 교도소의 인권보장과 효과적인 교화를 위해 재소자의 정책참여를 보장하는 것도 가능하다.

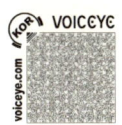

결사체들이 직접 사회문제를 해결하려고 하기 때문에 각종 사회자본이 풍부하게 생성된다. 따라서 신뢰, 협력, 공동체정신, 자원봉사, 상호호혜, 네트워크, 연대 등과 같은 가치가 발달하게 된다.

2) 공익단체의 번성

일찍이 토크빌은 좋은 것을 나누고 어려운 것을 해결하려고 할 때, 프랑스에서는 정부의 눈치를 보고 영국에서는 자치영주에게 달려가지만, 미국에서는 시민들이 스스로 결사체를 만들어 실행한다고 하였다. 미국에서는 도시를 개발하든, 병원이나 학교를 짓든, 외부의 위험에 대처하든, 시민들이 먼저 결사체를 만든다는 것이다(Tocqueville, 1997). 국가가 관료제를 통해 개인을 통제하고 사회문제를 해결하거나 시장이 경쟁과 효율성의 원칙에서 인간의 욕구를 충족시키려고 한다면, 개인은 무력한 인간이 되어 복지서비스의 수동적인 수혜자가 되거나 교환가치로서 평가되는 상품으로 전락하게 된다. 능동사회에서는 개인이 사회문제 해결의 주체로서 권력을 행사하고 사회적 책임을 이행한다. 이를 위해서는 다양한 결사체가 번성하여 각종 공적 기능을 담당해야 한다.[10]

능동사회에서는 다양한 결사체, 특히 공익단체가 자발적으로 발생하여 정부와 기업을 견제하고, 정부와 기업이 제공하지 못하는 각종 공공서비스를 생산한다. 이것은 각종 결사체들이 사회변화를 위한 다양한 형태의 시민운동을 전개하고 단체 간에 활발한 파트너십이 일어나는 것을 의미한다. 그러므로 능동사회에서는 한편에서는 각종 공익단체가 시민운동을 통해 권력과 자본을 견제한다. 물론 시민사회의 사유화를 방지하는 것도 중요하기 때문에, 기관형조직의 관료화나 이익집단의 집단이익추구는 운동성을 보존하고 공공성을 강화하려는 각종 시민운동에 의해 견제받게 된다. 그리고 다른 한편에서는 각종 공익단체가 국가가 제공하지 못하는 미시적이고 비가시적인 각종 공공서비스를 생산하게 된다. 물론 공익단체에 의한 공공서비스의 생산은 시민사회 자체의 물적토대에 의존하기도 하지만, 정부의 도움이 필요하다. 따라서 정부와 시민사회 간에 다양한 형태의 공생산(coproduction)이 일어나고 거버넌스가 활성화된다. 이

---

10) 시민사회에서 다양한 결사체가 번성한다는 것은 민주주의 발전에 여러 가지 이점이 있다. 코헨(Joshua Cohen)과 로저스(Joel Rogers)는 결사체가 인민주권, 정치적 평등, 분배의 공평성, 시민의식, 경제적 성과, 정부능력에서 긍정적인 기여를 한다고 보았다(Cohen and Rogers, 1995).

것은 복지국가의 위기를 극복하고 복지사회를 구축하는 데도 중요하다.

3) 사회적 경제의 확대

시민이 각종 공익활동에 참여하고 시민사회가 능동적으로 공공서비스를 생산한다고 하더라도, 자본주의체제에서는 경제적 불평등, 빈곤, 실업 등과 같은 문제가 도사리고 있다. 특히 실업은 지식기반 시장경제에서 노동의 감소로 인해 발생하는 구조적인 문제로서 해결하기가 쉽지 않다. 현대사회에서는 첨단기술이 발달하여 기계와 컴퓨터가 인간노동을 대신함에 따라 경제가 성장함에도 불구하고 그만큼 고용이 늘지 않는다. 더구나 1970년대 이후 신자유주의의 확장과정에서 기업인수합병의 만연과 노동시장의 유연성으로 대량해고가 보편화되었다. 오늘날 청년 실업문제는 또 다른 사회문제가 되고 있다. 따라서 실업의 증대로 인한 빈곤, 범죄, 폭력, 자살, 가정해체, 저강도 전쟁 등과 같은 심각한 사회문제가 나타나고 있다. 이것은 경제성장률이 낮은 유럽 선진국가뿐만 아니라, 아시아와 남미의 개발도상국가에서도 마찬가지다. 실업자를 흡수하여 빈부격차를 줄이고 유효수요를 확대하여 경제를 활성화하기 위해서는 새로운 사고가 필요하다. 이른바 새로운 사회계약(new social contract)을 통해 사회적 경제를 활성화하는 것이다.

능동사회의 이상은 사회적 약자나 실업자의 빈곤을 방관하거나 국가에 의한 개입에만 떠맡기는 것이 아니라, 이것을 사회적 경제의 작동을 통해 스스로 해결하려고 한다. 사회적 경제는 시민사회에서 다양한 일자리를 창출하고 실업자가 사회적 약자를 돌보거나 개인의 인간적인 욕구를 충족하는 서비스를 생산하는 대가로 사회적 임금(social wage)을 받는 것이다. 즉 사회적으로 유용하지만, 수익성이 부족하여 시장에서 원활하게 공급할 수 없는 간병, 보육, 교육, 상담, 안내, 관리(산림, 환경, 문화재) 등과 관련된 일자리를 시민사회 스스로 창출하는 것이다. 따라서 기계에 의해 대체되거나 환원될 수 없는 가족적 애정, 사적 친밀감, 인간적인 보살핌, 형제애적 연대, 공공시설 보호, 전통문화의 보존 등과 관련하여 일자리를 만들고 실업자를 흡수하여 공공재를 생산하게 된다. 여기서 각종 자발적 결사체는 행위와 중개의 주체로서 직접 일자리를 창출하고, 직업교육을 실시하며, 사회적 약자를 보호한다. 이때 자원봉사활동은 사회적 약자를 돌보는 중요한 수단이 되고 정부의 지원은 재정의 중요한 원천이 된다. 사회적 경제가 작동되면 시민참여, 자원봉사활동, 동료의식, 이타주의, 결속과 연대, 위험의 공동부담, 권리의 등가성 등과 같은 가치가 살아나게 된다.

3. 열린사회

현대사회는 전혀 새로운 사회로 진행하고 있다. 조직은 서로 밀접하게 연결되어있고 다원적이고 개방적이며 복잡한 구조를 가지고 있다. 그리고 그 속에서 생활하는 개인은 다중적 정체성을 가지고 타자·자연·우주와 연결하고 소통한다. 자본주의의 변신, 도덕의 재발견, 세계시민의 윤리, 영성의 계발, 내세관의 재정립은 이러한 변화의 일면을 보여준다. 근대성은 투쟁을 통해 과거질서로부터 해방되는 것을 강조했다. 근대성이 가진 비판적 사유는 해방에 집중하여 실질적 민주주의를 기획하지 못하고, 부의 증대에 휩쓸려 다중적 욕구를 간파하지 못하는 한계를 지니고 있다. 이에 대한 반작용으로 새로운 사회를 지향하는 유토피아에 대한 관심이 증폭하고 있다. 유토피아는 바로 더 나은 미래사회를 향한 인간희망의 표시이다. 기존의 폐쇄적이고 획일적인 통치, 차별과 불평등, 물질주의와 이기주의를 넘어 평화, 세계시민, 정신성, 내세를 생각하는 삶을 지향하는 것이다. 인간이 꿈꾸어온 세상은 물질만이 아닌 정신, 나만이 아닌 타자, 인간만이 아닌 자연, 현세만이 아닌 내세에 대해 열린 사고와 실천을 필요로 한다. 여기서는 열린사회와 관련하여 다원성, 이타주의의 실천, 정신적 가치 등 세 가지에 대해 살펴보기로 한다.[11]

1) 다원성의 강화

근대성은 사회적 선(善), 보편적 지식, 특정한 발전경로를 가정한다. 이것은 서구사회 중심의 보편적 이성과 사회발전에 근거한 것이다. 따라서 근대적 계몽은 개방적이고 포용적이기보다 권력자, 자본가, 남성, 백인, 서구사회를 중심으로 하는 폐쇄성을 지녔다. 근대사회 이후 타자와 타민족을 억압하고 지배한 전체주의와 제국주의의 비극은 단일하고 획일적인 가치관과 발전원리에 따르는 왜곡된 시각의 결과였다. 그러나 오늘날 사회적 강자나 서구사회가 사회적 선과 진보라고 가정하는 것들은 일종의 이데올로기적 허구임이 드러났다. 비서구사회와 시민사회 영역에서 다양한 요구와 목소리가 증대함에 따라 단일한 총체적 지식은 통용되지 않는다. 남성

---

11) 열린사회는 베르그송(Henri-Louis Bergson)이 부족적 폐쇄사회에 상대적 개념으로 사용했고, 이후 포퍼(Karl Popper)가 전체주의사회에 상대적인 개념으로 사용했으며, 소로스(George Soros)가 글로벌 자본주의를 순화하는 개념으로 사용하였다(Bergson, 1998; Popper, 1999a; 1999b; Soros, 2002).

과 서양 중심의 획일적인 사고는 다양한 지역·민족·인종·종교·성·선호를 가진 사람들이 자기 정체성을 드러내면서 저항에 부딪히게 되었다. 다원적 사회에서는 마르크스주의의 중요한 분석 범주였던 생산양식도 인간 간의 상호작용과 갈등을 설명하는 여러 개념 중의 하나일 뿐이다.

현대사회에서는 객관적이고 보편적인 지식이나 전능한 입법자가 존재하지 않는다. 탈중심화된 사회구조에서 다양한 힘이 다중의 중심을 형성하고 상호 작용하고 견제한다. 열린 구조에서 각종 사회적 세력은 서로 접합하고 이탈하면서 그 결절점(node)에서 새로운 주체가 생성되고 구조의 재구성이 계속된다. 여기서 파편화, 불안정, 복잡성, 해체와 같은 문제가 나타나기도 하지만, 열린 구조에서는 창조적 쇄신이 일어나고 전체적인 균형을 유지해간다. 인간문명이 진보하기 위해서는 다양한 삶의 방식이 공존하는 가운데 서로 교류하면서 자기발전을 해가는 것이 필요하다. 예를 들어, 자본주의는 다양한 측면에서 비판받고 내부에서 다양한 실험을 통해 스스로 변화해야 한다. 지역화폐, 공정무역, 생산자협동조합, 자주관리, 사회적 기업 등은 그러한 실험 중의 일부이다. 나아가 지구상의 거의 모든 국가와 사회가 서로 연결되어 상호 영향을 미치는 지구화시대에는 타민족·타인종·타문화에 대해 개방적인 태도를 가지고 상대를 의미있게 받아들이는 것이 필요하다. 지구시민사회에서 벌어지는 각종 시민운동과 연대활동은 바로 다원적 가치와 문화를 인정하고 고양하는 실천과정이라고 할 수 있다.

2) 이타주의의 실천

인간사회에는 갖가지 억압·폭력·차별·불평등이 존재하고 빈곤이 만연되어있다. 특히 신자유주의 이후 빈부격차가 더욱 확대되었다. 한 국가 내에서 경제적 양극화가 심화될 뿐만 아니라, 국가 간에도 저개발국의 부(富)가 부채상환, 무역적자 등으로 인해 선진국으로 역이전되고 있다. 이 속에서 사회적 약자는 실업이나 저임금에 시달리며 생계를 유지하지 못하거나 문화생활을 제대로 향유하지 못한다. 근대성에서 개인은 자신의 삶에 초점을 맞춤으로써 스스로 시야를 좁혔다. 테일러(Charles Taylor)는 근대성의 핵심인 개인주의의 어두운 면은 바로 자기 자신에게로 초점을 이동하여 삶의 의미를 상실하게 되었다는 사실이라고 지적한다(Taylor, 2001: 13). 열린사회는 개인이 이기주의에서 벗어나 새로운 형식의 사회에서 삶의 의미를 찾으려는 것이다. 특히 사회적 약자에 대해 관심을 가지고 적극적 책임을 수행한다.

개인은 자신의 삶에 의미를 제공해주는 도덕적 세계에 살고 있기 때문에, 모든 사람은 항상 인간의 실존에 대한 도덕적 정의와 싸우게 된다(Taylor, 1991). 이러한 실존의 문제에서 인간은

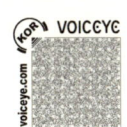

절대존재가 아니라 타자와 유기적 관계를 맺고 있음을 깨닫게 된다. 진정한 삶은 자신으로부터 벗어나 타자에게 향하는 개방성을 가질 때 가능하다. 인간에게 고유한 박애정신은 바로 타자에 대한 관심과 실천에서 나온 것이다. 특히 자본주의사회에서 사회적 약자에 대한 복지를 국가가 모두 책임질 수 없기 때문에, 이타주의의 실현을 통해 지역사회에서 복지공동체를 만들어가는 것이 중요하다. 이러한 도덕공동체, 복지공동체가 이루어질 때 도덕이 살아나고 평화가 보장되며 인간성이 회복될 수 있다. 열린사회는 인간이 자신의 잠재력을 계발하고 전체성을 실현하는 것을 지향하는데, 이것은 타자에 개방적인 태도를 가지고 이타주의의 실천이 이루어질 때 가능하다.

3) 정신적 가치의 발현

열린사회는 획일적인 가치관과 자기중심적 폐쇄주의에서 벗어나는 것으로 한정되지 않는다. 열린사회는 물질중심의 사고와 현세적 탐욕으로부터 벗어나야 한다. 이것은 정신적 가치와 내세관에 대한 개방적인 태도를 가지고 자기를 새롭게 규정하는 것이다. 일상에서의 깨달음, 자신에 대한 탐구, 타자에 대한 개방, 사회 속에서의 실천을 통해 정신의 성스러운 깊이를 들여다보고 인간의 본질을 더 가까이서 체험하는 것이 필요하다.[12] 높은 수준의 삶이란 그 대상이 인간이든, 자연이든, 지배를 통해 부를 축적하고 이를 소비하는 탐욕에 의해 가능한 것이 아니다. 이 기심을 억제하고 정신적인 가치를 계발하여 물질과 정신의 조화를 이루어야 한다. 그리고 정신적 가치에 대한 개인의 체험이 운동을 통해 타자에게로 전달되고 사회 속에서 실천되는 것이 중요하다. 자유로운 인간, 타자와의 교류, 종교적 사색과 영감, 예술과 문학의 질적 발전 등은 자본의 운동이 아니라 정신의 탐사와 상호 교류에 의해 가능하다.

열린사회에서는 생산의 논리를 생명의 논리로 바꾼다. 현세에서 패권을 차지하고 소비를 늘리고 육체적 쾌락을 좇는 것은 근시안적 사고이다. 인간은 단순히 육체만으로 구성된 존재가 아니고 현세로서 모든 것이 끝나는 것도 아니다. 인간은 우주, 자연, 타자와 밀접하게 연결된 생명체로서 본질적으로 신성(神性)을 지닌다. 따라서 개인 각자는 절대 등가(等價)의 평등과 진중(珍重)한 무게를 지니고 있다. 라즐로(Ervin Lazlo)에 의하면 우주여행을 경험한 사람이나, 퇴

---

12) 김조년(2002)은 영성을 계발하는 훈련으로 평화적인 웃음, 좋은 노래 부르기, 기도하기, 타인 생각하기, 자기와 부딪히기 등을 제안한다.

행요법(regression therapy)을 받은 사람이나, 임사(臨死)체험을 한 사람은 대부분 존재에 대한 새로운 시각을 갖는다고 한다. 이들은 감사의 마음을 갖고, 자연을 숭배하며, 인도적인 행동을 한다. 그리고 성·인종·언어·정치이념·종교의 차이를 상대에 대한 위협보다는 관심과 풍부함의 관점에서 바라본다고 한다(Lazlo, 2001: 162). 인간이 자신의 생명이 영원하고 현재의 자신이 과거와 미래의 생애와 연결되어있다는 사고와 생활을 가질 때, 내부에 있는 증오, 시기심, 탐욕 등을 극복할 수 있다. 이러한 내부의 적을 극복할 수 있을 때 인간은 진정한 자유와 평화를 얻을 수 있다.

4. 생태사회

근대사회는 과학과 진보를 양쪽 수레바퀴로 삼아 폭주전차처럼 힘차게 달려왔다. 그래서 거대한 생산을 일구어 인류에게 물질적인 풍요를 가져다주었다. 자유주의든, 마르크스주의든, 근대성은 산업주의를 신봉하며 어떻게 생산을 증대시키는가 하는 것이 부단한 과제였다. 이 과정에서 근대인은 자기 자신을 자연의 일부로 받아들이지 않고 자연을 정복의 대상으로 바라보고 투쟁해왔다. 하지만 슈마허(Ernst Schumacher)의 지적처럼, 자연과의 투쟁은 인간의 패배로 끝나가고 있다(Schumacher, 2002). 이제 생산과 욕구충족에 초점을 두는 것이 아니라, 노자(老子)가 가르쳤던 바와 같이 인간의 욕구를 어떻게 억제하고 조정하는가가 중요하다. 이것은 간디의 지적처럼, 지구는 그 속에서 살고 있는 모든 인간의 필요를 충족시킬 수는 있지만, 모든 욕구를 충족시키기는 어렵기 때문이다. 현대사회에서는 경제적 합리성을 중시한 근대사회와는 달리, 작은 것에 만족하고 금욕적인 사고를 갖는 것이 오히려 진보적인 것으로 간주된다. 인간이 자연의 일부라는 사실을 받아들여 자연과 화해하고 공존의 시스템을 구축하지 않는다면 인간은 스스로 멸망하고 말 것이다. 따라서 생태사회를 구축하는 것은 인간이 바라는 이상사회를 비켜갈 수 없다. 여기서는 생태사회와 관련하여 지속가능한 발전, 인간과 자연의 공존 등 두 가지에 대해 살펴보기로 한다.

1) 지속가능한 발전

근대산업주의는 이성과 합리성에 근거하여 과학을 발전시키고 이를 자연에 적용하여 생산을 늘려왔다. 더 높고 강하고 빠른 것이 곧 경쟁력이자 사회적 선이었다. 모든 국가는 생산을 증대하고 자국민의 소비를 늘려 물질생활의 만족을 얻는 것에서 지배의 정당성을 구하였다. 그러나 이제 산업사회의 생활양식과 발전원리를 재구성해야 할 때가 왔다. 지금처럼 자원을 마구잡이로 사용하고 이산화탄소를 방출하며 환경을 파괴한다면 언젠가 지구는 산소가 부족하고, 마실 물이 없으며, 땅에는 곡식이 자라지 않고, 바다에는 물고기가 살 수 없게 될 것이다. 세계는 이미 인구과잉, 에너지부족, 물부족에 허덕이고 있고 지구온난화, 오존층파괴, 대기·토양·바다의 오염, 해수면의 상승, 가뭄과 홍수의 반복, 종(種)의 멸종 등과 같은 문제에 직면해 있다. 심지어 현재상태로 계속 발전을 지속한다면 심각한 생태혼란, 기상이변, 전염병창궐 등과 같은 위기가 닥쳐올 것이라는 경고가 나오고 있다. 생태사회는 지구가 가진 자원과 에너지, 자정작용과 순환능력의 한계를 인식한다.

물질주의철학은 생산증대와 부의 축적을 통해 소비를 늘리는 것이 일차적인 목표이다. 이것은 경제적 합리성을 주요 운영원리로 받아들이는 것으로서, 여기서 다른 가치들은 부차적인 지위를 차지한다. 그러나 무한정 성장을 추구하고 소비를 확대하려는 산업주의와 자본주의 체제는 구조적으로 지속하기 어렵다. 지구의 자원과 자정능력은 거대한 인구의 소비욕구를 충족시키기에는 제한되어 있기 때문이다. 인간의 생존을 보존하고 행복을 구가하기 위해서는 끝없이 성장주의와 속도주의에 매달리는 것이 아니라, 오히려 "작은 것이 아름답다"(Small is beautiful)(Schumacher, 2002)는 기치 아래 작은 도시와 경제를 유지하고 인간의 욕구를 조절하는 것이 필요하다. 기술의 목적을 분명히 하고 자연을 도덕적 대상으로 간주하여 인간의 욕구를 제어하지 않는다면 자연의 거대한 보복을 당하게 될 것이다. 인간은 자신의 생존을 위해서라도 자연에 대한 포괄적인 윤리적 기초를 수립하고 지속가능한 발전을 추구해야 한다.[13]

---

13) 미국을 비롯한 서구선진국은 자국의 발전방식과 생활양식이 근대의 보편적인 원리로서 우위에 있다고 강조한다. 그러나 만약 중국인이 미국인과 같은 생활을 누리게 된다면, 지구는 당장 자원부족과 환경오염으로 심각한 문제가 발생하여 미국과 중국 모두 그러한 생활을 할 수 없다는 딜레마에 빠지게 된다. 마찬가지로 인도인을 비롯한 다른 국가의 사람들이 부러워하는 미국인처럼 생활하려면 지구는 두 개가 더 필요하다는 모순에 빠진다. 라즐로에 의하면, 미국인의 평균적인 농업관련 욕구를 충족시키기 위해서는 1인당 12에이커의 토지가 필요한 반면, 인도인은 1에이커면 충분하다. 현재 세계의 60억 인구가 경제적·기술적으로 이용가능한 토지는 1인당 최고 4에이커 정도이다. 결국 세계인이 미국인처럼 살려면 지구만 한 행성 두 개가 더 필요하다(Lazlo, 2001: 71).

2) 인간과 자연의 공존

인류역사에서 본다면 인간과 자연은 중세까지 오랫동안 동등한 교환을 하면서 살아왔다. 그러나 근대사회에 와서 인간이 기술을 이용하여 자연 위에 군림하면서 강압적으로 자연을 지배하고 착취하게 되었다. 인간과 자연은 공존의 굴레에서 상호 침투하고 협력하도록 되어있다. 지구상의 동물·식물·미생물 등 모든 살아있는 것은 체계적으로 상호 연결되어있고, 인간도 생태계의 상호연관과 순환체계의 일부이다. 생물학적으로 유기적 생명체인 인간은 자연의 법칙에 따라서 생태계 내에서 작용과 반작용을 통해 성장하고 변화해가는 존재이다(송승달, 1995). 따라서 근대인의 사고처럼 인간이 자연으로부터 분리되어 자연을 소유하는 주인이 아니라, 자연을 소통과 공존의 도덕적 대상으로 바라보아야 한다. 인간의 건강과 행복에 필요한 참된 영성은 이 세상의 모든 것을 살아있는 것으로 보고 보살핌과 나눔의 마음을 갖는 것에서 나온다. 자연을 공존의 대상으로 바라보는 시선은 인간의 행복을 위한 가장 기본적인 철학이라고 할 수 있다.

자연을 공존의 대상으로 바라보는 생태학적 윤리의 보편성은 지구가 태양계에서 인간이 거주할 수 있는 유일한 행성이라는 인정에서 성립된다. 하나뿐인 지구의 환경을 파괴하는 것은 인간의 서식지를 순환과 자정의 원리에서 일탈시키는 것이 된다. 최근 공생생물학에 의하면, 전통적인 진화론과는 달리 동물·식물·균류·원생생물 등 모든 생물체는 경쟁만 하는 것이 아니라, 서로 결합되어 상대의 요구에 따라 자원을 마련해준다고 보고 있다(Wakeford, 2004). 자연은 바로 인간을 포함한 모든 생물의 생존을 담보해주는 생물학적 하부구조에 해당한다. 자연이 파괴되면 인간은 자신의 삶에 가장 중요한 자원을 공급해주는 협력자를 잃게 된다. 따라서 인간의 생존을 위해 지금 진행되고 있는 산업주의 발전양식은 자연과 화해하도록 개선되어야 한다. 이를 위해서는 인간 스스로 사색을 통해 내면과 외면을 조화시키고 소유와 소비의 신화에서 벗어나야 한다. 그리고 효율과 생산성에 의해 인간을 평가하는 근대적 삶의 양식에서 벗어나야 한다.[14] 또한 시민사회에서 자연을 존중하고 보호하기 위한 자발적 시민참여와 환경운동이 일상적으로 진행되는 것이 중요하다.

---

14) 팰케(Robert Paehlke)는 생태주의의 가치관으로서 솜씨(skill), 예술성(artistry), 노력(effort), 성실성(integrity) 등 비물질적 기준에 의해 인간을 평가할 것을 제안한다(Paehlke, 1989: 145).

제3절 NGO의 역할

오늘날 정치적으로는 자유민주주의, 경제적으로는 시장자본주의, 그리고 전세계적으로는 신자유주의가 보편적 원칙으로 받아들여지고 있다. 그러나 이러한 원칙하에서 진행되어온 권력의 집중, 위계적 관료제, 기술의 지배, 폐쇄적 의사결정, 정치적 무관심, 시장주의의 확대 등과 같은 방식으로는 민주주의 본래의 가치를 회복하고 인간다운 삶을 영위하기 어렵다. 그렇다고 개인이 거대한 권력과 자본에 맞서 저항하고 변화를 만들어내는 데는 분명 한계가 있다. 비록 개인이 첨단과학에 힘입어 많은 정보를 가지고 다양한 통신메커니즘의 혜택을 누리고 있다고는 하지만, 파편화된 개인은 집단권력을 행사하기 어렵다. 그리고 개인으로서는 공적인 문제와 보편적인 가치보다는 자기 자신과 가족의 행복에 우선권을 두게 된다. 따라서 의미 있는 삶을 향해 대안사회를 현실화하기 위해서는 NGO의 존재와 NGO가 지도하는 시민운동이 반드시 필요하다. 새로운 삶에 대한 이상은 결국 개개인이 공중으로서 공공문제에 적극적으로 참여하고 집합적인 행동을 통해 변화를 만들어내야 실현될 수 있는 것이다.

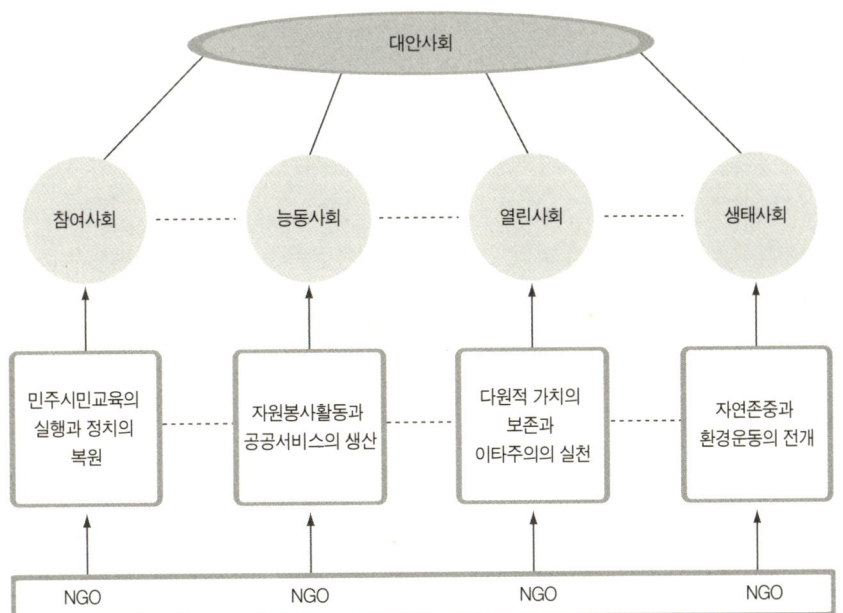

〈그림 11-1〉 대안사회에서 NGO의 역할

오늘날 현실에 대한 불만과 미래사회에 대한 불안이 점증해있다. 그러나 기득권자는 위장된 과학적 자료를 통해 현실을 방어하고 퇴행적 정책을 옹호한다. 허무주의자는 대안이 없다고 포기하고는 우울한 현실을 그대로 받아들인다. 그리고 개인은 현실의 문제를 알면서도 사적 이익에 매몰되어 공동체적 책임을 회피한다. 그러나 NGO는 자유롭고 창조적인 행동의 주체로서 문제를 제기하고 혁신을 추구하며 대안적인 생활을 실천한다. NGO는 항상 수정이 가능하고 열려있는 미래를 바라보고, 그것을 실현하기 위해 구체적인 행동을 하는 성찰성을 지닌다. NGO는 바로 문명전환운동을 통해 삶을 적극적으로 재구성하고 유토피아로 향하는 해방의 충동을 제공하는 원천이라고 할 수 있다. 이런 점에서 NGO는 단순히 무엇으로부터의 자유뿐만 아니라, 무엇에 대한 적극적 자유를 보존한다. 아래에서는 NGO가 대안사회를 현실화하는 데 기여할 수 있는 요소를 네 가지로 나누어 살펴보기로 한다. 대안사회에 대한 NGO의 역할을 정리하면 〈그림 11-1〉과 같다.

1. 민주시민교육의 실행과 정치의 복원

참여사회의 이상을 실현하기 위해서는 시민들이 높은 시민의식을 가지고 자발적이고 헌신적으로 공동체업무에 참여하도록 교육하는 것이 중요하다. 공동체업무에 대한 참여를 통해 사람들은 공동체의 일에 친근하게 되고, 그것을 자신의 발전으로 간주하며, 책임성 있게 권리를 행사하게 된다. 개인이 사적 이익에만 골몰하거나 정책의 수동적 적용대상이 되는 정태적 인간이 아니라, 스스로 공동체의 주인으로 인식하는 능동적 시민이 되는 것은 공동체의 일에 적극적으로 참여할 때 가능하다. NGO는 바로 시민들이 권력의 주체로서 공익활동에 참여하는 중요한 수단이다. 사람들은 NGO의 회원으로서 각종 시민운동과 공익활동에 참여하게 됨으로써 자기주체성을 확인하고 사회적 정체성을 획득하게 된다. 그야말로 NGO는 냉소주의와 순응주의를 극복하고 자율적 인간과 사회적 인간으로서의 권리와 의무를 학습하는 교육과정이라고 할 수 있다. 나아가 NGO는 국가를 대신하여 시민강좌, 개방대학, 청소년학교, 여성아카데미, 토론광장, 환경캠프 등과 같은 구체적인 민주시민교육 프로그램을 운영하기도 한다.

대의민주주의와 함께 신자유주의는 자유주의에서 중시했던 정치를 퇴행시켜 정치적인 것을 축소하고 있다. 이러한 경향은 상업매체를 통한 광고가 소비를 부추기고 대중문화가 비판의식을 마취시킴으로써 더욱 확대·심화되고 있다. 정치적인 것의 확장은 단지 법적 장치, 합리적 의사소통, 도덕적 선에 한정되는 것이 아니라 자발적 결사체가 자율적으로 다원적 가치를 실현하는 역동이 존재해야 한다(O'Sullivan, 1997). NGO는 슈미트(Carl Schmitt)가 주장하듯이 정치가 적과 동지 사이의 권력을 둘러싼 적대투쟁으로 제한되거나(Schmitt, 1992), 롤즈(John Rawls)가 가정하는 바와 같이 당사자 간의 이해관계를 합리적으로 조율하는 과정으로 축소되는 것을 경계한다(Rawls, 1998). NGO는 국가와 시장에 의해 폐기되었던 일상생활의 주제를 정치담론에 포함시켜 정치영역을 확대하기 위해 문화적 제방을 축조하는 기능을 한다. 환경·평화·인권·여성·문화·빈곤·보건·교육 등 NGO가 다루는 주제는 끝이 없다. 그야말로 NGO는 미시적이고 친밀한 일상적 삶의 편린을 정치화시키고, 나아가 기존의 사회질서와 제도에 집착하지 않고 대안적인 사회에 대해 끊임없이 탐구한다. 물론 NGO는 정치가 단지 합의·조정·통일에만 머무르는 데 만족하지 않고, 저항·부정(否定)·회의 등을 제기하여 정치의 건강성과 역동성을 되찾도록 한다. 이 과정에서 NGO는 단지 국가와 시장을 방어하는 소극적 참호로 남는 것이 아니라, 카치아피카스(George Katsiaficas)가 주장하는 바의 "자유공간의 적극적 창출"을 시도한다(Katsiaficas, 2000: 54).

참여사회를 현실에서 구체적으로 실현하는 것은 공론장에 대한 성찰을 하지 않고서는 불가능하다. 실제로 공론장이 활성화되지 않고서는 정치적인 것의 확장은 본래적 의미를 상실하고 참여의 유효화와 다원적 가치의 실현도 불가능하게 된다. 따라서 인간의 삶과 관련된 다양한 주제가 활발한 의사소통을 통해 중층적인 토론장에서 논의되는 것이 중요하다. NGO는 생래적으로 토론을 중시하고 상대적으로 수평적이고 네트워크적인 조직형태로 운영된다. NGO는 정책과정에서 효율성 증진을 이유로 공론장이 권력이나 화폐 또는 양자의 결합에 의해 재봉건화되는 것을 견제한다. 물론 NGO는 시민사회에서 공론장이 이익집단이나 주류언론에 의해 사유화되는 것도 견제한다. 나아가 NGO는 언어적 담화 외에 신체와 예술을 빈번하게 사용함으로써 몸의 저항, 저항의 체험, 전위예술 등에서 나타나는 바와 같이 상징적 공론장을 만들기도 한다. 또한 전자커뮤니케이션의 이용을 통해 쌍방향적이고 시공간을 초월하는 공론장을 창출하는 데도 적극적이다. 영향력이 강한 집단의 힘을 견제하여 사회적 약자의 관심을 부활시키고, 사소하고 비가시적인 주제를 끌어들여 공론장의 양적 풍요를 추진하는 것도 NGO이다. 동성애, 에이즈, 난치병, 생태계, 전통문화, 놀이, 영성, 집시생활, 병역거부, 외국인 인권, 난민 등에 대한 공론을 예로 들 수 있다.

2. 자원봉사활동과 공공서비스의 생산

NGO의 활동은 개인의 주도권을 확장함과 동시에 공동체문제를 해결하기 위한 자발적인 공동행동을 함축한다. NGO가 국가권력과 시장권력을 견제하든, 사회적 약자를 위해 서비스를 생산하든, 대안사회의 생활방식을 실험하든, 그것은 개인의 자발적 참여와 봉사활동에 의해 실행된다. 더구나 오늘날 사회적 약자나 공공의 이익과 관련된 봉사활동을 목표로 많은 NGO가 결성되어 활동한다. NGO는 회원조직으로서 기본적으로 회원의 자발적 참여와 봉사활동을 통해 목표를 달성한다. 더구나 NGO의 자원봉사활동은 과거의 자선행위와는 달리, 상류층의 도덕적 의무감에서 나오는 것이 아니다. 지역사회의 발전과 사회변혁을 위해 보통 시민들이 스스로 참여하여 실행하는 것이다. 이러한 NGO의 봉사활동은 지역사회나 국가적 차원에만 머무르지 않는다. 빈곤·질병·구호·환경·교육·인권·평화 등과 관련하여 전지구적인 차원에서 다양한 형태의 봉사활동을 벌이고 다른 국가의 시민단체들과 연대한다. 이러한 국제적 연대와 봉사활동은 국가의 경계를 넘어 상호호혜의 정신을 개발하고 세계시민의 가치관을 확산시킨다.

다원화된 현대사회에서 국가가 모든 공공재를 생산하는 것은 불가능하다. 그리고 관료제를 통한 공공서비스의 생산은 여러 영역에서 비효율적이기 때문에 바람직한 것도 아니다. 국가관료제는 소수자가 원하는 서비스를 저비용으로 생산하기 어렵고, 개인이 원하는 다양한 욕구를 효과적으로 충족시키기 어렵다. 따라서 각종 NGO는 국가와 협력하든, 아니면 독자적으로 실행하든, 다양한 형태의 공공재를 직접 생산한다. 예를 들어, 소비자NGO는 거대기업에 의해 피해를 본 개별 소비자를 위해 권리구제활동을 한다. 여성NGO는 가정에서 폭력을 당한 여성을 상담하여 적절한 조치를 취한다. 청소년NGO는 미혼모의 임신·출산·산후조리·입양 등에 따르는 문제를 직접 처리한다. 교육NGO는 학교와 기업의 중개자가 되어 투명한 서비스와 질 높은 급식을 제공한다. 의회감시NGO는 의회활동을 모니터하여 정책이 소수특권자의 이익에 편향되지 않도록 감시한다. 사회적 경제에서는 지역도서관이나 박물관의 개관시간 증대와 해설자의 고용, 자치단체의 소규모 관광자원의 개발과 안내, 빈곤지역 아동의 공부방 운영, 소년소녀가장을 위한 상담 등 무수한 영역에서 NGO가 중요한 역할을 할 수 있다.[15] NGO는 개인의 일상적 삶과 밀접하게 관련되어있으면서도 국가활동영역 밖에 있는 무수한 공공재를 생산한

---

15) 전체 산업취업자에서 사회복지서비스의 고용인력이 차지하는 비율은 2003년 현재 미국(11.1%), 독일(10.3%), 스웨덴(18.4%)에 비해 한국(2.2%)은 매우 낮은 수준에 있다(한겨레신문, 2004년 8월 18일).

다. 특히 NGO는 다수의 지지에서 정당성을 획득하는 국가가 무시하기 쉬운 사회적 약자나 소수자를 위한 다양한 공공서비스를 생산한다. 현대사회에는 특수한 가치관·질병·선호를 가진 무수한 사람이 있다. NGO는 동성애자, 병역거부자, 희귀병환자, 문명거부자, 채식주의자 등과 같은 소수자에 대해 개방적인 태도를 가지고 이들이 필요로 하는 각종 서비스를 생산한다.

3. 다원적 가치의 보존과 이타주의의 실천

자유민주주의라고 해서 곧 다원주의가 아니고, 정당의 다당제를 보장한다고 해서 다원적 사회가 구축되는 것도 아니다(손호철, 1992). 다원적 사회는 국가권력이 분화되고 다양한 조직이 발생하여 자신의 의사를 표출하고 경쟁하는 사회이다. 그렇지만 각종 집단이 자기정정의 기제 없이 특수이익만을 추구하거나, 집단 간의 갈등이 상호 화해할 수 없는 평행선을 긋거나, 거대집단이 영향력을 독차지하면 다원주의는 지속되기 어렵다. NGO는 다양한 선호를 가진 사람들이 가치를 공유하고 공동협력을 통해 공공선을 실현하는 조직이기 때문에, 그 자체로서 다원적 가치를 지향하는 이념적 정향을 가지고 있다. 그리고 NGO는 조직구조가 수평화되어 있고 조직 간 네트워크를 강조하기 때문에 다원적 가치의 생성과 보존에 구조적으로 기여한다. NGO가 주도하는 시민운동은 참여와 개방, 의사소통, 비판과 토론, 조정과 연대 등을 중시하기 때문에 다양한 가치가 표출되고 시민적 관심이 정책과정에 반영된다. 나아가 NGO는 물질주의에 경도되어 있는 현대사회에서 의미 있는 삶을 누리는 데 필요한 도덕과 윤리를 창출하고 영성을 계발하는 시민의 자발적 메커니즘이기도 하다. 물론 NGO는 시민사회가 거대한 세력을 가지고 있거나 집단이익을 추구하는 집단에 의해 획일화·사유화되는 것을 견제하여 다원성이 보존되도록 하는 데 민감하게 대응한다.

21세기의 인간군(群)은 삶에 대한 진지한 사색보다는 이익과 소비에 집착하여 마치 거대한 물결처럼 다수가 가는 방향으로 이끌려가고 있다. 삶의 진정성이 상실되고 있는 시대에 NGO는 타자를 자신의 삶의 일부에 포함시켜 개인 간의 화해와 조화를 모색한다. NGO는 바로 단체를 구성하는 회원의 직접적인 수혜와 관계없이 공공의 이익을 위해 활동하는 단체이다. 따라서 NGO의 회원은 자기 자신뿐만 아니라 타인의 삶에 영향을 미치는 갖가지 문제를 제기하고 직접 나서서 해결한다. NGO는 환경을 보호하기 위해 감시활동을 하고, 정부의 정보를 입수하여 부정부패를 고발한다. 사라져가는 문화를 찾아 복원하고, 시장논리에 밀려나는 예술을 공연한다. 창조적인 교육을 위해 목소리를 높이고, 소비자의 권리를 찾아 캠페인을 벌인다. 특히 NGO는 사회적 약자나 소수자의 권리를 위해 활동하는 정체성을 가지고 있다. 다수결을 지향하는 정부의 논리와 이윤을 추구하는 시장의 논리에 의해 제대로 정책에 반영되지 못하거나 시장에 의해 교환되지 않는, 사회적 약자를 위한 공공서비스를 직접 생산하기도 한다. 이런 NGO의 활동은 국가의 경계를 넘어 세계적으로 연결되어있다. NGO는 달리 말해 더욱 평등하고 복지가 보장되는 도덕공동체, 복지공동체를 건설하려는 이상을 가지고 이타주의를 실천하는 문명적 토대라고 할 수 있다.[16]

4. 자연존중과 환경운동의 전개

자연을 인간의 행복을 위한 정복대상으로 바라보는 근대적 시각을 수정하기 위한 시도는 많이 있었다. 일찍이 자연주의자 소로우나 아나키즘(anarchism)을 생활에 실천했던 톨스토이와 간디 등은 자연을 인간의 행복을 위한 수단으로 보는 시각에 반대하였다. 그러나 자연에 대한 근대적 왜곡에 대해 체계적으로 문제를 제기하고 인간과 자연과의 공존을 대중적으로 확산시킨 것은 바로 NGO라고 할 수 있다. NGO는 기술문명에 의한 근대적 발전방식을 반성하고 인간과 자연과의 공존을 중시한다. 따라서 자연파괴를 통해 정당성을 획득하려는 지배세력의 불순한 의도, 자본축적에 집착하는 기업의 기회주의적 태도, 객관성의 이름으로 자연을 파괴하는 과학기술의 무책임성을 감시하고 비판한다. 현대인은 권력과 자본의 강력한 발전연합에 의한 유혹이나 강요에 쉽게 굴복하는 경향이 있다. NGO는 이에 대한 시민적 각성을 촉구하고, 전근대적 생활방식을 재창조하여 실천하기도 한다. 오늘날 인간이 자연에 대해 새로운 시각을 가지고 그래도 일부에서 자연친화적 생활을 적극적으로 실천하게 된 것은 NGO의 노력 덕분이라고 할 수 있다.

자연을 존중하는 사고와 이념이 사회변혁을 위한 에너지가 되기 위해서는 운동으로 승화되어야 한다. 환경운동은 근대문명에 대한 반성을 통해 대안적인 사회를 모색하는 실천으로서

---

[16] 한국처럼 국가복지 수준이 매우 낮은 경우 시민사회의 자발적 결사체를 통한 복지공동체 구축의 문제는 논쟁이 될 수 있다. 한국은 일정한 수준까지 국가의 복지역할을 지속적으로 증대시켜야 하지만, 그렇다고 국가를 통해 복지공동체를 구축하는 것은 분명 한계가 있음을 인식할 필요가 있다.

NGO가 주도하고 있다. NGO 중에서도 환경NGO는 가장 초기에 발생하였을 뿐만 아니라, 수적으로도 가장 많다. 물론 NGO는 다원적 가치를 중시하기 때문에 환경운동의 영역 또한 다양한 스펙트럼을 형성하고 있다. 대표적으로 본다면, NGO에 의해 추진되는 환경운동은 크게 세 가지 이념으로 구분할 수 있다. 신비적·윤리적·종교적 이유에서 자연보호를 주장하는 형식, 온건하게 자연훼손과 오염을 방지하고 생활환경의 개선을 목표로 하는 방식, 인간을 자연의 일부로 바라보고 인간의 생활양식을 근본적으로 변화시키기 위해 불복종운동을 전개하거나 공동체적 삶을 직접 실천하는 방식 등이다. 그 차이에도 불구하고 NGO는 환경운동을 통해 근대문명을 반성하고 인간과 환경의 공존을 추구한다.

제IV부
NGO와 21세기 한국사회

제12장 한국NGO의 현재와 미래

제 **12** 장
한국NGO의 현재와 미래

제1절 한국NGO의 현황

1. 한국NGO의 번창

1987년 6월항쟁 이후 민주화가 진척되고 시민사회가 본격적으로 성장하면서 한국에는 수많은 NGO가 결성되어 활동하고 있다. NGO들은 정부와 기업의 권력을 견제하고 시민권리를 옹호한다. 정부가 제공하지 못하는 각종 미시적인 서비스를 생산한다. 지역공동체를 재구성하고 다양한 민주주의와 탈자본주의 경제를 실험한다. 사회적 약자의 이익을 옹호하고 그들의 권리를 대변한다. 정부의 정책과정에 참여하여 시민의 의견을 전달하고 여론을 형성한다. 이익집단의 과도한 집단이익추구를 비판하고 사회적 갈등을 조정한다. 기득권자의 자기방어를 견제하고 개혁을 추동한다. 민주시민교육을 위한 다양한 프로그램을 진행한다. 새로운 시대에 필요한 도덕과 윤리를 재정립하기 위해 노력한다. 강대국의 이기주의를 견제하고 지구화의 부정적 측면을 비판한다. 거대한 초국적기업의 권력과 자본을 감시하고 비판한다. 재해를 당한 지구촌을 누비며 구호활동을 전개한다. 개발도상국의 개발을 위해 봉사활동과 원조활동을 실행한다. 근대성을 넘어 새로운 문명을 모색하고 대안사회를 실험한다. 그야말로 한국에서 NGO는 하지 않는 것이 없다고 할 정도로 많은 영역에서 많은 일을 하고 있다. 인간의 실존을 고민하고 인간적인 삶을 위한 사회관계를 형성하기 위해 NGO는 영역과 국경의 경계를 넘어 활동하면서 사람들을 결속한다.

한국사회에서 NGO는 이제 없어서는 안 될 중요한 사회적 제도이자 삶의 한 부분이 되었다. 시민들은 사회개혁을 추진하고 거대한 권력과 자본을 견제할 필요뿐만 아니라, 일상적 삶의 무력함이나 인생의 본질에 대해 고민할 때도 NGO를 찾거나 직접 NGO를 만든다. 많은 신문과 방송들은 NGO의 활동을 보도하고 각종 사건이나 정책에 대해 NGO의 의견을 묻는다. 정치지도자나 정부의 정책담당자도 NGO에 자문을 구하거나 상호협력을 통해 공공문제에 접근한다. 기업가들은 NGO의 목소리에 귀를 기울이고 사회공헌활동에서 공동행동을 모색한다. 시민들은 대부분 NGO를 알고 있고, 많은 사람들은 NGO에 참여하고 있으며, 직접 NGO를 결성하고 지도하기도 한다. 중등학교 책에는 NGO의 활동을 교과과정으로 다루고, 대학에는 각종 NGO를 가르치는 학과·대학원·강좌가 개설되었다. NGO를 다루는 전문신문이 있고, 전문출판사가 있으며, 학자들이 모인 학회와 전문학술지도 있다.[1] NGO가 주최하는 축제·여행·답사·체험 프로그램도 있다. 곧 NGO박람회가 개최되고 NGO박물관이 건립되며 NGO를 상징하는 건물도 나타날 것이다.

한국에서 NGO는 다수가 중앙에 집중되어있기는 하지만, 전국에 편재(遍在)되어있다. 농촌지역이나 지방의 오지에도 NGO는 있다. NGO에는 지식인과 중산층이 핵심적으로 참여하여 이끌어가지만, 모든 계층·성·세대·직업의 사람들이 참여한다. 주부·학생·청소년·노인·농부뿐만 아니라, 장애인·동성애자·에이즈환자·알코올의존자·희귀병환자·병역거부자·북파공작원·이주노동자도 NGO를 만들고 NGO에서 활동한다. 그리고 NGO는 실재사회뿐만 아니라 사이버공간에서도 무수하게 존재하고 열성적으로 활동한다. 그래서 NGO는 온라인(on-line)과 오프라인(off-line)을 넘나들며 교류하고 연대한다. 또한 NGO는 거리에서 피켓을 들고 캠페인을 하거나 집회와 시위와 같은 직접행동을 할 뿐만 아니라, 문화유산을 답사하고 희귀식물을 보호하며 영화제나 전위예술을 진행하기도 한다. 심지어 수백 킬로미터를 절을 하며 고행을 하기도 하고, 수십 일 동안 단식을 하기도 하며, 전국 방방곡곡을 찾아다니기도 한다.[2] 앞으로 한국NGO는 환경이나 평화를 위해 하늘을 오르고 바다 위를 떠다니며 땅속에서 생활하는 모험

---

[1] NGO 전문신문으로는 〈시민사회신문〉, 〈시민운동연합신문〉, 〈한국NGO신문〉 등이 있고, 전문출판사로는 아르케출판사가 있다. 전문학회로는 한국NGO학회, 한국비영리학회, 한국민주시민교육학회, 한국자원봉사학회, 한국사회운동학회 등이 있고, 전문잡지로는 〈NGO연구〉(한국NGO학회), 〈한국비영리연구〉(한국비영리학회), 〈한국민주시민교육학회보〉(한국민주시민교육학회), 〈자원봉사〉(한국자원봉사학회), 〈시민사회와 NGO〉(한양대학교 제3섹터연구소) 등이 있다.
[2] 한국NGO는 산간이나 섬의 오지를 찾아다니며 노인의 머리를 깎아주고 영정사진을 촬영해주기도 한다.

을 할지도 모른다. 그리고 북한, 아시아의 오지, 나아가 세계의 저개발국에도 협력의 손길을 뻗을 것이다.

현대사회에서 NGO가 갖는 진보성, 유연성, 포괄성(exhaustiveness), 통일성(holism), 포용성(inclusiveness), 성찰성, 실험정신, 비전 등과 같은 특성은 많은 국가에도 존재하지만, 특히 한국사회에서 매우 독특하게 발달되어있다. 한국NGO는 인간의 총체적 인격을 보존하기 위한 새로운 정치체제와 사회문화를 제시하고 다양한 실험을 시도한다. 이 과정에서 수평적인 조직구조와 네트워크를 통해 모든 지역과 모든 계층의 사람을 참여시킨다. 그리고 국가와 시장의 자기보호 본능과 책략을 비판하고 사회발전을 위한 힘찬 발걸음을 내딛는다. 나아가 대안적 생활양식에 대한 학습과 체험을 통해 인간적 삶에 대한 심미적 성찰성을 제공한다. 이러한 한국NGO의 역동성은 한국의 중요한 지적·문화적·경제적 자산이 되어 한국의 발전에 기여할 것이다. 앞으로 한국NGO가 수십만 개에 달해 시민사회가 역동적으로 활동한다면, 한국은 순조롭게 통일을 달성하고 통일 후의 후유증도 순탄하게 극복할 수 있을 것이다. 그리고 세계의 정치·경제·문화의 중심이 될 아시아에서 사회문화적 중추국가(hub state)로 성장할 수 있을 것이다. 나아가 자유·평등·박애·인권·정의와 같은 민주주의의 원리를 되살리고, 수평적이고 네트워크적인 사회구조의 전형을 만들며, 새로운 문명을 창조하는 데 기여할 수 있을 것이다. 이러한 과업은 마치 한국이 1960년대 이후 40여 년 동안 세계에서 가장 역동적으로 산업화를 성취했고, 식민지 지배, 분단과 전쟁, 군부통치를 극복하고 민주주의를 달성했으며, 세계 최고의 정보화수준을 만들어낸 것처럼 한국인들의 도전정신과 참여행동에 달려있다.[3]

2. 한국NGO의 규모

한국NGO의 규모가 어느 정도인지에 대해서는 체계적으로 조사되지 않았고, 조사하기도 어렵다. 이것은 어디까지를 NGO의 개념적 범주로 볼 것인가에 대해 전문학자 및 NGO활동가 내

---

[3] 한국은 세계에서 평등의식이 가장 강한 편에 속하고, 정보화수준도 최고 수준에 있다. 경기도 분당 같은 신도시를 4년 만에 만들어내는 속도를 자랑하고, 2002년 서울월드컵 경기에서 보여준 것처럼 전국의 수백만 명이 거대한 응원물결을 만들며 신명나게 놀기도 좋아한다. 한국인의 이러한 기질과 잠재된 무의식은 NGO의 번영에도 기여할 수 있다.

<표 12-1> 한국NGO의 정부등록 현황(2010년)

구분	단체수(개)	비율(%)
중앙행정기관	1,023	11
시/도 광역자치단체	8,156	89
계	9,179	100

에서 합의가 존재하지 않고, 대략적인 합의를 본다고 하더라도 NGO가 워낙 다양하기 때문이다. 시민사회에는 NGO로 결성된 단체도 활동을 제대로 하지 않거나 공공성에서 벗어나는 경우가 있고, NGO가 아닌 친목단체나 직능단체로 결성된 단체 중에서 NGO와 같이 공익활동을 하는 단체도 있다. 그리고 NGO에는 공식적인 조직뿐만 아니라 많은 비공식적인 조직이 존재한다. 또한 온라인에서도 무수한 NGO가 활동하고 있다. 이러한 단체를 포괄하는 조사를 실행하는 것은 전문적인 설계와 상당한 시간과 비용을 필요로 한다. 따라서 한국NGO가 몇 개이며, 전체 NGO에 연관된 회원수, 상근자수, 재정의 규모, 연대단체의 수 등을 정확하게 파악하기 어렵다. 한국NGO의 규모를 파악하기 위해 '시민운동정보센터'가 3년마다 <한국민간단체총람>을 발행하고, 이 이외에도 <한국NGO총람>이라는 책이 나오고 있으나, NGO라고 보기 어려운 단체들이 포함되어 있는가 하면, 소규모의 단체나 온라인 단체를 포괄하지 못하는 한계도 있다.

행정안전부의 자료에 의하면, 2010년 3월 현재 9천여 개의 NGO가 정부에 등록되어있다. 그러나 여기에는 일정한 수준의 조직규모를 갖춘 단체만 등록하기 때문에 규모가 작은 비공식단체나 많은 온라인 활동단체는 빠져 있다.[4] <표 12-1>에 나타난 바와 같이, 전체 9,100여 개 중에서 11%가 중앙부처에 등록되어 있고, 나머지 89%가 16개 시/도 광역자치단체에 등록되어 있다. 그리고 <표 12-2>에 나타난 바와 같이, 32개 중앙기관에 등록된 단체 1,023개 중에서 행정안전부가 가장 많고, 환경부, 보건복지부, 문화관광체육부가 그 뒤를 잇고 있다. 또한 <표 12-3>에 나타난 바와 같이, 16개 시/도 광역자치단체에 등록된 단체 8,156개 중에서 경기도가 가장 많고, 그다음으로 서울시, 전라북도, 경상북도 순이다. 특히 인구 대비로 볼 때 전라북도가 우리나라에서 NGO가 가장 많다.

한국NGO의 전체 숫자가 어느 정도인지는 정확하게 알 수 없지만, 2010년 현재 공식·비공식, 온라인·오프라인을 포함하여 4만~5만 개 정도인 것으로 추정하고 있다. 여기에 참여하는 회원수는 복수가입을 고려하면 1천만 명이 넘고, 여기서 근무하는 상근활동가만 5만 명이 넘

---

[4] 가장 대표적으로 '비영리민간단체지원법'에 의해 정부에 등록하는 NGO는 회원이 100명이 넘고, 설립한 지 1년이 지난 단체에 한한다.

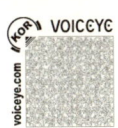

<표 12-2> 한국NGO의 중앙기관별 등록현황(2010년)

부처	행정안전부	문화관광체육부	보건복지부	환경부	통일부	외교통상부	교육과학기술부	농림수산식품부	계
단체수(개)	175	109	120	125	94	99	30	31	
부처	법무부	재정경제부	기획재정부	노동부	여성가족부	국토해양부	지식경제부	국방부	
단체수(개)	6	2	6	36	57	28	7	19	1,023
부처	국가보훈처	경찰청	해양경찰청	농촌진흥청	산림청	소방방재청	방송통신위	기타*	
단체수(개)	7	7	8	6	12	8	9	22	

*국가인권위원회: 1, 문화재청: 5, 통계청: 1, 중소기업청: 2, 공정거래위원회: 4, 금융위원회: 4, 특허청: 2, 식품의약품안정청: 1, 사행산업통합감독위원회: 2

<표 12-3> 한국NGO의 시/도별 등록현황(2010년)

시/도	서울	부산	대구	인천	광주	대전	울산	경기	계
단체수(개)	1,102	510	323	475	347	331	257	1,424	
시/도	강원	충북	충남	전북	전남	경북	경남	제주	8,156
단체수(개)	241	310	323	726	460	569	498	260	

을 것으로 생각된다. <표 12-4>는 20개 영역에서 활동하는 대표적인 한국NGO를 정리한 것이다. 물론 여기에 포함된 단체 외에도 중요한 활동을 하는 많은 NGO가 있음은 두말할 필요도 없다.

3. 한국NGO의 분포

한국NGO의 분포는 5장에서 분류한 NGO의 분류기준에 의해 살펴볼 수 있다. 첫째, 활동수준에서 볼 때 전국NGO보다 지방NGO나 커뮤니티NGO가 많다. 국제NGO는 매우 적었으나 최근에 개발도상국 개발과 국제원조에 대한 관심이 증대하면서 늘어나고 있다. 둘째, 조직구조나 조직형태에서 볼 때 단독형이 많지만, 연합형도 상당히 있다. 그리고 다양한 형태의 연대협의체도 거의 모든 영역마다 조직되어있다. 또한 풀뿌리조직형이나 전문가중심형보다는 활동가중심형

〈표 12-4〉 영역별 한국의 주요 NGO

활동 영역	주요 단체
환경	환경운동연합, 녹색연합, 환경정의시민연대, 생명의숲가꾸기국민운동, 기독교환경운동연대, 한국야생동물보호협회, 한국그린크로스
인권	인권운동사랑방, 민주화실천가족운동협의회, 한국정신대대책협의회, 민주사회를위한변호사모임, 강제동원진상규명시민연대
평화/통일	우리민족서로돕기운동, 평화를만드는여성회, 민족화해협력범국민협의회, 세계평화여성연합, 평화와통일을여는사람들, 평화네트워크
여성	한국여성민우회, 한국여성의전화연합, 대한YWCA연합회, 한국여성단체연합, 한국여성단체협의회, 한국여성정치문화연구소, 원불교여성회
권력감시	참여연대, 반부패국민연대, 민주언론시민운동연합, 한국시청자연대회의, 행정개혁시민연합, 바른사회를위한시민회의, 전북참여자치연대
정치/경제	공명선거실천시민운동협의회, 정치개혁시민연대, 의회를사랑하는사람들, 경제정의실천시민연합, 함께하는시민행동, 한국납세자연맹
시민계몽	새마을운동중앙회, 신사회공동선운동연합, 기독교윤리실천운동, 성숙한사회가꾸기모임, 한국장묘문화개혁범국민협의회, 정신개혁시민협의회
교육/연구	참교육위한전국학부모회, 인간교육실현학부모연대, 학벌없는사회를위한모임, 민족문제연구소, 한국인간교육원
예술/문화/체육	문화연대, 여성문화예술기획, 두레, 책사랑회, 국민생활체육협의회, 자전거타기운동연합, 범국민자전거생활진흥회
복지	한국백혈병어린이재단, 이웃을돕는사람들, 장애우권익문제연구소, 자비의집
의료/보건	사랑의장기기증운동본부, 새생명찾아주기운동본부, 생명나눔실천회, 한국건강연대, 인도주의실천의사협의회, 한국금연운동협의회
청소년/아동	흥사단, 한국청년연합회, 한국YMCA전국연맹, 청소년폭력예방재단, 색동회, 한국걸스카우트연맹, 한국보이스카우트연맹
소비자권리	소비자문제를연구하는시민의모임, 한국소비자연맹, 녹색소비자연대
교통	녹색교통운동, 어린이교통안전협회, 자동차10년타기운동연합, 교통문화운동본부, 한국교통시민협회, 녹색어머니회
노동/농민	외국인노동자대책협의회, 외국인노동자의집, 한국노동청년연대, 부천노동문화센터, 우리밀살리기운동본부, 전국귀농운동본부
자원봉사	볼런티어21, 곰두리봉사대, 녹색어머니회, 부름의전화, 생명의전화, 자원봉사애원, 한국자원봉사연합회, 섬기는사람들
국제연대	굿네이버스, 월드비전, 지구촌나눔운동, 글로벌케어, 한국JTS, 세계청년봉사단, 한국국제기아대책기구, 한민족복지재단, 선한사람들
공동체	열린사회시민연합, 다일공동체, 한살림공동체, 한두레, 인드라망공동체, 야마기시공동체
대안사회	미래사회와종교성연구원, 미내사클럽, 대안연대회의, 새문명아카데미, 우리생협, 공정무역
기타	아름다운재단, 시민운동정보센터, 해비타트한국지부, 전국철거민협의회, 시민운동지원기금, 독도수호대

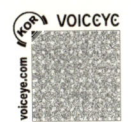

단체가 많고, 온라인 단체보다는 오프라인 단체가 많으며, 중개형보다는 현장활동형 NGO가 많다. 풀뿌리NGO의 중요성을 계속 강조하고 있기 때문에 장기적으로는 풀뿌리조직형 NGO가 늘어날 것이다. 높은 정보화수준에 힘입어 온라인형 NGO도 급격하게 늘어나고 있다. 셋째, 법적 요건에서 볼 때 법인체보다는 임의단체가 절대적으로 많다. 이것은 민법상 사단법인이나 재단법인을 설립하는 요건이 까다롭기 때문이다. NGO법인을 쉽게 설립할 수 있는 정책이 수립되면 법인격을 가진 NGO가 늘어날 것이다.[5] 넷째, 기능적으로 볼 때 복지·견제·대변과 관련된 단체가 많다. 민주시민을 위한 교육을 하는 단체도 늘어나고 있다. 특히 모금단체는 매우 적었으나 최근에 아름다운재단과 같은 단체가 생기고 있다. 다섯째, 활동영역에서 볼 때 환경단체가 가장 많고, 그다음으로 시민권리를 옹호하거나 사회적 약자의 복지를 위한 단체가 많다.

전반적으로 볼 때 한국NGO는 임의단체의 자격을 가지고 활동가가 중심이 되어 현장활동을 하는 환경단체가 가장 많다. 주창활동에 치중하여 서비스를 제공하는 단체가 적다고 했으나 2005년 이후에는 오히려 후자가 더 많은 것으로 추정된다. 또한 최근 한국의 위상이 높아지고 국제활동에 대한 관심이 증대하면서 국제원조 및 협력과 관련된 NGO가 많이 늘었다. 그러나 국제적 수준에 활동하는 단체는 더욱 늘어날 필요가 있다. 특히 북한·연변·연해주 등을 비롯하여 세계에 있는 교포를 원조하거나, 해외동포와 연결하여 각종 시민운동을 전개하는 NGO도 필요하다. 그리고 시민사회의 토대를 강화하기 위해서는 민주시민을 교육하는 NGO, 기금을 모금하는 NGO, NGO의 설립과 운영을 지원하는 NGO 등이 증대해야 할 필요가 있다. 나아가 생활협동조합을 비롯하여 대안경제를 실험하는 NGO, 명상이나 요가를 비롯하여 정신적 수행을 하는 NGO도 조금씩 늘어나고 있는데, 인간의 욕구충족과 관련하여 이러한 단체의 증대도 중요하다. 최근에는 소득이 증대하고 여가가 늘어나면서 같은 취미를 가진 사람들이 동아리를 만들어 회원 간의 친목을 넘어서서 공익활동을 하는 유사NGO가 늘어나고 있는데, 시민사회의 역동성에서는 볼 때 이것은 바람직한 현상이다.

한국NGO의 구체적인 분포를 분석하는 것은 전체 NGO에 대한 조사가 체계적으로 이루어지지 않았기 때문에 사실상 불가능하다. 여기서는 2006년판 〈한국민간단체총람〉에서 조사된 5,556개의 NGO를 대상으로 분석한다. 2005년 조사를 실시하는 과정에서 대체로 소규모 풀뿌리조직이 빠졌기 때문에 실제로는 여기에 나타난 단체의 규모보다 작다고 할 수 있다.

---

5) 일본처럼 NGO가 쉽게 법인을 만들어 기부를 받을 수 있도록 하는 방안이 논의되고, 국회에도 여러 번 입법청원되었으나 아직도 입법화되지는 못하고 있다.

1) 활동영역별 분포

활동영역별로는 〈표 12-5〉에 나타난 바와 같이, 5,556개 NGO 중에서 사회적 약자를 위해 서비스를 제공하는 사회서비스단체가 전체의 18.5%로서 가장 많고, 그다음으로 환경단체가 전체의 13.2%를 차지하고 있다(여기서 시민사회는 영역별로 구분하기 어려운 단체를 종합한 것이다). 온라인단체는 활동영역별 구분이라고 보기는 어렵지만, 전체의 11.5%를 차지할 정도로 많다.

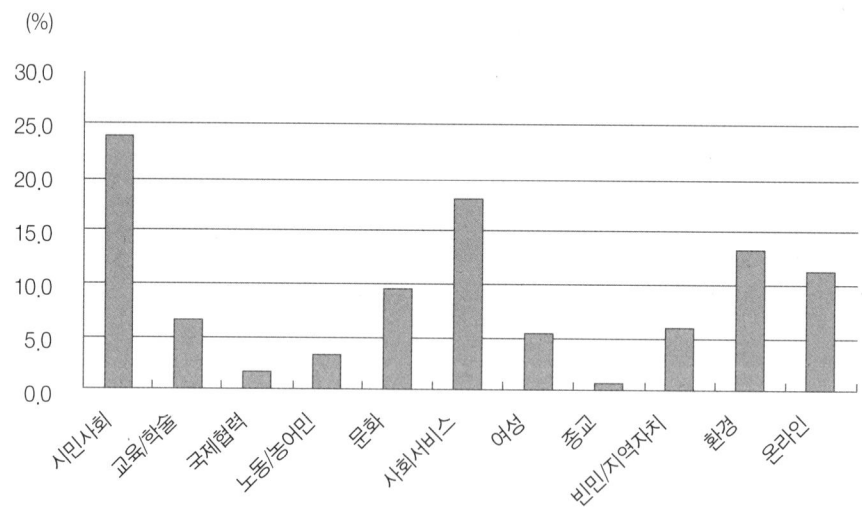

〈표 12-5〉 한국NGO의 활동영역별 분포도(2005년)

2) 지역별 분포

지역별로는 〈표 12-6〉에 나타난 바와 같이, 설립지역을 알 수 있는 4,826개 NGO 중에서 서울이 전체의 37.4%를 차지하고 있다. 그다음으로 경기도가 전체의 13.8%를 차지하였다. 서울지역이 조사하기에 유리한 점도 있겠지만, 서울과 경기가 전체의 절반을 넘어서고 있다. 이것은 한국NGO가 중앙에 집중되어 있는 현상을 잘 보여주고 있다.

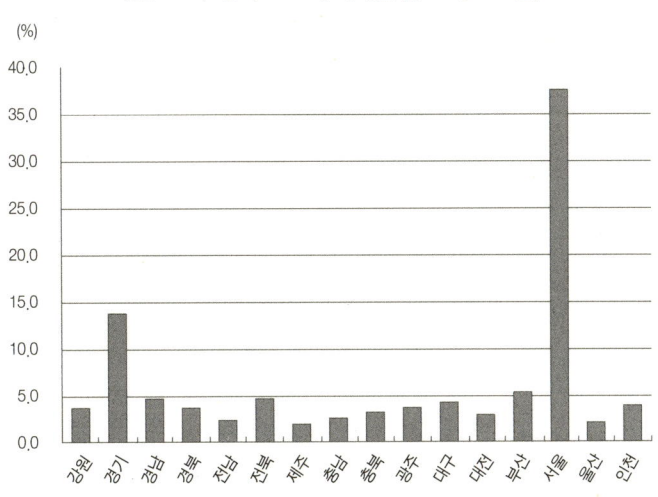

〈표 12-6〉 한국NGO의 지역별 분포도(2005년)

3) 설립연도별 분포

설립연도별로는 〈그림 12-1〉에 나타난 바와 같이, 설립연도를 알 수 있는 3,539개 단체 중에서 79.5%가 1990년 이후에 설립되었다. 이것은 1987년 6월항쟁 이후에 NGO가 급속도로 늘어나고 있음을 보여주고 있다. 2005년을 기준으로 할 때, 설립된 지 25년이 넘은 NGO는 전체의 8.3%에 지나지 않았다.

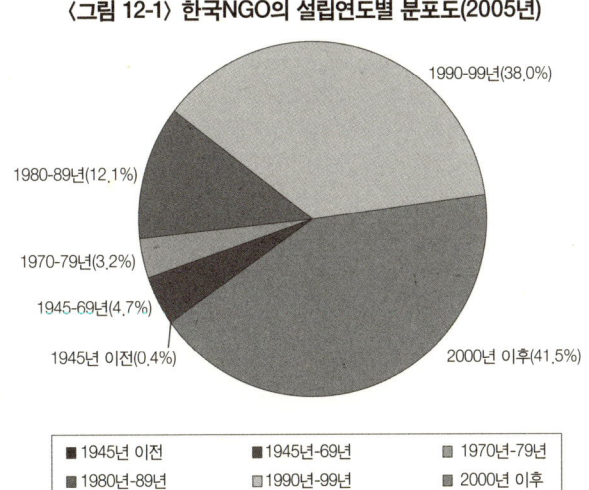

〈그림 12-1〉 한국NGO의 설립연도별 분포도(2005년)

제12장 한국NGO의 현재와 미래

4) 회원수 분포

회원수 분포에서는 〈그림 12-2〉에서 보는 바와 같이, 회원수를 알 수 있는 1,716개 단체 중에서 회원 수 1,000명 이하가 전체의 64.3%를 차지하였다. 그리고 회원이 100명 미만인 단체도 17%에 달하였다. 그만큼 한국NGO는 회원수에 있어서 영세한 편이다. 회원수의 설문에 응하지 않은 단체가 대체로 회원수가 적은 단체이고 회원수의 통계에서도 허수가 있다는 것을 고려할 때, 실제로 회원수의 영세성은 더 심할 것으로 보인다. 회원수가 1만 명이 넘는 단체는 전체의 11.7%에 지나지 않았다.

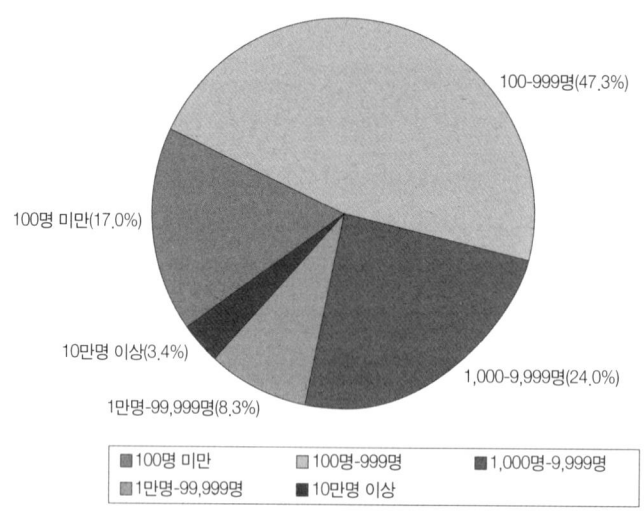

〈그림 12-2〉 한국NGO의 회원수 분포도(2005년)

5) 상근자수 분포

상근자수 분포에서는 〈그림 12-3〉에 나타난 바와 같이, 상근자수를 알 수 있는 1,628개 단체 중에서 상근자수가 10명 미만인 단체가 전체의 89.4%를 차지하였다. 상근자수가 50명 이상인 단체는 전체의 1.2%밖에 되지 않았다. 따라서 한국NGO는 상근자수에서도 매우 영세한 편이다. 실제로 비공식적인 소규모 NGO나 온라인NGO는 대부분 상근자가 없다.

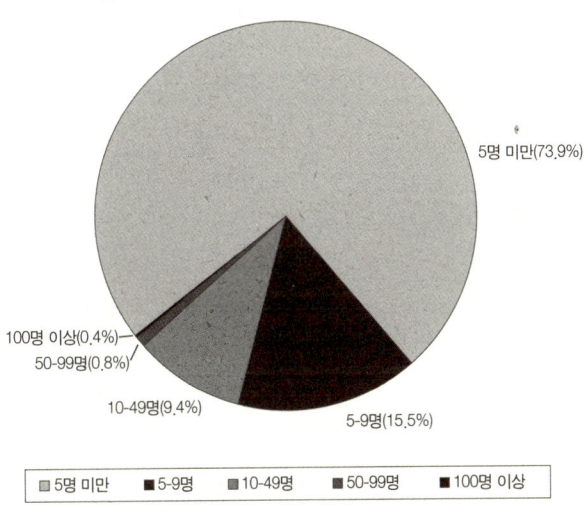

〈그림 12-3〉 한국NGO의 상근자수 분포도(2005년)

6) 예산규모별 분포

예산규모 분포에서는 〈그림 12-4〉에서 보는 바와 같이, 예산을 밝힌 1,702개 단체 중에서 연간 예산이 1억 원 미만인 단체가 전체의 55.9%에 달하였다. 연간예산이 10억 원이 넘는 단체는 전체의 8.2%밖에 되지 않았다. 그만큼 한국NGO는 회원수나 상근자수의 경우와 마찬가지로, 재정적으로도 영세한 편이다.

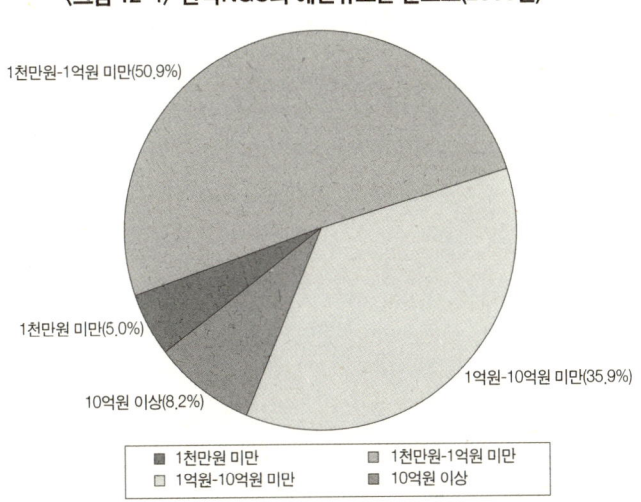

〈그림 12-4〉 한국NGO의 예산규모별 분포도(2005년)

7) 기타

이 밖에도 전체의 52%가 임의단체였고, 43%가 홍보지를 발행하고 있으며, 59%가 인터넷에서 홈페이지나 웹사이트를 운영하고 있었다. 단체의 법인형태는 법인이 전체의 48%로 상당히 많은 것으로 나타났으나, 실제로 조사되지 않았거나 응답하지 않은 단체의 대부분이 임의단체로 추정되므로 실제로 법인격을 가진 단체의 비중은 이보다 훨씬 낮을 것으로 보인다.

제2절 한국NGO의 발전방안

한국에서는 1987년 6월항쟁 이후 거대한 정치사회적 구조변동을 겪으면서 수많은 NGO가 분출하고 각종 시민운동이 활성화되었다. NGO는 짧은 기간 동안 다양한 시민운동을 통해 시민사회의 능력을 증진시키고 사회개혁과 민주주의발전에 크게 기여하였다. 한국NGO가 지난 20여 년 동안 권력과 자본의 견제, 사회개혁 추동, 부정부패 감시, 시민사회의 공공성 증대, 사회적 갈등의 조정, 민주시민의식의 고양, 사회적 약자의 이익 대변, 공공서비스의 생산, 지구화에 대한 저항, 국제원조활동, 대안적인 삶의 실험 등에서 중요한 활동을 해왔음을 부인할 수 없다. 그렇다고 한국NGO가 문제가 없는 것은 아니다. 외국과 마찬가지로 한국에서도 NGO가 ABC는 알지만 EFG는 모른다, 비판은 하지만 대안이 없다, 단체는 있으나 시민이 없다 등과 같은 지적을 받는다. 사실 한국NGO는 전환기적 상황에서 리더십, 운동전략, 활동가 재생산, 시민참여, 재정자립, 국제연대 등에서 많은 한계를 드러내고 있는 것이 사실이다. 여기서는 한국NGO가 가진 문제를 살펴보고 이를 극복하기 위한 방안에 대해 고찰하기로 한다.

1. 한국NGO의 문제

한국에서 NGO는 1990년대와 2000년대에 걸쳐 급격한 성장을 했기 때문에 영향력의 증대에 따라 반작용이 생겨나고, 급격한 성장 다음 단계로서 정체현상이 나타나고 있다. 따라서 NGO나 NGO가 추진하는 시민운동에 대해 다양한 비판이 제기되고 있다.

1) 한국NGO에 대한 비판

한국의 NGO와 시민운동에 대해 지금까지 제기되어온 비판은 아래와 같이 10가지로 요약할 수 있다.

① **시민참여의 부족**: 소위 '시민없는 시민운동'이라는 비판에서 잘 나타나듯이, 한국의 NGO나 시민운동은 소수의 명망가나 상근활동가에 의해 지도되고 시민참여가 부족하다. 시민이 단체의 회원으로 참여한다고 하더라도 수동적으로 회비를 내는 데 그치고 시민운동의 현장에는 나타나지 않는다. 따라서 다수의 회원이름으로 제기되는 목소리도 실상 소수의견에 지나지 않고 시민사회의 대표성도 부족하다.

② **백화점식 조직화**: 한국의 NGO나 시민운동은 부문별로 전문화되어있지 않고 한 단체가 마치 백화점처럼, 심하게 말하면 선단식 대기업처럼 모든 영역에 관여한다. 따라서 개별 영역에 대한 전문능력이 부족하고 조직이 관료화되어있다. 부족한 전문능력을 가지고 국가나 시장영역에 개입하여 전문가의 의견을 반박하는 모순이 있다. 그리고 대형NGO는 NGO 내에서도 패권을 유지하려고 한다.

③ **이슈중심의 시민운동**: NGO가 시민권력과 전문능력을 가지고 체제모순을 근본적으로 개혁하거나 기존정책의 대안을 제시하는 것이 아니라, 단순히 이슈를 제기하고 이를 언론에 홍보함으로써 영향력을 행사하려고 한다. 따라서 풀뿌리 시민참여를 통한 사회변혁보다는 언론을 통한 공중동원에 치중한다. 그러므로 NGO는 문제제기를 넘는 근본개혁과 대안제시 능력이 부족하고, 제기한 문제에 대해 책임도 지지 않는다.

④ **정치지향적 활동**: 한국NGO는 정부를 상대로 정책을 비판하고 개혁을 주창하는 강한 정치성을 띤다. 따라서 정치적 중립을 지키지 못하고 실질적인 정치활동을 하며, 이 과정에서 보편적 이익을 지키기보다는 특정한 집단의 이익을 대변하는 성격이 강하다. 또한 NGO는 정부에 대한 비판뿐만 아니라 정부가 생산하지 못하는 각종 공공서비스를 생산하는 것도 중요한데, 이러한 활동은 매우 빈약하다.

⑤ **정부와 기업에 대한 재정의존**: NGO는 시민사회의 자율적 결사체로서 회원의 회비나 시민사회의 기부금으로 재정을 충당해야 한다. 그럼에도 한국NGO는 재정독립을 위해 노력하기보다는 정부지원금이나 기업기부금에 의존함으로써, 자율성이 훼손되고 정부와 기업을 제대로 견제하지 못하는 경향이 있다.

⑥ **비민주적 조직운영**: 국가와 시장을 비판·견제하는 NGO가 스스로 민주적인 의사결정과 투명한 재정체계를 갖추고 있어야 함에도 불구하고 그렇지 못하다. 한국NGO는 내부 의사결정이 과두화되어 소수 몇 명이 의사를 결정하고 회원들은 의사결정에 참여할 수 있는 기회가 부족하다. 심지어 국가와 시장에 유착하여 재정을 지원받거나 대표자가 공금을 횡령하는 등 도덕적인 타락도 나타나고 있다.

⑦ **NGO활동의 중앙집중**: NGO가 정부나 기업을 상대로 비판·견제활동에 치중하게 되면서 상대적으로 크고 영향력이 강한 NGO는 모두 서울에 위치하고 있다. 따라서 정치나 경제뿐만 아니라 시민사회 내에서도 중앙집중현상이 나타나고 있다. NGO 내에서도 중앙의 대형NGO가 패권을 차지하고 상대적으로 소규모인 지방NGO는 소외받고 있다.

⑧ **권력유착적 행동**: 한국NGO는 정부를 감시하고 비판하는 가장 대표적인 개혁세력이었다. 그러나 김영삼 정부 등장 이후 NGO는 정부와 각종 협력관계를 갖게 되면서 정부를 제대로 비판하지 못하고 정부를 대변하는 경향이 있다. 그리고 NGO의 대표적 활동가가 정부의 요직으로 이동하면서 NGO를 출세의 발판으로 이용하는가 하면, 심한 경우 NGO가 정권을 뒷받침하는 홍위병 역할을 하고 있다.

⑨ **성과지향적 시민운동**: 한국은 짧은 시간에 압축적 경제성장을 달성하기 위해 국가가 주도하여 근대화를 추진하였다. 그런데 막강한 권력을 가진 국가를 견제하기 위해 NGO도 급속한 성장이 필요하였다. 따라서 일종의 거울효과(mirror effect)에 의해 NGO도 속도와 성과를 중시하게 되었다. 풀뿌리 조직화를 통해 장기간에 걸쳐 시민의 주체성을 강화하고 공동체적 문화를 형성해야 하는데도 시민사회 내에서 서로 성과에 집착한다.

⑩ **국제활동의 부족**: NGO나 시민운동은 그 자체로서 세계적인 이슈를 가지고 세계적인 규모에서 활동하고 연대하는 이념적 지향을 가지고 있다. 그러나 한국NGO는 국내문제에 집착하여 국제활동이 부족하다. 따라서 지구화에 따르는 초국적기업에 대한 견제, 개발도상국의 개발, 북한과 해외동포의 지원 등 세계평화와 복리를 위한 연대활동을 등한시한다.[6]

---

[6] 한국은 정부차원의 대외원조도 낮은 수준에 있다. 한국의 공적개발원조(ODA: official develop-ment assistance)는 OECD회원국 중에서 매우 낮은 수준에 있다. 2003년 한국정부는 국민총소득(GNI: gross national income)의 0.06%의 공적지원금을 제공하였다. 이것은 OECD 회원국의 평균인 0.25%에 크게 미치지 못하고, 유엔의 권고사항인 0.7%의 1/10에도 미치지 못한다.

2) 비판의 한계

한국NGO에 대한 비판은 내부의 모순과 한계를 지적하는 점이 있지만, 비판 자체에 여러 가지 모순을 지니고 있다. 이상 제기한 비판은 다음과 같은 문제를 안고 있다. 첫째, NGO에 대한 이해가 부족하다. NGO는 그야말로 다양한 가치를 지향하는 시민사회의 자발적 결사체이다. 따라서 여러 가지 목표를 추구할 뿐만 아니라 추구하는 방식이나 전략 또한 다양하다. 정부개혁을 지향하는 단체도 있고, 전문가중심으로 운영되는 단체도 있으며, 담론생산에 초점을 두는 단체도 있다. 따라서 일률적으로 NGO가 풀뿌리조직화, 전문성, 대안능력 등을 가져야 한다고 강요해서는 안 된다. 둘째, 한국 시민사회 발전의 역사성에 대한 이해가 부족하다. 한국 시민사회는 1987년 이후 시민의식과 시민참여가 부족한 상태에서 선구자들의 의지와 노력에 의해 발전되어왔다. 특히 6월항쟁 이후에도 민주주의가 제대로 정착되지 않은 상태에서 정치지향적, 중앙집중적, 국내지향적, 백화점식 조직화로 나타날 수밖에 없었다. 셋째, 비교론적 관점이 부족하다. 정부 및 기업에 상대하여 NGO는 순수성과 도덕성을 유지해야 한다고 주장하지만, 한국사회의 민주주의와 시민문화 수준이 낮은 상태에서 시민사회의 정당성 또한 한계를 가질 수밖에 없다. 한국과 개인소득이나 시민사회의 역사가 비슷한 수준에 있는 국가와 비교할 때 한국NGO는 결코 덜 성숙된 것이 아니다. 넷째, 비판의 객관성이 부족하다. NGO가 영향력을 강화하고 권력의 재구조화가 일어나는 과정에서, 각종 집단들은 자신의 권력을 유지하기 위해 NGO를 비판하는 경향이 있다. 특히 2000년 총선시민연대의 활동, 2001년 본격화된 언론개혁 활동 이후에 NGO에 대한 비판이 강화되었고, 정권의 홍위병, 신관변단체 등은 자기편의적 비판의 성격을 잘 보여준다.

한국의 NGO나 시민운동에 대한 비판은 논리적으로도 여러 가지 오류를 범하고 있다. 가장 대표적인 것이 단체의 정치성·중립성·대표성·재정자립에 대한 것이다. NGO는 정당처럼 특정한 이념을 가지고 정권획득을 위한 목적을 갖고 있지는 않지만, 비정치적인 단체는 아니다. 오히려 조직화를 통해 정책에 대한 입장을 표명하고 행동함으로써 시민사회의 비판능력을 증진하고 정치화시키는 것이 중요하다. 그리고 NGO는 정치적으로 중립적인 태도를 취하면 더 넓은 지지층을 확보할 수 있겠지만, 반드시 정치적 중립을 지켜야 하는 것은 아니다. 특정한 정당의 견해나 정책에 대해 찬성과 반대 의견을 표시할 수 있고, 필요하면 정당과 연계하여 필요한 정책을 추진할 수도 있다. 개별단체마다 성향이 다르기 때문에 대원칙으로서 정치적 중립을 요구하기는 어렵다. 대표성의 신화 또한 오해의 결과이다. NGO는 시민사회를 대표하는 것이 아니다. 시민사회를 대표하는 것은 선거를 통해 권력을 획득하는 의회나 정부의 몫이다.[7] NGO는 시민사회의 각 계층이나 부문의 의견을 대변하고, 단체의 회원을 대표할 뿐이다. NGO의 의견을 받아들여 정책에 반영하는 것은 정부의 결정과 책임의 문제이다. 재정의 자립에서도 NGO는 재정의 원천이 다양하기 때문에 회원의 회비나 기부금만으로 재정을 충당하지 않는다. 선진국에서도 NGO의 재정부족은 현실적인 문제이기 때문에 정부와 기업으로부터 지원금을 받고 있다. 더구나 거버넌스나 사회적 경제가 발달하게 되면서 정부·기업·NGO 간의 파트너십이 활발하고 정부지원이 강화되고 있다.[8]

한국NGO에 대한 비판은 사실관계에서도 문제가 있다. 한국NGO는 그동안 권력을 감시하고 정책을 생산하는 주창활동에 집중되어온 경향이 있으나, 2005년을 기점으로 하여 대체로 주창활동보다는 서비스생산활동을 하는 단체가 더 많다. 앞으로도 풀뿌리단체를 포함하여 서비스생산을 지향하는 단체가 늘어날 것이다. 국제활동에서도 2001년 미국의 이라크침략 반대, 2004년 인도네시아 쓰나미재해 지원활동 등에서 나타나는 바와 같이, 결코 외국의 NGO와 비교하여 뒤지지 않는 편이다. 특히 최근에 한국NGO의 국제활동이 활성화되고 있기 때문에 앞으로 국제협력이나 연대가 더욱 늘어날 것이다. 언론과의 관계에서도 NGO가 언론과 전략적 제휴(strategic coalition)를 통해 자신을 홍보하는 것은 매우 중요하다. 특히 시민사회의 초기 발달단계에서 공중동원을 위해서는 언론의 역할이 중요하다. 오히려 이명박 정부 이후에는 보수언론이 의도적으로 NGO활동을 무시하고 왜곡하는 것이 문제가 되고 있다. 앞으로 NGO의 역량이 강화되고 풀뿌리조직이 활성화되면 제도언론에 대한 의존은 완화될 것이다.

한국NGO에 대한 비판 중에서 가장 논쟁이 되고 있는 것은 NGO의 권력적 성격 또는 NGO 활동가의 권력화에 대한 문제이다. 가장 대표적인 것이 NGO활동가가 정부의 권력기관으로 이동하여 권력을 획득한다는 것이다. 한국NGO의 정치권과의 거리 두기는 기본적으로 정치불신에서 나온 것이라고 할 수 있다. 한국사회는 그동안 정치가 생산적이지 못하고 자기집단의 권력을 위한 정쟁으로 커다란 비판을 받아왔다. 따라서 정치에 참여하는 것 자체를 불순하게 보는 '순수성의 신화'를 가지고 있다. 그러나 NGO에서 활동하는 사람도 행정부나 의회로 이동

---

7) NGO가 시민사회를 대표한다고 할 때 시민사회 내의 다양한 결사체의 합의를 이끌어내기도 어렵지만, 합의를 이룬다고 하더라도 의회나 정부의 대표성과 중복됨으로써 권위의 충돌이나 중복화가 발생하게 된다.
8) 한국NGO의 정부와 기업에 대한 재정의존도는 외국의 경우와 비교하여 결코 높지 않다는 연구결과도 있다. 실증적 연구에 의하면 오히려 한국NGO의 재정자립도는 평균적으로 볼 때 외국보다 높다고 한다(하승수, 2003).

하여 일할 수 있다.[9] 이것은 특히 지방정치에서 정치의 생활화를 강화하고 지방적 연고주의를 타파하기 위해 오히려 권장될 수도 있다. 심지어 유럽의 녹색당에서 볼 수 있는 바와 같이, 시민운동이 정치세력화되어 독자적인 정당을 설립하기도 한다. 따라서 NGO활동가의 정치참여를 획일적으로 바라보아서는 안 된다.

3) 한국NGO의 실질적 문제

NGO에 대한 기존비판의 상당부분이 적실성이 부족하지만, 그렇다고 한국NGO가 문제가 없다는 것은 아니다. 사실 한국NGO는 외부의 비판과는 관계없이 여러 가지 문제를 안고 있다. 여기서는 한국NGO의 문제를 아래 5가지로 정리하여 살펴보기로 한다. 첫째, 한국NGO의 가장 심각한 문제는 재정의 부족이다. 대부분의 NGO는 재정규모가 영세할 뿐만 아니라, 자발적으로 회비를 내는 회원이 매우 제한되어있다. 더구나 기부금을 활성화할 수 있는 제도나 문화도 제대로 갖추어져 있지 않다. 따라서 NGO가 실질적인 사업을 벌이거나 장기적인 전망을 갖기가 매우 어렵다. 상근자는 박봉에 시달리며 과중한 업무를 떠맡고 있고, 자기계발을 위한 기회를 거의 갖지 못한다. 이로 인해 상근자의 이직률이 높고 재생산이 제대로 되지 않고 있다. 이러한 현상은 지방에서 더욱 심하다.

둘째, 시민참여의 부족이다. NGO에서 시민참여의 부족은 재정의 부족과 함께 전세계 NGO가 공통적으로 겪고 있는 문제이다. 따라서 참여의 부족은 한국NGO만의 문제가 아니다. 한국사회는 군부정권에 의한 근대화과정에서 시민참여를 위한 공간이 매우 제한되었다. 군부정권하에서 공적 문제에 대한 참여는 언제나 위협이 뒤따랐기 때문에 시민들은 직접적인 이해관계가 없으면 대부분 회피하였다. 더구나 한국의 시민운동은 1987년 이전 민주화운동의 연장선상에 있기 때문에 소수의 상근자가 다수의 대중을 동원하는 형식을 띠는 경향이 강하다. 나아가 NGO의 초기발달단계에서 상근활동가 외에 전문직 종사자들이 NGO의 조직·기획·사업에 자원봉사자로 활발하게 참여하였다. 실제로 1990년대 이후 한국NGO의 급속한 발달은 전

---

9) 관료나 기업가가 성공하여 정치로 진입하고, 학자나 법률가가 자기분야에서 두각을 보여 정치로 진입한다. 심지어 연예인도 성공한 배우가 되어 정치로 진입한다. 그런데 시민운동가가 정치를 해서는 안 된다는 논리는 어떠한 방정식에서도 정당화하기 어렵다. 시민운동가의 정치진입은 시민사회의 토대를 약화시키고 시민운동의 정체성을 이완시키기 때문에 오히려 시민운동 외부가 아니라 내부의 비판을 받아야 한다.

문직 계층의 적극적인 참여와 무관하지 않다. 그러나 지식인의 영향력이 강할수록 보통 시민의 참여공간은 줄어들게 되는 딜레마가 존재한다.[10]

셋째, NGO의 중앙집중화이다. 한국NGO는 군부정권의 유산을 청산하고 국가의 민주화를 위한 전략으로서 국가를 상대로 하는 시민운동을 전개하기 위해 중앙에 집중되었다. 이로 인해 지방에서는 NGO가 수적으로 모자랄 뿐만 아니라, 상근자의 능력 또한 제한되어있다. 더구나 한국의 지방은 민주적 리더십의 부족, 기득권자의 지배카르텔, 귀속적 연고주의 등으로 근대적 합리성이 부족한 상태이다. 이러한 근대적 합리성의 부족은 정도는 달라도 NGO에도 그대로 상존한다. 따라서 NGO가 실질적으로 지방정부를 견제하거나 시민을 계몽하는 데 한계를 드러내고 있다. 특히 지방NGO 상근자가 재생산되지 않는 데 문제의 심각성이 있다.

넷째, NGO 내부의 민주화문제이다. NGO가 정부나 기업에 비해 상대적으로 수평적인 구조를 가지고, 내부 의사소통과 비판이 활발하며, 구성원의 참여기회가 높은 것이 사실이다. 그러나 자체 윤리헌장을 가지고 내부 비판구조가 갖추어진 대형NGO와는 달리 소규모 NGO는 대표자 1인이나 소수 과두에 의해 조직이 움직이는 경우가 많다. 이런 조직에서는 의사결정과정이 민주적이지 못하고 재정구조도 투명하지 못하다. 심지어 대형NGO에서도 조직 민주주의가 제대로 작동되지 않는다는 비판을 받고 있다. 그리고 한국NGO는 군부독재하에서 한국사회를 지배해온 반공주의·권위주의·성장주의·속도주의·전시주의·연고주의 등과 같은 구시대적 유물을 완전히 청산하지 못하고 있다.

다섯째, 비전의 부족이다. 한국NGO는 2000년 총선시민연대의 활동 이후 새로운 국면을 맞고 있다. 총선시민연대가 한국정치의 부패와 무능력에 대해 경종을 울렸지만, 보수언론과 기득권으로부터 전면적인 공격을 받게 되었다. 특히 2008년 이명박 정부의 등장 이후 NGO는 국가권력의 탄압을 받으면서 권력감시나 의제생산과 같은 기본적인 과제조차 제대로 수행하지 못하고 있다. 한국NGO는 시민사회의 정치화를 통해 권력과 자본의 민주화를 이루는 문제부터 시작하여 젊은 세대와 은퇴자의 참여를 활성화하는 문제, 한반도의 평화와 통일을 성취하는 데 일정한 역할을 하는 문제, 복지빈곤의 상태에서 공공서비스를 효과적으로 생산하는 문제, 근대문명에 대한 성찰을 통해 아시아적 가치를 결집하는 문제, 개인의 실존과 관련하여 삶의

---

10) 시민운동과정에서 교수·교사·변호사·의사·성직자와 같은 전문직 계층이 토론을 주도하게 되면 일반시민이 여기에 끼어들기 어려워진다. 이것은 토론 자체가 불평등해지기 때문에 시민운동의 목표인 평등한 사회에 반하게 된다.

의미를 생산하고 영성을 발현하는 문제, 나아가 시민사회의 도덕성과 정당성을 강화하는 문제 등 여러 영역에서 실질적인 힘을 발휘하지 못하고 있다.

2. 한국NGO의 발전방안

한국NGO가 실질적인 민주주의와 인간적인 자본주의를 성취하고 삶의 의미를 생산하기 위해서는 현재 직면하고 있는 문제를 적극적으로 해결해야 한다. 우선 한국NGO는 재정빈곤 문제를 적극적으로 해결해야 한다. 이를 위해서는 NGO 스스로 회원관리에 대한 새로운 시각과 다양한 모금전략을 가질 필요가 있다. 이와 함께 정부가 NGO를 공적 문제를 해결하기 위한 자발적인 민간에너지이자 거버넌스의 동반자로 인식하고 시민사회의 물적 토대를 강화하기 위한 정책을 마련하여야 한다. 여기에는 재단설립의 활성화, 법인설립의 용이,[11] 기부금과 모금활동의 활성화, 민주시민교육과 자원봉사활동의 활성화를 위한 법률제정 및 개정 등이 포함된다. 그리고 지역NGO센터의 설립, NGO 상근자의 재교육 지원도 재정빈곤에 따르는 문제를 해결하는 데 도움이 된다. 또한 과도기적인 방법으로 독립민간재단을 설립하고 매년 일정한 금액을 출연하여 공익성이 강한 NGO사업을 지원할 수 있다. 물론 이를 위해서는 NGO를 실질적인 거버넌스의 실행과 사회자본의 생성을 위한 중요한 행위자로 간주하는 인식전환이 필요하다.

둘째, 시민참여를 활성화하기 위해서는 NGO 스스로 시민참여를 강화하기 위한 다양한 전략이 필요하다. 예를 들어, NGO의 업무에서 회원모집과 관리에 대한 비중을 높이고 전문가를 배치하는 것이다. 특히 은퇴자를 비롯하여 주변부계층의 참여를 확대하기 위해 개방적인 태도를 가지고 차이를 인정하는 관용이 필요하다. 그리고 내부비판구조를 활성화하고 의사결정구조를 보다 민주적으로 전환해야 한다. 시민운동에 대한 시민참여를 확대하기 위해서는 정부의 역할도 중요하다. 시민이 자신의 이익을 넘어 공동체의 이익과 관련된 활동에 적극적으로 참여하도록 중등학교에서 체계적으로 교육해야 한다. 그리고 대학에서도 시민사회, NGO, 시민운

---

[11] 미국은 간단한 서류와 등록세로 비영리단체의 법인격을 취득할 수 있다. 우편신청도 가능하고 결정기간도 짧다(차병직, 2002: 135). 일본은 1997년 특정비영리활동촉진법의 제정 이후 NGO의 법인설립이 간소화되었다. 그러나 한국은 민법상 사단법인이나 재단법인의 설립이 매우 까다롭다. 따라서 NGO가 간단하게 법인격을 취득할 수 있는 새로운 법률의 제정이 필요하다. NGO가 간단하게 법인을 설립할 수 있고 NGO에 대한 기부금에 대해 소득공제가 확대되면 NGO의 재정문제는 상당히 완화될 수 있다. 물론 회계 및 보고에 대한 사후관리가 강화되어야 할 것이다.

동, 자원봉사활동, 민주시민에 대한 교육기회가 확대되어야 한다. 이를 위해서는 대학당국의 인식전환이 필요하다. 공영방송의 공익광고도 시민의 공익활동과 시민사회의 공공성을 강화하는 데 중요한 역할을 해야 한다.[12] 또한 시민참여를 활성화하기 위해서는 NGO의 풀뿌리조직화를 강화하는 것도 중요하다. 지금과 같이 중앙에서 종합적인 시민운동을 전개하는 대형NGO보다는 지역사회에 기반을 두고 부문영역을 다루는 소규모의 풀뿌리NGO가 필요하다. 이것은 지금까지의 대중동원형에서 참여민주주의에 적합한 참여지향형으로 전환하는 시민운동의 일대 패러다임 전환을 의미한다. 나아가 개별 의제에 대해 온라인을 통해 담론을 전개하고 오프라인에서 행동하는 유연한 참여가 늘어나고 있으므로 이러한 참여형태를 적극적으로 수용할 필요가 있다.

셋째, 한국NGO가 지방 시민사회를 활성화하지 않고서는 NGO가 추구하는 대안사회는 요원하다. 시민운동의 일상화는 NGO의 다원화 및 지역화와 맞물려있기 때문이다. 더구나 현대인의 자아실현과 삶의 질은 지역사회에서 벌어지는 상호교류 및 연대활동과 밀접한 관련이 있다. 지방NGO를 활성화하기 위해서는 전문적 지식인의 적극적인 참여가 필요하다. 전문직의 과도한 참여는 일반시민을 주변화시킬 가능성이 있지만, 초기발달단계에서 지식인의 역할은 중요하다. 중앙의 NGO도 지방NGO를 위한 부화기(incubator) 역할을 할 수 있다. 다양한 형태의 교육과 연대활동을 통해 지방NGO의 능력을 증진하는 데 기여할 수 있다. 상근자의 상호교환, 정보교환, 사무관리에 대한 교육 등이 여기에 포함된다. 지방정부도 지방NGO에 대한 시각을 전환하여 지방자치의 실질적인 발전을 위해 지방NGO를 적극 육성하고 활용하여야 한다. 지방사무의 많은 부분을 로컬거버넌스(local governance)의 차원에서 지방NGO와 공동으로 수행할 때 주민참여와 지지를 높일 수 있다.

넷째, 한국NGO의 내부 민주주의가 허약한 것은 한국 민주주의의 한계에 연유하는 것으로 NGO활동가가 민주주의와 시민사회에 대한 지식과 훈련이 부족하기 때문이다. 따라서 상근자가 다양한 재교육을 통해 민주적 리더십과 과학적 관리능력을 강화해야 한다. 상근자의 재교육을 위해서는 전국의 주요 거점에 있는 대학에서 다양한 NGO관련 교육 프로그램을 개설하여 지역시민사회의 활동가에게 학습과 훈련기회를 제공해야 한다. 이러한 경향은 최근에 활성화되고 있지만, 정부가 정책적으로 강화할 필요가 있다. 상근자의 도덕성 증진은 재교육이나

---

12) 한국의 대표적인 공영방송인 KBS 1TV는 상업광고를 하지 않지만, 그렇다고 공익광고를 제대로 하는 것도 아니다. KBS 1TV는 드라마, 뉴스, 스포츠중계 등 자체프로그램에 대한 광고보다는 공익광고를 크게 확대해야 한다.

조직문화의 개선도 중요하지만, 훈련·체험·좌담·명상과 같은 공동프로그램의 개발도 좋다. 의사결정의 민주화는 단체 내부에 다양한 회원조직을 활성화하여 회원조직의 대표가 단체의 의사결정에 참여하는 방식이 있다. 그리고 인터넷을 적극적으로 활용함으로써 의사소통을 원활히 하고 회원참여도를 높일 수 있다.

다섯째, 한국NGO가 성장해가기 위해서는 국가와 시장영역에 상응하는 정책창출 및 대안제시의 전문능력을 갖추어야 한다. 그리고 지구적인 문제를 해결하기 위한 국제활동을 강화하여야 한다. 아울러 한국NGO의 미래는 젊은 세대의 역량에 달려있다. 따라서 한국NGO는 젊은 세대들이 적극적으로 참여하여 자신의 의사를 개진하고 잠재력을 충분히 발휘할 수 있는 조직적·문화적 환경을 만들어가야 한다. 이를 위해서는 더욱 유연한 조직, 네트워크의 강화, 민주적인 의사결정, 탈물질적 가치의 수용, 인간적인 삶에 대한 프로그램, 다양한 문화적 체험, 시스템의 자기학습능력 등이 요구된다. 나아가 NGO는 사랑·몸·여행·레저·놀이·영성 등 현대인의 욕구에 부합하는 문화적 공감대를 만들고, 동북아적 사고와 아시아적 가치에 대한 대응능력을 갖추어야 한다. 이러한 NGO의 질적 발전을 위해 한국의 높은 정보화수준을 적극 활용할 필요가 있다.[13] 온라인과 오프라인을 유연하게 연결시키고 온라인을 통한 회원모집, 회의진행, 의사결정, 시민운동전개 등을 활용하면 싼 비용으로 쌍방 간의 의사소통을 활성화시킬 수 있다.

한국NGO가 지금 직면하고 있는 문제를 해결하고 과도기적 정체(停滯)를 극복하여 NGO 르네상스를 구축하기 위해서는 시민, NGO, 정부의 공동노력이 필요하다. 시민은 공동체의 문제에 적극적으로 참여하여 일정한 사회적 의무를 행하는 민주시민으로서의 소양을 가져야 한다. NGO는 조직과 시민운동 전반에 걸쳐 새로운 이데올로기·조직·전략·리더십 등에 대한 성찰이 필요하다. 특히 NGO지도자는 시민사회의 이념과 작동원리를 잘 이해하고 민주주의에 대한 민감한 감수성을 가져야 한다. 21세기는 바로 개성과 네트워크가 중시되는 사회이다. 따라서 개인의 자율과 이니셔티브(initiative)의 욕구를 충족시키면서 네트워크를 통한 운동에너지 증대를 모색해야 한다.[14] 나아가 정부는 NGO와 시민운동의 활성화가 민주주의의 발전에 중요함

---

13) 한국은 2003년 현재 인터넷서비스 제공기관(ISP: internet service provider)의 질에서 세계 1위, 인터넷 사용인구 3위, 정부의 정보기술산업정책 4위, 정보기술경쟁력 6위, 정보기술혁신지수 7위, 정보통신지수 11위를 차지하고 있다. 그리고 2000년 IT(information technology)수출이 전체 수출의 30%를 차지하였다(유석진, 2004).
14) 예를 들어, 전통적인 NGO는 외부에 있는 유연한 온라인NGO, 미숙한 청소년단체, 과거 관변단체였던 새마을기반조직, 아파트 공간에서 활동하는 부녀회, 다양한 취미를 중심으로 모인 동아리, 기업 내에 있는 봉사단체 등과 일정

을 자각하고 시민사회를 활성화할 수 있는 다양한 법률제정과 정책마련에 기여해야 한다. 아울러 기업·언론·대학도 시민이 공동체의 문제에 참여하는 역동적인 시민사회를 만들기 위해 다양한 프로그램을 개발하고 필요한 정보와 재정을 지원하는 노력을 아끼지 말아야 한다.

제3절 한국NGO의 비전

1. 위기의 한국사회와 NGO

한국은 외부의 힘에 의해 봉건제도를 청산한 후 근대문물을 도입하였고, 강대국의 이해관계에 의해 국토가 분단되었으며, 미국의 요구에 의해 민주주의와 자본주의를 받아들였다. 따라서 민주주의와 자본주의를 올바르게 운영하고 발전시킬 수 있는 철학과 의식이 부재한 상태에서 제도가 이식되었다. 민주주의라는 이름은 있으나 실상 시민사회는 없고, 시민사회라는 허울은 있으나 주체적 시민은 없으며, 시민이라고 부르고 있으나 시민의식과 철학이 없는 그런 형식이었다.[15] 일찍이 시민혁명을 겪지 못한 한국은 시민적 이성, 보편적 시민권, 결사체의 발달과 공론장, 민주주의제도가 일거에 형체를 갖게 된 나라이다. 1960년 4월혁명과 1987년 6월항쟁으로 인한 변화를 예로 들 수 있다. 나아가 자본주의는 운영되고 있으나 자본가의 윤리나 노동자의 권리가 존재하지 않았고, 공개된 시장과 경제제도는 있으나 자본 축적과 거래는 항상 왜곡되어 있었다. 또한 근대화과정에서 전근대적 유물을 올바로 청산하지 못하여 근대적 합리성이 제대로 구축되지 못하였다. 그런가 하면 20세기 근대적 유물로서 시대적 유효성이 끝난 냉전이데올로기는 여전히 살아 격렬한 소용돌이를 일으키고 있다. 근대성의 주요한 가치들이 제대로 자리를 잡지 못하고 근대화에 따른 위험들을 제대로 관리하지 못한 상태에서 후산업사회 혹은, 후물질주의의 요소가 새롭게 등장하고 있다.

한 네트워크를 만들어 운동을 전개할 수 있다.
15) 한국은 세계에서 휴대폰 사용률이 최고수준에 이른다. 주부·노인·청소년 등도 휴대폰을 소유하고 있다. 그러나 차 안이나 공공장소에서 휴대폰을 사용할 때 어떻게 해야 하는가에 대해 전혀 계몽되지 않았다. 심지어 학교수업이나 교회예배 중에도 휴대폰 사용문제로 골머리를 앓고 있다.

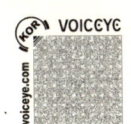

　한국이 가진 이러한 역사적·문화적 특징으로 인해 한국사회는 복합사회, 경쟁사회, 물질사회, 저신뢰사회 등의 성격을 지니고 있다. 즉 한국사회는 전통·근대·후근대의 문화적 특성이 역사적 시간으로서 동시적으로 공존하고, 좁은 국토, 많은 인구, 부족한 자원의 여건에서 성장지향적 가치를 가지고 있어서 생존경쟁이 치열하다. 또한 한국사회는 오랫동안 빈곤하게 살다가 20세기 후반 짧은 기간에 근대화를 성취하면서 물질적 성장에 집착하게 되었고, 남북한 전쟁과 압축성장의 과정에서 법과 규범을 중시하거나 타인을 배려하는 풍토가 파괴되었다. 따라서 한국은 갈등이 심하고 합의를 이루기가 힘들며, 법치주의와 사회윤리의 실현이 매우 어렵다. 그리고 개인의 욕구를 제대로 충족하지 못해 많은 사람들이 우울증을 겪고 있고, 갖가지 사회적 병리가 나타나고 있다. 이러한 이유로 한국은 지금 커다란 위험에 처해 있다.[16] 오늘날 한국이 처해 있는 위험과 대응은 여러 방향에서 분석할 수 있으나, NGO의 역할과 관련하여 민주주의의 질적 발전, 동북아시아의 평화와 연대, 새로운 문명의 구축 등을 생각해볼 수 있다.

　한국은 1987년 시민혁명 이후 민주주의가 급속도로 발전하였다. 그리고 2000년대에 와서 정당 간 정권교체가 이루어지면서 절차적 민주주의가 완성되었다. 그러나 시민이 권력의 주체로서 공공권력을 행사하고 개인의 삶의 질이 보장되는 실질적인 민주주의가 요원한 상태이다. 더구나 최근에 민주주의의 후퇴에 대한 논의가 확산되면서 6월항쟁을 추동하였던 정치이념의 한계에 대한 지적이 나오고 있다. 군부정권을 퇴진시키고 직접선거를 성취한 정치이념으로는 현대사회에서 요구되는 참여민주주의의 실현과 시민적 권리의 충족에 한계가 있는 것이다. 국가의 민주화에 의해 민주주의의 질적 발전을 성취하는 것은 한계를 가지지 않을 수 없다. 참여민주주의와 시민권리의 확대를 위해서는 시민사회에서 수많은 NGO가 결성되어 다양한 삶의 과제를 정치공론의 장으로 끌어들이고, NGO가 주체적으로 공공서비스를 생산할 수 있어야 한다.

　동북아시아는 이미 경제적 총생산이나 무역량에서 북아메리카와 유럽공동체를 앞질러 세계경제를 움직이는 핵심지역이 되었다. 동북아시아 지역은 다른 동아시아 국가와 함께 일정한 경제공동체를 형성할 수 있다. 문제는 경제공동체에 상응하는 정치공동체를 구성하기 어렵다는 사실이다. 한국·중국·일본은 이질적인 정치구조를 가지고 있을 뿐만 아니라, 침략과 저항이

---

16) 예를 들어, 통일에 대한 체계적 준비도 되어 있지 않을 뿐만 아니라, 통일 이후의 국가운영에 대한 철학도 부재한 상태에 있다. 한 가지 지적한다면, 통일 후 남한사람과 북한사람이 동일한 조건에서 경쟁할 것을 요구하는 것은 오히려 불평등을 심화시키고 공동체를 파괴하는 결과를 초래할 수 있다. 이러한 내용에 대해서는 최현(2003) 참조.

라는 과거역사를 지니고 있다. 이러한 역사는 제대로 청산되지 않았을 뿐만 아니라, 거기에 따르는 갈등이 아직도 계속되고 있는 상황이다. 그리고 동북아시아 지역은 유럽공동체와는 달리 폐쇄적 민족주의의 성격이 강하고 정치공동체의 형성에 필요한 탈민족주의의 노력도 미미하다. 이러한 불안을 이겨내고 평화와 번영의 지역공동체를 만들기 위해서는 시민의 집합적 힘과 국경을 넘는 시민사회적 연대가 필요하다. NGO는 이러한 시민사회적 교류와 연대를 매개하는 핵심역할을 수행해야 한다.

세계는 지난 수백 년간 인간을 지배해온 근대적 패러다임에서 벗어나 새로운 사회와 문명을 모색하고 있다. 특히 2003년 미국의 이라크침략으로 미국문명, 나아가 기독교문명이 사회정의를 실현할 수 있는 힘을 잃고 자체에서 붕괴되기 시작함에 따라, 새로운 문명에 대한 탐색이 한층 강화되고 있다. 그리고 인간의 생명과 정신에 대한 새로운 탐구가 일어나고, 인간적 가치로서 감성·사랑·윤리·공동체·영성 등에 대한 통찰이 확대되고 있다. 생명공학의 생명 연구와 양자물리학의 우주 연구와 함께 정신과 물질, 인간과 자연, 지구와 우주 간의 관계에 대한 탐구도 증대하고 있다. 이러한 과정에서 인간의 존재와 욕구를 새롭게 규정하고 이를 실질적으로 충족시킬 수 있는 메커니즘과 대안문명에 대한 요구가 늘어나고 있다. 여기서 NGO는 새로운 문명에 대한 담론을 주도하고 이를 일상에서 실천하는 선도적인 역할을 해야 한다.

2. 한국민주주의의 발전과 NGO

1) 100만 NGO 양성론

한국은 강대국의 틈바구니에서 무수한 외국침략과 지배를 받아왔다. 그리고 그 속에서 삶을 이어온 인민은 외부침략자뿐만 아니라 내부지배자로부터 갖가지 억압을 받아왔다. 풍부한 토지와 자원을 갖지 못한 한국인은 5천 년 장구한 역사의 대부분을 가난하게 살았다. 그들은 민주적인 정치제도를 갖지 못했기 때문에 오랫동안 자치권력을 갖지 못했고 주인행세를 하지 못하였다. 그러나 1945년 일본의 식민지로부터 해방되어 독립국가를 구성하고 자율적으로 근대화를 추진하면서 전환이 시작되었다. 비록 주변 강대국의 이해관계에 의해 분단의 비극을 당하게 되었지만, 1948년 대한민국 헌법이 만들어짐으로써 새로운 민주국가를 건설할 수 있게 되었다. 대한민국은 비록 절반의 영역에서 내용을 제대로 채우지는 못했지만, 한국 5천 년의 역사에서 최초의 근대화된 민주정부였다. 1948년 이후 한국은 민주주의와 경제발전을 위해 숨 가쁘게 달려왔다. 무수한 폭력과 억압을 겪으면서 민주주의를 성취하였고, 온갖 난관과 고난을 겪으며 경제성장을 이룩하였다. 20세기 후반 50년 간의 역동적인 발전 속에서 시민사회 또한 세계에서 보기 드문 괄목할만한 성장을 이룩하였다. 오늘날 한국NGO는 이슈제기, 권력견제, 정책제안, 서비스생산, 국제원조, 대안사회 실험 등과 같은 중요한 역할을 수행하고 있다.

한국NGO는 급속하게 분출하는 과정에서 무수한 문제를 지니고 있는 것이 사실이다. 그럼에도 한국NGO는 양적으로 성장하는 것이 필요하다. 한국민주주의의 발전과 인간적인 삶의 성취는 시민사회에서 역동적으로 활동하는 100만 개의 NGO를 필요로 한다. 온라인과 오프라인에 걸쳐 전국을 가로질러 다양한 분야에서 NGO가 생겨나 공익활동을 전개하는 모습은 이 시대가 바라는 참여민주주의와 능동사회의 전형이라고 할 수 있다. 이것은 마치 18세기 전후 독일에서 철학이 발달하고, 오스트리아에서 음악이 찬란하게 꽃을 피우던 문화르네상스를 연상하게 한다. 그 시대에 철학자와 음악가는 각자 훌륭한 학문과 예술을 창조하여 발표회를 가지고, 각종 교류와 모임을 통해 상호 토론과 비판을 가하며, 상대의 의견을 수용하여 더 나은 철학과 음악을 발전시킬 수 있었다. 시대적 요청, 다수의 전문가, 전문가의 창조정신, 교류와 공론의 장, 정부의 정책적 지원 등이 역사에 빛나는 훌륭한 학문과 예술을 생산하도록 만들었다. 100만 개 NGO가 다양한 분야에 편재되어 온갖 일을 계획하고, 토론하고, 비판하고, 연대하고, 실행하는 모습이야말로 바로 민주주의가 살아있는 모습이다.[17] 그것은 한국민주주의의 발전뿐만 아니라 한국이 세계에 보여줄 수 있는 문화적 자산이자 새로운 문명의 본보기이기도 하다.

2) 참여민주주의의 현실화와 NGO

21세기의 한국인은 근대적 가치와는 다른 새로운 욕구를 가지고 있다. 예를 들어, 개인은 누구나 잠재력과 창의성을 계발하고, 공적 문제에 적극적으로 참여하며, 타인의 삶에 사회적 책임을 이행하는 삶을 원하고 있다. 이러한 욕구는 국가와 시장이 충족할 수 없을 뿐만 아니라, 그것이 가능하다고 하더라도 관료제에 의해 움직이는 국가와 이윤추구 속성을 가진 시장에 의한 실행은 높은 비용을 수반한다. 마치 풀뿌리와 같이 얽힌 다양한 결사체의 발생과 연대, 그리고

---

17) 상상해보라! 포항과 같이 50만 명이 거주하는 도시에 1만 개가 넘는 NGO가 있다면 민주주의가 얼마나 발달하고 인간의 삶의 질이 얼마나 높아지겠는가!

〈그림 12-5〉 NGO를 통한 참여민주주의의 활성화

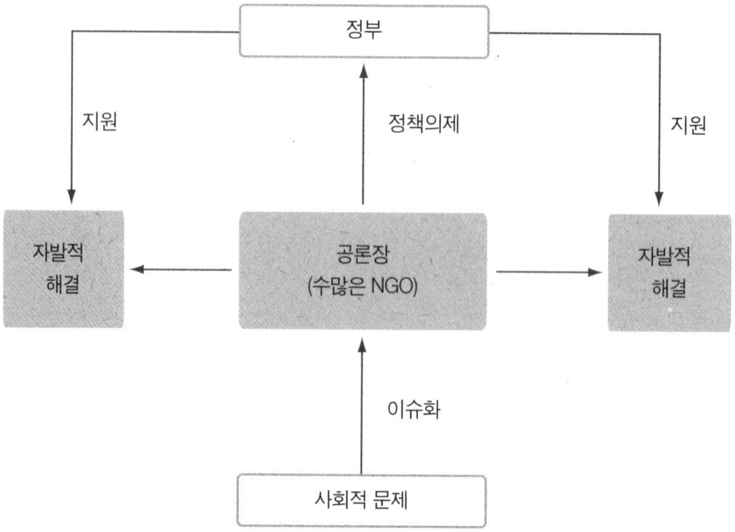

```
                          정부
        ┌──────────────────┼──────────────────┐
        │ 지원         정책의제           지원 │
        ↓                  │                  ↓
    ┌───────┐         ┌─────────┐        ┌───────┐
    │ 자발적│  ←───   │  공론장 │  ───→  │ 자발적│
    │ 해결  │         │(수많은  │        │ 해결  │
    │       │         │  NGO)   │        │       │
    └───────┘         └─────────┘        └───────┘
                          ↑
                        이슈화
                          │
                      ┌───────┐
                      │ 사회적│
                      │ 문제  │
                      └───────┘
```

거미줄같이 얽힌 네트워크가 가장 낮은 비용으로 이러한 욕구를 해결할 수 있다. 인간이 살아가는 공동의 관심사에 대해 수많은 NGO가 문제를 제기하고, 대안을 제시하며, 직접 문제를 해결하는 참여민주주의야말로 현대인이 원하는 인간다운 삶을 보장하는 데 중요하다.

100만 개 NGO가 전국의 다양한 분야에서 활동한다면 한국은 참여민주주의를 실제로 실행하는 전형을 보여줄 수 있다. 〈그림 12-5〉에서 보는 바와 같이, 다양한 사회적 문제와 요구가 등장하면 NGO를 중심으로 하는 시민사회에서 공론장이 벌어진다. NGO가 주축이 되는 자율적이고 다층적인 공론장에서는 갖가지 해석·비판·제안·연대가 이루어진다. 여기서 제기된 많은 안건 중에서 중요한 사안은 정부가 정책의제로 받아들이고 이를 해결하기 위한 일정한 정책을 산출한다. NGO는 정책과정에 활발하게 참여하여 정보를 제공하고 여론을 전달한다. 그러나 모든 문제를 정부가 해결할 수 없기 때문에 NGO는 직접 자원을 확보하여 문제를 해결한다. 이때 정부는 직접·간접적으로 NGO의 공익활동을 지원한다. 따라서 국가와 시민사회 사이에 다양한 기구가 발생하고 실질적인 거버넌스가 이루어진다. 물론 거버넌스의 시대에서는 기업 또한 거버넌스의 행위자로서 참여할 수 있다. 예를 들어, 지역사회에서 기업은 정부 및 NGO와 공동으로 지역문화를 구축하기 위한 공동행동에 나설 수 있다. 시민사회의 다른 조직 또한 NGO를 거점으로 하여 연대하거나 거버넌스의 공동행위자가 된다.

3. 동북아시아의 평화와 NGO

1) 동북아시아의 평화공동체

21세기에 세계의 경제중심이 될 동북아시아는 그에 걸맞게 지역평화공동체를 만들고, 개인의 자유와 창의를 확대할 수 있는 보편적인 정치·사회의 운영원리를 제시해야 한다. 그러나 이런 점에서 동북아시아의 갈 길은 험난하고 멀다. 일본은 현재로서 가장 민주주의가 앞서 있고 경제수준이 높지만, 과거 폭력적인 침략역사를 제대로 청산하지 못하였고 여전히 국가주의의 보수성에 갇혀 있다. 다케우치(竹內好)의 지적처럼, 일본의 근대는 군국주의로 점철되는 가운데 시민사회에 의한 내부저항과 성찰의 기회를 갖지 못하였다(竹內好, 2004). 일본 국수주의의 발흥과 정치의 보수화는 조로(早老)한 일본 시민사회의 자기몰입 및 파편화와 무관하지 않다. 중국은 비자유주의적인 사회주의체제를 유지하고 있기 때문에 정치적으로 불안하다. 경제발전이 지속되고 있지만, 내부 모순과 저항에 부딪히지 않을 수 없기 때문에 자기영역을 다스리기에도 버거운 상태다. 더구나 경제력에 상응하는 군사력의 증강과 중화주의(中華主義)의 강화는 보편적인 민주주의의 창출을 비켜가고 있다. 한국은 남쪽에서 정치·경제적으로 안정되어가고 있지만, 아직도 실질적인 민주주의에서 거리가 멀다. 그리고 분단비용과 다가올 통일비용이 엄청나기 때문에 밖으로 눈을 돌릴 여유가 부족하다. 상대적으로 소국인 한국은 세계의 보편석 가치와 문명에 대한 철학적 기반이 허약하다.

한국·중국·일본 간의 동북아공동체는 각 국가가 가진 이질적인 정치·경제구조, 차별적인 경제발전단계, 강한 배타적 민족주의로 인해 어려운 상황이다. 지금 당장 긴장이 감돌고 무력충돌까지 일어나고 있다. 동일한 한자·유교문화권을 가정한다면 문화적 교류나 시민사회 네트워크의 인프라가 매우 빈약한 편이다. 그리고 정도는 달라도 세 국가는 근대초기에 서구제국주의에 의해 굴욕감을 당하였기 때문에 근대화 지상주의를 추종하며 철저하게 계몽주의적 수단을 통해 산업화를 꾀하였다. 따라서 사회를 움직이는 원리가 상업주의·영리주의·경쟁주의를 특징으로 한다(Wei-Ming, 2003). 또한 국가가 주도적으로 근대화를 추진하면서 국가권력이 강하고 국가폭력을 방치해온 역사를 가지고 있다. 따라서 민주주의의 보편적 가치로서 자유·평등·인권을 적극적으로 수용하지 못하고 있다. 동북아지역의 세 국가가 과거 봉건적 중화주의나 침략적 대동아공영이 아니라 평화를 지향하는 열린 공동체를 만들기 위해서는, 시민사회의 기반을 확대하고 상호 교류와 연대를 활성화시켜야 한다. 시민사회의 발전과 연대 없이는 동북아지역의 평화공동체는 불가능하다.

2) NGO교육의 아시아 허브

동북아시아 평화공동체의 형성은 각국 시민사회의 역량에 달려있다. 그렇다면 동북아시아, 나아가 아시아의 국경과 문화를 가로질러 시민사회 연대를 어떻게 달성할 수 있을 것인가. 문제는 아시아의 시민사회 자체가 튼튼하지 못하다는 사실이다. 시민사회는 민주주의와 자본주의의 발전과 일정한 상관관계를 가진다. 시민의 기본적 권리와 집단행동에 대한 법적 장치, 교육과 경제발전에 따른 지적·물적 토대가 없이는 시민사회가 일정한 궤도에 오르기 어렵다. 물론 아시아의 시민사회는 민주주의와 자본주의의 발전에 비해 NGO의 수와 역량이 높은 수준이라고 할 수 있다. 태국·필리핀·방글라데시·인도는 다른 저개발국에 비해 상대적으로 NGO활동이 활발하다. 그러나 아시아의 시민사회는 유럽에 비해 여전히 빈약하고 리더십을 행사할 수 있는 나라가 부족하다. 아시아의 경제중심인 동북아시아의 일본이나 중국이 아시아의 시민사회를 이끌어가기에는 역부족이다. 일본은 1970년대 이후 아시아의 개발과 원조활동에 활발하게 나서고 있으나, 일본 시민사회 자체가 관성화되어 있을 뿐만 아니라 과거 아시아 각국을 침

〈표 12-7〉 NGO교육의 아시아 허브 구상

구분	예상수치 및 분야
교육주체	국내 NGO대학원 및 학과
재정지원	정부
프로젝트 기간	10년
총 예산	500억 원*
참가국가	① 일본, 중국, 몽골, 러시아, 북한 ② 타이완, 베트남, 태국, 필리핀, 말레이시아, 인도네시아, 방글라데시, 캄보디아, 라오스, 부탄, 브루나이, 미얀마, 싱가포르 ③ 인도, 파키스탄, 스리랑카, 네팔, 아프가니스탄, 카자흐스탄, 우즈베키스탄, 타지키스탄, 키르기스스탄 ④ 이란, 이라크, 사우디아라비아, 쿠웨이트, 시리아, 카타르, 이스라엘
교육기간	3년
피교육자 수	1,000명(연간 100명)
교육내용	한국어 연수, NGO학 석사학위, NGO 현장연수
교육효과	아시아 시민사회의 육성, 아시아 시민사회의 연대 활성화, 아시아 평화와 번영의 토대구축

*1인 연간 1,400만 원×3년×100명×10년+대학지원 80억 원

략한 역사를 청산하지 못하였다. 중국은 정치적으로 사회주의체제를 가지고 있기 때문에 시민사회가 국가의 지원을 받아 일정한 사회서비스를 생산하는 초보적 수준에 있다.

동북아시아, 나아가 아시아의 평화와 번영을 위해서는 한국 시민사회가 중요한 역할을 떠맡지 않을 수 없다. 한국은 아시아에서 가장 역동적인 시민사회를 가지고 있고, 정치체제나 과거역사에서 볼 때 아시아 시민사회의 발전과 연대를 위한 조정자와 매개자의 적임자라고 할 수 있다. 한국이 아시아의 시민사회에서 리더가 되기 위해서는 물론 한국 시민사회가 역량을 증대해야 한다. 그러나 한국이 NGO교육에서 아시아의 거점이 됨으로써 아시아 시민사회의 역량을 증대하고 연대의 네트워크를 강화하는 것도 중요하다. 〈표 12-7〉은 한국이 아시아의 NGO활동가에게 일정한 교육기회를 제공함으로써 아시아 시민사회의 연대를 강화하기 위한 구상이다. 정부가 지원하고 대학이 아시아의 각국에서 온 NGO활동가들에게 교육과 연수 기회를 제공하는 것이다. 참가국은 동북아지역의 일본, 중국, 몽골이 우선적이지만 가능하면 러시아의 동부지역과 북한에도 개방할 수 있다. 그리고 동남아시아와 중앙아시아 및 서남아시아 지역으로 확대할 수 있다. 피교육자 수와 프로젝트 기간은 정부재정에 따라 증대하거나 연장할 수 있다.[18] 이러한 프로젝트는 아시아 시민사회의 육성과 연대를 강화하여 아시아의 평화와 번영을 위한 것이지만, 한국에게도 상당한 부수적인 효과를 가져다준다. 한국이미지의 상승, 한국문화의 홍보, 한국의 대외정책 용이, 한국NGO학의 발달 등을 예로 들 수 있다.

4. 세계문명의 창조와 NGO

1) 근대문명의 재구성

지난 3백여 년 동안 인간의 사고와 행동을 지배해온 근대성은 위기를 맞고 있다. 중세적 전통과 권위로부터의 자유, 과학과 기술의 발달에 의한 효율성의 증진, 법치에 의한 질서있는 사회를 구현하려는 근대성은 인간행복의 가능성을 높였지만, 보장하지는 못하였다. 근대문명에서

---

18) 여기서 비용은 1인당 월 100만 원과 연간 교재비 200만 원을 포함하여 연간 1,400만 원으로 계산한 것이다. 따라서 대학은 정부로부터 대학원 설립과 운영에 관한 지원(10억 원 안팎)을 받고 외국학생에게 주당 20시간 조교업무를 시키되, 학생의 등록금을 면제해주는 비용을 부담하게 된다.

인간사회는 도덕보다 물질을 우위에 두었고, 약자는 권력을 획득하지 못하고 강자의 지배를 받게 되었다. 자연은 단지 경제성장의 도구로 전락하여 되돌릴 수 없는 상처를 입었다. 서구중심의 보편적 질서는 기타 사회를 주변부로 전락시키고 제국주의적 침략을 정당화하였다. 나아가 지구의 인간은 마치 신(神)으로부터 특별한 권한을 부여받은 듯 우주의 최고 존재처럼 지배자로 군림하였다. 현대인이 전통적 권위와 지배의 시대로 회귀하는 것을 원하지 않는다면 근대성의 가치와 성과를 포기하기는 어렵다. 그러나 인간의 행복을 위해서는 이성·주체·합리성·계몽을 핵심으로 하는 근대성은 재구성할 필요가 있다.

현대사회에서 인간의 행복을 증진하기 위해서는 경제적 가치, 서구의 백인 남성, 과학과 기술, 보편적 발전경로를 가정하거나 중심에 두는 사고에서 벗어나 용기있게 새로운 아이디어와 세계관을 받아들이는 것이 필요하다. 개인의 문화적 정체성을 방기한 채 경제적 효율성을 강조하는 것은 인간의 삶을 황폐화시킬 뿐만 아니라 자연까지 파괴하게 된다. 백인 남성을 주체로 하는 것은 권력집중과 차별을 낳고 불평등한 사회를 초래하게 된다. 과학기술의 발전에 집중하여 문명을 구성하는 것은 위험할 뿐만 아니라 인간의 감정과 영성을 파괴하게 된다. 보편적 발전경로를 가정하는 것은 다양한 문화적 가치를 무시하고 획일적인 구조를 형성하게 된다. 따라서 새로운 사회는 기존의 가치체계에서 약간의 변화를 가하는 것이 아니라 기존의 정치와 문화를 새롭게 재구성할 필요가 있다. 새로운 세계의 구성은 혼란을 초래하기 마련이지만, 그것은 쇄신을 위한 파괴로서 창조를 동반하게 된다. 그야말로 정신적 가치, 비서구사회, 도덕과 윤리, 문화의 다원성을 폭넓게 받아들여 창의적으로 문명을 재구성하는 것이다.

2) 새로운 문명의 창조와 NGO

21세기 세계경제의 중심지역에 위치한 한국은 근대문명의 극복과 새로운 문명의 창조를 고민해야 한다. 그것은 수십만 개의 NGO가 각 영역에서 활동하면서 상호 연대하는 시민사회의 역동성이 존재해야 가능하다. 이러한 시민사회의 역동성의 조건은 일본이나 중국에 비해 한국이 더 나은 위치에 있다. 한국에서 수십만 개의 NGO가 존재한다면 그것은 서구의 NGO와는 다른 장점을 지니게 된다. 한국은 일찍이 유교와 불교와 도교를 받아들여 고유의 사상을 창조했듯이, 세계의 온갖 이론과 사상이 들어와 용해되어있다. 그래서 한국은 서구사회에서 강조하는 인간의 자유와 개성과 함께 도덕과 사회도 중시한다. 한국에서 이웃은 공동체의 삶을 살아가는 협력자이기도 하지만, 체면문화에 나타나듯이 평가자이기도 하다. 한국인은 개인적 삶의 향

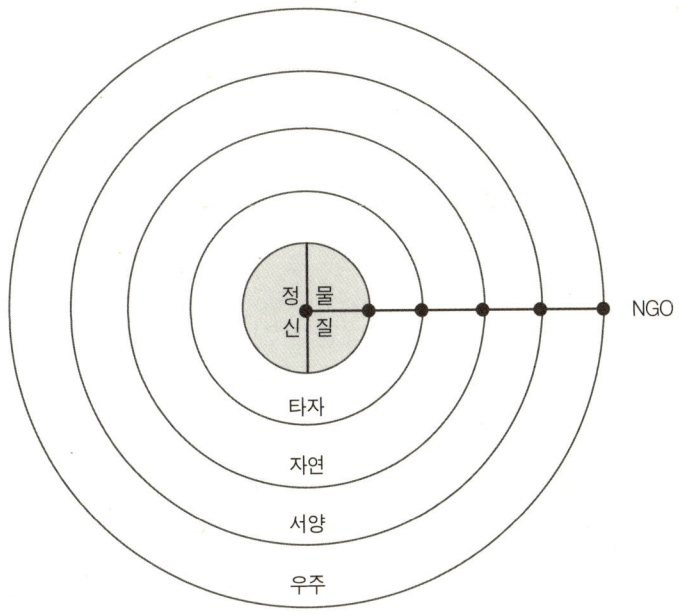

〈그림 12-6〉 주체와 환경 간의 융합과 NGO

상과 함께 개인생활이 이루어지는 사회환경에 대해서도 높은 관심을 가지고 있다. 한국문화는 서양의 과학기술에 대한 선호만큼이나 인간 상호 간의 관계와 의미를 중시한다. 그리고 불교의 연기론(緣起論)에서 알 수 있듯이, 자연에 깊은 관심을 가지고 인간과 자연의 유기적 연대를 존중한다. 그런가 하면, 우주를 과학적 탐구의 대상이 아니라 인간의 존재와 본질과 연관하여 바라보는 사상적 원천을 가지고 있다.

〈그림 12-6〉은 주체적 개인이 자아 내에서 정신과 물질이 어떻게 융합하고, 개별자의 정체성을 가지면서 외부환경과 어떻게 융합하는가를 보여준다. 개인은 한 사람의 인격으로서 정신과 물질을 조화시킨다. 타자는 절대적 주체의 외부에서 개인을 위한 수단이나 지배의 대상이 아니라 자아와 연결되어 자아의 삶에 중요한 의미를 제공하는 환경이다. 자연은 자체의 생명을 가지고 있으면서 인간생명과 유기적으로 연결되어있다. 개별 국가나 문화는 타국과 타문화를 경쟁이나 지배·종속관계가 아니라 협력과 공존의 대상으로 바라본다. 따라서 동양은 서양을 자신을 세련시키고 자신에게 자양분을 주는 사상과 문화의 수원지(水源地)로 바라본다. 인간은 우주 밖에서 자신의 의지에 따라 모든 것을 할 수 있는 존재가 아니라, 우주 속에서 우주생

명과 맞물려 있다. 지구는 우주의 중심이 아니라 단지 우주의 작은 흔적에 지나지 않는다.[19] 인간은 대우주의 경애(境涯)와 우주대의 상상력을 가진 소우주이면서 우주의 생사(生死)와 행·불행(不幸)의 원리와 밀접하게 연결되어있다. NGO는 인간이 이러한 외부 환경과 가지는 접합과 융합의 각 결절점에서 일정한 동기와 행위의 장(場)을 마련해주는 매개체 역할을 할 수 있다. 기존의 가치와 이데올로기를 회의하면서 인간실존에 대해 근본적인 질문을 던지고 외부환경과의 새로운 관계를 형성하기 위해서는 NGO의 역할이 필요하다.

---

19) 서양의 개발과 침략의 논리는 마치 지구 외에 평가자가 존재하지 않는 것처럼 행동한다. 강대국이 약소국을 침략하는 것을 단지 지구인의 관점에서만 바라본다. 예를 들어, 지구 밖에서 높은 문화수준을 가진 고등동물이 인간의 이러한 행동을 얼마나 수치스럽게 바라볼 것인가를 고려하지 않는다.

부록

부록 1 한국의 주요NGO 40
부록 2 주요 국제NGO 20

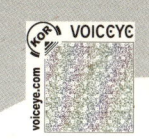

부록 1
한국의 주요NGO 40

1. 환경

환경운동연합

1982년 한국 최초의 환경단체인 '한국공해문제연구소'가 창립되었고, 이 연구소는 1988년 '공해반대시민운동협의회' 및 '공해추방운동청년협의회'와 합쳐 '공해추방운동연합'(공추련)을 결성하였다. 이것이 환경운동연합의 전신인데, 공추련은 1993년 4월 전국의 주요 8개 환경단체와 함께 '환경운동연합'으로 통합되었다. 환경운동연합은 환경적으로 지속가능한 사회를 건설하고 산업구조를 친환경적으로 개혁하기 위해 각종 환경운동을 벌이고 있다. 환경운동연합의 주요 사업은 환경연구, 환경교육, 환경감시, 핵발전소 및 핵폐기장 설립반대, 쓰레기 소각장 및 골프장 건설반대, 그린벨트 및 생태계 산림보존 등에 대한 캠페인과 현장활동을 들 수 있다. 러시아 핵폐기물 동해안 투기 폭로, 시화호 방류에 따른 해양생태계 조사, 대만 핵폐기물 북한반입 저지, 동강댐 건설 반대, 부안 핵폐기장 건설반대, 새만금개발반대 3보1배 행사 등과 같은 활동을 하였다. 2004년 현재 전국 46개의 지역조직과 연대단체를 구성하고 있고, 회원이 8만여 명이며, 연간예산은 20억 원 정도이다.

녹색연합

1994년 4월 기존의 녹색당창당준비위원회, 푸른한반도되찾기시민의모임, 배달환경연구소 등이 통합되어 배달녹색연합이 창립되었다. 이것이 녹색연합의 전신인데, 배달이 갖는 지역성의 이념적 한계를 벗어나기 위해 1996년에 이름을 녹색연합으로 바꾸었다. 녹색연합은 지구상의 모든 생명체의 다원성과 생태계순환을 존중하고 생명과 평화의 세계를 건설하는 것을 목표로 한다. 이를 위해 평화, 지구보호, 녹색정치, 녹색세상을 지향한다. 주로 환경연구, 야생 동·식물 보호, 환경교육, 환경감시, 생태마을 설립, 금강산보전, 갯벌보전, 그린벨트보전, 환경체험(녹색순례) 등과 같은 사업을 하고 있다. 주요 업적으로는 서울시 중랑천 환경지도 완성, 하천수질오염 조사, 백두대간 보전운동, 깃대종 살리기, 미군기지 환경파괴 고발, 한강 독극물 방류 고발 등이 있다. 2004년 현재 전국에 8개 지역조직을 가지고 있고, 회원이 1만 5천여 명이며, 연간 예산은 10억여 원 정도이다.

2. 인권

인권운동사랑방

인권운동사랑방은 차별로부터 자유롭고, 평등하고 평화로운 인간권리를 실현하는 것을 목적으로 1993년 서준식을 중심으로 결성되었다. 특히 부정의한 권력에 맞서 사회적 약자의 권리를 옹호한다. 인권정보제공, 국제인권회의 참가, 인권교육과 자료발간, 인권조사와 캠페인운동, 인권영화제 개최, 인권입법청원, 반인권법 폐지 및 개정운동 등과 같은 사업을 한다. 청송보호감호소 인권유린실태 고발, 국가인권위원회 설치 단식농성, 롯데호텔 노조파업 경찰력투입 조사, 병역거부와 대체복무제 제안, 보호감호제도 폐지 주장, 고등학교 네이스정책 반대, 남산 옛 안기부 터 인권공원 추진, 원폭2세 처우 개선활동 등과 같은 활동을 하였다. 인권운동사랑방은 조직구성이 특별하다. 대표가 따로 있는 것이 아니라 상임활동가 16명 전원이 대표성을 가지고 의사결정과 집행에 참여하는 네트워크형 의사결정구조를 가지고 있다. 그리고 회원이 없고 그 대신에 50여 명에 달하는 자원활동가와 400여 명에 달하는 후원자가 있다. 〈인권하루소식〉은 민주언론상을 수상하였고, 단체는 시민인권상을 수상하였다.

한국정신대문제대책협의회

제2차 세계대전 당시 일본 제국주의가 일본군의 위안부로 삼기 위해 아시아의 여성 10만~20만 명을 강제로 연행·납치하여 일본군의 성노예로 만든 잔악한 범죄를 저질렀다. 한국정신대문제대책협의회(정대협)는 일본이 위안부 범죄를 인정하고 진상규명·사죄·배상·교과서기록·위령탑건립·책임자처벌 등을 요구하기 위해 1990년 37개 여성단체와 개인을 중심으로 결성되었다.

정대협은 위안부 피해 여성의 명예와 인권회복을 위한 수요시위, 생존자복지활동, 대 한국정부 활동, 국제인권기구와의 연대활동, 일본군 성노예전범 국제여성법정 개최, 여성인권 및 인권교육 활동, 일본군 위안부 기념관 건립사업, 각종 세미나 개최 등과 같은 사업을 하고 있다. 1992년 1월 8일 미야자와 전 일본총리의 한국방문을 계기로 매주 수요일 주한일본대사관 앞에서 일본군 위안부의 범죄에 대한 저항시위를 계속하여 2010년 현재 18년째를 맞이하고 있다. 일본 정부를 상대로 위안부 배상을 제소하였고, 일본 방위청 자료실을 뒤져 일본군 위안소설치 자료를 발견해냈으며, 유엔인권위원회에 안건을 상정하기도 하였다. 그리고 아시아의 각종 단체와 연대하여 일본군의 위안부 범죄에 대한 시위와 국제세미나를 개최하였다.

3. 평화/통일

민족화해협력범국민협의회

민족화해협력범국민협의회(민화협)는 1998년 흡수통일이나 무력통일을 반대하고 남북이 힘을 모아 민족공동의 번영을 이루기 위한 통일운동을 전개하기 위하여 171개 남북한 정당과 사회단체가 모여 결성되었다. 민화협은 남북이 기본합의서에 따라 서로 화해하고, 교류와 협력의 증진을 통해 평화를 정착시키며, 궁극적으로 통일을 달성하는 것을 목표로 한다. 민화협은 정부가 자기역할을 하도록 견인하고, 민간차원에서 남북 간의 화해와 협력을 추진하기 위해 다양한 활동을 한다. 통일기행, 학술대회, 토론회, 평화축제 개최, 남북한 기본합의서 실천 결의대회, 통일의식 조사사업 등을 한다. 8·15대축전, 사이버인간띠잇기대회, 통일마라톤대회 등과 같은 큰 행사를 개최하기도 하였다. 2004년 현재 가입한 단체가 214개이고, 연간예산은 23억 원에 달한다. 2003년부터 격월간지 〈민족화해〉를 발간하고 있다.

세계평화여성연합

세계평화여성연합은 1992년 창립되어 일본, 미국, 유럽 등 세계 113개 도시에 지부를 가지고 있는 국제NGO이다. 여성의 모성애를 바탕으로 참된 사랑의 가정을 이루고 건전한 사회, 평화로운 세계를 건설하기 위해 참가정의 윤리확립을 위한 사회교육활동, 이웃과 사회를 위한 봉사와 나눔의 실천활동, 국제적 교류·친선·화합·연대활동, 조국의 평화통일을 위한 교육·실천활동 등을 목표로 한다. 단체가 지향하는 목표를 달성하기 위해 참가정 건설 교육 및 캠페인, 봉사활동, 이웃돕기, 국제연대활동 등과 관련된 사업을 진행한다. 주로 세미나·강연·교육 등을 위주로 활동하고 물질적인 지원이나 장학사업을 하기도 한다. 아프리카의 저개발국가에서 교육 프로그램을 진행하고 있고, 유엔에서 빈곤퇴치를 위한 NGO포럼을 매년 개최한다. 세계평화여성연합은 한국에서 유엔 경제사회이사회(ECOSOC)의 포괄적 협의지위를 가진 2개 NGO 중의 하나이다.

4. 여성

한국여성단체연합

한국여성단체연합(여연)은 한국여성단체협의회(여협)와 함께 한국의 대표적인 여성NGO 협의체이다. 여연은 1987년 2월에 21개 조직이 참여하여 여성운동단체 간의 협력과 교류를 도모하고 남녀평등, 여성복지, 민주통일사회 실현을 목표로 창립되었다. 창립당시 김희선, 이우정, 박영숙 등이 핵심역할을 하였다. 여연의 주요사업은 성차별적인 법·제도·의식·관습의 개혁, 여성복지 확대, 여성의 정치·공직참여 확대, 여성 정치교육, 여성 고용의 안전과 평등 추구, 여성폭력 방지, 성상품화 방지, 평화·통일에 대한 여성의 역할 증진, 여성문화활동 등이다. 주요업적으로는 남녀고용평등, 가정폭력방지, 여성고용할당제 등과 관련된 법률의 제정에 기여한 공로를 들 수 있다. 2004년 현재 전국 250여 개의 여성단체가 회원으로 가입되어 있고, 내부에 여성미디어센터, 대안사회정책연구소, 여성정치발전센터, 평등사랑변호사모임과 같은 부설기구를 두고 있다.

한국여성민우회

한국여성민우회는 여성운동을 통해 성적으로 평등한 민주사회를 건설하기 위해 1987년에 설립되었다. 여성의 자각과 실천을 통해 여성이라는 이유로 차별받지 않는 사회, 여성의 인권이 존중되는 사회, 여성이 모든 사회영역에서 동등하게 참여하는 사회, 자연과 인간이 조화로운 사회를 지향한다. 한국여성민우회는 양성평등을 위해 상담, 캠페인, 감시, 교육, 정책제안 등과 관련된 사업을 진행한다. 환경운동도 전개하고 안전한 먹거리를 위한 협동조합도 운영하고 있다. 한국여성민우회는 대표적인 여성진보단체로서 그동안 많은 여성운동의 대중화, 여성참여의 장 확대, 여성운동의 지역화에 크게 공헌하였다. 여성운동가도 많이 배출하였고 국가정책에 대해서

도 영향력이 강하다. 전국 도시에 11개의 지부가 있고, 내부에 가족과성상담소, 여성노동센터, 여성환경센터, 생활협동조합 등과 같은 특별기구를 두고 있다.

5. 권력감시

참여연대

참여연대는 1994년 9월 교수와 변호사 등 전문직 지식인 300여 명의 발기로 창립되었다. 국가권력과 시장권력을 감시하고 정책을 제안하여 인권과 복지가 실현되는 참여민주주의사회 건설을 목적으로 하였다. 창립당시에는 박원순 변호사와 조희연 교수가 핵심적인 역할을 하였다. 참여연대의 주요사업은 부정부패방지, 소액주주운동, 재벌개혁, 예산감시, 공익소송, 정치개혁, 사법개혁, 조세개혁, 언론개혁, 인권보호 등에 대한 감시활동·캠페인·입법청원·연구조사 등을 들 수 있다. 그동안 사법개혁, 소액주주운동, 복지개혁운동, 정치개혁운동 등의 분야에서 커다란 성과를 달성하였다. 2000년에 참여연대가 주도한 총선시민연대의 낙천낙선운동은 국회의원 선거에 커다란 영향을 미쳤을 뿐만 아니라, 전세계적으로 알려지게 되었다. 현존하는 한국 시민단체 중에서 가장 영향력이 강한 단체 중의 하나이다. 회원은 2010년 현재 1만 5천여 명이고, 연간예산은 13억여 원이다. 내부에 참여사회연구소, 참여사회아카데미, 공익법센터 등 부설기구가 있다.

바른사회를위한시민회의

바른사회를위한시민회의(시민회의)는 자유민주주의와 자유시장경제체제가 실현된 바른 사회를 목표로 2002년에 설립되었다. 한국인의 번영과 행복을 위해서는 자유민주주의와 시장경제를 철저하게 구현되어야 하는데, 시대적으로 이러한 체제가 파괴되고 있다는 위기감을 가지고 주로 대학교수를 중심으로 결성되었다. 전문가가 중심이 되어 비교적 짧은 기간 동안에 인지도를 높이고 영향력을 확대하게 되었다. 시민회의는 시민의 힘으로 자유민주주의와 시장경제를 확고히 하기 위해 모니터링, 세미나, 홍보, 교육, 연구, 입법청원, 연대 등과 같은 활동을 하고 있다. 국가정책에 대한 많은 성명서 발표, 정책대안 제시, 연구 및 출판활동을 해왔다. 단체 내부에 바른정치운동본부, 경영환경개선운동본부, 바른교육포럼 등 다양한 활동기구를 두고 있다.

6. 정치/경제

경제정의실천시민연합

경제정의실천시민연합(경실련)은 1989년 9월 종교계를 중심으로 한 500여 명의 발기인에 의해 창립되었다. 1987년 6월항쟁 이후 사회문제가 된 정경유착, 부동산투기와 불로소득, 빈부격차, 생계위협 등에 대처하기 위해 한국의 대표적인 시민단체로 등장하였다. 창립당시 서경석이 핵심적인 역할을 하였다. 주요사업은 부동산 투기근절, 정경유착 척결, 재벌구조 해체, 세제개혁, 정치개혁, 공명선거, 통일, 지방자치 등과 관련된 감시·캠페인·입법청원·연구활동 등을 들 수 있다. 주요 업적으로는 금융실명제 도입, 토지공개념 도입, 한약분쟁 조정, 아파트원가 공개 등과 같이 경제개혁을 위한 다양한 감시활동과 정책대안을 제시하였다. 특히 1990년대 초반에 가장 언론에 많이 보도되는 시민단체일 뿐만 아니라, 한국에서 가장 영향력이 강한 집단으로 꼽혔다. 심지어 '경실련운동'이라는 고유어가 생겨날 정도였다. 2004년 현재 회원은 2만여 명이고, 내부에 경제정의연구소, 도시개혁센터, 시민권익센터 등과 같은 특별기구를 두고 있다. 전국에 30여 개의 지역경실련이 있다.

함께하는시민행동

함께하는시민행동(시민행동)은 기존에 경실련에서 활동하던 활동가들이 한국시민운동의 새로운 전진을 위한 목표를 가지고 1999년 9월 새로 조직한 단체이다. 따라서 기존의 시민운동과는 다르게 인터넷을 통해 누구나 참여할 수 있고, 참여민주주의를 현장에서 실천하며, 사업중심의 네트워크를 통해 시민운동을 전개한다는 목적을 가지고 출발하였다. 정부의 예산감시활동, 기업감시활동 및 좋은 기업 발굴, 광고감시활동, 정보민주화 및 정보정의실현, 차별없는 생태공동체, 민주시민교육, 인권제도 개선 등과 관련된 사업을 진행한다. 예산감시활동에서는 그동안 정부예산을 철저하게 분석·감시하여 매년 '밑 빠진 독'상을 실시하고 있다. 그리고 예산감시와 기업감시를 위한 각종 연구, 세미나 개최, 출판사업을 해왔다. 시민행동은 단체의 역사나 회원의 규모에 비해서는 단체의 인지도나 영향력이 빠르게 성장한 시민단체이다. 내부에 공익소송센터와 (사)인터넷시민학교와 같은 전문기구를 두고 있다.

7. 시민계몽

새마을운동중앙회

새마을운동중앙회는 1970년 박정희 정권에서 시작한 새마을운동에서 출발한다. 새마을운동은 근면·자조·협동의 이념 아래 각 마을을 잘 사는 마을로 바꾸는 일종의 의식개혁과 실천운동이다. 1972년에 설치된 새마을운동중앙협의회가 대통령령으로 설치되었기 때문에 군부정권 하에서 일종의 관변단체로 시작하였다. 2000년에 새마을운동중앙회로 개칭하였다. 새마을운동중앙회는 군부정권하에서 정당성이 부족한 군부정권을 뒷받침하는 대표적인 관변단체였으나, 민주화가 진행되면서 관변단체와 시민단체 간의 경계가 사라짐에 따라 단체의 이미지와 활동의 변신을 꾀하고 있다. 오늘날에는 생활의식개혁운동, 마을환경가꾸기, 민간사회안전망, 국제원조 및 통일협력운동 등을 전개하고 있다. 새마을운동중앙회는 지도자중앙협의회, 부녀회중앙연합회, 직장·공장중앙운동연합회, 문고중앙회, 금고연합회 등을 포괄한다. 각 단체는 시도 광역자치단체와 시·군·구 기초자치단체에 지부를 가지고 있고, 일부 단체는 읍면동과 마을까지 지회조직을 갖추고 있다. 그리고 새마을사랑모임, 새마을교통봉사대, 한국대학교수새마을연구회, 새마을관련 대학연구소가 유관단체로 되어 있다.

신사회공동선운동연합

신사회공동선운동연합(공동선연합)은 깨끗하고 건강한 도덕사회, 활력 있고 정의로운 민주시민사회, 사람답게 고루 잘 사는 문화복지사회를 건설하기 위해, 1994년 서영훈을 중심으로 설립되었다. 이러한 바람직한 사회를 건설하기 위해 생명질서 존중, 인간성 회복, 공동체윤리 정립, 선(善)진문화 창조, 공동선실천운동 등을 전개한다. 공동선연합은 이상적인 사회를 목표로 시민강좌, 지도자 아카데미, 순회강연, 워크숍 개최, 문화체험, 자치학교 개설, 캠페인, 출판사업, 연대활동 등과 같은 사업을 추진한다. 그동안 생활문화, 가치관, 사회봉사, 평화, 다원성, 인권, 자연, 전통문화, 고전, 국제협력에 대한 강좌를 열고 시민들을 계몽해온 대표적인 시민계몽단체이다.

8. 교육/연구

참교육위한전국학부모회

참교육을위한전국학부모회(참교육학부모회)는 1989년 9월, 입시위주와 학벌위주의 교육이 자녀의 꿈과 개성을 빼앗는 현실을 비판하고, 아이들의 자율성·창의성·공동체정신을 계발할 수 있는 교육환경과 교육정책을 위한 학부모의 책임을 다하기 위해 결성되었다. 주요사업으로는 교육현안에 대한 정책대응, 교육자치 지원활동, 교육강좌 소모임활동, 출판·홍보활동, 교육 평가·감시활동, 학부모상담실 운영 등을 들 수 있다. 그동안 촌지근절, 고교평준화 수호, 학교폭력 근절, 교육자치 정책제안 등과 같은 활동을 하였다. 경쟁이나 입시위주로 진행되는 정부의 교육정책에 대항적인 세력을 구축하여 시민운동을 전개하는 대표적인 교육NGO이다. 참교육학부모회는 매년 새학기에 건강한 학부모가 되기 위한 '학부모교실'을 전국의 지부와 지회에서 개최한다. 내부에 교육자치위원회와 학벌문제특별위원회와 같은 특별기구를 두고 있고, 전국에 15개 시도지부와 37개 지회를 갖추고 있다.

민족문제연구소

민족문제연구소는 1949년 친일파에 의해 와해된 반민특위의 정신과 친일문제에 평생을 바친 임종국 선생의 유지를 이어 1991년에 반민족문제연구소로 설립되었다가 1995년 민족문제연구소로 개칭하였으며, 1996년에 사단법인이 되었다. 한국 근현대 민족문제 연구와 해명, 한일 과거사 청산을 위한 역사바로세우기, 친일인명사전 편찬 등과 같은 목표를 지향한다. 한국에서 친일문제에 대한 홍보, 교육, 캠페인, 연구, 정책제안을 하는 가장 대표적인 단체이다. 친일문제를 해결하고 역사를 바로 세우기 위해 학술대회, 출판활동, 캠페인, 전시회, 교육과 연구 등과 같은 활동을 한다. 그동안 수십 차례의 세미나와 전시회를 개최하였고, 2001년에 친일사전편찬위원회를 결성하여 2004년에 이 사업을 위한 국민모금을 실시하여 커다란 반향을 불러일으켰다. 2009년에는 친일인명사전을 발간하여 사회적 이슈가 되기도 하였다.

9. 예술/문화/체육

문화연대

문화연대는 그동안 경제중심의 발전을 성찰하고 개인이 타인과 연대하여 친밀한 관계를 유지하여 자신의 희망과 욕망을 최대한 구현할 수 있는 문화사회를 실현한다는 목적으로 1999년 9월에 창립되었다. 주요사업으로는 문화정책의 감시와 대안제시, 시민자치 문화활동, 문화제 개최, 문화산업 관련 공청회·조사·연구 등을 들 수 있다. 주요업적으로는 서울대탐험, 아줌마 문화카페 개최, 덕수궁터 미대사관 아파트건축 반대운동, 아파트문화공동체 만들기운동, 책읽는 사회 만들기운동 등을 들 수 있다. 문화연대는 내부에 시민자치문화센터, 문화행동센터, 공간환경위원회, 문화유산위원회, 문화교육위원회, 청소년문화위원회, 매체문화위원회, 문화사회연구소 등과 같은 특별기구와 각종 위원회를 설치하여 다양한 문화활동을 하고 있다.

국민생활체육협의회

국민생활체육협의회(국체협)는 생활체육진흥을 통한 국민건강과 체력증진, 국민의 건전한 여가선용과 선진 체육문화 창달, 세계한민족의 동질성과 조국애 함양을 통한 통일기반조성을 통해 한국인의 삶의 질을 고양하는 것을 목적으로 하여 1991년에 창립된 체육NGO이다. 국체협은 생활체육 프로그램 개발 및 보급, 체육 동호인 활동 지원·육성, 생활체육 캠페인, 생활체육대회 개최, 국민 체육활동 조사·연구, 생활체육 지도자 관리, 생활체육을 통한 국제교류, 세계한민족 축전 개최 등과 같은 사업을 한다. 전국의 시·도 광역자치단체와 시·군·구 기초자치단체에 하부조직이 만들어져 있고, 축구·배드민턴·자전거·테니스 등 종목별 국민생활체육 46개 단체가 가입되어있다. 단체의 성격상 정부를 상대로 캠페인을 하거나 시민참여를 통한 풀뿌리운동을 전개하기보다는 친목·관리·연구·대회개최 등을 중심으로 활동한다.

10. 복지

한국백혈병어린이재단

매년 1,200명에 달하는 어린이가 백혈병을 포함한 소아암의 진단을 받고 있는 현실을 극복하기 위해 1991년 11월 의사, 간호사, 환자아동의 부모, 그리고 일반시민들이 모여 '백혈병어린이후원회'를 설립한 것이 한국백혈병어린이재단의 전신이다. 이 후원회는 2001년 재단으로 승격하여 소아암 어린이와 가족을 체계적으로 지원하게 되었다. 한국백혈병어린이재단은 백혈병 및 소아암 어린이가 적절하게 치료받고 퇴원 후에 건강한 사회의 일원으로 복귀할 수 있도록, 의료서비스를 제공하고 백혈병과 소아암에 대한 법적 제도를 정비하는 것을 목적으로 한다. 주요 사업으로 어린이 소아암환자의 치료와 정서안정을 지원하고, 환자와 환자 가족의 숙박·상담·정보 제공을 위한 쉼터를 운영한다. 그리고 어린이 소아암에 관한 연구와 자료발간, 그리고 홍보활동과 같은 사업을 실시하고 있다. 그동안 진료비를 확보하기 위해 '새생명 나누어주기운동'을 전개해왔고, 환자의 전용휴양시설인 '푸른 우리마을'을 건설하였으며, 소아암 어린이 쉼터인 '우체국·사랑의 집'을 운영하고 있다. 이 재단을 후원하기 위해 우체국, 기업, 노동조합, 동창회, 직장인들이 다양한 형태의 후원회를 결성하여 활동하고 있다.

장애우권익문제연구소

장애우권익문제연구소(장애우연구소)는 장애라는 이유로 차별하는 세상을 바꾸기 위해 1987년에 설립되었다. 장애를 가진 사람도 보편적인 권리와 욕구 그리고 인권을 가지고 있다는 전제에 따라 장애자에 대한 차별적 환경을 개선하는 것을 목적으로 한다. 그동안 시민의 인식전환, 법률의 개선, 상담과 소송을 통한 권리옹호 등을 위해 캠페인, 세미나 개최, 입법청원, 교육 및 출판, 직업훈련, 감시, 연대 및 국제교류와 같은 다양한 활동을 전개하였다. 장애우연구소는 장애문제에 대한 오랜 역사를 가진 대표적인 NGO이다. 대구·부산·전주·인천·창원·목포 등에 지부가 있고, 단체 내부에 인권센터, 의료센터, 문화센터, 가족센터, 직업센터 등 5개 센터를 갖추고 있다. 부설기구로 장애우교육아카데미와 '월간 함께걸음'이 있다.

11. 의료/보건

사랑의장기기증운동본부

사랑의장기기증운동본부(사랑의장기기증)는 1991년 1월 박진탁 목사가 각계 인사들과 난치병 환우들에게 건강한 장기를 기증함으로써 새 생명을 찾아주자는 취지에서 시작된 나눔운동으로서, 국민 서로 간에 사랑의 실천운동을 통하여 국민화합과 건강증진을 꾀하고자 하는 목적으로 설립되었다. 재단법인인 사랑의장기기증은 '10년을 넘어 100년을 향해'라는 슬로건 아래 다양한 홍보방법을 사용하고 각종 사업을 실시하고 있다. 주요사업으로는 각 분야별 전문가 양성을 위한 전문인력 교육, 환우의 사회복귀를 위한 재활프로그램 개발, 시신기증자를 위한 나눔공원의 조성사업 등이 있다. 최근에는 적극적으로 활동하여 장관, 국회의원, 교수, 성직자 등 사회지도층 인사의 장기기증 서명이 크게 늘었다. 사랑의장기기증은 내부에 사업국과 원무국, 인공신장실을 두고 있고, 전국에 14개 시도지부를 두고 있다. 뉴욕에도 1개의 국제지부가 있다.

생명나눔실천회

생명나눔실천회는 불교의 자비사상에 기초하여 생명나눔을 실천함으로써 맑고 밝은 복지사회를 구현한다는 취지로 1994년 생명공양실천본부라는 이름으로 창립되었다. 이 단체는 1995년 생명나눔실천회로 개칭하면서 사단법인이 되어 법장스님이 초대 이사장으로 취임하였다. 생명나눔실천회는 장기기증, 시신기증, 치료비 지원, 헌혈, 캠페인, 봉사활동 등과 같은 활동을 한다. 장묘문화를 개선하기 위한 계몽운동도 전개한다. 지금까지 헌혈캠페인을 지속적으로 벌여왔고, 시신과 장기를 기증해왔으며, 각종 봉사활동에서 커다란 역할을 수행해왔다. 대구, 충남, 광주 등 전국에 3개 지부를 두고 있다.

12. 청소년/아동

흥사단

흥사단은 현존하는 한국 시민단체 중에서 가장 역사가 오래된 단체이다. 1907년 도산 안창호가 신민회를 조직하고, 1909년에 그 산하에 청년학우회를 설립한 것이 흥사단의 전신이다. 이 두 단체가 소위 105인 사건으로 일본에 의해 강제로 해산되자, 안창호가 미국 샌프란시스코에서 조국해방에 공헌하는 청년을 양성하기 위해 1913년 5월에 흥사단을 창립하였다. 해방 이후 1949년에 본부를 국내로 이전하였다. 이후 안창호의 정신을 계승하고 정신혁명과 인격교육을 통해 민족부흥을 이루는 것을 목적으로 삼고 있다. 설립취지와 목적을 달성하기 위해 인격훈련, 단결훈련, 공민훈련 등 3대 훈련을 실시하고, 무실(務實), 역행(力行), 충의(忠義), 용감(勇敢) 등 4대 정신의 생활화를 강조한다. 흥사단의 주요사업으로는 청소년 수련, 청소년 지도자 육성, 청소년 봉사활동, 지역사회운동, 통일교육, 청소년 연구 및 자료발간 등을 들 수 있다. 주요 업적으로는 각종 청소년교육을 실시하여 10만 명이 넘는 이수자를 배출한 것을 들 수 있다. 2004년 현재 회원은 4만여 명이고, 국내에 15개 지부, 해외에 7개 지부를 두고 있다. 내부에 민족통일운동본부, 투명사회운동본부, 교육운동본부와 도산아카데미연구원, 청소년연구원, 도산청소년재단, 청소년자원봉사센터 등의 부설기관과 유관단체를 두고 있다.

한국YMCA전국연맹

세계YMCA(청년크리스찬연맹)가 1844년 영국 런던에서 시작하여 1855년 세계연맹을 결성하였다. 한국에서는 1903년 황성기독교청년회가 최초의 시(市)청년회로 창립되었고, 1914년에 조선기독교청년회연합회가 결성됨으로써 전국조직이 형성되었으며, 세계YMCA연맹의 일원이 되었다. 해방 이후 한국YMCA전국연맹(YMCA)으로 개칭하였고, 1976년 '한국YMCA목적문'을 제정함으로써 운동의 이념을 새롭게 규정하였다. 즉 급격한 산업화로 사회문제가 심각해짐에 따라 시민사회의 주요문제를 해결하기 위한 노력을 경주하게 되었다. 따라서 종교단체로 시작한 YMCA는 1970년대 이후, 특히 1990년대 이후 각종 시민운동을 전개함으로써 NGO의 역할을 많이 수행하고 있다. YMCA는 청소년, 아동, 환경, 인권, 소비자, 시민계몽, 정치개혁, 생명 등과 관련된 다양한 시민운동을 전개한다. 전국의 61개 도시에 지부를 두고 있고, 10만여 명의 회원을 가지고 있다. 내부에 청년·대학·고교·어린이 YMCA조직을 두고 있고, 생활협동조합인 등대를 운영하고 있으며, 각종 봉사조직을 거느리고 있다.

13. 소비자권리

소비자문제를연구하는시민의모임

소비자문제를연구하는시민의모임(소시모)은 소비자의 안전을 지키고 사회의 투명성을 확보하기 위한 소비자운동을 전개하기 위해 1983년에 설립되었다. 초대회장은 김동환이 맡았다. 주요사업으로는 안정성, 공정한 거래, 자원과 환경을 보호하기 위한 조사연구, 소비자들이 일상에서 겪게 되는 법률적인 갈등이나 불만해결을 위한 법률상담, 일상생활에서 상품과 서비스로 인해 발생한 피해를 해결해주는 일반상담, 소비자를 위한 교육 및 정보제공, 소비자 안전확보운동, 국제소비자기구와 국제민간단체와의 국제교류 및 연대사업 등이 있다. 소시모는 서울에 1개의 지회가 있고 전국에 5개의 지부를 두고 있다. 그리고 내부에 안전성, 공정한 거래, 지속가능성

등 세 가지 주제를 다루기 위한 22개 위원회를 두고 있다.

한국소비자연맹

한국소비자연맹은 1970년 미국소비자연맹의 회장이었던 원(Colston Warn) 박사의 한국방문에 영향을 받아, 한국 최초로 설립된 소비자NGO이다. 따라서 NGO 중에서는 매우 역사가 오래된 단체이다. 상품의 가격·품질·안전을 높이기 위해 소비자에게 유익한 정보를 제공하고, 각종 모니터링과 상담을 통해 소비자를 구제하며, 정부의 정책수립에 필요한 각종 자료를 제공하는 것을 목적으로 한다. 한국소비자연맹은 소비자정보 제공, 매연감시, 광고모니터, 상품테스트, 물가감시, 시장조사, 소비자의식조사, 소비자교육, 소비자상담, 정부정책과정 참여, 입법청원, 절약운동 등과 같은 사업을 시행한다. 지난 수십 년 동안 각종 상품검사, 소비자교육, 소비자 상담, 소비자권리와 관련된 입법청원 등에 기여하였다. 내부에 소비자정보센터를 운영하고 있고, 정례적인 토론회를 갖는다.

14. 교통

녹색교통운동

녹색교통운동은 자동차중심이 아니라 사람중심의 교통정책을 지향하고 장애인·노인·어린이 등 교통약자의 교통권 확대, 대중교통 개선, 자전거 이용 활성화, 교통사고 유자녀 지원 등을 목적으로 1992년 설립되어, 1994년에 사단법인이 되었다. 녹색교통운동은 시민교통권의 확보 및 친환경적인 교통실현을 촉진하는 다양한 시민운동을 전개하는 교통NGO이다. 교통안전법 개정운동, 정지선지키기 캠페인, 국도와 지방도의 인도 설치 등과 같은 캠페인을 벌이고 있다. 교통문화의 수준을 객관적으로 비교할 수 있는 교통문화지수라는 개념을 도입하여 1998년 이후 각 도시의 교통문화지수를 측정·비교하는 활동을 하고 있다. 2003년에는 '대중교통을 살리는 것이 지속가능한 도시로 가는 길'이라는 슬로건 아래 '대중교통·육성법(안)'을 입법청원하기도 하였다. 또한 철도교통문화수준을 파악할 수 있는 철도문화지수 측정을 통해 철도문화 선진화 방안을 추진하고 있다. 1995년부터 매년 지구의 날 자전거 대행진을 개최하고 있으며, 운행자 자동차 배출가스 무료검사 캠페인, 서울권역 10개 초등학교 안전한 통학로 만들기 운동, 광화문 사거리 등에 횡단보도 설치 운동을 비롯한 다종다양한 활동을 하고 있다.

어린이교통안전협회

어린이교통안전협회는 고도경제성장에 따라 차량이 늘어나고 교통준법정신이 허약한 상태에서 어린이들의 희생이 늘어나자, 이를 막기 위한 시민운동을 전개하기 위해 1992년에 설립되어 사단법인이 되었다. 1980년대 이후 마이카(my car)의 붐을 타고 자동차가 늘면서 세계 최고의 교통사고국가라는 누명을 쓰게 되자, 정부가 앞장서서 교통사고를 줄이기 위한 각종 정책입안과 홍보활동을 전개했으나 역부족이었다. 따라서 어린이를 교통사고로부터 구하기 위해 시민이 자발적으로 나서게 된 것이다. 어린이교통안전협회는 교통안전 캠페인, 홍보활동, 세미나 개최, 출장교육, 교통사고 유자녀 지원 등 다양한 활동을 전개한다. 지금까지 전국에서 교통안전 캠페인과 봉사활동을 전개하고, 교통안전어머니회를 만들어 실질적으로 등하교길 거리에서 어린이의 교통안전을 위한 봉사활동을 전개해왔다. 내부에 교통안전어머니회와 안전운전자교통봉사회와 같은 특별기구를 두고 있는데, 이 두 조직은 전국에 많은 지회를 가지고 있다.

15. 노동/농민

외국인노동자의집/중국동포의집

외국인노동자의집/중국동포의 집(외국인노동자의집)은 한국노동자 상담 및 지원을 위해 1986년 5월 설립된 노동상담소 '희망의 전화'에 연원을 두고 있다. 1992년 외국인노동자, 특히 중국동포를 위한 상담을 시작하면서 외국인노동자를 위한 센터를 추가하여, 1994년 외국인노동자의집으로 개칭하였다. 외국인노동자의집은 모든 사람은 인종·언어·국가를 초월하여 존엄성을 갖는다는 설립이념하에, 이주노동자의 인권을 보호하는 소극적 차원의 활동을 넘어 이주노동자 스스로 노동자로서의 정체성과 권익을 확보할 수 있도록 하는 데 목적을 둔다. 이 단체의 핵심인 김해성 소장은 외국인노동자를 위한 법률제정운동과 관련하여 구속된 적이 있고, 1996년 KNCC인권상, 2000년 '5월의 정의상'을 수상하기도 하였다. 국경을 넘는 노동력의 이동 속에서 경제적으로 나은 미래를 찾고자 한국에 온 이주노동자들이 겪는 산업재해·폭행·질병·임금체불·사기·사망 등에 대한 상담을 기본으로, 무료진료와 쉼터운영, 감옥에 있는 외국인노동자 수감자 돕기, 사망자 장례식 지원, 결혼가정모임운영과 외국인자녀 학교보내기 등의 활동을 주요 사업으로 하고 있다. 더불어 한국어학당, 컴퓨터교실, 각종 교육과 수련회, 문화활동과 역사탐방 등을 통해 외국인노동자의 한국사회 적응을 돕고 있다. 내부에 네팔, 중국, 방글라데시,

몽골, 스리랑카, 아랍, 미얀마의 노동자를 위한 공동체가 있다. 최근에는 외국인노동자 쉼터와 외국인노동자 전용의원을 개설하여 운영하고 있다. 2004년 현재 성남·서울·안산·광주·양주 등 5개 지역에 8개 센터를 운영하고 있다.

전국귀농운동본부

전국귀농운동본부는 1996년 산업문명의 진행에 의한 생명환경의 위기 속에서 농업의 중요성을 일깨우고 농촌활성화를 고취시키기 위해 도시의 젊은이들이 농촌으로 돌아가 생명의 터전을 일구는 것을 지원하기 위해 결성되었다. 주요 사업으로 농촌에서 농업을 시작하려는 사람에게 교육을 실시하는 생태귀농학교, 도시에 텃밭농사를 지도할 수 있는 교사를 양성하는 도시농부학교, 도시인에게 주말농장을 제공하는 도시텃밭 등을 운영하고 있다. 또한 귀농과 관련된 연구, 정보제공, 농산물 직거래, 정책제안 등과 같은 활동을 하고 있다. 도시의 청년들이 귀농을 하려고 할 때 이에 필요한 교육과 정보를 실질적으로 제공하는 단체라고 할 수 있다. 녹색소비자연대, 녹색연합, 환경운동연합 등 많은 NGO들이 이 단체의 회원으로 가입되어 있다. 내부에 귀농연수원, 교육위원회, 홍보출판위원회 등을 두고 있다.

16. 자원봉사

볼런티어21

볼런티어21은 자원봉사가 사회를 변화시키는 힘이라는 믿음 하에, 더욱 많은 사람들이 효과적이고 효율적으로 자원봉사에 참여하여 삶의 질을 높이는 성숙한 시민사회 공동체 건설에 기여하고자 하는 목적으로, 1996년 이강현을 중심으로 설립되었다. 사단법인인 볼런티어21은 자원봉사에 대한 교육·연구·실천과 관련된 각종 사업을 실행하고 있다. 주요사업으로는 자원봉사 정신과 가치의 고양을 위한 홍보와 기반구축을 위한 활동, 자원봉사리더십센터를 통한 자원봉사 관리자 및 지도자 양성, 자원봉사 관리나 인프라 구축을 위한 제도 및 문화에 대한 연구조사 및 컨설팅, 자원봉사모델 프로그램 개발 및 실시, 자원봉사 캠페인활동, 기업사회공헌의 활성화를 위한 파트너십 활동 등을 들 수 있다.

곰두리봉사대

곰두리봉사대는 차량을 보유한 장애인이 신체장애로 인해 대중교통수단을 제대로 이용하지 못해 불편을 겪는 장애인에게 차량편의를 제공하기 위한 목적으로 1988년에 설립되었다. 각종 국가 공식행사나 체육대회 등 대형행사 때 장애인을 수송하고, 장애인의 운전·안전·재활·복지 등에 대한 상담·홍보·교육·조사·연구사업을 하고 있다. 그리고 장애인을 위한 장학사업과 재활사업도 하고 있다. 지금까지 수십 년 동안 장애인에게 교통편의를 제공해왔다. 대전 엑스포 박람회, 각종 국제체육대회 등에 자원봉사단체로 선정되어 활동해왔다. 전국에 14개 지부가 있고, 내부에 교통전문봉사단을 두고 있다.

17. 국제연대

굿네이버스

굿네이버스(Good Neighbors)는 1991년 3월에 '이웃사랑회'라는 이름으로 설립되어 한국과 저개발국에서 활발하게 구호활동을 하는 국제NGO이다. 1996년 한국NGO 중에서 처음으로 UN 경제사회이사회(ECOSOC)에 포괄적 협의지위(general consultative status)를 획득하였고, 2004년 현재 한국NGO 중 포괄적 협의지위를 가진 두 단체 중의 하나이다. 단체의 목적은 기독교 정신에 입각하여 국내외 빈곤문제를 조사·연구하고 가난하고 소외된 사람의 복지를 증진하는 것이다. 주요사업으로는 영세지역 아동지원, 아동상담, 아동학대상담센터 운영, 결식아동 지원, 장애인가정 지원, 낙후지역과 농촌지역 개발 등이다. 주요업적으로는 에티오피아 구호사업, 르완다 난민긴급 구호활동, 북한어린이 급식제공 등과 같은 활동을 하였다. 특히 최근에는 북한에 구호·복구·의료지원과 관련된 사업을 활발하게 전개하고 있다. 2004년 말 남아시아 해일참사의 구호활동에도 참여하였다. 국내에 12개 지역복지센터, 7개 아동학대예방센터, 2개 복지관을 운영하고 있고, 아시아·아프리카와 북한 등 10개국에서 구호개발사업을 하고 있다. 전국에 20개 지부를 두고 있고, 외국에도 10개 지부가 있다.

지구촌나눔운동

지구촌나눔운동은 1995년부터 베트남과의 상호교류, 의료봉사, 직업훈련, 대학생봉사활동 등과 같은 베트남개발을 위한 활동을 해오다, 1998년에 정식으로 설립된 개발NGO이다. 설립 이

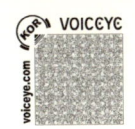

후 개발도상국 전체로 활동영역을 확장하여 지구촌의 가난한 이웃을 돕고 저개발국 시민사회의 발전을 도모하는 것을 목적으로 한다. 지구촌나눔운동은 개발도상국의 개발협력, 교육, 조사연구, 정책제언, 긴급구호와 같은 활동을 한다. 그동안 베트남에서 봉사활동과 직업학교 설립을 비롯한 각종 개발활동을 전개해왔고, 캄보디아의 의료기 지원과 몽골의 유목민 정착사업에도 심혈을 기울였다. 해외에 베트남, 몽골, 중국, 이라크에 지부가 있고, 단체 내부에 지구촌시민학교와 지구촌대학생연합회가 결성되어있다.

18. 공동체

열린사회시민연합

열린사회시민연합은 1987년 6월항쟁 때 활동했던 사회단체가 시민단체로 전환한 서울민주시민연합과 서울겨레사랑지역운동연합이 통합하여 1998년 4월에 창립되었다. 열린사회시민연합은 지역사회의 공간에서 시민의 자발적인 인식과 확대를 통해 자기성장을 꾀하는 것을 목표로 하는 풀뿌리NGO이다. 이를 위해 주민자치, 시민교육, 자원봉사 등 3대 사업을 전개한다. 주민자치사업은 주민자치모임을 통한 주민참여 삶터 가꾸기, 생태기행, 주민자치센터 활성화, 지방자치 주민참여 등이 있다. 시민교육사업은 자기성찰과 관계형성, 객관적이며 합리적인 사회인식을 돕는 교육, 민주시민교육, 사회참여를 위한 매개교육, 계층별 주제교육을 위한 프로그램 개발 등을 포함한다. 자원봉사사업은 1회원 1자원봉사 생활화, 소외계층 무료 집수리 '해뜨는 집' 공동사업단 운영, 대학생 및 청소년 자원봉사단 운영 등이 있다. 내부에 커뮤니티파트너십센터라는 부설기관을 두고 주민자치리더십의 양성과 교육, 컨설팅, 정책개발 등과 같은 전문적인 활동을 한다.

인드라망공동체

인드라망공동체는 불교인사를 중심으로 불교귀농학교, 불교생협학교, 유기농매장 등을 실행해오다가 1999년에 인드라망공동체로 통합하여 재창립되었다. 인드라(Indra)란 인도불교의 신(神) 중의 하나인 제석천(帝釋天)을 말하는데, 인드라망은 제석천의 궁전에 장엄한 구슬로 만들어진 그물을 말한다. 따라서 인드라망공동체는 불교의 연기적 세계관에 입각하여, 세계의 모든 것이 개체의 자유와 존엄을 가지면서 서로 연결되어 상호작용하는 것을 상징한다. 인드라망공동체는 산업화와 도시화에 의한 왜곡된 삶을 바꾸는 대안사회를 위해 농촌사회를 중시하여 귀농학교를 운영하고, 도농공동체를 만들어 유기농산물을 생산·판매·소비한다. 경쟁보다는 공동체적 삶을 중시하는 생명교육과 생태마을을 위한 공동체운동을 실시해오고 있다. 지금까지 귀농자를 지원하고, 청소년의 대안교육을 실시해왔으며, 생태생활과 환경운동을 전개해왔다. 내부에 생협사업부(경기 시흥)와 귀농전문학교, 농장공동체, 대안학교, 근본도량(전북 남원 실상사)을 가지고 있다.

19. 대안사회

미래사회와종교성연구원

미래사회와종교성연구원은 기존의 사회운동이 개인의 본성에 내재한 정체성의 문제를 해결할 수 없다고 보고, 진정한 자유와 해방을 위해 종교성과 영성을 연구하고 공유하기 위해 2000년에 이형용을 중심으로 창립되었다. 따라서 인간의식에 내재하는 권위주의의 문제와 미래사회의 문명개척을 합리주의에 기초하되, 주관성이나 종교성과 같은 초합리주의적인 관점도 강조한다. 주요활동으로는 토론회, 연구활동, 기획강좌, 수련회, 출판, 캠페인 등과 같은 활동을 한다. 이러한 활동을 통해 미래사회, 종교성, 영성, 인간의 존재, 진정한 자유 등을 탐구하고 구현하고자 한다. 특히 다양한 종교를 가진 사람들이 함께 공통적으로 종교가 사회와 인간의 삶에 가지는 의미를 탐색하고 명상이나 요가와 같은 수행활동을 하기도 한다, 교육치유센터, 시민교육원, 휴머니스트플러스클럽(인문강좌 제공) 등을 운영하고 있다.

미내사클럽

미내사클럽(미래를 내다보는 사람들)은 1996년 박취산 선생을 중심으로 대전 대덕연구단지 과학자와 의식있는 사람들이 모여 창립되었다. 미내사클럽은 지금이 일대 문명전환기로 보고, 정신과 물질 양면에서 새로운 세계를 바라보고 이에 적응하기 위한 행동을 목적으로 한다. 주요 활동으로는 심포지엄 개최, 회원간 소통, 지역통화 실험, 창조적 과학·예술·의식을 일깨우기 위한 강좌개설 등을 들 수 있다. 주요 성과로는 다수의 국제신과학심포지엄 개최, 다양한 정신건강 소개 및 실험, 도덕경을 비롯한 다양한 고전 강좌 등을 들 수 있다. 2004년 현재 회원은 1만여 명이 되고, 내부에 '빛과소리연구소'를 두고 있다.

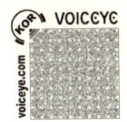

20. 기타

아름다운재단

아름다운재단은 기부문화의 활성화를 통해 풍요롭고 정의로운 사회를 건설한다는 취지로 2000년에 시민의 결사형식으로 창립되었다. 아름다운재단은 낙오자에게 새로운 삶을 추구할 기회를 주고, 정직하고 성실한 사람이 행복하게 살 수 있는 사회를 지향하여 보통시민이 직접 만든 재단이다. 여기서 아름다운 세상이란 개인의 이익을 위해 앞만 보고 달려가는 것이 아니라, 함께 나누며 더불어 살아가는 세상을 의미한다. 재단의 운영원칙으로서 공정성, 투명성, 전문성, 지정성, 종합성, 대중성 등을 정해놓고 있다. 아름다운재단은 그야말로 아름다운 사회를 위해 기부문화 확산 캠페인, 기금조성, 사회공헌 프로그램 전개, 소외계층 지원, 제도개선, NGO지원, 연구·출판 등 다양한 활동을 한다. 그리고 공익기금을 조성하기 위해 중고품을 파는 '아름다운가게'를 운영하고 있다. 지금까지 1% 나눔운동을 줄기차게 전개해왔고, 장애인·어린이·청소년·약자·시민단체 등에 기금을 배분해왔다. 아름다운재단은 한국의 대표적인 모금NGO로서 박원순의 리더십 아래 짧은 시간 내에 시민들의 인지도와 지지를 얻었다. 내부에 아름다운가게 외에 기부문화연구소와 같은 특별기구를 두고 있다.

한국사랑의집짓기운동연합회

일명 '해비타트한국지부'라고도 하는 한국사랑의집짓기운동연합회(사랑의집짓기)는 국제해비타트(Habitat for Humanity International)의 한국지부이다. 원래 해비타트는 집의 설계·자재·건축에 이르기까지 모든 과정을 자원봉사자의 노동으로 해결하여 저소득 무주택자에게 최저의 주택가격으로 무이자 장기분할상환 형식으로 제공한다. 세계에 92개 지부가 있고, 한국지부는 1992년에 설립되어 활동하고 있다. 사랑의집짓기는 청년에서 노인에 이르기까지 직접 현장에서 땀을 흘리는 자원봉사자의 손으로 집을 지어 가난한 자에게 제공함으로써 선한 세력을 구축하고 사회를 섬기는 방법을 훈련하는 것을 목적으로 한다. 사랑의집짓기는 자원봉사활동을 통해 청년들이 땀의 의미와 이웃사랑의 실천방법을 체득하고 더불어 사는 사회 속에서 사는 방법을 깨닫게 한다. 그리고 통일 이후 북한의 주택사업에 대한 역량을 준비하고 있다. 또한 자원봉사를 통해 사랑을 설교하고 사회선교를 하는 것을 강조한다. 그동안 전국에 수백 채의 집을 지어 가난한 사람에게 제공했을 뿐만 아니라, 몽골·필리핀·태국 등에도 수십 채의 집을 지어 제공했다. 2001년에는 미국의 카터(Jimmy Carter) 전대통령이 자원봉사자로 참가하여 전국에 174채의 집을 지어 제공한 적이 있다. 1993년 의정부지회를 시작으로 하여 2004년 현재 전국에 50여 개의 지회를 갖고 있다.

부록 **2**
주요 국제NGO 20

Greenpeace — 환경

그린피스는 1971년 캐나다 밴쿠버에서 12명의 환경운동가가 미국 알래스카의 암차카섬 핵실험 반대시위를 하면서 시작되었다. 그린피스는 생물다양성을 지키고, 토양·대기·해양에서 모든 종류의 오염을 방지하며, 지구상에서 모든 핵위협을 종식시키는 것을 목적으로 한다. 지금은 거의 모든 환경분야에서 활동하고 있지만, 초창기에는 주로 핵폐기물 처리와 핵실험 반대에 집중하여 활동하였다. 본부는 네덜란드 암스테르담에 있다. 지구의 환경을 감시하고 보호하는 활동을 통해 세계평화를 모색하는 그린피스는 도전적인 활동을 통해 환경이라는 전지구적 이슈를 부각시켰고, 기업의 경영원리에 커다란 영향을 끼쳤으며, 국제기구와 개별 정부의 정책변화에 커다란 영향력을 행사하였다. 그린피스의 꾸준한 활동으로 유엔에서는 1996년 포괄핵실험금지조약(CTBT)이 통과되었다. 그린피스는 전세계 40여 개국에 지부를 두고 있고, 자체의 선박을 가지고 있다.

Worldwatch Institute — 환경연구

월드워치연구소는 록펠러재단의 후원으로 1974년에 브라운(Lester Brown)을 중심으로 설립된 환경연구단체이다. 월드워치연구소는 지구적 차원의 환경위협에 대한 대중의 인식을 높임으로써 환경문제 해결을 위한 새로운 정책과 근본적인 변화를 추구하는 것을 목적으로 한다. 대중

477

에 대한 정보제공과 설득을 통해 대중이 움직인다면 환경문제를 치유할 수 있는 변화가 올 수 있다고 믿는 것이다. 본부는 미국 워싱턴에 있다. 월드워치연구소는 지구의 환경문제에 대한 각종 조사·연구·출판활동을 통해 지구 생태계의 현실에 대한 과학적인 분석과 구체적인 치유책을 제시하고 있다. 불과 15명 정도의 연구원이 모여 지구 환경문제에 대한 연구와 출판을 통해 엄청난 영향력을 행사하고 있다. 대표적인 간행물인 '지구환경보고서'(State of the World)는 세계 30개국에 번역·출판되었다. 창시자 브라운(Lester Brown)은 박사학위를 가지고 있지 않지만, 14개 대학으로부터 명예박사학위를 수여받았다. '지구환경보고서'의 주요 저자이기도 한 그는 '지속가능한 개발'(sustainable development)이라는 개념을 처음 만들기도 하였다.

World Wide Fund ― 자연보호

세계자연보호기금(WWF)은 영국의 헉슬리가 '옵서버'지에서 실은 동부아프리카 지역의 동물남획과 동물서식지를 파괴하는 실태에 관한 칼럼이 계기가 되어, 인간과 자연의 공존을 위해 자연을 보호할 목적으로 1961년에 설립되었다. 초기에는 WWF(World Wildlife Fund)로 시작하여 주로 멸종위기에 처한 야생동물보호에 초점을 두다가 1981년 이후 세계자연보호기금으로 개칭하면서 포괄적인 생태계보존과 자연보호로 활동영역을 확대하였다. 스위스 그란에 본부를 두고 있고, 전세계 500만 명이 넘는 회원을 가지고 있다. 세계자연보호기금은 오늘날 세계 130여 개국에서 생물다양성 보존, 자원의 지속적인 이용, 자연오염 및 자원과 에너지의 낭비 방지 등을 주요 사명으로 활동하고 있다. 전세계에서 수많은 회원으로부터 기금을 모금하여 지구의 자연을 보호하기 위한 각종 프로젝트를 시행한다. 멸종위기에 있는 각종 동식물을 조사·연구하여 세계인에게 알리고, 각국 정부와 기업의 정책에 영향을 미친다. 한국과 친숙한 호랑이와 산삼이 멸종위기에 처해 있어서 거래를 금지하였고, 한국 환경단체의 동강지키기와 새만금갯벌 반대 등과 같은 시민운동에 지지를 보내기도 하였다.

Wetlands International ― 습지보호

국제습지보호(WI)는 다음 세대의 안전하고 행복한 삶을 위해 전세계의 습지와 습지의 자원 및 생물다양성을 보호하고 복원하는 정보제공·연구·현장활동 프로그램을 진행하는 국제NGO이다. 본부는 네덜란드 와겐닌겐(Wageningan)에 있다. 국제습지보호는 습지를 보호하기 위해 각종 프로그램을 통해 개인에게 정보를 제공하고 습지를 보호하는 프로그램을 직접 시행한다. 습지에서 서식하는 철새의 이동 시기·경로, 그리고 서식지를 파악하여 철새를 보호하는 프로그램을 진행하기도 한다. 특히 1971년에 물새의 서식지로서 중요한 습지를 보호하기 위해 결성된 람사협약(Ramsar Convention)에 따라 습지의 수자원 보호, 현명한 이용, 생물다양성 보호에 노력하고 있다. 국제습지보호는 전세계에 50여 개국에 지부를 가지고 있고, 120여 개의 정부 및 NGO의 지원을 받고 있으며, 매년 국제적 규모의 람사총회를 개최한다.

Amnesty International —인권

국제사면위원회(AI)는 1961년 포르투갈의 두 학생이 한 술집에서 "자유를 위하여!"라고 건배했다는 이유로 파시스트정권에 의해 투옥되어 감옥에 있다는 사실을 안, 영국의 변호사 피터 베네슨(Peter Beneson)이 쓴 "잊혀진 수인들"이라는 칼럼이 영국의 '옵서버'와 프랑스의 '르몽드'지에 동시에 게재되면서 시작되었다. 베네슨의 노력으로 20일 후에 인권NGO로 결성되었고, 시바이처, 맥브라이드, 피카소 등 양심적인 지식인 등이 참여하였다. 본부는 영국 런던에 있다. 국제사면위원회는 국가, 반군단체, 전통적인 공동체, 기업 등에 의한 개인의 인권침해를 예방하고 대응하기 위해 홍보·감시·구명·연구·기금조성·정책제안 등과 같은 활동을 한다. 여기에는 양심수 석방, 고문철폐, 사형제 폐지 등도 포함된다. 국제사면위원회는 1977년에 벌써 2만여 명의 정치범 석방과 인권개선에 대한 공로로 노벨평화상을 수상하였다. 전세계 140여 개국에 100만 명 이상의 회원을 가지고 있고, 60여 개국에 지부를 두고 있다.

Human Rights Watch —인권감시

'인권감시'(HRW)는 1978년 번스턴(Bob Bernsten)과 나이어(Aryeh Neier)가 주축이 되어 설립된 인권감시단체이다. 세계 각국의 인민이 인권기준에 맞는 권리를 가질 수 있도록 압력을 행사하고 감시·보호하는 활동을 목적으로 한다. 본부는 미국 뉴욕에 있다. 인권감시는 인권이 훼손되는 것을 감시하기 위해 감시·조사·연구·출판활동 등을 전개하고 여론의 환기와 정책변화를 추구한다. 르완다, 사라예보 등에 내전이 있을 때 긴급사무소를 개설하기도 하였다. 현재 전세계 70여 개국에서 활동하고 있다. 현재 대표는 로스(Kenneth Roth)이고, 연간예산은 2천만여 달러(2002년) 정도이다.

ICBL —평화

대인지뢰금지운동(ICBL: International Campaign to Ban Landmines)은 대인지뢰를 지구상에서 영원히 추방한다는 목표 아래 1991년 미국의 '베트남참전용사회'와 독일의 '메디코인터네셔널'이 모여 결성된 국제평화NGO이다. 본부는 미국 워싱턴에 있다. 대인지뢰금지운동은 지뢰위험성 홍보, 대인지뢰사용 금지, 지뢰제거 촉구, 지뢰피해자 원조활동 등과 같이 지구상에 지뢰로 인한 피해를 없애기 위한 각종 캠페인·감시·연구·원조활동을 하고 있다. 대인지뢰금지운동은 짧은 기간에 인터넷을 활용하여 대인지뢰의 위험성을 알리고 세계적인 협조를 얻어내는 데 결정적인 공헌을 하였다. 1997년에는 오타와에서 122개국이 대인지뢰의 사용·생산·보유·운송을 금지하는 조약에 서명하였다. 2004년 현재까지 146개국 이상이 이 조약에 서명하였고, 비준한 국가도 130개국이 넘었다. 대인지뢰금지운동은 대인지뢰의 위험성을 알리는 적극적인 활동으로 이 단체의 주요 활동가인 윌리엄스(Jody Williams)와 함께 1997년 노벨평화상을 받았다. 대인지뢰금지운동은 오늘날 전세계 90여 개국의 1,300여 개의 단체가 회원으로 가입되어있다.

Save the Children Fund —아동보호

아동구호기금(SCF)은 1919년 제1차 세계대전이 끝난 후 유럽의 기아문제, 특히 어린이의 기아를 해결하기 위해 어린이 권리선언을 작성한 젭(Eglantyne Jebb)에 의해 창립되었다. 오늘날 영국 런던에 본부를 두고 있는 국제NGO로서 전세계 70여 개국에 지부를 두고 있다. 아동구호기금은 어린이를 빈곤·질병·전쟁·폭력·차별·노동으로부터 해방시켜 행복하고 건강하며 안전한 삶을 살 수 있도록 하는 것이 목적이다. 어린이의 건강·교육·복지를 증진하기 위해 연구·홍보·캠페인·감시·구호 활동 등을 전개한다. 이 단체가 1923년에 아동권리 선언문인 '제네바 선

언문'을 발표하였는데, 이것이 발전하여 1989년 유엔총회에서 '유엔아동권리협약'이 채택되었다. 긴급구호와 함께 장기적인 개발도 추구한다. 제2차 세계대전 당시 유럽 8개국 난민아동을 원조했고, 1948년부터는 미국에서 인디언아동을 돕는 활동을 하였다. 아프리카, 동남아시아, 서남아시아 등에서 어린이지원활동을 전개하고, 어린이의 에이즈 예방과 치료활동도 한다. 2004년 현재 회원은 영국에서 1만 1천여 명이고, 연간예산은 1억 2천여 파운드(6,400만 달러)이다.

Transparency International — 반부패

국제투명성기구(TI)는 부패가 비용의 상승, 정책 우선순위의 왜곡, 자원의 비효율적 분배, 경제·사회발전의 왜곡, 공공기관의 신뢰성 하락, 사회의 원만한 운영의 왜곡 등을 가져온다고 보고, 부패를 척결하고 공정하고 정의로운 사회를 건설하기 위해 1993년 독일에서 설립된 NGO이다. 본부는 독일 베를린에 있다. 정부와 기업의 투명성을 높이고 부패를 방지하기 위해 캠페인, 감시, 조사, 세미나 개최, 연구 및 보고서 발간 등과 같은 활동을 한다. 세계의 유명한 기업과 재단이 비용을 제공하고, 독일 대통령을 지낸 바이체커, 평화연구가인 갈퉁 교수 등이 여기서 활동하고 있다. 지금까지 많은 연구보고서를 냈고, 특히 1993년 '글로벌 부패보고서'를 출판하였다. 세계의 언론이나 국가는 국제투명성기구가 조사하여 발표하는 개별국가의 부패지수를 신뢰하고 있다. 2004년 현재 세계 77여 개국에 지부를 두고 있다.

Consumers International — 소비자

국제소비자연맹(CI)은 1960년 지역 및 국가 간의 연대를 통해 개인의 힘을 규합하여 소비자의 권익을 보호한다는 목적으로 전세계 소규모 소비자단체가 모여 조직되었다. 오늘날 전세계 소비자의 권익을 대변하여 상품, 환경, 건강, 사회정책 등 다양한 이슈를 제기하고 소비자정책을 제안하는 활동을 한다. 본부는 영국 런던에 있다. 각국의 소비자단체의 활동을 지원하고, 소비자의 권익을 보호하기 위한 캠페인·감시·조사·연구·정책제안 등과 관련된 활동을 한다. 여기에는 상품 성능시험 기술지원, 소비자단체 설립 지원, 유해상품 규제 및 불매, 유아식품 보호 등과 같은 활동이 포함된다. 특히 선진국의 기업이나 다국적기업이 후진국의 소비자에게 유해한 상품을 판매하거나 후진국의 환경을 파괴하는 행위를 통해 이윤을 추구하는 행위를 감시하기 위해 활발한 연대활동을 하고 있다. 오늘날 전세계 100여 개국의 240여 개의 소비자NGO가 회원으로 가입되어있다.

Global Fund for Women — 여성권리

세계여성기금(GFW)은 여성이 경제와 교육에서 자주성을 높이고 여성폭력을 척결하기 위해 설립되었다. 여성의 권리와 경험에 대한 올바른 평가와 사회적 평등에 대한 대안을 통해 평등과 정의의 사회를 실현하는 것을 목적으로 한다. 본부는 미국 캘리포니아 팔로앨토(Palo Alto)에 있다. 여성의 경제적 독립기회 제공, 교육의 증대, 건강과 분만, 관습과 폭력 반대, 정치참여 강화, 레즈비언 권리 강화, 정보기술에 대한 접근, 장애여성의 평등권 등과 관련하여 다양한 사업을 벌인다. 개발도상국 여성단체에 현장 프로그램 실행을 위한 재정지원도 하고 있다. 재정은 미국 내 민간재단뿐만 아니라 전세계 150여 개국 3,700여 그룹의 기부자로부터 지원받는다.

Int'l Committee for the Red Cross — 구호

국제적십자사는 1864년 국적과 관계없이 중립의 입장에서 전쟁으로 인한 병자와 전상자를 돕기 위해 스위스의 앙리 뒤낭(Henri Dunant)에 의해 창설되었다. 그 후 그녀의 정신을 기려 전세계에서 적십자사가 설립되고 국제적십자사의 일원이 되었다. 본부는 스위스 제네바에 있다. 초창기에 주로 전상자의 치료를 담당했으나 오늘날에는 각종전쟁, 무력충돌, 내란뿐만 아니라 자연재해, 전염병, 빈곤 등에 따른 구호활동과 봉사활동도 전개한다. 그리고 아동과 청소년의 건강과 안전을 위한 각종 구호 및 지원사업도 하고 있다. 국제적십자사는 오늘날 가장 오래되고 광범위한 활동을 하는 국제NGO 중의 하나로서, 유엔의 공식기구가 아니지만 유엔헌장이 부여하는 국제법상의 특별지위와 권한을 누리고 유엔의 특별재정지원도 받는다. 이로 인해 NGO적 성격이 다소 탈색된 점도 있다. 오늘날 전세계 140여 개국의 적십자가 가입되어 있고, 수억 명의 회원이 전세계에서 활동하고 있다.

Oxfam — 난민구호

옥스팜(Oxfam: Oxford Committee for Famine Relief)은 제2차 세계대전 당시 나치정권하에서 동맹국의 봉쇄로 기아에 허덕이는 그리스 거주인을 돕기 위해 1942년 영국의 옥스퍼드에서 '옥스포드기근구호위원회'라는 이름으로 설립되어, 전쟁 중 유럽지역의 기근구호를 위한 활동을 하였다. 제2차 세계대전 후에는 전쟁과 각종 내전으로 고통을 겪는 사람을 지원하게 되었다. 본부는 영국 런던에 있고, 기아난민의 원조를 위한 모금과 현장활동을 한다. 오늘날 재난 피해자와 난민의 구호를 위해 세계 120여 개국의 개발도상국가에서 활동하고 있다. 1953년 한국전쟁 당시 난민을 위한 구호물자를 보내기도 하였다. 1995년 코소보에서 전쟁이 발발하자 알바니아와 마케도니아 지역의 난민 수십만 명을 구호하기도 하였다. 그리고 1998년에는 인도네시아 동티모르 내전에서 유엔기구와 함께 긴급구호활동을 하였고, 르완다, 쿠르드 등 내전지역에서 유엔의 중요한 파트너로 활동하였다. 오늘날 세계 100여 개국에 2천여 개의 지역조직을 갖추고 있고, 영국에만 2만여 명의 자원봉사자가 가입되어있다.

Mdecins Sans Frontires — 보건/의료

국경없는의사회(MSF)는 1968년 나이지리아 내전에서 1백만 명이 기아로 숨져가는 충격적인 모습을 본 프랑스 적십자사 소속 의사들에 의해 국제의료봉사활동을 하는 조직으로 결성되었다. 그 후 베르나르 쿠시네 등이 주축이 되어 방글라데시의 홍수 구호활동에 참여했던 의사들을 중심으로 1971년에 정식NGO로 결성되었다. 현재 벨기에 브뤼셀에 국제사무국을 두고 있고, 전 세계 20여 개국에 지부를 두고 있으며, 6천여 명의 의사 및 간호사가 등록되어있다. 매년 80여 개국에 2천여 명의 의사를 자원봉사자로 파견한다. 자원봉사, 양질의료, 독립유지라는 3대 원칙 속에서 인도주의적 이념에 의해 차별 없는 의료지원을 하고 있다. 1988년 이란·이라크 전쟁 때 이라크의 화학무기 사용을 국제사회에 폭로하였고, 1991년 걸프전쟁 때는 무여 60여 대의 전세기를 동원하여 7만여 명의 난민을 구출하기도 하였다. 그리고 1995년 북한에 홍수가 발생했을 때 NGO로서는 유일하게 의료진을 파견하여 100만 달러의 의약품과 장비를 기부하고 각종 구호활동을 벌였다. 이러한 공로로 1996년에 서울평화상을 수상하였고, 1999년에는 노벨평화상을 수상하였다. 2004년 현재 전세계 70여만 명의 후원자를 가지고 있고, 연간예산은 5억 프랑(1억 달러) 정도에 달한다.

Disabled People's International — 장애자권리

국제장애인연대(DPI)는 1980년 캐나다의 위니펙에서 개최된 국제재활협회(Rehabilitation International) 세계대회에 참가했던 세계 각국의 장애인 250여 명이 주축이 되어, 1981년 싱가포르에서 세계 51개국 400여 명이 참석하여 결성되었다. 장애를 가진 사람들의 기본적인 인간적 권리를 향상시키기 위해 완전참여, 기회균등, 발전을 촉진하는 것을 목적으로 하는 국제NGO이다. 본부는 캐나다 마니토바(Manitoba)에 있다. 장애인의 발전과 사회적 통합을 위해 다양한 활동을 벌여가고 있다. 여기에는 평화, 참여, 인권, 다양성, 생명윤리, 자립생활, 통합교육, 국제발전, 대중인식, 정보교환 등과 관련된 활동이 포함된다. 세계인권선언, 국제인권규약, 유엔 정신지체장애인권리선언, 유엔 장애인권리선언 등에 나타난 장애인의 인권을 실현하기 위해 각종 국제적인 활동을 벌이고 구체적인 자료집을 발간하기도 한다. 오늘날 세계 135개국에 지부를 두고 있다.

Economic Justice Now — 기업감시

'경제정의'(EJN)는 1994년 '50년이면 충분하다'(50 Years Is Enough)라는 반세계은행의 캠페인에 참여했던 사람들이 주축이 되어, 기업활동을 감시하고 지구화의 대응책을 모색하기 위해 1994년 미국 샌프란시스코에서 결성되었다. 지구화에 대응하여 사회적 형평성과 생태적 지속성을 보존하는 경제정의를 실현하는 것이 목적이다. 본부는 미국 캘리포니아 오클랜드에 있다. 인간적 평등 및 인간과 환경과의 공존을 위한 경제시스템을 구축하기 위해 홍보·교육·감시·정책제안 등에 관한 활동을 한다. 신자유주의정책과 구조조정으로 인한 불평등에 대해 사회여론을 형성하고 대안을 제시할 뿐만 아니라, 세계은행의 부채말소와 채권반대와 같은 운동을 전개하고, 신자유주의 무역정책에 대한 대안으로서 대안무역을 제창하기도 한다. 노동, 이주, 환경, 납세, 차별철폐, 복지, 인권, 죄수 등에 대해 활동을 하는 NGO와 연대하여 활동하기도 한다.

Labor and Society International —노동

국제노동사회(LSI)는 전세계 노동자의 작업장에서의 권리를 옹호하기 위해 1994년에 영국에서 설립되었다. 다양한 노동조합이나 시민사회단체와 연대하여 노동자의 권리를 보호하는 것을 목적으로 한다. 본부는 영국 런던에 있다. 국제노동사회는 인권 캠페인, 노동조합 교육프로그램 개발, 협상전략 개발, 여성노동자 권리보호와 관련된 각종 활동을 전개한다. 영국 노동조합운동의 경험을 이용하여 개발도상국가의 노동조합운동을 지원하기도 한다. 우크라이나와 몰도바 농산물 생산근로자의 권리 향상을 위한 프로그램을 진행한 바 있고, 1994년부터 2000년까지 7년 동안 아시아, 아프리카, 남미 등에서 광산노동자의 안전과 보건에 관한 캠페인·재정비·교육과 관련된 프로그램을 진행한 바 있다.

Idealist Action without Borders —정보

국경없는행동은 1995년 온라인에서 세계 자원봉사기관과 비영리기관의 정보교류 및 연락네트워크를 형성하기 위한 목적으로 'Contact Center Network, Action without Borders'라는 이름으로 결성되었다. 1996년에 국경없는행동으로 이름을 변경하여 전세계 50여 개의 기관이 가입하였다. 국경없는행동은 세계의 모든 사람이 자유롭고 존귀한 삶을 사는 사회가 바로 개인과 단체가 네트워크로 연결된 사회라고 보고 이를 지향한다. 온라인에서 자원봉사와 비영리기관의 정보에 대한 상호교류와 협력을 위한 네트워크로서, 일종의 가상연락센터(virtual contact center)라고 할 수 있다. 여기서는 자원봉사기관이나 비영리기관의 자원봉사, 구직, 인턴십에 대한 정보를 쉽게 구할 수 있다. 지금까지 전세계 자원봉사기관과 비영리기관에 대한 가장 풍부한 정보를 갖추고 있는 사이버NGO이다. 오늘날 150개국 2만여 개의 비영리단체가 가입되어있다. 단체는 언제든지 무료로 등록하여 자신의 단체를 홍보할 수 있다. 홈페이지는 www.idealist.org이다.

Int'l Forum on Globalization — 반지구화

국제지구화포럼은 1994년 북미자유무역협정(NAFTA)과 우루과이라운드협정을 계기로, 지구화의 문제점을 폭로하고 지역경제 및 공동체의 부흥과 생태계의 안전을 보장하기 위한 목적으로, 미국 샌프란시스코에서 결성되어 여기에 본부를 두고 있다. 세계의 NGO활동가, 경제학자, 작가 등 전문가로 구성된 국제지구화포럼은 지구화의 문제를 알리고 이를 극복하기 위한 다양한 조사, 연구, 세미나, 정책제안 등과 같은 활동을 한다. 지구화에 대한 대응으로서 공교육과 연대활동을 중시한다. 인터넷을 통해 세계무역기구(WTO), 국제통화기금(IMF), 세계은행(World Bank)에 대한 정보를 제공하고, 유엔이나 각종 국제기구의 행사에 대한 자료도 제공한다. 지구화의 확대로 인해 식품, 농업, 환경, 원주민, 기술 등의 분야에서 발생하는 문제에 대해 각종 세미나를 개최하고 대안을 제시한다. 전세계 25개국 60여 개의 단체가 가입되어있다.

Third World Network — 저개발국 개발

제3세계네트워크는 개발도상국의 개발과 관련된 이슈를 제기하고 이들의 이익을 도모하기 위해 설립되었다. 개발도상국에서 활동하는 다양한 비영리단체를 연결한 네트워크이다. 본부는 말레이시아 페낭(Penang)에 있다. 제3세계네트워크는 저개발국의 경제·사회·환경에 대한 연구와 출판, 각종 세미나 개최 및 연대활동을 한다. 지금까지 다양한 세미나 개최, 도서 출판, 신문발행 등을 통해 개발도상국의 이익을 대변해왔다. 주요 신문으로는 일간지 〈SUNS〉(South-North Development Monitor), 격주간행물 〈Third World Economics〉, 그리고 월간지 〈Third World Resurgence〉 등이 있다. 신문과 서적 그리고 인터넷을 통해 각종 지구화와 관련된 국제대회의 정보를 제공하고, 개발도상국의 NGO활동을 소개한다. 그리고 선진국중심의 다국적기업의 유전자조작상품에 대한 많은 정보도 제공한다. 2004년 현재 인도·우루과이·스위스·영국·가나 등에 지사가 있고, 개발도상국의 많은 NGO가 연결되어있다.

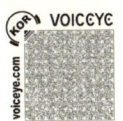

참고문헌
(한국어/일본어/중국어/영어권 순)

〈한국어〉

강상욱(2001). "우리나라 NGO의 성장에 관한 연구." 서울대학교 대학원 박사학위논문.
강영진(2002). "공익과 사익." 『참여사회』, 4월호.
강이수(2002). "여성학이란 무엇인가." 한국여성연구소, 『새여성학강의』. 서울: 동녘.
강정인(1997). "대안민주주의: 참여민주주의를 중심으로." 참여사회연구소(편), 『참여민주주의와 한국사회』. 서울: 창작과비평사.
강철희(2002). "자선적 기부에의 참여 및 기부노력에 대한 탐색적 분석." 아름다운재단, 『Giving Korea 2002』.
고상두(1999). "신사회운동의 정치이론." 이신행 외, 『시민사회운동』. 서울: 법문사.
권내환 외(2000). 『정보사회의 이해』. 서울: 미래M&B.
김광식(1999). 『한국 NGO』. 서울: 동명사.
김구현(1999). "한국에서 시민운동단체의 성장과 쇠퇴: 경제정의실천시민연합의 사례." 서울대학교 대학원 박사학위논문.
김대환(1997). "참여의 철학과 참여민주주의." 참여사회연구소(편), 『참여민주주의와 한국사회』. 서울: 창작과비평사.
김동춘(1997). 『한국 사회과학의 새로운 모색』. 서울: 창작과비평사.
김문조(1999). "한국사회학의 위기." 임희섭(편), 『사회과학의 새로운 지평』. 서울: 나남.
김봉중(2001). "신좌파운동." 김덕호·김연진(공편), 『현대 미국의 사회운동』. 서울: 비봉출판사.
김상조(2002). "지배구조 개선을 통한 기업과 NGO 간의 파트너십 구축." 『한국비영리연구』, 1(1)(창간호): 177-207.
김상준(2002). "성찰적 사회자본과 귀속적 사회자본." 한국NGO학회 춘계학술대회 발표논문집.
김성국(1992). "한국 자본주의 발전과 시민사회의 성격." 한국사회학회·한국정치학회(편), 『한국의 국가와 시민사회』. 서울: 한울.
_____(2001). "한국의 시민사회와 신사회운동." 유팔무·김정훈(공편), 『시민사회와 시민운동2』. 서울: 한울.
김세균(1995). "'시민사회론'의 이데올로기적 함의 비판." 유팔무·김호기(공편), 『시민사회와 시민운동』. 서울: 한울.
김승수(2003). "미국 언론권력의 왜곡보도와 시민 민주주의의 저항." 『인물과사상』, 4월호: 38-49.
김승현 외(1994). 『현대의 사회과학』. 서울: 박영사.
김영래(1997). "이익집단의 개념과 유형." 김영래(편), 『이익집단정치와 이익갈등』. 서울: 한울.

김영명(1999). 『고쳐쓴 한국현대정치사』. 서울: 을유문화사.
김영희(2002). "평등과 해방의 꿈." 한국여성연구소, 『새여성학강의』. 서울: 동녘.
김정린(2005). 『비영리조직 경영』. 서울: 아르케.
김정훈(2001). "진보적 시민사회 형성을 위한 이론적 탐색." 유팔무·김정훈(공편), 『시민사회와 시민운동2』. 서울: 한울.
김조년(2002). "사회운동가의 영성." 『나무를 심는 사람들』, 제1호: 6-8.
김준기(2002). "기업-NGO의 협력의 단계적 접근." 아름다운재단, 『Giving Korea 2002』.
김준기·신정헌(2002). "외국 NGO교육의 실상과 교훈." 한국행정학회 동계학술대회 발표논문집.
김준모 외(2002). 『한국 NGO의 활동실태와 과제』. 서울: 한국행정연구원.
김진철 외(2000). 『현대 사회과학의 패러다임 위기』. 서울: 세계정치경제연구소.
김태성·성경륭(2000). 『복지국가론』(개정판). 서울: 나남출판.
김형기(2001). 『새정치경제학』. 서울: 한울.
김형식(1998). 『시민적 권리와 사회정책』. 서울: 중앙대학교 출판부.
김호기(2001). 『한국의 시민사회: 현실과 유토피아 사이에서』. 서울: 아르케.
라도삼(1999). 『비트의 문명 네트의 사회』. 서울: 커뮤니케이션북스.
류기형 외(1999). 『자원봉사론』. 서울: 양서원.
문국현(2003). "기업의 사회적 책임과 비영리활동." 조효제(편), 『NGO시대의 지식키워드 21』. 서울: 아르케.
민경국(1993). 『신정치경제학』. 서울: 석정.
민진(2000). 『행정학 개설』(제5판). 서울: 고시연구사.
박길성(1996). "글로벌사회." 박길성 외, 『현대사회의 구조와 변동』. 서울: 사회비평사.
박상필(1998). "시민단체의 자주성과 공익활동능력." 경북대학교 대학원 박사학위논문.
_____(1999). "시민단체와 정부의 관계유형과 지원체제." 『한국행정학보』, 33(1): 261-78.
_____(2000). "NGO 지도자의 사회적 배경과 인식." 『한국행정연구』, 9(2): 118-52.
_____(2001). 『NGO와 현대사회』. 서울: 아르케.
_____(2002). "21세기 세계평화와 NGO의 역할." 한국NGO학회 춘계학술대회 발표논문집.
_____(2003a). "새로운 유토피아를 찾아서: NGO에 대한 희망걸기." 『NGO연구』, 1(1)(창간호): 253-88.
_____(2003b). "NGO학이란 어떤 학문인가." 한국행정학회 추계학술대회 발표논문집.
_____(2004a). "시민사회론의 한국적 적용과 변용." 『NGO연구』, 2(1): 99-139.
_____(2004b). "한국 시민사회의 규모." 『한국비영리연구』, 3(2): 5-40.
_____(2007). 『NGO를 알면 세상이 보인다』(개정판). 서울: 한울.
_____(2008). 『NGO와 정부 그리고 정책』(개정판). 서울: 한울.
박영신(2000). "사회운동 이후의 사회운동." 『현상과인식』, 24(4): 183-203.
박원순(1999). 『NGO, 시민의 힘이 세상을 바꾼다』. 서울: 예담.
_____(2000). "언론과 시민운동: 그 생산적 긴장관계를 위하여." 제1회 중앙시민사회포럼.
박은정(2001). "법치국가와 시민불복종." 한국법철학회(편), 『법치국가와 시민불복종』. 서울: 법문사.
박재영(1998). 『국제기구정치론』. 서울: 법문사.
_____(2003). 『국제관계와 NGO』. 서울: 법문사.

박정택(1990). 『공익의 정치행정론』. 서울: 대영문화사.
박종규(편저)(2003). 『존경받는 기업의 사회공헌』. 서울: 기업사회공헌연구소.
_____(2004). 『한국기업의 사회공헌』. 서울: 기업사회공헌연구소.
박형신(2000). "새로운 사회운동의 이론적 이해: 기원·전개·전망." 박형신 외, 『새로운 사회운동의 이론과 현실』. 서울: 문형.
박형준(2001). 『성찰적 시민사회와 시민운동』. 서울: 의암출판.
박호강(2002). 『유토피아와 사회진보』. 서울: 양서각.
박홍규(2004). 『아나키즘 이야기』. 서울: 이학사.
박홍립(1983). 『경제학원론』. 서울: 박영사.
박홍종(1991). "정치경제학에 있어서 국가의 위상에 관한 비판적 고찰." 한국정치경제학회 춘계학술대회 발표논문집.
박홍순(2003). "UN의 미래와 글로벌 거버넌스." 『시민사회』, 제10호: 25-35.
박희봉(2002). "사회단체와 사회자본." 한국NGO학회 춘계학술대회 발표논문집.
백국국(2000). "시민사회의 정치동학." 『한국정치연구』, 제10호: 163-209. 서울대학교 한국정치연구소.
변종필(2001). "시민불복종과 국회의원 후보 낙천·낙선운동의 정당화 문제." 한국법철학회(편), 『법치국가와 시민불복종』. 서울: 법문사.
변태섭(1982). 『수험한국사』. 서울: 법문사.
볼런티어21(2002). 『2002 한국인의 자원봉사 및 기부 현황』.
부정남(1998). 『사회와 사회과학』. 서울: 나남.
삼성사회봉사단(2002). 『삼성 사회공헌활동 백서 2001』.
서이종(2004). "인터넷 시민사회론—가능한가?" 한국NGO학회 추계학술대회 발표논문집.
서창록(2000). "현실주의 국제정치경제이론." 여정동·이종찬(공편), 『현대 국제정치경제』. 서울: 법문사.
_____(2004). 『국제기구: 글로벌 거버넌스의 정치학』. 서울: 다산출판사.
소병희(1992). 『공공선택의 정치경제학』. 서울: 박영사.
소병희·김동욱(2002). "시민사회단체 성장의 정치경제적 요인에 대한 계량적 분석." 『한국비영리연구』, 1(1): 93-116.
소재진(2000). "우리나라의 환경정책결정과정에서 NGO 참여에 관한 실증적 연구." 경희대학교 대학원 박사학위논문.
손혁재(2003). "한국 시민사회의 개념과 실제." 조효제(편,) 『아시아의 시민사회』. 서울: 아르케.
손호철(1992). "민주주의의 이론적 제문제." 한국정치연구회(편), 『현대민주주의론』. 서울: 창작과비평사.
_____(2001). "국가-시민사회론: 한국정치의 새 대안인가?" 유팔무·김정훈(공편), 『시민사회와 시민운동2』. 서울: 한울.
송경민(2002). "NGO의 홍보활동." 양난주(편), 『7명의 현장활동가가 쓴 NGO 실무핸드북』. 서울: 아르케.
송승달(1995). "인간과 생태계." 계명대학교 철학연구소(편), 『인간과 자연』. 서울: 서광사.
송재룡(2004). "사이버 공동체의 한계." 『현상과인식』, 28(1/2): 53-73.
시민의신문사(2004). 『시민의신문』. 8월 2일.
신연재(2000). "마르크스주의 국제정치경제이론과 제국주의이론." 여정동·이종찬(공편), 『현대 국제정치경제』. 서울: 법문사.
신용하(1994). 『한국 근대사회의 구조와 변동』 서울: 일지사.
신재일·정형욱(2003). "시민운동단체의 사업평가모델 개발." 한국NGO학회 추계학술대회 발표논문집.

심상완(2003). "정보사회와 NGO." 조효제(편), 『NGO시대의 지식키워드 21』. 서울: 아르케.
심재우(2001). "시민불복종과 저항권." 한국법철학회(편), 『법치국가와 시민불복종』. 서울: 법문사.
아름다운재단(2002). 『Giving Korea 2002』. 서울: 아름다운재단 기부문화연구소.
_____(2004). 『Giving Korea 2004』. 서울: 아름다운재단 기부문화연구소.
안병만(1999). 『한국정부론』. 서울: 다산출판사.
양난주(2003). "NGO와 재정." 조효제(편), 『NGO시대의 지식키워드 21』. 서울: 아르케.
양승근(2002). "중국 문인의 은일과 유토피아." 이종록 외, 『21세기 사회와 종교 그리고 유토피아』. 서울: 생각의나무.
양용희(1998). "시민단체의 모금 및 회원관리방식의 개선방안." 『시민단체의 안정적 재정확보 및 활성화 방안』, 아시아시민사회운동연구원.
_____(2004). "왜 기업 사회공헌활동인가." 『시민의신문』, 2004년 1월 12일.
양용희 외(1997). 『비영리조직의 모금전략과 자원개발』. 서울: 아시아미디어리서치.
양현모(2000). 『NGO 의사결정과정』. 서울: 한국행정연구원.
오일환(2001). 『사회과학 오디세이』. 서울: 을유문화사.
오현철(2001). 『시민불복종—저항과 자유의 길』. 서울: 책세상.
위평량(2004). "기업의 사회공헌활동과 기업가치 관계에 대한 실증분석." 한국NGO학회·한국비영리학회 추계공동학술대회 발표논문집.
유석진(2004). "새로운 국가전략의 모색." 하영선(편), 『21세기 한반도 백년대계』. 서울: 푸른역사.
유석춘·장미혜(2003). "사회자본과 한국사회." 유석춘 외(공편역), 『사회자본: 이론과 쟁점』. 서울: 그린.
유석춘 외(2002). "사회자본과 신뢰: 한국, 일본, 덴마크, 스웨덴의 비교연구." 유석춘(편), 『한국의 시민사회, 연고집단, 사회자본』. 서울: 자유기업원.
유진오(1980). 『헌법기초회고록』. 서울: 일조각.
유팔무(1995). "시민사회의 성장과 시민운동." 유팔무·김호기(공편), 『시민사회와 시민운동』. 서울: 한울.
_____(2004). 『한국의 시민사회와 새로운 진보』. 서울: 논형.
유팔무·김호기(공편)(1995). 『시민사회와 시민운동』. 서울: 한울.
유팔무·김정훈(공편)(2001). 『시민사회와 시민운동2』. 서울: 한울.
유한킴벌리 사회공헌실(2003). 『유한킴벌리 사회공헌 보고서 2002』(내부 자료).
윤석인(2003). "NGO와 자원봉사, 시민참여." 조효제(편), 『NGO시대의 지식키워드 21』. 서울: 아르케.
윤평중(1991). "탈현대 논쟁의 철학적 조망." 『세계의문학』, 61호: 247-74.
이강현(1999). "시민단체의 자원봉사자 활용방안." 주성수(편), 『새천년 한국 시민사회의 비전』. 서울: 한양대학교 출판부.
이대훈(1998). 『세계의 화두』. 서울: 개마고원.
이명석(2002). "거버넌스의 개념화: 사회적 조정으로서의 거버넌스." 『한국행정학보』, 36(4): 321-38.
이병천(2003). "샹탈 무페, 시티즌십이란 무엇인가." 『시민과세계』, 제3호: 374-78.
_____(2004). "문제제기: 세계화시대 시민국가와 다중적 시민정치를 위하여." 『시민과세계』, 제5호: 34-41.
이삼열(1993). "한국기독교 사회봉사의 실천과제." 전주한일신학교 기독교종합연구원, 『한국기독교 사회봉사와 사회복지』.
이상돈(2001). "시민불복종운동: 논쟁, 이론, 개념, 법제화." 한국법철학회(편), 『법치국가와 시민불복종』. 서울: 법문사.
이수훈(1996). 『세계체제의 인간학』. 서울: 사회비평사.
이승종(1995). 『민주정치와 시민참여』. 서울: 삼영.
이용필(2000). 『사회과학 연구와 새로운 패러다임』. 서울: 서울대학교 출판부.
이원웅(1997). "국제인권레짐의 특성과 동태에 관한 연구: NGO의 역할을 중심으로." 서강대학교 대학원 박사학위논문.
이은욱(2002). "환경보전에서의 NGO협력활동: 유한킴벌리." 아름다운재단, 『Giving Korea 2002』.
이종찬(2000). "신자유주의, 구성주의, 자유주의 국제정치경제이론." 여정동·이종찬(공편), 『현대 국제정치경제』. 서울: 법문사.
이창호(2003). "언론이 본 NGOs." 한국NGO학회 추계학술대회 발표논문집.
이홍구(2000). "세계화-지역통합-국가의 다차원적 구도." 임혁백·안석교 외, 『새천년의 한국과 세계』. 서울: 나남.
임승빈(2000). "2000 민주공동체 실천사업 심포지엄." 국정홍보처 민주공동체 실천사업 자료집.
임영신(2002). "NGO의 재정과 모금." 양난주(편), 『7명의 현장활동가가 쓴 NGO 실무핸드북』. 서울: 아르케.
임혁백(1995). "민주화시대의 국가-시민사회 관계의 틀 모색." 최장집·임현진(공편), 『시민사회의 도전』. 서울: 사회비평사.
임현진(2001). 『21세기 한국사회의 안과 밖』. 서울: 서울대학교 출판부.
임현진·공석기(2004). "지구시민사회, 국가간 국제체제 및 자본주의 세계경제: 연관과 긴장." 한국NGO학회·한국비영리학회 춘계공동학술대회 발표논문집.
임희섭(1999b). 『집합행동과 사회운동의 이론』. 서울: 고려대학교 출판부.
장미경(2001). "사회과학에서 여성 연구방법." 한국산업사회학회 동계워크숍 발표논문집.
장여경(2001). "인터넷과 NGO." 조희연(편), 『NGO가이드』. 서울: 한겨레신문사.
전경갑(1998). 『현대와 탈현대의 사회사상』. 서울: 한길사.
전국경제인연합회(2002). 『사회공헌백서 2001』.
정무성(2003). "비영리조직의 자금동원." YWCA 제2차 NGO 여성지도자를 위한 재무리더십 교육 자료집.
정수복(1994). 『의미세계와 사회운동』. 서울: 민영사.
_____(2002). 『시민의식과 시민참여』. 서울: 아르케.
정수일(2001). 『쎌크로드학』. 서울: 창작과비평사.
정철희(2003). 『한국 시민사회의 궤적』. 서울: 아르케.
정태석2007). 『시민사회의 다원적 적대들과 민주주의』. 서울: 후마니타스.
정태석·김호기·유팔무(1995). "한국의 시민사회와 민주주의의 전망." 유팔무·김호기(공편), 『시민사회와 시민운동』. 서울: 한울.
조대엽(1999). 『한국의 시민운동』. 서울: 나남.
_____(2003). "시민운동의 제도화와 시민사회의 정치참여." 『시민사회와 NGO』, 1(1)(창간호): 19-48.
조석인 외(2003). "비영리조직의 자금동원 워크숍." YWCA 제2차 NGO 여성지도자를 위한 재무리더십 교육 자료집.
조좌호(1983). 『세계문화사』(전정판). 서울: 박영사.
조효제(2000). "참여의 예술, 변혁의 과학." 조효제(편역), 『NGO의 시대』. 서울: 창작과비평사.
_____(2004). "한국 시민사회의 개념과 현실." 『창작과비평』, 32(1): 93-107.

조휘일(1998). 『현대사회와 자원봉사』. 서울: 홍익재.
조희연(1998). 『한국의 민주주의와 사회운동』. 서울: 당대.
_____(2003a). "노무현 정부 이후, 언론개혁운동 어떻게 해야 하나." 『인물과사상』, 4월호: 128-38.
_____(2003b). "2000년 4월 한국의 낙천낙선운동에 대한 연구." 성공회대학교 "아시아의 시민사회와 민주주의" 국제학술대회 발표논문집.
주성수(1999). 『시민사회와 제3섹터』. 서울: 한양대학교 출판부.
_____(2000). 『글로벌 가버넌스와 NGO』. 서울: 아르케.
_____(2001). 『시민사회와 NGO 논쟁』. 서울: 한양대학교 출판부.
_____(2003a). 『기업시민정신과 NGO』. 서울: 아르케.
_____(2003b). "참여시대의 시민, 정부 그리고 NGO." 『시민사회와 NGO』, 1(1): 1-17.
주성수·서영진(2000). 『UN, NGO, 글로벌 시민사회』. 서울: 한양대학교 출판부.
주성수 외(2001). "2000 서울시정참여사업 평가보고서." 한양대학교 제3섹터연구소.
중앙일보사(2000). 『중앙일보』. 4월 12일.
_____(2003). 『중앙일보』. 5월 7일.
_____(2003). 『중앙일보』. 11월 11일.
차병직(2002). 『NGO와 법』. 서울: 이화여자대학교 출판부.
최문규(1993). "역사철학적 현대성과 그 이념적 맥락." 『세계의문학』, 69호: 172-202.
최병선(1992). 『정부규제론』. 서울: 법문사.
최일섭·류진석(1997). 『지역사회복지론』(개정판). 서울: 서울대학교출판부.
최장집(1993). 『한국 민주주의의 이론』. 서울: 한길사.
_____(2002). 『민주화 이후의 민주주의』. 서울: 후마니타스.
최현(2003). "시민권, 민주주의, 국민-국가 그리고 한국사회." 『시민과세계』, 제4호: 347-67.
최호준(1983). "도시정책에서 시민참여와 행정능률의 상관성 연구." 연세대학교 박사학위논문.
하승수(2003). "한국의 시민운동, 정말 시민없는 시민운동인가." 『시민과세계』, 제3호: 134-50.
한겨레신문사(2003). 『한겨레신문』. 10월 23일.
_____(2004). 『한겨레신문』. 2월 25일.
_____(2004). 『한겨레신문』. 8월 11일.
_____(2004). 『한겨레신문』. 8월 18일.
한국일보사(2000). 『한국일보』. 11월 13일.
한동섭·송요셉(2004). "시민단체와 게이트키퍼 언론 간의 관계에 관한 시론적 연구." 『시민사회와 NGO』, 제2권 제1호: 77-104.
한동우(2001). "벤처기업 사회공헌활동." 한국비영리학회 추계학술대회 발표논문집.
한상수(1990). "시민적 불복종에 관한 연구." 부산대학교 박사학위논문.
함재봉(1995). "국가-시민사회 관계에 관한 정치사상적 기반과 개념." 안병준 외, 『국가, 시민사회, 정치민주화』. 서울: 한울.
현대자동차 전략기획실(2004). 『현대자동차 사회공헌활동』(내부자료).
현대자동차 환경경영전략팀(2003). 『현대자동차 2002/2003 지속가능 보고서』.

홍길표(2002). "기업의 사회적 성과 향상을 통한 기업가치의 증진." 경실련 경제정의연구소(편), 『새로운 경쟁력, 기업의 사회적 성과』. 서울: 예영.
홍윤기(2002a). "시민민주주의론." 『시민과세계』, 제1호(창간호): 15-37.
_____(2002b). "이 시대의 국가주의와 시민적 자율성." 『시민과세계』, 제2호: 35-54.
_____(2004). "시민적 실존의 철학적 소묘." 홍성태(편), 『참여와 연대로 연 민주주의의 새지평』. 서울: 아르케.
황경식(1995). 『개방사회의 사회윤리』. 서울: 철학과현실사.
황윤원(1997). "정치과정에서의 시민참여와 새로운 정치세력의 양성." 『도시연구』, 제3호: 15-40.
황창순(2002). "한국인의 자선적 기부와 자원봉사." 아름다운재단, 『Giving Korea 2002』.

〈일본어〉

柄谷行人(2001). 『윤리 21』, 송태욱(역). 서울: 사회평론; 倫理 21. 東京: 平凡社, 2000.
坂本義和(2002). "테러와 문명의 정치학." 『시민과세계』, 제1호(창간호): 199-215.
竹內好(2004). 『일본과 아시아』, 서광덕·백지운(공역). 서울: 소명출판; 日本とアジア.
丸山康人(1995). "일본의 지방자치와 제3섹터." 『자치시대 지방정부의 경영전략』, 재단법인 지역발전연구센터. 제5차 팔공포럼 국제학술 심포지엄, 83-97.

〈중국어〉

陳正炎·林其錟(1990). 『중국의 유토피아 사상』, 이성규(역). 서울: 지식산업사; 改題—中國大同思想研究, 1985.

〈영어 및 서양어〉

Adorno, Theodor and Horkheimer, Max(2001). 『계몽의 변증법』, 김유동(역). 서울: 문학과지성사; *Dialektik der Aufklarung*. Frankfurt: S. Fisher Verlag GmbH, 1969.
Aldous, Jay(2002). "Checklist for a Winning Cause-Corporate Partnership." 아름다운재단, 『Giving Korea 2002』.
Alexander, Jeffrey(1993). 『현대 사회이론의 흐름』, 이윤희(역). 서울: 민영사; *Twenty Lectures: Sociological Theory Since World War II*. New York:Columbia University Press, 1987.
Alexander, Jennifer, et al.(1999). "Implications of Welfare Reform: Do Nonprofit Survival Strategies Threaten Civil Society?" *Nonprofit and Voluntary Sector Quarterly*, 28(4): 452-75.
Almond, Gabriel and Powell, Jr., Bingham(1978). *Comparative Politics: System, Process, and Policy*, 2nd ed. Boston: Little, Brown and Company.
Almond, Gabriel and Verba, Sidney(1972). *The Civic Culture: Political Attitudes andDemocracy in Five Nations*. Princeton: Princeton University Press.

Anheier, Helmut, et al.(2004). "지구시민사회의 개념." Helmut Anheier, et al.(eds.), 『지구시민사회』, 조효제·진영종(공역). 서울: 아르케; *Global Civil Society Yearbook*. Oxford: Oxford University Press, 2002.

Anheier, Helmut and Themudo, Nuno(2004). "지구시민사회의 조직형태." IHelmut Anheier, et al.(eds.), 『지구시민사회』, 조효제·진영종(공역). 서울: 아르케; *Global Civil Society Yearbook*. Oxford: Oxford University Press, 2002.

Arendt, Hannah(1971). "Civil Disobedience." Eugene Rostow(ed.), *Is Law Dead?* New York: Simon and Schuster.

_____(1996). 『인간의 조건』, 이진우·태정호(공역). 서울: 한길사; *The Human Condition*. Chicago: University of Chicago Press, 1990.

Aristotle(2003). 『정치학』, 이병길(역). 서울: 박영사; *The Politics*.

Arnstein, Sharry(1969). "A Ladder of Citizen Participation." *Journal of the American Institute of Planners*, 35(4): 216-24.

AtKisson, Alan(1998). "Why Civil Society Will Save the World." John Burbidge(ed.), *Beyond Prince and Merchant*. New York: PACT Publications.

Baczko, Mark(1989). *Utopian Lights: The Evolution of the Idea of Social Progress*. New York: Paragon House.

Barber, Benjamin(1998). *A Place for Us: How to Make Society Civil and Strong*. New York: Hill and Wang.

Baron, J. N. and Hannan, M. T.(1994). "The Impact of Economics on Contemporary Sociology." *Journal of Economic Literature*, 32: 1111-46.

Bauer, Rudolph(1998). "Intermediarity: A Theoretical Paradigm for Third Sector Research." Paper Presented to the Third International Conference of the International Society for Third Sector Research. Geneva; Requoted in JonVan Til, *Growing Civil Society*. Bloomington: Indiana University Press, 2000.

Bauman, Zygmunt(1987). *Legislaters and Interpreters*. Cambridge: Polity Press.

_____(1992) *Intimations of Postmodernity*. London: Routledge.

_____(1993). *Postmodern Ethics*. Oxford: Blackwell.

Beck, Ulrich(1997). 『위험사회』, 홍성태(역). 서울: 새물결; Risikogesellschaft. 1986.

_____(2000). 『지구화의 길』, 조만영(역). 서울: 거름; *Was ist Globalisierung?* Frankfurt: Suhrkamp Verlag, 1997.

Beetham, David(1993). "Liberal Democracy and the Limits of Democratization." David Held(ed.), *Prospects for Democracy*. Stanford: Stanford University Press.

Bell, Daniel(1984). 『이데올로기의 종언』, 이상두(역). 서울: 범우사; *The End of Ideology: On the Exhaustion of Political Ideas in the Fifties*. New York:The Free Press, 1962.

_____(2002). 『정보화사회의 사회적 구조』, 이동만(역). 서울: 한울; *The Social Framework of the Information Society*. Cambridge: The MIT Press, 1981.

Bellamy, Edward(1951). *Looking Backward 2000-1887*. New York: The Modern Library.

Berger, Peter and Neuhaus, Richard John(1996). *To Empower People: From State to Civil Society*, 2nd ed. Washington, D. C.: The AEI Press.

Bergson, Henri-Louis(1998). 『도덕과 종교의 두 원천』, 송영진(역). 서울: 서광사; *Les deux sources de la morale et la religion*.

Berman, Sheri(1997). "Civil Society and the Collapse of the Weimar Republic." *World Politics*, 49(3): 401-29.

Berry, Jeffrey(1984). *The Interest Group Society*. Boston: Little, Brown and Company.

_____(1999a). "The Rise of Citizen Groups." Theda Skocpol and Morris Fiorina(eds.), *Civic Engagement in American Democracy*. Washington, D.C.: Brookings Institution Press.

Blake, Robert and Mouton, Jane(1984). *The Managerial Grid III*, 3rd ed. Houston: Gulf Publishing.

Blaikie, Norman(2000). 『사회이론과 방법론에 다가서기』, 이기홍·최대용(공역), 서울: 한울; *The Approaches to Social Enquiry*. New York: Blackwell Publishers, 1993.

Bloch, Ernst(2004). 『희망의 원리 1-5』, 박설호(역). 서울: 열린책들; *Das Prinzip Hoffnung*. Frankfurt: Suhrkamp Verlag, 1959.

Bobbio, Noberto(1989). 『민주주의의 미래』, 윤홍근(역), 서울: 인간사랑; *The Future of Democracy: A Defence of the Rules of the Game*. St. Paul: University of Minnesota Press, 1987.

_____(1992). 『자유주의와 민주주의』, 황주홍(역), 서울: 문학과지성사; *Liberalism and Democracy*. London: Verso, 1990.

Boswell, Jonathan(1990). *Community and the Economy: The Theory of Public Cooperation*. London: Routledge.

Bothwell, Robert(1998). "Indicators of Healthy Civil Society." John Burbidge(ed.), *Beyond Prince and Merchant*. New York: PACT Publications.

Bourdieu, Pierre(2003). "자본의 형태." 『사회자본: 이론과 쟁점』, 유석춘 외(공편역). 서울: 그린; "The Forms of Capital." J. G. Richardson(ed.), *Handbook of Theory and Research for the Sociology of Education*. New York: Greenwood, 1986.

Bozeman, Barry(1979). *Public Management and Policy Analysis*. New York: St. Martin's Press.

Braudel, Fernand(1995). 『물질문명과 자본주의: 일상생활의 구조 I, II』, 주경철(역). 서울: 까치; *Civilisation Materielle, Economie Et Capitalisme*, 15-18 Siecle. Paris: Armand Colin Editeur, 1986.

_____(1996). 『물질문명과 자본주의: 교환의 세계 I, II』, 주경철(역). 서울: 까치; *Civilisation Materielle, Economie Et Capitalisme*, 15-18 Siecle. Paris: Armand Colin Editeur, 1986.

_____(1997). 『물질문명과 자본주의: 세계의 시간 I, II』, 주경철(역). 서울: 까치; *Civilisation Materielle, Economie Et Capitalisme*, 15-18 Siecle. Paris: Armand Colin Editeur, 1986.

Bruyn, Severyn(1977). *The Social Economy: People Transforming Modern Business*. New York: John Wiley and Sons.

Burbidge, John, ed.(1998). *Beyond Prince and Merchant*. New York: PACT Publications.

Burton, John(1972). World Society. London: Cambridge University Press. Requoted in Fritjof Capra, et al.(1999). 『신과학과 영성의 시대』, 김재희(역). 서울: 범양사; *Belonging to the Universe*. 1990.

Capra, Fritjof, et al.(1999). 『신과학과 영성의 시대』, 김재희(역). 서울: 범양사; *Belonging to the Universe*. 1990.

Carothers, Thomas(2000). "시민사회에 대한 오해." 『NGO의 시대』, 조효제(편역). 서울: 창작과비평사; Civil Society, *Foreign Policy*, 117. 1999-2000.

Castells, Manuel(2003a). 『네트워크 사회의 도래』, 김묵환 외(공역). 서울: 한울출판사; *The Rise of the Network Society*. 2nd ed. Oxford: Blackwell Publishers, 2000.

Churchman, C. West(1971). *The Design of Inquiring Systems: Basic Concepts and Organization*. New York: Basic Books.

Clark, John(1991). *Democratising Development: The Role of Voluntary Organizations*. London: Earthscan.

Cohen, Jean(1992). "마르크스의 시민사회론과 자본주의 생산양식론 비판." 이병천·박형준(공편), 『마르크스주의의 위기와 포스트 마르크스주의 II』. 서울: 의암출판.

Cohen, Jean and Arato, Anderw(1992). *Civil Society and Political Theory*. Cambridge: The MIT Press.

Cohen, Joshua and Rogers, Joel(1995). "Secondary Associations and Democratic Governance."Erik Wright(ed.), *Associations and Democracy*(The Real Utopias Project I). London: Verso.

Coleman, James(1988). "Social Capital in the Creation of Human Capital." *American Journal of Sociology*. 94(supplement): S95-S120.

_____(1990). *Foundations of Social Theory*. Cambridge: Belknap-Harvard University Press.

Commission on Global Governance(1995). *Our Common Neighbourhood: The Report of the Commission on Global Governance*. Oxford: Oxford University Press.

Condorcet, Marquis de(2002). 『인간정신의 진보에 관한 역사적 개요』, 장세룡(역). 서울: 책세상; *Esquisse d'un tableau historique des progres de l'esprit humain*. 1795.

Coston, Jennifer(1998). "A Model and Typology of Government-NGO relationships." *Nonprofit and Voluntary Sector Quarterly*, 27(3): 358-82.

Cox, Robert(1986). "Social Force, States and World Orders." Robert Keohane(ed.), *Neorealism and Its Critics*. New York: Columbia University Press.

_____(1997). "Introduction." Robert Cox(ed.), *The New Realism*. London: Macmillan.

_____(1999). "Civil Society at the Turn of the Millenium: Prospects for an Alternative World Order." *Review of International Studies*, 25(1): 3-28.

Crawford, Curtis(1973). *Civil Disobedience*. New York: Thomas Crowell.

Dalton, Russell, et al.(1996). "새로운 운동의 도전." Russel Dalton and Manfred Kuechler(eds.), 박형신·한상필(공역), 『새로운 사회운동의 도전』. 서울: 한울; *Challenging the Political Order*. Cambridge, UK: Polity Press, 1990.

Davis, J. C.(1981). *Utopia and the Ideal Society: A Study of English Utopian Writing 1516-1700*. New York: Cambridge University Press.

Dawkins, Richard(2007). 『만들어진 신』, 이한음(역). 파주: 김영사; *The God Delusion*. New York: Brockman, 2006.

Diamond, Larry(1994). "Toward Democratic Consolidation." *Journal of Democracy*. 5(3): 4-17.

Dilulio, Jr., John(1998). "The Lord's Work." E. J. Dionne, Jr.(ed.), *Community Works: The Revival of Civil Society in America*, 50-58. Washington, D.C.: Brookings Institution Press.

Douglas, James(1983). *Why Charity? The Case for a Third Sector*. Bervely Hills: Sage Publications.

_____(1987). "Political Theories of Nonprofit Organization." Walter Powell(ed.), *The Nonprofit Sector*. New Haven: Yale University Press.

Drucker, Peter(1993). 『자본주의 이후의 사회』, 이재규(역). 서울: 한국경제신문사; *Post-Capitalist Society*. New York: Harper Collins, 1993.

_____(1995). 『비영리단체의 경영』, 현영하(역). 서울: 한국경제신문사; *Managing the Nonprofit Organization: Practices and Principles*. New York: Harper Collins, 1990.

Duverger, Maurice(1972). *Party Politics and Pressure Group*. New York: Thomas Crowell.

Eberly, Don(1998). *America's Promise: Civil Society and the Renewal of American Culture*. Lanham, MD: Rowman & Littlefield Publishers.

Edwards, Michael and Hulme, David(1996). "Introduction: NGO Performance and Accountability." Michael Edwards and David Hulme(eds.), *Beyond the Magic Bullet*. West Hartford, CT: Kumarian Press.

Epps, John(1998). "Core Values of Civil Society." John Burbidge(ed.), *Beyond Prince and Merchant*. New York: PACT Publications.

Etzioni, Amitai(1993). *The Spirit of Community*. New York: A Touchston Book.

European Union(2001). "Social Economy." (www.europa.eu.int).

Evans, Peter(1997). "Introduction. Development Strategies across the Public-Private Devide." Peter Evans(ed.), *State-Society Synergy: Government and Social Capital in Development*. Berkeley: University of California Press.

Falk, Richard(1999). *Predatory Globalization: A Critique*. Cambridge: Polity Press.

Ferguson, Adam(1996). *Ferguson: An Essay on the History of Civil Society*(edited by Fania Oz-Salzberger). New Brunswick, NJ: Transaction Publishers.

Flathman, Richard(1966). *The Public Interest: An Assay Concerning the Normative Discourse of Politics*. New York: Wiley.

Frankel, Boris(1997). 『탈산업사회의 이상과 현실』, 김용규·박선권(공역). 서울: 일신사; *The Post Industrial Utopian*. Cambridge: Polity Press, 1987.

Fromm, Erich(1988). 『소유냐 존재냐』, 최혁순(역). 서울: 범우사; *To Have or To Be*. New York: Harper & Row, 1978.

_____(1996). 『불복종에 관하여』, 문국주(역). 서울: 범우사; *On Disobedience and Other Essays*. New York: The Seabury Press, 1981.

Fukuyama, Francis(1992). 『역사의 종말: 역사의 종점에 선 최후의 인간』. 서울: 창; *The End of History and the Last Man*. New York: The Free Press, 1992.

_____(1996). 『트러스트: 사회도덕과 번영의 창조』. 구승회(역). 서울: 한국경제신문사; *Trust: The Social Virtues and the Creation of Prosperity*. New York: The Free Press, 1994.

Galaskiewicz, Joseph and Bielefeld, Wolfgang(1998). *Nonprofit Organization in an Age of Uncertainty: A Study of Organizational Change*. New York: Aldine de Gruyter.

Gamson, William(1995). "Constructing Social Protest." Hank Johnston and Bert Klandermans(eds.), *Social Movements and Culture*. Minneapolis: University of Minnesota Press.

Gamwell, Franklin(1984). *Beyond Preference: Liberal Theories of Independent Associations*. Chicago: University of Chicago Press.

Gibson, James, et al.(2000). *Organization: Behavior, Structure, Process*, 10th ed. Boston: Irwin/McGraw-Hill.

Giddens, Anthony(1987). *Social Theory and Modern Sociology*. Stanford: Stanford University Press.

_____(1991). 『포스트 모더니티』, 이윤희·이현희(공역). 서울: 민영사; *The Consequences of Modernity*. Stanford: Stanford University Press, 1990.

_____(1997a). 『현대성과 자아정체성』, 권기돈(역). 서울: 새물결; *Modernity and Self-Identity*. Oxford: Polity Press, 1991.

_____(1997b). 『좌파와 우파를 넘어서』, 김현옥(역). 서울: 한울; *Beyond Left and Right*. Stanford: Stanford University Press, 1994.

_____(1998). 『사회구성론』, 황명주 외(역). 서울: 자작아카데미; *The Constitution of Society*. Berkeley: University of California Press, 1984.

Gidron, Benjamin, et al.(eds.)(1992). *Government and the Third Sector: Emerging Relationships in Welfare States*. San Francisco: Jossey-Bass Publishers.

Gill, Stephen(1997). "Transformation and Innovation in the Study of World Order." Stephen Gill and James Mittelman(eds.), *Innovation and Transformation in International Studies*. New York: Cambridge University Press.

Glasius, Marlies and Kaldor, Mary(2004). "9·11 이후 지구시민사회의 현황." Helmut Anheier, et al.(eds.), 『지구시민사회』, 조효제·진영종(공역). 서울: 아르케; *Global Civil Society Yearbook*. Oxford: Oxford University Press, 2002.

Gordenker, Leon and Weiss, Thomas(1996a). "Pluralizing Global Governance." Thomas Weiss and Leon Gordenker(eds.), *NGOs, the UN & Global Governance*. Boulder: Lynne Rienner Publishers.

_____(1996b). "NGO Participation in the International Policy Process." Thomas Weiss and Leon Gordenker(eds.), *NGOs, the UN & Global Governance*. Boulder: Lynne Rienner Publishers.

Gouldner, Alvin(1982). 『현대사회학의 위기』, 김쾌상(역). 서울: 한길사; *The Coming Crisis of Western Sociology*. New York: Basic Books, 1970.

Govaart, Margriet-Marie, et al.(eds.)(2002). 『세계의 자원봉사활동』, 이강현 외(공역). 서울: 아르케; *Volunteering Worldwide*. NIZW: Netherlands Institute of Care and Welfare, 2001.

Grace, Kay(2000). 『비영리기관의 모금』, 정무성(역). 서울: 나눔의집; *Beyond Fund Raising*. New York: John Wiley & Sons, 1997.

Gramsci, Antonio(1987). 『그람시의 옥중수고 I』, 이상훈(역). 서울: 거름; *Selections from the Prison Notebooks*. edited by Quintin Hoare and Geoffrey Smith. New York: International Publishers, 1978.

Gray, John(1999). 『전지구적 자본주의의 환상』, 김영진(역). 서울: 창; *False Dawn*. London: Granta Books, 1998.

Gurr, Ted(1970). *Why Men Rebel*. Princeton: Princeton University Press.

Habermas, Jurgen(1994). 『현대성의 철학적 담론』, 이진우(역). 서울: 문예출판사; *Der philosophische Diskurs der Moderne*. Frankfurt: Zwolf Verlesungen, 1985.

_____(1996). 『새로운 불투명성』, 이진우·박미애(공역). 서울: 문예출판사; *Die Neue Unubersichtlichkeit*. Berlin: Suhrkamp, 1985.

_____(2000). 『사실성과 타당성』, 한상진·박영도(공역). 서울: 나남출판; *Faktizitat und Geltung*. Frankfurt: Suhrkamp Verlag, 1992.

_____(2001). 『공론장의 구조변동』, 한승완(역). 서울: 나남출판; *Strukturwandel der Offentlichkeit*. Frankfurt: Suhrkamp Verlag, 1962.

_____(2006). 『의사소통행위 이론 I, II』, 장춘익(역). 서울: 나남출판; *The Theory of Communicative Action I, II*(Translated by T. McCathy). Boston: Beacon Press, 1984.

Hall, Peter(1987). "Abandoning the Rhetoric of Independence—Reflections on the Nonprofit-Sector in the Post-Liberal Era." *Journal of Voluntary Action Research*, No. 16: 11-28.

Hall, Stuart(2000). "문화적 정체성의 문제." Stuart Hall, et al.(eds.), 『모더니티의 미래』, 전효관·김수진 외(공역). 서울: 현실문화연구; *Modernity and Its Futures*. New York: Polity Press, 1992.

_____(2001). "서문." Stuart Hall, et al.(eds.), 『현대성과 현대문화』, 전효관 외(공역). 서울: 현실문화연구; *Formations of Modernity*. New York: Polity Press, 1992.

Hansmann, Henry(1987). "Economic Theories of Nonprofit Organization." Walter Powell(ed.), *The Nonprofit Sector*. New Haven: Yale University Press.

Hansot, Elizabeth(1982). *Perfection and Progress: Two Modes of Utopian Thought*. Cambridge: The MIT Press.

Harmon, Michael(1969). "Administrative Policy Formulation and the Public Interest." *Public Administrative Review*, 29(5): 483-91.

Harvey, David(1997). 『포스트 모더니티의 조건』, 구동회·박영민(공역). 서울: 한울; *The Condition of Postmodernity*. Oxford: Basil Blackwell, 1989.

Hegel, G. W. F.(1994). 『법철학』, 임석진(역). 서울: 지식산업사; *Grundlinien der Philosophie des Rechts*. 1821.

Held, David(1989). 『민주주의의 모델』, 이정식(역). 서울: 인간사랑; *Models of Democracy*. Cambridge: Polity Press, 1987.

_____(1995). *Democracy and the Global Order: From thd Modern State to Cosmopolitan Governance*. Cambridge: Polity Press.

_____(1996). 『정치이론과 현대국가』, 안외순(역). 서울: 학문과 사상사; *Political Theory and the Modern State*. Stanford: Stanford University Press, 1991.

Held, David, et al.(2002). 『전지구적 변환』, 조효제(역). 서울: 창작과비평사; *Global Transformations*. New York: Blackwell Publishers, 1999.

Hirst, Paul(1993). "Associational Democracy." David Held(ed.), *Prospects for Democracy*. Cambridge: Polity Press.

_____(2000). "Democracy and Governance." Jon Pierre(ed.), *Debating Governance: Authority, Streeing, and Democracy*. Oxford: Oxford University Press.

Hodgkinson, Virginia and Weitzman, Murry, et al.(1996). *Nonprofit Almanac*(1996- 1997). San Francisco: Jossey-Bass Publishers.

Honneth, Axel(1996). 『인정투쟁』, 문성훈·이현재(공역). 서울: 동녘; *Kampf um Anerkennung*. Frankfurt: Suhrkamp Verlag, 1992.

Hulme, David and Edwards, Michael(1997). "NGOs, States and Donors: An Overview." David Hulme and Michael Edwards(eds.), *NGOs, Statesand Donors: Too Close for Comfort?* New York: St. Martin's Press.

Inglehart, Ronald(1977). *The Silent Revolution: Changing Values and Political Styles among Western Publics*. Princeton: The Princeton University Press.

Jacoby, Russell(2000). 『유토피아의 종말』, 강주헌(역). 서울: 모색; *The End of Utopia*. Los Angeles: Perseus Publishing Group, 1999.

James, Estelle(1987). "The Nonprofit Sector in Comparative Perspective." Walter Powell(ed.), *The Nonprofit Sector*. New Haven: Yale University Press.

James, Estelle and Rose-Ackerman, Susan(1986). *The Nonprofit Enterprise in Market Economics*. New York: Harwood Academic Publishers.

Jantsch, Erich(1975). *Design for Evolution*. New York: Braziller.

Jeantet, Thierry(1986). *La Modernisation de la France par l'Economie Sociale*. Paris: Economica; Requoted in Jon Van Til, *Mapping the Third Sector*. New York: The Foundation Center, 1988.

Jessop, Bob(2000). "Governance Failure." Gerry Stoker(ed.), *The New Politics of British Local Governance*. New York: Macmillan Press.

Jordan, Tim(1999). *Cyberpower: The Culture and Politics of Cyberspace and the Internet*. London: Routledge.

Jun, Jong S.(1995). 『행정학』, 윤재풍·정용덕(공역). 서울: 박영사; *Public Administration*. New York: Macmillan Publishing, 1986.

Katsiaficas, George(2000). 『정치의 전복』, 윤수종(역), 서울: 이후; *The Subversion of Politics: European Social Movements and the Decolonization of Everyday Life*. Trenton, NJ: Humanities Press, 1997.

Keane, John(1988). *Democracy and Civil Society*. London: Verso.

Kettl, Donald(2000). *The Global Public Management Revolution: A Report on the Transformation of Governance*. Washington, D. C.: Brookings Institution Press.

Kiel, Douglas(1994). *Managing Chaos and Complexity in Government: A New Paradigm for Managing Change, Innovation and Organizational Renewal*. San Francisco: Jossey-Bass Publishers.

Klandermans, Bert(1997). *The Social Psychology of Protest*. Cambridge: Basil Blackwell.

Knapp, Martin, et al.(2002). "공공자금, 자원활동: 누구를 위한 복지인가?" Helmut Anheier and Wolfgang Seibel(eds.), 『제3섹터란 무엇인가』, 노연희(역). 서울: 아르케; *The Third Sector: Comparative Studies of Nonprofit Organization*. Oxford: Walter de Gruyter, 1990.

Knight, Andy(1999). "Engineering Space in Global Governance: The Emergence of Civil Society in Evolving 'New Multilateralism.'" Michael Schechter(ed.), *Future Multilateralism*. London: Macmillan.

Korten, David(1990). *Getting to the 21st Century: Voluntary Action and the Global Agenda*. West Hartford, CT: Kumarian Press.

_____(2001). *When Corporations Rule the World*, 2nd edition. San Francisco: Berrett-Koehler Publishers.

Koshy, Ninan(1996). "세계화, 시민사회, 종교." 크리스찬 아카데미 한국사회교육원(편), 『탈냉전시대 아시아 시민운동의 과제』. 서울: 한울.

Kramer, Ralph(1981). *Voluntary Agencies in the Welfare State*. Berkeley: University of California Press.

Krut, Riva(1997). "Globalization and Civil Society: NGO Influence in International Decision-Making." UNRISD. (www.unrisd.org).

Kuechler, Manfred and Dalton, Russell(1996). "새로운 사회운동과 정치질서." Russel Dalton and Manfred Kuechler(eds.), 박형신·한상필(공역), 『새로운 사회운동의 도전』. 서울: 한울; *Challenging the Political Order*. Cambridge, UK: Polity Press, 1990.

Kuhn, Thomas(1999). 『과학혁명의 구조』, 김명자(역). 서울: 까치; *The Structure of Scientific Revolutions*. Chicago:

The University of Chicago Press, 1970.

Kurokawa, Chimaki(2002). "The Outline of the Civil Society Program of the Japanese Foundations." 아름다운재단, 『Giving Korea 2002』.

Laclau, Ernesto and Mouffe, Chantal(1990). 『사회변혁과 헤게모니』, 김성기 외(역). 서울: 도서출판 터; *Hegemony and Socialist Strategy*. New York: Verso, 1985.

Lazlo, Ervin(2001). 『인간의 미래는 행복한가』, 홍성민(역). 서울: 울력; *3rd Millennium: The Challenge and the Vision*. London: Giaa Books, 1997.

Leat, Diana(1985). "Making Sense of Grant Aid." Judith McQuillan(ed.), *Charity Statistics 1984-85*. Tonbridge: Charities Aid Foundation.

Lewis, David(1999). "Introduction: The Parallel Universes of Third Sector Research and the Changing Context of Voluntary Action." David Lewis(ed.), *International Perspectives on Voluntary Action*. London: Earthscan Publications.

Lipiet, Alain(2002). 『녹색희망』, 박지현·허남혁(공역). 서울: 이후; *Vert Esperance*. Paris: La Decouverte & Syros, 1993.

Lippmann, Walter(1955). *The Public Philosophy*. New York: The New American Library.

Locke, John(1996). 『통치론』, 강정인·문지영(공역). 서울: 까치; *Two Treatises of Government*. Edited by P. Laslett. Cambridge: Cambridge University Press, 1952.

Lovelock, James(1990). 『가이아: 생명체로서의 지구』, 홍욱희(역). 서울: 범양사; *Gaia: A New Look at Life on Earth*. New York: Oxford University Press, 1987.

Lynd, Robert(1946). *Knowledge for What?: A Place of Social Science in American Culture*. Princeton: Princeton University Press.

Macpherson, C. B.(1979). 『전환기의 자유민주주의』, 배영동(역). 서울: 청사; *The Life and Times of Liberal Democracy*. London: Oxford University Press, 1977.

Manor, Jim(1999). "Civil Society and Governance: A Concept Paper." Institute of Development Studies, University of Sussex, UK. (www.ids.ac.uk/ids.civsoc).

Marcuse, Herbert(1986). 『일차원적 인간』, 박병진(역). 서울: 한마음사; *One-Dimensional Man*. Boston: Beacon Press, 1964.

Marshall, Stephanie Pace(2001). "21세기를 위한 지속적 학습공동체의 창조." Frances Hesselbein, et al.(eds.), 『미래의 조직』, 이재규·서재현(공역). 서울: 한국경제신문사; *The Organization of the Future*. San Francisco: Jossey-Bass, 1997.

Martens, Kerstin(2000). "NGO Participation at International Conferences: Assessing Theoretical Accounts." *Transnational Associations*, 3: 115-26.

Marx, Karl and Engels, Friedrich(1989). 『공산당선언』, 남상일(역). 서울: 백산서당; "Manifesto of the Communist Party." *Selected Works*. Moscow: Progress Publishers, 1968.

Mason, Ronald(1982). *Participatory and Workplace Democracy: A Theoretical Development in Critique of Liberalism*. Carbondale: Southern Illinois University Press.

Masterman, Margaret(2002). "패러다임의 성질." Imre Lakatos and Alan Musgrave(eds.), 『현대과학철학 논쟁』, 조

승옥·김동식(공역). 서울: 아르케; The Nature of a Paradigm. *Criticism and the Growth of Knowledge.* New York: Cambridge University Press, 1970.

Masuda, Yoneji(1981). *The Information Society as Post-industrial Society.* Betheda, MD: World Future Society.

_____(1996). Managing in the information Society. Cambridge: Basil Blackwell.

Mathews, Jessica(2000). "권력이동." 『NGO의 시대』, 조효제(편역). 서울: 창작과비평사; Power Shift, *Foreign Affairs*, Vol. 76, No. 1. 1997.

Mazarr, Michael(2000). 『트렌드 2005』, 김승욱(역). 서울: 경영정신; *Global Trend 2005.* New York: St. Martin's Press, 1999.

McCormick, John(1993). "International Nongovernmental Organizations." Sheldon Kamieniecki(ed.), *Environmental Politics in the International Arena.* Stony Brook: State University of NY Press.

McGaw, Dickinson and Watson, George(1976). *Political and Social Inquiry.* New York: John Wiley & Sons.

McLennan, Gregor(2000). "계몽주의 기획의 재조명." Stuart Hall, et al.(eds.), 『모더니티의 미래』, 전효관·김수진 외(공역). 서울: 현실문화연구; *Modernity and Its Futures.* New York: Polity Press, 1992.

Melucci, Alberto(1980). "The New Social Movements: A Theoretical Approach." *Social Science Information*, 19(2): 199-226.

_____(1989). *Nomads of the Present* (edited by John Keane and Paul Mier). Philadelphia: Temple University Press.

_____(1991). "일상생활의 민주화." 한상진(편), 『마르크스주의와 민주주의』. 서울: 사회문화연구소.

_____(1994). "A Strange Kind of Newness: What's New in New Social Movement." Enrique Larana, et al.(eds.), *New Social Movements: From Ideology to Identity.* Philadelphia: Temple University Press.

Milbrath, Lester(1972). *Political Participation: How and Why Do People Get Involved in Politics?* Chicago: Rand McNally and Company.

Mill, John S.(1991). *Considerations on Representative Government.* London: Prometheus Books.

Millman, Marcia and Kanter, Rosabeth(eds.)(1975). *Another Voice: Feminist Perspectives on Social Life and Social Science.* New York: Another Books.

Moore, Christopher(2003). *The Mediation Process: Practical Strategies for Resolving Conflict*, 3rd ed. San Francisco: Jossey-Bass.

More, Thomas(2002). 『유토피아』, 박병진(역). 서울: 육문사; Utopia.

Morgan, Marlo(2005). 『무탄트 메시지』, 류시화(역). 서울: 정신세계사; *Mutant Message Down Under.* New York: HarperCollins Publishers, 1994.

Najam, Adil(1999). "Citizen Organizations as Policy Entrepreneurs." David Lewis(ed.), *International Perspectives on Voluntary Action.* London: Earthscan Publications.

Nelson, Paul(1995). *The World Bank and Nongovernmental Organizations: The Limits of Apolitical Development.* New York: St. Martin's Press.

Newton, Kenneth(1999). "Social Capital and Democracy in Modern Europe." Jan Van Deth, et al.(eds.), *Social Capital and European Democracy.* London: Routledge.

_____(2003). "사회자본과 민주주의." 『사회자본: 이론과 쟁점』, 유석춘 외(공편역). 서울: 그린; Social

Capital and Democracy. American Behavioral Scientist, 40(5): 575-86, 1997.

Nietzsche, Friedrich(1988). 『권력에의 의지』. 강수남(역). 서울: 오늘; *Der Wille Zur Macht*, 1906.

_____(1993). 『짜라투스트라는 이렇게 말했다』. 정성호(역). 서울: 오늘; *Also Sprach Zarathustra*. 1885.

Nisbet, Robert(1990). 『현대사회의 정신사적 기초』, 강대기(역). 서울: 문학과지성사; *The Making of Modern Society*. Brighton: Harvester Wheatsheaf, 1986.

Nye, Jr., Joseph(2002). "Information Technology and Democratic Governance." Elaine Kamarck and Joseph Nye, Jr.(eds.), *Governance.Com: Democracy in the Information Age*. Washington, D. C.: Brookings Institution Press.

O'Brien, Robert, et al.(2000). *Contesting Global Governance: Multinational Economic Institutions and Global Social Movements*. New York: Cambridge University Press.

O'Connell, Brian(1996). "A Major Transfer of Government Responsibility to Voluntary Organizations? Proceed with Caution." *Public Administration Review*, 56(3): 222-25.

_____(2000). "Civil Society: Definitions and Descriptions." *Nonprofit and Voluntary Sector Quarterly*, 29(3): 471-78.

O'Connell, Brian(ed.)(1983). *America's Voluntary Spirit: A Book of Reading*. New York: The Foundation Center.

Offe, Claus(1996). "운동정치의 제도적 자기변형에 대한 성찰." Russel Dalton and Manfred Kuechler(eds.), 『새로운 사회운동의 도전』, 박형신·한상필(공역). 서울: 한울; *Challenging the Political Order*. Cambridge, UK: Polity Press, 1990.

_____(1999). "How Can We Trust Our Fellow?" Mark Warren(ed.), *Democracy and Trust*. Cambridge: Cambridge University Press.

Ohmae, Kenichi(1995). *The End of the Nation State: The Rise of Regional Economies*. New York: Free Press.

O'Neill, Michael(1989). *The Third America*. San Francisco: Jossey-Bass Publishers.

Osborne, David and Gaebler, Ted(1992). *Reinventing Government*. New York: Penguin Books.

O'Sullivan, Noel(1997). "Difference and the Concept of the Political in Contemporary Political Philosophy." *Political Studies*, Vol. XLV: 739-754.

Outhwaite, William(1995). 『새로운 사회과학철학』, 이기홍(역). 서울: 한울; *New Philosophies of Social Science*. London: Macmillian Press, 1987.

Paehlke, Robert(1989). *Environmentalism and the Future of Progressive Politics*. New Haven: Yale University Press.

Pagels, Heinz(1991). 『이성의 꿈』, 구현모 외(공역). 서울: 범양사; *The Dreams of Reason: The Computer and the Rise of the Science of Complexity*.

Parsons, Talcott(1964). *Social Structure and Personality*. New York: The Free Press.

Pascal, Blaise(1994). 『팡세』, 정상훈(역). 서울: 문화광장; *Pense(')es*. 1670.

Pateman, Carole(1986). 『참여와 민주주의』, 권오진·홍민식(공역). 서울: 서당; *Participation and Democratic Theory*. London: Cambridge University Press, 1970.

Pestoff, Victor(1991). "Cooperatization of Social Service—An Alternative to Privatization?" Paper Presented at 10th EGOS Colloquium on "Societal Change between Market and Organization." Vienna; Requoted in Jon Van Til, *Growing Civil Society*. Bloomington: Indiana University Press, 2000.

Pierre, Jon and Peters, B. Guy(2000). *Governance, Politics, and the State*. New York: St. Martin's Press.

Pinter, Frances(2004). "세계 시민사회조직의 자원동원." Helmut Anheier, et al.(eds.), 『지구시민사회』, 조효제·진영종(공역). 서울: 아르케; *Global Civil Society Yearbook*. Oxford: Oxford University Press, 2002.

Plato(1994). 『플라톤의 이상국가론』, 최현(역). 서울: 집문당; The Republic.

Polanyi, Karl(1964). *The Great Transformation: The Political and Economic Origins of Our Time*. Boston: Beacon Press.

Popper, Karl(1999a). 『열린사회와 그 적들 I』, 이한구·이명현(역). 서울: 민음사; *The Open Society and Its Enemies*. London: George Routledge & Sons, 1966.

_____(1999b). 『열린사회와 그 적들 II』, 이한구·이명현(역). 서울: 민음사; *The Open Society and Its Enemies*. London: George Routledge & Sons, 1966.

Portes, Alejandro(2003). "사회자본 개념의 기원과 현대 사회학의 적용." 『사회자본: 이론과 쟁점』, 유석춘 외(공편역). 서울: 그린; Social Capital: Its Origins and Applications in Modern Sociology. *Annual Review of Sociology*, Vol. 22: 1-24, 1998.

Poster, Mark(1994). 『뉴미디어의 철학』, 김성기(역). 서울: 민음사; *The Mode of Information: Poststructuralism and Social Context*. London: Polity Press, 1990.

Prigogine, Ilya and Stengers, Isabelle(1994). 『혼돈속의 질서』, 유기풍(역). 서울: 민음사; *Order out of Chaos*, 1984.

Putnam, Robert(1993a). *Making Democracy Work: Civic Traditions in Modern Italy*. Princeton: Princeton University Press.

_____(1993b). "The Prosperous Community: Social Capital and Public Life." *The American Prospect*, Vol. 13(Spring): 35-42.

_____(2000). *Bowling Alone: The Collapse and Revival of American Community*. New York: Simon & Schuster.

Rawls, John(1985). 『사회정의론』, 황경식(역). 서울: 서광사; *A Theory of Justice*. Cambridge: Harvard University Press, 1971.

_____(1988). "시민불복종의 정당화." John Rawls, 『공정으로서의 정의』, 황경식 외(공역). 서울: 서광사; The Justification of Civil Disobedience. J. Rachels(ed.), *Moral Problem*. New York: Harper & Row, 1971.

_____(1998). 『정치적 자유주의』, 장동진(역). 서울: 동명사; *Political Liberalism*. New York: Columbia University Press, 1993.

Raz, Joseph(1991). "Civil Disobedience." Hugo Adam Bedau(ed.), *Civil Disobedience in Focus*. London: Routledge.

Reddin, William(1970). *Managerial Effectiveness*. New York: McGraw-Hill.

Reich, Robert(2003). 『미래를 위한 약속』, 김병두(역). 서울: 김영사; *I'll Be Short*. Bethesda: Sagalyn Agency, 2002.

Rhodes, R. A. W.(1997). *Understanding Governance: Policy Networks, Governance, Reflexivity and Accountability*. Buckingham: Open University Press.

Rich, Bruce(2000). "세계은행과 IMF: 50년이면 충분하다." 최봉실(역), 『50년이면 충분하다』. 서울: 아침이슬; Kevin Danaher, et al., *Fifty Years is enough*. San Francisco: South End Press, 1994.

Riedel, Manfred(1992). "시민사회의 개념과 역사적 기원." 이병천·박형준(공편), 『마르크스주의의 위기와 포스트 마르크스주의 II』. 서울: 의암출판.

Rifkin, Jeremy(1996). 『노동의 종말』, 이영호(역). 서울: 민음사; *The End of Work*. Berkeley: Jeremy P. Tarcher, 1994.
_____(2001). 『소유의 종말』, 이희재(역). 서울: 민음사; *The Age of Access*. Berkeley: Jeremy P. Tarcher, 2000.
_____(2003). 『수소혁명』, 이진수(역). 서울: 민음사; *The Hydrogen Economy*. Berkeley: Jeremy P. Tarcher, 2002.
Ritzer, George(1975). *Sociology: A Multiple Paradigm Science*. Boston: Allyn and Bacon.
Rousseau, Jean-Jacques(1997). 『사회계약론』, 신윤곤(역). 서울: 배재서관; *The Social Contract*.
Rueschemeyer, Dietrich, et al.(1997). 『자본주의 발전과 민주주의』, 박명림 외(공역). 서울: 나남; *Capitalist Development and Democracy*. Chicago: University of Chicago Press, 1992.
Russel, Bertrand(1999). 『종교는 필요한가』, 이재황(역). 서울: 범우사; *Why I am not a Christian*. London: Unwin Books, 1971.
Sagawa, Shirley and Segal, Eli(2001). 『아름다운 제휴, 기업과 시민사회단체가 만났을 때』, 이형진(역). 서울: 아르케; *Common Interest, Common Good*. Cambridge: Harvard Business School Press, 1990.
Said, Edward(1991). 『오리엔탈리즘』, 박홍규(역). 서울: 교보문고; *Orientalism*. New York: Patheon Books, 1978.
Salamon, Lester(1995). *Partners in Public Service*. Baltimore: The Johns Hopkins University Press.
_____(1999). *America's Nonprofit Sector*, 2nd edition. New York: The Foundation Center.
Schaff, Adam(2002). 『우리는 어디로 가는가: 정보사회와 인간의 조건』, 구승회(역). 서울: 한길사; *Wohim Fuhrt der Weg?* 1985.
Schambra, William(1998). "All Community Is Local." E. J. Dionne, Jr.(ed.), *Community Works: The Revival of Civil Society in America*, 44-49. Washington, D. C.: Brookings Institution Press.
Scharpf, Fritz(1978). "Interorganizational Policy Studies." Kenneth Hanf and Friz Scharpf(eds.), *Interorganizational Policy Making*. London: Sage Publications.
Schmitt, Carl(1992). 『정치적인 것의 개념』, 김효전(역). 서울: 법문사; *Der Begriff des Politischen*. Berlin: Duncker & Humblot, 1963.
Schubert, Glendon(1960). *The Public Interest: A Critique of the Theory of a Political Concept*. Glencoe: IL: The Free Press.
Schumacher, Ernst(2002). 『작은 것이 아름답다』, 이상호(역). 서울: 문예출판사; *Small is Beautiful: A Study of Economics As If People Mattered*. Barrington, MA: Mrs. Verna Schumacher & The E. F. Schumacher Society.
Scott, Alan(1995). 『이데올로기와 신사회운동』, 이복수(역). 서울: 한울; *Ideology and the New Social Movements*. London: Routledge, 1990.
Segal, Howard(1985). *Technological Utopianism in American Culture*. Chicago: The University of Chicago Press.
Seligman, Adam(1992). *The Idea of Civil Society*. New York: The Free Press.
Shils, Edward(1997). *The Virtue of Civility: Selected Essays on Liberalism, Tradition, and Civil Society*. Indianapolis: Liberty Fund.
Singer, Peter(1991). "Disobedience As a Plea for Reconsideration." Hugo Adam Bedau(ed.), *Civil Disobedience in Focus*. London: Routledge.

Skocpol, Theda(1998). "Don't Blame Big Government." E. J. Dionne, Jr.(ed.), *Community Works: The Revival of Civil Society in America*. Washington, D.C.: Brookings Institution Press.

Smart, Brian(1991). "Defining Civil Disobedience." Hugo Adam Bedau(ed.), *Civil Disobedience in Focus*. London: Routledge.

Smith, Adam(1992). 『국부론 상, 하』, 최호진·정해동(공역). 서울: 범우사; *The Inquiry into the Nature and Causes of the Wealth of Nations*. Chicago; University of Chicago Press, 1976.

_____(2009). 『도덕감정론』, 박세일·민경국(공역). 서울: 비봉출판사; *The Theory of Moral Sentiment*. 1759.

Snow, David and Benford, Robert(1988). "Ideology, Frame Resonance, and Participant Mobilization." Bert Klandermans, et al.(eds.), *International Social Movement Research*, Vol. 1. Greenwich, CT: JAI Press.

So, Alvin(1990). *Social Change and Development*. Newbury Park: Sage Publications.

Soros, George(1998). 『세계자본주의의 위기』, 형선호(역). 서울: 김영사; *The Crisis of Global Capitalism: Open Society Endangered*. New York: Public Affairs, 1998.

_____(2002). 『열린사회 프로젝트』, 최종옥(역). 서울: 홍익출판사; *Open Society Project*. New York: Perseus Books, 2002.

Spears, Larry(1995). "Introduction: Servant-Leadership and the Greenleaf Legacy." *Larry Spears(ed.) Reflections on Leadership*. New York: John Wiley and Sons.

Sterling, Stephen(1992). "Towards an Ecological World View." *Ronald Engel and Joan Engel(eds.), Ethics of Environment and Development*. Tucson, Arizona: The University of Arizona Press.

Stoker, Gerry(1998). "Governance as Theory: Five Propositions." *International Social Science Journal*, Vol. 155: 17-28.

Strange, Susan(2001). 『국가의 퇴각』, 양오석(역). 서울: 푸른길; *The Retreat of the State*. Cambridge, UK: Cambridge University Press, 1996.

Sumariwalla, Russy(1983). "Preliminary Observations on Scope, Size, and Classification of the Sector." *Working Papers for the Spring Research Forum: Since the Filer Commission*(pp. 181-228). Washington, D.C.: Independent Sector.; Requoted in Jon Van Til, Mapping the Third Sector. New York: The Foundation Center, 1988.

Taylor, Charles(1991). "Language and Society." Axel Honneth and Hans Joas(eds.), Translated by Jeremy Gaines and Doris Jones, *Communicative Action*. Cambridge: The MIT Press.

_____(2001). 『불안한 현대사회』, 송영배(역). 서울: 이학사; *Malaise of Modernity*. Toronto: Stoddart Publishing, 1991.

Thoreau, Henry(1999). 『시민의 불복종』, 강승영(역). 서울: 이례; *Resistance to Civil Government*. 1849.

Tilly, Charles(1994). 『국민국가의 형성과 계보』, 이향순(역). 서울: 학문과사상사; *Coercion, Capital, and European States, AD 990-1990*. Cambridge: Basil Blackwell, 1990.

Tocqueville, Alexis de(1997).『미국의 민주주의 I, II』, 임효선·박지동(공역). 서울: 한길사; *Democracy in America*. New York: Vintage Books (edited by Phillips Bradley), 1957.

Toffler, Alvin(1988). 『제3의 물결』, 장문평(역). 서울: 청목; *The Third Wave*. New York: Bentam Books, 1981.

_____(1991). 『권력이동』, 이규행(감역). 서울: 한국경제신문사; *Power Shift*. New York: Bentam Books,

1990.

Touraine, Alain(1981). *The Voice and the Eye: An Analysis of Social Movement*. Translated by Alan Duff. New York: Cambridge University Press.

_____(1995). 『현대성 비판』, 정수복·이기현(공역). 서울: 문예출판사; *Critique de la Modernite*. Paris: Librairie Artheme Fayard, 1992.

Tucker, Jr., Kenneth(1999). 『앤서니 기든스와 현대사회이론』, 김용규·박형신(공역). 서울: 일신사; *Anthony Giddens and Modern Social Theory*. London: Sage Publications, 1998.

Turner, Bryan(1997). 『시민권과 자본주의』, 서용석·박철현(공역). 서울: 일신사; *Citizenship and Capitalism: The Debate over Reformism*. London: Allen & Unwin, 1986.

UNDP(1998). "Reconceptualizing Governance." (http://magnet.undp.org).

_____(1999). *Human Development Report 1999*. (www.undp.org).

Urry, John(1994). 『경제, 시민사회 그리고 국가』, 이기홍·엄창순(공역). 서울: 한울; *The Anatomy of Capitalist Societies: The Economy, Civil Society and the State*. London: The Macmillan Press, 1983.

Van Til, Jon(2000). *Growing Civil Society*. Bloomington: Indiana University Press.

Vivian, Jessica(1994). "NGOs and Sustainable Development in Zimbabwe: No Magic Bullets." *Development and Change*, 25(1): 167-93.

Wakeford, Tom(2004). 『공생, 그 아름다운 공존』, 전방욱(역). 파주: 해나무; *Liaisons of Life: From Hornworts to Hippos, How the Unassuming Microbe Has Driven Evolution*. New York: Wiley & Sons, 2001.

Wallerstein, Immanuel(1994). 『사회과학으로부터의 탈피』, 성백용(역). 서울: 창작과비평사; *Unthinking Social Science: The Limits of Nineteenth-Century Paradigms*. New York: Polity Press, 1991.

_____(1996). 『자유주의 이후』, 강문구(역). 서울: 당대; *After Liberalism*. New York: New Press, 1996.

Wallerstein, Immanuel, et al.(1996). 『사회과학의 개방』, 이수훈(역). 서울: 당대; *Open the Social Sciences*. Stanford: Stanford University Press, 1996.

WBCSD(2001). "Corporate Social Responsibility." (www.wbcsd.org).

Weber, Max(1978). *Economy and Society I, II*. Edited by Guenther Roth & Claus Wittich. Berkeley: University of California Press.

Wei-Ming, Tu(2003). "계몽주의의 심성을 넘어서." Mary Tucker and John Grim(eds.). 『세계관과 생태학』, 유기쁨(역). 서울: 민들레책방; *Worldview and Ecology*. Cranbury, NJ: Associated University Presses, 1994.

Weisbrod, Burton(1988). *The Nonprofit Economy*. Cambridge: Harvard University Press.

Welsch, Wolfgang(1993). "근대, 모던, 포스트모던." 주은우(역). 『세계의문학』, 69호: 312-43; "Neuzeit-Moderne-Postmoderne." *Unsere postmoderne Moderne*, 1988.

White, Ralph and Lippitt, Ronald(1960). *Authority and Democracy: An Experimental Inquiry*. New York: Harper and Row.

Williams, Raymond(1976). Keywords. London: Fontana; Requoted in Stuart Hall, "서문." Stuart Hall, et al.(eds.), 『현대성과 현대문화』, 전효관 외(공역). 서울: 현실문화연구, 2001; *Formations of Modernity*. New York: Polity Press, 1992.

Woolcock, Michael(2003). "사회자본과 경제발전." 『사회자본: 이론과 쟁점』, 유석춘 외(공편역). 서울: 그린; Social Capital and Economic Development. *Theory and Society*, 27(2): 151-208, 1998.

World Bank(1989). *Involving Nongovernmental Organizations in Bank-Supported Activities*. Operational Directive 14.70, Washington

_____(2003a). "NGO-Civil Society." (www.worldbank.org).

_____(2003b). "Consultation with Civil Society Organizations." (www.worldbank.org).

Wright, Erik(1995). "Preface: The Real Utopias Project." Erik Wright(ed.), *Associations and Democracy*(The Real Utopias Project I). London: Verso.

Wriston, Walter(1992). *The Twilight of Sovereignty*. New York: Scribner's.

Wuthnow, Robert(1991). "The Voluntary Sector: Legacy of the Past, Hope for the Future?"Robert Wuthnow(ed.), *Between States and Markets*. Princeton: Princeton University Press.

_____(1994). *Sharing the Journey*. New York: The Free Press.

Zadek, Simon(2001). "The New Economy of Corporation Citizenship." Simon Zadek, et al., *Perspectives on the New Economy of Corporate Citizenship*. London: Earthscan Publications.

Zerubavel, Eviatar(1991). *The Fine Line: Making Distinctions in Everyday Life*. New York: Free Press.

찾아보기

■ 인명

(ㄱ)

가라타니 369
가버트 334
간디 302, 410, 418
강상욱 202, 326
갬슨 289
갬웰 88
고덴커 365
공자 18
구쥬 42
군드너 61
그람시 97, 101
그레이 352
그레이스 253
그로티우스 376
기드론 91
기든스 20, 54, 58, 73, 353, 390, 392, 394
김광식 71
김구현 71
김대환 272
김동욱 173
김병완 71
김상영 132
김상준 189
김선미 71
김성국 97, 105

김세균 97
김수현 71
김영래 71
김영호 71
김인영 71
김조년 409
김준기 71
김혜경 71
김호기 71

(ㄴ)

나이 313
나이트 365
넬슨 386
노자 19, 410
노진철 71
뉴턴 55
뉴톤 188, 190
뉴하우스 104
니스벳 32
니체 27, 393

(ㄷ)

다이어먼드 104
다케우치 449
달톤 285

당통 32
더글라스 329
데카르트 52, 55
도킨스 38
뒤르켕 392
딜룰리오 326

(ㄹ)

라미경 71
라이트 27
라즐로 409, 411
라츠 296, 299
라클라우 28, 41
러셀 38
레딘 238
로베스피에르 32
로자 팍스 302
로저스 405
로즈 315, 317
로즈-애커맨 329
로크 31, 88, 96, 99, 100
롤즈 143, 296, 299, 300, 415
루소 31, 143
뤼시마이어 107
리취 59
리프만 142
리프킨 228

리프트 238
린드 63

(ㅁ)

마르크스 17, 19, 38, 88, 97, 100, 118, 392
마스다 359
마이레더 290
마키아벨리 31
마틴 루터 킹 302
매스터먼 59
맥가우 133
맥나마라 246
맥레넌 395
맥퍼슨 275
맬더스 25
메리쿠르 42
메이슨 275
멜루치 228, 284
모어 17, 18
몽테스키외 31
무프 28, 41
뮤톤 238
미라벨라 81
밀 275
밀브레이드 276
밀즈 27

(ㅂ)

바버 97
바스카 54
바우만 308
바우어 90
박상필 71, 202, 325, 326, 336
박영신 112

박원순 71
박은정 295
박재묵 71
박재영 71
박재창 71
박정택 143
박태규 71
박형준 105
박홍순 71
반틸 90
버거 104
버바 191, 401
버튼 369
베르그송 407
베버 118, 392, 395
베이컨 18
베커 186
벡 62, 284
벨 23, 354
벨라미 22
벨슈 389
벨젤 299
보댕 31, 99
보스웰 274
부르디외 186, 187
부시 154
브레진스키 354
브로델 60, 181
블레이크 238
블로흐 27
비젤로우 22

(ㅅ)

사가와 348
사이드 52, 398
사카모토 368

샐러먼 76, 137, 166, 169
생시몽 19
샤프 323
샴브라 326
소로스 360, 407
소로우 301, 418
소병희 173
손혁재 71
손호철 97
수마리왈라 88
쉴즈 97, 401
슈마허 410
슈미트 415
슈버트 142
슐츠 186
스마트 296, 299
스카치폴 202, 326
스코트 285
스탈린 21
스토커 315
스트레인지 312
스피노자 99
시걸 348
싱어 299

(ㅇ)

아담 스미스 36, 181
아도르노 389, 395
아라토 90, 103
아렌트 402
아른스타인 275
아리스토텔레스 31, 99
아옌데 386
아이히만 26
아인슈타인 55
안하이어 76, 115, 370

알렌 투렌 27, 283, 390, 392
알몬드 191, 276, 401
앙드레 18
애트키슨 104
앨도스 349
얀치 332
양현모 236
에드워드 200, 264
에벌리 97, 401
에츨러 22
엥겔스 19
오마에 353
오바마 379
오웬 19
오웰 22
오재일 71
오코넬 181, 326, 329
오페 190, 284, 286
오현철 295
와이스버라드 329
와이스브라드 329
와트선 133
우스노우 90
울콕 188
워커 22
월러스틴 24, 52, 60, 395
워쉬 81
위스 365
위평량 339
윈스턴리 18
유팔무 287
윤평중 391
이근주 71
이남섭 71
이명박 115
이병천 401
이상돈 295, 296

이승종 272
이원웅 71
이회태 71
임승빈 71, 196
임현진 71
잉글하트 283

(ㅈ)

정구현 71
정수복 71
정수일 70
정태석 71, 97
제숍 317
제임스 329
조대엽 71
조명래 71
조효제 71
조희연 280
주성수 71, 221, 326
지율 70, 115

(ㅊ)

차명제 71
차병직 71
처치만 332
체 게바라 27
최호준 276

(ㅋ)

카슨 22
카우프만 305
카치아피카스 415
카프라 60
칸트 99

캄파넬라 18
케인즈 120
코스턴 323
코시 58
코틀러 255
코피 아난 129, 380
코헨 90, 103, 405
콕스 365
콜먼 186, 187
콩도르세 18
콩트 21, 49
쿤 54, 59
크냅 329
크래머 89
클라크 159
클랜더맨스 289
키엘 55
키케로 106
킨 101

(ㅌ)

테일러 408
토빈 360
토크빌 32, 96, 100, 334, 405
토플러 354
톨스토이 302, 418

(ㅍ)

파스칼 36
파슨즈 61
팔케 412
퍼거슨 99
퍼트남 186, 187, 188, 189
페스토프 90
페어벤드 54

찾아보기 511

포스트마르크스주의 97
포웰 276
포이어바흐 20
포퍼 20, 54, 407
폴라니 181, 351, 352
푸리에 19
푸코 389
프랑켈 28
프랜시스 209
프로이트 393
프롬 275, 301
플라톤 18
플래스먼 142
피노체트 386

피에레 315
피터스 315

(ㅎ)

하몬 142
하버마스 26, 96, 102, 107, 283, 299, 389, 392
하비 353, 392
한동우 339
한상수 295
허스트 315
헉슬리 22
헌팅톤 398

헤겔 19, 38, 88, 99, 100, 116, 369
헬드 101, 353, 357
호네트 36
호르크하이머 395
홀 389, 390
홉스 31, 99
홉스봄 351
홍윤기 401
홍일표 71
화이트 238
황윤원 276
후쿠야마 23, 187, 188
흄 200, 264

■ 사항

(ㄱ)

가나가와 생활협동조합 139
가부장제 56
가상공간 307
갈등 241
갈등관리 241
갈등유형 241
강성정치 370
강위원회 376
개념 133
개념정의 133
개념화 133
개발 253
개인기부금 199
거버넌스 315
거버넌스 분산모델 313
걸프전 382
결사체민주주의 43

경실련 160, 232, 236, 293, 338
경제사회이사회 129, 382
경제정의실천시민연합 132, 462
경제협력개발기구 378
고속도로통행료거부운동 303
곰두리봉사대 472
공공기관의정보공개에관한법률 222
공공성 206
공공영역 102
공공재 166
공론장 224, 402
공보국 129
공사혼합기업 147
공산주의 유토피아 20
공상적 사회주의 19
공생산 405
공연법 223
공익 141

공익광고 442
공익단체 152, 405
공익소송법 222
공익연계마케팅 341
공적개발원조 436
공정한 행위준칙 123
과학기술 25
관료제 233
관변단체 131, 153
광고물단속법 223
구성주의 362
구성주의이론 282
국가 37, 118
국가민주주의기금법 200
국가보안법 223
국경없는의사회 46, 182
국민국가 53
국민생활체육협의회 465
국민신탁운동 181

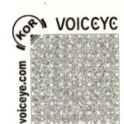

국제NGO 159, 372
국제기구 376
국제대인지뢰금지운동 378
국제레짐 353
국제사면위원회 182, 378
국제연맹 377
국제자원봉사의 날 209
국제투명성협회 174
굿네이버스 472
권력이동 311
근대 사회과학 50, 51
근대성 388, 390
근대유토피아 19
글로벌 거버넌스 364
글로벌거버넌스위원회 365
글로벌케어 46
급진적 민주주의 41
기관의 신뢰도 279
기능적인(functional) 지역사회 227
기부금 199
기부금품모집규제법 222
기술 유토피아 21
기술적(descriptive) 정의 133
기술전체주의 26
기업경영 패러다임 337
기업기부금 200
기업시민정신 338
기업의 사회공헌활동 339
기업재단 199

(ㄴ)

낙천·낙선운동 114
남반구NGO 162
네트워크 232, 355
네트워크 사회 79
네트워크형 조직 317
노동운동 285
노벨평화상 182
노키아 343
녹색교통운동 469
녹색연합 457
뉴패러다임운동 344
능동사회 43, 403

(ㄷ)

다원성 407
다원적 가치 417
다자간투자협정 378
다중적 정체성 306
단기투기자본 360
단독형 NGO 160
단체 144
대리인체제 319
대안사회 398
대의민주주의 40
대인지뢰금지 183
대인지뢰금지운동 182
대인지뢰금지협약 183
대통령 탄핵 115
대한변호사협회 140
대한적십자사 130
대화이론적 관점 299
도가사상 19
도요타자동차 343
독립성 195
독립섹터 199, 219
독립재단 199, 331
독립협회 111, 130
동북아시아의 평화공동체 449
동학혁명 111
디스토피아 22

(ㄹ)

로비활동공개법 222
루사태풍 114, 214
리더십 237

(ㅁ)

마르크스주의 42, 363
마르크스주의 유토피아 20
마법의 탄환 169
마틴 루터 킹의 날 217
메디코 인터내셔널 378
명목적(nominal) 정의 133
명부상의 협의지위 383
모금 253
모금마케팅 255
모금방법 257
모금의 과정 255
모금의 구조 253
모금의 마케팅 255
모델 88
무보수성 206
무임승차(free-riding) 166
문화연대 465
물적 자본 186
미국국제개발기구 200
미국연방국세청(IRS) 146
미국 자유봉사단 154
미국혁명 32
미군장갑차 압사사건 307
미내사클럽 474
미래사회와종교성연구원 474
미시동원맥락 289, 292
민간단체 152
민족문제연구소 464
민족화해협력범국민협의회 459

민주성 207
민주시민교육 42, 402, 414
민주시민교육지원법 223
민주언론운동시민연합 224
민주적 리더십 240
민주주의 39, 41
민주주의의 급진화 40
민주주의의 기본이념 41
민중단체 131, 153
민중운동 287

(ㅂ)

바른사회를위한시민회의 461
박애정신 253
반노예협회 128, 372
반실증주의 53
반크 309
방글라데시 107
방법론 51
방송법 223
버스인종격리 302
법실증주의적 관점 298
법인세법 222
법인체 NGO 161
베트남 참전용사회 378
벨전화사 343
복잡성이론 55
복지국가 42
복지다원주의 98
복지성 207
복합조직 317
볼런티어21 215, 254, 279, 471
봉사자로서의 지도자 238
부산아시안게임 214
부산 철도노조파업 112
부패방지법 222

북반구NGO 162
브레튼우즈체제 385
비영리단체 92, 146
비영리단체의 모금 255
비영리민간단체지원법 154, 202, 222
비지니스 위크 338
비판이론 363
빅브라더 356

(ㅅ)

사랑의 손길 343
사랑의장기기증운동본부 466
사업평가 266
사이버NGO 309
사이버공간 306
사이버공동체 306
사적 민주주의 308
사적자원조직(PVO) 149
사회 87
사회과학 49
사회구분 87
사회단체 154
사회단체등록에관한법률 154
사회복지공동모금법 222
사회성 207
사회운동 281
사회자본 185, 186
사회적 경제 43, 98, 406
사회적 구상 43, 333
사회적 기업 347
사회적 기업가 262
사회적 파트너십 347
사회정의감 239
산업사회 23
산업혁명 354

삼성전자 344
상대성이론 55
상의하달 242
상호주관성 80
상황론 238
새로운 사회계약 406
새마을운동중앙회 463
새만금갯벌 115
새천년포럼 381
생명나눔실천회 467
생명의전화 213
생산적 긴장 225
생태사회 410
생태주의 43, 57
생태학적 우주관 79
생활세계 102
생활세계의 식민화 103
생활정치 73
생활협동조합 139
서섹스(Sussex)대학 366
서울NGO세계대회 202, 326
서울 YMCA 249
서울시정참여사업 326
서울올림픽게임 213
서울월드컵게임 214
선거법 223
선거보도감시연대회의 224
성공의 실패 113
성과관리 265
성별분업 56
세계NGO대회 115
세계경제포럼 374
세계무역기구 307
세계민주주의 41, 357
세계사회포럼 374
세계은행 136, 186, 385
세계인권선언 367

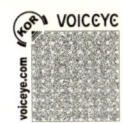

세계자연보호기금 203
세계자원봉사선언문 209
세계자원봉사연합회 209
세계 자원봉사자의 해 209
세계자원봉사자의 해 214
세계정치경제 분석틀 361
세계청년봉사단 46
세계체제 60
세계평화여성연합 459
섹터 87
소년소녀가장 319
소비자문제를연구하는시민의모임 468
소원성취재단 350
시공간 압축 53, 353
시공간의 원격화 58, 353
시민 93
시민단체 131, 153
시민불복종운동 294
시민사회 94, 120
시민사회단체 154
시민사회단체(CSO) 149
시민사회와 NGO 66, 424
시민사회운동연구원 196
시민성 400
시민운동 287
시민운동정보센터 131, 426
시민참여 271
시비쿠스 115, 150
시에라클럽 128
시장 37, 119
시장실패 30, 166
시청료납부거부운동 302
시청자참여협의회 224
신간회 130
신공공관리 312
신민회 130

신보수주의 100
신사회공동선운동연합 463
신사회운동 283, 285
신자유주의 24, 42, 312
신좌파 28
신중세주의 365
신화적 유토피아 17
실증주의 51, 53, 77
실증주의 유토피아 21
실질적(real) 정의 133
실크로드학 70
쓰레기문제를해결하는시민운동협의회 169

(ㅇ)

아나키즘 182
아동구제기금 127, 128
아디아포라이제이션 308
아래로부터의 지구화 371
아름다운재단 174, 199, 200, 257, 475
아모로툼 18
아바타 307
아시아NGO학 72
아시아 허브 구상 450
아시안게임 213
안티투데이 308
양심적 거부 297
양자역학 55
어린이교통안전협회 470
언론개혁시민연대 224
언론기관 223
에너지시민연대 169
엔바이어로닉스 338
여성주의 56
역사유토피아 18

역사종말론 23
연성정치 370
연합형 NGO 160
열대우림행동네트워크 259
열린사회 43, 407
열린사회시민연합 473
영리 195
영성 36
영화진흥법 223
오리엔탈리즘 52
옥스팜 128
온라인형 NGO 161
올림픽게임 114
외국인노동자의집/중국동포의집 470
외부효과 30, 139, 166
우리강산 푸르게 푸르게 344
운영재단 199
워싱턴 합의 373
원시적 민주주의 41
월드비전 258, 259
월드컵게임 114
위로부터의 지구화 371
유고전쟁 45
유교적 유토피아 18
유엔 128, 377
유엔개발계획 200, 382
유엔교육과학문화기구 384
유엔아동기금 382
유엔인간환경회의 380
유엔헌장 128
유엔헌장 제71조 128
유엔환경개발회의 132, 380
유연자발집단 309
유태인학살 396
유토피아 17
유토피아의 기능 26

유토피아적 현실주의 21
유한킴벌리 344
윤리 41
윤리적 구매 338
음반및비디오물에관한법률 223
의료협동조합 139
의문사대책위원회 177
의미틀 289
의미틀 공명 292
의미틀 정렬 292
의사결정구조 235
의사소통적 합리성 283
의사소통행위 이론 299
의약분업분쟁 178
이상국가 18
이익집단 155
이중적 민주화 102, 357
이타성 206
이타주의 408, 417
인권운동사랑방 236, 458
인권하루운동 225
인두세 납부거부 301
인드라망공동체 473
인적 자본 186
인정투쟁 36
인터내셔널 얼러트 178
일차원적 사회 26
임의단체형 NGO 161
입법운동 223

(ㅈ)

자기정체성 284
자기제한적 급진주의 103
자기조직화 55
자발성 206
자발적 137

자아실현의 정치 72
자연법적 관점 298
자연상태 31
자연존중 418
자원동원이론 281
자원봉사 204
자원봉사 관리과정 249
자원봉사사무국 213
자원봉사인력은행 213
자원봉사지원법 213
자원봉사 직무설계 249
자원봉사활동 416
자원봉사활동기본법 223
자원조직 218
자원조직(VO) 148
자원활동 208
자유민주주의 40
자유주의 23, 24, 39, 50, 362
자율성 195
자조집단 138
자질론 238
자치권력 182, 404
작은 것이 아름답다 411
장기지속 60
장애우권익문제연구소 466
재단기부금 200
재봉건화 102
저항권 298
전국NGO 160
전국경제인연합회 338
전국귀농운동본부 471
전략적 제휴 225, 438
전문가중심형 NGO 161
전자민주주의 306, 355
점진적 사회공학 20
정당한 축적관행 123
정보기술 355

정보사회 228
정보인프라 229
정보화 354
정부간회의 380
정부개발원조 184
정부실패 29, 167
정부재창조 316
정부지원금 201
정신대대책위원회 33
정신적 가치 409
정책참여 336
정치의 복원 414
정토회 70, 115
제3섹터 87, 147, 151
제3의 물결 354
제3자정부 43
제대군인원호법 217
제록스사 341
제한된 일반화 80
조용한 혁명 283
조작적(operational) 정의 133
조직문화 243
존재론적 전환 354
종교 38
종교단체 152
수파수공봉통신 356
준공공부문 151
중개형 NGO 161
중범위이론 81
중위동원 292
중위투표자 167, 329
중위투표자정리 167
지구사회 58
지구시민사회 369, 370
지구촌나눔운동 472
지구화 53, 351
지대추구(rent-seeking) 190, 322

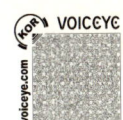

지방NGO 160
지방자치 42
지속가능한 발전 80
지속가능한 발전을 위한 세계기업위원회 340
지속성 207
지역사회 226
지역사회재단 199
지역사회포럼 374
직접행동 283
집단이익추구단체 152
집단행동 280
집회및시위에관한법률 222
짜라투스트라 36

(ㅊ)

차아티스트 42
차파띠스타 295
참교육위한전국학부모회 464
참여민주주의 43, 447
참여사회 400
참여연대 45, 196, 236, 461
참여의 가치 273
참여의 유형 275
참여의 정의 271
책무성 263
초록정치연대 236
총선시민연대 70, 114, 300, 303, 336
출판사및인쇄소의등록에관한법률 223
춤추는 시바 55

(ㅋ)

카리타스 127
카터센터 178
커먼코즈 236
커뮤니티자원조직(CVO) 148
케어 203

(ㅌ)

테크노크라시 29
토빈세 360
통치 315
통치능력의 위기 313
통학적 65
통합학문적 51
특별 협의지위 383
특정비영리활동촉진법 146, 441
판차크리타 55
패러다임 59
평화만들기 225
평화유지활동 379
포괄적 협의지위 383
페미니즘 42
포스트마르크스주의 101
포스트모더니스트 393
풀꽃세상을 위한 모임 309
풀뿌리조직형 NGO 161
풀뿌리 조직화 228
프랑스혁명 32
프로그램화된 사회 283

(ㅎ)

하의상달 234
학제적 50, 64
한국NGO 138
한국NGO총람 426
한국 NGO학 70
한국NGO학회 424
한국YMCA전국연맹 468
한국대학사회봉사협의회 213
한국민간단체총람 131, 426
한국백혈병어린이재단 465
한국비영리연구 66, 424
한국비영리학회 424
한국사랑의집짓기운동연합회 475
한국 사회과학 68
한국사회복지협의회 213
한국소비자연맹 469
한국여성개발원 213
한국여성단체연합 460
한국여성민우회 460
한국-일본 월드컵 169
한국자원봉사단체협의회 213
한국자원봉사연합회 213
한국자원봉사포럼 213
한국전쟁 112
한국정신대문제대책협의회 458
한약분쟁 178
함께하는시민행동 462
합리적 선택이론 281
해방의 정치 72
행정안전부 426
행정절차법 222
헤게모니 101
헤이그회의 376
혁명적 불복종 297
현대사회 29
현대자동차 345
현상주의 53
현실적 유토피아 35
현실주의 361
현장활동형 NGO 161

협동조합 92, 139
협의적 지위 129
협의형 NGO 160
홍보 261
홍익인간 214
화물연대 356
화장실문화개선시민연대 169, 330
환경운동 418
환경운동연합 457
환류 메커니즘 320
활동가중심형 NGO 161
황금시대 21
회원관리 246
회원모집 245
후산업사회 23, 328
후원자관리 259
흑백차별철폐운동 302
흥사단 130, 467
힘에의 의지 27

3보1배 115
3섹터 모델 91
4월혁명 112
5월운동 29
6월항쟁 113, 130, 423
9·11테러 184
20대 80의 사회 24
50년이면 충분하다 386
100만 NGO 양성론 446

(A)

Amnesty International 479
ARS 257

(C)

CEP 338
CMS 247
Consumers International 481
CRM 257

(D)

Disabled People's International 484

(E)

Economic Justice Now 484

(F)

Fortune 339

(G)

Global Fund for Women 482
Greenpeace 477

(H)

Human Rights Watch 479

(I)

ICBL 480
Idealist Action without Borders 485
Int'l Committee for the Red Cross 482
Int'l Forum on Globalization 486
IYV위원회 209

(J)

JVC 328

(K)

KBS시청료거부운동 300

(L)

Labor and Society International 485

(M)

Mdecins Sans Frontires 483
Mercy Corps 161

(N)

NGO법인 429

NGO 병행회의 380
NGO-세계은행위원회 385
NGO연구 66, 424
NGO위원회 382
NGO의 자원 193
NGO의 책무성 264
NGO자원센터 129, 382
NGO 전문신문 424
NGO학 51, 61
NGO혁명 33
NGO회의 383
NPO법 146

(O)

Oxfam 483

(S)

Save the Children Fund 480
SWOT 266

(T)

Third World Network 486
Transparency International 481

(W)

Wetlands International 478
Worldwatch Institute 477
World Wide Fund 478

(Y)

YMCA 130, 140
YWCA 140

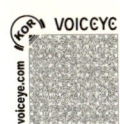

찾아보기 | 519

박상필(朴祥弼) npongo@naver.com

학력 및 경력 경희대학교 정치학과 졸업, 미국 알래스카대학교 정책대학원 졸업
      경북대학교 대학원 졸업(행정학 박사), 연세대/이화여대 강사
      경희대학교 NGO대학원 객원교수
     (현) 성공회대학교 NGO대학원 연구교수
      한국NGO학회/한국비영리학회 이사
      참여연대 운영위원, 미래사회와종교성연구원 연구위원

주요 저서 및 논문 『NGO와 현대사회』(2001, 아르케), 『NGO를 알면 세상이 보인다』(2007, 한울), 『유토피아 코리아』(2007, 한울), 『NGO와 정부 그리고 정책』(2008, 한울), 『국가 시장 비판』(2010, 한울) 외 다수, 논문 「NGO의 자주성과 공익활동능력」 외 다수